VINYL LEXIKON

Frank Wonneberg

VINYL LEXIKON

Wahrheit und Legende der Schallplatte
Fachbegriffe, Sammlerlatein und Praxistips.

LEXIKON
LEXIKON IMPRINT VERLAG

DANKSAGUNG

Mein spezieller Dank gilt Gerhard Hohmuth, der mich vor Jahren auf den richtigen Weg brachte, und dessen zahlreiche Fachartikel zu allen technischen Aspekten der Schallplatte international zum Besten gehören. Danke für die Hilfe: Per Windfeld und Wilfried Große, Silvia Müller und Peter Patzek. Ein Dank geht auch an die Freunde Joachim und Jürgen mit denen ich das Privileg teile, begeisterungsfähig der einen oder anderen Schallplatte zu lauschen.
Letztlich geht ein ganz herzlicher Dank an meine Familie, die je nach Lebensalter immer mit einer guten Scheibe parat war. AW (Hör Zu HZE 117), AW (Capitol W653), EW (ECM 1215).

VORWORT

»This was it«, claims Bill.
»And because we've got it on record,
we can say, This IS it!«
Bill Doggett (Warner Bros. WS-1404)

(»Das war's«, schloß Bill.
»Und weil wir es auf Platte haben,
können wir sagen: Das IST es!«)

Vinyl lebt! Schlägt man heute das Feuilleton auf, wird man mit Berichten über das Fortleben des Dinosauriers Schallplatte konfontiert. Da berichten z.B. Autoren im »Spiegel« von High-Endern, die mit enormem materiellen Aufwand die kleinsten Informationen aus der Rille kitzeln und den guten Klang der Langrille über alles schätzen. Der Fernsehsender »Arte« produziert ein aufwendiges Special und läßt DJs, Sammler und Fachleute vom einzigartigen Gesamtkonzept der Platte schwärmen. Mittlerweile ist in den entlegensten Winkeln bekannt: Vinyl ist Kult! Und wer erinnert sich nicht mit sentimentalem Blick an die gute alte Langspielplatte, die eine der herausragenden ingenieurtechnischen Leistungen des 20. Jahrhunderts darstellt.

Durch die klanglich anspruchsvolle Bewahrung und Verbreitung des gesprochenen Wortes, der Musik in ihrer grenzenlosen Vielfalt und all den anderen Klängen unseres Planeten, wurde die Langspielplatte schon bei ihrer Einführung 1948 zu einem echten Kulturträger. Seit der Ablösung durch die digitale Compact Disc (1982) hunderte Male totgesagt, behauptet sich die LP dennoch weiterhin am Markt. Die Bandbreite reicht dabei vom pulsierenden Kult-Tonträger der DJ-Szene, über die breitbandige Second Hand-Landschaft mit spezialisierten Antiquariaten und regelmäßigen Börsen bis zu hochwertigen Nachauflagen von raren, teuren Sammlerstücken für eine neue, audiophile Zielgruppe.

Dabei überrascht es am meisten, daß vor allem Teile der Jugendmusik (Techno, Jungle, Drum'n'bass und Alternative) weiterhin in der Maxi-Single und Langspielplatte ihr Medium findet. Die Arbeit der DJs wäre optisch sicher totlangweilig, kämen die von ihnen benutzten Klänge einzig von der Festplatte. Andererseits scheinen die gesamtästhetischen Leistungen der Langspielplatte (Klangvermögen, Covergestaltung und Fetisch), die der CD noch immer um Längen zu überragen. Wo die Plattenindustrie der umfassenden Digitalisierung ihre Inhalte opfert, lebt die Langrille in schillernder Farbenpracht weiter.

Das Vinyl-Lexikon spiegelt das neuerwachte und gewachsene Interesse an der schwarzen Scheibe wider. In mehr als 1000 Stichworten werden wesentliche Begriffe, die dem Schallplattenfreund in der Praxis begegnen, vorgestellt und erläutert. Die Auswahl orientiert sich einerseits an den prägnantesten Grundbegriffen des Mediums, den am häufigsten in der begleitenden Presse auftauchenden Fachbegriffen und berücksichtigt zahlreiche, vor allem für Schallplattensammler wichtige Szenebegriffe. Auch wenn eine lexikalische Aufarbeitung des umfangreichen Themas auf den ersten Blick ungewöhnlich erscheint, bietet gerade diese Ordnung einen erheblichen Vorteil im Alltag. Der geneigte Leser findet im Vinyl-Lexikon dennoch genug Querverbindungen, um sich auch einen entspannten Leseabend zu gestalten.

Drei Aspekte, die mich bei der Erarbeitung des Lexikons leiteten, müssen erwähnt werden. Das Vinyl-Lexikon soll erstens den vielen verschiedenen Vinyl-Szenen ein verläßlicher und kompetenter Partner sein, zweitens Anregungen und Tips vermitteln, die helfen, das Hobby attraktiver zu gestalten und drittens die technischen Hintergründe darlegen, dabei jedoch kein trockenes Ingenieurhandbuch sein. Die Einordnung in eine bestehende Lexikonreihe, und die damit verbundenen Rahmenbedingungen (Umfang, Ausstattung, Preis) halfen mir Wesentliches von Unwesentlichem zu trennen. Das Vinyl-Lexikon verzichtet bewußt auf eine visuelle Darstellung der technischen Einzelheiten und zeigt dafür eine kleine Auswahl an Etiketten.

Meine Beobachtungen auf Plattenbörsen, im Fachhandel und bei der Lektüre von Leserbriefen zeigen, daß der Schallplattenfreund von heute eher Sammler als Techniker ist. Deshalb erscheint es mir sinnvoller, mit einigen ausgewählten Etikettenstammbäumen aufzuzeigen, inwieweit sich verschiedene Pressungen ein und derselben Tonaufnahme optisch voneinander abgrenzen. Das Produkt LP hat sich beim Käufer derart tief eingeprägt, daß die verschiedenen Einzelaspekte (Technik, Verpackung, Handel, Wiedergabe und Fetisch) nur noch selten getrennt wahrgenommen werden. Hier setzt das Buch an, beschreibt genrespezifisch einen weiten Bogen und gliedert die gefilterten Grundbegriffe alphabetisch. Einiges kommt dabei wie immer zu kurz, anderes scheint unterschlagen. Das Vinyl-Lexikon bietet die Möglichkeit, sein eigenes Fachwissen zu überprüfen, aufzufrischen oder zu verfeinern. Wichtig scheint mir vor allem, die Szene erneut mit ihrem eigenen, mitunter vergessen geglaubten Vokabular vertraut zu machen, und so eine Grundlage für weitere Diskussionen zu schaffen.

Berlin im April 2000

Frank Wonneberg
VINYL1948@aol.com

A

A & M RECORDS

Von dem Musiker Herb Alpert und seinem Manager Jerry Moss im Jahr 1961 gegründete US-amerikanische Schallplattenfirma, die anfänglich zur Vermarktung des Alpertschen Œuvres diente. Etwas später nahm man befreundete und kommerziell sehr erfolgreiche Musiker wie Sergio Mendes und Burt Bacharach unter Vertrag. Inspiriert durch das Monterey Pop Festival (1967), sicherten sich Alpert & Moss durch Lizenzverträge einen hervorragenden Einstieg in das Geschäft mit der neuartigen Rockmusik. Die erfolgreichsten Künstler übernahm man später direkt und entwickelte mit Gespür und Cleverness zahlreiche neue Acts. Im Jahr 1971 brachte der erfolgreiche Produzent Lou Adler einen Teil seines Labels → Ode bei A&M ein, und bescherte der Firma mit dem Album »Tapestry« von Carole King einen Megaseller. Aus vielfältigen Kooperationsbeziehungen heraus erwarb die → PolyGram schließlich Anfang der 80er Jahre A&M Records. Zu den erfolgreichsten Künstlern der Firma zähl(t)en: Humble Pie, Procol Harum, The Police, Simple Minds, Spooky Tooth, Squeeze, The Strawbs, Joe Cocker, Janet Jackson, Joe Jackson, Carole King, Nils Lofgren, Sting, Suzanne Vega, Rick Wakeman.
Etiketten (USA und EU): goldbraun (1963–73); silbergrau, mit großem A&M-Logo (1973–85); schwarz oder weiß, mit vertikalem Signet (1985–91); silbergrau mit A&M-Logo (1992).

AAA

Abkürzung für 1. → Associated Audio Archive Committee oder 2. Analogue Audio Association. 3. Am häufigsten bekannt als eine mögliche Variante des → SPARS-Code.

ABC RECORDS

Aus den Aktivitäten der United Paramount Theaters, später Paramount Pictures, im Jahr 1956 hervorgegangene US-amerikanische Schallplattenfirma. Zuerst als ABC-Paramount firmierend, lizensierte man in den 50er Jahren erfolgreiche Schallplatten von verschiedenen Kleinstlabeln und erwarb 1967 → Dunhill Records. Der künstlerische Schwerpunkt lag von Anfang an eindeutig im Bereich der U-Musik (Easy Listening, Musical, Pop, Rhythm & Blues). Durch den Kauf der Musikabteilung von Gulf + Western im Jahr 1974 kamen

weitere Schallplattenmarken in den ABC-Katalog: Anchor, Blue Thumb, Dot, Ember, Sire. Im Zuge der weiteren Konzentration des US-Musikbusiness übernahm MCA den gesamten ABC-Katalog im Jahr 1979.
Etiketten (USA): schwarz, »Am-Par Record Corp.« (1956–61); schwarz, »ABC-Paramount« (1962 – 67); schwarz, »New York, N.Y.« (1968–74); violett/goldbraun (1973–78); ab 1979 mit MCA-Etiketten.

ABDECKHAUBE
Die obere Abdeckung eines Plattenspielers. Grundsätzlich dient die Abdeckhaube dem Schutz von Laufwerk und Tonarm/Tonabnehmer-Kombination vor Staub und Schmutz. Seit der Vorstellung der Phonokombination BRAUN SK4 (Schneewittchensarg) werden die bis dahin gebräuchlichen Holzdeckel (die Material und Gestaltung des Gerätes aufnehmen) als durchsichtige Acryl- oder Plexiglasdeckel gefertigt, um so bei geschlossenem Zustand den Abspielvorgang transparent zu gestalten. Über die Anordnung der Bedienelemente, ob innerhalb oder außerhalb der Grundfläche der Abdeckhaube, besteht bis heute bei Herstellern und Designern keine einheitliche Meinung. In seltenen Fällen werden auch weiche Folien als Abdeckhauben benutzt.

ABHÖRFOLIE
→ Aufnahmeplatte

ABHÖRWACHS
→ Aufnahmeplatte

ABMISCHUNG
Vorgang der Zusammenführung und Ausbalancierung zwischen voneinander abweichenden Signalinformationen. Bei der Abmischung (engl. mixdown) werden mit Hilfe des Mischpultes nicht nur die verschiedenen Spuren eines Multitrack-Bandes zueinander in Relation gesetzt, sondern auch deren Position im → Stereo- bzw. Raumklang-Panorama. Dabei werden im allgemeinen Intensität, Dauer, Spektrum und Bandbreite des Ausgangssignals manipuliert und korrigiert. Darüber hinaus werden Laufzeit- und Tempokorrekturen, Hallanreicherungen, Effekte aller Art, Ein- und Ausblendungen, sowie die Addition von generischem Material (z.B. Signal- und Steuertöne) vorgenommen. Die Abmischung stellt bei modernen Tonproduktionen einen wesentlichen, wenn nicht gar den kreativsten Teil des Gesamtprozederes dar. Seit Einführung der Multi-Mikrofonie (um 1950) müssen die Aufzeichnungen der Aufnahmesitzungen zur Optimierung des Klangbildes bearbeitet werden. Anfänglich versuchte man vor Ort mit Hilfe von mobilen Mischpulten und Abhöranlagen, die von mehreren Mikrofonen stammenden Signale in Echtzeit zueinander in Einklang zu bringen. Vorrangig Klassik- und Jazzaufnahmen aus den 50er Jahren zeugen von den neuen Qualitäten in Bezug auf Transparenz und Durchhörbarkeit und schaffen so den Mythos einer lebendigen, der Originalaufführung

vergleichbaren Reproduktion. Bei der Heimtonwiedergabe trägt das neuartige Stereotonverfahren (seit 1958 auch auf Schallplatte) mit seinem akustischen Panoramabild entscheidend dazu bei, die Grenzen zwischen Abbild und Original zu verklären. Nach Aufkommen von mehrkanalfähigen Tonbandgeräten ging man dazu über, die endgültige Abmischung in eigens dafür eingerichtete Kontroll- oder Regiestudios zu verlegen. Hier verfügt der → Tonmeister neben Tonbandgeräten für Zuspiel und Aufzeichnung über Schnittplätze und das ganze Arsenal der gerade gängigen technischen Effektgeräte. Die hier optimierten Arbeits- und Abhörbedingungen, aber auch die fortschreitenden technischen Entwicklungen, führen um 1965 zu einem im künstlerischen Kontext stehenden Einsatz der technischen Möglichkeiten. Indem das Aufnahmesignal aus der Echtzeit in die virtuelle Scheinwelt der Nachbearbeitung exportiert wird, verselbständigt sich der ehemals rein technische Vorgang des Abmischens zu einer kreativen Leistung, die zunehmend mehr durch die aufführenden Künstler überwacht, oder gar von diesen selbst ausgeführt wird. Spätestens seit dem Sgt. Pepper-Album der Beatles ist die breite Öffentlichkeit mit Klangbildern vertraut, deren Existenz sich nicht aus einer Aufführung, sondern aus einem komplizierten Prozess von Bearbeitungsschritten ergibt. Seit Einführung der digitalen Studiotechnik können Tonaufnahmen in fast jeder Hinsicht und praktisch ohne Verlust zum digitalen Ausgangsmaterial bearbeitet und kopiert werden. Die Entwicklung von Softwarelösungen auf der Basis von konventionellen PCs senkte darüber hinaus die Kosten und macht seitdem professionelle Abmisch- und Schnittechniken für jedermann zugänglich.

ABSCHALTEINRICHTUNG

Mechanischer oder optoelektrischer Schalter zur Endabschaltung von Schallplattenspielern. Dabei wird beim Erreichen eines definierten Arbeitspunktes im Bereich der Auslaufrille, z.B. durch einen Stift oder Lichtstrahl, ein Schalter geschlossen, der den Motor zum Stillstand bringt und weitere Aktionen auslöst. Die nachfolgenden Schritte, wie Anheben, Rückführen und Absenken des Tonarms, definieren derartige Systeme als → Halb- oder → Vollautomaten.

ABSCHLUSSIMPEDANZ

Beim Anschluß eines Plattenspielers an die Wiedergabeanlage müssen Ausgangsimpedanz des Abtastsystems und Eingangsimpedanz des entsprechenden Verstärkereingangs miteinander abgeglichen werden. In der Praxis führt eine Fehlanpassung zu Veränderungen im Frequenzgang, zu Verzerrungen und mangelhaften Störabständen (Rauschen). Einfache Verstärkerkonstruktionen weisen feste Eingangswerte hinsichtlich des kapazitiven und des reellen Teils der Abschlußimpedanz auf. Aufwendige Konstruktionen können mittels miniaturisierter Umschalter (Mäuseklavier) schrittweise oder durch austauschbare Steckwiderstände individuell abgeglichen werden. Da das Abtastsystem über eine feststehende Ausgangsimpedanz verfügt, wird der Abgleich innerhalb der Verstärkerstufe vorgenommen. Die eigentliche Abschlußimpedanz setzt sich aus der Ausgangsimpedanz des Abtastsystems und der Impedanz der Kabelverbinder (Tonkopfkabel, Tragarminnenverkabelung, Verbindungskabel zum Verstärker) zusammen. In der Regel verwendet man Kabel mit einer geringen Kapazitität (< 100 pF je Meter), einige Gerätehersteller weisen in ihren Datenblättern die jeweiligen Werte aus. Beim Anschluß von MM-Abtastsystemen müssen reeller und kapazitiver Teil der Abschlußimpedanz optimal auf die anliegenden Werte angepaßt sein. Vor allem der kapazitive Teil entscheidet über die zu erwartende Brillanz des Klangbildes. Eine zu niedrige Abschlußimpedanz hebt die Höhen an und umgekehrt. Für MM-Systeme haben sich international praxisnahe Werte von 47 kOhm (reell) und 500 pF (kapazitiv) durchgesetzt. MC-Abtastsysteme weisen in der Regel recht unterschiedliche Ausgangsimpedanzen mit Werten zwischen ca. 5 und 50 Ohm auf. Hier gilt als Faustregel, daß ein optimaler Abschlußwiderstand beim 10-fachen des Systemwiderstands liegt. Schaltbare Phonoeingänge bieten entsprechend dimensionierte Abschlußwiderstände zwischen 50 und 500 Ohm. Eine zu geringe Anpassung führt zu Veränderungen des Frequenzgangs (Höhenanhebung).

ABTASTBARE FREQUENZEN

Zu den Tiefen hin, gibt es theoretisch keine Beschränkung beim Abtasten. Das führt zum Beispiel zur akustischen Darstellung von Wellen oder Verwerfungen der Schallplatte. Oberhalb des → Musikübertragungsbereichs besitzt das Verfahren eine systembedingte → Grenzfrequenz.

ABTASTFÄHIGKEIT

Bezeichnung für die Fähigkeit eines → Abtastsystems, genau definierten Auslenkungen der Rillenmodulation ohne Verlust des Rille-Nadel-Kontakts zu folgen. Fast alle gebräuchlichen Meßschallplatten verfügen über derartige Meßsignale. Dabei wurden international die verschiedensten Signalarten und Frequenzen zur Bestimmung der Abtastfähigkeit herangezogen. Hier spielten früher vor allem die Hersteller von Abtastsystemen sehr virtuos mit den Testmöglichkeiten, um im Zweifelsfall immer mit besten Kenndaten zu glänzen. Um 1970 setzte sich eine genau definierte Meßmethode durch. Dazu benutzt man eine Meßschallplatte mit der genormten Aufzeichnung einer Schwingung mit der Frequenz von 300 bzw. 315 Hz, die mit einer horizontalen → Auslenkung von 50 μm und einer vertikalen Auslenkung von 30 μm in die Rille geschnitten wurde. Wird nun die Rille abgetastet, verhält sich das Abtastsystem im Idealfall ruhig und tastet das Signal ohne (wahrnehmbare) Verzerrung ab. Kommt es hingegen zu einem Verlust des Rille-Nadel-Kontakts, steigen die nichtlinearen Verzerrungen deutlich hörbar an. Früher galten diese Kennwerte der horizontalen und vertikalen Auslenkung als praxisnah und realistisch in Bezug zum angebotenen Tonmaterial. Da aber seit den 70er Jahren zunehmend mehr Abtastsysteme konstruiert wurden, die bei der Abtastung des o.g. Testsignals noch lange nicht ihre Leistungsgrenze erreichen und im Kontext der verbesserten Abtastfähigkeit dieser Abtastsysteme zunehmend mehr Schallplatten mit extremen Auslenkwerten geschnitten wurden, ist heute der Einsatz von erweiterten Meßschallplatten notwendig. Zumeist wird das 300/315 Hz-Signal in Auslenkungen von bis zu 100 μm (horizontal) und 50 μm (vertikal) aufgezeichnet. Damit wird die Nadeltonaufzeichnung bis an ihre oberen Grenzwerte ausgelotet. Mit diesen Testsignalen kann man ohne weitere Hilfsmittel weiterführende Angaben über Abtastfähigkeit und Justiergenauigkeit des Systems erhalten. Bei den heute angebotenen Abtastsystemen ist allgemein eine horizontale Abtastfähigkeit von mehr als 70 μm realistisch. Abtastsystemen mit geringer Masse gelingt gelegentlich auch noch ein guter Rille-Nadel-Kontakt bei 100 μm. Die Abtastfähigkeit ist auch von der → Justierung, dem Zusammenspiel von Nadelnachgiebigkeit und effektiver Tonarmmasse sowie dem Verschleiß der → Abtastnadel abhängig.

ABTASTFÄHIGKEITSKRAFT

Bezeichnung für die kleinste erforderliche Auflagekraft eines Abtastsystems, um ein genau definiertes Signal ohne Verlust des Rillenkontakts wiederzugeben. Dazu benutzt man eine Meßschallplatte mit der genormten Aufzeichnung einer Schwingung mit der Frequenz von 315 Hz, die mit einer horizontalen Auslenkung von 50 μm und einer vertikalen Auslenkung von 30 μm in die Rille geschnitten wurde. Dieses vereinheitlichte Verfahren wird benutzt, um Vergleiche unter verschiedenen Abtastsystemen zu ermöglichen, sagt aber hingegen nichts über deren maximale Abtastfähigkeit oder die optimale Auflagekraft aus.

ABTASTNADEL

In der Kette der zur Wiedergabe von → Schallplatten notwendigen Technik das erste und einzige Glied, das mit dem Tonträger selbst in Berührung kommt. Die Abtastnadel folgt der im → Vinyl verewigten → Rille und konvertiert die mechanisch modulierte Aufzeichnung mittels → Nadelträger und Spule/Magnetfeld erneut in elektrische Spannungen. Zwischen den verschiedenen → Rillentypen und der Abtastnadelverrundung bestehen elementare Zusammenhänge. So ist es für eine plattenschonende und möglichst störungsfreie Wiedergabe unvermeidlich, den passenden → Nadeltyp auszuwählen. In Annäherung an die physischen Parameter der → Rillenflanken ist ein möglichst großes Auflagefeld in der Vertikalen und minimal in der Horizontalen wünschenswert. Dadurch können das systembedingte Oberflächenrauschen minimiert und die Durchhörbarkeit der Tonaufzeichnung verbessert werden. Während die → Normalrille Spitzenverrundungen von 65 μm erfordert, benötigt man für Mikrorillenaufzeichnungen deutlich kleinere Radien. Für die frühe Monomikrorille sind Radien um 25 μm optimal, hingegen für die geometrisch verfeinerte Stereorille Radien von ≤15 μm wünschenswert. Im Laufe der Entwicklung haben sich, ausgehend von der ursprünglichen runden Nadel, zahlreiche, deutlich verfeinerte → Nadelschliffe durchgesetzt. Ebenso wurden preiswerte, zumeist synthetische, kristalline Werkstoffe (z.B. Saphir), die zu Beginn den

Markt beherrschten, durch den extrem harten und widerstandsfähigen Diamant ersetzt, der die Nutzungsdauer heraufsetzte und damit, indirekt, auch die Schallplatte mehr schont (eine korrekte Montage und Beobachtung vorausgesetzt). Der heutige Stand der Technik favorisiert für die Abtastung von modernen Stereo-Schallplatten sogenannte → multiradiale Nadelschliffe.

ABTASTNADEL, LEBENSDAUER

Die Lebensdauer (Standzeit) ist vom Material, der Ausrichtung der Kristallstruktur, dem Nadelschliff und der Montage abhängig. Mit den heute üblichen, aus synthetischen Diamanten gefertigten Abtastnadeln verwendet man den härtesten bekannten Kristall. Dies steigert die Standzeit grundsätzlich auf ein Optimum. Die dem Diamant innewohnende Kristallstruktur zwingt dem verwendeten Abtastschliff eine Richtung auf und läßt nur eine begrenzte Anzahl von möglichen Varianten für multiradiale Schliffe zu. Gerät der Schliff in kritische Dimensionen gegenüber der Kristallgröße, kommt es unweigerlich zum Absplittern und somit zu ungewollten, die Platte zerstörenden, scharfen Kanten am Abtaststift. Der Nadelschliff definiert den direkten Kontakt zur Rille und stellt je nach Ausführung verschiedene Abriebgrößen dar. Ein runder oder eliptischer Schliff wird sich bei längerer Standzeit von seiner anfänglich geringen, punktuellen Kontaktfläche hin immer weiter zweidimensional ausdehnen, und damit den Feinmodulierungen der Rille (also den hohen Frequenzen) weniger folgen, aber auch zugleich die Modulationsgeräusche mehr in den Vordergrund stellen. Für o.g. Schliffe sind Standzeiten von maximal 500 h verbürgt, ehe eine neue Nadel verwendet werden muß. Hingegen sind multiradiale und Facettenschliffe (Van den Hul, Paroc, Shibata u.a.) für längere Standzeit ausgelegt. Hier ist die vielflächige Geometrie der Nadel mit ihrer Kombination von kurzen und langen Seitenflächen ausschlaggebend, die in verschiedenen Winkeln zueinander angeordnet sind und so das Verschleifen der Nadel ohne merklichen Zuwachs der Kontaktfläche ermöglichen. Mit solchen »modernen« Nadelschliffen sind Standzeiten von bis zu 2000 h realistisch. Grundsätzlich ist die Lebensdauer einer Nadel von ihrem korrekten geometrischen Einbau abhängig. Die Nadeltontechnik geht im allgemeinen von einer »Annäherung« an die theoretischen Grundlagen des Verfahrens aus. Für den Einbau des Tonabnehmers bedeutet dies, daß man im System von Abtastnadel, Nadelträger und Aufhängung schon mit Toleranzen rechnen muß. Jede weitere Ungenauigkeit bei der Montage potenziert die Abweichung von der Idealgeometrie und führt zur Zunahme von Verzerrungen, Störgeräuschen und Plattenabrieb. Wenn Tonabnehmer zugunsten der Handhabung anhand ihrer Trägerplatte oder Gehäusekanten ausgerichtet werden, hat man in Wahrheit keine perfekte Ausgangssituation. Sicher ist die Bezugsgröße der Nadelspitze bei der Justierung mit Meßlehren praxisnah, setzt aber grundsätzlich voraus, daß der Nutzer größtes Vertrauen auf die Zurichtung der Nadel im Verhältnis zum Tonabnehmer hegt. Renommierte Hersteller garantieren eine optimale Bauteiljustierung ihrer Systeme. Beim Einbau von Tonabnehmern ist eine größtmögliche Annäherung an die Schallplatten-Geometrie wünschenswert (Nulldurchläufe, Eintauchwinkel, Taumelung). Die Auflage- und Anti-Skatingkraft bestimmt ebenfalls die Standzeit einer Abtastnadel. Wird die Nadel zuwenig belastet, verliert sie in kritischen Passagen eher den Kontakt zur Rillenflanke und kann diese so zerstören. Im allgemeinen geben Systemhersteller für ihre Abtaster praxiserprobte Werte an. Häufig empfiehlt es sich zur Schonung der Schallplatte, die Auflagekraft am angegebenen Maximum zu orientieren. In Korrespondenz mit der daraus resultierenden Antiskatingkraft erzielen gute Tonabnehmer heutzutage eine Abtastfähigkeit und Klanggüte, die zu Beginn der Entwicklung nicht für möglich gehalten wurde.

ABTASTNADEL-QUERSCHNITTE

Seit den 60er Jahren wurden immer wieder Nadelschliffe vorgestellt, die abweichend zum Kugelmodell (→ sphärisch) veränderte Verrundungsradien benutzen, um das Abtasten auch kleinster Rillenauslenkungen zu ermöglichen. Dazu gehören → biradiale, → elliptische und → multiradiale Nadelschliffe. Der seitliche Verrundungsradius gibt die Feinheit der Nadel an, dh. inwieweit die Nadel den Auslenkungen folgen oder besser gesagt in diese eintauchen kann. Fachleute halten seitliche Verrundungsradien von 5 bis 10 Mikron und die Verwendung von multiradialen Schliffen mit mittelgroßen Kontaktflächen dabei für praxisnah und relativ gut beherrschbar. Die mögliche Kontaktfläche (Auflage) wird vom Längsradius bestimmt. Der Nadelschliff selbst und die Güte der anschließenden Nadelpolitur entscheiden über Qualität und Lebensdauer der Nadel. Seit Jahrzehnten werden von allen Seiten lebhafte Diskussionen über den »besten« Nadelschliff geführt. Zumeist wird diese Diskussion noch von Statements der Hersteller und entsprechend blumigen Tests in HiFi-Zeitschriften angestachelt. Auffällig ist, daß sich keiner der neuen Schliffe (vdH, Orto Line) auf Dauer außerhalb der »filigranen« High End-Zirkel durchsetzen konnte. Der einfache »klangtrunkende« Musikliebhaber benutzt erstaunlicherweise nach wie vor bodenständige Schliffe (sphärisch, elliptisch, → Shibata usw.). Übersicht Nadelschliffe: sphärisch 65 = 65 μm (Normalrille); sphärisch 50 = 50 μm (Normalrille), Shure; sphärisch 25 = 25 μm (Mikrorille); sphärisch 18 = 18 μm (Stereorille); sphärisch 14 = 14 μm (Stereorille), Shure; elliptisch (Ortofon Concorde) = 25 x13 μm; elliptisch = 8 x 18 μm; elliptisch (Wilson Benesch) = 6 x 14 μm, 8 x 18 μm; elliptisch (Grado) = True Ellipsoid Design o.A.; bi-radial (Shure) = 4 x 14 μm; bi-elliptisch = → Shibata (auch pramanic, quadrahedral, hyperbolic oder pathemax genannt); → Shibata (JVC/CD4) = 6 x 50 μm; Fine Line (Ortofon, Shibata-Version) = 8 x 40 μm; Line Contact = 7 x 30 μm, 3 x 30 μm (Ogura); Ogura PA (d.i. Line Contact) = 3 x 30 μm; Micro Ridge (Shure) = 1,5 x 30 μm; Gyger FG I = 4,5 x 80 μm (= VdH1); Gyger FG II = 5 x 50 μm; Gyger FG 90 = 5 x 50 μm; Orto Line (Ortofon) = 4,5 x 100 μm; Replicant 100 (Ortofon) = 5 x 100 μm; vdH 1S = 2 x 85 μm; vdH II = 5 x 70 μm; Triogon 2 (Clearaudio) = 5 x 40 μm.

ABTASTSTIFT

→ Abtastnadel

ABTASTSYSTEM

Ein elektromechanischer Wandler, der die auf einer (analogen) Schallplatte in Form der Rillenauslenkung gespeicherten Tonsignale erneut in elektrische Signale wandelt. Grundsätzlich bestehen alle für die Schallplattenwiedergabe benutzten konventionellen Abtastsysteme aus einem Abtaststift, dem → Nadelträger sowie dem eigentlichen Wandlerelement. Je nach Arbeitsweise des Wandlers unterscheidet man piezoelektrische, induktive, kapazitive und elektronische Wandler. Dabei zählen → dynamische, elektrostatische und → magnetische Abtastsysteme zu den schnelleempfindlichen Wandlern, die die Geschwindigkeitsänderung des Abtaststiftes in eine Ausgangsspannung umwandeln. Technisch bedeutet dies, daß eine konstante Amplitude zu keiner Auslenkung und also auch zu keiner Spannung führt. Bei der anderen Gruppe, den amplitudenempfindlichen Wandlern (→ piezoelektrisches Abtastsystem), wird hingegen die Amplitudenbewegung des Abtaststiftes konstant in eine äquivalente Spannung gewandelt. In der Praxis bedeutet das, wenn ein piezoelektrisches Abtastsystem z.B. bei der Montage im Tragarm verkantet eingebaut wurde, führt dies auch zu einer permanent anliegenden Spannung. Dem heutigen Stand der Technik entsprechend, werden von den Herstellern nur noch dynamische und magnetische Abtastsysteme entwickelt. Darüber hinaus stellen aber namhafte Anbieter weiterhin in bestimmtem Umfang sicher, daß man austauschbare Nadelträger oder Komplettsysteme der anderen Bauarten als Ersatzteil erhält.

ABTASTSYSTEM, DYNAMISCHES

Abtastsystem, das auf Grundlage des elektrodynamischen Prinzips, also der Bewegung einer Spule innerhalb eines permanentmagnetischen Feldes, beruht. Deshalb bezeichnet man ein solches System auch als Abtastsystem mit bewegter Spule (moving coil, MC). Das dynamische Abtastsystem besitzt am hinteren Teil des Nadelträgers einen Träger (z.B. ein Weicheisenkreuz), auf dem vier kleine Spulen mit geringer Windungszahl (20 bis 200) angebracht sind. Diese Konstruktion wird in einem von den Polschuhen eines Dauermagneten gebildeten Raum plaziert. Durch die Anordnung des Dauermagnenten entsteht ein homogenes Magnetfeld, in dem sich die Spulenkonstruktion je nach Anregung durch die Rille dreidimensional bewegt. Durch den sich so verändernden Luftspalt zwischen Spule und Polschuh verändert sich auch der magnetische Fluß, der die Spulen durchströmt. Dadurch kommt es zur Entstehung einer elektrischen Spannung (Induktion) innerhalb der Spule. Dynamische Abtastsysteme gehören also zu den induktiven Abtastsystemen (Schnellewandler), bei denen die Ausgangsspannung proportional zu der in die Schallrille geschnittenen Schnelle ist. Da es sich bei der Stereorille um eine Kombinationsschrift (Seiten- und Tiefenschrift) handelt, werden zwei rechtwinklig verschränkte

Spulenpaare benötigt, die um jeweils 45° zur Schallplattenoberfläche geneigt sind. Dadurch wird die Stereoinformation entsprechend der Rillenmodulation getrennt. Dynamische Systeme gleichen in der Praxis im wesentlichen den magnetischen Abtastsystemen und verfügen wie diese über hervorragende Abtastwerte. Durch die geringe Windungsanzahl besitzen MC-Abtaster im allgemeinen einen sehr geringen Ausgangsscheinwiderstand (3 bis 20 Ohm) und eine geringe Ausgangsspannung (0,2 bis 0,6 mV). Dadurch wird der Einsatz von speziellen, hochwertigen Vor-Vorverstärkern oder speziellen Anpaßübertragern notwendig. Es gibt einige wenige MC-Abtaster, die über eine dem MM-Abtastsystem vergleichbare Ausgangsspannung verfügen und sich so auch zum Anschluß an MM-Verstärkereingänge eignen. Niederohmige dynamische Abtastsysteme sollten an entsprechend vorbereitete MC-Eingänge, die auch einen hohen Verstärkungsfaktor bieten, angeschlossen werden. Als Faustregel für den Abschlußwiderstand gilt der Faktor 10 in Bezug zum Ausgangsscheinwiderstand des Abtastsystems. Hochwertige MC-Eingänge von Vollverstärkern oder externe Vor-Vorverstärker bieten die Möglichkeit des Feinabgleichs. Eine Schneidkennlinienentzerrung ist im allgemeinen Bestandteil der o.g. Geräte. MC-Abtaster verfügen in der Regel nicht über austauschbare Nadeleinschübe und werden deshalb nach Abspielen der Abtastnadel durch ein neues Komplettsystem ersetzt. Da sich das dynamische Abtastsystem als das klanglich am besten zu optimierende Tonabnehmersystem erwiesen hat, bieten fast alle namhaften Hersteller Modelle in verschiedenen Preiskategorien an, wobei sämtliche derzeit verfügbaren Nadelschliffe verwendet werden.

ABTASTSYSTEM, MAGNETISCHES

Abtastsysteme, die auf Grundlage des elektromagnetischen Prinzips, also der Wechselwirkung zwischen Magnetfeldern und elektrischen Leitern, beruhen. Dabei wird durch eine Änderung des magnetischen Flusses, d.h. durch Veränderung der Position von Magnetfeld und elektrischem Leiter zueinander, eine elektrische Spannung erzeugt. Magnetische Abtastsysteme gehören zu den induktiven Abtastsystemen (Schnellewandler), bei denen die Ausgangsspannung proportional zu der in die Schallrille geschnittenen Schnelle ist. Es gibt drei grundsätzliche technische Umsetzungen des Wirkungsprinzips, die aber alle eine Abtastnadel und einen Nadelträger voraussetzen. Abtastsysteme mit bewegtem Magnet (moving magnet, MM) werden am häufigsten hergestellt. Dabei ist am Nadelträger ein kleiner Dauermagnet stabil befestigt, der durch die übertragene Auslenkung zwischen gegenüberliegenden, mit Spulenwicklungen (bis zu 3000 Windungen) versehenen Polschuhen bewegt wird. Da es sich bei der Stereorille um eine Kombinationsschrift (Seiten- und Tiefenschrift) handelt und die Kanäle in 45°/45° angeordnet sind, werden zwei um 90° verschränkte Spulenpaare benötigt. Durch die Bewegung des Dauermagneten zwischen den vier Polschuhen ändert sich das zwischen den Spulenwicklungen befindliche Magnetfeld und erzeugt in den Wicklungen eine der Bewegung entsprechende elektrische Wechselspannung. Das Stereosignal wird je nach Ausführung des Abtasters aus jeweils einem Spulenpaar oder der Zuordnung von Einzelspulen gewonnen. Abtastsysteme mit induziertem Magneten sind im Aufbau den MM-Systemen ähnlich, ersetzen aber den auf dem Nadelträger befestigten Dauermagneten durch einen kleinen Anker aus magnetisch leitfähigem, aber nicht aktiven Material. Der für das magnetische Abtastverfahren notwendige Dauermagnet, hier ein magnetisierter Anker, wird ausgelagert und feststehend oberhalb des Nadelträgers angebracht. Dadurch hält man die bewegte Masse niedrig und kann das Abtastverhalten des Systems deutlich verbessern. Wird hier nun der mit dem Nadelträger verbundene und vom Dauermagneten magnetisierte Anker bewegt, verändert sich der magnetische Fluß in den Spulen und führt zu einer in Relation zur Rillenauslenkung stehenden Spannung. Abtastsysteme mit veränderlichem magnetischen Widerstand (moving iron, MI) verwenden einen kreuzförmigen Anker aus magnetisch leitfähigem Material, der vor vier symmetrisch angeordneten Polschuhen (mit Spulenwicklung) plaziert wird. Alle vier Polschuhe sind mit demselben Dauermagneten verbunden. Der während des Ruhezustands bestehende Abstand (Luftspaltabstand) zwischen Ankerschenkel und Polschuh erzeugt einen definierten, vom Dauermagneten herrührenden, um die Spulen befindlichen Magnetfluß. Wird nun der kreuzförmige Anker durch die Rillenauslenkung vor den Polschuhen bewegt, erhöht oder verringert sich der Luftspaltabstand und verändert entsprechend den Widerstand des magnetischen Kreises, wodurch sich auch der Magnetfluß um die Spulen ändert. Dadurch entsteht in den Wicklungen der Spule eine der Rillenauslenkung adäquate Spannung. Ihre gute bis sehr gute Praxistauglichkeit beweisen magnetische Abtastsysteme durch hervorragende allgemeine Abtastwerte, eine obere Grenzfrequenz von (deutlich) über 20 kHz, eine hohe Verzerrungsarmut und einen günstigen Eigenwiderstand von ca. 500 Ohm (empfohlener Abschlußwiderstand 47 Kiloohm). Das geringe Eigengewicht von Magnetsystemen und die ebenfalls geringen Auflagekräfte (12 bis 30 mN) garantieren eine hervorragende Hochtonabtastfähigkeit und ermöglichen den Einsatz verschiedenster Nadelschliffe. Die Ausgangsströme von 2 bis 5 mV (selten mehr) erzielen an entsprechenden Verstärkereingängen (MM) mit integriertem Schneidkennlinienentzerrer einen sehr guten Störabstand von bis zu -60db. Häufig verfügen MM-Abtaster über austauschbare Nadeleinschübe – eine zusammengefaßte Baugruppe von Abtaststift, Nadelträger und Teilgehäuse –, die mit einem Handgriff und ohne notwendige Nachjustierung einen abgeschliffenen Abtaststift komplett ersetzten.

ABTASTSYSTEM, PIEZOELEKTRISCHES

Abtastsysteme, die auf dem piezoelektrischen Effekt beruhen, also auf der Eigenschaft bestimmter kristalliner Stoffe, bei einer mechanischen Deformation (Drehung, Druck, Zug) elektrische Ladungen auszusenden. Die Ausgangsspannung des piezoelektrischen Wandlers ist dabei proportional zum Ausschlag der Abtastnadel (Ausschlagwandler) und erreicht Werte von 0,5 bis 2V. Der grundsätzliche Aufbau eines piezoelektrischen Abtastsystems gliedert sich in den Nadelträger mit Abtaststift, der, durch einen Koppelsteg verbunden, die Abtastbewegungen auf die Wandlerelemente überträgt. Dabei werden durch die Anordnung der Bauteile die Stereoinformationen, schon getrennt, in zwei unabhängig voneinander angebrachte Wandlerelemente übertragen. Piezoelektrische Abtastsysteme mit Wandlern aus polykristalliner Keramik werden häufig als Keramikabtaster bezeichnet. Die sogenannten Kristall-Abtastsysteme beruhen auf dem gleichen physikalischen Prinzip, benutzen als Wandler jedoch einfache Piezokristalle wie Seignetten-Einkristall oder Kaliumnatriumtartrat. Die mechanische Dimensionierung der piezoelektrischen Abtastsysteme wird so gewählt, daß aufgrund der proportionalen Ausschlagwandlung eine nachträgliche Entzerrung der wiedergegebenen Tonaufzeichnung nicht nötig ist. Hier wirkt das Tiefpaßverhalten des Innenwiderstandes im Zusammenhang mit der Kapazität der Anschlußleitung und der Eingangsimpedanz (470 Ohm) des Verstärkers wie ein Kennlinienentzerrer. Dabei ist diese Entzerrung nur eine Annäherung an die tatsächliche Kennlinie und ermöglicht deshalb keine hochwertige Tonwiedergabe. Piezoelektrische Abtastsysteme benötigen also keinen zusätzlichen Schneidkennlinienentzerrer, reagieren dafür aber äußerst empfindlich auf kapazitive Veränderungen im Anschlußfeld.

ABTASTUNG, OPTO-ELEKTRONISCH

Die Wirkungsweise von opto-elektronischen Abtastsystemen beruht wie bei den elektronischen Sytemen auf der Beeinflussung der Leitfähigkeit von Leitern oder Halbleitern. Man unterscheidet zwei technische Verfahren. Bei einem fotoelektrischen Abtastsystem bewegt der Nadelträger eine Blende, die zwischen einer konstanten Lichtquelle und einer Fotodiode angebracht ist. Die Bewegung (Auslenkung) der Blende steuert den Lichtstrom so, daß er der Modulation der Rille folgen kann. Durch die Fotodiode wird der Lichtstrom dann in eine proportionale elektrische Spannung umgewandelt. Für das andere Verfahren, die sogenannte Laserabtastung, wird die Fähigkeit des Lasers (light amplification by simulated emission of radiation) genutzt, induzierte Emissionen auszusenden. Darunter versteht man die Möglichkeit bestimmter Stoffe, von außen angeregte Lichtwellen bei gleicher Wellenlänge mit größerer Strahlungsenergie (also verstärkt) auszusenden. Dieser Lichtverstärker strahlt ein fast monochromatisches, zusammenhängendes Licht aus, das sich mit Hilfe von optischen Linsen oder Spiegeln zu parallelen, äußerst feinen Strahlen (kleiner 1 μm) bündeln läßt. Bei der Rillenabtastung wird der Lichtstrahl durch einen halbdurchlässigen Spiegel und ein Objektiv auf die Rillenwand geleitet. Das Objektiv fokussiert den Strahl auf die Oberfläche der Rillenwand, und wird über ein Regelsystem ständig nachgeregelt. Der reflektierte Lichtstrahl trifft auf eine Fotodiode, die ein lichtstärkeabhängiges Signal abgibt. Der Einsatz der Lasertechnologie zur Abtastung von analogen Rilleninformationen ist somit anders als bei der Abtastung digitaler Pits, bei denen der Laser die nachgeschaltete Fotodiode zu Schaltzyklen (ein/aus) anregt. Der mechanische, optische und elektrische Aufwand für eine opto-elektrische Abtastung der Rillenwand ist enorm. Die US-amerikanische Firma → Finial stellte 1988 erstmals einen funktionsfähigen Prototypen vor.

ABTASTVERZERRUNGEN

Auch als geometrische Abtastverzerrungen bezeichnete Verzerrungen, die bei der Abtastung der Rille durch die geometrischen Verhältnisse der einzelnen Komponenten untereinander verursacht werden. Spurverzerrungen, → Klemmverzerrungen, → Spurfehlwinkel

AB-VERFAHREN

Mikrofonieverfahren der Laufzeitstereophonie, bei dem zwei Mikrofone in einer zur Breite des aufzuzeichnenden Klangkörpers angemessenen Distanz voneinander positioniert werden. Die zwischen beiden Mikrofonen (A und B) durch die Entfernung entstehenden Laufzeitdifferenzen ergeben bei der Lautsprecherwiedergabe die zur Richtungsabbildung wichtigen Phantomschallquellen. Das AB-Verfahren bietet eine gute Räumlichkeit und Tiefenstaffelung der Instrumente. Von Nachteil sind die Spreizung des abgebildeten Zentrums und die Verdichtung der Randzonen. In der Regel führt dies bei der Wiedergabe zum »Loch in der Mitte«.

ACETATE

Einmaliger → Umschnitt auf eine → Aufnahmeplatte, der zu Kontrollzwecken direkt an den Künstler oder aus Promotiongründen an Journalisten oder Radio-DJs ausgehändigt wird. Bevor Cassettenrecorder eine akzeptable Verbreitung besaßen, nutzte man diese Möglichkeit, um unkompliziert das während der Session oder des Mix-Down entstandene Programmaterial weiterzureichen. Derartige Schallplatten gehören zu den rarsten Sammlerstücken überhaupt, da sie praktisch nur jeweils einmal existieren. Auch wenn mehrere Acetate angefertigt wurden, ist jedes für sich ein Unikat. Der Wert eines Acetats steigt ins Unermeßliche, wenn sich auf der Scheibe alternative Versionen oder gar bislang unveröffentlichte Stücke befinden.

AKTIVIERUNG (LACKSCHICHT)

Bevor auf der → Lackfolie die Nickelschicht des späteren → Vaters aufgebracht werden kann, muß die Lackschicht mit einem elektrisch leitfähigen Überzug versehen werden. Man benötigt eine extrem dünne Schicht (ca. 0,1 μm), die besonders gleichmäßig und vollständig deckt, frei von jeglichen Einschlüssen ist und die Lackschicht nicht angreift. In der Praxis hat sich die Reduktionsversilberung mit flüssigem Silbernitrat durchgesetzt. Der Auftrag der Lösung erfolgt mittels Spritzpistole per Hand oder Automat. Schon die Aktivierung der Lackschicht entscheidet in ihrer Qualität über alle weiteren zu erzielenden Resultate und wird deshalb vorrangig in die Hände versierter Spezialisten gelegt.

AKUSTISCHE AUFNAHME

Historisches Tonaufzeichnungsverfahren, das ohne jegliche elektroakustische Wandlung und Verstärkung die Tonwelle eines Instruments oder einer Stimme in eine Rille graviert. Dazu wird direkt vor einem Aufnahmetrichter musiziert oder gesungen. Der Trichter bündelt und verstärkt die Tonwelle, leitet sie auf eine Membran, die, von der Schwingung angeregt, den an ihr befestigten Stift auslenkt. Der Stift zeichnet die Rille entsprechend als tiefen- oder seitenmodulierte Schrift (→ Tiefenschrift, → Seitenschrift) in eine rotierende, rußbeschichtete Platte oder Wachsfolie. Eine Abtastung der so modulierten Rille führt zu einer vom Verfahren minimierten, annähernden Wiedergabe des Ursprungssignals. Eine akustische Aufnahme ist ein → Direktschnitt und gleichzeitig eine Urplatte.

ALBUM

Von der Phonoindustrie in der Schellack-Ära eingeführter Begriff für die Bündelung von mehrplattigen Kompositionen in Form eines Albums (ähnlich dem Fotoalbum). Später übernahm man den Begriff und setzte ihn, da zutreffender und prosaischer, für die Kombination von eigentlicher Schallplatte und Cover ein. Ins Englische übernommen, weltweit verbreitet und rückwirkend ins Deutsche eingebracht, bezeichnet ein Album seit den ersten konzeptionellen Rock-LPs (Sgt. Peper & Co.) nun im engeren Sinne vornehmlich die Schallplatte als ein Gesamtkunstwerk von Komposition und Text, Tonaufnahme und Covergestaltung. Genreübergreifend benutzt man den Begriff Album auch als vollmundiges LP-Synonym (z.B. Single- und/oder Albumcharts).

ALTERNATIV-VERSION

Bezeichnung für eine weitere, gegenüber der veröffentlichten Originalfassung abweichende Tonaufzeichnung eines Einzeltitels. Alternativ-Versionen beruhen häufig auf veränderter Instrumentierung, überarbeitetem Songtext, gelegentlich werden sie auch durch Umbesetzung des Personals oder einen Wechsel des Aufnahmeorts verursacht. In selten Fällen bezeichnet man auch (unzutreffenderweise) weitere → Takes, variierende → Kurz- bzw. Langfassungen oder einen abweichenden → Mixdown als Alternativ-Version.

ALTO

Spezialist für audiophile Wiederauflagen von Klassikern der Langspielplatten-Ära. Dabei profiliert man sich seit 1992 durch die Neuausgabe von historisch bedeutsamen Klassik-, Jazz- und Bluesalben. Vor allem die Argenta-Edition, eine Box mit sechs Alben aus den spanischen Produktionen des Dirigenten, gilt unter Sammlern als ein Höhepunkt des Vinylrevivals der 90er Jahre. Alto verwendet eigenständige Bestellnummern, versucht aber ansonsten durch eine historisierende Ausstattung mit Originalcover und Etiketten, der Erstauflage gerecht zu werden. Bei der Erstellung der Neuausgaben achtet man auf die Verwendung der Originalbänder ebenso, wie auf einen durchhörbaren, homogenen und dynamischen Sound des Finalproduktes.

AMBISONIC-SYSTEM

Mehrkanal-Verfahren zur Rundum-Schallabbildung und variablen Anordnung mit mindestens drei Lautsprechern. Das Ambisonic-System konnte sich nie durchsetzen und ist eines der vielen gescheiterten Raumklangsysteme.

AMIGA

Für U-Musik eingerichtete Marke des → VEB Deutsche Schallplatten Berlin.

AMPLITUDENFREQUENZGANG

Bei jeder Signalübertragung wird eine unverfälschte, also das Ausgangssignal nicht verändernde Übertragung angestrebt. In der Praxis ergeben sich jedoch durch unterschiedliche Dämpfungseigenschaften der Übertrager frequenzabhängige Veränderungen der Signalstärke. Um nun diese Einschränkung zu bewerten und korrigieren zu können, vergleicht man die Abweichungen mit einer Bezugsfrequenz des Originalsignals. In der Tontechnik legte man als Bezugsfrequenz 1000 Hz fest. Somit lassen sich in logarithmischem Maß (dB) alle Abweichungen unter- und oberhalb 1000 Hz messen, angeben und entsprechend korrigieren. Der Amplitudenfrequenzgang bezeichnet die Charakteristik dieser Signalverformung. Tonabnehmerhersteller geben häufig in beiliegenden Datenblättern neben dem Übertragungsbereich auch global den zu erwartenden Amplitudenfrequenzgang des jeweiligen Systems an. Vor allem bei hochwertigen Abtastsystemen kann auch ein individuell angefertigter Meßschrieb Auskunft über den Amplitudenfrequenzgang geben. Seriöse Testzeitschriften veröffentlichen neben der verbalen Bewertung eines Abtastsystems auch immer einen im eigenen Meßlabor ermittelten Amplitudenfrequenzgang. Hier kann sich der Interessent eine zusätzliche, unabhängige Meinung einholen. Der tatsächliche Amplitudenfrequenzgang eines Abtastsystems ist jedoch auch von der Justierung im Tragarm abhängig.

AMPLITUDENSCHWANKUNG

Durch die mechanischen Eigenschaften des Magnetbandtransportwerkes oder durch einen unregelmäßigen Band-Kopf-Kontakt verursachte Änderung des Wiedergabepegels einer Magnetbandaufzeichnung. Dabei sind häufig Azimutfehler, schwankender Bandzug, wellige oder zerknitterte Bänder die Ursache. Diese Pegelschwankungen werden, wenn sie sich nicht unterbinden lassen, beim Schneiden der Matrize in die neu entstehende Originalaufzeichnung übertragen und bei hochwertiger Wiedergabe des Finalprodukts Schallplatte häufig auch hörbar.

ANADISC 200

Für ihr Vinyl-Comeback (1994) veränderte die auf audiophile → Neuausgaben spezialisierte US-amerikanische Schallplattenfirma → MFSL ihre Umschnitteinheit und die Pressparameter. Da das japanische Presswerk von JVC mittlerweile seine Produktion eingestellt hatte und auch das CD4-Vinyl nicht mehr verfügbar war, ließen die Amerikaner im eigenen Land fertigen. Man gab eine nach eigenen Angaben spezifizierte Vinylmischung in Auftrag und ließ die Schallplatten bei RTI pressen. Die Scheiben zeichnen sich durch 200 g Eigengewicht aus und verfügen über eine – für US-Verhältnisse – beachtliche Oberflächengüte. Weiterhin als → Half-Speed-Recording aufgezeichnet, nutzte man jedoch den zwischenzeitlich auf Röhrentechnik umgestellten Arbeitsplatz (Klangkontrolle, Verstärker) auch für die neuen Lackfolienaufnahmen. Die neue Staffel von MFSL fand zwar viel Anerkennung, konnte aber keineswegs an die Erfolge der 80er Jahre anschließen. Selbst von den beiden erfolgreichsten Titeln (Pink Floyd, Muddy Waters) wurden nur 13 Tsd. Exemplare gepresst. Schon 1997 wurde die neue Serie eingestellt, da sie sich – bei einer mittleren Auflage von 4 Tsd. Exemplaren – nicht tragen konnte.

ANALOGER TONTRÄGER

Sammelbezeichnung für alle Tonträger mit analogen, also in Amplitudenform gespeicherten Informationen. Dabei unterscheidet man die Speicherung in Rillenform (z.B. Schallplatte), elektromagnetisch (z.B. Tonband) und als optische Transformation (Lichtton). Grundsätzlich bleibt die analoge Speicherform auch bei der Massenvervielfältigung des Tonträgers erhalten, wobei systembedingt jede Kopie das Ausgangssignal abbildet, aber im Rahmen einer Analogie auch von ihm abweicht.

ANKER

Bei → magnetischen Abtastsystemen häufig verwendetes Konstruktionsprinzip, bei dem aus Fertigungs- und/oder Kostengründen an den Nadelträger ein Trägerelement angebracht wird, das die Spule aufnimmt und innerhalb eines U-förmigen Magneten bewegt. Auch bei anderen Abtastsystemen (z.B. MI-Abtastsystem) wird mitunter ein solches zusätzliches Bauteil – auch am Nadelträgerende – montiert, daß die Nadelträgerbewegungen aufnimmt und weiterleitet.

ANPASSUNG

→ Abschlußimpedanz

ANTHOLOGIE

Synonym für → Reihen (z.B. Epochenübersichten) oder → Sammelprogramme (z.B. thematische Kopplungen).

ANTI-SKATING-EINRICHTUNG

Ein System aus Gegengewichten, Federn oder Magneten am Drehtragarm zur Kompensation der sogenannten → Skatingkraft. Die Anti-Skating-Einrichtung übt eine umgekehrt proportionale Kompensationskraft (Gegendrehmoment) aus. Über die Gestaltung einer Anti-Skating-Einrichtung herrscht bei Herstellern keine einheitliche Meinung. In Ermanglung exakter technischer Konstanten bei Konstruktion und Fertigung verfügen einfachere Tragarme zumeist nicht über kalibrierte Einstellmöglichkeiten. Dabei ist die technische Umsetzung, ob mit Gegengewicht, Feder oder Magnet, für die Wirksamkeit der Anti-Skating-Einrichtung letztlich nicht relevant. In der Praxis sollte jedoch ein grundlegender Bezug zu der tatsächlich erzeugten Kompensationskraft durch den Hersteller offengelegt sein.

ANTISTATIKEMULSION

Eine Flüssigkeit mit antistatischer Wirkung, die direkt auf die Platte aufgetragen und verrieben wird. Antistatikemulsionen wurden auch zur Auffrischung von Antistatiktüchern, zur Behandlung von mitlaufenden Reinigungsbürsten oder als Zusatz für Naßreinigungsverfahren angeboten. Jeder direkte Kontakt einer Antistatikflüssigkeit mit der Schallplatte verschmutzt diese in unangemessener Weise und sollte durch die Anwendung eines anderen, für die Schallplatte besser verträglichen Verfahrens (z.B. Naßwäsche, Kohlefaserbürste) ersetzt werden.

ANTISTATIKMATTE

Eine aus leitfähigen Fasern hergestellte Matte, die den ursprünglichen, isolierenden Plattentellerbelag ersetzt. Dieser Austausch ist nötig, um einen wirksamen Kontakt zwischen der Matte und den (ab)leitenden Bauteilen des Schallplattenspielers herzustellen. Man erhofft sich durch den Einsatz einer Antistatikmatte, das Auftreten von statischen Aufladungen während des Abspielvorgangs zu minimieren. Die Nachteile der Antistatikmatten sind zumeist geringe Dämpfung von Trittschall- und Rumpelstörungen, schnelle Verschmutzung und schwere Reinigung. Der Einsatz einer Antistatikmatte ist Ermessensfrage. Darüber hinaus wurden auch mit Antistatikmitteln imprägnierte Filzmatten hergestellt. Hier verflüchtigt sich der (mögliche) Effekt schon nach kurzer Zeit, und die aufgebrachte Emulsion verunreinigt zusätzlich die Schallplattenoberfläche. Also besser Hände weg!

ANTISTATIKMITTEL

Allgemeine Bezeichnung für alle Hilfsmittel, die zur Beseitigung elektrostatischer Ladungen auf der Schallplatte verwendet werden. Dazu zählen Antistatikmatten, Antistatiktücher, Schallplattenbürsten, Antistatikemulsionen und elektrostatische Entlader (Ionengeneratoren).

ANTISTATIKTUCH

Ein mit einem Antistatikmittel getränktes Baumwolltuch. Mit dem Tuch wischt man kreisförmig über die Schallplatte, um so elektrostatische Aufladungen zu verringern. Der erwünschte Effekt stellt sich bedingt ein, jedoch die gleichzeitige Reinigung der Schallplattenoberfäche von Staub und Schmutz ist ungenügend. Fast immer neigen Antistatiktücher eher dazu, die Schallplatte mit einem Abrieb des klebrigen Antistatikmittels zu versehen, der sich in den Rillen festsetzt. In den letzten zwanzig Jahren wurden Antistatiktücher zunehmend durch wirksamere Kohlefaserbürsten verdrängt.

ANTRIEBSMOTOR

Für den Antrieb des Plattentellers verwendet man → Asynchron-, → Synchron- oder → Gleichstrommotoren. Unabhängig von der gewählten Motorenart birgt ein Antriebsmotor, durch den direkten oder indirekten Kontakt mit dem Plattenteller, immer die Gefahr der Übertragung von Schwingungen. Ebenso können Störungen im Lager des Motors, durch die Motorwelle, durch unsymmetrische Luftspalte (Strator/Rotor) oder Nuten erzeugt werden. Die Anlaufgeschwindigkeit, das Abbremsen des Plattentellers, der zu erzielende Gleichlauf und die Laufruhe sind von der verwendeten Antriebsart abhängig (→ Direktantrieb, → Reibradantrieb, → Riemenantrieb).

ANTRIEBSPESE

→ Antriebsriemen

ANTRIEBSRIEMEN

Bei Schallplattenspielern mit Riemenantrieb das Verbindungsglied zwischen dem Antriebsmotor und dem Platten(innen)teller. Ein Antriebsriemen ist ein in sich geschlossener Gummi- oder Plastring mit rundem bzw. rechteckigem Querschnitt. Bei hochwertigen rechteckigen Riemen besitzt eine der abgeflachten Seiten eine Phase, die eine bei der Kraftübertragung entstehende Zugbelastung durch die Verformung des Antriebsriemens ausgleicht. Somit wird ein optimaler Kontakt zwischen Riemen und Teller garantiert. Antriebsriemen sind Verschleißartikel und gehören regelmäßig gewartet. Im Gegensatz zur landläufigen Meinung verwendet man keinesfalls Alkohol, denn dieser macht den Gummi eher spröde. Am besten reibt man den Riemen einfach mit einem modernen, angefeuchteten → Mikrofasertuch ab. Zur Lagerung, aber auch zur Generierung der Elastizität von Ersatzriemen, verwendet man wie zu Großvaters Zeiten das bewährte Talkum. Spätestens wenn sich starke Abschliffspuren oder Risse auf der Riemenoberfläche zeigen, ist ein neuer Antriebsriemen zu verwenden.

ANTRIEBSWELLE

Bei Schallplattenspielern mit → Direktantrieb ist die Motorwelle direkt mit der Plattentellerachse verbunden.

AOL

Das Jahr 2000 begann mit einer Überraschung: Der Internet-Anbieter America Online (AOL) übernahm den Medienkonzern Time-Warner (→ Warner Communications). Wenige Tage später schließt sich die britische → EMI an. Nun sind Fusionen und Übernahmen in der Medienbranche seit über einhundert Jahren üblich, und das Ganze wäre normalerweise auch nur eine weitere Marktkonzentration gewesen, wenn nicht die Zeichen der Zeit auf Sturm stünden. Time-Warner entstand in zähem Ringen aus einer Vielzahl von Einzelunternehmen, die in ihrer Summe eine lange Tradition verlegerischer Arbeit in Presse, Rundfunk, Fernsehen, Film und Musik verkörpern. Hier wurde einer der umfangreichsten Kataloge von Büchern, Filmen und Tonaufnahmen zusammengetragen, der sich pünktlich zur Jahrtausendwende mit inflationärem Wert zeigt. Vor allem im Schallplattengeschäft hat der ruinöse Wettbewerb der 90er Jahre die Konzerne anfällig gemacht. Jahrzehntelang wirft man der Phonoindustrie vor, sich durch die Mehrfachauswertung ihrer Backkataloge zu bereichern, ohne zu bemerken, daß die eigentliche Entwertung der Branche im Kontext von Neuproduktion und Pflege des Katalogbestands stattfindet. Die Zeiten haben sich verändert, Musik, so scheint es, besitzt immer noch eine überaus große Anziehungskraft, findet aber nur noch im Kontext mit anderen Medien zu überzeugender Leuchtkraft für nachfolgende Generationen. Es überrascht mitunter, mit welch schlichtem Gemüt führende Manager der Branche die Magie ihrer Schallplattenmarken im Tagesgeschäft opfern, ohne dabei mit künstlerischen Konzepten zur weiteren ideellen Wertsteigerung der Firma beizutragen. Neue Technologien, wie das verlustfreie Kopieren oder die Datenkompression, lassen die Anfang der 80er Jahre begonnene, umfassende Digitalisierung der Tonträgerindustrie in völlig neuem Licht erscheinen. Von den sinkenden Absatzzahlen der späten 70er Jahre angetrieben, sah die Industrie in der Compact Disc damals nicht zu Unrecht den ultimativen Jungbrunnen. Es war geradezu verlockend, den gesamten Tonträgermarkt durch Einführung eines neuen, nicht abwärtskompatiblen Verfahrens zu revitalisieren. Die Rechnung ging auf! Zurück zu AOL. Das junge Unternehmen, an der Börse enorm hoch bewertet, erwirbt ohne Zögern einen kolossalen Archivbestand an historisch gewachsenen Inhalten für seine neugeschaffenen, bislang farblosen Kanäle. Inwieweit AOL nun die Inhalte zur Ausschmückung benötigt oder klassisch als Ware nutzt, hängt vom zukünftigen Wettbewerb der Netzbetreiber und der ungeheuren Eigendynamik des digitalen Zeitalters ab. Die Weichen sind gestellt. Was bleibt, sind weniger die CDs der letzten 20 Jahre, die ohnehin demnächst durch – natürlich wie immer – »dramatisch« verbesserte, neue Digitalformate ersetzt werden, sondern die Erinnerung an das »Goldene Zeitalter«, in welchem schwarze Scheiben mit bedeutungsschwerer Musik aus großformatigen Klappcovern gezogen wurden und beim Abspielen heftig knisterten. Wohl dem, der jenes versunkene Atlantis noch wahrt und sich Tag um Tag daran reiben und erfreuen kann.

APOLLO RECORDS

Von Teddy Gottlieb und Hy Siegel im Kriegsjahr 1944 gegründetes Jazz-Label, das durch die Produktion der ersten BeBop-Schallplatte »Woody'n You« (Hawkins & Gillespie) Musikgeschichte schrieb. Neben Jazzaufnahmen engagierten sich Gottlieb und Siegel auch umfangreich für Blues und Gospel. Als Backkatalog seit Anfang der 1992 bei Delmark.

APPLE RECORDS

Unabhängiges → Künstler-Schallplattenlabel der Beatles, 1968 nach Ablauf des ersten Vertrags mit der → EMI zur Produktion und Veröffentlichung der eigenen Aufnahmen gegründet. Die Herstellung und der → Vertrieb der Apple-LPs und -Singles erfolgte weiterhin durch die bisherige Plattenfirma EMI, die den Apple-Katalog auch noch heute betreut. Bereits 1968 wurde das Label auch um Fremdrepertoire von befreundeten Künstlern (James Taylor, Ravi Shankar, Badfinger u.a.) ergänzt. Darüber hinaus existierte kurzzeitig das Sublabel → Zapple.

ARCHIV PRODUKTION

Das → Sublabel der Schallplattenfirma → Deutsche Grammophon Gesellschaft wurde 1947 als musikhistorisches Studio« für vorklassisches Repertoire sowie Interpreten mit historisierender Aufführungspraxis eingerichtet. Da dieser Teil der aktiven Wiederbelebung der Musikgeschichte mit großer editorischer Sorgfalt und im direkten Kontakt mit der Musikwissenschaft entsteht, konnte die DGG mit den Aufnahmen aus der Archiv Produktion bislang zahlreiche internationale Preise und Ehrungen entgegennehmen. Für den britischen Markt wurden Aufnahmen unter dem Label Archive Production veröffentlicht.

ARIOLA/EURODISC

Vom C. Bertelsmann Verlag 1958 gegründete deutsche Schallplattenfirma mit zweiteiligem Katalog: Ariola (U-Musik) und Eurodisc (Klassik), die die erfolgreiche Arbeit aus den bisherigen Lizenzgeschäften für den Buch- und Schallplattenklub folgerichtig und logisch weiterentwickelt. Wird bei der Eurodisc auch weiterhin das Repertoire vorrangig durch Lizenzverträge (z.B. Supraphon, Melodija) gewonnen und nur selten durch Übernahmen von Bandaufnahmen aus der Produktion von Landesrundfunkanstalten, gelingt es den Bertelsmännern, Ariola binnen kurzem zu einem führenden deutschen U-Label zu entwickeln. Vorrangig die Verpflichtung von schnell wachsenden Stars, aber auch eine glückliche Hand bei Schlagerinterpreten mit kurzer Halbwertzeit, katapultieren das Label binnen fünf Jahren an die Spitze. Durch weitere Investitionen erreicht Ariola in den 70er Jahren einen Marktanteil von ca. 15 % zuzüglich eines florierenden internationalen Lizenzgeschäfts. Seit 1981 positioniert Bertelsmann nach dem Erwerb des US-Labels Arista Teile seiner Eigenproduktion auf dem amerikanischen Markt. Die Gründung der BMG Ariola (1987) bündelt alle bisherigen Aktivitäten von Bertelsmann und die Firma steigt mit der Übernahme von RCA (USA) endgültig in die Liga der Global Player auf. Sammlerlatein: Am begehrtesten sind die nach den Etikettenfarben zu unterscheidenden Pressungen der roten (bis ca. 1966) und silbernen Epoche (bis Ende der 70er). Ausgaben für den Schallplattenklub mit abweichenden Inhalten, Etiketten und Covergestaltung runden jede Sammlung ab. Ebenfalls interessant die frühen Übernahmen von ausländischen Produktionen für den BRD-Markt. So erschienen z.B. die ersten Lizenzausgaben von Sinatras Reprise-Label bei Ariola.

ARISTA RECORDS

Aus der Substanz von → Bell Records entstand 1974 die US-amerikanische Schallplattenfirma Arista Records. Indem die Columbia Pictures Industrie den von → Columbia Records entlassenen Spitzenmanager Clive Davis mit der Neugründung beauftragte, konnte man eine der erfolgreichsten Spürnasen des Business verpflichten. Davis brachte zu Beginn einige ihm verbundene, schon bekannte Künstler bei Arista ein, konnte aber vor allem in den nachfolgenden Jahren zahlreiche neue Top-Acts entwickeln. Arista verstand sich vor allem als ein Mainstreamlabel, bei dem Einzelinterpreten im Vordergrund standen. Zu den erfolgreichsten Künstlern zäh(t)en: Aretha Franklin, Whitney Houston, Barry Manilow, Alan Parsons, Gil Scott-Heron, Carly Simon, Patti Smith, Lisa Stansfield, Dionne Warwick. Für den Eintritt in den US-amerikanischen Markt erwarb → Ariola/Eurodisc 1978 Anteile an Arista, um im Zuge der weiteren Branchenkonzentration die Firma komplett in die 1985 gegründete Bertelsmann Music Group (→ BMG) zu integrieren.
Etiketten (USA): hellblau, Logo oben (1974–76); schwarz (1977–78); blau, Logo links (1978–84); schwarz/blau (ab 1985).

ASCAP

Die »American Society of Composers, Authors and Publishers« (New York, USA) ist die älteste und neben der → BMI die einflußreichste → Verwertungsgesellschaft der USA.

ASSEMBLE-SCHNITT

Elektronischer Schnitt einer Aufnahme. Darunter versteht man die gestalterische Montage eines oder mehrerer Tonbänder miteinander. Damit wird nicht die handwerkliche Montage – das Cuttern – eines Bandes bezeichnet, sondern das Miteinanderverknüpfen von Tonaufnahmen oder deren Teilen, um in der Aufführungspraxis nicht realisierbare Tonaufnahmen zu erstellen. Vorrangig nutzt man den Assemble-Schnitt, um verschiedene Raumabbildungen oder Tempi miteinander zu verknüpfen. Mit dem Verfahren lassen sich auch Spieltechniken abbilden, die in Echtzeit nicht auszuführen sind. Ein anderer Aspekt ist das Zusammenstellen einer in sich geschlossen wirkenden Tonaufnahme, deren Teilaufnahmen zu verschiedenen Zeiten an verschiedenen Orten entstanden sind. Die Einführung der digitalen Speicher- und Schnitttechnologie, durch die Verwendung von grafischen Oberflächen zur Darstellung von Steuer- und Regelprozessen wesentlich vereinfacht, hat den elektronischen Schnitt zu einem massiv verwendeten Gestaltungsmittel werden lassen.

ASSOCIATED AUDIO ARCHIVE COMMITTEE

US-amerikanischer Verband von Tonträgerarchiven zur koordinierten Zusammenarbeit bei diskographischen Dokumentationen und quellenhistorischen Forschungen. Dem Verband gehören hauptsächlich Tonträgerarchive diverser amerikanischer Universitäten an (Kansas, Syracuse, Stanford, Missouri, Yale u.a.), aber auch renommierte öffentliche Institutionen (New York Public Library, Library of Congress).

ASYLUM RECORDS

Die erste von David Geffen gegründete Schallplattenfirma, deren Kapital vor allem das feinfühlige Verhalten des Künstleragenten war. Geffen begriff sofort die veränderten Rahmenbedingungen im rockorientierten Kulturbetrieb, und galt unter Künstlern, vor allem ob der von ihm eingeräumten künstlerischen Freiheiten, als beste Adresse für einen würdigen Schallplattenvertrag. Die Creme der US-amerikanischen Singer/Songwriter schlossen innerhalb kürzester Zeit mit ihm dauerhafte Verträge, so daß schon 1973 → Warner Bros. durch eine »freundliche« Übernahme Asylum schluckte und Geffen zusätzlich mit der Leitung der artverwandten Marken → Elektra Records und Nonesuch beauftragte. Immer für eine Überraschung gut, gelang es Geffen 1974 sogar, den in Vertragsverhandlungen mit → Columbia Records feststeckenden Bob Dylan zur Veröffentlichung von zwei Alben (Planet waves, Before the flood) auf Asylum zu gewinnen. Bis 1980 konnte → Geffen das Multilabel Elektra/Asylum/Nonesuch zur anspruchsvollsten und kommerziell erfolgreichsten Schallplattenabteilung von → Warner Communications ausbauen. Zum Künstlerstamm gehörten über Jahre: America, Jackson Browne, Crosby, Stills, Nash & Young, Eagles, Melissa Manchester, Joni Mitchell, Laura Nyro, Linda Ronstadt, Tom Waits.
Etiketten (USA): weiß (bis 1973); Himmel & Wolken (1973–75); Himmel & Wolken, Warner Communication-Logo rechts unten (1975–84); blau/orange (ab 1985).

ASYNCHRONMOTOR

Ein Wechselstrommotor, dessen Drehbewegung durch magnetische Induktion bewirkt wird. Dazu wird der Rotor durch kondensatorgespeiste Hilfswicklungen oder Spaltpole ersetzt, die das notwendige Drehfeld erzeugen. Hier ensteht durch die Gegenüberstellung der Hilfspole (Rotor) und Hauptpole (Strator) ein Wechselfeld, das phasenverschobenen Strom induziert, dadurch ein magnetisches Drehfeld erzeugt und so den Motor zum Laufen bringt. Die Motordrehzahl ist von der Frequenz des Wechselstroms und der Polpaaranzahl abhängig und sollte so gering wie möglich sein, um Vibrationen zu minimieren. Asynchronmotoren werden als Antrieb für Schallplattenspieler kaum noch verwendet, da Gleichlauf, Laufruhe und Störanfälligkeit den gewachsenen Ansprüchen nicht mehr genügen.

ATCO RECORDS

1958 gegründetes Sublabel der Schallplattenfirma → Atlantic Records für Tonaufnahmen, an denen man die eigentlichen Produktionsrechte nicht besaß, die Schallplatten aber im Kontext zur Hauptmarke standen. Zu den erfolgreichsten Künstlern von Atco Records gehör(t)en: Mr. Acker Bilk, The Coasters, King Curtis, Bobby Darin, The Drifters, Ben E. King, Sonny & Cher, Otis Redding, Nino Tempo. Seit den späten 60er Jahren wurde der Katalog vorrangig mit progressiven Rock-Acts weitergeführt: Jack Bruce, Bee Gees, Blind Faith, Eric Clapton, The Cream, Genesis, Roxy Music, Vanilla Fudge.
Etiketten (USA): gelb M, schwarz S (1958–61); gelb/grau M, weinrot/braun S (1961–68); gelb, »1841 Broadway, NYC« (1969–72); gelb, »75 Rockefeller Plaza« (1973–78); grau (1978–84); grau, 13 Atco-Logos (1984–89), grau/weiß (ab 1990).

ATLANTIC RECORDS

Vom musikbegeisterten Ahmet Ertegun (Sohn des ehemaligen türkischen Botschafters in den USA) und seinem Freund Herb Abramson 1947 gegründete Blues- und Jazz-Schallplattenfirma. Abramson stieg 1953 aus und wurde durch den talentierten Produzenten Jerry Wexler ersetzt. Zwei Jahre später stieß auch Bruder Nesuhi Ertegun zur Firma. Von Anfang an setzte man bei Atlantic auf die Entwicklung eigener Künstlerpersönlichkeiten, wobei Ertegun & Co. in schneller Folge sich ein überaus erfolgreiches, eigenständiges Repertoire erarbeiteten. Vor allem dem Songwriter- und Produzenten-Duo Leiber & Stoller verdankte Atlantic in den 50er Jahren zahlreiche Hits. 1958 gründete man das Sublabel → Atco Records für artverwandte Fremdproduktionen. Mitte der 60er Jahre galt Atlantic als unbestrittene Größe im Rhythm & Blues-Segment. Als sich die ungeheure Kraft der neuartigen Rockmusik zu zeigen begann, verstand es Ertegun 1967 geschickt, Atlantic durch einen Verkauf für ca. 12 Millionen US-Dollar an → Warner Bros. mit einer ungeheuren Kapitaldecke und einem höchst effizienten Vertriebssystem auszustatten. Zwischen 1967 und 1973 akquirierte Atlantic in schneller Folge vielversprechende neue Künstler und entwickelte daraus zahlreiche stilbildende Acts. Parallel dazu übernahm man auch erfolgreiche Rockproduktionen aus Großbritannien für den US-Markt. Die Krönung dieses Prozesses bildeten die Lizenzierung und der Vertrieb der 1970 gegründeten, bandeigenen Schallplattenfirma der Rolling Stones. Bis weit in die 90er Jahre hinein setzte Ahmet Ertegun seine erfolgreiche Arbeit als künstlernaher Plattenboß mit großem Erfolg fort. Atlantic Records stellt heute, als Teil der megakonzentrierten Schallplattenabteilung von AOL-Time-Warner und im Verbund mit der im Januar 2000 kooptierten EMI, einen der ergiebigsten Schallplattenkataloge zur Auswertung bereit. Zum erfolgreichen Künst-

lerstamm gehörten: Abba, AC/DC, The Bee Gees, Boney M., Billy Cobham, John Coltrane, Crosby, Stills, Nash & Young (z.T. auch solo), The Drifters, Roberta Flack, Foreigner, Aretha Franklin, Genesis, Hall & Oates, Led Zeppelin, Modern Jazz Quartet, Wilson Pickett, Percy Sledge, Joe Tex, Yes.
Etiketten (USA): schwarz M (1950–60); grün S (1958–60); Bullage (1960); orange/weinrot M, grün/blau S, weißer Ventilator (1960–61); orange/weinrot M, grün/blau S, schwarzer Ventilator, senkrechter Atlantic-Schriftzug (1961–66); orange/weinrot M, grün/blau S, schwarzer Ventilator, waagerechter Atlantic-Schriftzug (1966–68), grün/orange, »1841 Broadway, NYC« (1968–72), grün/orange, »75 Rockefeller Plaza« (1973–78), grün/orange, »A Warner Communication Company« (ab 1978). Vereinzelt auch rot/schwarze LP-Etiketten im Design der Atlantic-Singles der 50er Jahre.

AUDIO

Oberbegriff für alle, ausschließlich den hörbaren Schall reproduzierenden Techniken und Technologien. Damit impliziert Audio grundsätzlich das für den Menschen wahrnehmbare, akustische Spektrum. Seit der zunehmenden Verschmelzung von Bild und Ton bei der Heimwiedergabe spricht man vom Doppelterminus Audio/Video. Dabei übersehen viele Kritiker häufig die historisch gewachsene Größe der Audioaufzeichnung, die in ständiger Reibung mit der Form/Inhalt-Problematik zu einem eigenständigen Vollprodukt führte. Auch in multimedialen Zeiten erfüllt eine gelungene Audioaufzeichnung die in sie gesetzten künstlerischen und repertoirepolitischen Ansprüche. Anders gesagt: Die Möglichkeit, neuerdings Karajan nicht nur von Schallplatte zu hören, sondern auch mittels Video oder DVD zu sehen, ist sicher unterhaltsamer, verändert aber die eigentliche Werkrezeption keineswegs.

AUDIOPHILE SCHALLPLATTEN

Gattungsbegriff für Schallplatten, deren Klangeigenschaften und Verkaufspreise den Durchschnitt (→ Hochpreis) übersteigen. Der Name suggeriert, daß es sich bei den so beworbenen Schallplatten um sehr gut klingende bzw. äußerst aufwendig gefertigte Tonträger handelt, die eine Normalpressung vergessen lassen. Eine spezifizierte → Galvanik oder spezielle Vinylanmischungen und erhöhter Materialeinsatz (180 g) signalisieren dem Verbraucher ein besonders hochwertiges Produkt. Es gibt zwei Kategorien von audiophilen Schallplatten. Die → Direktschnitte (direct to disc) zeichnen sich im allgemeinen durch mehr Klangfarbenreichtum aus, da die Zwischenspeicherung auf ein anderes Medium entfällt. Die weitaus größere Anzahl an audiophilen Schallplatten verewigt in ihren Rillen bekanntes und bewährtes Tonmaterial aus den Archiven der → Major Companies. Dafür wird im günstigsten Fall mit dem → Original-Masterband (Mixdown) die Referenzquelle zur Verfügung gestellt. Ein auf Schallplattenumschnitte spezialisiertes Studio schneidet dann nach einer vorher festzulegenden Nachentzerrung des Masterbandes (Klangbalance, Equalisation) eine neue → Originalaufzeichnung in die → Lackfolie. Dieses neue Mastering orientiert sich weniger an den Intentionen des Künstlers, sondern vorrangig an audiophilen Idealen: solides Bassfundament, durchhörbaren Mitten, brillanten Höhen, großem Dynamikumfang und allgemeiner Transparenz. Fast immer behaupten dabei die Hersteller, mit ihrem → Umschnitt die größtmögliche Nähe zum → Urband zu gewährleisten. Hiermit befriedigt man die unhaltbare Annahme, eine Schallplatte wäre die Kopie des Masterbands und unterschlägt die philosophischen und physikalischen Aspekte der → Originalaufzeichnung. Historisch betrachtet, stammt der Wunsch nach audiophilen Schallplatten aus den 70er Jahren, als die Phonoindustrie im Rausch immer größerer Auflagen und zusätzlich verunsichert durch die erste große Ölkrise, Galvanisierungs- und Preßzeiten sowie den Materialaufwand je Platte drastisch reduzierte. Dadurch wurde einem anspruchsvollen Teil der Hörerschaft klar, daß die Langrille ihre akustisch guten Zeiten (scheinbar) hinter sich hatte. Kleine Labels wie → MFSL, Nautilus und Superdisk begannen Ende der 70er Jahre mit der Sondierung des Terrains und perfektionierten wichtige Teilaspekte wie Galvanik und Werkstoffkunde. Entgegen der Legende arbeiteten und arbeiten alle audiophilen Label eng mit konventionellen Presswerken zusammen.

AUDIO-TECHNICA

Namhafter japanischer Hersteller für Mikrofone und Abtastsysteme, der seit 1965 seine Modellpalette ständig weiterentwickelt hat und um sinnvolles Zubehör ergänzte. Dazu gehören u.a. die kleine leichte Dosenlibelle AT-615, der elektrische Hochfrequenz-Nadelreiniger AT-637 (35 kHz) und der Plattenbeschwerer AT-673 (disc stabilizer). Neben unzähligen Varianten der MM-Baureihen ATN, ATP, ATS und ATX entwickelte man in den 70er Jahren erste MC-Abtastsysteme (F-Serie), die mit leichten Nadelträgern und elliptischem Schliff ausgestattet wurden. Anfang der 90er Jahre führte man mit großem Erfolg die ML-Serie (MM) und OC-Serie (MC) ein. Fast alle aktuellen MC-Systeme von audio-technica verfügen über Beryllium-Nadelträger und Micro Linear-Schliff. Das Spitzenmodell ART1 besitzt ein Titangehäuse, Boron-Nadelträger und Linear Contact-Schliff.

AUFFÜHRUNGSDAUER

Spielzeit eines → Tonträgers bzw. Gesamtspielzeit einer mehrteiligen Schallaufzeichnung. Dazu wird die effektive Spielzeit inklusive Einklingen und Ausklingen (auch Nachhall) der Tonaufzeichnung bewertet. Für einzelne → Tracks gilt selbiges. Oft kommt es bei verschiedenen Ausgaben der gleichen Tonaufnahme zu abweichenden Angaben auf → Cover oder → Etikett. Häufig sind hierfür Übertragungsfehler, Falsch- und Neumessungen verantwortlich. Nicht selten sind neu editierte, oftmals gekürzte oder zu früh ausgeblendete → Überspielbänder die Ursache. Hingegen kann aber auch eine → Neuedition anhand der → Original-Masterbänder zu einer verlängerten Spielzeit führen.

AUFLAGEKRAFT

Bei der Nadeltonwiedergabe ist es notwendig, die Nadel mit einer in Abhängigkeit zur effektiven Kontaktfläche definierten Kraft in der Rille zu halten und so Fluchtbewegungen zu minimieren. Eine zu geringe Auflagekraft minimiert den Kontakt in kritischen Passagen, was zu hörbaren Verzerrungen und irreparablen Beschädigungen der Rille führt. Überschreitet die Auflagekraft das Optimum zu stark, presst sich die Abtastnadel weit in den Rillengrund und kann auf Grund ihrer Trägheit den Auslenkungen nur bedingt folgen (Dynamikverlust). Tonabnehmerhersteller halten für ihre Abtastsysteme im Datenblatt fast immer eine Auflagekraftempfehlung fest. Dabei werden von/bis-Werte vorgeschlagen, die praxiserprobt und plattenschonend sind. Im Zweifelsfall sollte man die einzustellende Auflagekraft immer im unteren Drittel der vom Hersteller vorgesehenen Skala wählen, um ein Tanzen in der Rille zu vermeiden. Die optimale Auflagekraft resultiert aus einem vielschichtigen, wechselseitigen Kräfteverhältnis bei der Abtastung (→ Compliance, Nadelgeometrie, Nadelnachgiebigkeit, effektive Nadelmasse, effektive Tragarmmasse).

AUFNAHMEBEGRENZER

Bei der Nadeltonaufzeichnung eingesetzte sehr schnelle elektronische Schaltung, die eventuelle auftretende Spannungsspitzen des Eingangssignals innerhalb von Millisekunden automatisch begrenzt. Der Arbeitspunkt läßt sich einstellen und unterbindet ein weiteres Ansteigen des Aufzeichnungspegels. In Einzelfällen wird der Aufnahmebegrenzer auch mit einem → Kompressor gekoppelt, um ein sanftes Absenken der Pegelspitzen zu garantieren. Man verwendet den Aufnahmebegrenzer vorrangig, um das Schneiden von praktisch nicht mehr abtastfähigen Rillen zu unterbinden. Dabei wird vorausgesetzt, daß die Umschnitteinheit entsprechend der RIAA/IEC-Normung für die maximale Auslenkung kalibriert ist. Treten nun Eingangssignalstärken oberhalb des vorgesehenen Wertes auf, verhindert der Aufnahmebegrenzer einen Pegelzuwachs und stoppt das Aufzeichnungssignal am definierten Maximalwert. Der Einsatz von Aufnahmebegrenzern ist nicht unumstritten und einige audiophile Schallplattenfirmen (z.B. MFSL) versuchen, den Schaltungsaufbau und die Signalwege während der Erstellung der → Originalaufzeichnung möglichst klein zu halten. Zur Begründung werden oft eine Verbesserung der erzielten Rauschabstände (innerhalb der elektronischen Schaltung), ein stabileres Phasenverhalten der Signalübertragung und die Beibehaltung der Originaldynamik des Masterbandes angeführt. Der unbegrenzte Umschnitt gerät immer dann in kritische Dimensionen, wenn sich das Aufzeichnungssignal mit großem Pegelanstieg innerhalb kurzer Spitzenzeiten erhöht und entsprechend in die Rille gelangt. Koppelt der Umschnittechniker nun noch einen ohnehin oberhalb der Norm liegenden Aufzeichnungspegel – maximierter Rauschabstand – mit einer nachlässigen Überwachung schneller Pegelspitzen, verpufft jeder audiophile Gedanke sofort. Derart geschnittene Schallplatten können auch sehr hochwertige Abtastsysteme überfordern und führen in der Regel zu keinem besseren Hörgenuss.

AUFNAHMEFREQUENZGANG

Der bei einer Tonaufzeichnung mit dem Originalmedium abgedeckte Frequenzgang. Bei analogen Bandaufzeichnungen ist, entsprechende Qualität bei Mikrofonen, Mischpulten und Bandmaschinen vorausgesetzt, eine nutzbare Bandbreite von 5 Hz bis 40000 Hz realistisch. Für jede Überspielung auf ein anderes analoges Medium muß mit Einbußen gerechnet werden. Da jedes analoge Medium, neben den aufzuzeichnenden und wiederzugebenden Frequenzen, auch mit störenden Eigenfrequenzen und mechanischen Anregungen zu kämpfen hat, wird je nach verwendetem Medium der Aufnahmefrequenzgang gegebenenfalls auch künstlich verengt.

AUFNAHMELEITER

Im Englischen auch als recording producer oder recording director bezeichnete Tätigkeit der Planung und Überwachung der Aufnahmesitzung. Für aufwendige Klassikproduktionen ist eine seperate Aufnahmeleitung unverzichtbar, sichert sie doch ein hocheffizientes Zusammenspiel der beteiligten Akteure und garantiert bei auftretenden organisatorischen Problemen einen kompetenten Ansprechpartner, der den Kopf nicht gerade mit Noten oder Reglereinstellungen voll hat. Bei Pop- und Rock-Produktionen wird diese Arbeit häufig mit der des Produzenten gekoppelt (→ Aufnahmeteam).

AUFNAHMEPLATTE

Fachbezeichnung für den Rohling wie auch die fertige Originalaufzeichnung einer Schallplatte. Für die Aufzeichnung im sog. Lackverfahren verwendet man eine mit einer Wachsschicht überzogene Aluminiumplatte. Beim → DMM-Verfahren wird dagegen in eine auf dem Trägermaterial aufgebrachte Kupferschicht geschnitten.

AUFNAHMEPROTOKOLL

Die schriftliche Fixierung aller für die Aufnahmesitzung und die Abmischung relevanten Daten (inkl. Besetzung, Takes, Mikrofonaufstellungen, Spuranordnung). Der Umfang dieser Aufzeichnungen geht über die Angaben auf dem Schallplattencover weit hinaus und bündelt im günstigsten Fall auch das verwendete Notenmaterial sowie Bilddokumente der Session. Aufnahmeprotokolle garantieren im Produktionsalltag die Kontinuität der Arbeit, die Vergleichbarkeit der Ergebnisse und sichern zudem die Qualität jeder einzelnen Aufnahme. Darüber hinaus dienen sie als Grundlage für die Produktionsabrechnung. Im historischen Kontext sind diese Protokolle wichtige Dokumente für die Restauration des Materials, aber auch für die musikgeschichtliche und kulturwissenschaftliche Forschung.

AUFNAHMESITZUNG

Bezeichnung für eine örtlich und zeitlich fest umrissene Tonaufnahme. Vorrangig den Musikergewerkschaften in den USA und Großbritannien verdankt die Phonoindustrie diese Institutionalisierung. Dabei wird z.B. in Großbritannien auch das Verhältnis von effektiver Bandminute und abzurechnender Aufnahmesitzung im Verhältnis 1:9 geregelt. So bezahlt man dem Orchester für 40 Bandminuten letztlich sechs Stunden. Sinn ist es, die Aufnahmesitzung im angemessenen Rahmen aus der Ökonomie der Zeit zu nehmen, um so die künstlerische Qualität zu steigern, Fehldurchläufe pauschal einzukalkulieren und den gewerkschaftlich organisierten Musikern ein Minimum an Einkommen zu garantieren.

AUFNAHMETEAM

Aufgrund der geschichtlichen Entwicklung des Produktionsprozesses einer Tonaufnahme entwickelte sich eine ökonomische und stark spezialisierte Arbeitsteilung. Nur in seltenen Fällen, wie bei der akustischen Feldarbeit vor Ort (Tondokumente) oder bei kleinen, unabhängigen Produktionen (z.B. Homerecording), gibt es noch einen geschlossenen Arbeitsablauf in Personalunion. Für alle anderen Produktionen gilt die Vierteilung: Produktionsleitung, Aufnahmeleitung, Tonaussteuerung und Tontechnik. Der Produktionsleiter koordiniert alle Belange der Aufnahme im Vorfeld (Künstlerverträge, Kalkulation, Zeitpläne, Mitwirkende usw.). Der Aufnahmeleiter regelt die eigentliche Produktion und überwacht nach künstlerischen und inhaltlichen Kriterien die Sessions. Er ist praktisch der künstlerische Direktor, der auch den beteiligten Künstlern mit Anregungen zur Seite steht oder sie in ihre Grenzen zwingt. Für die Tonaussteuerung, also den Klang der Aufnahme, zeichnet der Tonmeister bzw. Toningenieur verantwortlich. Häufig sind es feinnervige, hörerfahrene und umfassend geschulte Fachleute, die mit der tontechnischen Umsetzung betreut werden. In der Hierarchie des Aufnahmeteams an unterster Stelle stehen die Tontechniker. Ihnen obliegt die Aufgabe, die Mikrofone aufzustellen, die nötigen Kabelverbindungen herzustellen, und wenn nötig, etwas zu reparieren oder im Falle fehlender Hände, auch schon mal den einen oder anderen Regler zu betätigen. In seltenen Fällen gelten Tontechniker aber auch als Experten im optimalen Plazieren der sensiblen Mikrofone und bestimmen so an allererster Stelle über den Klang einer Aufnahme. Im allgemeinen sind die Grenzen, obwohl klar voneinander abgegrenzt, fließend. Die Eigendynamik einer Tonproduktion setzt in bestimmtem Umfang auch Flexibilität voraus. Ebenso sind Veränderungen im Aufnahmeteam außerhalb laufender Produktionen gang und gäbe. Nicht selten haben Tonmeister als einfache Techniker angefangen, und aus Tonmeistern wurden erfolgreiche Produzenten. Bei Aufnahmesitzungen mit Klassikrepertoire sind die Fähigkeit des Partiturlesens und ein geschultes, musikalisches Gehör eine zwingende Voraussetzung. Für Pop-Produktionen hingegen sind das Finden von Sounds und der kommerzielle Erfolg vorangegangener Produktionen weitaus entscheidender. Insofern finden sich hier viele Autodidakten im Produzenten- und Tonmeister-Sessel. Für jede der vier Arbeitsbereiche gilt aber auch: Alles läßt sich mit dem gehörigen Aufwand auch noch weiter gliedern und mit Personal hintersetzen. Man beachte dazu die gelegentlich nicht enden wollenden Credits zu aktuellen Pop-Produktionen.

AUFNAHMEVERFAHREN

Die Art und Weise der technischen Realisation einer Tonaufzeichnung. Man unterscheidet grundsätzlich analoge und digitale Tonaufzeichnungen. Die Geschichte der analogen Aufnahmeverfahren reicht von der → akustischen Aufnahme mittels Trichter bis zu den hochkomplexen Multikanalaufzeichnungen auf Tonband. Dabei wurde in dieser 100jährigen Epoche (1877–1977) die Aufnahme- und Wiedergabequalität kontinuierlich gesteigert. Bis 1925 dominierte das akustische Verfahren, das dann dank der enormen Verbesserung der Übertragungsqualität sehr schnell durch das → elektrische Aufnahmeverfahren ersetzt wurde. Anfänglich direkt auf → Lackfolie aufgezeichnet, blieb die Aufführung in ihrem eigentlichen Fluß, da die Montage oder das Verschränken von verschiedenen Aufzeichnungen untereinander die Techniker vor kaum lösbare Probleme stellte. Mit der umfassenden Einführung der Magnettonaufzeichnung nach 1949 begann man Aufnahmen in Einzelteile zu gliedern und mit manueller Schnitttechnik (→ Cut) eventuelle Fehler herauszutrennen und durch korrekte Passagen zu ersetzen. Durch die Multimikrofonie (ab 1950) und den Einsatz von Mischpulten wurden die Möglichkeiten zur Klangkontrolle und -bearbeitung weiter verbessert. Die Einführung der Mehrkanalaufzeichnung sowie das Aufkommen von diversen Effektgeräten versetzte die Aufnahmetechnik ab Mitte der 60er Jahre in die Lage, umfassende Korrekturen und Manipulationen vorzunehmen. Darüber hinaus wurde das Erzeugen von synthetischen Klängen (Direktaufnahme von Tonabnehmern, Oszillatoren usw.) möglich. Mit Einführung von Systemen zur → Rauschunterdrückung gab es für das Multi-Playback kaum noch Grenzen. Aufnahmen wie »Tubular bells« von Mike Oldfield (1973) oder »Oxygene« von Jean-Michel Jarre (1976) wären ohne diese technischen Errungenschaften nicht möglich gewesen. Die Mehrkanalfähigkeit der Studiotechnik führte Ende der 60er Jahre zu den ersten Produktionen von raumakustischen Aufnahmen in → Quadrophonie. Eine neue Ära begann 1973, als der japanische Hersteller Denon das erste funktionsfähige digitale Aufzeichnungsgerät vorstellte. Anders als alle analogen Aufnahmen löst das digitale → PCM-Verfahren den analogen Fluß der Klanginformation auf, indem es das Signal abtastet, bewertet, aufrastert und in einer Zahlenreihe abspeichert. Für die Wiedergabe wird der Vorgang umgekehrt und ein erneutes, analoges Signal erzeugt. Aufgrund der hohen Störabstände und des weiten Dynamikumfangs setzte sich das Verfahren rasch bei Klassikproduktionen durch. In der Pop- und Rock-Sparte, die zu diesem Zeitpunkt ohne umfangreiche Schnittmöglichkeiten und Mehrkanalfähigkeit nicht mehr arbeitsfähig war, zog die Digitalisierung erst nach technischer Klärung dieser Anforderungen Anfang der 80er Jahre ein. Mit dem Hard Disk Recording (Tonaufzeichnungen auf Festplatte) begann die physische Befreiung des Aufnahmeverfahrens und spezielle Softwareanwendungen ermöglichen eine in allen Parametern frei editierbar Tonaufzeichnung. Zur Jahrtausendwende bemüht sich die Phonoindustrie mit verbesserten, hochauflösenden Digitalverfahren im Studiobereich und in der Tonträgerproduktion, die Eckdaten für Dynamik, Frequenzumfang und Abbildungsgenauigkeit nochmals zu verbessern.

AUFSTELLUNG DES PLATTENSPIELERS

Um unnötige äußere Anregungen des Plattenspielers wirkungsvoll zu unterbinden, empfiehlt sich die Aufstellung auf einer stabilen, entkoppelten Unterlage. Bestens bewährt haben sich Wandhalterungen (Subchassis) oder entsprechend dimensionierte Sandkästen (Masselaufwerke). Subchassis können zusätzlich auch durch die neuartigen Gerätefüße nach dem String Suspension-Prinzip hervorragend entkoppelt werden.

AUFZEICHNUNGSCHARAKTERISTIK

Beschreibt die Art und den Grad der Verzerrung des aufgenommenen Signals. Um die Auslenkungen der Rille nicht ins »Unermeßliche« zu steigern, wird während der → Originalaufzeichnung das Eingangssignal derart verformt, daß sich im Sinne der späteren Abtastfähigkeit der Rille, eine angemessene Kurvenform ergibt. Dazu werden die Tiefen abgesenkt und die Höhen gleichzeitig angehoben. Die speziellen Eckdaten und die Form dieser Frequenzbeeinflussung bezeichnet man als → Schneidkennlinie. Zur korrekten Wiedergabe (d.h. Re-Equalisation) benötigt man einen entsprechend angepaßten Schneidkennlinienentzerrer, der in der Regel integraler Bestandteil eines → Phono-Vorverstärkers oder des Phonozugs eines Vollverstärkers ist.

AUFZEICHNUNGSTRÄGER

Bezeichnung für ein Speichermedium zur Tonaufzeichnung. Hierbei wird nicht nach dem Aufzeichnungsverfahren (digital oder analog) unterschieden, sondern entsprechend der Aufzeichnungsbeständigkeit. Löschbare Aufzeichnungsträger sind alle Verfahren, die über die Möglichkeit von Aufnahme, Löschung und Neuaufnahme verfügen. Dazu gehören das Magnetband, magneto-optische Medien und neuerdings die wiederbeschreibbare CD-RW. Nichtlöschbare Aufzeichnungsträger sind alle geprägten, gravierten oder belichteten Speichermedien wie Schallplatte, Compact Disc, Bildplatte, Lichtton u.ä.

AUFZEICHNUNGSVERFAHREN

Die Art und Weise der Tonaufzeichnung wird entsprechend der ihr zugrundeliegenden Methoden gegliedert: analoge und digitale Aufzeichnungsverfahren; unterschieden in mechanische, magnetische oder optische Verfahren; weiter differenziert in analoge Nadeltonverfahren (akustische oder elektrische Aufzeichnung), analoge Magnetbandverfahren, analoge optische Verfahren (Lichtton), digitale Bandverfahren (magnetisch), digitale Plattensysteme (optisch), Harddisk- und Festspeicherverfahren.

AUKTION

Im Rahmen von Sammlermagazinen, auf Sammlerbörsen oder im Internet veranstaltetes Verkaufsangebot, bei dem der Meistbietende den Zuschlag für die begehrte Pretiose erhält. Seriöse Veranstalter veröffentlichen nach dem Auktionsende den tatsächlichen Verkaufspreis und die Anzahl der Teilnehmer.

AURORA

Sublabel innerhalb des → VEB Deutsche Schallplatten Berlin. Aurora wurde dort als → Künstler-Schallplattenlabel für die Tonaufnahmen des deutschen Schauspielers und Sängers Ernst Busch geführt.

AUSGLEICHGEWICHT

Am hinteren Ende des → Tragarms angebrachtes, verstellbares Gewicht. Das Ausgleichgewicht ermöglicht eine waagerechte Ausbalancierung der Tonabnehmer/Tragarm-Kombination. Dazu wird das Ausgleichgewicht so verschoben, daß sich der Tragarm freischwebend in Waage hält. In diesem Fall ist die Auflagekraft gleich Null. Tragarme mit eigenständiger, separater Einstellung der → Auflagekraft (Feder oder Magnet) benötigen zur korrekten Regelung der Auflagekraft eine optimale Ausbalancierung des Ausgleichgewichts. Eine beachtliche Anzahl von historischen Tragarmkonstruktionen, aber auch einige moderne Hig End-Lösungen besitzen keine separate Auflagekrafteinstellung. In diesem Fall wird das Ausgleichgewicht solange verschoben, bis sich die notwendige → Auflagekraft einstellt. Zur Überprüfung der tatsächlichen Auflagekraft nutzt man eine → Tonarmwaage.

AUSKOPPLUNG

Zweitauswertung einer Tonaufnahme, zumeist Einzelkomposition, die in der Erstveröffentlichung als Bestandteil eines Albums (LP oder Set) erschien. Klassische Fälle sind Single-Auskopplungen und Auskopplungen für Sammelplatten (Greatest Hits, Best of, Die größten Erfolge etc.). Sonderfall: die Vorauskopplung einer Single aus einer erst später erscheinenden Langspielplatte. Da häufig das Album als Gesamtveröffentlichung konzipiert und produziert wird, ist die Vorauskopplung als Appetizer zu verstehen.

AUSLAUFRILLE

Vorletzter Abschnitt der in eine Plattenseite modulierten Rille, der die Verbindung zwischen dem letzten Tonsignal und der Endrille herstellt. Dieses Segment enthält keine Tonmodulation und ist mit erhöhter, dabei gleichmäßiger oder logarithmischer Steigung versehen.

AUSSENHÜLLE

Fachbezeichnung für die äußere Verpackung der Schallplatte. Zumeist im Gegensatz zur Innenhülle aus widerstandsfähigem Karton gefertigt und mit einem werbenden Titelmotiv bedruckt. Häufig informiert die Außenhülle auf ihrer Rückseite über Künstler und Werk, listet Einzeltitel, Autoren, Spielzeiten und den technischen Stab auf. → Cover.

AUSSENSTART

Bezeichnung für eine Abspielrichtung von außen nach innen. Aufgrund der international geltenden Normungen gilt der Außenstart für alle handelsüblichen, analogen Schallplatten. Die CD ist im Gegensatz dazu ein Innenstarter, da sie von innen nach außen abgetastet wird.

AUSSTEUERUNGSMESSER

Ein Meßgerät zur Darstellung und Kontrolle der in einer elektroakustischen Anlage auftretenden → Pegel. Dazu verwendet man in der Regel sogenannte VU-Meter (volume unit) zur optischen Anzeige der Pegelwerte. Aussteuerungsmesser werden immer dann eingesetzt, wenn man eine Bewertung des Pegels benötigt. Bei in sich geschlossenen Systemen, wie HiFi-Anlagen, sind Aussteuerungsmesser eigentlich unnötig, da die elektrischen Anschlüsse zueinander in genormten Werten ausgeführt sind und die Lautstärke normalerweise nach Gehör eingestellt wird. Hingegen ist bei Aufnahmetechnologien der Studio- und Heimtechnik ein Aussteuerungsmesser unverzichtbar, da man hier den Grad der Verstärkung bewerten muß, um eine dem Aufnahmemedium angemessene Pegeleinstellung zu gewährleisten. Die Anzeige durch ein VU-Meter (Zeiger-, Balken- oder numerisches Instrument), geht von einem aus der Lautheit eines Signals gewonnenen Wert aus. Darunter versteht man einen Wert, der durch eine Annäherung an die Frequenz- und Zeitabhängigkeit des menschlichen Gehörs die Hörkurve des Menschen berücksichtigt. Die Bewertung erfolgt in dB bzw. Prozent mit einem Bezugspunkt von 0 dB bzw. 100 %, und das Meßgerät muß hinsichtlich seines Einsatzes geeicht werden (0 dB), um ein Übersteuern verhindern zu können.

AUTOMAT

Schallplattenspieler mit automatischer Führung zur Absenkung in die → Einlaufrille, → Endabschaltung (Motorstop) bei Erreichen der → Auslaufrille und gleichzeitiger Anhebung sowie Rückführung des → Tragarms in die Ausgangsposition.

AUTOMATISCHE ABSCHALTUNG

→ Endabschaltung

AWA

Staatliche Verwertungsgesellschaft in der DDR. Die Arbeit der AWA (Anstalt zur Wahrung der Aufführungsrechte auf dem Gebiet der Musik) wurde mit der deutschen Wiedervereinigung (1990) in die Hände der GEMA überführt.

AWA-PRESSUNG

→ Intershop-Pressung

AZIMUT

Im Zusammenhang mit der Nadeltontechnik verwendet man den Begriff Azimut für die Senkrechtstellung der → Abtastnadel innerhalb der Rille. Nur eine im Lot stehende Nadel kann optimale Abtastergebnisse erreichen, da jede Verkantung der Abtastnadel in der Rille zu Übertragungsverlusten, Pegelverschiebungen und zusätzlichen Verzerrungen führt. Allgemein setzt man voraus, daß der Hersteller bei der Systemmontage die Nadel entsprechend ihrer Geometrie perfekt ausgerichtet hat und die Oberkante des Systemkorpus bei der Montage verläßlich in den Tragarm eingepaßt werden kann. Zahlreiche, moderne Tragarme verfügen über einen in sich drehbaren → Tonkopf, der eventuelle Korrekturen an der Azimutstellung ermöglicht.

AZIMUTFEHLER

Insofern sich die → Abtastnadel nicht – von vorn gesehen – im Lot zur Schallplattenrille befindet, steht sie verkantet innerhalb des aufgezeichneten Rillenwinkels (90°). Eine verdrehte Abtastnadel verändert ihr Kontaktverhalten in der Rille und weicht von der modulierten Aufzeichnungsachse ab. Dadurch verringert sich die Kanaltrennung und es treten Verzerrungen auf. Entsprechend der verwendeten Kombination aus → Tragarm und → Schallplattenspieler lassen sich je nach Güte des montierten Abtastsystems Trennwerte zwischen 25 dB (nominell) und 35 dB (sehr gut) erzielen. Zumeist ist der → Tonkopf durch eine Schraube fixiert und ermöglicht eine Korrektur des Azimuts bei schiefstehender Nadel. Nach wie vor ein probates Mittel stellt die Verwendung eines untergelegten Spiegels dar. Das Abtastsystem wird dafür auf den Spiegel abgesenkt und die Gehäusekanten am Spiegelbild gefluchtet. Die optische Verbindung zwischen beiden Kanten muß eine Gerade ergeben. Eine exakte Taumelung kann man jedoch nur meßtechnisch einstellen.
Anmerkung: Die Auswirkungen des Azimutfehlers kann man hören. Insofern das Stereoabbild den Grundanforderungen in Bezug auf Basisauflösung und Tiefenstaffelungsfähigkeit entspricht und die Aufnahmeräume rechteckig abgebildet werden, führt die Optimierung des Azimuths immer zu einem deutlich verbesserten Stereoeindruck. Ohrenscheinlich wird dies vor allem bei außen plazierten Instrumenten. Sie rücken aus den Boxen heraus nach hinten und reihen sich harmonisch innerhalb der Klangbühne ein.

B

BACK-CUEING

Manuelles Einstellen einer individuellen Startposition durch Rückwärtsdrehen des Schallplattentellers. Wird vor allem im Rundfunkstudio und von Diskjockeys angewandt.

BAD (B)

Niedrigste Güteklasse innerhalb des → Graduierungssystems (→ Second Hand). USA: nicht gebräuchlich. GB: Güteklasse 7 (Wert 5 %). Platte ist nicht mehr abspielbar oder zerbrochen. Der Kauf einer solchen Platte geschieht nur zu Archivzwecken. BRD: nicht gebräuchlich.

BAG, AUCH AUSSENTÜTE

Bei einigen Langspielplatten gehört eine zusätzliche Tüte, zumeist aus Packpapier, zum ursprünglichen Lieferumfang, wobei diese zusätzliche Verpackung nicht nur als Gimmick, sondern zugleich auch als Schutz dient. Beispiel: Led Zeppelin – »In trough the outdoor«.

BALANCE

Beschreibt das Verstärkungsverhältnis zwischen den beiden Kanälen einer Stereowiedergabe. Die Balance ist abhängig von Aufnahme, Übertragung und Wiedergabe. Kommt es in diesem vielstufigen Prozeß zu Veränderungen, wird dies in der Regel beim Hören auffällig. Das Stereopanorama verschiebt sich einseitig (links oder rechts), die Raumabbildung verliert an Ausdruck und es treten Klangveränderungen auf. Häufige Ursachen sind Übertragungsfehler, asymmetrische Aufstellung der Lautsprecher und akustische Einflüsse im Wiedergaberaum (Vorhänge, Pflanzen, Fenster usw.). Bei einer quadrophonen Wiedergabe entstehen vier Balancepaare (links-rechts vorn, vorn-hinten, links-rechts hinten, diagonal).
Anmerkung: Im Rahmen audiophiler Berichterstattung wird auch von einer Klangbalance gesprochen, also von einer Wichtung der einzelnen Frequenzbereiche (Höhen, Mitten, Tiefen) untereinander.

BANDRAUSCHEN

Das auf den physikalischen Eigenschaften der Magnetteilchenbeschichtung beruhende Eigengeräusch des Tonbandes bei der Wiedergabe. Im Laufe der Entwicklung der Magnettonaufzeichnung gelang es, den Rauschspannungsabstand durch verbesserte Vormagnetisierung und Bandmaterialien immer weiter zu senken. Der Einsatz von professionellen Rauschunterdrückungssystemen (Dolby A, Dolby SX) seit Ende der 60er Jahre konnte das Eigenrauschen nochmals deutlich senken. Werden Tonaufzeichnungen von Band zu Band kopiert, addiert sich das Rauschen und senkt so den Rauschspannungsabstand. Praktisch bedeutet dies, daß nur die Verwendung des Original-Masterbandes einen optimalen Rauschabstand garantiert. Zusätzlich zu dem sogenannten Betriebsrauschen wird bei der analogen Magnetbandtechnik ein Modulationsrauschen erzeugt, das durch sich ändernde Band-Kopf-Abstände, Bandunebenheiten und Bandzugschwankungen bei der Wiedergabe entsteht. Prinzipiell wird alles Bandrauschen in seiner Intensität bei der Erstellung des Umschnitts für die Schallplatte mit aufgezeichnet und ist im Regelfall besonders gut beim Ein- und Ausschwingen der Tonaufzeichnung hörbar. Auch hier addieren sich letztlich die Eigengeräusche von Band und Schallplatte. Moderne Aufnahmen, die mit Rauschunterdrückungssystemen aufgezeichnet wurden, halten das Bandrauschen oft unterhalb der Eigenmodulation des Finalproduktes Schallplatte.

BANDSÄTTIGUNG

Ein durch Übersteuern des Magnetbandes verursachter Zustand, bei dem die Erhöhung des Aufnahmepegels nicht zu einer weiteren Magnetisierung des Bandes führt. Die Vollaussteuerung eines Bandes setzt voraus, daß sich das Magnetband an diesem Arbeitspunkt kurz vor oder an seiner Sättigungsgrenze befindet. Zumeist werden die Aufnahmeeinheiten so kalibriert, daß sich noch ein sog. Headroom (+2 bis +6 dB) oberhalb der Nullmarke befindet. Damit werden eventuelle zusätzliche Pegelspitzen ohne (dramatische) Verzerrungen speicherbar.

BANDSCHLEIFE

Ein in sich geschlossenes Magnetband, bei dem Anfang und Ende miteinander verklebt sind. Dadurch ist es möglich, ein einmal aufgezeichnetes Signal in von der Bandlänge abhängiger, periodischer Form nachzunutzen. Bandschleifen verwendet man bei der Gestaltung von Tonaufzeichnungen als sogenannte Loops (wiederkehrende Rhythmus- oder Klangflächenkombinationen). Durch einen gesteuerten Lösch- und Wiederaufnahmeprozeß kann man mit Bandschleifen aber auch Endlosaufnahmen anfertigen. Dabei wird vorausgesetzt, daß ein Zyklus nach seiner Aufnahme auch wieder zum Löschen freigegeben ist. Für Hall- und Echoeffekte wurden in den 50er und 60er Jahren z.B. auch Magnetbandgeräte mit wiederbeschreibbaren Bandschleifen verwendet.

BANDSCHNITT

Die Bearbeitung eines Magnetbandes durch dessen Auseinanderschneiden und Neumontage. → Cut

BANDÜBERNAHME

Für → Lizenzausgaben durch andere Schallplattenfirmen, bei denen eine Nachnutzung der Originalaufzeichnung (→ Matrizenaustausch) aus ökonomischen oder produktionstechnischen Gründen nicht stattfindet, ist die Bandübernahme der beste Weg, um Programmaterial untereinander auszutauschen. Im Regelfall stellt eine Bandübernahme also die Veröffentlichung einer Tonaufzeichnung aus zweiter Hand dar. In den 50er bis frühen 80er Jahren wurde von der lizenzgebenden Schallplattenfirma ein(e) → Überspiel(kopie) auf Magnetband angefertigt und an den Lizenznehmer weitergegeben, der davon dann innerhalb seiner Produktionstechnologie eine eigene → Originalaufzeichnung erstellte und Schallplatten fertigte. Seit den frühen 80er Jahren setzte sich beim internationalen Programmaustausch zunehmend das digitale Bandverfahren → U-Matic durch.

BANG & OLUFSEN

Dänischer Hersteller für Unterhaltungselektronik, der neben → Braun zu den wenigen wegweisenden Firmen der Industriegeschichte zählt. Auch Bang & Olufsen setzten ebenfalls frühzeitig auf das Verschmelzen von technischem Sachverstand und designerischen Qualitäten, wobei es den Dänen gelang, eine eigene Formensprache zu entwickeln. Typisch sind extraflache Gehäuse und futuristisch reduzierte Bedienfelder, die in Verbindung mit mechanisch und/oder elektronisch aufwendigen Regel- und Steuereinrichtungen komplett automatisierte Abläufe ermöglichen. Nach einer Reihe konventioneller Schallplattenspieler mit Drehtragarm stellten Bang & Olufsen im Jahr 1974 mit dem aufsehenerregenden → Vollautomaten Beogram 4000 erstmals einen Tangentialtragarm in Doppelbauweise vor. Hier ist der Arm zweiteilig ausgeführt, wobei dem eigentlichen Tragarm ein ähnlich designtes Kontroll- und Steuerelement vorangeht, das mittels Fotozelle und Auswerteinheit die Schallplattenoberfläche scannt und interpretiert. Weitere Ausstattungmerkmale: elektrischer Armvorschub und Armlift, Stummschaltung, Tipptastenbedienung, automatische Erkennung des Schallplattendurchmessers, Balkenanzeige für den Abtastradius, Wiederholmodus. Die geringe Bauhöhe von Gerät und Tragarm wurden u.a. durch das firmeneigene, sehr flache Abtastsystem (SP 15) ermöglicht. Mit der TX-Baureihe (ab 1981) wurde das Konzept technisch überarbeitet (u.a. Direktantrieb, ultraleichter Plattenteller, beleuchteter Aufsetzpunkt, LED-Anzeige) und das Bedienfeld auf drei Tasten reduziert. Bis 1991 erschienen diverse Weiterentwicklungen des Bauprinzips, die in verschiedenen Gehäuseausführungen mit den jeweils aktuellen Gerätelinien harmonierten. Schallplattenspieler von Bang & Olufsen wirken sehr elegant und überzeugen mit einem unglaublichen Bedienungskomfort, können aber anno 2000 klanglich leider nur in die obere Mittelklasse eingestuft werden. Wartungskritisch sind alle Modelle, die nur firmeneigene Abtastsysteme aufnehmen können bzw. keine Höhenverstellung des Tragarms ermöglichen.

BARKING PUMPKIN

Unabhängiges → Künstler-Schallplattenlabel von Frank Zappa, das 1980 gegründet, alle bisherigen Erfahrungen des Meisters mit seinen zahlreichen zuvor betriebenen Eigenlabeln (Straight, Bizarre, Discreet, Zappa) verarbeitete. In langjährigen und umfangreich geführten Prozessen gelang es Zappa, (fast) alle seiner bisher veröffentlichten Aufnahmen zurückzugewinnen. Auf Barking Pumpkin (LP) bzw. Ryko Disc (CD) erschien Mitte der 80er Jahre in schneller Folge der gesamte Backkatalog als Remaster und/oder Remix. Nach dem Tod von Zappa (1992) versuchte die Erbengemeinschaft ohne Erfolg, an diese Veröffentlichungspolitik anzuschließen.

BASISBREITE

Bezeichnung für den Abstand zwischen den beiden Lautsprechern einer Stereowiedergabeanlage. Die Basisbreite entscheidet über die Wirksamkeit des Stereoklangbildes. Gemeinhin verengt ein zu kleiner Abstand zwischen den Boxen den → Stereoeindruck, ein zu großer Abstand hingegen spreizt die Abbildung übermäßig. Entscheidend bei der Wahl der Basisbreite ist das Wiederherstellen eines zu der Aufnahmesituation in proportionalem Verhältnis stehenden Panoramas. Dabei geht es nicht darum, z.B. eine Opernbühne in ihren physischen Dimensionen realistisch darzustellen, sondern um die möglichst homogene Abbildung der bei der Aufnahme herrschenden Proportionen zueinander. Hier sind die Basisbreite, die Einwinkelung der Lautsprecher, deren Abstand zu den sie umgebenden Wänden ausschlaggebend. Ebenso sind die Anzahl der Teilquellen (Einzellautsprecher) einer Lautsprecherbox und deren gemeinsame akustische Ausrichtung sowie das Zeitverhalten der Einzelkomponenten für die Herstellung eines optimalen Stereoklangbildes mit verantwortlich.

BBC-KENNLINIE

Historische Aufzeichnungskennlinie, die, von der BBC eingeführt, bis Ende der 50er Jahre auch von einigen britischen Schallplattenfirmen eingesetzt wurde. Verwendete Zeitkonstanten: 3180/318/25 μs.

BEIHEFT

Der Tonträgerverpackung beigelegtes Druckerzeugnis. Häufig auch als Beileger, Booklet oder → Lyricsheet bezeichnet. Dabei ist es im Sinne der polygraphischen Fachbezeichnung egal, ob es sich um eine geheftete Beilage oder um mehrere Einzelblätter handelt.

BEILAGEN

Sammelbezeichnung für alle einer Veröffentlichung außerhalb des normierten Lieferumfangs (→ Schallplatte, → Außen- und → Innenhülle) in loser Form bei- oder eingelegten Druckerzeugnisse. Dazu gehören → Lyricsheets, herausnehmbare Beihefte, Aufkleber, Aufbügler, buttons, Plaketten, Postkarten, Poster, Ausschneidebögen usw. Vorausgesetzt, es sind alle Beilagen vollständig und unversehrt erhalten, steigt der Wert der Pressung beim Wiederverkauf.

BELL RECORDS

Vom Filmverleih und Kinobetreiber Columbia Pictures Industries (d.i. nicht → Columbia Records) zur Ausweitung der Geschäftsfelder Ende der 50er Jahre gegründete Schallplattenfirma. Nach langwierigen Startschwierigkeiten, konnte Manager Larry Uttal erst 1967, im Zuge des Aufschwungs der Rockmusik, einige erfolgreiche Acts für Bell verpflichten. Zwischen 1972–74 schwamm Bell mit im kurzlebigen Glam-Rock mit einigen UK-Acts in vorderster Linie. Insgesamt blieb das Label aber auch weiterhin eher unscheinbar und wurde 1974, unter Leitung des neugewonnenen Topmanagers Clive Davis, durch → Arista Records ersetzt. Zum Künstlerstamm gehörten u.a.: Bay City Rollers, Barry Blue, The Box Tops, David Cassidy, Edison Lighthouse, Gary Glitter, Hello, Mountain, Partridge Family, Showaddywaddy.
Etiketten (USA): blau (bis 1969), silber (1969–74), nach 1978 vereinzelt im BMG-Katalog.

BENZ MICRO

Von dem Schweizer Ernst Benz gegründete Diamantschleiferei, die 1971 die Fertigung von → Abtaststiften für audio-technica, Philips, Empire (später auch Ortofon, Revox, van den Hul) aufnahm. Mit Empire pflegte man eine enge Partnerschaft, in deren Folge erste eigene → Abtastsysteme entstanden. Benz ging 1994 in Rente und verkaufte die Firma an den gebürtigen Österreicher Albert Lukaschek, der die Produktlinie kontinuierlich weiterentwickelt und um zahlreiche Neuentwicklungen bereichert. Zu den bekanntesten Konstruktionen zählen die Typen MC2 und MC3, das Micro Ruby (MC, Rubinplättchen als Spulenkern, Holzkorpus), das Micro Glider (MC, elliptisch), Micro Ruby Open Air II (MC, perfect elliptical, stripped). Das preiswerte Einsteigersystem MC 20 E2 auf Basis eines Exel-Abtasters rundet das Programm nach unten ab. Benz Micro fertigt auch weiterhin für Dritte (Wilson Benesch, Cardas, Scheu u.a.) komplette Abtastsysteme. Weiterhin bietet die Firma dem interessierten Privatkunden einen umfangreichen, herstellerunabhängigen Reparaturservice für Abtastsysteme aller Art.

BERLINERSCHRIFT

Umgangssprachliche Bezeichnung für die von Emil Berliner eingeführte → Seitenschrift.

BESCHLEUNIGUNG

Bezeichnung für die Bewegungsschnelle während des Schneid- oder Abtastvorgangs.

BESCHLEUNIGUNGSAUFNEHMER

Ein schnellempfindliches Abtastsystem. Dabei nutzt das System die Umwandlung der (Bewegungs-) Schnelle der Abtastnadel zur Erzeugung äquivalenter elektrischer Signale. Praktisch alle Tonabnehmer, außer dem amplitudenabhängigen, piezoelektrischen Abtastsystem, sind Beschleunigungsaufnehmer.

BESPIELTER TONTRÄGER

Sammelbezeichnung für mit Tonaufzeichnungen versehene Tonträger, um sie von unbespielten Tonträgern (z.B. Leercassetten) abzugrenzen. In allen Epochen der Tonaufzeichnung gab es leere Tonträger (Sprechwalzen, Wachsscheiben, Tonbänder, Blank-CDs), die zur individuellen Tonaufzeichnung dienten. Im Zusammenhang mit der Schallplatte ist die Bezeichnung eigentlich irreführend, da diese Tonträgergattung in ihrer massenvervielfältigten Form grundsätzlich Tonaufzeichnungen enthält (von Blankseiten abgesehen). Ausnahmen: unbespielte PVC-Postkarten, Lackfolien und Acetate.

BESTELLNUMMER

Für die Lagerwirtschaft unvermeidliche exakte, numerische oder alphanumerische Bezeichnung einer → Verkaufseinheit und wird gewöhnlich auf der → Außenhülle und dem → Etikett abgedruckt. Bis zur Einführung der modernen, maschinenlesbaren Bestellnummern in Nordamerika (→ UPC) und Europa (→ EAN) gestaltete jede Firma nach internen Gesichtspunkten ihre Bestellnummern. Man unterscheidet drei verschiedene Grundformen: numerische und alphanumerische Bestellnummern sowie Buchstabencodes.

1. Die reinen numerischen Kataloge stellen das Gros aller Ordnungen dar. Dazu benutzt man Ziffernblöcke (zwei- bis vierstellig), die in aufsteigender Folge die Entwicklung des Katalogs dokumentieren. Eine frühe Veröffentlichung innerhalb der Firmengeschichte wird demnach eine niedrige Katalognummer besitzen. Zusätzliche Ziffernblöcke (zwei- oder dreistellig) können die eigentliche Katalognummer um → Preisgruppe oder → Format ergänzen. Mitunter werden in die Bestellnummer auch Ländercodes numerisch integriert.
2. Alphanumerische Bestellnummern gliedern den Katalog ebenfalls numerisch, nutzen aber Buchstaben(kombinationen) zur Abgrenzung von Zusatzangaben (Präfix, Suffix).
3. Codes mit künstlerbezogenen Buchstabenkombinationen (z.B. MRL = Marillion, BOW = Bowie, GENS = Genesis) werden hauptsächlich im angelsächsischen Raum als werbewirksame Ergänzung genutzt, aber praxisnah um eine kompatible Bestellnummer ergänzt.

In zyklischen Abständen, oft nach Fusionen oder Übernahmen, ordnen große Schallplattenfirmen ihren Katalog und vergeben dabei für weiterhin gelistete Tonträger (mitunter) neue Bestellnummern oder veränderte Prä-/Suffixe. Gelegentlich werden die Firmenkataloge von Grund auf neuorgansiert, so daß beispielsweise auf sechsstellige nun siebenstellige Bestellnummern folgen. Derart große Eingriffe in den Katalog vereinfachen die historische Einordnung einer Pressung.

BEWERTUNG, GEHÖRRICHTIGE

Das menschliche Gehör empfindet die Lautstärke eines Signals in Abhängigkeit zu dessen Frequenz. Sehr tiefe und hohe Töne werden dabei deutlich leiser wahrgenommen. Setzt man für das Lautstärkeempfinden bei 1kHz einen Wert von 0 dB voraus, werden die beiden Hörgrenzwerte von 20 Hz bzw. 20 kHz deutlich leiser (ca. -30 dB) wahrgenommen. Im Bereich von 4 – 6 kHz ist das Gehör hingegen überempfindlich (ca. +10 dB). Die gehörrichtige Bewertung elektroakustischer Meßsignale berücksichtigt diese Empfindlichkeit und verwendet entsprechend eingerichtete Meßfilter. Die Empfindlichkeitskurve des menschlichen Gehörs bezeichnet man als Psophometerkurve (genormt nach CCIR 486-3, OIRT E 71/1), und alle entsprechend ermittelten Meßwerte werden als »bewertet gemessen« bezeichnet.

BEZUGSBAND

Vorbespieltes, standardisiertes Magnetband mit Bezugspegel für die Einstellung der Verstärkung des Wiedergabekanals, der Taumelung des Wiedergabekopfes und zur Überprüfung des tatsächlichen Wiedergabefrequenzgangs. Bezugsbänder ermöglichen die Kompatibilität einer Magnetbandaufzeichnung auch auf einem anderen Bandgerät. Im internationalen Programmaustausch, bei dem sehr häufig Magnetbänder zum Transfer benutzt wurden, wird dem → Masterband eine entsprechende Bezugsbandsequenz vorangestellt. Folgende Sequenzen sind dabei als Bezug aufgezeichnet: 1. Pegelton 315/1000 Hz (Bezugspegel); 2. Sinusfrequenz 6,3 o. 10 kHz (Eintaumeln); Einzelfrequenzen von 31,5 bis 16000 Hz (Überprüfung Wiedergabefrequenzgang). Bei der Kalibrierung von Aufzeichnungsgeräten wird eine vierte Sequenz zur Überprüfung der Aufnahmeeigenschaften genutzt.

BEZUGSFREQUENZ

Auf → Bezugsbändern aufgezeichnete Frequenz, die als Vergleichswert zur Einstellung von Magnetbandgeräten verwendet wird. Die internationale Studionorm schreibt eine Bezugsfrequenz von 1 kHz für Studiotonbandgeräte (38 und 76 cm/sec.) vor. Eine korrekte Wiedergabe dieses Signaltons, von Meßinstrumenten überprüft, garantiert die richtige Abspielgeschwindigkeit der Aufnahme. Die Stärke der Bezugsfrequenz ist zugleich der → Bezugspegel der Tonaufzeichnung.

BEZUGSPEGEL

Auf → Bezugsbändern aufgezeichneter Pegelwert der → Bezugsfrequenz. Der Bezugspegel, auch als Pegelton bezeichnet, ist ein Maß für die Größe der Bandmagnetisierung. Damit wird der Wert für eine Vollaussteuerung des Signals beschrieben, also die tatsächliche Aufzeichnungsgröße und nicht die Aussteuerungsgrenze im Sinne der möglichen Vollaussteuerung eines Magnetbandes. Dazu wird der bei Wiedergabe des Bezugspegels entstehende Ausgangspegel des Magnetbandgeräts auf einen Referenzwert von 0 dB gegenüber nachfolgenden Geräten (z.B. Mischpult) eingestellt. Der Bezugspegel ist also der Bezugswert für den maximalen Pegel einer zu bearbeitenden Tonaufzeichnung (z.B. beim Mastern).

BEZUGSSCHALLDRUCK

Der als Bezugswert ($2x10^{-5}$ Pa = 0 dB) festgelegte → Schalldruck, der zur Ermittlung des → Schallpegels dient.

BIELEFELDER KATALOG

Firmenneutraler deutscher Schallplattenkatalog, der seit 1953 erscheint. Trug die Erstausgabe noch den Titel »Die Langspielplatte. Deutscher Sammelkatalog 33 1/3«, erscheint dieses Werk seit 1960 halbjährlich als »Bielefelder Katalog«. Hier findet der Sammler eine Auflistung aller zum jeweiligen Redaktionsschluß am deutschen Markt verfügbaren Tonträger (E-Musik, Folklore, gesprochenes Wort) nach Interpret, Titel, Firma, Bestellnummer, Format. Ein Werkregister und Index runden den Katalog ab. In frühen Jahren wurden ebenfalls die Preisklassen aufgeführt. Jährlich erscheint ein Jazz-Katalog nach vereinfachtem Muster. Die Bielefelder Kataloge sind zumindestens bis Mitte der 80er Jahre die beste Referenzquelle für den deutschen Tonträgermarkt.

BIEM

Internationaler Zusammenschluß, »Bureau International des Sociétes gérant les droits d'Enregistrement et de reproduction Mécanique« (Paris), von → Verwertungsgesellschaften aus allen fünf Kontinenten. Die Dachorganisation koordiniert die Interessen der Einzelmitglieder. Eine Nennung auf → Etiketten bezeichnet nicht die direkte Rechtsvertretung durch den Dachverband, sondern verweist auf eine Mitgliedschaft der verantwortlichen nationalen Verwertungsgesellschaft. In den 50er und 60er Jahren verwendete man das Kürzel, um im internationalen Tonträgeraustausch und bei gemeinsamen Märkten eine einfache Zuordnung der Schutzrechte zu gewährleisten. Seit den 70er Jahren sind die nationalen Verwertungsgesellschaften bestrebt, die in ihrem Geltungsbereich hergestellten Tonträger mit ihren eigenen Zeichen auszuweisen. Die Abkürzung entstand aus dem ursprünglichen Namen der Organisation »Bureau International de l'Edition Mécanique«.

BILDPLATTE

Nichtlöschbares Speichermedium für Bild und Ton, das in seiner Erscheinung stark an die Schallplatte angelegt ist. Nach ersten Versuchen von Levy-Michel (1930) forcierte die Technologieabteilung der Teldec in den späten 60er Jahren die Entwicklung eines audiovisuellen Massenmediums. 1970 stellte man einen ersten Prototyp und 1975 das fertige Serienprodukt (TED-Bildplatte) vor. Ebenso wie die Schallplatte beruht die TED-Bildplatte auf einem mechanischen Abtastprinzip. Auf Grundlage der TED-Bildplatte stellten JVC das VHD-System (Video High Density) und RCA das CED-System (Capacity Electronic Disc) im Jahr 1981 für die USA vor. Alle genannten Systeme konnten sich nie gegen die löschbaren Bandaufzeichnungsverfahren durchsetzen. Mitte der 70er Jahre entwickelte Philips/Polygram eine optisch mit Laserstrahl abtastbare VLP (Video Long Play), die nach Testphasen zur Laser Disc weiterentwickelt wurde. Technologische Erkenntnisse des für die TED-Bildplatte entwickelten Schneidverfahrens wurden für das DMM-Verfahren umgesetzt.

BILLBOARD

Die seit 1894 erscheinende US-amerikanische Publikation ist die älteste Branchenzeitschrift und berichtet wöchentlich über die wichtigsten Ereignisse, Entwicklungen und Personalentscheidungen aus allen Bereichen der Musikindustrie. Hier werden auch die von der RIAA ausgewerteten → Hitparaden veröffentlicht.

BINAURAL DISC

Stereophone Schallplatte mit zwei separaten Rillenringen, die jeweils einen Informationskanal enthalten. Zur Wiedergabe benötigt man spezielle Geräte mit zwei Armen und Abtastern. In der Fühjahrsausgabe des »Journal of Audio Engineering Society« 1953 stellt E. Cook das System erstmals vor. Wegen dem ungeheuren Apparateaufwand und Synchronisationsproblemen gilt das System in dieser Form als kritisch und wird kurze Zeit danach durch die Entwicklung von einrilligen Stereoschallplatten in Kombinationschrift verworfen.

BLACK DISC

Bezeichnung für alle Schallplattengattungen mit analoger Schallspeicherung. Wird eigentlich nur von Wissenschaftlern und Historikern zur Abgrenzung der »schwarzen« Scheiben gegenüber den digitalen Tonträgern genutzt.

BLUE NOTE

Von den gebürtigen Berlinern Alfred Lion und Francis (Frank) Wolff im Jahr 1939 in New York gegründetes Jazz-Label, das anfänglich Traditional- und Hot-Platten veröffentlichte. Die beiden Jazzfans teilten sich die Arbeit: Lion betreute die Aufnahmesessions und Wollf fotografierte die Künstler während der Sitzungen. Ab 1947 konnte Blue Note zahlreiche junge Talente, aber auch gestandene Größen verpflichten und seine Produktion in Quantität und Qua-

lität deutlich steigern. Eine oft unterschätzte Schlüsselposition besaß der auch als Produzent für Blue Note tätige Saxophonist Ike Quebec, der dem Label zahlreiche befreundete Musiker zuführte. 1951 gehörte Blue Note zu den ersten → Independents, die ihre Produktion auf Mikrorille (10 Inch) umstellten. In schneller Folge entstanden in den 50er Jahren musikalisch und historisch bedeutsame Sessions, die den Jazz vorantrieben und das Label stärkten. Auch nach 1960 konnte Blue Note Schritt halten, indem man erneut eine Reihe von jungen, sehr erfolgreichen Talenten förderte. Nach dem frühen Tod von Quebec (1963) holte man Duke Pearson als Co-Produzenten zum Label. Pearson setzte neue Akzente, indem er auch Elemente des Funk und Soul in die Sessions integrierte und so akademische Grenzen des modalen Jazz aufbrach. 1966 verkaufte Wollf das Label an Liberty Records. Zum neuen künstlerischen Leiter wurde Pearson berufen, der mit ständig abnehmendem kommerziellen Erfolg an seiner funklastigen Konzeption festhielt. 1975 übernahm Charlie Lourie die Leitung und formte Blue Note zum Reissue-Label, das nur noch aus seinem Bestand heraus operierte und unzählige Sammelplatten sowie Scheiben mit zuvor unveröffentlichten Sessions und Out-Takes hervorbrachte. Fünf Jahre später stellte Blue Note seine Produktion vorübergehend ein, um 1985 reaktiviert zu werden. Neben einer erneuten Auswertung des Back-Katalogs nahm man auch wieder Künstler unter Vertrag und produzierte Sessions. Dennoch konnte dieses »neue« Blue Note-Label nicht an die Aura und den Erfolg der frühen Jahre anschließen. Anfang der 90er Jahre blühte Blue Note ein letztes Mal auf, indem der Backkatalog von zahllosen DJs als Teil des musikalischen Erbes entdeckt und gnadenlos ge-sampled wurde.
Anmerkung: Der junge, talentierte Augenoptiker und Hobby-Tontechniker Rudy Van Gelder betreute ab 1953 die meisten Blue Note-Sessions und verlieh dem Label (s)einen eigenen Sound. Das Gros der von Van Gelder realisierten Aufnahmen wurde für die ursprünglichen LP-Pressungen von ihm persönlich auf Lackfolie überspielt (Handgravur RVG, später Stempel). Aus Van Gelder wurde schnell ein gefragter Aufnahmeleiter, der seinen Sound später auch vielen anderen Firmen aufprägte (Impulse!, Verve, CTI usw.). Speziell die Van Gelder-Aufnahmen gelten heute bei Audiophilen in aller Welt als besonders gelungene Beispiele für einen »natürlichen« Klang. Künstlerstamm: Art Blakey, Clifford Brown, Kenny Burrell, Miles Davis, Lou Donaldson, Kenny Dorham, Grant Green, Herbie Hancock, Freddie Hubbard, Meade Lux Lewis, Hank Mobley, Lee Morgan, Wayne Shorter, Horace Silver, Jimmy Smith. *Etiketten (USA): blau/weiß, »Lexington Ave., NYC« (1950 – 57); blau/weiß, »West, 63rd Street, NYC« (1957 – 61); blau/weiß, »New York, USA« (1962 – 65); blau/weiß, »A Division of Liberty Records« (1966 – 69); blau/weiß, »A Division of United Artists Records« (1970 – 72); blau, b-Schlüssel rechts oben (1973 – 78); blau/weiß, »The Finest in Jazz« (1985– 90); blau/weiß, »The Finest in Jazz«, Barcodenummer (ab 1990). Für Nachauflagen in den 90er Jahren wurden auch erneut fünfstellige BST-Nummern verwendet.*

BMG
Abkürzung für die Bertelsmann Music Group, die international operierende Schallplattenfirma des Medienkonzerns Bertelsmann. In einem langwierigen Prozeß entstand aus dem Ursprungslabel → Ariola zuerst die Ariola/Eurodisc (1965), später die Ariola/RCA (1985) und letztlich die BMG. Aufgrund ihrer enormen Größe gehört die BMG zu den vier letztlich verbliebenen Major-Companies der Welt. Eine Allianz mit AOL wurde 2000 aufgelöst, als diese Time/ Warner übernahm. Zu BMG gehören u.a. folgende Labels: Ariola, Eurodisc, Hansa, Camden, RCA, Ufa, Victor, Victrola und der Importdienst ARIS.

BMI
Abkürzung für Broadcast Music Incorporated (New York, USA). Die BMI ist neben der → ASCAP die einflußreichste Verwertungsgesellschaft der USA.

BOBBIE, BOBBY
Der bei Studiotonbandgeräten mit Bandtellern notwendige Wickelkern (Durchmesser 100 mm) aus Aluminiumdruckguß (DIN 45515), um den das Tonband freitragend gewickelt wird. Wird gern als Aschenbecher zweckentfremdet.

BONUS DISC
Eine der eigentlichen Schallplatte beigegebene eigenständige Extraschallplatte. Zumeist werden bonus discs nur der → Initialauflage des Hauptprodukts beigelegt, um weiteres Material auszuwerten oder das Produkt im Wettbewerb weiter aufzuwerten. Typische Anwendungsbeispiele sind Bonus-Singles mit Interviews, → out-takes, Alternativ-Versionen bzw. → Lang- oder Kurzfassungen, gelegentlich auch komplette Bonus-LPs mit Livematerial. Vor allem unter Sammlern sind diese bonus discs begehrt, erweitern sie doch das → Werkverzeichnis bzw. den Archivbestand und gewähren gelegentlich sogar einen tiefen Blick in das künstlerische Schaffen. Andererseits können Erstpressungen in ihrer Authentizität an entsprechenden bonus discs dingfest gemacht werden und verfügen nur in vollständiger Form über einen entsprechenden Marktwert. Beispiele: Sex Pistols – Never mind the bollocks (1978, Virgin, V 2086); Erstausgabe mit Poster und einseitig bespielter Bonus-Single »Submission« (Virgin, VDJ 24). Durutti Column – The Return of the Durutti Column (1980, Factory, FACT 14); Teilauflage der Erstausgabe mit zusätzlicher → Schallfolie »Testcard« (Factory, FACT 14C).

BOOKLET
Englisch für → Beiheft

BOOTLEGGING
Anfänglich nur die unautorisierte Aufzeichnung und Vervielfältigung von Live-Auftritten und Rundfunksendungen. Später veröffentlichten die Bootlegger

auch Out-Takes und unbekanntes Archivmaterial. Die daraus resultierenden, kommerziellen Tonträger nennt man Bootlegs.

BOX-SET

Bezeichnung (engl.) für eine luxuriös in eine Klappbox oder in einen Schuber verpackte Verkaufseinheit. Dem Box-Set wird sehr oft ein → Beiheft oder Booklet beigelegt. Besonders edle Ausgaben verfügen über → Einsteckhüllen für jede Einzelschallplatte.

BPI

»The British Phonographic Industry Ltd.« ist der Dachverband der britischen Tonträgerindustrie.

BRAIN

Sublabel von → Metronome Records für progressive Rockmusik. In den 70er Jahren vor allem mit deutschen Elektronic-Acts und Krautrock-Kapellen auch international sehr erfolgreich. In den Anfangsjahren wurde das Label (auch) als »2001 Brain« vermarktet. Zum Künstlerstamm gehörten u.a.: Amon Düül, Birth Control, Cluster, Edgar Froese, Grobschnitt, Guru Guru, Harmonia, Neu, Novalis, Popul Vuh, Klaus Schulze, Scorpions.
Etiketten (BRD): rot, »2001 Brain«, sechsstelliger Katalog (bis 1974), olivgrün, Unterzeile Metronome, 4-stelliger Katalog (bis 1974), olivgrün, ohne Unterzeile Metronome, 4-stelliger Katalog (1975/77), Bildmotiv – Kopf mit Wolkenschriftzug, 7-stelliger Katalog (ab 1978).

BRAUN

Deutscher Hersteller für Heimelektronik sowie elektrische Haushaltsprodukte im weitesten Sinne (Rasierer, Kaffeemaschinen usw.). Von Max Braun 1921 in Frankfurt/Main gegründet, setzen die Söhne Artur und Erwin Braun ab 1954 in Zusammenarbeit mit Fritz Eichler und Hans Gugelot, Wilhelm Wagenfeld, Otl Aicher (alle Hochschule für Gestaltung Ulm) auf eine moderne, einheitliche Design-Sprache. Mit der Vorstellung der → Phonokombination SK 4 (Schneewitchensarg) stellte Braun 1956 erstmals eine durchsichtige, aus Plexiglas gefertigte Plattenspielerhaube vor. Später werden vom Chefdesigner Dieter Rams weitere revolutionäre Konzepte entwickelt: der tragbare → Phonotransistor TP1 (1959) für 17cm-Schallplatten, die Phonokombination audio 1 (1962) mit Pultbedienung, sowie der zur atelier-Baureihe gehörige → Vollautomat P4 (1984) mit Wippschalter zur → Tonarmsteuerung.

BREITEN- UND TIEFENSTAFFELUNG

Bezeichnet die Fähigkeit einer stereophonen Tonaufnahme, in begrenztem Maße das akustische Umfeld der Aufnahme abzubilden. Die Breiten- und Tiefenstaffelung ist abhängig von Typ und Aufstellung der Mikrofone, dem Mix, aber auch der Qualität und Positionierung der heimischen Wiedergabeanlage.

Darüber hinaus wirken sich die unvermeidlichen Signalverluste innerhalb des mehrstufigen Übertragungsprozesses (→ Urband, → Originalaufzeichnung, → Preßvorgang usw.) negativ aus. Als Breite bezeichnet man die akustische Ausdehnung zwischen den beiden Wiedergabelautsprechern, und als Tiefe die abgebildete Rauminformation nach hinten. Eine gute Breiten- und Tiefenstaffelung wird Einzelstimmen (Sänger, Instrumente usw.) deutlich voneinander trennen, aber dennoch den Zusammenhalt der Aufnahme (Geschlossenheit) wahren.

BREITKLANG

Für stereophonisierte Schallplatten verwendeter Begriff der Electrola GmbH.

BREITRILLE

Historischer Rillentyp aus der Walzenära. Von Edison für seine 2-Minuten-Walzen mit 100 Windungen pro Inch festgelegt.

BREUER

Der Feinmechaniker Erhard Breuer aus der Schweiz stellte 1975 den → Drehtragarm Type 8 (auch Dynamic genannt) vor, der in seinen grundlegenden Konstruktionseigenschaften von zahlreichen anderen Herstellern (z.B. Linn mit Ittok und Ekos) später sehr erfolgreich kopiert wurde. Breuer hatte das Prinzip des kardanisch gelagerten Drehtragarms überdacht und auf das Wesentliche reduziert, wobei er die damals praktizierte Tragarmgeometrie deutlich verbesserte. Gleichzeitig begründete er dank eidgenössischer Sorgfalt ein neuartiges Fertigungsniveau beim Bau von Tragarmen. Der Arm verfügt über ein gerades Tragarmrohr, Skating-Kompensation und Auflagekrafteinstellung mit innenliegender Feder, Silberinnenverkabelung, verlötete Stecker und eine variable Höhenverstellung der Lagerebene (vertikale Abstandschraube zur Tragarmbasis). Die Einstellung der Variablen erfolgt vorbildlich über von außen zugängliche Rändelräder. Zwischenzeitlich verbessert, um eine 12"-Ausführung und die B-Version (schwarzes Tragarmrohr) ergänzt, wird der Type 8 bis heute in kleinen Auflagen hergestellt. Darüber hinaus bietet Breuer ein überarbeitetes EMT-Abtastsystem unter eigenem Namen an.

BRINKMANN

Deutscher High End-Hersteller für Verstärkerkomponenten, der mit dem Laufwerk »Balance« in den 80er Jahren die Popularisierung des Massekonzepts beim Laufwerksbau forcierte. Besonders das beheizbare Tellerlager war lange ein Novum in der Szene. Bis heute gilt das »Balance« als gelungenes Beispiel für technische Reife und klangliche Güte.

BRUMMEINSTREUUNG

Allgemeine Bezeichnung für das Eindringen von niederfrequenten Störungen in Anschlußleitungen und Geräte. Vorrangig Einstreuungen aus dem Wechselspannungsnetz verursachen beim Betreiben von Wiedergabeanlagen ein sattes Brummen. Bei der Schallplattenwiedergabe sind vor allem Tonabnehmer besonders geeignet, Brummeinstreuungen aufzufangen und in die Wiedergabekette einzuleiten. Plattenspieler müssen grundsätzlich geerdet und zusätzlich mit der Masse des Verstärkers verbunden werden, womit eine deutliche Reduzierung der Brummeinstreuung bis an die Hörschwelle möglich wird. Ein Restbrummen des Phonokanals ist dennoch üblich, denn aufgrund der enormen Signalverstärkung und eventueller Masseschleifen innerhalb der Schaltung lassen sich nicht alle Störungen fernhalten.

BUDDAH RECORDS

Vom Produzenten Neil Bogart 1967 gegründete Schallplattenfirma, die von Anfang an auf ein spezialisiertes Programm setzte. Immer den Trends um Nasenlänge voraus, oder mitunter auch sehr erfolgreich im Lancieren von neuen und reinkarnierten Modeströmungen, setzte Bogart auf Bubblegum Music (69/70), Twist-Revival (70/71), Rock & Roll-Revival (72/73). In einer frühen Konzentration von unabhängigen Labeln, übernahm Buddah im Jahr 1971 die Schallplattenfirma Kama Sutra Records von Kasenatz und Katz, die nun auch als Produzenten zur Verfügung standen. Das Faible für massenwirksame Tanzmusik brachte 1974 das zukünftig sehr erfolgreiche Disco-Sublabel → Casablanca Records hervor. Zum Künstlerstamm gehörten u.a.: 1910 Fruitgum Company, Captain Beefheart, Gladys Knight, The Lemon Pipers, Melanie, Ohio Express, Sha Na Na.
Etiketten (USA, auch BRD): mehrfarbig mit Buddah-Silhouette (1968–73); orange (1973–78); Arista-Etikett (ab 1978).

BUDGET LINE

Bezeichnung (engl.) für preiswerte Schallplatten-Editionen. Zumeist veröffentlicht die Phonoindustrie in gebührendem zeitlichen Abstand zur Erstveröffentlichung das gleiche Tonmaterial entweder in der Originalzusammenstellung und dem Originalcover, oder aber in vielfältigsten Neukopplungen, und senkt für diese speziellen Nachauflagen den Verkaufspreis. Sehr häufig erhalten diese Nachauflagen aber auch ein neues Covermotiv und werden aus Wettbewerbs- oder Marketinggründen mitunter auch in thematischen Reihen neu geordnet. In der Regel erhalten diese Reihen plakativ den Verkauf stimulierende Titel (Profil, Heritage, etc.) oder allgemeine Aufkleber ähnlich der populärsten Budget-Serie: Nice Price (CBS/Sony). Für den Sammler sind vor allem inhaltlich völlig identische Nachauflagen der Original-LPs mit neuer Covergestaltung interessant.

BUNDESVERBAND DER PHONOGRAPHISCHEN WIRTSCHAFT

Seit 1962 existierende Interessenvertretung der bundesdeutschen Phonoindustrie. Seinen bislang gewichtigsten Auftritt hatte der Bundesverband 1971, als er versuchte, unter Berufung auf die Artikel 3 (Gleichheit) und 5 (Recht auf Meinungsäußerung) des Grundgesetzes eine Gleichsetzung der Mehrwertbesteuerung für Tonträger (damals 11 %) mit der für Bücher und Zeitschriften (5,5 %) vor Gericht einzuklagen. Im Rahmen dieser Initiative veröffentlichte der Bundesverband sogar eine limitierte und einzeln nummerierte Propaganda-LP »die schallplatte« (Katalognummer TST 76 981) für »meinungsbildende Persönlichkeiten«. Diese Auseinandersetzung führte in letzter Instanz zu dem Grundsatzurteil, daß Tonträger im Sinne des Gesetzes keine Kunstwerke nach Inhalt (wie Bücher, Bilder, Fotos etc.) sind, sondern sich nur nach Vortrag ausweisen. Hier siegte ein starrer, enger Kunstbegriff, der z.B. die Originalaufführung einer Oper steuerlich förderungswürdig stellt, aber das aufgezeichnete Abbild desselben Ereignisses und dessen mechanische Reproduktion als Industrieware wertet. Die parallel dazu geführte Diskussion über Schlager, Pop und Rock als Kunstwerk dokumentierte ein hoffnungslos antiquiertes, bürgerliches Kunstverständnis. Durch diese Entscheidung werden Schallplatten, aber auch Videos bis heute wie Staubsauger, Autos usw. besteuert.

BYPASS-SCHALTUNG

Auch als Einschleifen bezeichnete technische Anordnung von Geräten zur Signalbeeinflussung. Indem Komponenten in den Schaltungsaufbau als überbrückbare Glieder integriert werden, kann man sie ohne Änderung der Anordnung ein- und ausschalten. Dadurch werden die Nutzung von z.B. Kompandern, Equalizern und Effektgeräten und die Überprüfung der Komponenten wesentlich vereinfacht. Ein weiter Vorteil ist der verhältnismäßig geringe Geräuschspannungsabstand einer Bypass-Schaltung, da nur die wirklich genutzten Komponenten das Gesamtrauschen erhöhen.

C

CANTILEVER

Engl., → Nadelträger

CAPITOL RECORDS

Von Johnny Mercer (Autor), Glenn Wallichs (Schallplattenhändler) und Buddy de Sylva (Produzent, Paramount Pictures), 1943 gegründete Schallplattenfirma, die ihren frühen, sensationellen Erfolg der Umgehung des ersten »Recording Ban« verdankt. Für fast zwei Jahre organisierten die Gewerkschaften eine äußerst wirksame Blockade aller Studioaktivitäten innerhalb der Schallplattenindustrie. Capitol konnte durch umfangreiche, vorproduzierte Tonaufnahmen, im Gegensatz zu den etablierten Firmen, ständig neues, überaus erfolgreiches Material für die Charts zur Verfügung stellen. Schon 1948 gehörte Capitol in den engen Kreis der → Major-Companies und begann den Katalog durch Verträge mit bereits erfolgreichen Stars auszubauen. Mit Einführung der Langspielplatte wurde ebenfalls eine Abteilung für E-Musik gegründet. Nach nur zwölf Jahren rangierte Capitol auf Platz 3 der US-Majors. 1955 erwarb die britische → EMI den Vollsortimenter Capitol u.a. auch, um Zugang zum amerikanischen Markt zu erhalten. Durch die Lizenzübernahme (US-Markt) der Beatles festigte Capitol in den 60er Jahren seine Marktposition. Den Sprung in das Rock-Zeitalter konnte die Firma nur mit wenig Erfolg leisten, obwohl man gerade in der Lizenzierung von britischen Rockbands stark war. Die Entwicklung von dauerhaften Acts für die 80er und 90er Jahre war ebenfalls sehr ernüchternd. Dennoch gehört Capitol vor allem durch seinen Backkatalog mit wertvollen Aufnahmen aus den 40er bis 60er Jahren zu den ergiebigsten Schallplattenkatalogen aller Zeiten. Im Januar 2000 wurde Capitol durch die Kooption der EMI mit AOL-Time-Warner in deren Musikabteilung eingebunden. Zum Künstlerstamm gehör(t)en u.a.: The Band, The Beach Boys, Garth Brooks, Joe Cocker, Nat King Cole, Judy Garland, Grand Funk Railroad, Stan Kenton, Dean Martin, Diana Ross, Frank Sinatra, Tina Turner.

Etiketten (USA): grün (1949–53); türkis oder grau (1953–58); Regenbogenrand, Logo links (1958–62); Regenbogenrand, Logo oben (1962–69); grün (1969–72); rot (1972–75); orange oder gelb (1972–78); weinrot (1978–84); Regenbogenrand, Logo oben (1984–90); weinrot (ab 1991).

CARDBOARD JACKET

Bezeichnung (engl.) für ein → Neutralcover. Dabei kann es sich um das ursprüngliche → Cover (z.B bei Testpressungen) oder um den Ersatz für ein verlorengegangenes, bedrucktes Cover handeln.

CARL LINDSTRÖM GMBH

Ursprünglich in Berlin ansässiges, deutsches Traditionsunternehmen der Phonoindustrie, das schon vor dem Ersten Weltkrieg zu den ganz Großen der Branche gehörte. Nach dem Zweiten Weltkrieg verließ das Unternehmen, seit 1931 im Besitz der britischen → EMI, den Standort Berlin und siedelte nach Köln um. Lindström und einige der von ihr gehaltenen Vorkriegsmarken (u.a. Odeon) fusionierten mit der deutschen Electrola 1972 zur EMI Electrola.

CARTRIDGE

Engl., → Abtastsystem

CASABLANCA RECORDS

Von → Buddah Records gegründetes Sub-Label. Casablanca stand für ein frühes, glamourhaftes Show-Verständnis, das Acts wie Kiss sehr erfolgreich zu plazieren wußte. Von 1976 bis 1981 vereinnahmte man mit riesengroßem Erfolg die neu entstandene Disco-Szene für sich und besaß mit Donna Summer eine der stilbildenden Protagonistinnen. Konfuses Missmanagment und eine ausgeprägte Selbstüberschätzung der leitenden Manager führten ab 1980 zum katastrophalen Niedergang des Labels. Die Übernahme des Katalogs durch Polygram Records (1981) konnte Casablanca jedoch nicht auf Dauer sanieren. Weitere Künstler: Cameo, Captain & Tennille, Irene Cara, Cher, Four Tops, Lipps Inc., Giorgio Moroder, Parliament.
Etiketten (USA): blau, »Manufactured and Distributed by Warner Bros. Records, Inc.« (1974); blau, »Manufactured and Distributed by Casablanca Records« (1975); Bildmotiv – Drei Kamele (1976–77); Bildmotiv – Filmcrew, »Manufactured and Distributed by Casablanca Records« (1976–81); Bildmotiv – Filmcrew, »Manufactured and Distributed by Polygram Records« (ab 1981).

CASTLE COMMUNICATIONS

Britische Schallplattenfirma mit angegliedertem Verlag, Preßwerk und Vertrieb, die sich auf Nachauswertungen konzentriert hat. Dabei setzt Castle, 1985 aus dem Zusammenschluß von NEMS und anderen unabhängigen Sammelkatalogen hervorgegangen, die Tradition einer permanenten Backkatalogauswertung fort. Vor allem der NEMS-Katalog (ehemals Brian Epstein), der seit den 60er Jahren unzählige Künstlerproduktionen zur Auswertung erworben bzw. lizensiert hatte, ermöglichte Castle von Beginn an, mit einem umfangreichen Angebot den Majors Paroli zu bieten. Zur optimalen Auswertung des Archivmaterials wurden verschiedene Sublabel eingerichtet. »Castle Classics« veröffentlichte Original-Alben, in der »Castle Collector Series« wurden knapp

300 → Sammeplatten aufgelegt, »Castle Showcase« präsentierte ein buntgemischtes Programm, »Castle TV« vermarktete spezielle → TV-Kompilationen. Darüber hinaus begann man schon in den 80er Jahren mit der Herausgabe von Musikvideos (Castle Music Picture, Castle Hendring Videos, Castle Vision). Anfang der 90er Jahre verlegte man die Musikproduktion ausschließlich auf Compact Disc. Vor allem die Classics-Reihe hatte beim Konsumenten immer wieder für Anstoß gesorgt, brillierte sie doch mit einem farblosen Klangbild und dürftiger Ausstattungsqualität (aus → Klappcovern wurden → Einsteckhüllen). Im Zuge des Vinyl-Revivals veröffentlichte Castle 1997 eine fünfteilige → Staffel, die durch ihr liebevoll restauriertes Cover-Artwork, die Beigabe von Bonus-Singles und einen guten Klang die schlechten Erinnerungen an → Mittelpreis-Pressungen vergangener Jahre vergessen ließ. 1998 hat sich Castle der aufstrebenden, börsennotierten Independent-Firma Edel Contraire angeschlossen. Durch Castle wurden u.a. die Backkataloge folgender Künstler ausgewertet: Black Sabbath, Kinks, Magnum, Gary Moore, Motörhead, Nazareth, Sally Oldfield, Small Faces, Status Quo, Uriah Heep.

CAV-SYSTEM

Aus dem Englischen hergeleitete Abkürzung (constant angular velocity) für ein Wiedergabesystem kreisförmiger Speichermedien mit konstanter Winkelgeschwindigkeit. Das Speichermedium bewegt sich während des Abtastvorgangs immer mit der gleichen Geschwindigkeit. Je länger die Spielzeit, desto größer wird der Durchmesser des Mediums und die Differenz zwischen innerer und äußerer Spurlänge. Die effektive Informationsdichte wird in der innersten Windung festgelegt, sie bestimmt das Auflösungsvermögen des Systems.

CBS

1963 trennte sich die US-amerikanische → Columbia von ihrem langjährigen Europa-Partner → Philips, und gründete eine eigene kontinental-europäische Tochterfirma. Da in Europa der Name Columbia von der britischen EMI und deren nationalen Tochterfirmen gehalten wird, übernahmen die Amerikaner für die Alte Welt Marke und Namen des Mutterkonzerns CBS. Das in Holland angesiedelte Unternehmen verfügte über ein Presswerk, verzichtete aber lange Zeit auf ein eigenes Umschnittstudio, da die US-Columbia für die Lizenzausgaben entsprechend vorgefertigte Väter bereitstellte. Bis 1969 erschienen (fast) alle Ausgaben in national ausgewiesenen, aber technisch identischen Pressungen (Etikett). Indem die CBS 1970 ihre Produktion für das europäische Festland komplett vereinheitlichte, setzte sie einen neuen Maßstab in der Fertigungskonzentration, der umgehend auch von anderen namhaften Firmen wie → Philips übernommen wurde. Darüber hinaus unterhält man in allen wichtigen Absatzmärkten eigene nationale Vertretungen, die nicht nur den Absatz steuern, sondern auch über A&R-Abteilungen verfügen. Der bundesdeutschen CBS gelang Anfang der 80er Jahre eine erstaunliche Marktdominanz innerhalb der Neuen Deutschen Welle (Nena, Spliff, Mitteregger, Nina Hagen usw.). Ein-

zig die britische CBS verfügt(e) noch über eigenständige Fertigungsstrecken und veröffentlicht regelmäßig auch Eigenumschnitte. Parallel zur Lieferung von vorgefertigten Matrizen begann man in den 70er Jahren auch ein europäisches Bandarchiv aufzubauen, um beispielsweise → Sammelplatten oder → Neuausgaben entsprechend aufbereiten zu können. Der → Epic-Katalog wird unter eigenem Namen durch die CBS mitverwaltet. Als die US-Columbia 1987 an den japanischen Elektronikkonzern Sony verkauft wurde, gehörte auch die CBS zum Deal. Zum Jahreswechsel 1991/92 erfolgte auch in Europa die Umbenennung in Sony Music Entertainment und danach veröffentlichte Schallplatten tragen erstaunlicherweise den Namen Columbia. Den europäischen Vinylliebhaber freut es, daß die CBS in den 90er Jahren deutlich mehr Langspielplatten produzierte als die US-amerikanische Mutter.
Etiketten: orange oder blau (1963 – 75); orange-gelber Verlauf (1975 – 85); rot (1985 – 91); rot mit Columbia-Schriftzug (seit 1992). Innerhalb der jeweiligen Farbgruppen gab es regelmäßig typografische Änderungen (→ Anhang).

CD

Kürzel für Compact Disc. Im allgemeinen als Synonym für die CD-DA (Compact Disc-Digital Audio) benutzt.

CD-4-VERFAHREN

Vom japanischen Gerätehersteller JVC um 1972 vorgestelltes quadrophones Wiedergabeverfahren. Bei dieser Lösung werden alle vier Kanäle selbstständig (diskret) übertragen. Die beiden Vorn-Signale (L/R) werden innerhalb des üblichen Musikfrequenzbereichs der normalen Stereorille übertragen, für die rückwärtigen Signale (HL/HR) nutzt man eine Trägerfrequenz von 30 kHz, der man diese beiden Kanäle aufmoduliert. Ein nachgeordneter Decoder entschlüsselt die beiden Frequenzabschnitte des Übertragungssignals und transponiert die rückwärtigen Kanäle wieder in den hörbaren Bereich. Das CD-4-Verfahren stellt hohe Anforderungen an die Aufzeichnung der Rille, die Pressung und das Abtastsystem. Zur Abtastung der hohen Frequenzen (bis 45 kHz) entwickelte der japanische Techniker → Shibata einen gleichnamigen Nadelschliff, der auch feinste Modulationen der Rille abtasten kann. Zusätzlich benötigte man eine neue homogene → Preßmasse zur Abformung der feinmodulierten Rillenflanken. Dieser als CD-4-Vinyl bezeichnete Werkstoff wurde in nachfolgenden Jahren auch von audiophilen Schallplattenfirmen wie MFSL zur Produktion von Stereoschallplatten eingesetzt.

CED

Capacitance Electronic Disc. Von der RCA im Jahr 1981 eingeführtes Bildplattensystem, das trotz großer finanziellen Anstrengungen (ca. 500 Millionen US-$) sich nicht gegen das VHS-Bandsystem durchsetzen konnte und nach drei Jahren eingestellt wurde.

CHARISMA RECORDS

Vom (ehemaligen) Bandmanager Tony Stratton-Smith im Jahr 1970 gegründete, unabhängige Schallplattenfirma. Stratton-Smith hatte sich in der Flower-Power-Ära mit einem überaus erfolgreichen Künstlerstamm zu einer gewichtigen Größe innerhalb der britischen Rockszene hochgearbeitet. Einen Teil seiner Künstler brachte er bei Charisma mit ein, wobei es ihm gelang, deren eigenproduzierte, bereits auf Immediate veröffentlichte Aufnahmen zu übernehmen. Unter den britischen Indies der ersten Generation stach Charisma wie kein anderes hervor. Besonders die eigenständige, mitunter auch ungewöhnlich kauzige Art des Auftritts, aber vor allem die Entwicklung eines homogenen, von Lewis Carroll inspirierten, künstlerischen Mikrokosmos, sicherte Charisma bei Kritikern und Fans eine dauerhafte Akzeptanz. Ähnlich dem Mad Hatter aus »Alice im Wunderland« scharte Stratton-Smith die phantasiebegabtesten jungen Bands um sich und bescherte dem Progressive Rock zahlreiche seiner besten Konzeptalben. Nach 1976 konnte Charisma im Zuge der allgemeinen Neuausrichtung des Rock und trotz einer umfassenden Unterstützung durch Polygram nicht Anschluß an die Entwicklung halten. 1980 übernahm Virgin Records zuerst die Vertriebsaufgaben, später den gesamten Katalog. Zum Künstlerstamm gehörten u.a.: Brand X, Genesis (solo auch Banks, Gabriel, Hackett), Peter Hammill, Lindisfarne, Malcolm McLaren, Monty Python, The Nice, String Driven Things, Van der Graaf Generator.

Etiketten (UK): rosa, pink scroll label (1970–72); Bildmotiv – Mad Hatter's tea party, groß (1970 – 74); Bildmotiv – Mad Hatter's tea party, klein, B&C Records (1975 – 79); Bildmotiv – Mad Hatter's tea party, klein, Polygram (1975 – 79); blau, Mad Hatter with microphone, Polygram (1980 – 82); blau, Mad Hatter with microphone, Virgin (1980 – 85); rot/grüne Virgin-Etiketten mit kleinem Mad Hatter (ab 1985).

CHASSIS

Die Grund- und Montagefläche des Schallplattenspielers bezeichnet man als Chassis. An der Oberseite werden der Tragarm und eventuelle Bedienelemente montiert, an der Unterseite befinden sich je nach Konstruktion Motor, Getriebe, Umschalträder, elektrische Schaltungen und Plattentellerlager, dessen Lagerachse durch das Chassis nach oben geführt wird. Chassis wurden bis in die 70er Jahre häufig in → Phonokombinationen integriert bzw. in tragbare → Phonokoffer eingebaut. In der Regel wird das gesamte Chassis mittels Federn oder Gummiringen vom eigentlichen Gehäuse abgekoppelt. Die weitere Entwicklung führte zu wirksameren, zweigeteilten Konstruktionen, die über → Haupt- und → Subchassis verfügen und in ein Einzelgehäuse (→ Zarge) eingebaut werden. Anmerkung: Im goldenen Zeitalter der Schallplatte (1960 – 85) verwendeten die meisten Hersteller nur ein oder zwei – selten mehr – eigene Chassiskonstruktionen, die sich jedoch in Teilkonstruktionen und Bedienung (z.B. Automatik) sowie verschiedenen Oberflächen nach außen unterschieden. In der Regel verfügen verschiedene Schallplattenspieler der gleichen Baureihe eines Hersteller über dieselbe Chassiskonstruktion.

CHESS RECORDS

Auf Blues und Gospel spezialisierte Schallplattenfirma, die 1950 aus dem drei Jahre zuvor von Leonard und Phil Chess gegründeten Aristocat-Label hervorging. Chess war über zwanzig Jahre die führende Schallplattenfirma für alle in und um Chicago entstandenen schwarzen Musikrichtungen. 1969/70 übernahm der Magnetband-Hersteller GRT den Katalog, ohne ihn zukunftsweisend auszubauen. Zahlreiche nachfolgende Besitzer schlachteten den Backkatalog mit zunehmender Härte immer weiter aus (um-, aus- und totkoppeln). Der aktuelle Eigner, die Phonogram, versuchte durch breitangelegte Retrospektiven und thematische Reihen, die u.a. von Marshall Chess, Sohn des Firmengründers, betreut werden, den Katalog zu stabilisieren. Chess wird durch eine Reihe spezialisierter Sub-Label ergänzt: Argo, Cadet, Checker, Concept, Janus. Zum Künstlerstamm gehörten u.a.: Chuck Berry, Bo Diddley, Fleetwood Mac, Muddy Waters, Howlin' Wolf.
Etiketten (USA): schwarz (bis 1967); blau/weiß (1967–72); orange/blau (1972–77); blau, auch blau/weiß (ab 1980).

CHRYSALIS RECORDS

Als Resultat der vielfältigen Szene-Aktivitäten der Londoner Kunststudenten Terry Ellis und Chris Wright Ende 1968 gegründete Künstleragentur und später auch Schallplattenfirma. Chrysalis gehört, wie Charisma und Island, zur ersten Generation erfolgreicher britischer Independent-Label. Vor allem der sensationelle Erfolg von Jethro Tull gab Ellis und Wright die Chance, weitere vielversprechende Künstler unter Vertrag zu nehmen. Dabei setzten die beiden Macher in bewußter Abgrenzung zu anderen Firmen auf ein rein britisches und stark folkrock-orientiertes Programm. Äußerst produktiv nutzte Chrysalis den permanenten Drang der Combos, sich aufzulösen, umzubesetzen und neuzugründen. So entstand ein großer Teil des Katalogs der 70er Jahre aus zahlreichen Umformierungen heraus. Die partnerschaftlichen Qualitäten und langjährigen Kontakte zu ihren Künstlern konnte Chrysalis bis weit in die 80er Jahre erfolgreich nutzen. Nach zwanzig Jahren ging die Firma, obwohl beständig, aber wesentlich weniger kreativ, mit der → EMI einen weiterführenden Kooperationsvertrag ein. 1993 erfolgte dann die komplette Übernahme durch EMI. Zum Künstlerstamm gehörten u.a.: Mick Abrahams Band, Blondie, Bloodwyn Pig, Rory Gallagher, Billy Idol, Jethro Tull, Spandau Ballet, Split Enz, Steeleye Span, Robin Trower, Ufo, Midge Ure.
Etiketten (UK): auf → Island Records, plus Schmetterling und Chrysalis-Schriftzug, ISLP-Prefix (1968–71); grün, roter Schmetterling, ISLP-Prefix (1971–72), grün, roter Schmetterling, CHR-Prefix (1972–77), weiß/blau mit Bildmotiv Schmetterling (1977–87), weiß/blau mit Bildmotiv Schmetterling, EMI (ab 1988).

CLASSIC RECORDS

US-amerikanischer Spezialist für audiophile Wiederauflagen von Klassikern der Langspielplatten-Ära. Für Furore unter Audiophilen in aller Welt sorgte die Firma mit ihrer 1994 vorgestellten Reihe von → Reissues aus dem → Living Stereo-Katalog der → RCA. Mit mehr als fünfzig Alben konnte sich Classic Records bis 1996 an die Spitze der audiophilen Nachverwerter katapultieren. Anschließend begann die Firma ebenfalls mit viel Erfolg auch die Backkataloge von → Blue Note, → London (Decca) und → Columbia Records auszuwerten. Eine Parallelausgabe der erfolgreichsten Titel auf vergoldeten Compact Discs brachte nicht den gewünschten Erfolg. Die schnelle Veröffentlichungspolitik und kommerziellen Erfolge der ersten Jahre konnte Classic Records auf Dauer nicht halten. Zur »historisierenden« Eigenart der Reissues zählt eine detailgetreue Nachbildung von Cover und Etikett, sowie die Übernahme der ursprünglichen Katalognummer des Lizenzgebers. Fast alle Schallplatten wurden von Bernie Grundman in Lackfolie geschnitten und bei Record Technologie Inc. (RTI) in 180 g gepresst.

CLEAN CUT

Bezeichnung für eine → radio copy, die über einen speziell im Sinne der Ausstrahlung des Materials bereinigten Programminhalt verfügt. Typische Retuschen sind: das Weglassen von Intro, Outro oder leisen Zwischenpassagen; verkürzte Blenden; Korrektur des Dynamikumfangs (Kompression); gekürzte Laufzeit; veränderte Tempi. In seltenen Fällen wird auch der Inhalt des Songs unter Berücksichtigung von Anstand und Moral bereinigt. Dazu retuschiert oder tilgt man anzügliche Textpassagen bzw. versieht sie mit störenden overdubs (wertfreie Passagen oder Pfeifton).

CLEARAUDIO

Vom deutschen Kernphysiker und Maschinenbauer Peter Suchy im Jahr 1979 gegründete Firma zur Entwicklung und Fertigung von Lautsprechern (eingestellt 1981) und Abtastsystemen. Suchy hatte sich Mitte der 70er Jahre als ambitionierter HiFi-Liebhaber erstmals mit der Verbesserung vorhandener Abtastsysteme beschäftigt und in Zusammenarbeit mit dem deutschen Nadelschliffexperten Dr. Weinz den Paroc-Schliff überarbeitet. Beide Entwickler einte der Wunsch, sich mit ihrem Nadelschliff noch weiter an die Form des Schneidstichels anzunähern und damit die Abtasteigenschaften des Systems deutlich zu verbessern. Ähnlich dem fast zeitgleich vorgestellten → van den Hul-Schliff, nahm der neue Trigon-Schliff die Stichelgeometrie auf, vergrößerte die Kontaktfläche und konnte kleineren Rillenauslenkungen folgen. 1989 folgte eine überarbeitete Version als Trigon-P2, wobei Suchy eigene Profilquerschnitte der geschnittenen Rille analysierte und zu der Erkenntnis kam, daß die Rillenflanken leicht verkrümmt ausgeformt seien. Der neue Trigon-P2-Schliff nähert sich dieser Form an und verfügt durch eine zweifache Politur über herausragende Abtasteigenschaften. Bei der elektrischen Konstruktion seiner Abtastsysteme nutzt Suchy ein eigenes Patent (1976) über das Schwingwandler-Prinzip und wickelt die Spulen direkt auf den Nadelträger (Bor). Die beiden Spulenpaare sind dabei hintereinander angeordnet und vor bzw. hinter dem Nadelträgerlager gewickelt. In der weiteren Konstruktion verzichtet Suchy auf den Stabilisierungsfaden für das Gummilager. Typisch für Clearaudio sind die aus dem vollen gefrästen, massiven Systemkörper in T-Form. Mitte der 80er Jahre entwickelte Suchy mit den Abtastsystemen Accurate (1985, Trigon) und Prädikat (1985, Trigon) sowie delta, gamma, veritas, signature eine erste Produktlinie. Derzeit bietet man eine umfangreiche Reihe von überarbeiteten und neuentwickelten Abtastsystemen (z.B. Insider für 14 TDM), die durch zwei preiswerte, ebenfalls mit Trigon-Schliff versehene MM-Systeme (Alpha, Beta) nach unten abgerundet wird. Schon Ende der 80er Jahre wurden erste Laufwerke in Verbindung mit Tangential-Tragarmen von Souther Linear (TQI) vorgestellt. Anfang der 90er Jahre setzte man für das preiswerte Laufwerk Evolution auch den selbstziehenden Tangentialarm Aura CL3S des tschechischen Entwicklers Jiri Janda ein, der sich mit seinem eigenen Laufwerk Rational Audio im Westen nicht durchsetzen konnte. Das derzeitige Referenzlaufwerk Master Reference verfügt über Drei-Motorenantrieb, synchronisierte Motorsteuerung, Taktgenerator, invertiertes Lager, drei Tragarmbasen, Acryl(lat)-Chassis und weiterentwickelten Souther Master TQI. Das preiswertere Modell Solution rundet die Palette nach unten ab. Darüber hinaus bietet Suchy auch den ausbaubaren Phonoverstärker (Reference) Phonostage und eine miniaturisierte, aktive Entzerrvorstufe, die direkt in den Tonkopf integriert werden kann.

CLEF RECORDS

Vom Manager und Impresario Norman Granz im Jahr 1951 gegründetes, unabhängiges Jazzlabel, auf dem vorrangig Tonaufnahmen der von ihm betreuten Künstler erschienen. Die Herstellung und den Vertrieb übernahm → Mercury Records. Nach Gründung von → Verve Records wurde dort der gesamte Clef-Katalog nachveröffentlicht.

Etiketten: anfänglich auf weinrotem Mercury-Etikett, später mit eigenen Etiketten in weinrot/silber oder beige/rot mit stilisiertem Trompeter.

CLUB-SONDERAUSGABE

Speziell für den Schallplattenclub gefertigte und auf Cover und/oder Etikett deutlich gekennzeichnete Sonderpressungen der 60er bis frühen 80er Jahre. Zumeist erhielten die Club-Pressungen auch eigenständige, vom Original abweichende Bestellnummern. In Einzelfällen besitzen diese Ausgaben modifizierte oder vollständig neu gestaltete Cover. Fast alle Club-Pressungen stammen aus der Fertigung des jeweiligen Original-Herstellers und variieren das Original-Etikett. Über die tatsächliche Verbreitung von Club-Sonderausgaben ist wenig bekannt, aber sie bewegten sich allgemein parallel zu den Verkaufszahlen des regulären Produktes. Für Sammler sind vor allem Ausgaben mit abweichendem Tonmaterial, Cover und Ausstattung interessant.

CLV-SYSTEM

Aus dem Englischen hergeleitete Abkürzung (constant linear velocity) für ein Wiedergabesystem kreisförmiger Speichermedien mit konstanter Lineargeschwindigkeit. Das Speichermedium bewegt sich während des Abtastvorgangs mit veränderlicher Geschwindigkeit, die abhängig vom Durchmesser des Mediums ist. Die effektive Informationsdichte wird durch die Festlegung der konstanten Tangentialgeschwindigkeit festgelegt und über das gesamte Medium gehalten. Nach dem CLV-Prinzip arbeiten Magnetbandgeräte, Kassettenrecoder, Videorecorder, DAT, CD. Ein analoges CLV-System als Nachfolger der Langspielplatte wurde Ende der 70er Jahre zugunsten der Compact Disc verworfen.

COLUMBIA RECORDS

Die aus der 1887 gegründeten Columbia Graphophone Company hervorgegangene US-amerikanische Schallplattenfirma gehört zu den ganz großen Traditionsunternehmen der Branche. Ähnlich der → EMI, ist es auch bei Columbia kaum möglich, alle Etappen und Zwischenschritte der Firmengeschichte aufzuzeigen. Mit der Vorstellung der → Langspielplatte im Jahr 1948 beendete Columbia einerseits die allgegenwärtige Suche nach einem neuen Tonträgerfomat, stachelte aber andererseits auch einen Formatkrieg mit dem ewigen Erzfeind → RCA an, die wiederum die → Single ins Rennen schickte. In den 50er Jahren konnte Columbia ihren Katalog in allen Teilbereichen kräftig ausbauen und entwickelte zusätzlich zum E- und U-Bereich auch eine kompetente Jazz-Abteilung. Nach dem Monterey Pop Festival (1967) verpflichtete der Labelchef Clive Davis unzählige Rock-Acts und katapultierte Columbia innerhalb von nur zwei Jahren an die Spitze der aktuellen Charts. In den 70er Jahren kultivierte man erfolgreich den Rock-Katalog und konnte zunehmend mehr Platin-Platten in Empfang nehmen. Die finanzielle Verknüpfung mit dem Mutterkonzern Columbia Broadcast (TV), führte Mitte der 80er Jahre zu umfassenden Schwierigkeiten. → Columbia Records wurde 1987 komplett an den japanischen Gerätehersteller Sony verkauft, der die Katalogentwicklung großteils adäquat fortsetzte.

Anmerkung: In Europa wurden bis 1962 unzählige Lizenzausgaben der Columbia-Aufnahmen durch die holländische → Philips vermarktet. Im gleichen Jahr stellte sich Columbia in der Alten Welt auf eigene Beine und gründete die → CBS. Künstlerstamm: Art Blakey, Blood Sweat & Tears, Dave Brubeck, Walter (Wendy) Carlos, Chicago, Ray Conniff, Miles Davis, Doris Day, Bob Dylan, Duke Ellington, Glenn Gould, Herbie Hancock, Billy Joel, Janis Joplin, Mahavishnu Orchestra, Santana, Pete Seeger, Frank Sinatra, Bruce Springsteen, Igor Strawinsky, Barbra Streisand, Bruno Walter, Weather Report u.v.a.

Etiketten Pop & Jazz (USA): rot/gold (1949 – 55); rot/schwarz, »six eye« (1955 – 62); rot, »two eye«, schwarze Fußzeile »Guaranteed High Fidelity« oder »360° Stereo« (1962 – 65), rot »two eye«, weiße Fußzeile »360° Mono« oder »360° Stereo« (1965 – 69); rot, »half-dozen« (1970 – 89), rot-marmoriert (ab 1990).

Etiketten Masterworks (USA): grau/schwarz, »six eye« (1955 – 62); grau »two eye«, schwarze Fußzeile »Guaranteed High Fidelity« oder »360° Stereo« (1962 – 65); grau »two eye«, weiße Fußzeile »360° Mono« oder »360° Stereo« (1965 – 69); graubraun, »half-dozen« (ab 1970).

COMPACT DISC

Digitales Speichermedium in Plattenform, das mit einem Laserstrahl optisch und damit berührungsfrei abgetastet wird. Die Compact Disc (CD) wurde von Philips und → Sony als Gemeinschaftsentwicklung 1981 vorgestellt und schon ein Jahr später in Übersee, ab 1983 auch in Europa eingeführt. Für die Phonoindustrie stellte die CD die logische Weiterentwicklung von der Phonowalze über → Schellackplatte und → Mikrorille dar. Das Revolutionäre der CD, die digitale Speicherung der → Tonaufzeichnung, wurde anfänglich naiv und blauäugig gefeiert. Natürlich waren die berührungsfreie Abtastung und der Wegfall von Störgeräuschen für den Käufer, sowie die durch verringerte Abmaße reduzierten Transport- und Lagerhaltungskosten für die Industrie ein Segen, aber anscheinend ahnte damals kein Manager die in den 90er Jahren bevorstehende umfassende Digitalisierung des Alltags. Somit steht die Phonoindustrie heutzutage vor dem schwerwiegendsten Problem ihrer 120-jährigen Geschichte: Das von ihr gehortete Eigentum an Tonaufzeichnungen, bislang immer mit einer auch von der Industrie kontrollierten Massenvervielfältigung und Distribution verbunden, verliert seine produktspezifische Aura und Wertigkeit. Praktisch macht sich schon heute eine massive Abwertung von Form und Inhalt des Tonträgers in der Öffentlichkeit breit. Der massive Ausbau und die zukünftigen Fähigkeiten des Internets außerhalb eines reinen Distributionskanals werden die Situation dramatisch verschärfen.

COMPANDER

→ Kompander

COMPANY SLEEVE

Bezeichnung (engl.) für die Standardhülle einer Schallplattenfirma oder eines Presswerkes. Dabei handelt es sich um ein neutrales Einsteckcover, das mit entsprechendem Firmenlogo, Schriftzug und Rechtsverweis bedruckt ist. Mitunter sind company sleeves im Rahmen des Corporate Identity der Firma grafisch aufwendig gestaltet und mehrfarbig gedruckt. Neutralcover sind bei Langspielplatten selten und dann oft nur in Verbindung mit → Testpressungen oder → Promotionschallplatten anzutreffen. Bis Mitte der 60er Jahre erschienen fast alle → Singles in Einheitshüllen. Für → jukebox issues werden ausschließlich company sleeves verwendet. Alternierend wird auch der Begriff factory sleeve verwendet.

COMPLIANCE

Engl. für die Nachgiebigkeit der Lagerung des Nadelträgers, umgangssprachlich auch Nadelnachgiebigkeit genannt. Bezeichnet das komplexe Verhalten des Nadelträgers im Nadelträgerlager: 1. die dreidimensionale Bewegung der Abtastnadel und die daraus resultierende Bewegung des eigentlichen Wandlerelements nicht zu behindern, 2. die Führung der Gesamtkonstruktion (Abtastnadel, Abtastsystem und Tragarm) sicher und ohne Hinzufügung mechanischer Schwingungen zu gewährleisten. Dabei besteht eine Wechselwirkung zwischen der Compliance und der Auflagekraft. Je größer die Lagernachgiebigkeit ist, desto geringer fällt die nötige Auflagekraft aus, da in diesem Fall Abtastnadel und Nadelträger den Auslenkungen mit geringerem Widerstand folgen. Andererseits ergibt sich aus der Nadelnachgiebigkeit und der effektiv bewegten Masse (Abtastsystem, Tonkopf, Tragarm) die Resonanzfrequenz der Kombination. Um diese → Tragarmresonanz im optimalen Bereich zu halten, benötigt eine geringe Compliance eine große zu bewegende Masse (z.B. Compliance = 5, Masse = 30g, Resonanzfrequenz = 13 Hz); und eine große Compliance eine kleine zu bewegende Masse (z.B. C = 30, M = 10g , F = 9 Hz). Aufgrund der dreidimensionalen Bewegung in der Rille entsteht eine laterale und vertikale Compliance, und je enger beide Werte beieinanderliegen, umso besser korrespondiert der Wert mit der effektiven Masse und der Auflagekraft. Das dem Abtastsytem beiliegende Datenblatt oder ein unabhängiger Test sollten beide Werte getrennt aufführen. Bei der Auswahl eines Abtastsystems für einen (bekannten) Tragarm gibt dessen effektive Masse praktisch die Eckdaten vor. Tragarm und Abtastsystem müssen deshalb in Masse und Compliance »zueinander passen«.

COMPRESSOR

→ Kompressor

CONTEMPORARY RECORDS

1949 von Lester Koenig gegründetes US-amerikanisches Jazz-Label, das sich hauptsächlich mit der Produktion und Veröffentlichung von Tonaufnahmen des West Coast Jazz beschäftigte. Nach dem Tod von Koenig übernahm → Fantasy Records den Backkatalog (1981) und reihte ihn neben all die anderen berühmten Marken. Künstlerstamm: Ornette Coleman, Hampton Hawes, Barney Kessel, Shelly Manne, Art Pepper u.a.

Etiketten (USA): gelb M (1950 – 67); schwarz S (1959 – 67); grün (1973 – 80); goldgelb, auf Fantasy Records (ab 1981).

CONVERSATION DISC

→ radioalbum

COPYRIGHT

Moderne, aus dem Amerikanischen übernommende Bezeichnung für eine geschützte Leistung (Komposition, Text, Aufführung usw.). Im Zusammenhang mit der Schallplatte wird nicht nur das Werk in sich, sondern auch in seiner mechanischen Vervielfältigung geschützt. D.h. das Copyright regelt nicht nur den künstlerischen Schaffensprozeß, sondern auch die Vermarktung des Endresultats. Im US-amerikanischen Rechtssystem mit seiner offensiven Ausrichtung auf sogenannte Präzedenzfälle, wird vor allem die kommerzielle Ausnutzung und Ausbeutung einer künstlerischen Leistung geachtet und geschützt. Hiermit stehen die USA im Widerspruch zur Alten Welt, in der schon die Leistung selbst Schutzwürdigkeit genießt. Unabhängig von der Sicht auf diesen komplizierten Sachverhalt regelt das inzwischen international mehr oder weniger einheitlich angewandte Copyrightsystem die Rechte des Schöpfers über einen Zeitraum von 70 Jahren vom Zeitpunkt der Erstveröffentlichung an gerechnet. Dabei ist nebensächlich, ob es sich im Falle einer Komposition um dessen Notierung oder Tonaufnahme handelt. Was zuerst da war, ist das Maß. Vor allem den weltweit operierenden Musikverlagen kommt bei der Wahrung der Rechte eine monopolistische Stellung zu. In Einzelfällen erwirken Komponisten (Strawinsky u.a.) noch zu Lebzeiten in einem komplizierten Verfahren, oft verbunden mit revidierten Fassungen und gleichzeitiger Sperrung der Urfassung, einen Neuanspruch auf das Copyright (wieder 70 Jahre). Die Erben nehmen's dankend!

COUNTERFEIT

Ein → illegaler Tonträger, der im Gegensatz zum → Bootleg zwar offiziell vom Künstler autorisierte Tonaufnahmen enthält, aber ohne Lizenz gefertigt wird. Ein Counterfeit ist die mehr oder weniger perfekte Nachbildung aller Ausstattungsmerkmale der Originalpressung (→ Cover, → Etikett, → Beilagen etc.). Counterfeits erkennt man zumeist an geringfügig vergrößerten Coverabbildungen, die nicht das ganze ursprüngliche Covermotiv zeigen, am Verzicht auf Schmuckfarben (Gold, Silber, Neon), an auffälligen Passer-Ungenauigkeiten bei Vierfarb-Abbildungen, einer farbseparierten Schwarzform – d.h. die eigentlich schwarze Schrift auf dem (farbigen) Cover ist jetzt aus allen vier Druckfarben zusammengesetzt und dadurch oft unscharf – an abweichenden Gravuren im → Spiegel der Schallplatte, an fehlenden bzw. irreführende Angaben zum eigentlichen Hersteller, an Flüchtigkeitsfehlern wie Buchstaben- oder Zahlendrehern. Ein Counterfeit wird nur bei Verwendung von Originalmatrizen und einem vergleichbaren Fertigungsprozeß (→ Galvanik, → Vinyl etc.) die Klangqualität der Originalpressung aufweisen. Echte Counterfeits werden praktisch nur für den Ursprungsmarkt gefertigt, da eine reduzierte oder abweichende Ausführung der Verpackung auf anderen Märkten nicht so kritisch betrachtet wird. Die Herstellung eines Counterfeits lohnt vor allem, wenn es sich bei dem Originaltonträger um eine rare, auf dem Sammlermarkt hoch bewertete Schallplatte handelt, für die ein ausreichendes Nachfragepotential existiert. Zu den bekanntesten Counterfeits gehört das Beatles-Album »Yesterday & Today« (USA, 1966, Capitol Records, T/ST-2553), das auf seinem ursprünglichen Cover die vier Pilzköpfe in Fleischerhemden inmitten von rohen Fleischstücken und zerteilten Babypuppen zeigt. Das Cover wurde umgehend zurückgezogen und durch ein »neutrales«, zum üblichen Image der netten Jungs passendes Foto überklebt. Neben unversehrten und abgezogenen Originalcovern existieren mehrere Counterfeits am Markt. Ein weiteres bekanntes Counterfeit ist die ursprüngliche Fassung des Frank-Zappa-Albums »Zappa in New York« (USA, 1978, DiscReet, 2D-2290) inklusive des getilgten Songs »Punky Whips«. Hier hatte sich die Plattenfirma gegen den anzüglichen Text des Songs gesträubt, der in damals ungewohnter Weise die Persönlichkeitssphäre des Karikierten offenlegte. Inwieweit von der Urpressung außer einer Handvoll nachweisbarer → Testpressungen (white label) tatsächlich Serienexemplare gefertigt und an den Handel ausgeliefert wurden, ist nicht ausreichend dokumentiert. Tatsache ist jedoch, daß in den USA und auch in der BRD (WEA/DiscReet, DIS 69 204) innerhalb der → Initialauflage ein Teil der schon vorgefertigten Klappcover mit dem ursprünglichen Titelverzeichnis und den vollständigen Lyrics im Innenteil ausgeliefert wurden. Die enthaltene Schallplatte enthält jedoch das korrigierte Überspiel. Für alle Counterfeits gilt ausnahmslos: Auch diese Platten sind äußerst selten, oft kaum mehr als 500- bis 1000-mal gepresst, und somit schon wieder ein wunderbares Sammlerstück!

COVER

Bezeichnung (engl.) für Schallplattenaußenhülle. Das Cover ist nicht nur Verpackung, sondern zugleich auch Werbeträger. Im allgemeinen werden Cover als → Einsteckhülle aus Karton gefertigt, sind an drei Seiten mit außen- oder innenliegenden Klebefalzen geschlossen und besitzen rechts einen Einschub für die → Schallplatte. Klappcover werden als → Schlauchtasche gefertigt und haben im Falle eines → Doppelalbums dann auch auf der linken Seite einen Einschub. Für umfangreiche → Sets werden auch Triple-Taschen (zweifach ausklappbar) gefertigt. Mitunter kommt es vor, daß für besonders wertvolle → Editionen dem Cover auch Beilagen eingeheftet oder eingeklebt werden. Im allgemeinen werden noch umfangreichere Sets in Schallplattenboxen oder Schubern ausgeliefert.

COVER, DRUCKTECHNIKEN

Da die Schallplattenaußenhülle auch Werbeträger ist, wird sie zu diesem Zweck im Buchdruck oder Offset bedruckt. Den Buchdruck verwandte man bis Ende der 60er Jahre und ersetzte ihn später durch den Offsetdruck, der die Qualität von aufgerasterten Abbildungen (S/W, 4-farbig) deutlich verbesserte. Dabei werden heutzutage veredelte, einseitig gestrichene Rohkartons verwendet, die in den meisten Fällen eine strapazierfähige Oberfläche besitzen. In früheren Zeiten (60/70er Jahre) wurden die bedruckten Bögen für die Coverherstellung noch in einem weiteren Druckgang mit mattem oder glänzendem Lack versehen. Die Veredelung des Druckerzeugnisses mit zellophanierten Oberflächen stammt eigentlich aus Zeiten des Buchdrucks (da die dafür verwendeten Druckfarben bei einer Lackierung oft anfällig reagierten) und wurde bei Aufkommen moderner, gut deckender Lacke praktisch eingestellt. Das zusätzliche Veredeln der Coveroberfläche soll das Druckmotiv vor Abrieb und Flecken schützen. Für besonders aufwendig gestaltete Cover werden auch Metallfolien- oder Blindprägungen benutzt. Ebenso ist der Einsatz von zusätzlichen Druckfarben (Gold, Silber, Reflexfarben u.ä.) möglich. Stanzungen oder Applikationen können das Cover weiter veredeln. Im Einzelfall, so der Covergestalter es aus grafischen Gründen vorsieht, kann das Cover auch im Siebdruck oder einem anderen künstlerischen Druckverfahren hergestellt werden. Sehr selten sind individuell bedruckte Cover (z.B. Stempel), da Aufwand und Nutzen nur bei kleinen, übersichtlichen Auflagen in einem angemessenen Verhältnis zueinander stehen. Grundsätzlich gelten für alle polygraphischen Prozesse der Coverherstellung die in dieser Branche geltenden Gesetzmäßigkeiten. Dazu gehören die Verwendung von aktuellen Technologien, der Einsatz von verbesserten Druckfarben, die Anwendung digitaler Prozesse in der Druckvorstufe und die Einsparung von Rohstoffen in allen Etappen. Dem aufmerksamen Schallplattenfreund fällt immer wieder auf, daß in den Frühzeiten der Langspielplatte die Außenhüllen einen fast schon erschlagenden Charakter besaßen. Hierbei spielten das historisch gewachsene Selbstverständnis und Image der Branche, aber auch der Preis des Tonträgers eine bedeutende Rolle. In der Schellack-Ära, als die Tonträger noch zerbrechlich waren, war ein äußerst steifes Cover ein guter Transportschutz und senkte so kaufmännische Verluste. Es war also logisch, daß man anfänglich für die LP-Produktion die bestehenden Produktionsverfahren übernahm und erst in späteren Etappen die Verpackungskosten senkte. Ebenso übernahm man aus der Schellack-Ära die Gewissheit, dem Käufer mit der Langspielplatte ein Kulturgut von hohem Rang und langer Lebensdauer anzubieten. Im Zuge der ökonomischen Verfeinerung des Herstellungsprozesses, der allgemeinen Inflation und der Produktionssteigerung gingen alle Firmen dazu über, in allen Fertigungsabschnitten die Kostenschere anzusetzen. In gleichem Maße treffen ähnliche Entwicklungen auch auf die Papier- und Druckindustrie zu. Ein Cover wie in den 50er Jahren üblich, wäre beispielsweise heute ohne speziell gefertigte Werkzeuge und Kartonagen nicht möglich.

COVER, NATIONALE UNTERSCHIEDE

Werden Schallplatten international vermarktet, kann es im Rahmen der polygrafischen Gegebenheiten bzw. eventueller ethnischer und/oder moralischer Eigenheiten des Absatzmarktes auch zur grafischen Überarbeitung eines Covers kommen. Häufig werden aus Klappcovern einfache Steckhüllen, und zusätzliche Veredelungstechniken bzw. Spezialkartons werden eingespart. Inwieweit die jeweilige nationale Schallplattenfirma (Lizenznehmer) eventuelle inhaltliche Bedenken hat und sich zu einer Überarbeitung/Korrektur aufrafft, hängt vor allem mit moralischen Fragen zusammen. Auch in der aufgeklärten BRD kam und kommt es zur Zensur. Beispielsweise wurden nationalsozialistische Zeichen (Hakenkreuz, Runen) auf Covern von Kiss und den Residents für den deutschen Markt ursprünglich getilgt bzw. überdruckt. Ein Großteil der Welt (Asien, Mittlerer und Naher Osten) reagiert immer wieder auf offensichtlich zu sexistisch geratene Cover und entschärft die Motive oder ersetzt sie durch neutrale Bilder. Wird ein Cover sehr stark korrigiert oder gar durch ein gänzlich anderes Motiv ersetzt, steigt für dieses Objekt der Sammlerwert in aller Welt dramatisch an.

COVER, PRÄGUNG

Mitunter verstärkt der Grafikdesigner seinen Coverentwurf durch den Einsatz einer plastischen Ausformung (Prägung) von Bildteilen, Sonderformen oder Typographie. Man unterscheidet Blindprägungen (dh. ohne den Einsatz von Farbe) und Stützprägungen. Bei geschickter Anlage wird der plastische Eindruck, die Dreidimensionalität des Bildmotivs oder der Schrift dadurch enorm verstärkt. Dafür wird eine eigene Reinzeichnung benötigt, von der eine Prägeform oder ein Werkzeugpaar aus Patrize/Matrize (positiv/negativ) angefertigt wird. Für die Ausführung ist ein zusätzlicher, externer Druckgang nötig: Das → Cover wird im Offsetverfahren bedruckt und anschließend im Prägedruck (zumeist Tiegelpressen) ausgeformt. Prägeformen verschleißen je nach Ausführung unterschiedlich, können aber allgemein recht lange benutzt werden. Ist die Prägung nicht das eigentliche Motiv des Entwurfs, wird fast immer aus Kostengründen (Werkzeuge, Einrichten, Druckvorgang) bei späteren Auflagen darauf verzichtet. Teilweise verfügen nur → Initialpressungen über entsprechend ausgeführte Cover. Ebenso bestehen auch nationale Unterschiede, so daß für einige Märkte zum Teil in Abhängigkeit von den dortigen polygraphischen Gegebenheiten, auf eine Prägung verzichtet wird. Mitunter werden auch Nummerierapparate im Blinddruck eingesetzt. Beispiele für gelungene Coverprägungen: The Beatles – White Album (Blindprägung), Chicago – VII (Stützprägung), Kraftwerk – Ralf & Florian (Stützprägung, UK-Version), Joni Mitchell – Court and spark (Blindprägung), Santana – Welcome (Stützprägung), Spliff – 85555 (Stützprägung), Talking Heads – Fear of music (Blindprägung).

COVER, REIHENCHARAKTER

Wenn für die Veröffentlichung einer Edition oder → Staffel entstprechende → Cover entwickelt werden, die mit gemeinsamen Gestaltungselementen den Charakter der → Reihe oder → Serie unterstreichen, ist dies nichts Ungewöhnliches. Hingegen sind Cover mit Reihencharakter bei unregelmäßig erscheinenden Künstlerschallplatten selten anzutreffen. Zu den gelungensten, über Jahrzehnte konsequent fortgeführten Coverreihen zählen die von John Berg, dem langjährigen Art-Direktor der → ColumbiaRecords, entwickelten Konzepte für Barbra Streisand und Chicago, die darüber hinaus zum erfolgreichen Corporate Identity der Künstler wurden. Sie sind in ihrer Schlichtheit und Wirkung unschlagbar. Die Cover der Streisand-Alben zeigen ein Porträtfoto der Künstlerin, das im oberen Viertel durch eine zusammenhängende Titelzeile (Name und Albumtitel) ausgewiesen wird. Der Trick ist die konstante Verwendung von Schriftart, Schriftschnitt und Schriftgröße für beide (alle) Textelemente, die ohne weitere Auszeichnung erfolgt. Schriftwahl und Anordnung wurden in späteren Jahren feinfühlig verändert, ohne dabei die eigentliche Anmutung aufzugeben. Bis 1999 erschienen achtundzwanzig Alben, deren Grafikdesign sich im Wesentlichen noch immer an die 1963 erarbeiteten Richtlinien hält. Für die Band Chicago entwickelte Berg eine dynamisch-kompakte Schriftmarke, die sich stark an den Coca Cola-Schriftzug anlehnt. Mittig auf dem Frontcover plaziert, wurde die Chicago-Marke seit 1969 knapp zwanzig Mal erfolgreich interpretiert. Das Konzept stellt die Marke dabei jedesmal erneut in eine veränderte, visuelle Bezugsebene. Da die Band anfänglich ausschließlich Doppelalben veröffentlichte, entschloß sich Berg, durch die Verwendung von Klappcovern das Ganze dramaturgisch zu steigern. Für die ersten zehn Alben wurden die verschiedensten Techniken (Stahlstich, Fräsung, Applikation, Batik, Marmor, Schokolade, Lederprägung usw.) im Original ausgeführt und anschließend fotografisch reproduziert. Bei einigen Covern verstärkten ausgefallene polygrafische Techniken die dreidimensionale Wirkung. Auch später beauftragte Designer wendeten beide Coverkonzepte oft mit Erfolg an. Das Chicago-Konzept war so erfolgreich, daß es sogar 1972 von Ed Trasher, dem damaligen Art-Direktor der → Warner Bros. Records, für das Cover der → Sammelplatte »Burbank« kopiert wurde. John Berg erhielt 1963 für das Streisand-Design (The Barbra Streisand Album) einen → Grammy, 1976 folgte ein weiterer für das Chicago-Konzept (Chicago X).

COVER, SONDERFÄLLE

Schallplattenverpackungen aus anderen Materialen sind ausgesprochen selten und steigern praktisch den Wert jedes Albums. Typische Beispiele sind Dosen aller Art, Holzkisten, Schuber aus Metall, Leinen, Kork, Cover aus formgezogener Plastik, Verpackungen, die im Formguß entstanden, gepresste Materialien etc. Am häufigsten werden, da ohne größeren Aufwand realisierbar, vorhandene Gegenstände (Filmbüchsen, Säcke u.ä.) umfunktioniert. Beispielsweise veröffentlichte Virgin Records das Dreifach-Set »Metal Box« von Public Image Ltd. (1979, Virgin Records, METAL1), das, wie der Name verrät, in eine runde Blechbüchse verpackt wurde. Benötigt man für eine Sonderverpackung spezielle Werkzeuge oder Formen, weitergehende Handwerkerleistungen oder großindustrielle Techniken, und entstehen dadurch außergewöhnliche Kosten, senkt dies schlagartig die Bereitschaft einer Schallplattenfirma, das Projekt zu unterstützen. Deshalb werden solche Experimente praktisch nur von kleinen, unabhängigen Schallplattenfirmen realisiert. Am bekanntesten sind einige Arbeiten von Factory Records, dessen damaliger Teilgesellschafter Peter Saville selbst Grafikdesigner ist. Beispielsweise ließ die Firma für das Durutti Column-Album »The Return of the Durutti Column« (1980, Factory Records, FACT 14) ein Cover aus grobem Sandpapier fertigen; für eine kleine Teilauflage des

New Order-Albums »Brotherhood« (1986, Factory Records, FACT 150SP) gab man eine Verpackung aus Stahlblech in Arbeit.

COVER, SONDERFORMEN

Eine Schallplattenaußenhülle, die in Form und/oder Abmaßen vom Standard abweicht. Dazu zählen runde, schräge und langformatige → Cover, Varianten mit drei oder mehr als vier Ecken, aber auch individuell ausgestanzte Formen. All diese Cover verbindet, daß sie wie auch die normalen → Einsteck- oder → Klappcover im wesentlichen aus Karton gefertigt wurden. Das zusätzliche Einbinden von anderen Materialien (Folien, Metall, Stoff usw.) ist dabei möglich. Zumeist werden diese Cover einmalig oder nur zu Beginn der Produktion (→ Initialausgabe) hergestellt, da der buchbinderische Aufwand das kalkulierte übliche Maß deutlich überschreitet. Die für Sonderformen notwendigen Stanzwerkzeuge nutzen sich recht schnell ab, je nach Kompliziertheit der Form sind zwischen fünf- bis fünfzig-tausend Stanzvorgänge realistisch. Spätestens wenn das Album zum Mittel- oder Niedrigpreis abgeschoben wird, verzichtet man auf bislang angewandte Sonderformen und verpackt die Scheiben lieber in grafisch überarbeitete Standardcover. Bekannte Beispiele für gelungene Sonderformen: The Doors – L.A. Woman (1971, Elektra Records, EKS-75011); Bob Marley & The Wailers – Catch a fire (1973, Island Records, ILPS 9241); Gentle Giant – Octopus (1973, → Columbia Records, KC 32022, US-Pressung), The Small Faces – Odgens' nut gone flake (1968, Immediate, IMLP/IMSP 012, mono/stereo).

COVER, VARIANTEN & VARIATIONEN

1. Mitunter werden für eine → Schallplatte vom Grafiker verschiedene, thematisch und/oder gestalterisch zusammenhängende Außenhüllen entworfen und zur Verpackung von Teilauflagen eingesetzt. Für den engagierten Sammler stellt das Komplettieren aller Covervarianten einer solchen Schallplatte einen zusätzlichen Ansporn dar. Als Varianten bezeichnet man die Teile einer Coverserie, die mit Abweichungen oder Spielarten des Motivs aufwarten, als Variationen hingegen gelten Abänderungen oder Abwandlungen desselben Motivs. Eines der gelungensten Beispiele für eine Reihe mit mehreren Varianten ist das Album »In trough the outdoor« von Led Zeppelin (1979, Swan Song SS-16002, auch WEA 59410), das gleichzeitig in sechs verschiedenen Fassungen ausgeliefert wurde. Das Cover zeigt immer die gleiche Szene, einen Mann (Der Fremde) sitzend am Tresen, jedoch aus dem jeweiligen Blickwinkel eines der anderen sechs Anwesenden (Barkeeper, Pianist, Frau an der Musikbox, Frau 1 am Tresen, Frau 2 am Tresen, Mann am Eingang). Die Schallplatte wurde ursprünglich in einer Packpapiertüte (→ bag) verkauft, um dem Käufer ein einheitliches Äußeres zu vermitteln und den nötigen Wiedererkennungseffekt für das Produkt zu gewährleisten. Das Zusammentragen aller Varianten kann aber auch zur Sisyphusarbeit ausarten, wenn z.B. die Bedruckstoffe der Schallplattenhülle variiert wurden. Für das Album »Do it yourself« von Ian

Dury (1979, Stiff Records, SEEZ14) wurden verschiedene vorgedruckte Rohkartonagen verwendet und mit einer einheitlichen typografischen Anordnung überdruckt. Dokumentiert sind ca. 40 verschiedene Varianten, die zum Teil noch über ergänzte Typographie oder individuelle → sticker verfügen. Nicht verwechseln sollte man Covervariationen und -varianten mit einem im Rahmen einer → Lizenzausgabe überarbeiteten Cover, das auf nationale Eigenheiten in Fragen von Ethik und/oder Religion Rücksicht nimmt oder aus ökonomisch-technischen Gründen stark verändert wurde.
2. Es gibt Künstlereditionen, die den industriellen Gedanken der Produktverpackung brechen und deshalb grundsätzlich nur aus Unikaten bestehen. Hier wird der Sammler vor ein (praktisch) unlösbares Problem gestellt, er müßte der Vollständigkeit halber alle Schallplatten besitzen.

COVERTEXT

Auf der Außenhülle einer Schallplatte abgedruckter Autorentext, der zumeist einen Kommentar zu Werk und Aufnahme enthält. Bei Steckhüllen im allgemeinen auf der Rückseite, bei Schlauchtaschen auch auf den Innenseiten.

COVERVERSION

Allgemeine Bezeichnung für die Nachaufnahme eines Songs, der durch einen anderen Künstler bereits aufgenommen und veröffentlicht wurde. Mitunter kann es durch die unterschiedlichen Bekanntheitsgrade der Künstler und ebenfalls abweichenden Verbreitungsgrade der Erstaufnahmen durchaus vorkommen, daß eine Coverversion für den Hörer auch den ersten Kontakt mit dem Song darstellt. Typische Beispiele dafür sind die unzähligen Coverversionen – damals noch als → Nachproduktion bezeichnet – von Rhythm & Blues-Songs aus der Feder von der (weißen) Öffentlichkeit unbekannten Afroamerikanern, die den frühen Rock'n'Rollern (Elvis und Co.) erst zum Durchbruch verhalfen. Coverversionen gelten heute eher als Verbeugung oder Reminiszenz vor dem Originalkünstler und werden sogar bis zur Form kompletter Album-Coverversionen exerziert. Die Auseinandersetzung mit Coverversionen kann für den Hörer lehrreich, ernüchternd oder gar umwerfend komisch sein – ganz nach Intention des Neuschöpfers.

CREDITS

Danksagungen der KünstlerInnen an Gott, den Produzenten, die Schallplattenfirma und den Rest der Welt für die äußerst gelungene Arbeit an dieser, ihrer bislang besten und bedeutsamsten Schallplatte!

CTI RECORDS

Nach dem Ausscheiden bei Impulse! Records gründete Produzent Creed Taylor 1970 eine eigene Schallplattenfirma. Das Label setzte auf namhafte Interpreten wie Deodato und Don Sebesky, die musikalisch zwischen Fusion-Jazz und Avantgarde pendelten.

CUEING

Manuelles Einstellen einer individuellen Startposition durch das Drehen des Schallplattentellers, daß vor allem im Rundfunk und von Disckjokeys angewandt wird.

CUT (SCHNITT)

Die bei einer Nachbearbeitung entstehende Schnittstelle zwischen zwei Bandstücken. Nach Einführung von Bandmaschinen möglich gewordene manuelle Korrektur von unzureichenden Aufnahmepassagen. Dazu werden das Laufband getrennt und neu zusammengefügt oder fehlerhafte Teile durch Aufnahmestücke aus anderen Takes ersetzt. Später wurde diese Technik perfektioniert und auch zur künstlerischen Gestaltung von Tonaufnahmen verwendet. Im allgemeinen sind diese Schnittstellen durch eine 45°-Anwinkelung des Schnitts unhörbar angelegt, können aber gelegentlich (z.B. bei Kopfhörerwiedergabe) wahrgenommen werden. Im kreativen Prozeß werden die Cuts oft als aggressives Gestaltungselement genutzt, um die Tonaufnahme aus ihrer Zeitkonstanten zu befreien und »Unerhörtes« abzubilden. In Zusammenhang mit der Schallplattenherstellung, bei der beispielsweise eine Bandaufzeichnung auf eine Folie (Lack oder Metall) übertragen wird, verwendet man den Begriff auch im Sinne des hier anfallenden Schneidvorgangs.

CUT CORNER

Abgeschnittene Ecke (→ cut out) eines → Covers.

CUT OUT

Bezeichnung (engl., amerikan.) für eine nach außen deutlich gekennzeichnete, herabgesetzte Ware. Dazu wird ähnlich einer Fahrkarte das Cover entwertet, indem man außerhalb der Kreisfläche der innenliegenden Schallplatte entweder ein Loch (cut-out hole) oder einen Schlitz (saw mark) stanzt bzw. eine Ecke (cut corner) abschneidet. In seltenen Fällen werden Cover auch direkt im Mittelpunkt der Schallplatte durchbohrt. Der Vorgang kennzeichnet tatsächlich das Entwerten einer Schallplatte und ist vor allem in den USA gebräuchlich. Dort wird der Tonträger aus steuertechnischen Gründen nicht nur herabgesetzt oder abgeschrieben, sondern direkt beim Grossisten (selten im Presswerk) mit dem Makel eines, den eigentlichen Inhalt nicht berührenden Defekts, versehen. Allgemein nutzt man dieses Verfahren zum Abtragen von Überbeständen, Restposten oder im eigentlichen Preissegment unverkäuflicher Waren. Mitunter gelangen auch bei Vertriebs- und/oder Katalogwechsel noch verhandene Posten des ursprünglichen Musters unter das Messer. In den USA werden cut-outs zu Pfennigbeträgen vom Großhandel verscherbelt und landen gewöhnlich auf den Ramschtischen der Nation. Für den Sammler stellt ein cut out natürlich einen Wertabstrich dar, läßt sich aber in Einzelfällen verkraften, wenn ihm bewußt wird, daß die Scheibe auf Grund ihres revolutionären Inhalts seinerzeit ein Ladenhüter war und sich erst Jahre/Jahrzehnte später zum heißbegehrten Sammlerstück mauserte. Selbstredend mußte der Hersteller/Vertrieb irgendwann zwischendurch sein Lager leer kriegen und griff zur Schere. Für cut outs von umfangreich verbreiteten Pressungen empfiehlt sich ein deutlich niedrigerer Sammlerpreis. Bei schriftlichen Annoncen (Sammlermagazine, Internet oder Auktionen) sollte eine cut out eindeutig benannt werden, um späteren Ärger zu vermeiden.

CUT-OUT HOLE

Runde Ausstanzung (→ cut out) am Rand oder im Mittelpunkt des → Covers.

CUTTEN, CUTTERN

Manueller Prozeß des Zerschneidens und Aneinanderfügens von Tonbandmaterial (→ cut). Erst dadurch wird die Tonaufzeichnung editierbar und unter künstlerischen Gesichtspunkten gestaltbar.

CX

Von der US-amerikanischen Columbia/CBS entwickelter breitbandiger Kompander zur Codierung von Schallplatten. Das System benutzt eine umfangreiche Regelschaltung, die zwei Arbeitspunkte definiert und die Kompression bis -40 dB im Verhältnis 2:1, bei schwächeren Signalen nur 1:1 einstellt. Die Expansion erfolgt spiegelverkehrt. Das CX-System ermöglicht eine effektive Rauschunterdrückung von 20 dB, die ohne eine Veränderung des Frequenzgangs erzielt wird. Bei der Wiedergabe von CX-codierten Schallplatten ohne entsprechenden Expander bleibt das Klangbild erhalten, jedoch wird der eigentliche Dynamikumfang zusammengestaucht wiedergegeben. Dadurch werden besonders Ein- und Ausklingvorgänge in ihrer Homogenität gestört bzw. das Verhältnis von Vorder- und Hintergrund – auch im Zusammenspiel mit der Stereobreite – hörbar verändert. Obwohl also zu herkömmlichen Abspieleinrichtungen weitgehend kompatibel, empfiehlt sich der Einsatz eines CX-Expanders bei Verwendung entsprechenden Tonmaterials. Das CX-Verfahren konnte sich auf Dauer nicht durchsetzen. Von Columbia/CBS wurden in den Jahren 1980-82 ca. einhundert CX-codierte Schallplatten, die auf Außenhülle und Etikett entsprechende Hinweise tragen, veröffentlicht. Die um den Prefix »CX« erweiterten Bestellnummern folgen dabei den entsprechenden Katalognummern.

D

DÄMPFUNG

Eigentlich korrekt als Dämpfungsmaß bezeichnete Verringerung der Signalamplitude bei einer Übertragung im Verhältnis zu ihrer Ausgangsgröße. Im allgemeinen werden damit Übertragungsverluste bei Signalweiterleitungen bezeichnet. So kann es bei ungünstigen Abschlußwerten von untereinander verbundenen Geräten zu Spannungs- und/oder Leistungsdämpfungen kommen, deren Wert logarithmisch in dB (Dezibel) angeben wird. Für die Verbindung eines Tonabnehmers an den Eingangskanal des Verstärkers ist deshalb ein optimal abgestimmter Abschlußwiderstand zu wählen.

DAT

Digitales Magnetbandverfahren für den professionellen und Heimgebrauch. Das auch als R-DAT (rotierender Tonkopf) bezeichnete Verfahren fand Ende der 80er Jahre auch Einzug in den Masteringprozess der Schallplattenfirmen und ersetzte zwischenzeitlich das → U-Matic-Verfahren. Die digitale Tonaufnahme wird auf dem Digital Audio Tape ebenso wie auf der CD als → PCM gespeichert und verfügt damit über ähnliche Parameter hinsichtlich Dynamik, Frequenzgang, Gleichlauf usw. Vor allem im mobilen und Heimstudiobetrieb hat sich das DAT bewährt und dient bei zahlreichen neueren Musikproduktionen als Session- sowie Masterband. In den Jahren 1987-89 veröffentlichten einige Schallplattenfirmen (4AD, Telarc) kommerzielle DAT-Ausgaben ihrer Produktionen. Diese in Echtzeit von digital remasterten Ausgangsbändern kopierten Tonträger nahmen die Tradition der → reel-to-reel tapes auf und brachten dem audiophilen Hörer praktisch verlustfrei und ohne jegliche Wandlung die Qualität des (digitalen) Masterbandes in die gute Stube.

DBX

Breitbandiger, dB-linearer Kompander, der, eigentlich für die Magnetbandaufzeichnung entwickelt, auch zur Codierung von Schallplatten verwendet wurde. Das heißt, bei seinem linearen, also gleichmäßigem Kompandierungsgrad (Verhältnis 2:1) wird bei der Kompression ein Signal mit -20db auf -10 dB bzw. -50 dB auf – 25 dB angehoben. Bei der Expansion (Verhältnis 1:2) werden aus -20 dB wieder -20 db bzw. aus -25 db erneut -50 dB. Theoretisch ermöglicht das dbx-Verfahren, ein effektives Eigenrauschen der Schallplatte bei -40 db und entsprechendes Tonmaterial vorausgesetzt, eine Gesamtdynamik von ca. 100 dB zu vermitteln. Um das Restrauschen der Schallplatte zu unterdrücken, wird eine zusätzliche Pre- und Deemphasis geschaltet. Durch dieses zusätzliche Vorverzerren (Anhebung der hohen Frequenzen) ist die Wiedergabe von dbx-codierten Schallplatten nur mit einem entsprechenden Expander sinnvoll. Das dbx-Verfahren konnte sich bei Schallplatten nie richtig durchsetzen. Nur wenige Firmen, darunter z.B. Nautilus, veröffentlichten dbx-codierte Aufnahmen, die auf Außenhülle und Etikett entsprechende Hinweise tragen.

DDD
→ SPARS-Code

DECCA (UK)
Die Decca gehört zu den Veteranen der Schallplattengeschichte. 1929 begann man mit der Veröffentlichung von Schellackplatten. Ab 1943 folgten dann Eigenproduktionen mit Werken der → E-Musik. Durch den Kauf des Konkurrenten Crystalate erwarb man nicht nur ein Preßwerk, sondern auch die Forschungsergebnissse von A. Blümlein. Anfang der 50er Jahre begann man mit der Produktion von Langspielplatten. Decca führte über Jahrzehnte unter dem gleichen Markenzeichen zwei getrennte Kataloge (E- und U-Musik), die sich nur durch die Farbe der Etiketten unterschieden (E-Musik = schwarz, U-Musik = weinrot). Für den Export in die USA benutzte man das Sublabel London. Decca ist nach der → EMI die größte britische Schallplattenfirma und verfügt über einen der besten E-Musik-Kataloge der Welt. Seit 1979 ist die Decca vollständiger Bestandteil der PolyGram. In der BRD operierte man bis Ende der 80er Jahre innerhalb der → Teldec.
Prefixe: LXT (Decca mono); SXL (Decca, stereo); SET (Sets, Gesamtaufnahmen); PFS, SPC (Phase Four); ZRG (Argo); SOL (L'Òiseau-Lyre); ADD, SDD (London); SPA (World of); ECS (Eclipse); ACL (Ace of Clubs); STS (Stereo Treasury Series). Matrizennummer: ARL (mono), ZAL (stereo). Masterbandnummer (ungerade A-Seite, gerade B-Seite); Ziffer (Umschnitt); Buchstabe (Schneidtechniker). Preßcode: BUCKINGHAM, erste Mutter ist B, zehnte M.

DECCA (USA)
Von John Kapp im Jahr 1934 gegründete US-Tochterfirma der britischen → Decca. In rascher Folge erwarb man andere renommierte US-Label (Crystalate, Edison Bell, Vocalion u.a.) und konnte mit einem an weißen Bedürfnissen ausgerichteten Pop- und Swing-Katalog zu einer der führenden Firmen aufsteigen. Mit dem Sublabel Brunswick konnte man in den 50er Jahren erfolgreich im Rock & Roll operieren. 1974 übernahm MCA (→ Universal) den Katalog. Künstlerstamm: Andrew Sisters, Louis Armstrong, Count Basie, Bing Crosby, Ella Fitzgerald, Bill Haley, Buddy Holly u.a.

Etiketten (USA): gold (1949 – 54); silber (1954 – 60); schwarz, Regenbogen, »Mfrd. by Decca Records« (1960 – 66); schwarz, Regenbogen, »A Division of MCA« (1967 – 71); schwarz, Regenbogen, »Mfrd. by MCA« (1971 – 72); ab 1973 mit MCA-Etikett.

DECELITH-PLATTE

Dreischichtige Celluloid-Schallplatte mit gehärteter mittlerer Schicht und dunklen, weichen Außenschichten. Wurde im 3. Reich für Direktaufnahmen der Reichs-Rundfunk-Gesellschaft (RRG) sowie der Wehrmacht verwendet. Die technische Besonderheit der RRG-Decelith-Platten, die Laufrichtung von innen nach außen, sowie das Original-Tonmaterial stellen einen äußert hohen Sammlerwert dar.

DECODER

Ein Gerät zur Rückgewinnung von codierten Informationen. Ausgehend von einem genau definierten Schlüssel, wird ein Ausgangssignal durch einen Coder verformt, um dessen Übertragung entweder grundsätzlich zu ermöglichen oder, wie in den meisten Anwendungsbereichen, kompatibel mit einem schon bestehenden Übertragungsverfahren zu halten. Ein Decoder besitzt die Umkehrung des Schlüssels und generiert mit dessen Hilfe das Ursprungssignal. Hauptsächlich wird dieses technische Verfahren zur Übertragung von Stereosignalen im UKW-Rundfunk und für Farbsignale im (analogen) Fernsehen benutzt, wo die Übertragungstechniken historisch bedingt monophon bzw. s/w sind. Für die Schallplatte, nach der ersten monophonen Mikrorillenversion (1947/48) Ende der 50er Jahre erneuert und nun als stereophones Medium konzipiert und genormt, wurde bei Einführung der → Quadrophonie (ab 1972) eine Stereokompatibilität u.a. aus Marketinggründen gefordert und technisch umgesetzt. Mehrere Hersteller versuchten, untereinander inkompatible Quadroverfahren auf dem Tonträgermarkt zu plazieren, so daß sich letztlich weder das → SQ-Verfahren noch → CD-4 durchsetzten konnten.

DEEP GROOVE

Unter Sammlern verbreitete Bezeichnung für Schallplatten, vorrangig aus britischer und US-amerikanischer Fertigung der 50er und 60er Jahre, die sich durch eine deutlich sichtbare Vertiefung (Nut) im äußeren Drittel des Etiketts ausweisen. Diese »tiefe Rille« wird durch den Dichtungssteg zwischen dem Mittelstück (oder Kern) der Presse und der eigentlichen Preßform, in die die Matrize eingespannt ist, beim Pressvorgang in das Vinyl und also auch in das Etikett eingeprägt. Deep grooves kennzeichnen keineswegs, wie häufig behauptet, die Authentizität einer (Erst)-Pressung, sondern beweisen nur den Einsatz von Pressmaschinen mit 2,75-inch-Mittelstücken. Da die Kühlung der Preßform über das Mittelstück, als festem Bestandteil der eigentlichen Presse, geregelt wird, galt die Reduzierung dieses Bauteils lange Zeit als problematisch. Andererseits vereinfachte ein größerer Kerndurchmesser das Ausstanzen und Zentrieren der Preßmatrize. Vor allem in den USA und Großbritannien haben sich im Zuge anderer Innovationzeiträume lange Jahre modifizierte Pressen aus der Schellack-Ära gehalten, die mit großdimensionierten Kühlungssystemen und entsprechenden 2,75-inch-Mittelstücken ausgerüstet waren. Mitunter wurden unter Termindruck auch beiderlei Pressformen verwendet, so daß z.B. Box-Sets der britischen Decca aus dem Produktionszeitraum 1965 – 75 sowohl deep grooves als auch Schallplatten mit kleinem Mittelstück enthalten können. Für den engagierten Sammler stellt eine deep groove-Pressung, möglichst noch mit erhöhter Grammatur, in jedem Fall ein Kleinod dar.

DE-ESSER

Ein Filter-Begrenzer, der bei Sprach- und Gesangsaufnahmen die hohen Frequenzanteile der Zischlaute (s, sch) abschwächt. Vor allem bei Nahaufnahmen neigt die (analoge) Aufzeichnungstechnik zu einer deutlichen Überzeichnung der Zischlaute. Hierbei muß berücksichtigt werden, daß bei hohen Frequenzen die Aussteuerungsgrenze in Abhängigkeit von der Vorverzerrung (Preemphasis) deutlich unterhalb der 0 dB-Marke liegt. D.h. die Zischlaute prägen das Signal zusätzlich und können sich bei einer ungünstigen Aneinanderreihung innerhalb der Aufnahme-/Wiedergabekette dramatisch verstärken. Deshalb nutzt man die Möglichkeit, mit frequenzbezogenen → Filtern die hohen Frequenzanteile in Ansprech- und Rücklaufzeit zu regeln. Die Filtereigenschaften sind zusätzlich dynamisch ausgelegt, so daß größere Signalstärken entsprechend stärker bedämpft werden. Der Arbeitspunkt ist hinsichtlich der Frequenz und des Dämpfungsgrades (zumeist) frei wählbar.

DEF JAM

Von Rick Rubin und Russell Simmons 1984 gegründete Schallplattenfirma, die mit damals ungewöhnlichem Crossover von Black Music und Heavy Metal für künstlerisches Aufsehen und finanziellen Erfolg sorgte. Def Jam und das Sublabel Def American zehren bis heute vor allem von der gelungenen Verknüpfung weißer und schwarzer subkultureller Strömungen. Die Firma operiert über die Herstellungs- und Vertriebskanäle von → Columbia Records, die seit 1985 finanziell mit dem Kleinlabel verbunden ist. Zu den erfolgreichsten Künstlern zähl(t)en: Beastie Boys, LL Cool J, Public Enemy, Run-DMC, Slayer und der späte Johnny Cash.

DEMO

Bezeichnung für eine Tonaufnahme, die in ihrem Ursprung nicht für eine Veröffentlichung auf einem kommerziell verwerteten Tonträger vorgesehen war. Dazu zählen z.B. Probeaufnahmen mit für die Schallplattenfirma neuen Künstlern, aber auch Demonstrationsaufnahmen von Musikverlagen mit Neukompositionen, die verschiedenen namhaften Interpreten zur Vorauswahl geschickt werden. Mit der zunehmend umfassenderen Aufarbeitung der Musikgeschichte ist kaum noch ein Bandzipfel oder ein Acetate vor den Chronisten sicher und wird im Falle einer kommerziellen Verwertbarkeit bzw. zur rigorosen Gewinnoptimierung der Schallplattenfirma dann auf speziell zusammengestellten, käuflichen Tonträgern für das Heimarchiv präsentiert.

DENON

Bedeutender japanischer Hersteller für Studiotechnik und Heimelektronik. Denon begründete Anfang der 70er Jahre mit dem ersten einsetzbaren digitalen Aufnahmeequipment im PCM-Verfahren für die gesamte Branche eine neue technologische Ära. Das Firmenprofil rundet eine gleichnamige Schallplattenfirma ab, die Eigenaufnahmen aus Jazz und Klassik vermarktet. Ende der 80er Jahre begann man mit einer Wiederbelebung der konsequenten XY-Stereophonie im sogenannten One-Point-Verfahren (CD-Serie). Kurz darauf wurden die Sessions parallel auch im Multikanalverfahren aufgezeichnet und in Dolby 5.1 (DVD) vermarktet. 1962 stellte Denon erstmalig ein für den Einsatz in Rundfunkstudios konzipiertes MM-Abtastsystem vor, das bis heute hergestellt und von vielen Schallplattenfreunden noch immer hoch geschätzt wird. Mitte der 70er Jahre intensivierte man die Forschung im Laufwerksbau und stellte in rascher Folge zahlreiches direktangetriebene und z.T. mit elektronischen Dämpfungseinrichtungen (Tragarm) versehene Schallplattenspieler her. Die Spitzenmodelle DP-59L (1985) und DP-67L (1983) zählten Mitte der 80er Jahre zum technologisch Reizvollsten. Eine Reihe von MC-Abtastsystemen (DL-80, DL-103, DL-110, DL-304) konnte den guten Ruf der Firma festigen. 1993 wurde das Spitzenmodell DL-S1 mit passendem Übertrager AU-S1 vorgestellt.

DESIGNER-ETIKETT

Individuell gestaltetes, nur für eine Veröffentlichung (Album) vorgesehenes Schallplattenetikett. Durch die Einführung von digitaler Druckvorstufe und Offsetdruck wurde die Eitkettenherstellung vereinfacht und preiswerter. Ein einzelner Druckprozeß (egal ob ein- oder vierfarbig) verursacht nun praktisch weniger Kosten als das zweiteilige Verfahren für Eindruck-Etiketten. Schon Mitte der 80er Jahre verzichteten zahlreiche Firmen auf den bislang gewohnten Standard, der ohnehin von engagierten und gestaltungshungrigen Designern immer wieder in Frage gestellt wurde. Im Zuge des neuen Corporate Identity der Künstler, dem Hang zum durchdesignten Produkt, wurden die firmeneigenen Etiketten aufgegeben und durch individuelle, zumeist das Cover ergänzende Designer-Etiketten ersetzt. Im Sinne der grafischen Erscheinung der Schallplatte begrüßenswert, bedeutet aber der Verzicht auf das tradierte Firmenetikett eine teilweise Aufgabe des Images und der eigenen Historie. Das Gros der nach 1990 neu veröffentlichten Schallplatten wurde mit Designer-Etiketten ausgestattet und entzieht sich so weitestgehend der Einreihung in den Etikettenstammbaum.

DEUTSCHE GRAMMOPHON GESELLSCHAFT (DGG)

Älteste deutsche Schallplattenfirma. Die Deutsche Grammophon Gesellschaft wird 1898 vom Erfinder des Grammophons Emile Berliner und seinem Bruder Joseph in Hannover gegründet. Von Anfang an liegt der Schwerpunkt der Tonproduktion auf dem Gebiet der E-Musik. Die Deutsche Grammophon bindet schon in den 20er Jahren die ersten großen Namen mit Exklusiv-Verträgen an ihr Haus. Eine langfristige, kontinuierliche Arbeit mit den beschäftigten Künstlern wird zum Markenzeichen der deutschen Firma. 1949 präsentiert das Akustische Labor der DGG erstmals ein → Füllschriftverfahren für → Schellackplatten (→ Variable Micrograde 78). Zwei Jahre später beginnt man mit der Produktion von Langspielplatten und fertigt u.a. Mitte der 50er Jahre auch die ersten → Eterna-LPs im Lohnauftrag. Außerhalb des Klassik-Segments bedient die DGG das deutsche Publikum mit unzähligen Lizenzübernahmen (→ Verve). 1972 folgt die Zusammenlegung mit der holländischen Philips zur PolyGram, die Kataloge bleiben getrennt. Seit 1998 gehört die Deutsche Grammophon Gesellschaft zum Seagram-Konzern und bildet zusammen mit Universal einen der umfangreichsten Kataloge der Welt. Zu den erfolgreichsten Künstlern zähl(t)en: Amadeus Quartet, Daniel Barenboim, Leonard Bernstein, Karl Böhm, Pierre Boulez, Dietrich Fischer-Dieskau, Wilhelm Furtwängler, Emil Gilels, Clara Haskil, Lorin Maazel, Anne-Sophie Mutter, Herbert von Karajan, Wilhelm Kempff, Rafael Kubelik, Wolfgang Schneiderhan.
Etiketten (BRD): gelb, mit Tulpenrand (1951 – 69)

DEUTSCHE PHONO-AKADEMIE

Eingetragener Verein zur Imagepflege der Phonoindustrie. Im Jahr 1973 von achtzehn Schallplattenherstellern der BRD gegründet, reduzierte sich die Mitgliederanzahl durch Konzentrationsprozesse der Branche auf zehn Firmen im Jahr 1988. Neben den Vollmitgliedern gehören der Organisation auch zahlreiche außerordentliche Mitglieder an. Die Deutsche Phono-Akademie konzentriert ihre Arbeit auf die Verleihung des Deutschen Schallplattenpreises. Mit einer geschickten Verknüpfung von Quartalsbewertungen und der jährlichen Hauptverleihung des Preises lenkt die Phono-Akademie das Augenmerk der Presse und Endkunden auf herausragende, künstlerisch wertvolle Einspielungen. Dabei sorgt die umfangreiche Rubrizierung der diversen Gattungen für eine alle Seiten befriedigende Preisverteilung. Ein von der Phono-Akademie berufener, personalstarker Kritikerausschuß, dem viele namhafte Musikkritiker aus Publizistik und Wissenschaft angehören, überrascht die Öffentlichkeit häufig durch Pämierungen kommerziell wenig erfolgreicher Veröffentlichungen. Die Nennung in der Quartalsliste und in der Jahresauswertung wird von den Herstellern gern mit einem Aufkleber auf dem Cover dokumentiert. Es wäre naiv anzunehmen, der Deutsche Schallplattenpreis sei inhaltlich unabhängig, wird er doch praktisch von der auszuzeichnenden Industrie finanziert. Jedoch im Gegensatz zum Schallplattenpreis »Echo«, der die verkauften Einheiten berücksichtigt, konnte sich der Deutsche Schallplattenpreis durch seine inhaltliche Ausrichtung als der wichtigste deutsche Schallplattenpreis behaupten.

DEZIBEL

Logarithmisches Maß für das Verhältnis eines elektrischen oder akustischen Signals zu einem Bezugspunkt (→ Pegel). Die eigentliche Maßeinheit für Pegelangaben ist das Bel, benannt nach dem amerikanischen Erfinder Alexander Graham Bell (1847-1922). Aufgrund der zu erfassenden Meßbereiche wird in der Praxis jedoch nur der zehnte Teil des Bel, das Dezibel (db), verwendet.

DG/DGG

→ Deutsche Grammophon Gesellschaft

DHFI

Das Deutsche High-Fidelity Institut e.V. wurde 1962 von Herstellern, Importeuren und Vertrieben der Unterhaltungselektronik gegründet. Fachhändler konnten dem Verein als fördernde Mitglieder beitreten. Das Ziel des DHFI war die umfassende Durchsetzung der DIN 45 500 (HiFi) bei Herstellern und Handel. Durch die umfassende qualitative Verbesserung der Heimstudiotechnik nach 1958 und die Einführung der Stereophonie wurden darüber hinaus die Beratung und Betreuung des Kunden immer wichtiger. Schwerpunkte der Arbeit des Vereins waren: Schulungsseminare für den Fachhandel und die Durchführung von HiFi-Ausstellungen. Für den Endkunden publizierte das DHFI zahlreiche Broschüren und eine bemerkenswerte Reihe von Demonstrations-Schallplatten zum Testen, Einpegeln und zur Gehörschulung. Spätestens mit der Einführung der CD und der damit verbundenen weiteren Steigerung der Heimwiedergabequalität galten die ursprünglichen Ziele als eingelöst. Das in den 90er Jahren abflauende HiFi-Geschäft und die Hinwendung der Unterhaltungsindustrie zu immer komplexer werdenden, audiovisuellen Anlagen führten 1999 zur Auflösung des DHFI.

DIAMANTNADEL

Umgangssprachlich für eine aus einem (synthetischen) Diamant gefertigte → Abtastnadel.

DIE STIMME SEINES HERREN

Sublabel der deutschen → Electrola, das unmittelbar an die Hauptmarke »His master's voice« der britischen Mutterfirma EMI anknüpft. In der BRD wird »Die Stimme seines Herren« als Slogan, Schriftzug und in Verbindung mit → Nipper als geschütztes Markenzeichen geführt.

DIE-CUT SLEEVE

→ Lochcover

DIGITAL MASTERING

Bezeichnung für einen abgeschlossenen, klangtechnischen Masteringprozeß, der auf ein digitales Speichermedium (→ U-Matic, DAT o.ä.) aufgezeichnet wird. Handelt es sich dabei um die Überarbeitung einer bereits veröffentlichten Tonaufzeichnung, ersetzt das neue Digital-Master in der Regel das bisher verwendete Masterband, und dient fortan als Grundlage für die Fertigung von Tonträgern. Neben der üblichen Praxis im Rahmen der CD-Fertigung werden Digital-Master auch häufig für → Nachauflagen auf Vinyl herangezogen, insofern nicht schon vorhandene Matrizen aus dem Galvanoarchiv der Firma erneut verwendet werden.

DIGITAL-SCHALLPLATTE

Gattungsbegriff für alle plattenförmigen digitalen Tonträger. Dazu zählen derzeit die → Compact Disc (CD) in all ihren Varianten (CD-DA, CD-R, CD-E, CD-Graphics, CD-I, CD-ROM, CD-WORM, CD-RAM), die Minidisc (MD), die Digital Versalite Disc (DVD) und die Super Audio Compact Disc (SACD).

DIN 45 500 T3

Heimstudiotechnik (Hi-Fi); Mindestanforderungen an Schallplatten-Abspielgeräte

DIN 45 500

Vom Deutschen Institut für Normung (Sitz Berlin) herausgegebene Industrienorm für »Heimstudio-Technik (HiFi)«. Die DIN 45 500, untergliedert in neun Einzelteile (T1 bis T9), schreibt für alle Gerätegattungen die minimal einzuhaltenden meßtechnischen Parameter vor. Die Definition der Einzeldaten sichert bei ihrer Einhaltung ein Minimum an sogenannter hochqualitativer Heimwiedergabe (High Fidelity). Beim jetzigen Stand der Technik erscheinen große Teile der DIN 45 500 historisch veraltet. Darüber hinaus haben sich durch die Verbreitung des High End-Gedankens – die Definition der Qualität einer Heimstereoanlage anhand ihres Gesamtklangs – die Bewertungskriterien bei ambitionierten Heimanwendern dramatisch verschärft, und damit die DIN 45 500 verdrängt.

DIN 45 538

Begriffe für Schallplatten-Abspielgeräte

DIN 45 539

Schallplatten-Abspielgeräte; Regeln für Messungen, Tonfrequenz-Anschlüsse, Maße austauschbarer Abtastsysteme, Anforderungen an Wiedergabeverstärker

DIN 45 541

Frequenz-Meß-Schallplatte St 33 und M 33

DIN 45 542
Verzerrungs-Meß-Schallplatte St 33 und St 45

DIN 45 543
Übersprech-Meß-Schallplatte St 33

DIN 45 544
Rumpel-Meß-Schallplatte St 33 und M 33

DIN 45 545
Gleichlauf-Meß-Schallplatte 33 1/3 und 45 U/min

DIN 45 546
Schallplatte St 45 (Stereoschallplatte für 45 U/min)

DIN 45 547
Schallplatte St 33 (Stereoschallplatte für 33 1/3 U/min)

DIN 45 548
Merkmale für die Beurteilung der Gebrauchstauglichkeit von Schallplatten-Abspielgeräten

DIN 45 549
Abtastfähigkeits-Meßschallplatte

DIRECT METAL MASTERING

Wie beim → Lackschnitt, wird auch beim Direct Metal Mastering (DMM) eine → Rille in die → Aufnahmeplatte geschnitten, dennoch sind beide Verfahren grundverschieden. Beim DMM-Verfahren wird mit einem Diamant-Schneidstichel in eine mikrokristalline Kupferschicht (ca 0,1 mm) geschnitten, die auf einen nichtmagnetischen Edelstahlkern aufgebracht wurde. Der Schneidwiderstand wird durch eine scharfen → Schneidstichel aus Diamant (ohne → Polierfacetten), einen Anstellwinkel von mehr als 90° und eine überlagerte Ultraschallschwingung verringert. Der scharfe Stichel ohne Polierfacetten führt zu einer wesentlichen Verbesserung beim Schneiden extrem kleiner Wellenlängen. Der Stichel ist 13° entgegen der Laufrichtung geneigt, um einen minimalen Schneidwiderstand zu erzielen. Um den genormten Spurwinkel von 20° in die Rille zu schreiben, wird im Verstärkerteil eine entsprechende Laufzeitkorrektur vorgenommen. Während des Schneidvorgangs entsteht ohne äußere Anregung zwischen Stichel und Stichelhalterung eine Ultraschallfrequenz von 70 kHz, die sich in der Rille abzeichnet. Da die Kupferschicht nur halb so dick wie eine Lackschicht ist, können zur Überwachung der Rillentiefe (max. 80 μm) programmgesteuerte vertikale Ausschlagbegrenzer eingesetzt werden. Das fertig geschnittene Kupfer-Master entspricht praktisch einer konventionellen

Mutter und erspart damit drei Arbeitschritte. Die weitere Verarbeitung nutzt die vorhandene Galvanik. Das DMM-Verfahren garantiert aufgrund der verwendeten Materialien und Technik eine gegenüber der Lack-Technologie deutlich verbesserte Exaktheit der Aufzeichnung. Echoabbildungen zwischen benachbarten Rillen treten kaum auf, die Aufzeichnung hoher Frequenzen gelingt ohne wesentliche Verluste und Pegelabfälle, Knisterstörungen werden reduziert. Die DMM-Technologie ist in allen Parametern wesentlich anspruchsvoller und benötigt in der Praxis ein optimales Qualitätsmanagement.

DIRECT PRINTED LABEL (DPL)

Bezeichnung für ein direkt auf den Tonträger gedrucktes → Etikett, ohne dabei das sonst übliche Papier als Trägermaterial zu verwenden. Dazu wird der Etikettbereich mit dem entsprechenden graphischen Motiv (inkl. Schrift) im Sieb- oder Tampondruckverfahren bedruckt. Compact Discs sind grundsätzlich mit DPL versehen, bei (Nadelton-) Schallplatten wird das Verfahren äußerst selten angewandt. Bei im → Spritzguß gefertigten → Singles wird hingegen das ebenfalls papierlose → Embossed Label, eine Technik, die komplizierte Zusatzätzungen oder -gravuren in der Spritzform gestattet, gern angewandt.

DIREKTANTRIEB

In den 70er Jahren erstmals auch für Schallplattenspieler vorgestelltes Antriebskonzept, bei dem der Motor mit seiner Motorachse (Welle) direkt oder indirekt das Tellerlager und dessen Mittelstift ausbildet. Unterhalb des sichtbaren Plattentellers befindet sich ein extrem langsam laufender, elektronisch geregelter Vielpolmotor, der mit einem Abschirmgehäuse zur weitestgehenden Unterdrückung magnetischer Felder umgeben ist. Es gibt verschiedene Konstruktionsausführungen, wobei zumeist die Spulen auf dem Chassis befestigt sind, und den Stator. Je höher die Polanzahl, desto ruhiger der Lauf des Motors. Aufwendigere Konstruktionen werden mit einem Quarzoszillator (→ PLL-Verfahren) geregelt. Bei Herstellern von audiophilen Schallplattenspielern konnte sich diese Antriebsart hingegen nie durchsetzen. Die zur Erstellung der → Originalaufzeichnung verwendeten Umschnitteinheiten verwenden schon seit langem den Direktantrieb.

DIREKTLÄUFER

Bezeichnung für einen → Schallplattenspieler mit → Direktantrieb.

DIREKTSCHNITT (DIRECT TO DISC)

Aufzeichnungsverfahren für die Schallplatte, bei der auf die Verwendung einer bereits aufgezeichneten Quelle (z.B. → Magnetband) verzichtet wird und das akustische Ereignis direkt und ohne Zwischenspeicherung auf die → Lackfolie der Schneidapparatur gebannt wird. Für das Direktschnitt-Verfahren spricht vor allem ein technischer Aspekt, denn »direct to disc«-LPs zeichnen sich im allgemeinen durch größeren Klangfarbenreichtum aus, weil die Zwischenspeicherung auf ein anderes Medium entfällt. Andererseits setzt der Direktschnitt aber der Dynamikverteilung über die Gesamtaufzeichnung engere Grenzen, da der Tonmeister keineswegs mit genauer Sicherheit die obere Eingangspegelgrenze im vorab bestimmen kann, und somit mit einem Headroom (Sicherheitsabstand zur Vollaussteuerung) arbeiten muß. Ein Direktschnitt setzt bei allen beteiligten Musikern und Technikern ein hohes Maß an Konzentration und Perfektion voraus, ebenso wie die Bereitschaft, auf Schnitt und Nachbearbeitung der Aufnahme zu verzichten. Somit grenzt sich der Kreis der an diesem Verfahren interessierten Künstler automatisch ein. Vor allem in den späten 70er und frühen 80er Jahren genossen »direct to disc«-LPs bei audiophilen Käufern eine gewissen Ruf, der aber mangels überzeugenden Repertoires sich auf Dauer nicht aufrechterhalten ließ. Historisch gesehen war das Direktschnittverfahren ja auch nichts Neues, da ja alle Schallplatten der akustischen und frühen elektrischen Ära ohne Verwendung eines Zwischenmediums direkt auf eine Aufnahmeplatte aufgezeichnet wurden. Für die Langspielplatte stellte das Verfahren einen gewagten Spagat zwischen ingenieurtechnischen und künstlerischen Bedürfnissen dar, der sich praktisch nicht lösen ließ. Bis heute ranken sich unzählige Legenden um die »direct to disc«-LP, die gern von HiFi-Journalisten in zyklischen Abständen und in Ermangelung sensationeller technischer Mikrorillen-Neuerungen genährt werden. Durch die Einführung der digitalen, editierbaren Bandaufnahme in den Tonstudios und den damit erzielten technischen Parametern (Dynamik, Kanaltrennung etc.), die die zu erzielenden Eckdaten einer Langspielplatte deutlich übertrafen, rückten viele Schallplattenfirmen wieder vom Direktschnitt-Verfahren ab.

DISC-CONTACT (THORENS)

→ Unterdrucksysteme

DISCO

Umgangssprachliche Abkürzung für → Diskothek. Andererseits auch als spezieller Musikstil seit Mitte der 70er Jahre geläufig. Disco-Musik ist speziell für Tanzveranstaltungen gestaltetes Musikmaterial, das in Spielzeit, Rhythmus, Tempo und Arrangement auf die Bedürfnisse der Tänzer zugeschnitten ist. Seit der spektakulären Langversion (Laufzeit 16:50) des Titels »Love to love me Baby« von Donna Summer, einer Produktion von Peter Belotte und Giorgio Moroder, ist der Disco-Stil eine eigenständige Form innerhalb der populären Muikkultur. Vor allem durch einen → Remix wurden viele Hits der 80er und 90er Jahre für den erfolgreichen Einsatz in der Diskothek aufbereitet, und so – parallel oder ergänzend zum Rundfunkeinsatz – der Zielgruppe ins Ohr gedrückt. Ende der 80er Jahre wurde die Disco-Kultur in mehreren Wellen durch nochmals verfeinerte, tanzorientierte Stilrichtungen (House, Techno, Jungle usw.) ersetzt, die den → DJ als Performer und Künstler mehr in den Vordergrund stellten und in einer geschickten Verknüpfung von Attitüde und Life Style zum bestimmenden Faktor jugendlichen Konsumverhaltens wurden.

DISCO-ANTISTAT

Von der Firma Knosti entwickeltes → Schallplattenwaschgerät, das, obwohl sehr einfach in Aufbau und Handhabung, alle wesentlichen Anforderungen für eine Naßreinigung der Schallplatte erfüllt. Das vollständig aus Kunststoff gefertigte Gerät besteht aus einem Wannenkörper, Trockenständer sowie zwei Etikettendichtschalen und läßt sich im Ruhezustand einfach ineinanderstecken. Die zu reinigende Schallplatte wird zwischen den beiden Etikettendichtschalen fixiert, in das mit Reinigungsflüssigkeit (antistat-Mixture) gefüllte Wannenbad eingehängt und durch Drehbewegungen an den innenliegenden Naturborsten vorbeigeführt. Nach der Reinigung stellt man die Schallplatte in den Trockenständer, wobei die Reinigungsflüssigkeit einfach abläuft bzw. verdunstet. Die Reinigungswirkung des Geräts ist gut bis sehr gut, wobei die Grobreinigung hervorragend gelingt. Im Zusammenspiel mit absaugenden, aufwendigeren Schallplattenwaschgeräten eignet sich der disco-antistat auch zur Intensiv-Vorwäsche.

DISCOFILM

Relativ preiswertes, zähflüssiges Reinigungsmittel, das auf die Schallplatte aufgetragen und nach mehrstündigem Trocknungsprozeß abgezogen wird. Der Discofilm bindet die gröbsten Schmutzpartikel und reißt sie beim Entfernen des ausgehärteten Films aus der Rille heraus. In der Praxis gelingt das gleichmäßige Auftragen der Emulsion nur mit Übung und auch das Abziehen bedarf gewisser Erfahrungen. Mitunter reißt der Film bzw. hinterläßt in der Rille feine Fäden, die sich nur mühsam wieder entfernen lassen (Tesa-Film). Insgesamt ist das Produkt wenig empfehlenswert, da es ein reiner Verbrauchsartikel ist, leider nur eine mittelmäßige Reinigung ermöglicht und die gesamte Prozedur sehr zeitaufwendig ist.

DISCO-SINGLE

Veraltete Bezeichnung für eine Maxi-Single, die in ihrem Wortstamm noch auf die Disco-Ära verweist, und den Tonträger dadurch zusätzlich im Zeichen der Zeit als Trendprodukt bewirbt.

DISKJOCKEY

1. Person, die in der → Diskothek, die Schallplatten auswählt, auflegt und durch eine Moderation verbunden präsentiert. Bis Mitte der 70er Jahre galten Diskjockeys ausschließlich als preiswerter Ersatz einer Live-Band, die dennoch mit dem Vorspiel von bekannten Single-Erfolgen – also mit Originalfassungen – das Publikum in der Diskothek unterhielten und animierten. In Wechselwirkung, angeregt durch speziell für den Diskoeinsatz angefertigte → Remixe, begannen sich talentierte Diskjockeys zu emanzipieren und schufen durch Verzahnen, Überblenden, Extrahieren und Sublimieren eine eigenständige Formensprache. Aus dem tumben Diskjockey wurde der gefeierte → DJ.

2. Ein in Rundfunk oder (seltener) Fernsehen auftretender Moderator (auch Deejay), der seine Musikauswahl selbst vornimmt und Schallplatten wortreich blumig zu präsentieren vermag. Die damit verbundene Wirkung auf den weitergehenden Musikkonsum der Zuhörer veranlass(t)e zahlreiche Schallplattenfirmen, mit diffizilen Methoden Einfluß auf die Programmauswahl des Deejays zu nehmen. Vor allem in den USA werden in zyklischen Abständen massive Bestechungsskandale aufgedeckt.

DISKOGRAPHIE

Katalogisierte Zusammenstellung von Schallplattenveröffentlichungen. Die gigantische Anzahl an veröffentlichten Tonträgern und ungeheure Vielzahl von Schallplattenfirmen, die grenzenlose Vielfältigkeit an verschiedenartigsten Pressungen und Ausgaben machen eine komplette Diskographie der Tonträgergeschichte aussichtslos. Insofern begnügt sich der Schallplattensammler mit mehr oder weniger gelungenen Teildiskographien, die die Veröffentlichungen eines Künstlers, einer Firma oder eines Genres dokumentieren. Über die Anforderungen an eine gute, nutzbringende Diskographie ist viel diskutiert worden. Als absolutes Minimum gelten Angaben zu: Interpret, Album- und Einzeltitel, Firma, → Katalognummer und Erscheinungsjahr. Für alle wichtigen Künstler liegen heutzutage entsprechende Diskographien vor. Umfangreichere Arbeiten, die detailliert Auskunft über Pressung, Fertigungsqualität, Ausstattung, Varianten, nationale Ausgaben, → Lizenzen und Auflagenhöhen geben, sind sehr selten anzutreffen. Vorrangig die Arbeit von spezialisierten und gut sortierten Musikarchiven vermag bei externer Finanzierung entsprechend umfangreiche Diskographien hervorzubringen. In Einzelfällen stellen auch engagierte Fans nach jahrzehntelanger Sammlertätigkeit akribisch notierte Diskographien zusammen, denen aber leider allzu häufig der objektive Blick und eine professionelle Sicht auf zusammenhängende Problemfelder fehlen. Am ehesten und produktivsten ließen sich kompetente Diskographien in Zusammenarbeit mit der, leider kaum interessierten, Phonoindustrie zusammenstellen. Sehr langsam im Wachsen begriffen sind kritische Diskographien, die mittels → Werkverzeichnis und Kommentarteil exzellent Auskunft über alle o.g. Aspekte geben und sich nicht scheuen, das künstlerische Werk analytisch zu bewerten (→ Diskologie).

DISKOLOGIE

Von Erich Valentin 1961 geprägter Fachbegriff für eine Hilfswissenschaft, die die Schallplatte in die traditionelle, der Notierung folgenden Musikwissenschaft einbindet. Valentin hatte aus der besonderen und nachhaltigen Wirkung von Tonaufzeichnung und massenvervielfältigten Tonträgern auf Rezeption und Entwicklung der Musik reagiert und folgende wissenschaftlichen Themengebiete abgeleitet: 1. eine (soziologische) Geschichtsschreibung der Tonaufzeichnung/Schallplatte; 2. Untersuchung und Dokumentation der Aufnahme- und Herstellungsverfahren; 3. die Beschreibung und Untersuchung rein musikalischer Aspekte mit den Werkzeugen der klassischen Musikwissenschaft (z.B. Veränderungen in der Aufführungspraxis). Die in den 60er Jahren geführten, teils heftigen Auseinandersetzungen um eine breite Akzeptanz der Diskologie im Hochschulbereich kreisten hauptsächlich um Tonaufzeichnungen der → E-Musik. So rühmte z.B. Karl Gustav Fellerer Mitte der 60er Jahre die Schallplatte als wesentliche Quelle neben der schriftlichen Überlieferung einer Komposition und prophezeite der → Phonothek eine gleichberechtigte Stellung neben der Bibliothek. Seit der massiven Ausnutzung der Tontechnik für die Gestaltung des künstlerischen Ausdrucks, aber spätestens seit 1967/68, als das Studio endgültig seine Unschuld verlor, zum kreativen Werkzeug wurde und eigenständige, außerhalb der Tonaufnahme nicht existente Kunstwerke ermöglichte, war eine diskologische Forschung überfällig. Im Rahmen der gesellschaftlichen Reibungen jener Jahre, dem Entstehen von neuen Wissenschaftsbereichen wie der Kulturtheorie und dem Ausdehnen eines gesamtgesellschaftlichen, erweiterten Kunstbegriffs innerhalb der klassischen Ästhetik schufen Wissenschaft und Forschung neue Teilgebiete, die zwar Tonaufzeichnung und Schallplatte berücksichtigten, sich aber vor allem weiterhin mit der Ausdeutung der Inhalte und mit der Rezeption eben dieser beschäftigten. Selbst die musikwissenschaftliche Forschung auf dem Gebiet von modernen populären Stilrichtungen (Rock, Pop, Jazz etc.) vermag bis heute nur selten umfassend die Bedeutung von Tontechnik und Massenvervielfältigung zu würdigen, denn kaum ein Rezensent macht sich auf, den Gegenstand umfassend zu beleuchten und im Kontext zu betrachten. Hier werden enzyklopädische, fachüberschreitende Anforderungen verlangt, die eine bislang kaum geleistete Vorarbeit beim Zusammenspiel von Stil-, Ausdrucks- und Instrumentenkunde, Aufnahme- und Wiedergabetechnik, Distribution, sozialen und ökonomischen Rahmenbedingungen erschweren. Eine umfassende diskologische Aufarbeitung der letzten 120 Jahre würde viele Entwicklungen für jedermann nachvollzieh- und bewertbar gestalten und dem engagierten Konsumenten ein sicheres Instrument (für sein Hobby) in die Hand geben. Die umfassende Digitalisierung aller historischen Musikaufzeichnungen führt darüber hinaus zum Verlust der technischen Authentizität von Tonproduktion und -reproduktion, sie unterstützt so eine weitere Entfremdung des reproduzierten Kunstwerkes (nach W. Benjamin) – die Entfremdung von seiner ursprünglichen Erscheinung und Anmutung. Mit großer Sicherheit wird die Aufarbeitung der Tonträgergeschichte die Wissenschaft in einigen Dekaden vor die gleichen Probleme stellen, wie man es heute schon aus der bibliographischen Forschung kennt. Der Text (Inhalt) ist unsterblich, seine ursprüngliche Erscheinung und Anmutung (Darbietung und Haptik) sind hingegen nur noch im Archiv/Museum zu erleben.

DISKOTHEK

Eigentlich Discothèque (frz.), Kurzform: Disko. Ort der (öffentlichen) Aufführung von Schallplatten. Hierbei wird das Einspiel als reine Tanzveranstaltung für das Publikum wahrgenommen. Mitte der 60er Jahre zuerst in den

schicken Urlauberorten der französischen Mittelmeerküste als Veranstaltungsform dokumentiert, diente die Disco zur Unterhaltung. Die einfache Form der Präsentation, der weitgehende Verzicht auf Ausführende – ein → Diskjockey reicht – und die hohe Mobilität der Diskothek führten Anfang der 70er Jahre zu einem weltweiten Siegeszug. Dabei nutzt der Diskjokey auf Schallplatten gespeicherte Musikstücke, die er nach subjektiver Auswahl aneinanderreiht bzw. zueinander in Bezug stellt, und ersetzt so Tanzorchester und Alleinunterhalter. Gleichzeitig beförderte die Disko die massenhafte Verbreitung der damals neuartigen Pop- und Rockmusik, schuf eine intensive Erlebnisebene und Gruppenidentität über das Konzerterlebnis hinaus und führte Ende der 70er Jahre zu einer eigenständigen Unterhaltungskunst (→ Disco und DJ). Außerhalb der professionellen, virtuosen DJ-Kultur werden Diskotheken auch weiterhin in ihrer ursprünglichen Form durchgeführt.
Anmerkung: Im eigentlichen Wortsinn bezeichnet Diskothek jedoch eine »institutionelle« Schallplattensammlung, für die aber im allgemeinen Sprachgebrauch der Begriff → Phonothek (vgl. Bibliothek) verwendet wird.

DISKRET-QUADRO

→ CD4-Verfahren

DISTRIBUTION

Die firmeneigene Vertriebsorganisation für die Finalprodukte oder ein entsprechend spezialisierter externer Anbieter. Eine erfolgreiche Distribution entscheidet, unabhängig von der künstlerischen Qualität und Kompetenz, über den Fortbestand einer Schallplattenfirma.

DJ

Moderne Kurzform für Diskjokey mit eigenem künstlerischen Anspruch. Durch den mehr oder minder virtuosen Umgang mit Schallplatten (scratchen, überblenden, transponieren), erzeugt der DJ neue, eigenständige Klangbilder und Strukturen. Der DJ unterscheidet sich zum herkömmlichen Diskjockey durch die respektlose Bearbeitung des Ausgangsmaterials und die Erschaffung eines, das Original leugnenden Musikprogramms. Die ausdauernd geführte Diskussion über die Wahrhaftigkeit dieses Prozesses, das Originelle und Originäre im künstlerischen Sinne, wird letztlich immer vom Resultat bestimmt und fällt mit den fortschreitenden technischen Möglichkeiten (Sampling etc.) schwerer. Festzuhalten bleibt, daß ein DJ immer dann am erfolgreichsten sein wird, wenn es ihm gelingt, das Eigenständige mit den Erwartungshaltungen des Publikums in Einklang zu bringen, und er den Massen einen echten, tanzbaren Ohrwurm schenkt. Indem der DJ grundsätzlich Vorhandenes nutzt und nur im Zweifelsfall um eigenes Ausgangsmaterial ergänzt, leistete er über seine eigene Arbeit hinaus immensen Vorschub für die unzähligen Retrospektiven der Popkultur in den 90ern. Ein wesentlicher kultureller Aspekte der DJ-Musik ist der (mögliche) Verzicht auf (jegliche) musikalische Ausbildung. Der DJ kann ohne weiterführende »klassische« Kenntnisse (Noten, Instrument usw.) Musik machen, und sich wie kein anderer Musikant vor ihm dabei einzig auf seine Stimmung und seinen Geschmack verlassen. Dazu nutzt er sein »inneres Ohr« als Qualitätsparameter und wächst über ein fehlerorientiertes Prinzip (try and error) an sich selbst. Diese scheinbar einfache Art und Weise des Musizierens, aber auch das hohe gesellschaftliche Ansehen innerhalb der Jugendkultur und die exorbitanten Verdienstmöglichkeiten einiger Top-DJs führten in den 90er Jahren zu einer neuen Freizeitbeschäftigung der Teenies: Man gründete keine Schülerband mehr, man wurde DJ.

DJ-PRESSUNG

Bezeichnung für eine Schallplatte (zumeist → Maxi-Single), die für den adaptiven Einsatz innerhalb der Ton-, Klang- und Rhythmusgestaltung des → DJs konzipiert und angefertigt wurde. Kommerziell vermarktete DJ-Pressungen weisen in der Regel eine durchgestaltete Komposition pro Seite aus, die über Intro, AB- oder ABC-Strukturen, rhythmische Zwischenstücke, Breaks und ein Outro verfügen. Erfolgreiche DJs benutzen eigene Unikatschnitte, die eigens aufbereitete Tracks und Spuren enthalten. Zahlreiche DJ-Pressungen erscheinen als namenlose Platten in neutralen → Lochcovern und weißem Etikett.

DJ-RELEASE

→ DJ-Pressung

DJ-SCHALLPLATTENSPIELER

Speziell für den Einsatz in Rundfunkstudios und Diskotheken konstruierter, robuster, zuverlässiger, schnell hochlaufender und einfach zu wartender Schallplattenspieler. In den 50er und 60er Jahren mit kraftvollen Motoren und → Reibradantrieb ausgeführt, wurden sie später durch Modelle mit Direktantrieb ersetzt. Vor allem die Firmen → Thorens, Gerrard und → EMT galten als versierte Hersteller mit praxisnaher Gerätevielfalt und gutem Service. Seit den 70er Jahren ist EMT mit seinen direktgetriebenen, modular aufgebauten Studiolaufwerken Branchenführer. Durch die Neudefinierung des → DJs als virtuosem Macher hinter den Turntables und kreativer Künstlerpersönlichkeit, die Ende der 70er Jahre durch Pioniere des Genres wie Grandmaster Flash und Africa Bambataa ausgelöst wurde, begannen sich auch die Wertmaßstäbe für DJ-Plattenspieler geringfügig zu wandeln. Von nun an wurden neben den o.g. Ansprüchen auch Preiswürdigkeit, internationale Verfügbarkeit und vor allem Mobilität des Geräts sehr hoch bewertet. In der Folge gelang es nur dem japanischen Hersteller Technics mit der zweiten, überarbeiteten und mit Direktantrieb versehenen Version seines Modells 1210, ein von DJs akzeptiertes Gerät am Markt zu plazieren. Seit 1981 ist der unverändert gebaute Technics 1210 Mk II der ultimative DJ-Schallplattenspieler, der besonders in seiner Flightcase-Ausführung von namhaften DJs und DJanes genutzt wird. Durch den Idolcharakter der DJs in den 90er Jahre ausgelöst, wurde Schallplattenauflegen zum weitverbreiteten Hobby und bescherte Technics ein erneuertes Absatzsegment. Der breite Erfolg des 1210 Mk II rief diverse NoName-Hersteller auf den Plan, die preiswerte Kopien mit minderwertigem Antrieb oder gar Riemenläufer herstellen.

DMM

Geschützte Marke (Signet) für das von der Firma Telefunken entwickelte Verfahren des → Direct Metal Mastering.

DMR

Von der Decca benutztes Kürzel zur Kennzeichnung der von ihr seit 1979 veröffentlichten »Digital Master Recording(s)«. Damit wurden Schallplatten, die auf Grundlage digitaler Magnetbandaufzeichnungen beruhten, kenntlich gemacht. Durch die damals, revolutionäre Neuartigkeit des Verfahrens und hohe Akzeptanz beim Käufer war das DMR-Logo gleichzeitig ein ausgezeichneter Werbeträger. Mit der Einführung des SPARS-Codes und den damit verbundenen Kürzeln wie DAD oder DDD verzichtete die Decca auf die o.g. Kennzeichnung.

DOLBY A

Professionelles, für den Studioeinsatz konzipiertes, frequenzabhängiges Kompandersystem der Firma Dolby Laboratories Inc., USA. Das als Rauschminderungsverfahren eingesetzte Dolby A teilt den Übertragungsbereich in vier Frequenzbänder ein, die unterschiedlich komprimiert bzw. expandiert werden, um so den Rauschabstand der Magnetbandaufzeichnung (10 bis 15 dB, Kompressionsgrad 1:2) zu verringern und die effektiv nutzbare Dynamik der Aufzeichnung zu steigern. In kürzester Zeit avancierte das Mitte der 60er Jahre eingeführte Verfahren zum Industriestandard und wurde knapp fünfzehn Jahre später durch das verbesserte Dolby SR ersetzt.

DOLBY B

Das von Dolby für den Heimgebrauch entwickelte Rauschunterdrückungssystem basiert auf den Entwicklungen für Dolby A und ist ebenfalls als frequenzabhängiges Kompandersystem mit vier Bändern, jedoch weitaus vereinfachter Schaltung, ausgeführt. Für Dolby B sind 8 bis 10 dB Rauschminderung (Kompressionsgrad 1:2) realistisch. Die neuartige Form der Lizenzierung des Verfahrens an Gerätehersteller und die guten Praxisdaten sorgten Mitte der 70er Jahre für den Durchbruch der high-fidelen Tonaufzeichnung auf Compact Cassetten.

DOLBY C

Umfassende Weiterentwicklung des bewährten Dolby B, zumeist in Verbindung mit Dolby HX eingesetzt. Seit Mitte der 80er Jahre im Einsatz, konnte Dolby C die Aufzeichnungsqualität (16 bis 20 dB, Kompressionsgrad 1:2) auf

Compact Cassette nochmals drastisch steigern und dem Format eine massenwirksame Existenz neben der Schallplatte ermöglichen.

DOLBY HX

Universelles Zusatzverfahren zur frequenzabhängigen Regelung des Vormagnetisierungsstroms bei Magnetbandaufzeichnungen der Firma Dolby Laboratories Inc., USA. Durch die damit verbundene Senkung des Bandeigenrauschens kann der Dynamikumfang um bis zu 10 dB erweitert werden. Dolby HX ist nur bei der Aufnahme wirksam und wird als Bestandteil von Dolby SR, als Zusatzbaustein bei Dolby B und C, aber auch als Ergänzung bei Highspeedkopien (MusiCassette) der Tonträgerindustrie benutzt.

DOLBY S

Die bislang letzte Evolutionsstufe eines Kompandersystems für den Heimgebrauch aus dem Hause Dolby. Anfang der 90er Jahr eingeführt, kam das System bislang nur in hochwertigen Cassetten-Decks zum Einsatz. Dolby S nutzt hochverdichtete Schaltungen (Chips) und meistert die frequenzabhängige Kompression und Expansion wie kein System zuvor. Die Meßdaten, wie die klanglichen Qualitäten, sind exzellent und kitzeln das Beste aus der alten Compact Cassette. Dabei unterscheiden sich der Wirkungsgrad (1:2) und die effektive Rauschunterdrückung (20 dB) kaum von Dolby C, jedoch die Aussteuerungsfähigkeit der Tiefen, das reduzierte Rauschatmen und die hervorragend geringen Verfärbungen bei Frequenzgang- und Pegelfehlern zeichnen das Verfahren im Gegensatz zu seinen Vorgängern aus. Interessant ist die Abwärtskompatibilität des S-Systems zu Dolby B, die z.B. das Abspielen von Dolby S-kodierten Aufnahmen durch Autocassettengeräte (verlustfrei) ermöglicht.

DOLBY SR

Professionelles, für den Studioeinsatz konzipiertes, frequenzabhängiges Kompandersystem der Firma Dolby Laboratories Inc., USA. Das als Rauschminderungsverfahren eingesetzte Dolby SR stellt das bislang beste Kompandersystem (bis 30 dB, Kompressionsgrad 1:2) aus dem Hause Dolby dar. Dazu wurde das bewährte Dolby A erheblich weiterentwickelt und um ein integriertes HX-System erweitert. Vor allem die Bewahrung des Originalklangbildes in den kritischen Bereichen Nachhall, Ortung, Klangfarbentreue, Ein- und Ausschwingen von Tönen, aber auch die umwerfende Natürlichkeit der abgebildeten Dynamik sind beispielgebend. Die hervorragenden Meßdaten und die hohe Stabilität bei Kompression und Expansion machten Dolby SR zum Industriestandard. Fast alle hochqualitativen Analogaufnahmen werden derzeit mit Dolby SR realisiert.

DOLBY

Allgemeine Bezeichnung für die Dolby Laboratories Inc., USA, und für alle von dieser Firma entwickelten und an Gerätehersteller lizensierten Technologien.

Dolby ist im eigentlichen Sinn kein Hersteller, sondern ein Forschungs- und Entwicklungsunternehmen, das vorrangig Matrixverfahren und komplexe Technologien zur Verbesserung der Tonspeicherung entwickelt. Auf dem Gebiet der Rauschminderungssysteme und modernen Mehrkanalverfahren besitzt Dolby eine sehr ausgeprägte Marktdominanz.

DOPPELALBUM

Verpackungseinheit mit zwei Einzelschallplatten in einem → Klappcover, seltener in einfacher → Einsteckhülle.

DOUBLE GROOVE SINGLE

Spezielle Ausführung der Schallplatte mit zwei simultan ausgeführten Rillenzügen, die nebeneinander liegen. Dabei enthält jeder Rillenzug eine andere Tonaufzeichnung. Technisch macht das Verfahren wenig Sinn, da es keine akustischen Vorteile bietet, sondern vielmehr mit ungewöhnlich starkem Übersprechen der beiden verschiedenartigen Rillen auftrumpft. Als Werbegag gedacht, brachte MCA Records 1979 eine in diesem Verfahren geschnittene Maxi-Single der Gruppe »M« (MCA 0900 138) heraus.

DOUBLE-PACK

Vor allem im angelsächsischen Raum verbreitete Veröffentlichungsform für zwei → Singles (ähnlich dem → Doppelalbum), die in einer Verpackungseinheit (Einzelhüllen), mitunter auch → Klappcover, angeboten wird. Ein Teil der double packs sind Sonderausgaben von regulär veröffentlichten Singles und enthalten dann zumeist auf der zweiten Scheibe Bonus-Tracks, alternative Versionen oder → Remixe. Seit Einführung der → Maxi-Single werden auch von diesen gelegentlich double packs herausgegeben.

DRAHTTON

Das vom Dänen Vlademar Poulsen 1898 entwickelte Telegraphon nutzte erstmals die Möglichkeit der magnetischen Speicherung zur Tonaufzeichnung. Poulsen verwendet schon damals drei Magneten (Schreiben, Lesen, Löschen) und erkennt theoretisch die Bedeutung der Vormagnetisierung. Von dem deutschen Ingenieur Dr. Stille wird das Verfahren 1903 aufgegriffen und wesentlich verbessert. Anstatt des Stahldrates verwendet Stille ein dünnes Stahlband, verbessert die Magneteffizienz und kann die Ablaufgeschwindigkeit drastisch reduzieren. Obwohl die Tonqualität dieses Verfahrens sich mit dem der damaligen → Phonographen nicht messen kann, erkennt man bereits die Vorteile des Drahttonverfahrens: kein Verschleiß des Tonträgers und beliebig häufiges Aufnehmen, Wiedergeben und Löschen. Die anhaltende Auseinandersetzung mit dem Drahtton führt nach 1930 zur Entwicklung der Magnetbandtechnik.

DREHTRAGARM

An einem Punkt (Ende) drehbar gelagerter → Tragarm, der das Abtastsystem während des Abtastvorgangs kreisförmig über die Schallplattenseite bewegt. In Zusammenhang mit der → effektiven Tragarmlänge, dem → Kröpfungswinkel des → Tonkopfes, dem Überhang sowie dem abzutastenden → Schallplattentyp (Durchmesser) schneidet die Kreisbahn an (maximal) zwei Punkten die radial aufgezeichnete Rille. An allen anderen Punkten der Kreisbahn weist der Tragarm und mit ihm das eingebaute Abtastsystem einen → horizontalen Spurfehlwinkel auf.

DREHZAHL

Umdrehungsgeschwindigkeit, mit der ein Tonträger bewegt werden muß, um die richtige Wiedergabe in Bezug auf Tempo und Tonhöhe der Aufnahme zu gewährleisten. Für Schallplatten wurden international gültige → Nenndrehzahlen vereinbart.

DREHZAHLABGLEICH

Einstellung der → Drehzahl des Schallplattenantriebs. Dabei wird die Einhaltung der → Nenndrehzahl überprüft und gegebenenfalls korrigiert. Bei → Direkt- und Riemenläufern nutzt man dazu die elektronische Regulierung des Antriebsmotors mittels Potentiometer (Regelkreis). Schallplattenspieler mit → Riemenantrieb reagieren anfällig auf die am Riemen auftretende Zugkraft, es entsteht dabei ein → Schlupf. Insofern der Riemenläufer keine → Drehzahlfeineinstellung besitzt, korrigiert man kleine Abweichungen von der Nenndrehzahl durch eine Verstellung der Achsenlage des Antriebsmotors. Die dadurch minimal angehobene oder abgesenkte Spannung des Riemens, gewährleistet in der Praxis eine akzeptable Feineinstellung. Zur optischen Kontrolle von → Gleichlauf und Einhaltung der Nenndrehzahl benutzt man ein → Stroboskop. Der Drehzahlabgleich bei frühen Schellackplatten, die mit abweichender Drehzahl aufgenommen wurden, kann nur nach Gehör und in Bezug zu einem historisch verbürgten → Kammerton vorgenommen werden.

DREHZAHLFEINEINSTELLUNG

→ Drehzahlabgleich

DREHZAHLSCHWANKUNG

→ relative Drehzahlabweichung

DROP-OUT

Akustische Wahrnehmung einer Störung bei der Magnetbandwiedergabe. Häufig durch Beschichtungsmängel, Staub oder Knitter verursachtes kurzes Aussetzen des Signals. Häufig lassen sich Drop-outs nicht beheben und gelangen so bei der Übertragung auf die Schnittfolie und als akustischer Bestandteil mit in die neue Originalaufzeichnung. Je höher die Bandgeschwindigkeit angelegt ist, um so kürzer fallen die Drop-outs aus. Im Gegensatz zum → Knack (Nadelton) und Klick (digitale Tonverfahren), die die Originalaufzeichnung durch ein Störsignal unterbrechen, unterschlägt der Drop-out nur das Nutzsignal.

DRUCKGENEHMIGUNG

In der DDR kontrollierte die staatliche Vergabe von Druckgenehmigungen, durch eine entsprechende Nummerierung auf jedem Druckerzeugnis gekennzeichnet, direkt alle »offiziellen« Publikationen. In einem komplizierten Wechselverhältnis von »publizistischer Freiheit« und »ökonomischen Rahmenbedingungen« sorgten damit die Hauptverwaltung Verlage und Buchhandel (Ministerium für Kultur), das Presseamt, aber auch die Räte der Bezirke und Kreise für eine allgegenwärtige Kontrolle über sämtliche gedruckten Publikationen. In der DDR hergestellte Schallplattenaußenhüllen zeigen auf der Rückseite eine entsprechend erteilte Druckgenehmigung. In Zweifelsfällen kann der Sammler eine Pressung anhand der jährlich aktualisierten Nummer genauer bestimmen. Die Druckgenehmigungsnummer enthält verschlüsselt die Betriebsnummer von Verlag oder Druckerei, die Auflagenhöhe und in Klarschrift das Produktionsjahr (zweistellig).

DRUCKVERWEIS

Schriftvermerk auf der Schallplattenaußenhülle über die für das → Cover drucktechnisch verantwortliche Firma. Zumeist existieren in jedem Land nur wenige für den Druck und die notwendige buchbinderische Weiterverarbeitung von Covern eingerichtete Druckereien, so daß oftmals verschiedene Schallplattenfirmen bei denselben Druckereien arbeiten lassen (ließen). Sehr große Schallplattenpreßwerke, vor allem die der → Major-Companys, verfügten in der Vinyl-Ära über angeschlossene Fachabteilungen für Druck und Weiterverarbeitung. Die Nennung der Druckerei wird vorrangig in Europa praktiziert, die US-amerikanischen Cover geben selten detailliert Auskunft. Sollte keine Druckerei angezeigt sein, ist zumindest bei internationalen Ausgaben die Landesangabe (printed/made in ...) aktualisiert. Einige Werkstätten verfügen auch über individuelle Signets (Druckermarken), die ohne weitere Klarschrift plaziert werden. Die zur Herstellung von Druckerzeugnissen benötigten Unterlagen (Reprovorlagen, Farbsätze, Filme etc.) werden von seriösen Firmen archiviert, um Nachauflagen kostengünstiger zu gestalten. Kommen diese Unterlagen später erneut zum Einsatz, so werden eventuell notwendige Korrekturen auf den Filmen vorgenommen (Druckformmontage). In vielen Fällen lassen sich knifflige Datierungen von Covern auch über den Druckverweis genauer bestimmen. Beispiel: Für The Beatles – »Please please me« wurde das Cover der → Initialauflage (März 1963) bei Ernest J. Day gedruckt. Aufgrund der ungeheuren Nachfrage veröffentlichte → EMI Records wöchentlich weitere Auflagen. Die Druckerei kam mit ihrer Fertigung kaum hinterher, so daß nun auch Cover bei Garrod & Lofthouse gedruckt wurden. Apropos: 1968 führte EMI für alle Cover einen Datierungsvermerk ein. Die vierstellige Zahl im

Druckverweis benennt Jahr und Monat (7006 = Juni 1970) der Veröffentlichung, wobei die Zeile als einkopierter Bestandteil im Offsetfilm oft nicht erneuert wurde. Prominente Druckereien: 4P Nicolaus GmbH, Johannes Alt GmbH, Gerhard Kaiser GmbH, Druckhaus Maack KG, Mohndruck Graphische Betriebe, Georg Westermann (alle BRD); VEB Gotha-Druck, Konsum Druck Berlin (alle DDR); Artia (CSSR); Euro-Albums (NL); graphiyche magica 2000 (Italien); Clout & Backer Ltd., Garrod & Lofthouse, Howards Printer, Robert Stace & Co. Ltd., Tinsley Robor Group (alle UK). Anmerkung: Insofern man das Cover unbeschädigt entfalten kann, befinden sich auf den Klebelaschen oftmals Passermarken, die auch Angaben zu Reproanstalt und/oder Druckerei enthalten können.

DUAL

Deutscher Hersteller für Schallplattenspieler, Phonokombinationen und weiterführende Heimelektronik. In den 60er Jahren galt Dual im Dreigestirn mit Perpetuum Ebner und → Thorens als erfolgreichste Firma im mittleren Preissegment. Frühzeitig stieg man auf → Subchassis-Konstruktionen und moderne Antriebskonzepte um, entwickelte eigene Tragarme und vermarktete Abtastsysteme Dritter. In den 80er Jahren suchte man mit der Entwicklung der feinmechanisch ausgetüftelten Baureihen 2000 und 5000, leider vergeblich Anschluß an die zunehmend erfolgreicheren Japaner. Besonders interessant geriet der Tragarm (ULM, 1988) mit einer am Tonkopf regelbaren VTA-Justierung (skaliertes Rändelrad). Dieses clever konstruierte Detail wurde bei späteren Modellen aus Kostengründen zurückgenommen. Dual ist heute als Marke Teil des Karstadt-Imperiums, die Produktion von Schallplattenspielern übernahm der wenig profilierte Gerätehersteller Schneider. Wie Thorens, zeichnete sich auch Dual durch eine jahrzehntelange, ständige Produktpflege aus, zu deren Kern die wichtigen Baureihen 400, 500 und 700 gehörten. Die zweite Ziffer gibt die Hierarchie innerhalb der Baureihe an, die dritte vermerkt die Ausstattung (3 = Halbautomat, 5 = Vollautomat), ein Suffix (-1, -2 usw.) verweist auf die Produktpflege. 1990 stellte Dual den CS 750 vor, einen Direktläufer mit integriertem Zahnkranz im Schallplattenteller zur digitalen Geschwindigkeitsregelung! Zum Zapfenstreich erschienen die riemengetriebenen Subchassislaufwerke »Golden One« und »Golden Stone«, mit denen die Schwarzwälder Traditionsmarke letztmalig versuchte, Anschluß an das High End-Segment zu finden.

DUM DUM-PRESSUNG

Allgemein unter Sammlern benutzte Bezeichnung für eine in Indien gefertigte → Schallplatte. Der Begriff wurde der Standortbezeichnung der »Gramophone Company of India Ltd.« entlehnt, deren Cover grundsätzlich die Schlußzeile »Dum Dum, India« tragen. Ein weiteres für den indischen Subkontinent bedeutendes Presswerk unterhielt die Polydor (International) in Bombay. Indische Schallplatten zeichneten sich bis in die frühen 80er Jahre durch extra starke

Cover und einen exzessiven Vinyleinsatz aus. Pressungen mit einem Eigengewicht von 160 bis 200 g waren die Regel. Für fast alle Schallplatten wurden in Indien eigene → Umschnitte angefertigt. Ein → Matrizenaustausch mit den Muttergesellschaften fand nur in seltenen Fällen statt. Indische Schallplatten werden vom internationalen Sammlermarkt praktisch nur dann berücksichtigt, wenn sie Programmaterial der westlichen Hemisphäre enthalten. Ebenso wie bei → Rußlandpressungen sind vorrangig die eigenständige Fertigung und eventuelle Abweichungen in Ausstattung und/oder Programminhalt für eine – mitunter exorbitante – Bewertung ausschlaggebend. Im Ostblock über Jugoslawien und Ungarn eingeführt und verbreitet, dienten Dum Dum-Pressungen seit den späten 60er Jahren als Ersatz für westliche Originalpressungen. Zur Ehrenrettung sei angemerkt, daß sich Dum Dum-Pressungen auch bei hochwertiger Wiedergabe zumeist durch einen homogenen Sound auszeichnen. Zwar fehlt es den indischen Pressungen fast immer an Hochtonauflösung und Brillanz, aber sie sind in ihrer klanglichen Balance oft deutlich näher an den frühen Soundidealen der Nadeltontechnik als entsprechende europäische oder amerikanische Pressungen der 70/80er Jahre.

DUNHILL RECORDS

Von Lou Adler 1965 gegründete Schallplattenfirma, die innerhalb eines Jahres, mit den Zeitgeist kongenial bedienenden Künstlern, zum Branchenüberflieger wurde. Das unschlagbare Rezept von Adler lautete: luftig leichter California-Sound verquickt mit subtil systemkritischer Lyrik. Vom Erfolg geblendet, erlag Adler dem Angebot von → ABCRecords, verkaufte seine junge Firma und nahm den Sessel des Chefproduzenten von ABC-Dunhill ein. Schon 1967 kam das böse Erwachen, Adler stieg aus und gründete, wieder mit enormen Erfolg, erneut ein unabhängiges Label, → Ode Records. Zu den erfolgreichsten Künstlern von Dunhill zählten: Jan & Dean, The Mamas & The Papas, Barry McGuire.
Etiketten (USA): schwarz, »Distributed by ABC Records« (1965 – 68); schwarz, »A Subsidiary of ABC Records« (1968 – 64); weinrot (1974 – 75); ab 1975 mit ABC-Etikett.

DUPLO-SOUND

Historisches Markenzeichen der Ariola-Eurodisc GmbH für das von ihr benutzte Verfahren zur Herstellung von stereophonisierten Schallplatten (→ Pseudostereophonie).

DURCHSICHTIGKEIT

Begriff der Hörakustik für die Klarheit eines Raums oder einer Tonaufzeichnung hinsichtlich der Unterscheidbarkeit gleichzeitiger oder aufeinanderfolgender Schallereignisse.

DYNAFLEX

Von der US-amerikanischen → RCA-Victor von 1971 bis 1976 werbewirksam in Szene gesetzter Einsatz eines sehr flexiblen Plastwerkstoffs. Dabei spielten weniger die praktischen Resultate bei der Wiedergabe, als die herstellungsbedingten Eigenschaften des Vinyls ein ausschlaggebende Rolle. RCA reagierte damit auf die umfassende Verbreitung der Schallplatte und die seit 1967 dramatisch gestiegenen Produktionszahlen. Ein dünneres, sich schneller ausformendes Material bot mehrere Vorteile. Erstens ließen sich durch die geringere Materialmenge die Auskühlzeiten verkürzen und so die Preßmenge bei gleicher Maschinenanzahl drastisch steigern, andererseits führte die Gewichtsreduzierung von ca. 30g je Scheibe, bei einer Jahresproduktion von etwa 40 Millionen RCA-Alben (1972), zu einer beachtlichen Materialeinsparung von 12000 Tonnen. Unterstützt wurden diese Sparmaßnahmen durch die gleichzeitige Reduzierung der für die Schallplattenaußenhüllen verwendeten Kartonagen. Dadurch konnten die reinen Herstellungskosten je Album, aber auch die Lager- und Transportkosten reduziert werden. Dynaflex-Pressungen zeigen das entsprechende Logo am Fuß (bei 7 Uhr) des → Etiketts und geben bei einer Bewegung deutlich nach. Die Laufruhe und die Empfindlichkeit des Werkstoffs entspricht durchaus den damals üblichen Werten. Klangliche Eigenschaften lassen sich auch bei diesen dünnen Scheiben, wie so oft, eher durch die Güte des → Umschnitts und die → Galvanoabfolge aufzeigen.

DYNAGROOVE

Markenzeichen der US-amerikanischen RCA für den Einsatz eines → Tracing Simulators. Mitte der 60er Jahre als Qualitätsmerkmal gelobt, verzichtete RCA um 1968 auf den weiteren Einsatz des Verfahrens.

DYNAMIK

Bezeichnet das Verhältnis des größten Schalldrucks zum kleinsten. Die Dynamik wird heutzutage in Dezibel (dB A) und in gleichmäßiger Bewertung über den genormten Audio-Frequenzbereich (20 bis 20000 Hz) angegeben. Jedes Tonträgerverfahren hat seinen eigenen, maximalen Dynamikumfang, der von der Aufzeichnungs- und Wiedergabeart und dem verwendeten Speichermaterial abhängig ist. Spitzenreiter sind die digitalen Tonverfahren, die mit effektiven Werten von über 100 dB glänzen. Moderne Bandgeräte und Magnetbänder erreichen üblicherweise Dynamikumfänge von 70 bis 80 dB, die sich durch den Einsatz von hocheffektiven Rauschunterdrückungsverfahren (→ Dolby A, → Dolby SR, → DBX) um bis zu 20 dB erweitern lassen. Bei der Schallplatte (Mikrorille) beeinflussen die Güte der Aufzeichnungsfolie, die Sorgfalt bei der anschließenden Galvanik und letztlich die verwendete Vinylqualität den Dynamikumfang. Jedes Glied dieser Kette generiert zu dem aufgezeichneten Signal eine weitere Eigenmodulation (Eigengeräusch) und senkt so die effektive Dynamik. Verunreinigtes und schlecht vorplastifiziertes → Vinyl erhöht die Eigengeräusche der Schallplatte oft auf ein unangenehmes

Maß. Dazu kommt die systembedingte Anfälligkeit der Schallplatte für äußere Verschmutzungen. Weist die Mutter noch Dynamikwerte um bis zu 60 dB auf und die ausgepresste Schallplatte in der Regel (mindestens) 40 dB, kann sich der Dynamikumfang einer Schallplatte unter ungünstigen Umständen bis auf unter 30 dB verschlechtern. Die meßtechnische Angabe wird auch häufig mit einem negativen Vorzeichen (z.B. -40 dB) als Dynamikabstand von der Vollaussteuerung (0 dB) angegeben.

DYNAVECTOR

Japanischer Geräte- und Zubehörhersteller, der vor allem in den frühen 80er Jahren mit zwei »legendären« Produkten von sich reden machte: dem hochqualitativen Abtastsystem »Diamant« mit kristallinem Nadelträger (Diamant) und dem Tragarm DV-505 (vierkantig, VTA-Absenkung, integrierter Tonkopf mit Schraubgewinde, verstellbarer Überhang). Typisch für Dynavector-Abtastsysteme ist eine um die vordere Polplatte gewickelte Spule, die während der Generatorbewegung das Magnetfeld stabilisiert und damit auftretende Intermodulationsverzerrungen reduzieren soll. Die gehobenen Modelle sind mit Saphirnadelträger und Line Contact-Abtastnadeln versehen. Das Flaggschiff »Te Kaitora« besitzt eine Montageplatte (ohne Gehäuse) und Reinsilberspulen. Weitere Modelle sind 10X4 MkII (high-output MC, elliptisch); DV XX-1L; DV 50X (high-output MC, Mk II); TragarmDV 507.

E

EAN

Europäische Artikel Nummer. Im internationalen Verbund wurde 1976 von der westeuropäischen Phonoindustrie die Article Numbering Association gegründet, die Anwendung und Vergabe der maschinenlesbaren Nummer regelt. Seit Mitte der 80er Jahre wird die Kennzeichnung für die computergesteuerte Warenwirtschaft (Lagerwesen, Abrechnung, Satistik) benutzt. Die EAN befindet sich immer in Klarschrift unter dem von Scannern lesbaren Barcode (Strichcode), welcher die Ziffernkombination in einer digitalen Streifenkolonne abbildet. Den dreizehn Ziffern der EAN werden alle relevanten Daten des Produkts zugeordnet, so daß die EAN auch Auskunft über Format, → Preiskategorie, → Sublabel, Veröffentlichungsjahr und → Katalognummer gibt. Vor allem die letzteren drei Aspekte setzen eine Kenntnis der firmeninternen Katalogisierung voraus. Ende der 80er Jahre begannen zahlreiche Schallplattenfirmen die EAN auch auf dem → Etikett in Klarschrift abzudrucken. Die dreizehn Ziffern gliedern sich in vier Blöcke: Landes-Code (Ziffer 1 und 2), Hersteller-Code (3 – 7), Produkt-Code (8 – 12) und Prüfziffer (13). Der Landes-Code ordnet jedem europäischen Land eine eigenständige Zahl zu, wobei größere Märkte auch über mehrere Zahlen verfügen können. Jeder Hersteller besitzt einen eigenen, bei größeren Katalogen auch mehrere Codes. Angeschlossene Sublabels können durch eigenständige, teilgenerierte Codes kenntlich gemacht werden. Im Produkt-Code zeigen die ersten vier Ziffern (8 – 11) die eigentliche Katalognummer des Titels. Historisch gewachsene Kataloge mit Fünferkombinationen können nach vorn (in den Hersteller-Code) eingegliedert werden. Die vorletzte Ziffer (12) des Produkt-Codes enthält die Formatangabe (1 = LP, 2 = CD, 3 = CD-Single, 4 = MusiCassette, 5 = Single, 6 = Maxi-Single). Die Prüfziffer (13) schließt bei Fehleingabe eine falsche Bestellnummer aus. Anmerkung: Der EAN ist nicht verbindlich! Einige europäische Schallplattenfirmen nutzen in vollständiger Kompatibilität zum nordamerikanischen Markt (USA & Kanada) den dort angewandten → UPC. In der BRD erscheinen so lokalisierte, oft vor Ort gefertigte Ausgaben unter derselben Katalognummer wie in den USA. Beispiel: Neil Young – Soundtrack »Dead Man« (Vapor, 1996); in den USA und BRD (EU) 0-9362-46171-12; US-Cover aus naturfarbenem Rohkarton, unlackiert; EU-Cover aus veredeltem, weißen Karton, lackiert.

EASTWEST RECORDS

Aus der von → WEA im Jahr 1988 übernommenen sh, Teldec Schallplatten GmbH gegründeter → Katalog, der für WEA vor allem die populäre Musik auswertet.

ECHOERSCHEINUNGEN

Bei der Wiedergabe von Schallplatten kann es zu Echoerscheinungen, also der Vorwegnahme (→ Vorecho) oder die Wiederholung (→ Nachecho) eines Signals kommen.

ECM RECORDS

Von Manfred Eicher im Jahr 1969 gegründetes Jazzlabel, das von Anfang an ein eigenständiges Programm entwickelte, wobei man sich mehr an kulturellen Erfahrungen des Abendlandes orientierte als an amerikanischen Traditionen und Trends. ECM nahm neben deutschen und amerikanischen Jazzern auch zahlreiche skandinavische Musiker unter Vertrag, die dem Label mitunter einen nordisch-kühlen Ton verliehen. Populärster und zugleich erfolgreichster Künstler der Firma ist Keith Jarrett. Eicher verstand es, seinen Künstlerstamm über Jahrzehnte kontinuierlich zu pflegen und weiterzuentwickeln. In den frühen 80er Jahren begann man digital zu produzieren und stellte nach Einführung der Compact Disc den gesamten Katalog auf das neue Medium um. Vinyl-Ausgaben von Neuproduktionen erschienen nur noch vereinzelt und wurden 1992 komplett aufgegeben. Innerhalb des ursprünglichen Katalogs erscheint seit 1982 auch die Reihe »ECM New Series« für Aufnahmen aus den Bereichen Experimente, Moderne Musik und E-Musik. Das WATT-Label von Carla Bley wird seit 1975 exklusiv von ECM vertrieben. Künstlerstamm: John Abercrombie, Art Ensemble of Chicago, Paul Bley, Gary Burton, Chick Corea, Jack DeJohnette, Jan Garbarek, Egberto Gismonti, Charlie Haden, Keith Jarrett, Pat Metheny, Stephan Micus, Meredith Monk, Arvo Pärt, Terje Rypdal, John Surman, Ralph Towner, Eberhard Weber.
Etiketten: grün, ECM Rcords (1969 – 74); grün, ECM (1975 – 84); anthrazitgrau (1984 ff.).

EDISON, THOMAS ALVA (1847 – 1931)

Außerordentlich erfolgreicher amerikanischer Erfinder, der neben der Glühbirne und vielen anderen bahnbrechenden Erfindungen der Moderne auch als Erster (1877) das Problem der Schallspeicherung und anschließenden Wiedergabe der Tonaufzeichnung erfolgreich lösen konnte. Alle nachfolgenden Evolutionsetappen des → Nadeltonverfahrens basieren auf Schlüsselerkenntnissen von Edison.

EDITION

Bezeichnung für eine mit besonderer verlegerischer Aufmerksamkeit betreute, kritische Werkausgabe. Die Musikindustrie verwendet den Begriff in fast grenzenloser Vielfalt und praktisch immer zur Verschleierung einer Nachauflage. In regelmäßigen Abständen werden Sammler-, Gesamt-, Künstler- oder Genre-Editionen aus dem Backkatalog einer Schallplattenfirma generiert, um so das wertvolle Archivmaterial am Leben und im Handel zu halten. Hier operiert man bewußt mit der allgemeinen Seriosität, die eine Edition verspricht, und vermeidet weniger gewichtige Begriffe (→ Nachauflage, → Reissue, → Sampler). In den seltensten Fällen, und eigentlich nur wenn der Käufer ernstlich einen Gewinn zieht, ist eine derartige Nachauflage sinnvoll. Häufig kompilieren Schallplattenfirmen sogar vermischtes Material und versehen es mit einem neuen Covermotiv. Eine inhaltliche Aufwertung begründet man durch die Beigabe von Essays oder Künstlerporträts, die mit dem musikalischen Inhalt der Schallplatte korrespondieren. Für unter erneuertem Vorzeichen edierte Ausgaben hat sich der Begriff Neuedition eingebürgert. Anders als bei literarischen Ausgaben bezieht sich die Revision vielmehr auf einen veränderten (verbesserten) Klang als auf eine neue Sichtung inhaltlicher Fragen. Lobenswert sind Neueditionen historischer Alben, wenn sich die Herausgeber durchringen, dem ursprünglichem Material neue, d.h. bislang unbekannte Outtakes oder Demoaufnahmen hinzuzufügen. Audiophile Editionen betonen besonders den klanglichen Mehrwert eben dieser Neuauflage im Vergleich zu allen bisher erschienenen Fassungen derselben Tonaufnahme. Gelegentlich werden auch Neufassungen oder rekonstruierte Ausgaben (z.B. das Originalcover-Artwork) als Edition vermarktet. In seltenen Fällen versuchen clevere Schallplattenfirmen sogar, ein Sammelprogramm unter renommiertem Namen zu vermarkten. Paradoxerweise werden die besten Editionen im eigentlichen Sinne, also der kritischen Werkausgabe, nicht entsprechend vermarktet. Besonders hervorhebenswert sind die Jazz-Editionen der US-amerikanischen Schallplattenfirma → Mosaic Records, die in sehr umfangreichen Boxsets zusammenhängende Stilepochen und Aufnahmesessions bekannter Jazzkünstler dokumentieren. Nach anfänglichem Exotenstatus übernehmen die eigentlichen Lizenzgeber mitunter die von Michael Cuscona herausgegebenen Mosaic-Editionen, in veränderter Aufmachung in ihren eigenen Backkatalog.

EIN- UND AUSBLENDUNG

Gestalterisches Mittel der Tontechnik, bei dem mit einem Aufnahmeregler das Tonsignal auf- oder heruntergeregelt wird. Ein- und Ausblendung findet man gelegentlich bei Seitenwechseln, insofern eine zusammenhängende Tonaufzeichnung die Spielzeit einer Schallplattenseite überschreitet (z.B. Opernmitschnitte). Bei Musikaufnahmen, die über keinen punktuellen Schluß verfügen, wird das Ausblenden (fade out) zum Stilmittel. Insofern Tonaufnahmen ausschnittsweise wiedergegeben werden, blendet man das Signal langsam ein (fade in). Innerhalb von hochkomplexen Mehrspuraufzeichnungen werden mit dem Ein- und Ausblenden von Tonsignalen harmonische Übergänge erzeugt. Vor allem beim Überspielen historischer Magnetbandaufzeichnungen für die Schallplattenproduktion blendet man zwischen den Einzelstücken aus und ein, um in der Leerrille das Bandrauschen zu unterdrücken. Die Dauer einer Ein- und Ausblendung hängt letztlich von den Intentionen des Tonmeisters ab. In der vordigitalen Ära wurde auch darauf geachtet, den Dynamikumfang des Zielmediums nicht zu überfordern und die Blende nicht allzu lange ins Grundrauschen (z.B. Schallplatte) auszudehnen.

EINLAUFRILLE

Der erste, unmodulierte und mit erhöhtem → Vorschub aufgezeichnete Abschnitt der → Rille, der die Abtastnadel »fängt« und zum modulierten Teil (Tonsignal) der Rille weiterleitet. Die Einlaufrille erfüllt mehrere Funktionen. Zuerst »fängt« sie die Abtastnadel, um sie dann für einige Umdrehungen ruhig zu stellen. Gleichzeitig werden die unvermeidbaren Störgeräusche aus dem Bereich des → Wulstrandes vom eigentlichen Tonsignal ferngehalten, und für einen definierten Start (→ Cueing) ab dem modulierten Teil der Rille besteht ausreichend Freiraum. Die Einlaufrille ist im erweiterten Sinn eine mechanische Lösung für das »sanfte« Einblenden einer Tonaufnahme. Außerdem erhält der Hörer so für einige Sekunden die Möglichkeit, »in aller Ruhe« seinen Hörplatz aufzusuchen.

EINMESSCOMPUTER

Zur Einmessung einer Aufzeichnungs- oder Wiedergabeeinheit konstruiertes, teil- oder vollautomatisiertes Kombinationsmeßgerät mit Analyse- und Korrekturprogramm auf Basis eines Mikroprozessors. Im Studiobereich werden Einmeßcomputer u.a. für die Bandaufzeichnungstechnik verwendet. Zur Ausstattung der DMM-Umschnitteinheit der Firma → Neumann gehört ein Analyse- und Korrekturprogramm, das zu Beginn der Aufzeichnung den → Schreiber (SX 82) selbstständig kalibriert. Der von der Firma → Ortofon hergestellte → TC-3000 dient zur automatisierten Auswertung der elektrischen und mechanischen Parameter eines Tonabnehmers.

EINSCHALTVERZÖGERUNG

Schaltung zum Unterdrücken von Ein-, Aus- und Umschaltgeräuschen in elektroakustischen Geräten. Zum Schutz der Lautsprecher vor impulsartigen Überbelastungen u.a. in Heimwiedergabeanlagen integriert. Dazu werden im allgemeinen Schaltungsaufbauten mit einer zeitlich definierten Einschaltverzögerung (z.B. 2 Sekunden) benutzt. In automatisierten Schallplattenspielern (→ Halb-, Vollautomat) werden integrierte Einschaltverzögerungen beim Absenkvorgang des Tragarms benutzt, um eventuell auftretende Signalimpulse und störende Einlaufgeräusche zu unterdrücken. Ausgefeilte Schaltungen blenden das Signal sogar sanft ein. Eine Einschaltverzögerung stellt immer ein zusätzliches, vermeidbares Glied in der Übertragungskette dar und ist im Sinne einer verlustfreien Signalübertragung nicht wünschenswert.

EINSPIELUNG

Erweiterte Bezeichnung für eine (Ton)aufnahme, die nicht den technischen Vorgang (Aufzeichnung), sondern die Aspekte von Form und Inhalt in den Vordergrund rückt. Man unterscheidet a) Ersteinspielung, b) Neueinspielung und c) Coverversion. Beispiel a): James Taylor – »Carolina on my mind«. Taylor nimmt den Titel 1969 für sein auf → AppleRecords erscheinendes Debütalbum auf. Der Song wird ein → Hit. Beispiel b): James Taylor – »Carolina on my mind«. Taylor nimmt den Titel erneut im Oktober 1976 für sein Greatest Hits-Album bei → Warner Records auf. Damit umgehen Taylor und Warner eine zu diesem Zeitpunkt (fast) unmögliche Lizenzierung der Ersteinspielung von Apple Records und können außerdem bei der neuerlichen, ebenfalls sehr erfolgreichen Single-Auskopplung die gesamten Einnahmen für sich verbuchen. Andererseits gönnt sich der sehr anspruchsvolle Taylor nun eine überaus elegante, perfekter produzierte und klanglich auch höchsten Ansprüchen genügende Neueinspielung. Beispiel c): The Beatles – »Long Tall Sally«. Die Band spielt eine Coverversion des bekannten Little-Richard-Songs ein.

EINSTECKHÜLLE

Die übliche und kostengünstige Verpackungsform für Langspielplatten. Eine Einsteckhülle wird aus einem einseitig bedruckten Karton gefertigt, der nach dem Ausstanzen, Falzen und Zusammenkleben einseitig offen ist. Die nun sichtbaren Teile – Vorder-, Rückseite, Falzkanten – tragen alle relevanten Werkangaben, die grafische Gestaltung und die → Katalognummer der Veröffentlichung. Im Laufe der Jahrzehnte wurde die Fertigungstechnologie für → Cover immer weiter optimiert.

EINSTECKZENTRIERUNG

→ Zentrierstück

EINSTREUUNGEN, ELEKTROMAGNETISCHE

Von außen einfließende elektromagnetische Felder, die sich bei unzureichender Abschirmung von → Abtastsystem und/oder Kabel als Brummen in der Wiedergabe bemerkbar machen können. Eine ordnungsgemäße → Erdung und die Überprüfung aller Kontaktstellen hilft zumeist bei der Fehlerbeseitigung.

EINZELTITELVERZEICHNIS

Alphabetische Zusammenstellung aller Kompositionen, die eine Schallplattenfirma auf ihren Tonträgern veröffentlicht hat. Anders als das → Tracklisting ermöglicht das Einzeltitelverzeichnis die bequeme und schnelle Suche nach einzelnen Songs oder → Tracks. Im Bereich der → E-Musik ist auch eine detaillierte Angabe von Einzelsätzen üblich. Einzeltitelverzeichnisse verweisen immer auf den Tonträger, auf dem sich der Track befindet. Häufig werden dabei nur die → Katalognummer bzw. der Interpret und der → Werktitel genannt. Separate Einzeltitelverzeichnisse sind selten, zumeist werden sie als Anhang in umfangreichen → Gesamt- oder Fachhandelskatalogen geführt. Im Einzelhandel wird das Einzeltitelverzeichnis sehr häufig zur Kundenberatung genutzt (Aufspüren von Wunschtiteln).

ELECTRECORD

Die staatliche Schallplattenfirma der VR Rumänien fertigte mit Abstand die schlechtklingendsten Schallplatten des Ostblocks. Das ist insofern schade, da sich im Katalog der Firma einige der musikalisch besten Folklore-Aufnahmen des Balkans befinden. Aufmerksamen Sammlern bleibt nicht verborgen, daß Electrecord auch hin und wieder interessante Tonaufahmen der westlichen Hemisphäre in Lizenz produzierte.

ELECTROLA

Von der britischen Gramophone Company (→ EMI) im Jahr 1925 in Berlin gegründete Tochterfirma. Nach dem Zweiten Weltkrieg nutzte man bereits die Produktionskapazitäten der anderen EMI-Tochter → Carl Lindström GmbH, um 1972 endgültig zur EMI Electrola zu fusionieren.

ELECTRONIC STEREO

Von der RCA eingeführter Begriff für das Verfahren zur Herstellung von → stereophonisierten Schallplatten (Pseudo-Stereo).

ELEKTRA RECORDS

Unter den kleinen Schallplattenfimen, die nach dem Zweiten Weltkrieg in den USA entstanden, gebührt dem 1950 von Jac Holzman gegründeten Elektra-Label ein Ehrenplatz. In den 50er Jahren veröffentlichte Holzman vorrangig Aufnahmen aus der Welt der kleinen Klubs und dokumentierte die andere, von den Majors vernachlässigte Seite eines aufrechten Kulturbetriebs. Viele der Elektra-Künstler standen in deutlichem Widerspruch zu dem McCarthyismus jener Jahre. Weitere Schwerpunkte bildeten das jüdisch-israelische Liedgut und weltmusikalische Tonaufnahmen, wobei Holzman der Branche um gut dreißig Jahre voraus war. Kleine, unabhängige Ensembles der E-Musik veröffentlichten Tonaufnahmen auf der angeschlossenen Marke Nonesuch. Anfang der 60er Jahre entdeckte Holzman in der jungen Folkszene einige der größten Talente, die er umfangreich förderte. 1966 nahm man die Doors unter Vertrag, und dem Hausproduzenten Paul Rothchild gelang es, mit der Band eine sinnlich und intellektuell ansprechende, aber dennoch kommerziell erfolgreiche Rockkultur zu begründen. Gegen die 1969 einsetzende massive Aneignung der Rockszene durch die Major-Companies konnte Holzman sich nicht ohne fremde Finanzhilfe durchsetzen, so daß er 1970 die Firma an → Warner veräußerte. Dort fusionierte man Elektra umgehend mit dem ebenfalls neuerworbenen → Asylum-Label, dessen Gründer David Geffen von nun an die Geschicke des »elitären« Sublabels Elektra/Asylum/Nonesuch führte. Historisch betrachtet, endete die eigentliche Programmentwicklung spätestens 1973, als

sich Holzman vollständig aus der Firma zurückzog. Warner versuchte in nachfolgenden Jahren immer wieder erfolglos, an den Mythos der Holzman-Ära anzuschließen. Bis heute sind die frühen Jahre des Labels (auf CD) nicht ausreichend aufgearbeitet. Zu den namhaftesten Künstlern zählten: Alan Arkin, Theodore Bikel, Cynthia Gooding, Ed McCurdy, Sonny Terry, Frank Warner, Josh White, The New York Jazz Quintett (alle 50er Jahre); Tim Buckley, Lord Buckley, The Paul Butterfield Blues Band, The Doors, Judy Collins, Judy Henske, Love, MC5, Phil Ochs, Tom Rush (alle 60er Jahre); Bread, The Stooges.
Etiketten (USA): weiß, Elektron-Signet (1953 – 60); grau, guitar player-Signet (1959 – 1961), gold, guitar player-Signet (1961 – 66); gold, eher hellbraun (1966 – 69); rot (1969 – 70); mehrfarbig, Butterfly (1971 – 79); rot, Warner Communication (1979 – 84); schwarz (1983 – 90); weiß (ab ca. 1990).

ELEKTRET-ABTASTSYSTEM

Kapazitives Wandlersystem, das auf dem Funktionsprinzip eines Plattenkondensators beruht, die Kapazität proportional zum Abstand der Platten zu verändern. Das elektrische Feld wird zwischen den Elektroden von einem Material mit permanentelektrischen Eigenschaften (Elektret) erzeugt. Der Nadelträger ist fest mit einer Platte (der Elektrode) verbunden, die sich zwischen zwei feststehenden Gegenelektroden befindet. Wird nun die Elektrode zwischen den beiden Gegenelektroden bewegt, ändert sich die Kapazität und führt zu einer Spannung, die proportional zur Auslenkung der Rille ist. Die (elektrische) Abtastqualität ist recht hoch, erfordert aber einen erstaunlich hohen Fertigungsaufwand und konnte sich nie durchsetzen. Angemerkt sei, daß man auch wenig erfolgreich mit elektretlosen, kapazitiven Abtastsystemen experimentiert hat. Hier wurde das notwendige elektrische Feld durch eine von außen angelegte hochfrequente Wechselspannung erzeugt.

ELEKTRISCHE AUFNAHME

→ Aufnahmeverfahren

ELLIPTISCH

Unvollständig ausgeführter Kreisbogen, auch als Abplattung bezeichnet. → Nadelschliff.

EMARCY RECORDS

Von Robert Shad im Jahr 1954 für → Mercury geschaffenes Jazz- und Easy Listening-Sublabel. Auf EmArcy erschienen u.a. Aufnahmen von Clifford Brown, Mulligan, C. Adderley und S. Vaughan. Durch den Mercury-Deal von 1962 gelangte auch dieses Label in den Besitz der → PolyGram und wurde bis Ende der 60er Jahre mit ständig sinkendem Erfolg am Leben gehalten.

Etiketten (USA): blau, Schlagzeuger-Signet (1954 – 58); blau, Schlagzeuger-Signet, Mercury/EmArcy (1958 – 61); grau (1961 – 68); braun/gold, Schlagzeuger-Signet (Nachauflagen 80er Jahre).

EMBOSSED

Bezeichnung (engl.) für Prägungen aller Art. → Cover, Prägungen

EMBOSSED LABEL

Schallplattenetikett, das im Gegensatz zum üblichen Papieretikett direkt Bestandteil des Kunststoffkörpers ist. Bei im Spritzgußverfahren hergestellten Schallplatten nutzt man die Möglichkeit, Schrift und grafische Elemente in das Preßwerkzeug einzubringen. Anschließend wird die Etikettoberfläche eingefärbt, wobei die tieferliegende, eingeprägte Schrift unberührt (schwarz) bleibt und deutlich lesbar wird. Dieses Verfahren konnte in den 70er Jahren die Herstellungskosten, vor allem bei der Fertigung von Singles, nochmals drastisch senken.

EMI

Die EMI ist eine der größten Schallplattenfirmen der Welt. In jahrzehntelanger Arbeit hat man einen der umfangreichsten Kataloge aus verschiedensten Labeln zusammengeführt. Ursprünglich 1931 aus der Gramophone Company und der Columbia Graphophone hervorgegangen, erwarb man schon in den 30er Jahren zahlreiche kleinere Firmen. Derzeit umfaßt der Markenbestand fast 50 Labels, die z.T. auch mit international verbreiteten Außenposten operieren. Eine Auflistung aller jemals verwalteter Einzelfirmen muß unvollständig bleiben. Hier ein Auszug: Angel, → Apple, → Blue Note, → Capitol, Columbia (UK), → Chrysalis, → EMI-Electrola, → Harvest, Pathé, → Parlophone, → Regal Zonophone usw. Seit Anfang 2000 ist die EMI einen Verbund mit AOL (Time Warner) eingegangen und beide Firmen bilden so den größten Schallplattenkatalog der Welt (ca. 35 % Marktanteil).

EMT

Deutscher Hersteller (Schwarzwald) für professionelle Studiotechnik. Speziell die Schallplattenabspieleinheiten für den professionellen Bereich und die sogenannte Tondose (Lizenz des SPU von Ortofon) sind noch heute in Rundfunkstudios im Einsatz und werden auch von aufgeschlossenen HiFi-Freunden hochgeschätzt. Mittlerweile hat sich EMT auf die digitale Studiotechnik (CD-Spieler usw.) konzentriert, bietet aber immer noch ein umfassendes Sortiment und einen professionellen Support an. Zur Modellpalette gehören u.a.: direktangetriebene Studio-Laufwerke 938 und 948 mit übergroßem Plattenteller, drei Geschwindigkeiten, schnellem Hochlauf, Fernstart usw.; Tragarm 929 (auch in 12"-Ausführung); Studioabtaster mit Einsteckgehäuse für die firmeneigenen Tragarme; TMD 25 (mono, 25 μm, Mikrorille); TND (mono, 65 μm, Normalrille); TSD 15 (stereo, 15 μm, Stereorille); HSD 6 (1993) als Halbzoll-Vari-

ante für den Heimgebrauch. Von Drittanbietern werden mittlerweile HiFi-orientierte Einbau-Racks, Plattenteller und weiteres Zubehör offeriert.
Anmerkung: Einige HiFi-Hersteller (Roksan, Tubaphon u.a.) vermarkten unter eigenem Namen modifizierte EMT-Abtaster.

E-MUSIK

Sammelbezeichnung für alle Erscheinungsformen der sogenannten »ernsten Musik«. Oft auch als Klassik oder Bildungsmusik bezeichnet, bündelt die E-Musik jene Werke der Musikgeschichte, deren Entstehen sich aus der Schöpfung eines Komponisten heraus erklärt. Die Ausbildung einer bürgerlichen Gesellschaft brachte in schneller Folge immer mehr von Spezialisten eigens geschaffene Kunstwerke heraus, die eine Abgrenzung gegenüber der Tradition des Volkstümlichen und der Folklore erforderten. Bis heute verharren der bürgerliche Kunstbetrieb und die ihn begleitenden Wissenschaften in einem klassizistischen Denkmuster, das praktisch alle populären Musikrichtungen weiterhin ausblendet.

ENDABSCHALTUNG

Mechanisch oder optisch gesteuerte Anhebung des Tonarms und gleichzeitige Endabschaltung des Laufwerks bei Erreichen der Auslaufrille (Halbautomat). Bei Vollautomaten wird der Tonarm anschließend in seine Ausgangsposition zurückgeführt und die Schallplatte somit zur Entnahme vorbereitet. Die Endabschaltung eines Schallplattenspielers, obwohl sehr komfortabel, ist nicht unumstritten. Halb- und Vollautomaten gelten als zuverlässig, jedoch kann der jahrelange Betrieb ohne Wartung der Einrichtung zu abrupten Reaktionen führen, die der Empfindlichkeit von Nadel, Nadelträger und Rille nicht entsprechen. Die technische Umsetzung der Endabschaltung berücksichtigt den Abtastradius und schaltet bei Passieren eines Schalthebels oder einer Lichtschranke den Antriebsmotor aus und bewegt den Tonarmlift. Bei der mechanischen Lösung wird die Interaktion durch ein unterhalb der Chassisfläche angebrachtes Schaltgestänge ausgelöst. Seit Mitte der 70er Jahre sind viele Geräte mit Schaltkreis-geregelten Schrittmotoren ausgerüstet. Da der Meßpunkt für die Endabschaltung nach dem Ende des modulierten Rillensegments, aber vor der Endrille liegen muß, ist man auf die Auslaufrille angewiesen. Die allgemeine Normung (DIN und IEC) schreibt für die Typenreihen 3000 und 2500 (→ Schallplattentyp) einen Endrillenradius von 53,2 ± 0,4 mm vor. Für den Typ 1700 hingegen wird die Endrille bei 48,7 ± 0,5 mm plaziert. Praktisch wäre dies kein Problem, da man mit einer Positionierung außerhalb des Endrillenradius von 53,6 mm beide Normen einhalten würde. Kritisch wird das Verfahren nur, wenn beim Schneiden der LP die Norm nicht eingehalten wird und die modulierte Rille bis in den Schaltsektor reicht – von der Wiedergabe bespielter Endrillen ganz zu schweigen. Bei audiophilen Schallplattenabspielgeräten gilt eine automatische Endabschaltung als Sünde!

ENDRILLE

Der letzte, unmodulierte Abschnitt einer Rille, ist, da ohne → Vorschub geschnitten, zugleich eine Endlosrille (geschlossener Kreis), die die Abtastnadel fängt und bis zum Anheben des Tragarms führt. Vor Einführung der automatischen → Endabschaltung diente die Endrille als endlose Auslaufrille und zugleich als Schutz der Abtastnadel vor dem Schallplattenetikett. Diese spezielle Form der Endlosigkeit und die permanente serielle Wiederholung eines Signals nach 1,8 Sekunden, wurde in der Schallplattengeschichte bei einigen Alben genutzt und mit einer Modulation versehen. In allen Fällen ist dabei die Definition des Signalanteils unmittelbar mit der Erstellung der → Originalaufzeichnung verbunden. Es gibt zwei unterschiedliche Varianten zur Gestaltung einer bespielten Auslaufrille. Typ 1 enthält eine eigenständige Toninformation, die durch die unmodulierte Auslaufrille von der eigentlichen Spielfläche der Schallplatte getrennt ist. Durch endlose Wiederholung der kurzen Signaldauer eignet sich diese Variante vor allem für amüsante und/oder nervige Gags. Der Typ 2 wird direkt aus einer nahtlosen Fortführung der Toninformation über die Auslaufrille hinaus bis in die Endrille gestaltet. Dadurch vermittelt die abgespielte Schallplatte bei Erreichen der Endrille den Eindruck der Fortsetzung des Programms bis in alle Ewigkeit. Für den Typ 1 wird zumeist eine weitere Zuspieleinheit benutzt, die bei Beginn der Endrilleaufzeichnung gestartet wird. Hingegen wird für Typ 2 häufig ein Signalton (z.B. 20 kHz) oder eine farbige Bandmarkierung angebracht, die den Schneidtechniker veranlaßt, an genau diesem Punkt den Vorschub auf Null zu setzen. Das bekannteste Beispiel befindet sich auf dem Beatles-Album »Sgt. Pepper's Lonely Hearts Club Band« (PCS 7027, Matrizen-Nr. YEX.638-1). Hier enthält die Endrille (B-Seite) eine rückwärts eingespielte Toncollage, die John Lennon als rätselhaften Ausklang des → Konzeptalbums verstand. Von den beiden Erstausgaben des Albums verfügt nur die Stereofassung über diese modulierte Endrille, da Lennon mit der Idee erst nach dem schon erfolgten Umschnitt der Monofassung (PMC 7072, Matrizen-Nr. XEX.638-1) auftrumpfte. Für die Veröffentlichung des Albums auf Compact Disc fertigte George Martin 1987 ein überarbeitetes Digital-Master, das über eine serielle Aneinanderreihung der ursprünglichen Endrille verfügte. Von dem Digital-Master gefertigt, erschien parallel eine LP-Pressung (PCS 7027, Matrizen-Nr. YEX.638-7), die diese neue Sequenz schon in der → Auslaufrille beginnt. Bedingt durch das eigenständige zweite Zuspielband, verfügen fast alle Auslands- und Lizenzausgaben von »Sgt. Pepper« nicht über eine entsprechend modulierte Auslaufrille. Ein anderes, sehr bekanntes Beispiel, stammt ebenfalls aus der EMI-Fertigung. Für »The Psychomodo« (EMC 3033) von Cockney Rebel führte der Produzent Alan Parsons die Tonaufzeichnung eines sich aus dem Orchester herauslösenden Streicher-Unisono bis in die Endrille, so daß der Eindruck einer fortgesetzten Darbietung entsteht, die zugleich eine Brücke zur B-Seite schlägt. Bei dieser Platte funktionierte der internationale Programmaustausch dank einheitlichem Überspielband und genauen Schneidanweisungen so hervorragend, daß Fremdausgaben auch über die entsprechend modulierte Endrille verfügen. Für diese beiden und zahlreiche andere Beispiele gilt grundsätzlich: Nur wer über einen Schallplattenspieler mit schaltbarer oder gänzlich ohne Endabschaltung verfügt, kommt in den Genuß der Darbietung!

ENTMAGNETISIERER

Zubehör zur Auffrischung von → MM/MCs-Abtastsystemen mit wechselbarem → Nadeleinschub. Der über das Signalkabel angeschlossene Entmagnetisierer ist ein eng tolerierter Hochfrequenzverstärker, der über kurze Zeit (20-30 Sekunden) eine definierte Spannung zur Sättigung der Spulen des Abtastsystems erzeugt und so fremdgebildete Magnetfelder um den Spulenkern auslöscht. Andererseits ist die Signalspannung gering genug ausgelegt, so daß die Spulendrähte des Abtasters nicht durchbrennen. Volkstümlich ausgedrückt, frischt ein Entmagnetisierer ein Abtastsystem auf. Indem die magnetischen Felder durch diese Anregung von außen in ihren Urzustand zurückversetzt werden, erhält das Abtastsystem seine eigentliche Klangcharakteristik zurück. Subjektiv betrachtet klingt ein so behandeltes Abtastsystem frischer und knackiger, da die Auslenkung des Nadelträgers im Magnetfeld genauer wahrgenommen wird. Vor allem die Impulswiedergabe und die Durchzeichnung von Frequenzextremen (Höhen, Tiefen) gelingt besser. Für die Häufigkeit der Anwendung gibt es keine festen Richtlinien, eher sind die Resultate abhängig von Konstruktion und Standzeiten (20 bis 50 Stunden) des Abtastsystems. Der Einsatz eines Entmagnetisierers bei festmontierten MM-Abtastsystemen ist nicht möglich, da sich hier die Magnetfelder des auf dem Nadelträger montierten Dauermagneten auslöschen würden. Zu den bekanntesten Entmagnetisierern gehören: Audiophysic DeMag, Audioquest CM-1000, Sumiko Fluxbuster. Mitte der 90er Jahre wurde ein gleichwertiger Effekt durch das Abspielen von hochfrequenten Rillenaufzeichnungen (Cardas Record) erzielt. Zur gleichen Zeit setzte auch die Verwendung von sogenannten Burn In-CDs ein, die, eine entsprechend geringe Signalspannung vorausgesetzt, ähnliche Resultate erzielen.

ENTZERRERVORVERSTÄRKER

→ Phonovorverstärker

ENVELOPE SLEEVE

1. Festes → Cover, oft aus Rohkarton, das sich auf der Rückseite mit einer Lasche verschließen läßt. Aufwendigere Lösungen erfordern eine speziell angefertigte Stanzform. Diese Cover sind dann oft mehrfach falt- und steckbar. Dem Coverdesigner steht hier ein enormes Gestaltungspotential zur Verfügung. Mitunter werden diese Spezialcover als zusätzliche Außenverpackung um eine → Einsteckhülle verwendet. Bei Nachauflagen wird aus Kostengründen häufig auf die Übernahme des Original-Designs verzichtet und das verschließbare Cover durch eine umgestaltete, ordinäre Steckhülle

ersetzt. Perfekt erhaltene Originalverpackungen besitzen einen hohen Sammlerwert. Beispiel: Frank Black (1993, 4AD Records, CADD 3004)

2. Bezeichnung für eine in den 50er Jahren gebräuchliche Covervariante, bei der die Außenhülle am Einschub über eine ganzseitige Schutzklappe verfügt. Diese handgefertigten und genähten Cover wurden vorrangig für hochwertige Klassikausgaben verwendet. Bis zum generellen Einsatz von Steckcovern wurden dann noch verschiedene, weniger aufwendig gefertigte Zwischenvarianten vorgestellt.

EP

→ Extended Play

EPIC

Neben der US-amerikanischen → Columbia das zweite starke Label des Mutterkonzerns Columbia Broadcast Services. Epic entstand Ende der 50er Jahre, um den überquellenden Katalog der Columbia in einem Schwesterlabel ähnlich strukturiert fortsetzen zu können. Neben einer eigenen Klassikabteilung entwickelte man vor allem den Pop- und Jazzsektor, indem man z.B. bei Columbia unter Vertrag stehenden Gruppen für Soloaufnahmen der Epic zuschlug (Weather Report, J. Pastorius). In den 70/80er Jahren konnte Epic im Popsektor enorme Erfolge verbuchen. 1987 übernahm der japanische Elektronikhersteller Sony neben Columbia auch Epic und alle angeschlossenen → Sublabel. In Europa wird der Epic-Katalog unter eigenem Namen durch die → CBS mitverwaltet.

Etiketten (USA): gelb, Stroboskop-Rand (bis 1962); gelb, acht Logos (1962/63); gelb, »A Product of CBS« (1963 – 65); gelb (1965 – 72); orange (1972 – 78); schwarz/blau (ab 1976).

EQUALIZER

Bezeichnung (engl.) für ein elektrisches Filter, das als integrierter oder externer Bestandteil einer Wiedergabeanlage zur Veränderung des Amplitudenfrequenzgangs bei der Signalübertragung dient. Am bekanntesten sind die mit zahlreichen Schiebereglern ausgestatteten grafischen Mehrbereichs-Equalizer (7 – 27 Bereiche) der 70/80er Jahre, die in jeder »amtlichen« Stereo-Anlage den Sound hinbogen. Der Equalizer galt lange als probates Mittel bei der Korrektur des Wiedergabefrequenzgangs im heimischen Ambiente, beim Auffrischen von betagten Bandaufnahmen oder zur Realisierung einer sehr individuellen Klangvorstellung. Andererseits wird oft unterschlagen, daß auch die herkömmlichen Klangregler (Höhen, Tiefen) eines Verstärkers als elektrisches Filter arbeiten. Alle diese rein analog arbeitenden Filter neigen zu einer latenten, intensitätsabhängigen Phasenverschiebung des Ursprungssignals. Je mehr Filter kombiniert werden, je größer der Regelbereich und je nachlässiger der Schaltungsaufbau konstruiert und gefertigt sind, umso mehr wird das Endresultat in seinem → Zeit- und Phasenverhalten beeinflusst. Letztlich verliert das Klangbild an Natürlichkeit sowie Räumlichkeit und wird in seiner Gänze weniger homogen wirken. Die in den 90er Jahren von der HiFi-Presse massiv vorgetragenen Lösungen zur akustischen Optimierung von heimischen Hörräumen (Bedämpfung etc.) können den Einsatz von Equalizern überflüssig machen. Bei großen, unverzeihlichen Problemen mit dem Abhörraum ist es besser, die neuartigen, (fast) phasenneutralen, digitalen Komponenten zur Frequenzgang- und Laufzeitkorrektur zu verwenden. Damit wirft man dann aber auch den high fidelen Gedanken einer analogen Schallplattenwiedergabe über Bord!

ERDUNG

Zur wirkungsvollen Unterdrückung von auftretenden → elektromagnetischen Einstreuungen und/oder elektrostatischer Aufladungen der Schallplatte (→ Knistern) sollte ein Schallplattenspieler ordnungsgemäß an der dafür vorgesehenen Erdungsschraube des → Phonovorverstärkers geerdet sein.

ERSATZNADELN

Dabei handelt es sich korrekt formuliert um Nachbauten von → Nadeleinschüben inklusive → Nadelträger und → Abtastnadel für → MM-Abtaster. Die von Fremdherstellern angebotenen Nadelträgersysteme werden vor allem für betagte Abtastsysteme in großer Vielfalt bereitgestellt. Ersatznadeln sind, insofern keine Nadeleinschübe vom Originalhersteller verfügbar sind, oft die letzte Möglichkeit, noch Abtastsysteme aus den 50er und 60er Jahren zu betreiben. Wesentlicher Kritikpunkt an den Ersatznadeln ist die unterschiedliche Qualität der angebotenen Nachbauten, die aus einer wettbewerbsorientierten Zeit herrührt, als sich Ersatznadeln nur über den Preis gegenüber den Originalnadeleinschüben behaupten konnten. Dabei wurde vor allem bei der Materialauswahl, der verwendeten Kristallgüte und bei zusätzlichen Arbeitsgängen, wie dem notwendigen Nachpolieren der Nadel, gespart. Die Herstellungsdifferenzen werten im allgemeinen eine NoName-Ersatznadel gegenüber dem Originalprodukt ab und zeigen sich vor allem durch geringere Standzeiten und schlechtere Abtastwerte. Im Zweifelsfall sollte man auf den Einsatz von Nachbauten verzichten. Für hohe Ansprüche bei der Wiedergabe empfiehlt sich als beste Lösung der Neuaufbau eines Abtastsystems durch einen versierten Anbieter.

ERSTAUFLAGE

Erweiterter Spielraum für eine → Initialauflage. Da man nur in seltenen Fällen die erste Auflage einer Schallplatte definitiv bestimmen kann (→ Preßcode) und auch alle wesentlichen, äußeren Erscheinungsmerkmale zumeist über einen längeren Produktionszeitraum stabil bleiben, benutzt der Schallplattensammler und -händler, ähnlich dem Bibliophilen, zur historischen Einordnung einer → Pressung den Begriff der Erstauflage. Damit bestätigt er anhand der → Katalognummer und der verbürgten Ausstattung, daß es sich um eine Schallplatte aus dem ursprünglichen, ersten Fertigungszeitraum handelt.

ERSTAUFNAHME

Die erste zur kommerziellen Veröffentlichung getätigte Tonaufzeichnung einer Komposition. Ausschlaggebend ist der Zeitpunkt der Aufnahme und weniger das Veröffentlichungsdatum. Im allgemeinen werden Erstaufnahmen aufgrund ihrer ungeheuren Werbewirksamkeit sehr zügig veröffentlicht. Vor allem in den 50er und 60er Jahren findet man auf vielen Schallplatten mit E-Musik den editorischen Hinweis »first recording« oder »premier recording«.

ERSTVERÖFFENTLICHUNG

Wie bei Büchern ist die Erstveröffentlichung die früheste erschienene Ausgabe einer Tonaufnahme. Besonders, seitdem Schallplatten sich zu einem Gesamtprodukt (Tonträger und Verpackung) entwickelt haben, stellt die Erstveröffentlichung die authentischste Ausgabe eines Albums dar. Hier findet man neben dem historisch korrekten Klangbild die Originaletiketten, die damalige Papier- und Druckqualität sowie die vollständige Ausstattung (Beilagen, Sondercover etc.). Gewöhnlich spiegelt die Erstveröffentlichung die damaligen Intentionen, Absichten und Fähigkeiten aller Beteiligten (Interpret, Techniker, Covergestalter, Reprographie, Druck usw.) am besten wieder. Bei Nachveröffentlichungen oder Neuauflagen werden mitunter Teilaspekte korrigiert oder verändert. Da werden z.B. aus Klappcovern (Schlauchtaschen) einfache Steckhüllen, Farbabbildungen werden schwarzweiß wiedergegeben, auf Beilagen oder Hüllentexte wird verzichtet und im radikalsten Fall erhält das Album sogar ein neues Frontcover-Motiv. Vor allem für Schallplattensammler sind der Besitz und die Bewahrung eines Exemplars der echten Erstveröffentlichung Ansporn und Lebenssinn zugleich. Man sollte die unter Sammlern dazu geführten Detaildiskussionen nicht unterschätzen, korrigieren sie doch nicht selten fälschliche Angaben der Plattenfirmen.

ESOTERIK

Selbstverständlich handelt es sich im Falle der Schallplatte und ihrer technischen Rahmenbedingungen keineswegs um eine Geheimwissenschaft, die nur wenigen »Auserwählten« zugänglich und verständlich ist. Dennoch liegt über der »analogen« Schallplatte ein mystischer Schleier von »systembedingter Wahrheit«, der einigen Zeitgenossen immer wieder Anlaß und Mut zu publizistischen Äußerungen bietet. Vor allem endlose Debatten und Grabenkämpfe über die »richtige« Wiedergabe, den »klangvollsten« Umschnitt, die »beste« Pressung und so weiter führen auf Leserbriefseiten der HiFi-Presse und in Randpublikationen (Vereinsblätter, Fanzines usw.) ein sensationelles Eigenleben. Hiermit soll keineswegs einer produktiven Auseinandersetzung mit dem Thema Schallplatte widersprochen werden, aber wenn ohne Bedacht empirische Beobachtungen verallgemeinert und nicht hinreichend auf ihren tatsächlichen Sachverhalt oder zugrunde liegende Ursachen überprüft werden, wird mehr Schaden als Nutzen verursacht (→ Voodoo). Interessant ist auch, daß esoterische Ansichten über die »Tiefenwirkung« der Langspielplatte sich erst im Verdrängungswettbewerb mit der Compact Disc herausbildeten. Zuvor versuchte man, den »Klang« mit sich ständig weiterentwickelnden Fertigungsmethoden und meßtechnischen Mitteln zu verbessern. Seinerzeit zeigten sich viele Musikliebhaber von den → Störgeräuschen der Nadeltontechnik derart verletzt, daß sie die Einführung der digitalen Compact Disc stürmisch begrüßten. Erst im direkten Vergleich der beiden Medien stellte sich heraus, daß man »irgendetwas« bei der CD vermißt. Auch umfangreiche, technisch orientierte Blindtests (Stereoplay, Jhg. 1990) ergaben keinen definitiven Beweis für die Überlegenheit eines Systems. Hingegen konnte ein auf subjektiven Fragen beruhender Test (HiFi-Vision, 5/95) vermitteln, daß die analoge Musikwiedergabe auf das Individuum sinnlicher wirkt. Aber wie wertet man eine solche Aussage: »...hat die Musik positive körperliche Veränderungen in mir bewirkt«?

ESP RECORDS, AUCH ESP-DISK

Absolute Avantgarde-Schallplattenfirma, die 1964 von Bernhard Stollman in New York gegründet wurde. Der Katalog mit Jazz-, Rock- sowie Sprechplatten ist klein, fein und enthält ein paar der tonal aufregendsten Aufnahmen aller Zeiten. Zu den bekanntesten Künstlern zählten: Albert Ayler, William S. Burroughs, Fugs, Timothy Leary, Pearls Before Swine, Sun Ra.

ETCHED DISC

Bezeichnung (engl.) für eine Schallplatte, die einseitig Signalinformationen enthält und auf der Rückseite mit einer Lasergravur versehen wird. Dabei kann es sich um grafische Motive, Künstlerautogramme u.ä. handeln. Durch den deutlich höheren Fertigungsaufwand, jede gezeichnete Seite muß einzeln mit dem Laser bearbeitet werden, kommt das Verfahren praktisch nur bei überschaubaren, einmaligen Auflagen zum Einsatz. Vor allem in den späten 80er Jahren, als das Interesse an → Picture-Discs und Coloured Vinyl-Pressungen abflaute, erschienen zahlreiche lasergravierte Schallplatten zur neuerlichen Stimulierung des Marktes. Anders als die plakativen Picture-Discs, die mitunter auch zum Zifferblatt einer Uhr umfunktioniert wurden, konnte die dezente Ausstrahlung der Lasergravur (Ton in Ton) bei Sammlern eine nicht annähernd lebhafte Akzeptanz hervorrufen. Ein Nachteil dieser → Sonderausgaben ist die verringerte Spielzeit, da bei Einzelschallplatten nur eine Seite zur Verfügung steht und entsprechend angepaßtes Programmaterial erforderlich ist. Andererseits konnte neueren Aufnahmen, die ursprünglich für die → Compact Disc (Spielzeit 60+ min.) produziert wurden, bei angemessener Programmverteilung auf drei Schallplattenseiten eine Lasergravur der ansonsten blanken vierten Seite ein eigenständiges Gesicht verleihen. Beispiele: Genesis – »Calling all stations« (1997, Virgin GENLP 6), Mad Season – »Above« (1995, Columbia 478507-1). Die Herausgabe von lasergravierten Schallplatten erfolgt heute als Kaufanreiz für künstlerorientierte Sammler. Eine Entwicklung zum hochdotierten Spekulationsobjekt haben die etched discs noch nicht zu vollziehen vermocht, da der Second Hand-Markt bislang verhalten reagiert.

ETERNA

Für E-Musik eingerichtete Marke des → VEB Deutsche Schallplatten Berlin.

ETIKETT

Bezeichnung für das mittig auf der Schallplatte angebrachte, kreisrunde Stück Papier. Etiketten sind einseitig bedruckt und enthalten normalerweise alle wesentlichen Angaben, die die Schallplatte und den Programminhalt der jeweiligen Seite beschreiben. Dazu gehören Titelbezeichnung, Autor, Verlag, Laufzeit, Katalognummer, Albumtitel, Name des Interpreten, Firmenangaben, Schutzangaben usw. Mitunter werden auch verschlüsselt Angaben über das verwendete Masterband abgedruckt und/oder die Matrizenummer genannt. Das bedruckte Etikett muß hitzebeständig und möglichst formstabil sein, um während des → Preßvorgangs nicht zu verfärben bzw. zu reißen. Das Papier besitzt eine Faser- und damit Laufrichtung, in die es sich bei Temperatur und Feuchtigkeitsschwankungen ausdehnt bzw. zusammenzieht. Die beim Pressen auftretende hohe Temperatur und der Druck führen zu einer Ausdehnung des Papiers, die nach Beendigung des Vorgangs rückläufig ist. Im ungünstigen Fall verursacht das Etikett beachtliche Spannungen innerhalb der Schallplatte. Mit der Auswahl entsprechend geeigneter Papiersorten, einer angemessen langen Zwischenlagerung der gedruckten Etiketten (austrocknen) und dem erhöhten → Schallplattenprofil im Etikettbereich kann man Verwerfungen weitestgehend unterdrücken.

ETIKETTENKUNDE

Das Etikett gehört zum Corporate Indentity der Schallplattenfirma und symbolisiert, anders als die ständig wechselnde Covergestaltung, das Image der Firma. Nur hier kann sich eine Schallplattenfirma selbst darstellen und ihre Markenidentität aufbauen. Die Etikettgestaltung greift zumeist das Firmenlogo bzw. den Schriftzug auf und plaziert es in angemessener Größe an augenfälliger Position. Jede Firma versucht sich mit der Farbwahl vom Konkurrenten abzusetzen oder an bereits erfolgreiche Farbkombinationen anzuknüpfen. Gold ist nobel, schwarz ist cool, grün ist ätzend, weinrot ist prestigekräftig (→ red seal). Da nur ein Dutzend akzeptabler Grundfarben (eingefärbtes Papier oder Druckfarbe) zur Verfügung steht, werden auch gern Farbkombinationen oder grafische Lösungen gewählt. Das Image und den Wiedererkennungseffekt verstärken symbolträchtige Vignetten wie z.B. der spielende Trompeter auf den Cleff/Verve-Schallplatten (Design David Stone Martin). Mit Aufkommen des Offsetdrucks wechselten zahlreiche Firmen von ein- oder zweifarbigen Etiketten zu illustrierten Vierfarb-Etiketten. Aus Kostengründen wurden Etiketten früher in zwei verschiedenen Druckgängen und Verfahren bedruckt. Bis zur Einführung des Fotosatzes stellten runde Satzformen einen enormen Fertigungsaufwand dar und ließen sich nur begrenzt verdrucken. Zumeist erstellte man eine reprographische Aufnahme der Vorlage und fertigte davon eine Ätzung oder ein Sieb. Da beide Druckformen die gesamte Druckfläche abdecken und sich wechselnde Satzelemente innerhalb der Form nur schwer einbringen lassen, verzichtete man auf eine gleichzeitige Individualisierung und stellte deshalb Eindruck-Etiketten her. Im ersten Druckprozess (Buch-, Sieb-, Tampon- oder Offsetdruck) wird der Rohbogen in mehrere Nutzen (6 – 12 Etiketten) aufgeteilt und – insofern nicht eingefärbtes Papier verwendet wurde – mit der Labelfarbe sowie (anschließend) mit allen wiederkehrenden, zumeist firmenspezifischen Angaben versehen. Ein weiterer, separater Druckvorgang – mitunter auch in einem anderen Druckverfahren – überdruckt dann die Etikettflächen mit den individualisierten Angaben zu jeder Schallplattenseite. Die Verwendung von Sonderfarben (Gold, Silber, Bronze) stellte in früheren Jahre eine große polygrafische Herausforderung dar und führte durch den → Preßvorgang (Hitze und Druck) häufig zu mangelnder Randschärfe. Das Eindruckverfahren besitzt noch einen anderen enormen Vorteil. Durch die Anordnung von mindestens sechs Etiketten – je nach Druckbogengröße auch mehr – besteht die Möglichkeit, mindestens drei verschiedene Etikettensätze gleichzeitig zu drucken. So lassen sich z.B. auch kostenkünstig Etiketten für Kleinauflagen (500 Expl.) herstellen. Da jedes Presswerk permanent bemüht ist, in Pfennigschritten (oder auch Zehnteln) die Kosten zu senken, ergeben sich bei Einsatz von Eindruck-Etiketten enorme Vorteile. Die Masse macht den Profit! Dieses System wurde bei Einführung vierfarbiger Etiketten zumeist beibehalten und erst durch das Aufkommen von → Designer-Etiketten gebrochen. Insofern man die Etiketten aufmerksam studiert und einige Grundregeln beachtet, ist die Etikettenkunde keine Geheimwissenschaft. Richtig geordnet, ergeben sich für Schallplattenmarken, die über einen langen Zeitraum operieren, mitunter ansehnliche Stammbäume. Für (fast) alle Firmen lassen sich so auf den ersten Blick bestimmte »Fertigungsepochen« ausmachen. Da sich der Sammlermarkt vorrangig auf Erstpressungen und außergewöhnliche Nachauflagen konzentriert und diese z.T. dramatisch höher bewertet als x-beliebige Nachpressungen, entscheidet u.a. das Etikett über die Authentizität der Erstpressung. Im Anhang dieses Buches finden Sie einige ausgewählte Etiketten-Stammbäume, die auch die folgenden Regeln illustrieren. Regel 1: Nur ganz selten wird das Etikett komplett verändert [Anhang, → Blue Note, Abb. 3/4]. Regel 2: Bei einer Neugestaltung werden (fast) immer Elemente des Vorgängers übernommen [Anhang, → Vertigo]. Regel 3: Die typographische Anordnung des variablen Satzes erfolgt nach einem festgelegten Layout (Satzart, Schriftwahl, Schriftgrad). Änderungen werden oft nur in Einzelschritten vorgenommen [Anhang, → CBS]. Regel 4: Firmennamen, Firmensitz, Preßwerk, Vertrieb, Katalog-, Matrizen- oder Masternummer sind eindeutige Bezugspunkte. Veränderte Angaben können mit der Firmengeschichte abgeglichen werden [Anhang, → Atlantic, → Warner Bros.]. Regel 5: Änderungen am Außenkranz (Rundsatz mit Copyright-Hinweisen o.ä.) korrespondieren oft mit Veränderungen der Firma oder des Vertriebs [Anhang, → Charisma, → Chrysalis]. Regel 6: Etikettenfarbe oder Bildmotiv ändern sich nicht grundlos und stehen zumeist untereinander in Bezug [Anhang, → Virgin]. Regel 7: Tradition ist alles. Sehr häufig nehmen Schallplattenfirmen bei der Umgestaltung eines Etiketts erneut »klassische« Elemente der Firmengeschichte auf. Vorrangig in den späten 60er und frühen 70er Jahren traten bekannte Marken vorübergehend mit sehr sachlichen Etiketten und unter Verzicht der angestammten Signets auf. Dieser nüchterne Stil folgte dem sachlichen Grafikdesign jener Jahre [Anhang, → RCA, → Capitol]. Regel 7: Variationen mit den gleichen Gestaltungselementen sind üblich [Anhang, → Impulse!]. Regel 8: Der Firmenschriftzug wird (oft) in größeren Abständen verändert [Anhang, → Epic]. Regel 9: Besitzt eine Schallplattenfirma mehrere Marken, gelten z.T. gleiche Designrichtlinien, und eventuelle Änderungen im Layout werden gleichzeitig für alle Marken wirksam. [Anhang, → EMI/Parlophone, → EMI/Columbia, → VEB Deutsche Schallplatten Berlin]. Regel 10: Ausnahmen bestätigen die Regel! Anmerkung: Individuell für ein Album gestaltetete und gedruckte Designer-Etiketten entziehen sich zumeist den o.g. Regeln und Ordnungsprinzipien.

ETIKETTENSCHUTZ

Vom Zubehörspezialisten Pfeifer in seiner »top phono shop«-Reihe angebotene Schutzfolie für das → Etikett einer Schallplatte. Diese in passender Größe zurechtgeschnittene, kreisrunde und mit einer Mittellochung versehene, durchsichtige Klebefolie stellt mit Sicherheit das überflüssigste Accessoire in der an Schutzprodukten nicht gerade armen Zubehörlandschaft dar. Da die wenigsten Etiketten tatsächlich hundertprozentig mittenzentriert sind, kann die Schutzfolie nur selten das Etikett perfekt abdecken. Auch zerstört die bei Aufklebern jeglicher Art bekannte Neigung zur Bildung von Blasen und Flecken die Anmutung des Etiketts. Besonders unangenehm ist das teilweise Zerreißen des Papieretiketts bei einem späteren Abtrennen des Aufklebers. Eine mit solchen Schutzaufklebern versehene Schallplatte verliert für den ambitionierten Sammler schlagartig an Wert. Wenn man unbedingt für kurze Zeit einen zuverlässigen Etikettenschutz benötigt, ist es besser, auf leicht ablösbare Folien oder Kreppbänder zurückzugreifen.

EUROPEAN RELEASE

Bezeichnung (engl.) eines → bootlegs mit Tonaufnahmen, für die im Rahmen kontinentaleuropäischer Rechtsprechung das Vervielfältigungsschutzrecht abgelaufen ist. Durch die international unterschiedlich bemessenen Schutzfristen für die Vervielfältigungrechte einer Tonaufnahme kam es in den 70/80er Jahren immer wieder zur Produktion von halblegalen Schallplatten. Dabei nutzten einige Firmen die kurzen oder grundsätzlich befreiten Schutzfristen in Luxemburg zur Umgehung des gültigen Vervielfältigungsschutzrechtes im Vertriebsland. So entstand eine beachtliche Anzahl Schallplatten mit ungeschützten Live-Mitschnitten oder → out-takes. In Großbritannien und den USA werden diese Bootlegs aufgrund ihrer mit EEC oder EU gekennzeichneten Herkunft – keine der Platten ist wirklich in Luxemburg gepreßt – als »europäische Veröffentlichungen« bezeichnet. Ende der 80er Jahre erwirkte die Phonoindustrie im internationalen Kontext und durch hervorragende Lobbyarbeit unterstützt, eine Vereinheitlichung der Schutzfristen innerhalb der erweiterten Europäischen Union und konnte diese »Europa-Veröffentlichungen« auf den Index stellen. Die bislang erfolgreichen Bootlegger fügten sich in ihr Schicksal und stellten die Produktion 1990 schlagartig ein. Eine der letzten Veröffentlichungen war das hervorragend aufbereitete Vierfachalbum »The Rolling Stones – Live in Atlantic City« (EU, 1990, Swinging Pig) mit dem Mitschnitt eines kompletten Livekonzerts im Rahmen der 89er Stones-Tournee.

EVEREST RECORDS

Von dem Elektronikingenieur Harry Belock gegründete Schallplattenfirma, die aufgrund ihrer ausgesprochenen Technikverliebtheit als erstes audiophiles Label bezeichnet werden muß. Das mit Schlüsselpatenten für die Raketensteuerung in den 50er Jahren verdiente Geld steckte der ambitionierte Musikliebhaber Belock in ein hochmodernes Studio und vermarktete seine Aufnahmen unter dem Markenzeichen »Everest«. Bellock besaß das damals wohl beste Aufnahmeequipment, zum Teil aus regulären, jedoch umfangreich modifizierten Geräten bestehend und um Eigenentwicklungen ergänzt. Auch führte die Entscheidung, versierte Techniker von anderen Firmen (z.B. Ampex, Westrex) einzustellen, zu einem technischen Knowhow, das im Wettbewerb einzigartig dastand. Kritisch hingegen war die künstlerische Kompetenz der Firma. Da praktisch alle namhaften Solisten, Dirigenten und Klangkörper der USA mit Exklusivverträgen an die führenden Schallplattenfirmen gebunden waren, behalf man sich bei Everest mit einem Kunstgriff. Ein beachtlicher Teil der Aufnahmen entstand in Europa mit Klangkörpern, die keine weiterführenden Verträge besaßen. Dabei setzte man vor allem auf das London Philharmonic Orchestra, aber auch das London Symphony Orchestra und dessen Kammerorchester unter der Leitung von jungen, später überaus erfolgreichen Dirigenten wie Janos Ferencsik und John Carewe. Andererseits konnte man mit dem namhaften Dirigenten Leopold Stokowski einen ausgewiesenen Enthusiasten der modernen Tonaufnahme und Studiotechnik gewinnen. Um dennoch eine hohe Interpretationsqualität sicherzustellen, wurde Stokowskis bewährter Klangkörper, die »New York Philharmonic«, beschäftigt, der sich aber für diese Aufnahmen in »Stadium Symphony Orchestra« umbenannte, und so außerhalb der bestehenden Verträge aufnehmen konnte. Zum Katalogrepertoire von Everest gehören ausschließlich Werke der E-Musik, wobei die Moderne des 20. Jahrhunderts bestimmend ist. Einige leichte Werke aus der Welt des Musicals runden das Programm ab. Mit dem Fotografiker Alex Steinweiss beschäftigte Everest einen überzeugenden Verfechter der inszenierten Studiofotografie. Farbenfrohe, das Hüllenformat unterstreichende Stilleben, Figurenensembles, aber auch Fotomontagen geben den Everest-Außenhüllen ein unverkennbares Gesicht und stützen durch ihre thematische Visualisierung das musikalische Werk. Schon 1962 war das Kapital verbraucht, ohne daß sich Everest im Wettbewerb mit den führenden Klassik-Anbietern wie Columbia und RCA ernsthaft bestätigen konnte. Bellock verkaufte den gesamten Aufnahmefundus an eine kalifornische Interessengemeinschaft, die vorrangig die bekannten Aufnahmen neu veröffentlichte. 1995 gelangte Everest durch einige hochwertige Nachauflagen von DCC-Records erneut in das Bewußtsein einer audiophilen Kundschaft.

EXCELLENT (EX)

Hohe Güteklasse innerhalb des → Graduierungssystems (→ Second Hand). US: nicht gebräuchlich. UK: Güteklasse 2 (Wert 80 %). Platte ist gespielt, aber weist nur sehr geringe Störgeräusche auf. Das Cover ist sehr gut erhalten, dabei mitunter leicht abgenutzt, faltig oder angeknickt. BRD: nicht gebräuchlich.

EXOTICA

Im Englischen übliche Bezeichnung für alle Schallplatten außerhalb fest definierter (zumeist rock-musikalischer) Sammelgebiete. Hier treffen geringer Verbreitungsgrad und Popularität von Tonträger und Künstler oft zusammen. Zu den begehrtesten Exotica zählen Schallplatten mit (miserabel) singenden Schauspielern, Aufnahmen von westlichem Pop-Repertoire mit fernöstlichem Instrumentarium, Fantasy- und Spacemusik, skurrile Produktionen aller Art und besonders »Soundtracks« für spezielle Anlässe (Striptease, Psychiater, Waschsalons etc.). Doch die exotica sind keine Domäne der Engländer. Jeder größere Absatzmarkt der Welt hat seine eigenen »Exoten« hervorgebracht, die sich oft nur im Kontext mit Landessprache und kultureller Identität tiefschürfend verstehen lassen. Weidmanns Heil, die Suche lohnt.

EXPANDER

Elektrische Schaltung zur Vergrößerung der Dynamik eines Tonsignals. Dazu verwendet man spezielle Verstärkerzüge, die die kleinen Pegel eines Ursprungssignals weit weniger verstärken bzw. mehr dämpfen als dessen stärkere Pegelanteile. Im Tonstudio werden Expander u.a. zur Ausweitung des Dynamikumfangs einer Aufzeichnung, aber auch zur künstlerischen Gestaltung der Aufnahme verwendet. Eine andere Möglichkeit stellt die Verwendung eines Expanders als spiegelbildlich verwendetes Bauteil zum → Kompressor dar. Solche als → Kompander bezeichneten Systeme werden u.a. zur Rauschminderung bei Magnetbändern und Schallplatten verwendet.

EXPORTPRESSUNG

Bezeichnung für eine Schallplatte, die für den Verkauf in einem anderen Land hergestellt wurde. Vor allem wenn eine Schallplattenfirma über keine eigenen Produktionsstätten im Verkaufsland verfügt oder im Rahmen größerer Distributionsräume (EU, Benelux o.ä.) seine Produktion organisiert, werden verifizierte Exportpressungen hergestellt. Beispielsweise fertigte die deutsche WEA auch für den französischen Markt. Ähnliches trifft auf Produktionen von PhonoGram oder CBS zu. Eine Exportpressung kann dem für den eigenen Markt hergestellten und ausgewiesenen Tonträger in allen technischen Parametern und der Ausstattung entsprechen oder sich in ausgewählten Positionen deutlich unterscheiden. Mitunter werden Veränderungen am → Cover, in der Titelauswahl oder -reihenfolge, den → Takes, dem Albumtitel und den → Beilagen vorgenommen. In den 50 – 70er Jahren wurden zahlreiche Exportpressungen hergestellt, die angepasste Angaben über die nationalen Verwertungsgesellschaften und Vertriebsfirmen enthielten. Exportpressungen, die sich in Titel- bzw. Take-Auswahl von den Inlandausgaben unterscheiden, werden vor allem von Sammlern der jeweiligen Ursprungsländer hoch bewertet. Ein Teil der Exportpressungen findet schon während des offiziellen Distributionszeitraumes als →- Re-Import den Weg zurück in die Heimat.

EXTENDED PLAY (EP)

Englische Bezeichnung für eine Schallplatte des Typs 1733 oder 1745 mit verlängerter Spielzeit (bis zu 10 Minuten je Seite). Obwohl der (kurzlebigen) Single in ihrer Erscheinung sehr ähnlich, stellte die EP in den 50er und 60er Jahren vor allem die preiswerte Alternative zur LP dar. Nicht selten erschien damals das gesamte Tonmaterial einer erfolgreichen LP-Veröffentlichung als Set von drei bis vier EPs und führte so breite Käuferschichten in die Gestaltungskraft der Langspielplatte ein. Das kleine Format der EP unterstrich auch die Mobilität, machte sie transportabler und für die damals weit verbreiteten Single-Player und Jukeboxen kompatibel. Das EP-Format wird seit den 70er Jahren gelegentlich als (preiswerte) Spielzeitergänzung zur LP eingesetzt (z.B. Stevie Wonder – Songs in the key of life, mit Bonus-EP als »A something's extra«, 1976). Mit Aufkommen der Independent-Szene verhalfen Kleinstfirmen und ihr Publikum in einem komplizierten Wechselverhältnis von ökonomischer und repertoirepolitischer Abhängigkeit der preiswerten EP zu einem Revival.

EXTRUDER

Der → Presse vorgelagerte Einrichtung zur Aufbereitung des als Granulat (gelegentlich auch Pulver) angelieferten Mischpolymerisats. Im Extruder wird die benötigte Menge zum Pressen einer Schallplatte vorplastifiziert, anschließend vorportioniert und bei ca. 150° C für das eigentliche Pressen bereitgehalten. Mittels Wärme und Druck wird das Granulat weichgemacht und durchgeknetet, wobei diese Vorplastifizierung die Linsen- oder Zylinderform des Granulats aufbricht und die Homogenität der späteren Schallplatte vorwegnimmt. Die Werkstoffqualität (innere Struktur, Dichteverhältnis, Oberflächengüte) einer ausgepressten Schallplatte hängt in großem Maß von der gewählten Extrudereinstellung ab. Anmerkung: Oftmals erkennt man im → Spiegel die Qualität der Werkstoffaufbereitung. Zeigen sich deutlich wahrnehmbare Strukturen, die noch die Form des Granulats aufweisen, oder gar eine poröse Oberfläche mit diversen Einschlüssen und/oder Blasen, so wird die Schallplatte in der Regel starke → Laufgeräusche aufweisen.

EXZENTRIZITÄT

Bezeichnet die Abweichung des Mittelpunkts der Rillenspirale vom Mittelpunkt des Mittellochs der Schallplatte. Beim Einrichten der Presse und beim Pressvorgang kommt es zu Veränderungen der ursprünglichen Aufzeichnungsdimensionen. Beispielsweise verursacht eine dezentrierte Matrize eine entsprechende Exzentrizität der Schallplatte, ebenso wie ein unsachgemäßer Abkühlprozeß während des → Preßvorgangs oder eine nachlässige bzw. zu kurze Ruhestellung der frisch gepreßten Scheibe. Die ursprünglich runde Form des ausgepressten Vinyl-Rohlings wird beim Abkühlen in Abhängigkeit zur Materialdichte und auftretender Spannungen in eine leicht wellige oder elliptische Form überführt. Das Nadeltonverfahren toleriert in begrenztem Maße eine auftretende Exzentrizität. Die aktuellen Normungen (DIN, RIAA, IEC) sehen einen Toleranzbereich von 0,2 mm vor, der aber allzu häufig überschritten wird. Ebenso verursacht ein zu großes Mittelloch in der Schallplatte und/oder ein zu dünner Mittelstift des Plattentellers eine Exzentrizität. Die Schallplatte zentriert sich dann nicht wie vorgesehen selbstständig auf der Tellerachse, sondern eiert um den Stift herum. Eine optimale Zentrierung per Hand ist kaum möglich. Ein Einzelfehler aus der o.g. Fehlerbeschreibung führt bei deutlichem Überschreiten der Toleranzgrenze zum Jaulen oder Leiern während der Wiedergabe. Treten mehrere minimale Einzelfehler gleichzeitig und additiv auf, kommt es ebenfalls zur Beeinträchtigung der Wiedergabe. In seltenen Fällen löschen sich aber auch mehrere Einzelfehler gegenseitig aus.

F

45/45-SCHRIFT

→ Flankenschrift

FÄCHERENTZERRER

Die am weitesten verbreitete Klangregelschaltung nutzt die Möglichkeit, mit nur zwei Regelgliedern den Frequenzgang eines Signals in mehreren Varianten zu beeinflussen. Ein Tiefen- und ein Höhensteller reichen aus, um den Klang variabel zu verändern. Dabei verstärken oder schwächen die entsprechenden diskreten oder integrierten Schaltungen den jeweiligen Frequenzbereich um einen definierten Arbeitspunkt herum. Dadurch entsteht ein abfallender oder ansteigender Wirkungsgrad, der durch ein Überschneiden der beiden Frequenzbereiche ein sanftes Ineinandergleiten ermöglicht. So sind eine einfache Betonung der Tiefen oder Höhen ebenso möglich, wie ein Absenken oder Anheben der Mitten bei gleichzeitigem Einsatz beider Regler.

FACHHANDELSKATALOG

Ein von der Phonoindustrie speziell für die Bedürfnisse des Fachhandels zusammengestellter Warenkatalog, der das gesamte lieferbare Angebot einer oder mehrerer Schallplattenfirmen übersichtlich bündelt. Der Fachhandelskatalog verfügt mindestens über drei Komponenten: 1. Interpretenkatalog, 2. Titelkatalog, 3. numerisches Gesamtverzeichnis. Zusätzlich zu den neutralen Angaben eines → Kundenkatalogs erhält der Fachhändler alle nötigen Daten über Einzelpreis (netto), → Preiskategorie bzw. → Preiscode, gelegentlich auch Angaben zur Lieferfähigkeit bzw. bei Großhandels- oder Importkatalogen auch zum Ursprungslabel. Umfangreichere Fachhandelskataloge verfügen zusätzlich über ein → Einzeltitel- bzw. → Tracklisting, und zeigen gelegentlich auch Coverabbildungen. In regelmäßigen Abständen – wöchentlich, 14-tägig oder monatlich – werden aktuelle Katalogergänzungen in ähnlicher Form herausgegeben. Seit Einführung maschinenlesbarer Produktcodes (→ EAN, → UPC) werden entsprechende → Barcodes in Fachhandelskataloge integriert, um ein unkompliziertes, computergerechtes Voraberfassen des Produkts zu gewährleisten. Anfang der 90er Jahre wurde auf Initiative zahlreicher Schallplattenfirmen mit dem PhonNet ein zentrales, computergestütztes Warenwirtschafts- und Bestellsystem in der BRD eingeführt. Das komfortable System verfügt über zahlreiche Abfrageschablonen, mit deren Hilfe sich sehr gezielt (fast) alle Angaben über Interpret, Album oder Einzeltitel in Sekundenschnelle erstellen lassen. Das PhonNet ersetzte im Einzelhandel praktisch alle gedruckten Fachhandelskataloge.

FACTORY CUSTOM PRESSING

→ Feierabendpressung

FACTORY SLEEVE

In der Regel ein mit Firmennamen und/oder Logo bedrucktes, einfarbiges Innen- oder Außencover, das mitunter aber auch Informationen oder Werbung zu anderen Produkten der Firma zeigt. Typische Beispiele sind Innenhüllen mit allgemeinen Hinweisen zur Nutzung und Lagerung von Schallplatten oder die für sich selbst werbenden, gefütterten Innenhüllen der EMI (EMITEX). In den 60er Jahren entdeckten zahlreiche Schallplattenfirmen die Innenhülle als direkt adressierten Werbeträger und informierten dort in unterschiedlich umfangreicher Form den Käufer über weitere Produktionen des Labels. Der versierte Sammler schätzt diese Werbemittel und wird sie immer im Kontext der ursprünglichen Veröffentlichung erhalten.

FAIR (F)

Niedrige Güteklasse innerhalb des → Graduierungssystems (→ Second Hand). USA: Güteklasse 6 (Wert 5 %). Platte liegt nackt im Cover und ist zerbrochen, gerissen oder derartig zerkratzt, daß sie nicht ohne eine Reparatur laufen wird. Das Cover ist massiv beschädigt, die Innenhülle fehlt oder ist zerrissen, geknickt oder bekrakelt. Mitunter wird der Zustand auch als → poor bezeichnet. UK: Güteklasse 5 (Wert 30 %). Platte ist abspielbar, weist Störgeräusche auf und sieht mitgenommen aus. Mitunter springt das Abtastsystem. Das Cover ist beschädigt, eingerissen, geknickt und/oder verschmutzt. BRD: Güteklasse 5 (Wert 10 %). Platte ist akustisch völlig ohne Wert, da sie praktisch nicht mehr abspielbar ist. Der Kauf erfolgt nur zu Archivzwecken. Das Cover ist zerrissen oder nur unvollständig erhalten.

FAKE STEREO

→ stereophonisierte Schallplatte

FÄLSCHUNG (IDENT-FÄLSCHUNG)

Illegaler Tonträger, der im Gegensatz zum Bootleg zwar offiziell vom Künstler autorisierte Tonaufnahmen enthält, aber ohne Lizenz gefertigt wird. Eine Ident-Fälschung, auch → Counterfeit genannt, ist die mehr oder weniger perfekte Nachbildung aller Ausstattungsmerkmale der Originalpressung (→ Cover, → Etikett, → Beilagen etc.). Fälschungen machen nur Sinn, wenn es sich um eine populäre, massenwirksame Tonaufnahme handelt, für die eine angemessene Nachfrage besteht. Insofern werden Fälschungen vorrangig in Ländern produziert, deren Märkte zwar entsprechende Bedürfnisse entwickelt haben, aber nicht oder kaum von der – ökonomisch vorherrschenden – westlichen Phonoindustrie erschlossen sind. Vermeidet oder verweigert eine Staatsregierung zudem auch noch die Anwendung der international vereinbarten Rechtsabkommen, ist der eigentlich Betroffene machtlos. In diesem Kontext sollte man einige Ausgaben aus Fernost, aber vor allem die zahllosen Schallplatten aus der UdSSR bzw. deren Nachfolgestaaten (→ Russlandpressungen) betrachten. Fälschungen dieser Art finden den Weg auf die Märkte der westlichen Welt, wenn sich mit der illegalen Einfuhr erhebliche finanzielle Gewinne für den Importeur verbinden. Juristisch verstößt das Fälschen von Tonträgern gleich dreimal gegen international geltendes Urheberrecht (Vervielfältigungs- und Verbreitungsrecht von Autor, ausübendem Künstler, Tonträgerhersteller).

FANTASY RECORDS

1949 von Sol und Max Weiss gegründetes US-amerikanisches Jazz-Label, das bis 1960 nur mit mäßigem Erfolg eigene Produktionen veröffentlichte. Erst 1971, als man von Bill Grauer das → Prestige-Label übernahm und dessen langjähriger Produzent Orrin Keepnews eine überaus erfolgreiche, umfangreiche Werkschau aus → Sammelplatten und → Reissues zusammenstellte, kam für Fantasy der langerwartete Durchbruch. Seitdem hat das Label zahlreiche andere bekannte Jazz-Labels der Vergangenheit erworben und verfügt derzeit über den umfangreichsten Jazz-Backkatalog der 50er Jahre.
Etiketten (USA): weinrot (bis 1960)

FARBKENNZEICHNUNG

International genormte Farbgebung, verbunden mit einer numerischen Bezeichnung, für die Kontaktstellen eines Abtastsystems. Folgende Festlegung: linker Kanal = 1 = weiß; rechter Kanal = 2 = rot; linker Kanal Masse = 3 = blau; rechter Kanal Masse = 4 = gelb/grün; Abschirmung Gehäuse = 5.

FEHLPRESSUNG

Eine von der regulär veröffentlichten Schallplatte inhaltlich abweichende Pressung, die auf einer oder allen Seiten dupliziertes, falsches oder gar fremdes Programmaterial enthält. Häufig in der → Fachliteratur genannte Beispiele sind Rockalben, die trotz korrekter → Etiketten und → Cover Musikaufnahmen aus den Bereichen Klassik, Folk oder Schlager enthalten. Bis Ende der 80er Jahre wurden diese Fehler noch von den Schallplattenfirmen (stillschweigend) behoben und Fehlpressungen binnen kurzem durch korrekte Ausgaben ersetzt. In den 90er Jahren ging man allgemein dazu über, entsprechende Pressungen zwar anstandslos zurückzuziehen, aber auf Grund der kleinen Auflagen und der damit verbundenen hohen Kosten nicht mehr durch korrigierte Platten zu ersetzen. Beispiel: Page/Plant – »Walking into Clarksdale«, Programminhalt der B-Seite auf den Seiten 2 und 3, die Platte wurde kurz nach Veröffentlichung im Katalog gestrichen (→ withdrawn), sofort zur allgemeinen Retour freigegeben und nicht neu aufgelegt (1998, Atlantic 83092-1, US-Pressung). Dabei handelt es sich um einen eindeutigen, zum Umtausch anerkannten Herstellungsfehler, der durch die Verwendung falsch zugeordneter → Matrizen im Preßwerk verursacht wird. Das Gros dieser Fehlpressungen wird vom Käufer reklamiert, wobei einige Fans jedoch damit spekulieren, daß eine Fehlpressung unter gegebenen Umständen einen hohen Sammlerwert besitzt.

FEIERABENDPRESSUNG

Eine von den Originalwerkzeugen (→ Matrize) angefertigte, gegenüber der regulär veröffentlichten Originalpressung abweichende Schallplatte (factory custom pressing). Dabei erstellt ein Werksmitarbeiter innerhalb des Produktionszeitraums unter Verwendung der Matrizen und Einsatz (zumeist) farbiger → Preßmasse eine sogenannte Feierabendpressung. In den seltensten Fällen handelt der Mitarbeiter dabei wirklich im Eigenauftrag, sondern bedient die Bedürfnisse geschäftstüchtiger Händler und regt so den Sammlermarkt über Gebühr an. Die zumeist in Kleinstauflagen (oft 10 bis selten 100 Stück) hergestellten Feierabendpressungen entsprechen in allen Parametern (Programminhalt, Matrizierung, Etiketten, Cover) der regulären, von der Schallplattenfirma veröffentlichten Ausgabe. Bei der Vergabe des Prädikats »Feierabendpressung« für eine selten anzutreffende Ausführung eines Tonträgers sollte man äußerste Vorsicht walten lassen. In zahlreichen Fällen haben Schallplattenfirmen auch selbst abweichende, farbige Pressungen in Auftrag gegeben, die z.B. als → Promotionsschallplatte oder limitierte Auflagen veröffentlicht wurden. Das Gros der echten Feierabendpressungen ist in der entsprechenden Fachliteratur umfangreich dokumentiert. Der historische Wert solcher Pressungen wird in seriösen Einschätzungen nicht höher eingestuft, da sich die Schallplatten von ihren regulären Geschwistern praktisch nicht absetzen. Angemerkt sei aber, daß Feierabendpressungen vor allem von künstlerorientierten Fans begehrt werden und deshalb einen enorm hohen Marktwert besitzen.

FERNBEDIENUNG

Als Zubehör bezeichnete Komponente zur Kontrolle und Steuerung von audiovisuellen Komplettsystemen oder Einzelbausteinen. Bei Schallplattenspielern für die Heimwiedergabe sind Fernbedienungen ein Novum. Professionelle Studio-Schallplattenspieler verfügen jedoch grundsätzlich über die Möglichkeit einer Fernsteuerung durch das Regiepult.

FFRR

Markenzeichen der britischen Decca für ihr 1945 eingeführtes, wesentlich verbessertes Aufnahmeverfahren. Während des Zweiten Weltkriegs waren u.a. Decca-Techniker an der Entwicklung eines tieffrequenzfähigen Verfahrens zur Ortung deutscher U-Boote beteiligt. Daraus entwickelt man mit »full frequency range recording« eine Aufzeichnungsart, die im Gegensatz zur bisher verwandten Technologie das Frequenzband ausdehnte und vor allem die tiefen

Töne deutlich besser abbildete. Anfänglich basierte das »full frequency range recording« auf einer Schallfolienaufzeichnung, die nach Einführung der Magnetbandaufzeichnung (um 1950) stillschweigend gewandelt wurde.

FFSS

Markenzeichen der britischen Decca für ihr Stereo-Aufnahmeverfahren »full frequency stereophonic sound«. Das Kürzel und die Vollbezeichnung entstanden in Anlehnung an das erfolgreiche »ffrr«-Logo.

FG (GYGER)

Nadelschliff, → Abtastnadel-Querschnitte

FILTER

Allgemeine Bezeichnung für eine elektrische Schaltung, die für bestimmte Frequenzen oder Frequenzbereiche durchlässig (Durchlaßbereich) und für andere undurchlässig (Sperrbereich) ist. Die Übergänge zwischen den Bereichen werden als Grenzfrequenz bezeichnet und auftretende Signaldämpfungen in dB angegeben. Im Schaltungsaufbau unterscheidet man passive (Kondensator, Spule, Widerstand) und aktive Filter. Letztere arbeiten mit → RC-Gliedern und/oder Operationsverstärkern (OPs). Typische Filterschaltungen sind Band–, → Hoch- und → Tiefpaßfilter.

FINE-LINE

Nadelschliff, → Abtastnadel-Querschnitte

FINIAL

Die US-amerikanische Firma stellte 1988 erstmals einen funktionsfähigen Prototypen (LT-1) zur Laserabtastung von Nadeltonaufzeichnungen vor.Trotz eines geplanten Endkundenpreises von anfänglich 3786 $ ging das Gerät nie in Serie. Zehn Jahre später präsentierte die japanische Firma ELP Corporation, die zwischenzeitlich die Patente und das Know-how der Amerikaner erworben hatte, eine leicht überarbeitete Version des Finial-Laserspielers (LT-1XA) zum Preis von über 30000 DM. In der Praxis beweist der LT-1XA die Fähigkeit, alle relevanten Signalinformationen aus der Rille auszulesen und entsprechend in elektrische Signale umzusetzen. Auffällig ist, daß kleinste Modulationen deutlich besser und (fast) frei von Verzerrungen wiedergegeben werden. Hier setzt sich der Laserspieler deutlich von seinen Nadel-Verwandten ab und begeistert mit einer transparenten und luftigen Abbildung der aufgezeichneten Höhen. Andererseits wandelt das Verfahren sämtliche Verschmutzungen und Beschädigungen der Rille ebenso brillant in akustische Informationen, so daß selbst eine penibel gereinigte Schallplatte ständig Störgeräusche aufweist. Das Verfahren beweist souverän die technischen Möglichkeiten der Neuzeit, zeigt aber zugleich die Schranken seiner selbst auf. Es macht wenig Sinn, ein aufwendiges und teures System zu betreiben, das sich im Praxisalltag permanent am

Zustand der Tonträger reibt und auffrißt. Hier weisen Nadelabtaster mit ihrer vorhandenen Nähe zum ursprünglichen Kugel-Modell, und der systembedingten Fehlertoleranz (Unterdrückung von Störgeräuschen) subjektiv bessere Abspielergebnisse auf.

FLACHRIEMEN

Bei Schallplattenspielern mit → Riemenantrieb verwendete Riemenart mit rechteckigem Querschnitt. Einfache Flachriemen werden aus einer Gummifläche herausgeschnitten oder gestanzt. Hochwertige, zugfeste und langzeitstabile Flachriemen werden in speziellen Formen gegossen und manuell nachbearbeitet (schleifen, fräsen, polieren).

FLANKENSCHRIFT

Die Kombination von Seiten- und Tiefenschrift wird als Flankenschrift (auch Kombinationsschrift oder 45°/45°-Schrift) bezeichnet. Diese Schriftart wurde erstmals von Alan Dowey Blümlein im Jahr 1931 im Zusammenhang mit der stereophonen Tonaufzeichnung vorgestellt. Blümlein nutzte die Kombination der beiden klassischen Schriftarten, um die Übertragung zweier abweichender Signale zu ermöglichen. Der benutzte Schreiber erzeugt im Winkel von 90° zwei voneinander getrennte Auslenkungen. Zum Aufzeichnen der Rille wird der Schreiber um 45° gedreht und die Schrift beidseitig in den Flanken verankert. Die Flankenschrift verfügt über eine dreidimensionale Ausdehnung, da sie ja Tiefen- und Seitenschrift gleichzeitig benutzt. Die innere Flanke enthält die Signalinformation des linken Kanals, die äußere Flanke das rechte Signal. Bei gleichem Signalanteil L/R lenkt die Rille nur seitlich aus (dadurch monokompatibel), Informations- und Pegelunterschiede werden in vertikaler Richtung vermerkt. Der stetige Unterschied von L/R innerhalb des üblichen stereophonen Programmaterials führt zu einem ständigen Auslenken der Rille in allen Kombinationen von links/rechts und auf/ab.

FLAT-KENNLINIE

Historische Aufzeichnungskennlinie, die auf eine Anhebung der Höhen während der Aufzeichnung verzichtete. Verwendete Zeitkonstanten: 3180/318/0 µs.

FLATTERN

Bei Magnetbandaufzeichnungen auftretende, hochfrequente Störung über 10 kHz. Wirkt sich als Rauhigkeit des Klangbildes aus und überträgt sich, soweit nicht vermeidbar, beim Schneiden der Aufnahmefolie auch als Signalverformung in die Rille.

FLEXIDISC

→ Schallfolie

FLIPBACK SLEEVE

Bezeichnung (engl.) für vorrangig in Großbritannien und Frankreich von den 50er bis späten 60er Jahren gefertigte → Cover mit außenliegendem Klebefalz. Bei der buchbinderischen Weiterverarbeitung des Druckbogens wurden in Ermangelung innenliegender Falzmesser die Falzstreifen nicht wie heute üblich von innen, sondern von außen angeklebt. Bis ca. 1963/64 besitzen die meisten flipback sleeves drei außenliegende Klebefalze, da das → Cover noch aus zwei einzelnen, getrennt bedruckten Kartonflächen zusammengesetzt wurde. Dieses Verfahren senkte die eigentlichen Druckkosten für das Cover erheblich, da seinerzeit Farbsätze (vierfarbig, Sonderfarben etc.) und Oberflächenveredelungen mit hohen Kosten (Repro, Druckgänge) verbunden waren. Allgemein besitzen flipback sleeves farbige, cellophanierte oder lackierte Frontseiten und einfarbige, nicht veredelte Rückseiten. Spätestens Mitte der 60er Jahre ging man zu einteiligen Druckbögen über und benötigte nur noch zwei außenliegende Klebefalze (oben, unten). Bei → Klappcovern finden sich die aufgeklebten Laschen entsprechend im inneren Abbildungsteil. Um 1969/70 ersetzten alle namhaften Hersteller in rascher Folge ihren Maschinenpark und produzieren seitdem die bereits zuvor in anderen europäischen Staaten eingeführte Einsteckhülle mit innenliegenden Klebefalzen. Der Sammler von heute findet flipback sleeves oft reizvoll und schätzt deren äußerst einfaches Erkennungsmerkmal zur Datierung der Pressung. Dennoch sollte man zur genaueren Bestimmung einer Pressung, besonders bei auflagenstarken Alben der 60er Jahre (Beatles, Rolling Stones usw.), den → Druckverweis studieren und das → Etikett der Schallplatte in den Etiketten-Stammbaum der Schallplattenfirma einordnen.

FM ACOUSTIC

Schweizer Hersteller für professionelle Studiotechnik, der auch den Markt der exklusiven Heimelektronik bedient. Besonders bemerkenswert sind die von den Schweizern produzierten Phono-Vorverstärker FM 122 und FM 222, die derzeit als einzige Geräte die Möglichkeit einer stufenlosen Einstellung der Entzerrerzeitkonstanten bieten. Damit werden vor allem Schallplatten aus der Zeit vor der RIAA/IEC-Zertifkation in ihrem korrekten Frequenzgang reproduzierbar.

FOC

Abkürzung (engl.) für fold-out cover (Klappcover).

FOLD OUT COVER

→ Klappcover

FOLGEPRESSUNG

Umgangssprachlich auch als Nachpressung bezeichnet, ist eine Folgepressung jede weitere Ausgabe, die Merkmale der Erstpressung, auch Urpressung genannt, verändert.

FOLKWAYS RECORDS

Vom Musikforscher Moses Ash gegründete Schallplattenfirma, die anfänglich mit Tonaufnahmen aus der ethnologischen Feldforschung überraschte. Auf über 2000 Schallplatten hat Ash ein akustisches Weltbild gezimmert, das in historischen Aufnahmen ethnisches Liedgut vor allem amerikanischer Volksgruppen aus allen Epochen dokumentiert. Zu den kommerziell erfolgreichsten Schallplatten gehören frühe Aufnahmen von Leadbelly, Woody Guthrie und Pete Seeger, die Blues und Folk noch vor ihrer industriellen Umprägung festhalten und maßgeblich für die Folkwelle der späten 50er und frühen 60er Jahre wurden. Der Katalog wurde über Jahrzehnte hervorragend gepflegt und ist heute im Besitz des Smithsonian Institute. Pressungen: Die frühen Ausgaben stecken in außergewöhnlich steifen Covern. Bei diesen Außenhüllen ist das Covermotiv aufkaschiert, ummantelt Vorder- und teilweise Rückseite (ca. 10 cm). Spätere Nachauflagen besitzen einfache Steckcover.

FONTANA

Sublabel der holländischen → Philips. In den späten 50er und frühen 60er Jahren erschienen auf Fontana u.a. die kontinentaleuropäischen Lizenzausgaben von → Columbia (u.a. Miles Davis, Duke Ellington). Mitte der 60er Jahre nutzte Philips das Sublabel für Beat- und Rockaufnahmen, um 1969 aus diesem künstlerischen Grundkapital das Progressive Rock-Label → Vertigo zu formen. Fontana war und ist auch weiterhin als eigenständige Marke im Katalog der → Philips/Phonogram, später PolyGram, präsent. Zu den erfolgreichsten Künstlern gehör(t)en: Joan Baez, Jerry Harrison, Ina Deter, James, Pere Ubu, Tears For Fears, Trio, Scott Walker, Walker Brothers, Was Not Was. Der Etikettenstammbaum ist wenig ergiebig, blieb die Firma doch über knapp vier Jahrzehnte ihrer eigentlichen Etikettengestaltung treu. Einzig verschiedene ergänzende Elemente (so auch der → Labelcode) geben spärlich Auskunft.

FREEBIE

Bezeichnung (engl.) für eine kostenlose Schallplattenbeigabe. Dabei handelt es sich zumeist um eine → Schallfolie, seltener um eine → Single oder → LP, die einem anderen Produkt (Zeitschrift, Buch, Waschmittel usw.) ohne Aufpreis beigelegt wird. Die Beigaben sind meist zeitlich und territorial begrenzt und genießen deshalb, in Abhängigkeit von der Auflage, erhöhten Sammlerwert.

FREMDSPANNUNGSABSTAND

Der Teil der Störspannung (→ Störabstand), bei dem das Verhältnis des Nutzspannungssignals zu der an der gleichen Stelle auftretenden Fremdspannung bewertet wird. Die Fremdspannung wird im gesamten Nutzfrequenzbereich (Audio: 20 bis 20000 Hz) unbewertet gemessen, d.h. die Messung erfolgt für alle Teilfrequenzen mit gleicher Empfindlichkeit. Bei → Abtastsystemen und Phonovorverstärkern wird der Fremdspannungsabstand u.a. durch wirkungsvolle Erdung (geerdeter Leiter) und eine magnetische Abschirmung erhöht.

FREQUENZ

Bezeichnet die Anzahl der Schwingungen pro Sekunde. Maßeinheit: Hertz (Hz).

FREQUENZGANG

Bezeichnet den Frequenzbereich, der von einem Übertragungs-, Aufzeichnungs- oder Speicherverfahren tatsächlich abgebildet wird. Für die Heimwiedergabe gilt bislang ein Frequenzbereich von 20 bis 20.000 Hz als ausreichend. Das quadrophone → CD-4 Verfahren benötigt einen erweiterten Frequenzgang bis 45.000 Hz.

FÜLLSCHRIFT

Bezeichnung der Telefunken-Decca (später Teldec) für die von ihr entwickelte Version des variablen → Rillenvorschubs.

FÜLLSCHRIFTVERFAHREN

Um 1943 veröffentlichte der deutsche Physiker Eduard Rhein erstmals ein theoretisches Modell zur variablen Steuerung des → Vorschubs. Nach Kriegsende unternahm Rhein, aber auch die Deutsche Grammophon Gesellschaft, erste praktische Versuche. Die DGG führte mit der → Variable Micrograde 78 ein Füllschriftverfahren ein, bei dem im Zuge einer weiten Auslenkung der Rille der Vorschub entsprechend erhöht wurde. D.h. eine große Amplitude erhält einen entsprechend großen Vorschub, wobei der weite Rillenabstand solange erhalten bleibt, bis die Stelle mit der größten Amplitude von der folgenden → Windung passiert ist. Rhein hingegen vergrößerte den Rillenabstand lediglich an den Stellen, wo es die Auslenkung erfordert und weicht mit der folgenden Windung den Maximalstellen der vorhergehenden Windung aus. D.h. bei leisen Musikstellen liegen die Windungen der Rille enger beieinander als bei lauten Stellen. Durch die Einführung des Magnetbandgeräts bei Aufnahme und Zuspiel konnte man erstmals ein definiertes Vorhörsignal erzeugen, das zur aktiven Steuerung des variablen Vorschubs eingesetzt wird (Teldec Füllschrift). Das Vorhörsignal ermöglicht gleichzeitig beim Schneiden der aktuellen Windung die Berechnung (Vorwegnahme) der nachfolgenden Windung. Indem nun beide Werte durch eine Steuer- und Regeleinrichtung miteinander in Bezug gebracht werden, man also bei kleinen Amplituden den Vorschub verringert und bei großen Amplituden erhöht, dies noch mit einer Verzahnung der benachbarten Rillen koppelt, läßt sich die Spielzeit einer Schallplattenseite deutlich steigern. Dieses variable Füllschriftverfahren (engl. margin control) wurde umgehend von allen Schallplattenfirmen aufgegriffen und anfänglich unter verschiedenen Markennamen als Qualitätsmerkmal ausgewiesen.

G

GALVANIK

Technisches Verfahren zur Herstellung von metallischen Abbildern. Die Galvanik nutzt die Elektrolyse – elektrische Aufspaltung einer chemischen Verbindung –, um einen leitfähigen Gegenstand (→ Aktivierung) mit einer dünnen Schicht aus Metall zu überziehen. Der galvanische Prozeß erfordert penible Sauberkeit, da eventuelle Verschmutzungen ebenfalls abgeformt werden. Alle Arbeitsgänge werden deshalb in nassem Zustand durchgeführt. Von der Reinigung der Aufzeichnungsfolie bis zum Trennen der einzelnen Galvanos voneinander werden Brausebäder mit aufbereitetem Wasser eingesetzt. Der galvanische Prozess findet in Nickelsulfatbädern statt, die im Sinne einer schnellen Abwicklung (< 1h) mit Stromdichten von ca. 40 A/dm^2 arbeiten. Während der Abscheidung rotieren die Galvanos als Kathode innerhalb des zwangsumgewälzten Elektrolyts. Dabei wird das Bad permanent gereinigt und gekühlt, um eine konstante Arbeitstemperatur zu gewährleisten. Besonders die Reinigung der elektrolytischen Lösung ist aufwendig und muß auch kleinste Partikel (um $1\mu m$) herausfiltern sowie selektive Spuren von Kupfer und Eisen aus dem Elektrolyt entfernen.

GALVANO

Korrekt als Galvanoplastik bezeichnetes Resultat einer auf galvanischem Wege erfolgten Abformung der → Aufnahmeplatte oder eines bereits hergestellten Galvanos. Jedes erzeugte Galvano muß eine definierte, durchgängige Dicke aufweisen, frei von Pickeln oder Poren sein und in seiner Härte den extremen Beanspruchungen während des Preßvorgangs genügen. Der anschließende Rückseitenschliff glättet die während der Abformung auf der Rückseite ausgebildete Rillenstruktur.

GALVANOABFOLGE

Beim Lackverfahren wird zur Vervielfältigung der Aufnahme zuerst die Urplatte → aktiviert und anschließend galvanisiert. Es entsteht ein negatives Abbild (→ Vater), von dem wiederum galvanisch ein neuerliches, positives Abbild (→ Mutter) geformt wird. Die Mutter muß erneut abgeformt werden, um ein negatives Abbild zu erhalten. Diese Abformung heißt → Sohn und kann als → Preßmatrize oder für weitere Umformungen verwendet werden. Zum Pressen

benötigt man immer ein negatives Abbild der Urplatte. In der Regel können innerhalb der galvanischen Umformung von jeder Metallfolie (Vater, Mutter, Sohn) maximal 10 Kopien erstellt werden. Setzt man für den Preßvorgang ein statistisches Mittel von ca. 1000 Schallplatten pro Matrize voraus, lassen sich von einer Mutter unter Beibehaltung der o.g. Abfolge maximal 100.000 Schallplatten (1 x 10 x 10 x 1000) fertigen. Beabsichtigt der Hersteller größere Auflagen, wird entweder ein zusätzlicher Umkopierungsprozeß (positiv-negativ) nach dem Sohn durchgeführt oder weitere → Originalaufzeichnungen hergestellt. Theoretisch könnte man auch schon den Vater als Pressmatrize verwenden. In der Praxis wird dies nur bei einer extrem kleinen und/oder hochwertigen Produktion passieren, da die zu erzielende Auflage höchstens 1000 Schallplatten beträgt und man bei einer frühzeitigen Zerstörung des Vaters eine neue Urplatte schneiden muß.
Anmerkung: Seriöse Hersteller wechseln tatsächlich nach ca. 1000 Preßvorgängen die Matrize aus, um eventuell entstehende Schäden und langwierige Reparaturen an der Preßform auszuschließen. Darüber hinaus kommt es auch immer wieder vor, deshalb ja das statistische Mittel von 1000, daß Preßmatrizen auch früher reißen.

GEFFEN RECORDS

Von David Geffen 1980, nach seinem Ausscheiden bei → Asylum, gegründete US-amerikanische Schallplattenfirma. Für das personalisierte Label nutzte Geffen langjährige enge Künstlerbeziehungen, übernahm einige Verträge von Asylum und konnte mit der Verpflichtung von John Lennon einen großen Triumph verzeichnen. Das Label bediente in den 80er Jahren clever das kulturelle Spektrum des weißen US-Mittelstands: vom intellektuellen Singer/Songwriter bis zum krachenden Hardrock-Act. Mit brillantem Spürsinn gelang es David Geffen dann Anfang der 90er Jahre, mit der Übernahme von Nirvana (vorher Sub Pop) bzw. Lizenzierung der Schallplatten von Beck (vorher Bong Load) Anschluß an die aktuelle Marktentwicklung zu finden. 1995 verkaufte Geffen seine Firma, um mit Spielberg und Katzenberg das multimedial ausgerichtete Film- und Verlagsimperium Dreamworks zu gründen. Zum Künstlerstamm gehör(t)en: Aerosmith, Asia, Eddie Brickell, Cher, Guns'n'Roses, Kitaro, Pat Metheny, Joni Mitchell, Ric Ocasek, Neil Young u.a.
Etiketten (USA): cremefarben (bis 1985); schwarz (ab 1985).

GEGENRESONATOR

Zumeist innerhalb des → Ausgleichgewichts angebrachte, schwingungsfähige Miniaturkonstruktion, die die → Tragarmresonanz aufnimmt und durch eine gegenphasige Schwingung weitgehend auslöscht. Dabei kann es sich um eine Konstruktion aus Feder und definierter Masse handeln, deren Schwingung genau auf die (zu erwartende) Tragarmresonanz abgestimmt ist. Andere Modelle benutzen schwingungsabsorbierende Materialien (Gummi, Sorbothan o.ä.) an der Verbindungsstelle zwischen Tragarm und Ausgleichgewicht. Ein gut bedämpfter Arm wird immer die Abbildungsgenauigkeit der Wiedergabe steigern.

GEHÄUSERESONANZ

Unerwünschte Resonanzen am → Abtastsystem, → Schallplattenspieler und anderen Anlagekomponenten. Gehäuseresonanzen werden von zahlreichen Entwicklern und Herstellern für einen schlechten Klang verantwortlich gemacht. Häufig verzichten sie dann gänzlich auf ein Gehäuse und stellen »nackte« Abtastsysteme (stripped) oder Schallplattenspieler her. Ein entsprechend freigelegtes Abtastsystem muß mit größter Sorgfalt behandelt werden, da alle Bauteile (→ Nadelträger, Spule, Magneten) komplett freiliegen. Offene Plattenspielerkonstruktionen verzichten auf den Möbelcharakter der traditionellen → Subchassis mit → Zarge und fügen sich in den Wohnraum nur bedingt ein. Unabhängig von den ästhetischen Ansprüchen und Vorlieben (Geschmack) des Käufers stellen offene Konstruktionen hinsichtlich ihrer Schmutzempfindlichkeit ein ernstzunehmendes Problem dar.

GEHÖR

Das Sinnesorgan zur Wahrnehmung und Verarbeitung von Schallwellen besteht aus dem Außen-, Mittel- und Innenohr. Im Außenohr wird der eintreffende Schall gebündelt, auf das Trommelfell gelenkt, über das Hebelsystem der Gehörknöchelchen im Takt der Schallbewegung gewandelt und verstärkt (ca. 60-fach). Die Nervenzellen im Innenohr sprechen auf die Schalldruckschwankungen an, ordnen die Frequenzen und leiten die Reize zur Weiterverarbeitung in das Großhirn (Hörbezirk). Die Laufzeiten- und Schalldruckunterschiede zwischen beiden Ohren werden im Gehirn in Zusammenhang mit der Erinnerung und anderen Mustern (→ Im-Kopf-Lokalisation) ausgewertet: Frequenz, Lautstärke, Lokalisation, Bewegung.

GEMA

Die »Gesellschaft für musikalische Aufführungs- und mechanische Vervielfältigungsrechte«, mit Sitz in Berlin und München, ist die einzige Musik-Verwertungsgesellschaft der BRD. Sie vertritt seit der deutschen Wiedervereinigung 1990, durch Übernahme der → AWA, auch die Verwertung von Autorenrechten und Tonaufnahmen aus der DDR-Zeit.

GEMEINSCHAFTSPRODUKTION

Häufig auch als Koproduktion bezeichnete Zusammenarbeit von zwei verschiedenen Schallplattenfirmen oder Rundfunkanstalten. Dabei werden zumeist die Kosten und die Vermarktungsbereiche aufgeteilt. Typische Beispiele sind die Produktion einer Schallplatte aus Rundfunkmitschnitten einer öffentlichen Veranstaltung (z.B. Rundfunktage) oder aus Tonaufzeichnungen einer Fernsehsendung oder Gala (Beat Club, San Remo, Ein Herz für Tiere etc.). In internationaler Zusammenarbeit entstehen immer wieder Produktionen, bei denen Exklusiv-Künstler verschiedener Firmen zusammentreffen, wobei dann zumeist eine Firma federführend für die Produktion verantwortlich ist und sich mit den anderen Firmen die Vermarktungsrechte teilt.

GENFER TONTRÄGERABKOMMEN

Internationales Vertragswerk zum Schutz der Rechte an der Vervielfältigung und Distribution von Tonträgern. Das 1971 in Genf geschlossene Abkommen (Convention for the protection of producers of phonograms against unauthorized duplication of their phonograms) verpflichtet die Unterzeichnernationen zur Einhaltung der Vereinbarungen auf ihrem jeweiligen Territorium und zur Unterbindung und strafrechtlichen Verfolgung von Tonträgerpiraterie. Darunter fallen die Herstellung und der Vertrieb aller → illegalen Tonträger (→ Bootlegging, → Fälschung, → Schwarzpressungen) ebenso, wie der illegale Import von lizensierten Tonträgern, deren Vertriebs- oder Produktionsrechte für den Binnenmarkt abweichend geregelt sind. Folgerichtig unterzeichneten in Genf nur Nationen den Vertrag, die über eine wirtschaftlich starke Tonträgerindustrie verfügen oder durch die multinationale Ausrichtung der Plattenkonzerne daran partizipieren. Insofern nicht Bündnisfragen und nationale Abhängigkeiten von Ländern der Dritten Welt ausgenutzt werden konnten, schoß das Abkommen ins Leere. Schon damals verweigerten so gewichtige Produktions- und Absatzländer wie die VR China und die UdSSR dem Vertragswerk vor allem aus kultur- und marktpolitischen Gründen ihre Zustimmung. Kritiker attestieren dem Genfer Tonträgerabkommen eine Bevorteilung der Interessen der großen, multinationalen Medienkonzerne. In der Folge wird also in zahlreichen »freien« Nationen unbekümmert raubkopiert, und ein Teil der Produktion fließt sogar in die sorgsam bewachten Märkte der westlichen Welt.

GERÄUSCH

Bezeichnung für ein Gemisch nicht periodischer Schwingungen unterschiedlicher Amplitude. Einfach gesagt: Musikinstrumente ohne eigene Grundtöne (Trommel, Becken, Triangel, Rassel usw.), Arbeitsgeräusche (Hämmern, Sägen, Bohren usw.), Störspannungen aller Art (Rumpeln, Knistern, Rauschen usw.). Ansonsten gilt: Musik wird oft als störend empfunden, weil mit Geräusch verbunden!

GERÄUSCHSPANNUNGSABSTAND

Der Teil der Störspannung (→ Störabstand), bei dem das Verhältnis der Nutzsignalspannung zu der an der gleichen Stelle auftretenden Geräuschspannung bewertet wird. Die Geräuschspannung besteht im Wesentlichen aus impulsartigen Stör- und Rauschspannungen und wird aufgrund ihrer subjektiv größeren Störwirkung vom Ohr besonders wahrgenommen. Bei der Messung des Geräuschspannungsabstandes wird mit einem entsprechenden Bewertungsfilter die menschliche Hörkurve berücksichtigt.

GESAMTAUFNAHME

Vor allem in Zusammenhang mit Werken aus dem Bereich der → E-Musik (Oper, Oratorium u.a.) benutzte Bezeichnung, um eine Tonaufzeichnung, die einen gesamten Kompositionszyklus oder eine zyklische Komposition umfasst, zu charakterisieren. Dabei ist es im Sinne der Tonaufnahme nicht zwingend, den vollständigen Ablauf einer theatralischen Aufführung, also inklusive von Auf- und Abgängen (ohne Gesangs- oder Musikanteil) wiederzugeben. So wird eine eingespielte Oper (schon) als Gesamtaufnahme bezeichnet, wenn sie über alle vom Komponisten und Libreisten geschaffenen Elemente verfügt, die für den Erhalt der geschlossenen Form notwendig sind. Obwohl man nun davon ausgehen könnte, daß das Werk, wenn schon einmal eine Gesamtaufnahme eingespielt wurde, komplett vorliegt erscheinen immer wieder → Neuaufnahmen, die das Werk in einer erweiterten oder erstmals vollständigen Form widerspiegeln. Hierbei spielen besonders neue Erkenntnisse der Musikforschung, sensationelle Notenfunde oder durch andere Komponisten vollendete Werkfragmente eine Rolle. Diese »erweiterten« Gesamtaufnahmen werden in der Regel schon aus Werbezwecken plakativ beworben.

GESAMTKATALOG

Zusammenfassung aller Einzelkataloge einer Schallplattenfirma. In periodischen Abständen (halb- oder ganzjährlich) werden kostenlose, umfangreiche Gesamtkataloge von den Firmen erarbeitet und in gedruckter Form veröffentlicht. Dabei unterscheidet die Branche zwei verschiedene Publikationsformen: als Arbeitsmittel den informell-sachlichen → Fachhandelskatalog und als Werbemittel den illustrierten → Kundenkatalog.

GESCHWINDIGKEITSSCHWANKUNG

Als Tonhöhenänderung auftretende Änderung der → Transportgeschwindigkeit während der Wiedergabe. Man unterscheidet kurzzeitig und langzeitig auftretende Geschwindigkeitsschwankungen (→ Gleichlaufschwankung). In der Praxis sind langzeitige Geschwindigkeitsschwankungen zumeist weniger auffällig als kurzzeitige Schwankungen.

GLEICHLAUFSCHWANKUNG

Bezeichnung für kurzzeitige, oft periodisch auftretende Änderungen der → Drehzahl. Gleichlaufschwankungen treten u.a. auf, wenn durch den Motor oder kraftübertragende Bauteile der Antrieb des Plattentellers in seiner Kontinuität stark beeinflußt wird und deutlich oberhalb der → Trägheit des Antriebssystems liegt. Am häufigsten entstehen wahrnehmbare Gleichlaufschwankungen durch nicht ausreichend zentrierte Schallplatten. Dabei sind ovale oder ausgeleierte → Mittellöcher relativ einfach als Fehlerquelle zu erkennen. Exzentrisch justierte Werkzeuge bei der Fertigung, beispielsweise eine falsch zurecht gestanzte oder verzogene → Matrize, führen mitunter zu extremen Maßverschiebungen. Schallplatten mit derartigen → Herstellungsfehlern verfügen zumeist nur über eine gute, problemlos abspielbare Seite. Zur einfachen Überprüfung des Schallplattenspielers auf bemerkenswerte Gleichlaufschwankung eignen sich besonders gut Schallplatten mit Klaviermusik. Insofern hier langanhaltende Anschläge der Saiten bei der Wiedergabe mit schwankendem Ausklingen (flattern oder jaulen) reproduziert werden, handelt es sich – vorausgesetzt, die Schallplatte liegt in ihren Fertigungstoleranzen innerhalb der Norm – um Gleichlaufschwankungen. Darüber hinaus existieren für den professionellen Einsatz spezielle → Meßschallplatten, die in Verbindung mit entsprechenden Meßgeräten eine exakte Messung ermöglichen. Mitunter verfügen aber auch kombinierte Meßschallplatten für den Heimeinsatz über entsprechend ausgeführte Teilabschnitte.

GLEICHSTROMMOTOR

Im Gegensatz zu Wechselstrommotoren (→ Synchron- und → Asynchronmotor) wird beim Gleichstrommotor das nötige Magnetfeld durch ringförmig angeordnete Dauermagneten im Strator erzeugt. Um den Motor in Bewegung zu setzen, müssen die Spulen des Rotors durch eine gedrehte Spannung – im Verhältnis zur Umdrehungsgeschwindigkeit – versorgt werden. Der verbesserte, bürstenlose Gleichstrommotor (→ Hallmotor) wird durch magnetempfindliche Halbleiterelemente gesteuert. Zu den Vorteilen des Synchronmotors zählen ein kraftvoller Antrieb, kurze Anlaufzeiten und relativ geringe Abmessungen. Durch die Lastabhängigkeit des Verfahrens benötigt man eine elektrische Regelung, um die zur Schallplattenwiedergabe benötigten Gleichlaufwerte einzuhalten.

GOLDENE SCHALLPLATTE

Von der Tonträgerindustrie vergebene Auszeichnung zur Würdigung außergewöhnlich hoher Verkaufszahlen. Dabei wird dem Künstler, dem Produzenten, der Plattenfirma, und je nach Land auch dem Tonmeister, dem Manager usw. ein vergoldetes Exemplar der entsprechenden Schallplatte überreicht. Die Goldene Schallplatte ist der am häufigsten vergebene → Schallplattenpreis mit der größten Suggestivwirkung auf Handel und Endkunden. Neben der Goldenen Schallplatte werden auch silberne und für besonders umsatzstarke Produkte platinierte Exemplare überreicht. Die Bemessungsgrundlage zur Vergabe von Goldenen Schallplatten wird u.a. von der Größe des zugrundeliegenden Absatzmarktes abhängig gemacht (z.B. BRD = 250.000 LPs, 500.000 Singles, Platin bei doppelter Menge). Dabei dient der Abverkauf an den Handel (und nicht an den Endkunden) als Bemessungsgrundlage – wie sollte man das ansonsten auch statistisch objektiv erfassen. Vor allem in den USA führte diese Praxis immer wieder zu enormen (stimulierten) Vorabverkäufen, der dann fälligen Zertifizierung des Tonträgers (Gold, Platin usw.) und einer anschließenden umfassenden Retournierung der praktisch nicht verkäuflichen Ware.
Anmerkung: Unter Sammlern werden auch immer wieder »echte« Goldene Schallplatten zu horrenden Preisen angeboten, von denen jedoch viele Kopien

sind. Auch diese Duplikate sind in einen repräsentativen Rahmen eingespannt, weisen die gravierten goldenen Tafeln auf, besitzen ein Echtheitszertifikat und neuerdings auch die angeblich fälschungssicheren Hologramme. Wer auf Nummer sicher gehen will, sollte unbedingt einen Quellennachweis der Pretiose verlangen.

GOLDMINE

1986 gegründete US-amerikanische Sammlerzeitschrift, die über einen umfangreichen redaktionellen Teil und unzählige Privatanzeigen verfügt. Der journalistische Schwerpunkt liegt in der Aufarbeitung der einheimischen Vinyl-Landschaft und wird durch exzellente Künstler-Diskographien (USA) ergänzt. Die Bestandsaufnahme Vinyl wird permanent fortgesetzt und die unregelmäßig erscheinenden Sammler-Kataloge wachsen von Ausgabe zu Ausgabe. Goldmine bietet das mit Abstand umfangreichste Angebot an weiterführenden Spezialkatalogen (Promos, Christmas Records, Singles, Rock & Roll, Doo Wop, Classic Rock, Classic Jazz, Country, Jukebox-Singles, Alternative Records, Country & Western, Celebrity Vocals usw.). In den USA ist Goldmine eine Institution, deren Preisempfehlungen von Sammlern und Händlern meist akzeptiert werden.

GOLDRING

Traditionsreicher britischer Hersteller für Abtastsysteme, der auch heute noch mit einem akzeptablen Programm in (fast) allen Preis- und Qualitätsklassen präsent ist, obwohl er die Eigenproduktion weitgehend durch ein straff organisiertes Zulieferprogramm ersetzt hat. Am unteren Ende der Preisskala steht die 1000er Baureihe (MM) mit wechselbarem Nadelträger, die ein Aufrüsten innerhalb der Klasse ermöglicht (1009; 1022 mit Gyger II; 1025 mit Gyger-1). Das MC-Programm umfaßt: Elite GX (Vital)Eroica (Vital); Eroica LX (Vital-PA); Excel (Gyger-1); Excel GS (Gyger-S) und überarbeitete Version Excel GX (Super Vital).

GOOD (G)

Mittlere oder niedrige Güteklasse innerhalb des → Graduierungssystems (→ Second Hand). USA: Güteklasse 5 (Wert 10 %). Good meint nicht schlecht (bad). Platte kann ohne Springen des Abtastsystems gespielt werden und weist auffällige Störgeräusche auf (u.a. Rillenrauschen). Das Cover ist aufgerissen, speziell oben und unten. Klebestreifen, Ringflecken (→ ring wear) und Krakeleien sind normal. Als good plus (g+) mit 15 % bewertet. UK: Güteklasse 4 (Wert 40 %). Platte wurde häufig gespielt und weist hörbare, leichte Störgeräusche (Kratzer, Knack) sowie erhöhtes Rillenrauschen auf. Das Cover weist Abnutzungserscheinungen, Risse, Farbflecken, geknickte Ecken usw. auf. BRD: Güteklasse 3 (Wert 50 %). Platte ist wiederholt gespielt, weist hörbare Störgeräusche (Kratzer, Knack) und erhöhtes Rillenrauschen auf. Dennoch gut abspielbar und kaufenswert. Das Cover weist deutliche Abnutzungserscheinungen, kleine Risse, Farbflecken usw. auf.

GRADING

→ Graduierungssystem

GRADO

US-amerikanischer Hersteller für Tonabnehmersysteme und Kopfhörer. Der von Joseph Grado gegründete Familienbetrieb bietet seit den 50er Jahren eine breite Palette an Abtastsystemen, die permanent weiterentwickelt werden. Das untere Preissegment bedient die »Farb-Baureihe« mit den Systemen Silver, Black, Gold, Green und Red. Typisch für Grado sind Abtastsysteme nach dem → Moving Iron-Prinzip (MI), die bei hochwertigen Systemen mit Boron-Nadelträgern, Holzgehäusen und einem eigenen Nadelschliff (elliptisch) aufgewertet werden. Hochpreismodelle: Platinum, Signature, Master, Reference, Reference II, Statement (mit Goldspulen). In den 80er Jahren produzierte Grado auch einen Tragarm namens »Signature«. Darüber hinaus fertigt man auch eigene Kopfhörer.

GRADUIERUNGSSYSTEM

Zur Kennzeichnung des Zustands von Schallplatte und Cover werden national unterschiedliche Auszeichnungssysteme angewendet. Dabei ist der Aufbau des Systems immer gleich, nur die verwendeten Prädikate und die ihnen zugrundeliegenden Kriterien variieren. Für die drei wichtigsten Sammlermärkte haben die dort jeweils führenden Sammlermagazine (USA: → Goldmine, UK: → Record Collector, BRD: → Oldie Markt) in langjähriger Kleinarbeit das jeweilige Graduierungssystem bekannt gemacht und für eine möglichst konsequente Einhaltung gesorgt. In der Regel kann man davon ausgehen, daß ein Käufer oder Verkäufer sich des jeweiligen Landescodes bedient. Jedes Graduierungssystem legt für den Zustand von Schallplatte und Cover verbindliche Ansprüche und Maßstäbe fest.Teilweise wird auch die Vollständigkeit der eventuellen Beilagen berücksichtigt. Eine Deckungsgleichheit zum vorgeschriebenen oder empfohlenen Raster hängt u.a. von eigenen Erfahrungen und Ansprüchen ab. Ein versierter Betrachter wird eine Platte nicht unnötig aufwerten oder besser beschreiben als sie tatsächlich ist. In der Regel geschieht das immer in dem Moment, wenn der Verkäufer den eigentlichen Wert der Scheibe überschätzt oder sich zu sklavisch an entsprechende Preiskataloge hält. Die Praxis zeigt, daß eine Schallplatte mit hohem ideellen Sammlerwert, die sachlich graduiert wurde (z.B. mit very good), auch einen kräftigeren Abgabepreis verträgt. Was wirklich rar ist, bleibt (relativ) teuer! Jede einzelne Graduierungsstufe besitzt einen empfohlenen Wertanteil gegenüber dem als Maximum festgelegten Mint-Zustand (100 %). Zur besseren Differenzierung sind unter diesem Stichwort nur die drei großen Märkte und ihre verwendeten Einzelprädikate aufgeführt. Das Vinyl-Lexikon listet jedes genannte Prädikat an entsprechender Stelle einzeln auf und vergleicht dort die unterschiedlichen Bewertungen miteinander. USA (6 Stufen): → mint (m), → near mint (nm), → very good plus (vg+), → very good (vg), → good (g), → poor (p) oder → fair (f). UK (7 Stufen): → mint (m), → excellent (ex), → very good (vg), → fair (f), → poor (p), → bad (b). BRD (5 Stufen): → mint (m), → very good (vg), → good (g), → worn (w), → fair (f). Anmerkung: Wie schwierig es ist, sich eine absolut ehrliche Haltung gegenüber den »geliebten« Scheiben zu erarbeiten, zeigt u.a. das angewendete Prädikat fair. Im Englischen meint fair im Sinne einer schulischen Bewertung ausreichend. Nun kann man aber eine total zerschossene oder zerbrochene Platte wirklich nicht mit ausreichend beschreiben. Aber es werden, insofern eine ausreichende Nachfrage herrscht, regelmäßig auch solche Exemplare angeboten.

GRAHAM

Vom US-amerikanischen Entwickler Robert (Bob) Graham konstruierter einpunktgelagerter Tragarm (1.5 T) mit auf Höhe des Lagers angebrachten, stabilisierenden Seitengewichten. Das Tragarmlager befindet sich konsequenterweise auch auf Höhe des Abtastniveaus. Der Arm verfügt über eine reproduzierbare Höhenverstellung (VTA) mit skaliertem Rändelrad und ein abnehmbares, zweimanteliges Armrohr. 1994 stellte Graham ein neues leichtes, verwindungssteifes Keramikrohr vor und überführte die Konstruktion nach einigen Detailverbesserungen wenig später zur Version 2.0.

GRAMMOPHON

Mechanisch-akustisches Abspielgerät mit Schalldose zur Wiedergabe von industriell gefertigten, vorbespielten → Normalspielplatten. Das Grammophon (engl. Gramophone) ist innerhalb des von Emile Berliner (1851-1929), einem gebürtigen Deutschen (Hannover), entwickelten Systems zur Aufnahme, Vervielfältigung und Wiedergabe von Tonaufzeichnungen das entscheidende Bindeglied. Anders als Edison, der mit seiner universellen Aufnahme- und Wiedergabemaschine den Arbeitsalltag (Diktiergerät) erleichtern wollte, plante Berliner die Duplizierung einer Aufnahme, um sie anschließend in hundert oder gar tausend Exemplaren zu verkaufen. Natürlich hatte bereits Edison mit vorbespielten → Walzen operiert, aber damit bislang wenig Erfolg beim Kunden gehabt. Die Spielzeit (max. 2 min.) und die Klangqualität waren zu gering, der Tonträger teuer und recht anfällig. Berliner überdachte alle Einzelaspekte der Tonspeicherung und Fertigungstechnologie und schuf so Standards für mehr als 40 Jahre. Die Arbeiten an dem neuen System begannen 1884. Innerhalb von vier Jahren konnte Berliner aus zahlreichen Einzelerfindungen ein komplettes System zusammenstellen. Das 1888 am Franklin Institute erstmals vorgestellte Grammophon und die Zinkplatte wiesen bereits alle wichtigen Eckdaten auf (12 cm Durchmesser, 150 UpM, Seitenschrift). In späteren Jahren wurde das System entscheidend verbessert: ab 1895 Verwendung von Hartgummi als Werkstoff; 1896 ein Federwerksmotor als Antrieb; 1897 mit größerem Durchmesser (17,5 cm) und erstmals in Schellack gepreßt; um 1900 mit 25 cm Durchmesser; 1902 Wachsaufnahmeverfahren; ab 1903 Berliner Schallplatten auch 30 cm Durchmesser mit fünf Minuten Spielzeit. Mittels galvanischer Abformung einer in Wachs (beschichtete Zinkblechscheibe) geschnittenen Tonaufzeichnung, der Verwendung eines Negativs zum Pressen in Schellack, entstand eine ebenfalls positive Schallplatte. Das Verfahren war relativ kostengünstig, die Rohstoffe preiswert und das Vervielfältigen (Pressen) ging in Windeseile (6 min.). Bei der langjährigen Ausarbeitung seines Systems kam Berliner mehrfach mit anderen, bestehenden Patenten in Kollision und konnte sich in den USA und Kanada nicht auf Dauer gegen die (fast) ausgereiften und nunmehr sehr erfolgreichen → Walzen von Edison durchsetzen. Schon 1889 reiste Berliner in seine alte Heimat und stellte auf zahlreichen Demonstrationsvorträgen sein System vor. Einige langjährige Mitarbeiter gingen 1897 nach Großbritannien und gründeten im Folgejahr in London die Gramophone Company (→ EMI). In der Telefonfabrik von Bruder Joseph Berliner entstand gleichzeitig das erste europäische Presswerk (→ Deutsche Grammophon). Die historische Bedeutung des von Emile Berliner eingeführten Systems kann nicht hoch genug eingeschätzt werden. Berliner löste in mehreren Etappen die kritischen Punkte hinsichtlich Aufnahme, Vervielfältigung sowie Handhabbarkeit und begründete die großindustrielle Produktion von Tonträgern. Der Siegeszug, der die Schallplatte nach 1903, unterstützt von zahllosen hastig gegründeten Schallplattenfirmen, um die Welt trug, war nicht mehr aufzuhalten. Emile Berliner begriff frühzeitig die ungeheure kommerzielle Kraft, die in einer (musikalischen) Tonaufzeichnung liegt. Indem er auf den passiven Charakter einer Heimwiedergabe vertraute, den Wunsch der Massen nach einer erschwinglichen, adäquaten Wiedergabe beliebter Melodien und bekannter Stimmen vorwegnahm, schuf Berliner einen gigantischen Absatzmarkt.

GRAMMY

Jährlicher US-amerikanischer → Schallplattenpreis, der für unzählige Kategorien durch ein Nominierungsverfahren und von einer Jury ermittelt wird.

GRAPHOPHON

In den Bell-Laboratoires um 1885/86 mechanisch verbesserter → Phonograph, der außerdem anstelle der Zinkfolien-Walze eine neuartige Wachs-Walze verwendete. Die historische Leistung dieser von Charles Sumner Tainter (1854 – 1940) entwickelten Aufzeichnungs- und Wiedergabemaschine liegt vor allem in der Einführung des gut formbaren Wachses als Trägermaterial. Hier stellt Tainter alle Weichen für die Zukunft der Branche. Emil Berliner übernahm das Material kurz darauf bei der Entwicklung der flachen Schallplatte und des → Grammophons. Andererseits läuteten Bell und Tainter mit ihrer Erfindung und der Härte früher Industriepioniere einen weltumspannenden Format- und Systemstreit ein. Die sechs grundlegenden Patente wurden schon 1886 für 200.000 $ veräußert. Tainter gründete später ein eigenes Labor in Washington.

GRATEFUL DEAD RECORDS

Kurzlebiges, unabhängiges → Künstler-Schallplattenlabel, von der amerikanischen Musikerkommune Grateful Dead gegründet. Auf Grateful Dead Records erschienen von 1973 – 76 die eigenproduzierten Schallplatten der Band. Das eigene Sub-Label Round Records rundete das Programm mit der Veröffentlichung von Soloalben der Bandmitglieder ab. Herstellung und Vertrieb erfolgten 1973/74 durch → Warner Bros., danach durch → United Artists (1975/76).

GRENZFREQUENZ

Höchste, abtastbare → Frequenz (auch Grenzwellenfrequenz genannt) einer Nadeltonaufzeichnung. Während der → Abtastung kommt es zu einer kugelschalenähnlichen Verformung des Schallplattenmaterials. Die → Abtastnadel läuft dabei in Abhängigkeit der Elastizität des → Vinyls, der gewählten → Auflagekraft und des → Nadelschliffs in einer mehr oder weniger stark von der ursprünglich geschnittenen und vervielfältigten, abweichenden → Rillenform. Es kommt praktisch zu einer – ähnlich einem Weichzeichnerfilter in der Fotografie – »Unschärfe« der Rilleninformation. Je nach o.g. Voraussetzungen beginnt ab einem bestimmten Wert die Übereinstimmung von Nadelgeometrie und Rillenform. Genau an diesem Punkt verliert die Nadel ihre Fähigkeit, auch kleinsten Auslenkungen der Rille zu folgen. Mit abnehmenden Abtastradien werden auch die Auslenkungen hoher Frequenzen immer kleiner, was zusätzlich zu einer Verringerung der Auflösung führt. Bei modernen Abtastsystemen liegt die obere Grenzfrequenz zumeist weit oberhalb 20 kHz. Für das → CD-4-Verfahren werden Abtastsysteme mit entsprechenden Nadelschliffen benötigt, deren obere Grenzfrequenz deutlich über 40 kHz liegt.

GRENZWELLENLÄNGE

→ Grenzfrequenz

GRUNDGERÄUSCH

Die Rille erzeugt durch ihre eigene Oberfläche – unabhängig vom modulierten Signal – ein leises Geräusch bei der Wiedergabe. Das Grundgeräusch ist abhängig von der geschnittenen und vervielfältigten Rille. Beim → Umschnitt versucht man, die Rillenoberfläche mit einer Schneidstichelheizung (Heizwicklung) und facettierten Schneidstichelkanten besonders glatt zu schneiden und so das Grundgeräusch schon bei Entstehung der Rille zu senken. Die → Lackfolie bestimmt mit der Qualität und Homogenität des Acetatlacks die maximal zu erreichende Ruhe. D.h. ein minderwertiger Lack wird das Grundgeräusch der Rille trotz Stichelheizung steigern. Der zweite entscheidende Faktor für das Rillengrundgeräusch liegt in der verwendeten → Preßmasse. Im Laufe der Entwicklung wurden die verwendeten Preßmassen hinsichtlich ihrer Eigenstruktur und Verarbeitungseigenschaften permanent weiterentwickelt. Moderne Werkstoffe sind in der Regel überaus homogen und lassen sich sehr gut ausformen. Da die Anlieferung der Preßmasse als Granulat oder in Pulverform stattfindet, muß der Werkstoff im Extruder vorplastifiziert werden. Hier entscheidet sich die letztlich zu erzielende Homogenität des ausgepressten Materials. Kommt es innerhalb des mehrstufigen Herstellungsprozesses zur Anreihung verschiedener Fehler, leidet die Wiedergabequalität der Schallplatte beträchtlich. Das Abspiel wird dann von einem gut vernehmbaren, breitfrequenten Rauschteppich begleitet. Darüber hinaus entscheiden der eingesetzte → Nadelschliff, der aktuelle Abschliffzustand der Nadel und die Justierung des Abtastsystems über ein weiteres Ansteigen des Grundgeräuschs. Anmerkung: Das Rillengrundgeräusch läßt sich auch nicht durch eine → Reinigung der Schallplatte beseitigen.

GRUNT RECORDS

Unabhängiges → Künstler-Schallplattenlabel, 1971 vom Musikerkollektiv der Jefferson Airplane gegründet. Auf Grunt Records erschienen die Aufnahmen der Band, später auch die Alben des Nachfolgeprojekts Jefferson Starship, sowie die zahlreichen Soloalben der einzelnen Bandmitglieder. Herstellung und Vertrieb der Schallplatten erfolgte durch → RCA.

H

HALBAUTOMAT

Schallplattenspieler mit automatischer → Endabschaltung (Motorstop) bei Erreichen der → Auslaufrille und gleichzeitiger Anhebung sowie Rückführung des → Tragarms in die Ausgangsposition.

HALBZOLL-BEFESTIGUNG (1/2")

International genormter Achsabstand (12,7 ± 0,5 mm) zwischen den beiden Befestigungsschrauben eines → Abtastsystems. Mit der Halbzoll-Bsefestigung garantieren Hersteller von Abtastsystemen und → Tragarmen/Tonköpfen eine weitestgehende Kompatibilität untereinander. Im Gegensatz zu streng genormten Einsteckbauformen (→ T4P), bei denen das Austauschsystem einfach eingesteckt wird und keine weitere → Justierung erfordert, müssen beim Systemwechsel von Halbzoll-Abtastern alle grundlegenden Werte (→ Azimut, → Spurfehlwinkel, Überhang) überprüft und entsprechend eingerichtet werden. In der Praxis treten immer dann Einbauprobleme auf, wenn das Systemgehäuse oder die Kontaktstifte deutlich tiefer als vorgesehen in den Tonkopf reichen oder der Tragarm über keine Vertikalverstellung zum Ausgleich der Systembauhöhe verfügt. Deshalb schreibt die IEC in ihren Normungsunterlagen (→ IEC Publikation 98, auch DIN) für alle relevanten Abmaße (Gesamthöhe samt Nadelträger, Breite, Bautiefe, Abstand der Abtastnadel zur Schraubenachse) Maximalwerte vor, die aber in der Praxis zumeist konstruktionsbedingt nicht eingehalten werden.

HALF-SPEED-RECORDING

Technisches Verfahren, bei dem während der → Originalaufzeichnung Zuspieleinrichtung (Magnetband) und Schneidapparatur mit halbierter Geschwindigkeit betrieben werden. Durch die herabgesetzte Geschwindigkeit halbieren sich alle Tonhöhen des Urbandes auf ihre Hälfte. Das ermöglicht eine bessere Modulation der äußerst sensiblen Aufzeichnung hoher Töne. Andererseits verlagern sich aber auch die tiefen Töne so weit nach unten, daß sie sich dem Resonanzpunkt des → Schreibers nähern. Die logarithmische → Schneidkennlinie benötigt dabei eine korrigierte Einstellung (Schneidkennlinie, Halfspeed), die durch entsprechende Einschubmodule (RC-Glieder) oder Equalizer angepaßt wird. Parallel dazu steigt die notwendige Leistung des → Schneidverstärkers für die Ansteuerung des → Schneidstichels. Das Verfahren nutzt die bei Magnetbandmaschinen üblichen halbierten Wiedergabegeschwindigkeiten im Verbund mit der bei vielen Schneidapparaturen integrierten Aufzeichnungsgeschwindigkeit von 16 2/3 (Nanorille). Schon in den 60er Jahren nutzte die britische → Decca das Half-Speed-Verfahren, um bei ihren Klassikschallplatten (SXL-Serie u.a.) die Verzerrungsarmut in den Hochtonpassagen zu verbessern. Vor Einführung der mit Helium gekühlten Schneidköpfe durch Neumann (1967) stellte der Frequenzbereich oberhalb 14 kHz aufgrund einer überdurchschnittlichen Erhitzung der Apparatur ein äußerst heikles Unterfangen dar. Ende der 70er Jahre reanimierten audiophile Kleinfirmen wie → MFSL das Verfahren und knüpften es mit einem geschickten Marketing an ihren Erfolg. Innerhalb der großindustriellen Tonträgerherstellung verzichtete man zu dieser Zeit aus ökonomischen Gründen (Zeit ist Geld!) auf das Verfahren. Columbia/CBS versuchte Anfang der 80er Jahre eher glücklos, mit einer breitangelegten → Staffel von Halfspeed-Ausgaben ihrer Bestseller an den Erfolg von MFSL anzuknüpfen. Die Versuche von → A&M (Kanada) und Cube/Teldec (BRD), sich mit Halfspeed-Pressungen bei Audiophilen durchzusetzen, scheiterten ebenfalls. Obwohl alle diese Pressungen Verbesserungen gegenüber den Großserienprodukten des jeweiligen Produzenten darstellten, konnten sie das einmal verlorene Image nicht geraderücken. Bis heute beherrschen kleine, spezialisierte Anbieter die Domäne audiophiler Pressungen (→ Alto, → Classic Records, → Simply Vinyl, → Speakers Corner), deren Nachauflagen jedoch wieder in Echtzeit geschnitten werden und dabei auf verbesserte Equalisation sowie möglichst verlustfreien Signaltransfer setzen.

HALF-SPEED-SCHALLPLATTEN

→ Half-Speed-Recording

HALLMARK RECORDS

Sublabel der britischen Schallplattenfirma Pickwick International, das sich vor allem auf Nachauflagen bekannter Alben im Niedrigpreis-Segment und Herausgabe publikumswirksamer → Sammelprogramme spezialisiert hat.

HALLMOTOR

Ein kollektorloser Gleichstrommotor, bei dem die mechanischen Kommutatoren (Bürsten, Kollektoren) durch elektrische Bauteile ersetzt werden. Die Vorteile liegen auf der Hand. Durch den Wegfall der Kollektoren vermeidet man Verschleiß und Verschmutzung, Rotorengeräusche und eventuelle Hochfrequenzstörungen (Funkenbildung). Die magnetfeldempfindlichen Halbleiterbauelemente, Hallgeneratoren oder Hallsonden genannt, erfassen die Stellung des Rotors aus der Lage des Magnetfeldes heraus und regeln, durch im Gegentakt arbeitende Transistoren, die Spannungsversorgung der Spulen auf dem Rotor. Indem diesen Spulen nacheinander Strom zugeteilt wird, entsteht eine im Verhältnis stehende, gleichmäßige Durchflutung des Strators. Das so gebildete Feld steht senkrecht zum Rotor und ist damit unabhängig von der Winkelstellung zwischen Strator und Rotor. Die vom Rotor in den Hallgeneratoren erregte Wechselspannung wird durch Dioden gleichgerichtet. Ein dazugehöriger Transistor schaltet die entsprechende Diode immer dann, wenn die Spule eine Spannung abgibt, aber nicht erhält. Dadurch entsteht ein laufender Schaltzyklus durch alle Kollektorenelemente hindurch, und die Motordrehzahl verhält sich direkt proportional zur anliegenden Spannung. Da sich die Drehzahl in Abhängigkeit von der Last ändert, benutzt man eine → elektronische Drehzahlregelung. Für den Einsatz in Schallplattenspielern werden vorrangig → Impuls-Servomotoren verwendet.

HARVEST

Von der britischen Schallplattenfirma → EMI im Jahr 1969 gegründetes Spezial-Label zur Produktion und Vermarktung progressiver Rockmusik. Harvest konnte sich als erstes derartiges Sublabel eines → Majors in der ansonsten von unabhängigen Schallplattenfirmen dominierten Szene behaupten. Zu den erfolgreichsten Interpreten gehörten u.a. Barclay James Harvest, Kevin Ayers, Electric Light Orchestra, Roy Harper und Pink Floyd. Nach 1976 brach der künstlerische Erfolg des Labels zunehmend ab. Die beiden wichtigsten kontinental-europäischen Absatzmäkte (BRD und Frankreich) veröffentlichten unter der Marke auch eigenständige deutsche bzw. französische Rock-Produktionen mit ähnlichem Charakter.

HAUPTCHASSIS

Schallplattenspieler, deren Chassis zweiteilig konstruiert ist, besitzen ein Haupt- und → Subchassis. Letzteres wird unterhalb des Hauptchassis eingehangen und mittels Blatt- oder Kegelfedern, mitunter auch Gummipuffern, entkoppelt. Das Hauptchassis ist mit der → Zarge verbunden und trägt je nach Konstruktion auch ausgelagerte Bedienelemente (Ein/Aus, Drehzahlwahl, Pitchregler, Tragarmlift usw.).

HEADSHELL

→ Tonkopf

HEIMTONGERÄT

Sammel- und Abgrenzungsbezeichnung (gegenüber professioneller Tonstudiotechnik) für alle zur Heimwiedergabe notwendigen (elektro)akustischen Geräte. Dabei geht man, historisch gewachsen, von dem zur Wiedergabe notwendigen Wandler-Verstärker-Wandler-Konzept aus. Dazu zählen Abspielgeräte, Voll- und Verstärkerkombinationen, Lautsprecher, aber auch ergänzende Geräte (Equalizer, Kompander, Decoder usw.). Die Bezeichnung ist insofern unscharf, da sie z.B. Tonabnehmer, obwohl sie Wandler und zur Wiedergabe von Schallplatten unverzichtbar sind, in den Zubehörbereich ordnet.

HELIUM-KÜHLUNG

Von → Neumann erstmals bei Vorstellung des → Schreibers SX 68 (1968) eingesetzte interne Kühlung des Schneidkopfs mit flüssigem Helium (externe Druckflasche). Helium leitet die beim Schneiden entstehende Wärmeenergie der Schwingspulen deutlich besser ab als Luft und schützt so den Schreiber vor einer thermischen Überlastung. Die Schwingspulen des Schreibers werden vor allem bei lauten Pegeln der Frequenzenden (< 300 Hz, > 10 kHz) übermäßig belastet. Bis zur Einführung der Heliumkühlung behalf man sich durch reduzierte Aufzeichnungspegel oder ein Beschneiden/Absenken der Frequenzenden.

HERSTELLUNGSFEHLER

Im Rahmen des komplizierten, mehrteiligen Herstellungsprozesses der Schallplatte kommt es immer wieder zu herstellungstechnisch verursachten Fehlern. Ein seriöses Produktionsmanagement und eine zuverlässige Qualitätskontrolle in allen Arbeitsetappen können die wesentlichsten Fehler verhindern oder entsprechend beheben. Klassische Herstellungsfehler sind: Seitenschlag, Dickendifferenzen, Höhenschlag, Unebenheiten, Lochgrat, Lochdeformation, Blasen, Trichter, Porosität, Schrammen, Schlieren, Mehrfachetiketten, gerissene Etiketten, exzentrische Etiketten und alle durch Matrizenschäden übertragenen Informationsverluste oder Flankenschäden.

HIFI

Abkürzung für → High Fidelity.

HIGH COM

Von Telefunken für den Heimstudiobereich entwickeltes Rauschunterdrückungsverfahren (high-fidelity compander), das Erkenntnisse aus dem professionellen »telcom c4«-Verfahren nutzte, jedoch als Breitbandverfahren mit zusätzlicher Frequenzabsenkung der Höhen ausgeführt wurde. Konnte sich trotz hoher Praxistauglichkeit und sehr viel besserer Meßdaten (Rauschminderung ca. 20 dB) und Systemkompatibilität zu Dolby B nie gegen dieses durchsetzen. Die Weiterentwicklung High Com II, mit zweigeteilten Einsatzfrequenzen, war ebenfalls nicht erfolgreich. Neben dem integrierten Einsatz in Kassettenrecordern aus dem Hause Telefunken gab es den Kompander auch zum Nachrüsten als externes Gerät. Er verschwand Anfang der 80er Jahre vom Markt.

HIGH FIDELITY

Ein in den 30er Jahren in den USA geprägter Begriff für eine hohe Wiedergabequalität bei der Heimwiedergabe von Tonaufzeichnungen. Die Einführung der elektrischen Tonaufnahme (1925) und die Vorstellung von elektrischen Verstärkerbauteilen ermöglichten erste Schritte zu einer dramatisch verbesserten Heimwiedergabe. In einer Zeit, als das Basteln von Radios und Verstärkern noch üblich war und zum guten Ton gehörte, benutzten fortgeschrittene Bastler und Ton-Amateure anfänglich den Begriff, um die Qualität ihrer Geräte zu beschreiben. Schon damals verfügten aufwendige Eigenbau-Konstruktionen über separierte Vor- und Endverstärker, ausgelagerte Zuspielgeräte (Radio/ Phono) und separate Lautsprecher. Obwohl die Geräteindustrie den Kettengedanken aus Gründen der Wohnraumgestaltung nicht aufgriff und weiterhin Phonotruhen und Radioschränke produzierte, verbesserte sie dennoch, im Wettbewerb mit den Amateurkonstruktionen stehend, zunehmend die Wiedergabequalität ihrer Geräte. Darüber hinaus griff man das Prädikat auf und formte »High Fidelity« zu einem überaus werbewirksamen Slogan. In den 60er Jahren setzte seitens der Geräteindustrie ein Wettkampf um die besten Meßdaten ein. Es entstand die DIN 45 500 (HiFi), die das untere Ende der high fidelen Grundanforderungen festlegte und in Folge von praktisch allen neukonstruierten Geräten übertroffen wurde. In der heutigen Zeit liegen praktisch alle produzierten Geräte mit ihren Meßdaten weit oberhalb der Norm, und auch die HiFi-Presse hat sich vom meßtechnisch orientierten Analysten zum blumig-prosaischen Marketingspezialisten gemausert.

HINTERSCHLIFFWINKEL

→ Rückwinkel

HIP-POCKET RECORDS

Bezeichnung (amerikan.) für extra kleine Schallplatten im Taschenformat. Für diese Spielart existiert keine, weder nach Abmaßen noch Drehzahl, einheitliche Norm. In den 60/70er Jahren wurden diese Schallplatten u.a. als Kinderspielzeug in Verbindung mit entsprechenden Abspielgeräten (u.a. Matell) angeboten. Darüber hinaus kamen miniaturisierte Schallplatten auch in Lexika als klingende Stichwörter zum Einsatz. Das zur Wiedergabe benötigte Gerät war dabei Bestandteil des mehrbändigen Werkes.

HIS MASTER'S VOICE

Sublabel der britischen → EMI. Mit der gelungenen Verknüpfung von Slogan und Bildmarke (→ Nipper) gilt es als auffälligste und bekannteste Schallplattenmarke der Welt.

HISTORISCHE AUFNAHME

Bislang wurden vor allem Tonaufnahmen aus der akustischen und elektrischen Schellack-Ära, sowie frühe, monophone Magnetbandaufzeichnungen bei Neuausgaben als historische Aufnahmen gekennzeichnet. Hierfür bewertet die Phonoindustrie eigentlich nur die historisch überholten, technischen Aufnahmeparameter wie Frequenzgang, Dynamik und Kanaltrennung. Wo Publizisten und Kritiker den Terminus sehr gern im erweiterten, kunstgeschichtlichen Zusammenhang zur Hervorhebung einer historisch bedeutenden Tonaufnahme verwenden, nutzt die Industrie den Begriff zur Kennzeichnung eines nicht highfidelen Klangbildes. Da für eine Schallplattenfirma der Backkatalog eine ungeheure Profitquelle darstellt und sie über das Tagesgeschäft hinaus absichert, mühen sich seit Generationen Techniker, das »alte« Material in immer neuer Form aufzubereiten. Anfänglich ohne weitere Korrekturen überspielt, wurden z.B. in den 60er und 70er Jahren Monoaufnahmen aus ihrem kultur-industriellen Kontext gerissen und zu sog. Stereo-Transkriptionen (Pseudo-Stereo) umgearbeitet. Mit Einzug der digitalen Nachbearbeitungstechniken in den Masteringstudios werden historische Aufnahmen zunehmend komplexer restauriert und unter anderem durch synthetische Anreicherung des Obertonspektrums deutlich durchhörbarer gestaltet. Langfristig scheint sich die Ansicht durchzusetzen, für den neuen Tonträger am besten das »angenommene« Klangbild der Entstehungszeit zu transferieren. Sieht man die Geschichte der Tonaufzeichnung in einer sich ständig erweiternden technischen Qualität und Quantität, müßte man den Terminus als Sammelbezeichnung für alle re-editierten Tonaufzeichnungen auf einem neuartigen, nicht im historischen Kontext stehenden Tonträger verwenden. Somit wäre es durchaus sinnvoll, schon heute die CD-Ausgaben von »Sgt. Pepper« oder »Dark side of the moon« als historische Aufzeichnungen zu kennzeichnen, da diese Tonaufnahmen die technischen Möglichkeiten der CD nur bedingt nutzen (Kanaltrennung, Dynamikumfang, Frequenzgang nach unten). Andererseits führt der Transfer von einem Medium auf das andere auch zu subjektiv und objektiv wahrnehmbaren Problemen. Ausgewiesene Schellack-Kenner (z.B. Robert Crumb) geben dem Abspiel von Originaltonträgern aus dieser Ära immer den Vorrang und vermissen die Wärme und Tiefe des künstlerischen Vortrags auf späteren Ausgaben. Ähnlich verhält es sich bei der Wiedergabe von Langspielplatten und industriell bespielten Magnetbändern (2- bzw. 4-Spur, 19 oder 38 cm/s).

HIT

Bezeichnung für einen kommerziell erfolgreichen Titel aus der → U-Musik. Als Bewertungskriterium gelten die Absatzzahlen einer Veröffentlichung, wobei man zwischen → Single und → Album unterscheidet. Die Phonoindustrie operiert dabei mit einer Verquickung von Vorverkauf, → Hitparade und Rundfunkeinsatz, wobei sie prinzipiell jedes Quentchen nutzt, um aus einer einfachen Scheibe einen Hit und somit ein »überdurchschnittliches«, besonders kaufenswertes Produkt zu machen.

HITPARADE

Die Bestsellerliste der Phonoindustrie, auch Charts genannt. Die erste Hitparade, eine Zusammenstellung der erfolgreichsten Schallplatten (→ Hit) der Woche, veröffentlichte 1936 die US-amerikanische Branchenzeitschrift → »Billboard«. Das Modell wurde tausendfach und in allen Ländern übernommen. Besonders die »nationalen« Hitparaden stehen in einem unlösbaren Interessenkonflikt, basieren sie doch auf den Absatzzahlen der Industrie an den Fachhandel und nicht auf Abverkäufen an den Endkunden. Solange es Hitparaden gibt, wurde immer wieder versucht, einen Titel z.B. durch Sonderkonditionen im Vorabverkauf, massive Aufkäufe von bestochenen Großhändlern oder unbegrenztes Retourenrecht in die Charts zu katapultieren oder ihn auf der Treppe des Erfolgs weiter nach oben zu hieven. Hier spielt die übliche Praxis der chartorientierten Rundfunkanstalten, nur Titel aus den → Top 40 (oder Top 100) zu senden, ein wichtige Rolle. Man erreicht den zukünftigen Käufer per Äther, macht ihn mit dem Produkt vertraut, steigert durch massiven Rundfunkeinsatz die Ohrfälligkeit des Titels und nährt den Wunsch, vom Hörer zum Besitzer der Platte zu werden. So könnten dauerhaft Hits gemacht werden, wenn nicht immer wieder der Zeitgeschmack den Plattenkonzernen einen Strich durch die Rechnung machen würde. Alle nationalen Hitparaden ermitteln im Auftrag entsprechender Organisationen der Phonoindustrie die wöchentlichen Charts. Mit der weiter fortschreitenden Spartenbildung des Musikmarktes entwickelten sich auch spezialisierte Hitparaden (Black Music, Metal, Dance, Pop, Ethno usw.). Fast alle Musikzeitschriften und regelmäßigen Musiksendungen im Fernsehen veröffentlichen eigene Hitparaden.

HOCHPASSFILTER

Häufig als einfaches CR-Glied ausgeführtes Filter, das bei steigender Frequenz der Eingangsspannung die Ausgangsspannung steigert, da der Widerstand des geschalteten Kondensators abnimmt. Das Hochpaßfilter ist für Frequenzen oberhalb seiner Grenzfrequenz durchlässig (frequenzabhängiger Spannungsteiler). Die Grenzfrequenz wird an dem Punkt erreicht, an dem das Signal um 3 dB gedämpft ist. Tiefere Frequenzen werden entsprechend der Schaltung mit maximal 20 db/Frequenzdekade (6 dB/Oktave) abgeschwächt. Andere Schaltungsvarianten sind möglich. Eine typische Anwendung ist das → Rumpelfilter.

HOCHPREIS

Die typische Preiskategorie für Erst- und hochqualitative Neuveröffentlichungen. In der Regel plaziert eine Schallplattenfirma jede Neuaufnahme bei Veröffentlichung im Hochpreissegment, um möglichst schnell und unkompliziert die erste Gewinnspanne zu erreichen. Natürlich klappt das nicht mit allen Schallplatten, weshalb Plattenfirmen grundsätzlich eine Mischkalkulation bevorzugen. Hier finanzieren die meistverkauften Titel alle anderen Veröffentlichungen mit, die unter ihren Gestehungskosten liegen. Im Rahmen der Katalogpflege werden in der Regel alle geeigneten Aufnahmen nach Ablauf einer Sperrfrist und in Zusammenhang mit einer Neuauflage in das Mittelpreis-Segment überführt. Dies trifft jedoch nicht zu, wenn sich der Interpret oder das Werk auch nach Jahren noch über Gebühr verkaufen oder Verträge existieren, die eine Senkung der Künstlertantiemen ausschließen (z.B. The Beatles).

Anmerkung: Mit Aufkommen speziell gefertigter audiophiler Pressungen wurde der Begriff Hochpreis nochmals deutlich nach oben verschoben. Begründet wird diese Preissteigerung mit hohen Lizenzkosten, gesteigertem Fertigungsaufwand und Materialeinsatz (bei 180 g-Pressungen) sowie den zumeist geringen Auflagen. Gerade die Lizenzkosten sind bei allen beteiligten Seiten ein heiß umstrittenes Thema. Jeder Lizenzgeber macht einerseits seinen Lizenzanteil vom vorgesehenen Endverbraucherpreis und von der geplanten Auflage abhängig. Eine massenhaft verbreitete Lizenzausgabe zum Schnupperpreis bringt dabei in der Regel mehr ein als eine hochpreisige audiophile Pressung mit geringer Auflage. Kritisch wird es nur, wenn, wie zumeist, bereits tausendfach verbreitete Aufnahmen mit historisch verbürgtem Anspruch in Klang und Interpretation, einerseits vom Lizenzgeber als Nice Price-CD und vom audiophilen Lizenznehmer als sehr hochpreisige audiophile Langrille nachveröffentlicht werden. Hier ist der Kunde oft sprachlos.

HÖHENSCHLAG

Bezeichnung für eine vertikale Abweichung von der idealen Aufzeichnungs- bzw. Abtastlinie. Ein Höhenschlag ensteht beim Durchschreiten einer Verwerfung der Platte und führt zum Auslenken des → Schreibers bzw. des → Abtastsystems und der sie tragenden Apparaturen. In Abhängigkeit von der Relativgeschwindigkeit und der Amplitude der Verwerfung kann es zu ernsthaften Beeinträchtigungen kommen. Moderne Schreiber verfügen zum Ausgleich geringfügiger Oberflächenprobleme über einen vertikalen Ausschlagbegrenzer. Bei der Wiedergabe führen entsprechend stark verwellte Schallplatten mitunter gar zum Springen des Abtastsystems.

HÖR ZU-SCHALLPLATTEN

In den 60er Jahren galt die Programmillustrierte Hör Zu als größte Publikumszeitschrift der Bundesrepublik. Begleitend zur Berichterstattung über Fernsehen und Rundfunk, lancierte man in enger Zusammenarbeit mit den größten deutschen Schallplattenfirmen die Hör Zu-Langspielplatte(n). Einerseits griff man damit Traditionen auf, die bis in die zwanziger Jahre zurückreichten, entwickelte aber einen neuartig multimedialen Gedanken für das anbrechende Unterhaltungszeitalter. Diese Scheiben konnte man einzeln oder im Abo direkt beim Verlag bestellen, aber auch dank eines flächendeckenden Verteilers im örtlichen Fachhandel erwerben. Von 1964 – 1970 war die Reihe überaus populär und bot neben zahlreichen, oft gelungenen Best of-Kompilationen erfolgreicher Einzelkünstler auch die legendären → Sammelprogramme »Schlager des Jahres«, »Schlager schlagen ein«, »Die Tanzplatte«, »Hör zu, tanz mit« und »Schuss! Tor! – Die Bundesligaplatte«. Jeden Monat erschienen drei LPs, die ein vielfältiges, den damaligen Publikumsinteressen entsprechendes Angebot enthielten: Schlager, Stimmungsmusik, Marsch- und Blasmusik, Volkstümliches, Seemannslieder, Folk, Chanson sowie Filmmusik. Ab 1965 begann man auch im Bereich der Beat- und später Rockmusik vereinzelt Titel in das populäre Programm einzugliedern. In der Black Label-Reihe (Suffix BL) präsentierte man sogar einige ausgefallene, progressive Bands. Heute gelten vor allem die Hör Zu-Ausgaben von Alben der Beach Boys, Beatles, Rolling

Stones und Vanilla Fudge als gesuchte Sammlerstücke. Mit dieser → Reihe wurde u.a. die Einführung der → Stereophonie in den 60er Jahren auf eine breite publizistische Basis gestellt und bot beiden Parteien (Printverlag & Schallplattenfirmen) darüber hinaus eine willkommene Ausdehnung der eigenen Reichweite. Für viele bundesdeutsche Haushalte begann die eigene Plattensammlung mit dem Erwerb von Hör Zu-Langspielplatten. Im wesentlichen bestand die Hör Zu-Reihe aus zwei parallel geführten Linien der Branchenriesen. Die 100/200er Reihe mit Produktionen aus dem Fundus der → Elektrola (Suffix E) und die 500er Reihe mit Aufnahmen aus dem → Telefunken/Decca-Katalog (Suffix T). Kleinere Schallplattenfirmen (z.B. Metronome) präsentierten in eigenen Reihen (900 etc.) ebenfalls ausgewählte Titel. Für Stereo-Ausgaben wurde der Prefix S vor das Hör Zu-Kürzel (HZ) gesetzt. In Überspiel- und Fertigungsqualität entsprechen die Hör Zu-Schallplatten den üblichen Parametern der jeweiligen Hersteller. Für alle Cover wurde ein einheitliches Erscheinungsbild gewahrt, das in grafischer Klarheit mit freigestelltem Bild des Künstlers bzw. Fotomontagen und plakativem typografischen Stil überzeugte. Bei einigen lizensierten Originalalben wurden die eigentlichen Coverentwürfe mit integriertem Hör Zu-Logo verwendet (z.B. Beatles – »Help!«, »Revolver«, »Sgt. Pepper«). Das Konzept der Schallplatte zum Heft wurde wenig später von den Illustrierten »Stern«, »Die Bunte« und »Twen« kopiert. In der DDR übte der → VEB Deutsche Schallplatten mit der Frauenillustrierten »Für Dich« kurzzeitig eine ähnliche Zusammenarbeit.

HÖRSAMKEIT

Begriff der Hörakustik für die akustische Eignung eines Raums für die Erstellung oder Wiedergabe einer Tonaufzeichnung.

HÖRVERMÖGEN

Als allgemeiner akustischer Wahrnehmungsbereich gilt das Frequenzspektrum zwischen 16 Hz und 16 kHz. Je höher die Freqenz, um so heller erscheint der Ton und umgedreht. Das individuelle Hörvermögen ist unterschiedlich ausgeprägt und unterliegt stetigen Veränderungen. Der Mensch ist beim Hören stimmungsabhängig und kann, ein entsprechendes Training vorausgesetzt, auch lernen besser zu hören. Als Kind kann man je nach Veranlagung deutlich höhere Töne wahrnehmen (bis 21 kHz). Im Erwachsenenalter nimmt der Hörbereich stetig ab und sinkt um durchschnittlich 1 kHz je Lebensjahrzehnt (ab 20). Äußere Einflüsse, Lärmschäden, psychische und Kreislauferkrankungen sowie Medikamente können das Hörvermögen zeitweilig oder auf Dauer schädigen. Neben dem Tinnitus (Störgeräusch im Innenohr) zählt der Gehörsturz (Abnahme des Hörvermögens) zu den gängigsten Gehörerkrankungen und ist nur in seltenen Einzelfällen vollständig heilbar.

HTA

horizont tracking angle, → tangentialer Spurfehlwinkel

HÜLLE

Umgangssprachlich zumeist für die Außenhülle (Cover) einer Schallplatte verwendet, seltener für die Innenhülle (Innenbeutel).

HUNGAROTON

Als staatliche Schallplattenfirma der VR Ungarn fungierte intern Artisjus, die auch mitunter verschiedenen, eigenständigen Marken (Hungaroton, Pepita) auftrat. Schon Anfang der 80er Jahre integrierte man erste privatwirtschaftliche Sublabel (z.B. Start) in das Programm. Neben einer vielfältigen und eigenständigen Rock- und Popproduktion konnten sich die Ungarn international vor allem mit ihren erstklassigen Aufnahmen im Bereich der E-Musik (u.a. Bartók-Edition) und Folklore des Balkans profilieren. Auch Hungaroton fertigte seit den frühen 70er Jahren im Programmaustausch mit westlichen Schallplattenfirmen zahlreiche Lizenzausgaben.

I

IBA-STANDARD

Internationaler Anforderungskatalog für Rundfunkstudiogeräte. Für Schallplattenspieler werden Fernbedienbarkeit (Mischpult), Rückwärtslauf, manuelle Bedienung (Cueing), schnelle Hochlaufzeit und eine hohe Servicefreundlichkeit (Modulbauweise) vorausgesetzt. Bei Abtastsystemen wird neben allgemeinen Anforderungen für Abtastfrequenzen und Verzerrungsarmut vor allem die vollständige Einhaltung aller Parameter auch bei Rückwärtsbetrieb (Back-Cueing) gefordert.

IEC PUBLIKATION 98

Umfangreiche Dokumentation und Normungsvorschrift aller Aspekte der Schallplattenherstellung und Wiedergabe, die letztmalig im Oktober 1989 veröffentlicht wurde und damit eine jahrzehntelange Entwicklung abschloß (Analogue audio disk records and reproducing equipment).

IFPI

Die »International Federation of the Phonographic Industry« wurde 1933 als internationaler Dachverband der Tonträgerindustrie gegründet. Die Vereinigung, der über tausend Mitglieder aus aller Welt angehören, vertritt in einem komplizierten Geflecht von nationalen Gruppen (nur in umsatzstarken Märkten) sowie nach- und angegliederten Organisationen alle rechtlichen Interessen ihrer Mitglieder.

ILLEGALE TONTRÄGER

Sammelbezeichnung für alle nichtlizensierten Tonträger. Sobald eine Tonaufzeichnung außerhalb der international vereinbarten → Urheber- oder Verwertungsrechte veröffentlicht wird, handelt es sich um einen illegalen Tonträger. Dabei ist es egal, ob es sich um ein → Bootleg, → Counterfeit oder um eine → Raubpressung handelt. Selbstredend sind illegale Tonträger für die Phonoindustrie ein ernsthaftes Problem, da hierfür keine Tantiemen und Lizenzgebühren erstattet werden und im schlimmsten Fall das massenhafte Auftreten von gut gemachten, preiswerten Fälschungen die Einnahmen aus dem Binnenmarkt verringern. Anmerkung: Die Phonoindustrie veröffentlicht seit Jahrzehnten Statistiken über die ihr durch Fälschungen entgangenen Umsätze, ohne dabei den schlüssigen Beweis anzutreten, daß es ihr gelungen wäre, diese Einnahmen selbst zu erzielen.

IM-KOPF-LOKALISATION

Phänomen des menschlichen Hörvermögens, unter bestimmten Bedingungen, von außen wirkende Hörereignisse innerhalb des eigenen Kopfes zu lokalisieren. Die Im-Kopf-Lokalisation tritt vorrangig bei der Wiedergabe mittels eines Kopfhörers auf, ist aber auch bei Lautsprecherwiedergabe (z.B. bei Verpolung eines Lautsprechers in der Stereoanordnung) zu beobachten. Untersuchungen zum menschlichen Richtungshören haben ergeben, daß das Gehör einerseits die vorliegende akustische Information auswertet, aber auch gleichzeitig das Reizmuster der Information mit bereits erfahrenen und im Gehirn gespeicherten Reizmustern vergleicht. Entspricht ein Signal in seinen Schallreizen nicht dem erlernten und gewohnten Muster, lokalisiert das Gehirn die Schallquelle zwischen beiden Ohren, also im Innern des Kopfes. Reizmuster, die eine angenommene, natürliche Schallquelle verformt abbilden und völlig neuartige Reize gelten als typische Ursache. Im natürlichen Umfeld ist der Mensch den auftretenden Schallereignissen gewachsen. Bei der Wiedergabe einer Tonaufzeichnung hört er hingegen nicht die Originalquelle (z.B ein Klavier), sondern ein Abbild des Klangs eben dieser Quelle. Enthält die Tonaufzeichnung die typischen Klangfärbungen der aufgenommenen Einfallsrichtung, so wird das Abbild »natürlich« wiedergegeben. Fehlt diese Klangfärbung, z.B. bei der Kopfhörerwiedergabe raumbezogener Stereophonie, kommt es zu einer Im-Kopf-Lokalisation. Erst eine kopfbezogene Aufnahme (Kunstkopf-Stereophonie) mit entsprechend aufgenommenen Signalen stellt wieder eine Lokalistion außerhalb des Kopfes her. Bei der stereophonen Lautsprecherwiedergabe tritt eine Im-Kopf-Lokalisation bei Verpolung eines Lautsprechers und frequenzabhängig bei Phasenverschiebungen des Signals auf.

IMPERIAL RECORDS

Die zu den erfolgreichsten Rock'n'Roll-Labeln der 50er Jahre zählende US-amerikanische Schallplattenfirma wurde 1949 von Lew Chudd gegründet. Imperial gehört, obwohl auch zahlreiche (kompilierte) Langspielplatten veröffentlicht wurden, zu den klassischen Single-Labeln jener Zeit. Bei Ausklingen der Rock'n'Roll-Ära verkaufte Chudd den Katalog an → Liberty Records, welche trotz Weiterentwicklung des Repertoires nicht an den Erfolg der frühen Jahre anknüpfen konnten. Künstlerstamm: Fats Domino, Kim Fowley, Ricky Nelson, T. Bone Walker u.a.

Etiketten (USA): weinrot (1950 – 58); schwarz (1958 – 64); schwarz/rosa (1964 – 66); schwarz/grün, »Product of Liberty Records« (1966 – 69); schwarz/grün, »Liberty/UA Inc.« (ab 1970).

IMPORTPRESSUNG

Etwas umständliche Bezeichnung für eine Schallplatte, die aus dem Ursprungsmarkt in einen fremden, anders aufgeteilten Markt exportiert wird, wobei die Initiative für den Handel bei einem dort ansässigen Importeur liegt. Zumeist entstammt die importierte Schallplatte der regulären Serienfertigung des Ursprungslands und wird für den neuen Markt mit einem kleinen Aufkleber (Coverrückseite, gelegentlich auch Etikett) versehen, der die neue → Katalognummer und/oder den Namen des Importeurs zeigt. Da die Vertriebs- und Lizenzrechte von Land zu Land anders vergeben sind, kommt es mitunter vor, daß eine andere als die im Importland zuständige Schallplattenfirma (Lizenznehmer) den Titel einführt. Hier entscheiden u.a. eventuelle inhaltliche Vorbehalte oder kommerzielle Bedenken des eigentlichen Lizenzpartners über den Verzicht einer eigenen Auflage. Der Importeur führt eine zumeist kleine Menge (200 – 1000 Stück) an Schallplatten ein und hält damit den Titel dennoch verfügbar. Um Vertragsstreitigkeiten vorzubeugen, schließen seriöse Importeure entsprechende Einzel- oder Pauschalverträge, die es ihnen ermöglicht, als offizieller Importeur aufzutreten. Zumeist sind diese Verträge mit entsprechenden Lizenzabgaben an den eigentlichen Lizenznehmer gekoppelt, womit die Schallplatte wieder einmal teurer wird. Importeure sind in der Regel ausschließlich auf den Im- und Export von Schallplatten spezialisiert und stellen nur selten eigene Schallplatten her. Auch die großen Schallplattenfirmen unterhalten angegliederte Importabteilungen, die den größten Teil der nicht direkt lizensierten Aufnahmen für den Binnenmarkt bereithalten. Anmerkung: Es gibt vereinzelt Pressungen, die in ihrer Programmauswahl bzw. äußeren Erscheinung speziell für das Importland aufbereitet werden. Im Ursprungsland werden diese Schallplatten als → Exportpressung bezeichnet und erzielen mitunter beachtliche Sammlerpreise, da sie dort in der Regel nicht erhältlich sind. Kommerziell erfolgreiche Titel oder Alben mit raren Aufnahmen werden mitunter auch als → Re-Import zurückgeführt.

IMPULS

Zeitweilig auftretender elektrischer Strom oder Spannung bei der Signalübertragung und -verarbeitung. Im Zusammenhang mit der Schallplattenwiedergabe treten impulsartige Störungen vor allem durch mechanische Fehler als → Knack und → Knistern auf. Zur Regelung von → Hallmotoren werden Impuls-Servosteuerungen (→ Impuls-Servomotor) eingesetzt, die mit generierten Impulsen versorgt werden.

IMPULSE!

Vom renommierten Produzenten Creed Taylor im Jahr 1961 für ABC Paramount kreiertes Jazz-Label. Taylor verließ die Firma schon Anfang 1962, um das von MGM erworbene Verve-Label zu führen. Die Führung bei Impulse! übernahm Bob Thiele, der das Label innerhalb von vier Jahren zum führenden Modern Jazz-Label der USA entwickelte. Bis Anfang der 70er Jahre spielten

hier die wichtigsten Erneuerer der Szene zahlreiche gewichtige Aufnahmen ein. Die moderne, sachliche Covergestaltung von Robert Flynn (Viceroy) verlieh dem Label von Anfang an ein markantes Gesicht. Zahlreiche Sessions wurden von Rudy Van Gelder tontechnisch betreut und z.T. auch auf Lackfolie geschnitten (Matrizenstempel). Nach 1973 verlor das Label den Anschluß an die Szene, reduzierte die Zahl der Neuproduktionen und begann den eigenen Backkatalog massiv auszuwerten. Um 1978 kam es praktisch zum Erliegen der gesamten Produktion. 1985 versuchte der neue Eigner MCA mit relativ wenig Erfolg den kostbaren Schatz zu heben. Erst zehn Jahre später, unterstützt u.a. durch eine kleine Vinyl-Edition, gelang es MCA Universal, den Backkatalog historisch angemessen zu plazieren. Künstlerstamm: John Coltrane, Duke Ellington, Gil Evans, Charlie Mingus, Gary McFarland, Oliver Nelson, Sonny Rollins, Archie Shepp, Gabor Szabo, McCoy Tyner.
Etiketten (USA): orange/tiefbraun (1961 – 68); rot/schwarz (1968); rot/schwarz (1969 – 73), schwarz (73 – 74); grün/purpur (1974 – 78); MCA-Etikett (1978 – 85); rot/schwarz MCA (1985 – 90); orange/schwarz, IMP-Prefix (1995 – 98).

IMPULS-SERVOMOTOR

Dieser mit einer Regeleinrichtung versehene, vielpolige – also mit niedriger Drehzahl laufende – → Hallmotor, wird vorrangig für den → Direktantrieb eingesetzt. Die Steuerung erfolgt durch das Auswerten und Nachregeln der effektiven Drehzahl. Dazu wird die Motorwelle mit einem ebenfalls vielpoligen Generator verbunden, der fast immer als integrierter Bestandteil des Motorblocks ausgeführt wird. Dieser Tachometergenerator erzeugt eine, oft gleichgerichtete, drehzahlproportionale Spannung, die als Istgröße mit einer definierten Sollgröße verglichen wird. Bei einfachen Lösungen wird das Referenzsignal als eine für die → Nenndrehzahl erforderliche Motorbetriebsspannung festgelegt oder die anliegende Netzfrequenz genutzt. Um den Motor unabhängig von auftretenden Netzschwankungen zu regeln, verwendet man für hochqualitative Anwendungen einen Schwingquarz als Referenz. Hierbei wird aus dem Signal des hochfrequenten Quarzgenerators das Referenzsignal gewonnen und durch Frequenzteilung mit dem vom Tachometergenerator erzeugten Signal verglichen. Ein Phasenvergleicher für beide Spannungen überprüft die Phasenabweichung der beiden Signale und regelt entsprechend die Motorspannung nach. Dieses Verfahren wird als phase looked loop (PLL) bezeichnet und stellt eine kontinuierliche, den gesamten Betriebszeitraum anhaltende Prozedur dar. Das PLL-Verfahren ist also permanent am Messen und Regeln und verändert dadurch, wenn auch nur minimal, ständig die Drehzahl. Da diese Regelgrößen, im Sinne des ingenieurtechnischen Wissens, als vernachlässigbar klein gegenüber dem Wiedergabefluß angesehen werden, gilt das Verfahren als ausgereift. In den 80er Jahren war der Einsatz von Impuls-Servomotoren mit PLL-Steuerung ein Synonym für allerhöchste Qualität. Im Blickwinkel der schwer fassbaren Kriterien der → High End-Bewegung wird dort auf den Einsatz von direktgetriebenen Laufwerken verzichtet. Derzeit werden Impuls-Servomotoren mit PLL-Steuerung vor allem in → Studio- oder → DJ-Schallplattenspieler eingebaut, wo die unbestrittenen Vorteile dieser Technologie, wie schnelle Hochlaufzeit, variable Geschwindigkeitssteuerung und absolute Robustheit als Grundvoraussetzungen gelten.

INDEPENDENTS

Bezeichnung für alle »unabhängigen« Schallplattenfirmen. In der Regel ordnet man kleine Firmen, die über keine eigenen Produktionsstätten und Vertriebswege verfügen, in den Bereich der Independents (Abk. Indie) ein. Die Neugründung einer Schallplattenfirma ist immer die Gründung einer kleinen und (scheinbar) unabhängigen Firma. Große Firmen werden nicht neu gegründet, sondern entstehen durch den stetigen Verdrängungswettbewerb der Branche und nähren sich u.a. aus der pausenlosen Übernahme zahlloser kleiner Firmen. Ein Independent-Label wird von seinem Eigentümer geprägt, der in einer gewagten Synthese von individuellem Geschmack, persönlichen Vorlieben und Trendgespür Bands und Produkte fördert. Ein Indie wird immer dann am erfolgreichsten sein, wenn es ihm gelingt, einen eigenen, heute auch multimedialen Stil zu kreieren, der von einer spezifischen Zielgruppe vollständig angenommen wird. In der Regel operieren Indies in Marktnischen, nur selten gelingt ihnen ein echter Hit. Sollte sich dieser Knaller einstellen (z.B. Nirvana auf Sub Pop), ist definitiv auch immer ein Major zur Stelle, der entweder das Label kauft oder die Band mit einem verführerischen Vertrag abwirbt. Die Geschichte unabhängiger Labels reicht bis in die 20er Jahre zurück, als erstmalig ein engagierter, weißer Musikliebhaber (Henry Gennett) versuchte, der afroamerikanischen Jazzszene ein eigenes Sprachrohr zu geben. In den 30er – 50er Jahren entstanden zahllose Country-, Jazz-, Blues- und Folklabel durch den Mut und Eigensinn couragierter Musikliebhaber und Fans. Nur wenigen Firmen gelang dabei eine erfolgreiche Programmentwicklung, die das Label auch kommerziell über Wasser hielt. Atlantic, Blue Note, Elektra, Folkways, Sun, Verve u.a. konnten über einen relativ langen Zeitraum unabhängig operieren, bevor sie im Geflecht der Majors zu schemenhaften Gestalten verkamen. Ende der 60er Jahre gründeten fast alle Majors flugs neue Sublabel, um die neuen Rock-Superstars an sich binden zu können. Marken wie Harvest (EMI), Marmalade (Polydor), Track (Polydor) und Vertigo (Philips) versuchten dem jungen, progressiven Käufer ein ebenfalls fortschrittliches Image zu vermitteln. Hier reagierten vor allem britische und kontinentaleuropäische Majors auf den teils unglaublichen Erfolg der neuen Indies wie Charisma, Chrysalis, Island und Virgin. Richtig ausufern sollte der Trend zum kleinen Privatlabel aber erst Ende der 70er Jahre, als sich Punk und New Wave aufmachten, die inzwischen etablierte erste Rockszene aufzurollen. Wieder in England, entstanden praktisch über Nacht hunderte Indies, von denen sich jedoch nur sehr wenige durchsetzen konnten (u.a. 4AD, Factory, Mute). Mitte der 80er Jahre begannen die Majors weltweit mit einer neuen Strategie, der Gründung von Indies zuvorzukommen. In der Regel observierte man die Szene und bot jungen Produzenten und/oder Managern rechtzeitig die Teilfinanzierung einer eigenen Schallplattenfirma und äußerst vielversprechende Spezialverträge an. Mit dem so beschafften Kapital konnten diese »teilabhängigen« Indies (American Records), innerhalb kürzester Zeit ein umfangreiches Programm entwickeln, mehrere Bands binden und eine eigene Infrastruktur ausbilden. Heute gibt es mehr unabhängige Schallplattenfirmen als je zuvor, wobei kaum noch jemand bestimmt sagen kann, inwieweit die Firma auch tatsächlich frei von »majorisiertem« Fremdkapital ist. Anmerkung: Der eigentliche Reiz und die historische Bedeutung zahlreicher kleiner, unabhängiger Schallplattenfirmen liegt in der Schöpfung und Bewahrung des Neuen. Sam Philips von Sun Records entdeckte Elvis Presley und förderte die Entstehung des Rock & Roll – RCA kommerzialisierte und demontierte anschließend das Produkt Elvis. Unzählige innovative Musiker wurden durch kleine Labels entdeckt und popularisiert: Hank Williams (Sterling), Fats Domino (Imperial), James Brown (King), Chuck Berry (Chess), Billie Holiday (Commodore), Herbie Hancock (Blue Note), Bob Marley (Island), Mike Oldfield (Virgin), Jethro Tull (Chrysalis). Die Auflistung ließe sich seitenweise fortsetzen.

INDIKATOR

Aufwendige Steuerung der → Schnittiefe während der Erstellung der → Originalaufzeichnung. Dazu nutzt man optische oder kapazitive Systeme, die die Oberfläche der → Aufnahmeplatte berührungslos abtasten. Der Vorteil eines solchen Systems liegt in den exakten Meßwerten und einer (fast) verlustfreien Steuerung der Schnittiefe.

INDUKTIONSMOTOR

→ Asynchronmotor

INITIALAUFLAGE

Vor allem bei erfolgreichen Schallplatten, die schon ab Erstveröffentlichungstermin in hohen Auflagen hergestellt werden, gerät die Definition einer Erstauflage sehr schwammig. Binnen kurzem werden oft mehrere hunderttausend Exemplare hergestellt, ohne daß auffällige Änderungen an → Cover, → Etikett, → Innenhülle, → Matrizennummer vorgenommen werden. Für den Sammler ist im Nachhinein die genaue Datierung solcher Platten praktisch nicht möglich, und somit würden alle entsprechenden Scheiben zur Erstauflage gehören. Oftmals läßt sich aber auf Grund kleiner Details (→ Druckvermerke, → sticker etc.) in der Ausstattung (→Beiheft, → lyricsheet) oder einmaliger Beilagen (→ bonus disc, → badges etc.) ein erster oder sehr früher Fertigungszeitraum herausfiltern. Dieses Produktionsvolumen bezeichnet man als Initialauflage, wobei verbürgte Initialauflagen aufgrund ihrer geringen Stückzahl – oft nur mehrere hundert oder tausend Exemplare – eine beachtlichen Wertsteigerung darstellen. Beispiele: The Who – »Who sells out« (1967, Track 612/613 002, mono bzw. stereo, UK-Pressung), die ersten 500 Exemplare erschienen mit Aufkleber und Poster. Monty Python – »Another Monty Python Record« (1971, Charisma, CAS 1049) wurde anfangs mit einer vierteiligen Beilage (be a great actor kit) ausgeliefert.

INNENHÜLLE

Die innere Verpackung der Schallplatte erfüllt mehrere Funktionen: Schutz vor der rauhen Kartoninnenseite der → Außenhülle, gegen Staub und Dunst aller Art, zur Vermeidung elektrostatischer Aufladungen, und sie ermöglicht – eine entsprechende Ausstanzung vorausgesetzt – einen Blick auf das Etikett, ohne dazu die Schallplatte vollständig entnehmen zu müssen. Die Innenhülle (engl. innersleeve) ist kleiner und aus deutlich dünnerem Material als das → Cover gefertigt, wobei zur Herstellung in der Regel natürliche (Papier, leichter Karton, Zellglas) oder synthetische Materialien (Cellophan, Plastfolien aller Art) verwendet werden. Besonders bei der Verwendung von Plastwerkstoffen ist sicherzustellen, daß die Materialien garantiert frei von Weichmachern sind, um ein Wandern der chemischen Zusätze zwischen Schallplatte und Innenhüllen zu verhindern. So spiegeln beispielsweise Schallplatten aus den 50/60er Jahren, die über lange Zeiträume ohne Entnahme in einer – damals üblichen – gefütterten PVC-Innenhülle (mit Weichmacheranteil) ruhten, in der Regel die Wellen und Falten der Innenhülle auf der Plattenoberfläche. Diese Muster sind nunmehr Bestandteil des Vinyls und durch eine Schallplattenwäsche nicht zu entfernen. Eine Innenhülle gehört um 90° gedreht und mit der Öffnung nach oben in die Außenhülle eingesteckt. Diese Methode verhindert ein Herausrollen der Scheibe aus dem Cover und schützt durch das Verschränken effizienter gegen Dunst, Staub und Feuchtigkeit. Seit den 70er Jahren werden speziell auf die Veröffentlichung abgestimmte Designer-Innenhüllen immer beliebter. Auch hier gibt es die vielfältigsten Ausführungen, welche in der Regel ihre Aufgabe mehr schlecht als recht erfüllen. Bedingt durch die grafische Funktion und erforderliche Abbildungs- und Druckqualität, neigen einige Gestalter und Firmen dazu, leichte Kartons als Bedruckstoff auszuwählen und negieren damit die eigentliche Funktion: den Schutz der Schallplatte. Diese Designer-Innersleeves sollten sofort nach Erstentnahme der Scheibe durch schützende Innenhüllen ersetzt oder durch eine weiche Einsatzhülle gefüttert werden. Die Frage nach der optimalen Innenhülle läßt sich schwer beantworten. Ungefütterte Papiertüten neigen zwar zu statischen Aufladungen, garantieren aber auf Dauer eine chemische Stabilität der Schallplattenoberfläche, da sie keinerlei chemische Zusätze enthalten und kaum Dunst anziehen. Bei der häufigen Entnahme erweisen sich gefütterte, antistatische Innentüten als schonender, lassen sich doch aus ihnen eventuelle Staubkörnchen besser herausschütteln, wobei die Oberflächenhärte der Innenseite von entscheidender Bedeutung ist. Allzu weiches Material führt mitunter zum Einschluß größerer Partikel, die dann permanent auf der Schallplattenoberfläche kratzen. Ohnehin sollte man eine Schallplatte nicht aus der Innenhülle herausgleiten lassen, sondern beide Seiten der Hülle abspreizen – gegebenenfalls auch aufschütteln – und die Scheibe dann mit einer Hand entnehmen. Zu den qualitativ besten (noch lieferbaren) Produkten zählen die gefütterte Papierinnenhülle Goldring Exstatic und die schlüssige, synthetische Einsatzhülle Nagaoka No. 102. Gerade letztere empfiehlt sich durch ihre geringe Wandstärke und hervorragenden Flexibilität, die hohe antistatische Wirkung, aber vor allem wegen der strumpfähnlichen Form (unten abgerundet) als kompromißloser Einschub in Designer-Innenhüllen. Von MFSL wurde in den 70er Jahren die mehrlagige rice paper-innersleeve eingeführt, die, mit einem Blatt Reispapier versehen, auch eventuelle, auftretende Feuchtigkeit schluckt und so statische Aufladungen nachhaltig erschwert. Für alle o.g. Beispiele gilt: Guter Schutz ist teuer, aber auch preiswerte gefütterte Innenhüllen (vorausgesetzt sie sind weichmacherfrei) bieten in der Regel einen guten Schutz. Anmerkung: Auch Schallplatteninnenhüllen unterliegen einem Alterungsprozeß und Verschleiß. In großen Abständen sollte man den allgemeinen Zustand (Falten, Knitter, Risse usw.) überprüfen und die Innenseite auf ungewöhnliche Staub- und Dunstablagerungen überprüfen.

INNENSTART

Bezeichnung für eine Abspielrichtung von innen nach außen. Die CD ist ein Innenstarter, da sie von innen nach außen abgetastet wird. In der Geschichte der Nadeltonentwicklung wurden auch einige Lösungen (Pathé, RRG) mit Innenstart entwickelt und vereinzelt eingesetzt, die sich aber nicht durchsetzen konnten. Aufgrund der international geltenden Normungen gilt für alle handelsüblichen, analogen Schallplatten der → Außenstart.

INNERSLEEVE

Bezeichnung (engl.) für → Innenhülle.

INTENSITÄTS-STEREOPHONIE

→ XY-Verfahren

INTERPRETENKATALOG

Bezeichnung für einen nach Interpreten geordneten Teilkatalog der Schallplattenfirma. Dabei wird der Interpret, unter dessen Namen das Album erschien, eventuell auch jeder an den Aufnahmen beteiligte Einzelmusiker, erfaßt und alphabetisch katalogisiert. Vor allem bei Jazz-Aufnahmen führen engagierte Schallplattenfirmen oft einen detaillierten Interpretenkatalog, der jeden an den Aufnahmen beteiligten Solisten und/oder Einzelmusiker nennt. Für die E-Musik sind neben einer Listung der Dirigenten und Solisten auch Angaben über die beteiligten Klangkörper (Orchester und Ensembles) üblich. Ein Interpretenkatalog stellt immer einen eineindeutigen Bezug zum Tonträger her, indem der → Werktitel und/oder die → Katalognummer der jeweiligen Veröffentlichung angegeben wird.

INTERSHOP-PRESSUNG

Für den Verkauf in den Intershop-Einrichtungen der DDR wurden vom → VEB Deutsche Schallplatten Berlin in den 70er und 80er Jahren bekannte internationale Erfolgsalben in Lizenz hergestellt. In fast allen Fällen wurden die Schallplatten dabei mit den dem Original entsprechenden → Außencovern und → Innenhüllen ausgeliefert. Die Schallplatten selbst wurden entweder von Originalmatrizen im Preßwerk Babelsberg gefertigt oder, was viel interessanter ist, als Eigenumschnitte von lizensierten Bändern gefertigt. Da fast alle Intershop-Pressungen nur dort und nie als Amiga-Ausgaben erschienen, sind sie für den Sammler von überaus großem Interesse. Insgesamt sind weit mehr als einhundert Titel mit hohem Repertoirewert erschienen, und so wäre in kritischen → Diskographien von Springsteen, McCartney, Jagger, Police usw. eine Nennung der Intershop-Pressungen, die Bewertung der Umschnittqualität und des eigenständigen Sounds mehr als wünschenswert. In allen plattenspezifischen Fertigungsdetails wie Umschnittverfahren, Grammatur, Galvanik, Preßmasse usw. entsprechen also die ausschließlich für den Binnenmarkt gefertigten Schallplatten ihren »VEB«-Brüdern und Schwestern. Intershop-Pressungen erkennt man an ihren eigenständigen Bestellnummern (Cover und Etikett) und Matrizenstammnummern im Spiegel der Schallplatte sowie am AWA-Zeichen. Diese Kennzeichnung wies den Tonträger als in der DDR urheberrechtlich geschützt aus und stellte ihn in die Nachweispflicht der staatlichen Gremien. Ein → Schallplattenunterhalter konnte so die von der AWA bereits lizensierten Musiktitel für eine öffentliche Aufführung (Diskothek) ohne Einschränkung verwenden.

INTERVIEW DISC

→ radioalbum

ISLAND RECORDS

Als Kind lebte Chris Blackwell, aus einer seit Generationen erfolgreichen Handelsdynastie stammend, zehn Jahre in Jamaika, besuchte später öffentliche Schulen in England, ging zurück nach Jamaika und 1959 für sechs Monate in die USA. Erneut in Jamaika, gründete er, inspiriert durch den erfolgreichen Roman/Film »Island in the sun« (Alex Wagh), erstmals Island Records. 1960 erzielte Blackwell mit der Single »Little Sheila« von Laurel Aitken einen ersten Erfolg. Zwei Jahre später ging Island nach London, um das vielversprechende Lizenz- und Importgeschäft westindischer Schallplatten weiter auszubauen. Bis 1967 operierte das Label vornehmlich als Distributor für zahlreiche jamaikanische Produktionen. Blackwell produzierte 1964 eine Coverversion von »My Boy Lollipop« (Millie), deren enormes Hit-Potential das Label nicht auswerten konnte. Deshalb entschloß sich Blackwell, den Titel an Philips/Fontana zu lizenzieren, die daraufhin weltweit sechs Millionen Singles verkauften. Mit einem Satz war Blackwell aus seiner jamaikanischen Nische in das globale Pop-Business katapultiert worden. 1965 folgte die Bekanntschaft mit der Spencer Davis Group und deren fünfzehnjährigem Leadsänger Steve Winwood. Black-

well, hingerissen von dessem ungeheuren künstlerischen Potential, produzierte ein erstes Album der Band, das er wiederum an Philips lizensierte. Parallel dazu begann Island den Ausbau einer schlagkräftigen Vertriebsorganisation für »weiße« Rockmusik. 1967 begann Island seine Musikproduktionen auf dem eigenen Label auszuwerten und nahm massiv neue Rockbands unter Vertrag. In dieser bewegten Zeit verstand es Blackwell auch sehr geschickt, gleichgesinnte Aktivitäten anderer junger Labelgründer mit in den Island-Katalog einzubinden. So fanden zuerst → Chrysalis, und später → E'G-Records, Obscure, Bronze, ZE, ZTT u.a. unabhängige Label für viele Jahre einen kompetenten Partner in Blackwell. Entscheidend dabei war, daß Island die entsprechenden Nutzungsrechte nur für fest vereinbarte, kurze Zeiträume beanspruchte und den eigentlichen Produzenten (in den meisten Fällen die Künstler selbst) eine unkomplizierte vollständige Rückgabe zusicherte. Für vielversprechende Bandprojekte mit unklaren Vertragsverhältnissen gegenüber anderen Schallplattenfirmen und Künstlermanagements richtete man eine HELP-Reihe ein, die Aufnahmen zeitlich punktuell und außerhalb des regulären Katalogs veröffentlichte. Schon 1968 gründete Blackwell zur Abgrenzung des weitergeführten Jamaika-Programms sein erstes Sublabel Trojan, später folgten Mango und 4th & Broadway. Mit »The harder they come« (1973) begann die Tochterfirma Island Picture eine Reihe von erfolgreichen Filmproduktionen. Durch die o.g. Bereitstellung von Island Records für die Tonaufnahmen anderer Firmen galt Blackwell bereits Anfang der 70er Jahre als Major unter den Indies, und konnte diese Position auch weiterhin glänzend ausbauen. In den 80er Jahren waren nur Island und die von Richard Branson gegründeten → Virgin Records in der Lage, mit den Veröffentlichungszyklen der echten → Major-Companies Schritt zuhalten und deren massiven Abwerbungspraktiken mit schlüssigen Konzepten zu entgegnen. 1989 entschloss sich Blackwell, kommende Konzentrationsprozesse vorwegnehmend, die Firma an → Polygram zu verkaufen. Dem Label blieb er noch bis Mitte der 90er Jahre als künstlerischer Leiter verbunden, bevor er 1996, ähnlich einem zweiten Frühling, die neue Medienfirma PalmPictures gründete. Einige der treuesten Künstler fanden auch hier ihr neues Zuhause. Zum eigenen Künstlerstamm gehör(t)en: Aswad, Bad Company, Jimmy Cliff, Julian Cope, Christians, Marianne Faithfull, Free, Grace Jones, Bob Marley, John Martyn, The Orb, Robert Palmer, Sparks, Spooky Tooth, Cat Stevens, Traffic, Tom Tom Club, Ultravox, Tom Waits, Steve Winwood, U2.
Etiketten (UK): pink, Island-Schriftzug in Versalien, Augenmotiv schwarz (bis 1968); pink, Island-Schriftzug in Kleinbuchstaben, Augenmotiv orange/schwarz (1968/69); pink, weißes i-Logo unten (1969 – 70); rosa Rand, farbige Grafik, Palmeninsel mit eingebundenem Schriftzug, Sonnenstrahlen (1971 – 73); farbige Grafik, Palmeninsel, Himmel in orange/rot (1974 – 77); farbige Grafik, sehr kleine Palmeninsel, i-Logo, die A-Seite zeigt auf hellblauem Grund den Sonnenaufgang, die B-Seite auf dunkelblauem Grund den Mondaufgang (1977 – 82); weiß, Regenbogenrand, Palme links (1982 – 89); schwarzblau, gelbe Palmeninsel unten (ab 1990).

J

JACKET

Amerikanischer Slang für → Cover jeglicher Art.

JAPANPRESSUNG

Umgangssprachlich für alle in Japan gefertigten → Lizenzausgaben internationaler Tonaufzeichnungen. Nur selten werden »echte« japanische Schallplatten (Tonaufnahme und Pressung) so bezeichnet, da man in solchen Fällen ohnehin von einer japanischen Pressung ausgeht. Japanpressungen werden von zahlreichen Sammlern aufgrund der im allgemeinen sehr hohen Fertigungs- und Klangqualität geschätzt und erzielen auf Börsen und Auktionen überdurchschnittlich hohe Preise. Japanpressungen gelten in allen Fertigungstufen als sehr sorgfältig produziert. Dabei setzt man u.a. auf eine exzessive Qualitätskontrolle, die Einzel- und Serienfehler bei der Produktion nahezu ausschließt. Im Laufe der Jahre verbesserte man nach eigenen Qualitätsvorgaben den Fertigungsprozeß (z.B. Galvanik), entwickelte eigene Aufnahmeapparaturen (z.B. JVC) und verbesserte Werkstoffrezepturen (→ C4-Vinyl, JVC). Schon in den 50er Jahren begann man mit der Lizenzierung von international angesehenen Klassikeinspielungen, die Anfang der 70er Jahre durch umfangreiche Kataloge aus Jazz, Pop und Rock ergänzt wurden. Legendär sind die äußerst umfangreichen Re-Editionen von musikhistorisch bedeutenden Alben US-amerikanischer Jazzlabel (Verve, Prestige, Riverside u.a.), die die Japaner in Hunderterstaffeln anfertigten. Wenn man sich vor Augen hält, daß die Begeisterungsfähigkeit japanischer Musikliebhaber sprichwörtlich ist und bedenkt, daß alle in Japan gefertigten Schallplatten aufgrund eines speziellen Lizenz- und Vertriebssystems nur für einen definierten Zeitraum und zu festen Preisen angeboten werden, wird der Erfolg der o.g. Editionen besser verständlich. Prinzipiell ist eine Japanpressung in seiner Erscheinung immer historisch korrekt (Cover, Einleger, Linernotes) und wird durch umfangreiche japanischsprachige Beilagen, die Textübersetzungen, Werkeinführungen, Künstlermonographien u.a. bieten, sinnvoll ergänzt. Nicht selten findet man, im Gegensatz zur westlichen Ausgabe, auch die kompletten originalsprachigen Lyrics abgedruckt! Eine Japanpressung ist immer nur mit der legendären OBI, einer schmalen Banderole, komplett.

JAULEN

Niederfrequente → Gleichlaufstörung, die bei Schallplatten u.a. durch Schwankungen der → Drehzahl oder durch eine ungenaue Zentrierung des Mittellochs einer Schallplatte ausgelöst wird. Das Jaulen macht sich unter Umständen durch eine massiv pumpende Tieftonlautsprechermembran bemerkbar und kann, durch das komplexe Verhältnis des Abtastvorganges bedingt, sogar zum Aufschwingen der Abspieleinheit führen.

JCOA RECORDS

1971 gegründete, unabhängige Künstlerschallplattenfirma für die vielfältigen Tonaufnahmen rund um die Jazz Composers' Orchestra Association, dessen Protagonisten Carla Bley und Mike Mantler waren. In den USA wurden die Alben durch Polydor hergestellt, für Europa sicherte sich → Virgin Records die Lizenzrechte. JCOA Records wurde 1976 durch das kleine Familienlabel → Watts ersetzt.

JUKEBOX ISSUE

Bezeichnung einer → Single, die speziell für den Einsatz in → Musikboxen herausgegeben wird. Zahlreiche Musikbox-Ausgaben sind entsprechend gekennzeichnet oder verfügen über eigenständige → Etiketten. Oft werden auch von Fremdfirmen entsprechende Pressungen in Auftrag gegeben und an die Betreiber von Musikboxen ausgeliefert. In diesem Zusammenhang sind zur musikalischen »Optimierung« der Musikbox auch veränderte → Kopplungen möglich. Prinzipiell werden jukebox issues ohne → picture sleeve, also nur in einem neutralen → Lochcover ausgeliefert. Anfang der 80er Jahre drosselte man mangels Nachfrage die Produktion derartiger Schallplatten. Die 90er Jahre führten zu einer Belebung des Marktes, so daß derzeit neben zahlreichen aktuellen Hits auch besonders erfolgreiche Oldies entsprechend ausgewertet werden.

JUKEBOX

→ Musikbox

JUSTIERUNG

Die Justierung eines Schallplattenspielers betrifft vier wichtige Teilaspekte: → Aufstellung, Justierung des → Subchassis, Montage des → Tragarms und des → Abtastsystems. In der Regel benutzt man zur Montage entsprechende → Montageschablonen, die eine zuverlässige Einstellung und Überprüfung der Geometrie ermöglichen. Ein freier Einbau ohne entsprechende Hilfsmittel führt nur bei entsprechend genormten Tonkopf-Konstruktionen (→ TP-4) zu akzeptablen Resultaten. Bei der Montage sollte man Obacht und Ruhe walten lassen und der entsprechenden Bedienungsanleitung der Montageschablone Schritt für Schritt folgen. Jedes Zwischenresultat sollte überprüft, aufgeschrieben (Protokoll) und gegebenenfalls korrigiert werden. Bei Subchassis empfiehlt es sich,

den Plattenteller mittels Klebeband an der Zarge zu fixieren, um so das Subchassis während der Montagearbeiten ruhig zu stellen.
Anmerkung: Die Justierung kann zu einer Sisyphusarbeit ausarten, da sich bei jeder Korrektur auch immer wieder andere, schon bereits als abgeschlossen geglaubte Einstellungen verändern. Deshalb sollte man immer, wenn man sich am Ende der Montage wähnt, eine abschließende Kontrolle aller Parameter vornehmen und die ermittelten Resultate mit dem Aufzeichnungsprotokoll vergleichen.

K

KABELFÜHRUNG

Die Führung von Kabelverbindern innerhalb und außerhalb des Schallplattenspielers muß prinzipiell die jeweiligen Bewegungsrichtungen von Laufwerk und Tragarm berücksichtigen. Vor allem in → Subchassis werden zu dicke oder starre Kabel das bewegliche Chassis am Schwingen hindern. Ein Kontakt mit dem Motor oder Netzteil des Plattenspielers ist hinsichtlich auftretender magnetischer Streufelder und eventueller mechanischer Anregung auszuschließen. Netz- und Signalkabel sollten getrennt geführt werden.

KABELLÄNGE

Speziell bei Kabelverbindungen, die die niedrigen Signalspannungen des Abtastsystems transportieren, gilt: Ein kurzes Kabel ist ein gutes Kabel. Jeder unnötige Dezimeter oder gar eine angesteckte Verlängerung führen zur Signaldämpfung und sollten unbedingt vermieden werden.

KAMA SUTRA RECORDS

Spezialisiertes US-Kleinlabel zur Veröffentlichung von Tonaufnahmen des gleichnamigen Musikverlages. Kama Sutra entstand 1965, um die vielversprechenden Songs der The Lovin Spoonful zu vermarkten. Obwohl man später noch mit den Flamin' Groovies und Sopwith Camel einigen Erfolg verbuchen konnte, stand das Label auf derart tönernen Füßen, daß 1969 eine Eingliederung von Kama Sutra bei → Buddah Records unvermeidlich war.
Etiketten (USA): gelb (1965 – 69), pink (1969 – 72), Bildmotiv – Wald (ab 1972).

KAMMERTON

Der Normstimmton a^1 wurde 1939 als international verbindliche Größe mit einer Frequenz von 440 Hz bei einer Lufttemperatur von +20° Celcius festgelegt. Zum Stimmen von Musikinstrumenten untereinander, also dem Herstellen einer klanglichen Einheit, benötigt man einen gemeinsamen Ton, der im direkten Vergleich (möglichst) auch von allen Instrumenten selbst erzeugt werden kann. Als Referenz werden eine geeichte Stimmgabel oder ein Pegelgenerator benutzt. Die Festlegung eines Referenztons, auch Kapellton genannt, richtet sich auch nach dem Frequenzumfang der beteiligten Instrumente oder

Stimmen. Man unterscheidet Opern-, Chor-, Kammer- und Kornetton. In den letzten Jahrhunderten wurde durch die allgemeine Aufführungspraxis, die Entwicklungen im Instrumentenbau, aber auch vom Zeitgeschmack der Aufführenden wie dem Publikum verursacht, der Kammerton immer weiter erhöht. In der Zeit vor dem Normstimmton wurden auch Kammertöne verwendet, die aber in ihrer Abstimmung willkürlich und momentan waren. Mit der Bestimmung eines fest umrissenen Normstimmtons brach man die bis dahin übliche Praxis, je nach Zeit, Ort und Selbstverständnis der Musiker/des Dirigenten den Kammerton zu wählen und stellte der Aufführungspraxis einen eindeutigen Bezugspunkt zur Verfügung. Anmerkung: Zur genauen Festlegung der Abspielgeschwindigkeit eines nicht exakt standardisierten Tonträgers benutzt man den Kammerton. Indem man die Stimmgabel anschlägt und den Ton mit der Tonhöhe der Aufnahme vergleicht, können geschulte Ohren eine sehr exakte Feineinstellung der Drehzahl vornehmen. Diese Methode wird prinzipiell zum exakten Abspiel von → Schellackplatten und → transcription records benötigt, da bei beiden Formaten abweichende oder fehlertolerante Aufzeichnungsgeschwindigkeiten üblich waren.

KARDANISCHE LAGERUNG

→ Tragarmlager

KATALOG

1. Nachschlagewerk der Schallplattenfirma für den Handel (→ Fachhandelskatalog).
2. Bezeichnung für alle von einer Schallplattenfirma veröffentlichten Tonträger (→ Titelkatalog).
3. differenziert für die Veröffentlichungen eines Sublabels oder als Bezeichnung dessen (z.B. Deutsche Grammophon, Heliodor).
4. Nachschlagewerk der Schallplattenfirma für den Endkunden (→ Kundenkatalog).
5. Von Historikern, Diskographen, privaten Sammlern bzw. Sammlermagazinen zusammengestellte Auflistung, → Diskographie oder → Sammlerkatalog.

KATALOGNUMMER

Kurzbezeichnung für eine Tonträgerveröffentlichung innerhalb eines Katalogs. Man unterscheidet drei verschiedene Grundformen: numerische und alphanumerische Katalognummern sowie Buchstabencodes.

1. Die reinen numerischen Ordnungen stellen das Gros aller Kataloge dar. Dazu benutzt man Ziffernblöcke (zwei- bis vierstellig), die in aufsteigender Folge die Entwicklung des Katalogs dokumentieren. Eine frühe Veröffentlichung innerhalb der Firmengeschichte wird demnach eine niedrige Katalognummer besitzen. Zusätzliche Ziffernblöcke (zwei- oder dreistellig) können die eigentliche Katalognummer um → Preiskategorie oder Format ergänzen.

Mitunter werden in die Bestellnummer auch Ländercodes numerisch integriert. Beispiel: VEB Deutsche Schallplatten Berlin (DDR), Katalognummer 8 25 893; Ziffer 1 zeigt Format (LP); Ziffer 2 zeigt Label/Genre (Eterna, Kammermusik); Ziffer 3 zeigt Aufzeichnungsart (stereo); Ziffern 4 bis 6 zeigen laufende Katalognummer. Allgemeiner Formatschlüssel: 4 = Single; 5 = EP; 7 = 25 cm-Album (bis 1964); 7 = DMM-LP (ab 1984); 8 = LP. Schlüssel für Label/Genre: 0 = Sonderproduktion; 1 = Eterna (Arbeiterlied, politisches Lied); 2 = Eterna (Oper, Sinfonik, Vokal, Kammermusik); 3 = Eterna (Volksmusik, Volkslieder); 4 = Amiga (U-Musik, Operette, Musical, Folklore, Chanson, Filmmusik); 5 = Amiga (Schlager, Rock/Pop, Jazz/Blues); 6 = Litera (Literatur, Dramatik, Dokumentation, Kabarett); 8 = Nova (zeitgenössisches Musikschaffen). Schlüssel für die dritte Ziffer: ursprünglich 0 = mono; 5 = stereo (bis 1970); Erweiterung für die Ziffern 4-6 (ab 1971) um den Katalog in Tausenderstaffeln zu führen (Eterna 8 55 xxx/8 56 xxx/8 57 xxx). Die letzten drei Ziffern zeigen die fortlaufende Nummer innerhalb des so gebildeten Unterkatalogs. Ergänzungslösung bei Sonderproduktionen (Ziffer 2 = 0) für die dritte Ziffer: 1 = Robotron; 2 = Enzyklopädie; 3, 4, 6, 8 und 9 = allgemein, 5 = Meßplatten; 7 = Schola.

2. Alphanumerische Katalognummern gliedern den Katalog ebenfalls numerisch, nutzen aber Buchstaben(kombinationen) zur Abgrenzung von Zusatzangaben. Beispiel: 4AD Records (UK), Katalognummer CAD 1204; C = Pre-Prefix Format (Album, LP), AD = Labelname (4AD); 12 = erster numerischer Teil der Bestellnummer zeigt Jahr der Erstveröffentlichung (hier 1992, ab Labelgründung 1980 aufwärtszählend, Ausnahme 1980 ohne Zähler); 04 = Zähler für die entsprechende Veröffentlichung des Jahrgangs. Weitere Format-Prefixe: ohne = Single, B = Maxi-Single, C = MusiCassette (als Ergänzung CAD C), D = DeLuxe-Edition (als Ergänzung CAD D), DT = DAT (als Ergänzung CADT), J = EP, M = Mini-LP, V = Video.
3. Bestellnummern mit einer künstlerbezogenen Buchstabenkombination und einem numerischen Suffix werden hauptsächlich im angelsächsischen Raum als werbewirksame Ergänzung einer numerischen Bestellnummer genutzt. Beispiel: EMI Records (UK), Katalognummer MRL 2 (nur auf Cover); für den britischen Markt gültige Bezeichnung der EMI-LP EJ 24 0340 1. Das Etikett zeigt ausschließlich die kompatible Stammkatalognummer. In zyklischen Abständen, oft nach Fusionen oder Übernahmen, ordnen große Schallplattenfirmen ihren Katalog und vergeben dabei für weiterhin gelistete Tonträger neue Bestellnummern. Mitunter werden auch die Firmenkataloge grundsätzlich neuorganisiert, so daß z.B. bisherige sechsstellige Bestellnummern durch siebenstellige Codes ausgetauscht werden. Derart große Eingriffe in den Katalog sind für die historische Einordnung einer Pressung überaus hilfreich.

KENNRILLE

→ Trennrille

KLANGBÜHNE

Bezeichnet eine aufnahmetechnische Interpretation der Partitur bzw. Aufführungspraxis eines Werkes aus der E-Musik. Mit Aufkommen der Multimikrophonie (nach 1960) begann man, im Studio mit Hilfe der Aufnahmetechnik musikalische »Großaufnahmen« der Solisten (Stimme oder Instrument) zu erstellen. Vorrangig in Opernaufnahmen wandern die Sänger auf der »imaginären« Klangbühne, treten an den vorderen Bühnenrand oder in den Hintergrund und vermitteln so dem Hörer eine glaubhafte Illusion der Kulisse. Anders als bei einer stereophonen Abbildung des tatsächlichen Raums und den Aktivitäten der dort operierenden Protagonisten ist die Klangbühne eine gestalterische Umsetzung. Die Tontechnik greift hier in die Abbildung und Definition von Raum und Zeit ein, erschafft den Ort der Handlung und schmückt ihn akustisch aus.

KLAPPCOVER

Aufklappbare, als Schlauchtasche gefertigte → Außenhülle (→ auch Cover) einer Schallplatte. Das Klappcover (gatefold sleeve) läßt sich wie ein Buch öffnen und stellt eine deutliche Aufwertung der Schallplatte dar. Da man über zwei Einschuböffnungen verfügt, wird das Klappcover vor allem zur Verpackung von → Doppelalben verwendet. Eingeheftete Booklets unterstreichen mitunter das buchartige Erscheinungsbild. In seltenen Fällen werden auch mehrfach aufklappbare Cover (foldaround, foldout, foldover sleeve) hergestellt. Für die Covergestaltung sind Klappcover besonders interessant, da der Designer über eine größere Fläche und mehr Gestaltungsmöglichkeiten verfügt. Für einige Musikrichtungen wie den Progressive oder Art Rock galten Klappcover über viele Jahre als kongeniale Verpackungsform, die dramaturgische und formal-ästhetische Aspekte in das äußere Erscheinungsbild der Schallplatte überführten.

KLEMMEFFEKT

Infolge des sich ständig ändernden → Rillenöffnungswinkels bei der Aufzeichnung der Rille kommt es bei der späteren Abtastung zur Anhebung der Nadel. Ein kleinerer Rillenöffnungswinkel drückt die Nadel nach oben und bewegt sie damit aus der effektiven Modulationsebene. Dabei entstehen in Abhängigkeit von geometrischen Abweichungen der Abtastebene sogenannte → Klemmverzerrungen.

KLEMMVERZERRUNGEN

Durch den → Klemmeffekt verursachte Verzerrungen des abgetasteten Signals. Innerhalb der Stereoabtastung ergeben sich die Verzerrungen im Summenkanal (L+R) und erscheinen bei der akustischen Wiedergabe im Differenzkanal (L-R). Ein entsprechend optimierter Nadelschliff (bi- oder multiradial) minimiert das Auftreten von Klemmverzerrungen.

KLIRREN

Umgangssprachlich für unangenehme, deutlich wahrnehmbare Verzerrungen bei der (elektrischen) Wiedergabe von Tonaufzeichnungen oder -übertragungen (Rundfunk). → Klirrfaktor

KLIRRFAKTOR

Maß für die Gesamtheit aller harmonischen Verzerrungen innerhalb der Signalerzeugung und Übertragung. Der Klirrfaktor berücksichtigt die Grund- und Oberwellen des Signals und gibt die Verzerrungen der Oberwellen (1. und 2. Ordnung) als Klirrwert in Prozent an

KNACK

Auch als Knackstörung bezeichnete kurzzeitige Impulsspitze während des Abtastvorgangs. Der Knack wird zumeist von Kratzern oder festsitzenden Dreckpartikeln verursacht. Mitunter sind Knackstörungen auch fester Bestandteil der Pressung, da sich innerhalb des Herstellungsprozesses der Schallplatte entsprechende Fertigungsfehler eingeschlichen haben.

KNISTERN

Kurzzeitige Impulsspitzen während des Abtastvorgangs, die zumeist von statischen Aufladungen oder feinen Haarkratzern verursacht werden. Abhilfe kann das Entladen der Schallplatte oder eine bessere Erdung von Schallplattenspieler und Abtastsystem schaffen.

KOMPANDER

Als Hilfsmittel zur Verbesserung der Signalübertragung werden auch Kompander verwendet. Dabei handelt es sich immer um ein zweigeteiltes System, das bei der Aufzeichnung des Signals einen Kompressor und zur Wiedergabe einen Expander benötigt. Der Kompressor verändert während der Aufnahme das Ursprungssignal, indem er die schwachen Pegel soweit anhebt, daß sie im effektiven Dynamikbereich des Trägermediums liegen. Den Faktor, um den die Kompression erfolgt, nennt man Kompandierungsgrad. Bei der Wiedergabe streckt der Expander das eingeengte Signal wieder auf seinen ursprünglichen Umfang (Expansionsgrad). Verhalten sich Kompression und Expansion in allen wichtigen Einzelparametern (Frequenz, Pegel- und Zeitabhängigkeit) spiegelbildlich zueinander, tritt theoretisch kein Informationsverlust auf. Für die Umsetzung dieses Systems haben sich zwei unterschiedliche Ansätze durchgesetzt. Frequenzabhängige Kompander (Dolby A, B, C, SR u.a.) teilen den zu übertragenden Frequenzbereich in Einzelsegmente und verstärken diese mit unterschiedlichen Faktoren. Dabei werden z.B. die Höhen weniger komprimiert als die Tiefen, womit sich diese Systeme besonders gut für Magnetbandverfahren eignen. Breitbandkompander arbeiten hingegen den gesamten Frequenzbereich ohne Aufteilung ab. Dazu nutzt man lineare Verfahren (dbx) ebenso wie mit Ansprech- und Abfallzeitkonstanten versehene Systeme (CX,

UC). Letztere eignen sich besonders gut zum allgemeinen Einsatz, da bei ihnen die Expansion nicht unbedingt erforderlich ist. Zur Kompression von Tonsignalen auf kommerziell veröffentlichten Schallplatten wurden bislang die Verfahren dbx, CX und UC genutzt. Zur erfolgreichen Nutzung eines Kompanderverfahrens benötigt man einen kompatiblen und eingepegelten Expander. Bei Fehlanpassungen wird entweder der Expansionsgrad unterschritten, oder es kommt zum Atmen bzw. Pumpen (gestiegene Rauschmodulation) oder zu erheblichen Signalverzerrungen.

KOMPATIBILITÄT

Bezeichnet die Möglichkeit, eine genormte Aufzeichnungsart mittels eines Wiedergabesystems zu reproduzieren, das eigentlich für eine andere genormte Aufzeichnungsart konstruiert wurde. Das beste Beispiel ist die unkomplizierte Möglichkeit, mit einer Stereo-Wiedergabeanlage eine monophone → Mikrorille wiederzugeben. Verfügt ein moderner Schallplattenspieler auch über 78er Geschwindigkeit und wechselt man das Abtastsystem (oder → Nadeleinschub) gegen ein geeignetes zur Abtastung der → Normalrille, kann man Schellackschallplatten auch auf einer Stereoanlage spielen. In entgegengesetzter Richtung sind die Formate inkompatibel und ein entsprechendes Abspiel führt in der Regel zu irreparablen Schäden in der Rille.

KOMPRESSOR

Elektrische Schaltung zur Verringerung der Dynamik eines Tonsignals. Dazu verwendet man spezielle Verstärkerzüge, die die großen Pegel eines Ursprungssignals weit weniger verstärken bzw. mehr dämpfen, als dessen schwächere Pegelanteile. Im Tonstudio werden Kompressoren u.a. zur Einengung des Dynamikumfangs einer Aufzeichnung, aber auch zur künstlerischen Gestaltung der Aufnahme verwendet. Eine andere Möglichkeit ist die Verwendung eines Kompressors innerhalb eines → Kompanders. Diese Systeme werden u.a. zur Rauschminderung bei Magnetbändern und Schallplatten verwendet.

KONTAKTPFLEGE

Da außer Gold alle anderen verwendeten Materialen oxidieren, sollten alle elektrischen Steckkontakte einer Wiedergabeanlage in regelmäßigen Abständen überprüft und gereinigt werden. Neben Oxydationsverunreingungen setzen sich aber auch Einflüsse aus der Umwelt auf den offenen Kontakten ab. Der einfachste Weg ist das mehrmalige Ziehen und Stecken der Verbindungen, wobei die auftretende Reibkraft zumeist wieder wirkungsvolle Kontaktflächen herstellt. Je kleiner eine Steckverbindung ist, desto schneller kann sie verdrecken. Vor allem die miniaturisierten Kabel- und Steckverbindungen zwischen Abtastsystem und Tragarm sollten öfters überprüft werden, da hier eine Verunreinigung sich mitunter dramatisch auf den Klang auswirkt. Anmerkung: Der Zubehörmarkt hat in den letzten zehn Jahren unzählige spezielle Sprays und Flüssigkeiten hervorgebracht, von denen eine beträchtliche Anzahl sich hervorragend zur Kontaktreinigung eignet. Aber Achtung, einige der Wunderwasser sind einfach unverschämt teuer!

KONTERFACETTEN
Am → Schneidstichel längs der Stichelkante angebrachte kleine Facetten (2-4 μm), die beim Lackschnitt helfen, das auftretende → Grundgeräusch zu senken.

KONZEPTALBUM
Bezeichnung für eine Schallplatte, deren gesamtes Programmaterial untereinander in inhaltlichem und/oder formalem Bezug steht. Im Unterschied zu einer nachträglich zusammengestellten → Kopplung von bereits vorliegenden Einzelaufnahmen entsteht das Konzeptalbum aus dem Bedürfnis heraus, den Werkcharakter des künstlerischen Arbeitsprozesses zu stärken. Vorrangig im Rock werden seit Mitte der 60er Jahre immer wieder komplex organisierte Kompositionen oder inhaltlich miteinander verknüpfte Texte dramaturgisch eingesetzt. Eine entsprechend am Inhalt der Schallplatte orientierte Covergestaltung verstärkt den Charakter des Konzeptalbums.

KOPPLUNG
1. Bezeichnung für die Titelreihenfolge auf einem Tonträger. Der Begriff wird eigentlich nur benutzt, wenn sich in der Abfolge eventueller Nachauflagen diese in ihrer Titelreihenfolge von der ursprünglichen Kopplung (gleicher Albumtitel) unterscheiden oder um zusätzliches Material ergänzt wurden. Man spricht dann von Ur- und Neukopplung.
2. Monothematische Zusammenstellung von Tonaufnahmen, die im Original auf verschiedenen Tonträgern zu finden sind. Man unterscheidet grundsätzlich zwischen Künstler-Kopplungen (z.B. Best of ABBA) und Genre-Kopplungen (z.B. Best of Punk). Umgangssprachlich oft als Best of..., Die verträumtesten..., Greatest Hits etc. bezeichnet.

KOPRODUKTION
Bezeichnung für eine kooperative Zusammenarbeit zwischen zwei oder mehreren Schallplattenfirmen zur Erstellung einer Tonaufnahme. Koproduktionen sind immer dann sinnvoll, wenn die beteiligten Partner über eigenständige Absatzmärkte verfügen oder in einer gemeinsamen Aktion einige ihrer erfolgreichsten Künstler zusammen präsentieren wollen. Je nach Absprache und Vertragslage teilt man sich die Produktionskosten und den Gewinn. Vor allem zu Zeiten des eisernen Vorhangs waren Koproduktionen zwischen westlichen Schallplattenfirmen und Ostblock-Firmen oft der einzige Weg, um an namhafte Solisten oder Klangkörper des Ostens zu gelangen. Natürlich gab es auch einen finanziellen Vorteil: Die Produktion im Osten war auch preiswerter. Zahlreiche Westfirmen nutzten die Möglichkeit, so ihren E-Musik-Katalog preiswert auszubauen.

KORUND (AL 203)

Aus dem Tamilischen stammende Bezeichnung für eine harte sechseckige Kristallstruktur, die in ihrer blauen Färbung als Saphir und in rot als Rubin bekannt ist. Für den Einsatz als → Schneidstichel erzeugt man diese Kristallstukturen synthetisch, wobei der blaue Saphir wegen seiner besseren Struktur (kein Korn) und größeren Reinheit (frei von Verunreinigungen) bevorzugt wird.

KOSMISCHE KURIERE

→ Ohr Schallplatten

KRANZ

Der beim → Preßvorgang zwischen den beiden → Preßformen hervorquellende Teil der → Preßmasse, der außerhalb der eigentlichen Nutzfläche der Schallplatte liegt. Dieser Kranz wird nach dem Preßvorgang maschinell abgeschnitten. Prinzipiell werden der Kranzbruch und anfallende Ausschlußplatten (nach Ausstanzen der Etikettfläche) in einer Mühle zerkleinert und das neugewonnene Granulat in den Produktionsprozess eingebracht. Im Rahmen einer firmeninternen Festlegung verwendet man das recycelte Material entweder zur Herstellung weniger anspruchsvoller Schallplatten (z.B. Singles) oder mengt es unter jungfräuliches Granulat. Messungen haben nachgewiesen, daß einmal ausgeformtes Vinyl sich bei einem weiteren Preßvorgang deutlich stabiler verhält und die Flexibilität der Schallplatte abnimmt. Andererseits formt sich das Material nicht perfekt aus, und eine vollständig aus recyceltem Vinyl hergestellte Schallplatte ist anfälliger. Die meisten Hersteller verwenden – aus ökonomischen und neuerdings auch ökologischen Gründen – einen Materialmix aus neuem und altem Vinyl, wobei letzteres niemals mehr als 40 % der Gesamtmasse ausmachen sollte.

KRISTALL-TONABNEHMER

→ piezoelektrische Abtastsysteme

KRÖPFUNGSWINKEL

Bei → Drehtonarmen notwendige Verdrehung der Längsachse des → Abtastsystems zur Längsachse des → Tragarms, um den → tangentialen Spurfehlwinkel zu minimieren. Der Kröpfungswinkel bezeichnet die Abweichung beider Längsachsen zueinander als Winkelmaß in Grad. In der Regel wird der sich aus der Konstruktion ergebende Kröpfungswinkel durch den am vorderen Tragarmende montierten → Tonkopf realisiert.

KUCKUCK

Kuckuck gehörte zu den ersten unabhängigen Schallplattenfirmen der BRD, die mit der sich ab 1970 entwickelnden deutschen Rockmusik gute Geschäfte machen konnten. Das von Rahn, Goller und Mosel gegründete Münchener Speziallabel wurde durch eine effektive Zusammenarbeit mit der Polydor (Herstellung, Vertrieb) neben → Brain Schallplatten zu dem führenden Deutschrock-Label der 70er Jahre. Indem Kuckuck nach 1975 verstärkt auf esoterische Musik und Klänge setzte, koppelte man sich von zukünftigen musikalischen Entwicklungen ab. Künstlerstamm: Armaggedon, Deuter, Peter Michael Hamel, Michael Hönig, Paul Horn, Ihre Kinder, Kitaro, Out of Focus, Terry Riey u.a.

KUNDENKATALOG

Regelmäßig – oft einmal im Jahr – erscheinender Spezialkatalog einer Schallplattenfirma, der in Form und Inhalt auf den Endkunden zugeschnitten ist. Der Kundenkatalog ist fast immer als → Interpretenkatalog aufgebaut, der nach der Nennung des Albumtitels häufig um ein → Tracklisting und ein zentrales Personenregister ergänzt wird. Zu Werbezwecken werden alle Tonträger auch im Bild (oft farbig) vorgestellt. Beim Aufbau eines Kundenkatalogs werden ästhetische und didaktische Aspekte in den Vordergrund gestellt. Der Kunde wird dabei ohne ablenkende Gesten durch das Repertoire geführt. Mehrfachnennungen eines Albumtitels – bei zwei oder mehr Interpreten – sind üblich. Redaktionelle Beiträge (Komponisten-, Künstler- oder Technikporträts) können den Katalog zudem auflockern und zugleich spannender gestalten. Keine Schallplattenfirma wird dabei auf eine umfassende, wohlwollende Eigendarstellung verzichten. Darüber hinaus werden unregelmäßig kleinere Einzelkataloge, als Begleitmaterial einer speziellen → Reihe, → Serie oder → Edition, veröffentlicht. Ebenso können zur weiterführenden Kundeninformation und Anregung des Marktes tonträgerspezifische Kataloge (beispielsweise → Quadro) oder ausführliche → Sublabel- bzw. Genre-Kataloge erscheinen. Seit den späten 70er Jahren werden in Kundenkatalogen nur noch selten, und dann oft verschlüsselt, Angaben zum Einzelpreis bzw. zur Preisgruppe veröffentlicht.

KÜNSTLERLIZENZ

Veraltete Bezeichnung für Tantiemen.

KÜNSTLER-SCHALLPLATTENLABEL

Von einer künstlerisch tätigen Einzelperson (Komponist, Texter, Interpret) oder einer artverwandten Gruppe (Band, Ensemble, Orchester) gegründete Schallplattenfirma zur Produktion eigener oder fremder Tonaufnahmen und der Vermarktung daraus resultierender Tonträger. Die mögliche Palette reicht von der komplett unabhängigen Firma mit funktionsfähiger → Distribution über Produktionsfirmen mit Fremddistribution (Indie oder Major) bis zum kontrollierten Pseudo-Label eines → Majors. Die Gründung eines Künstler-Schallplattenlabels setzt immer voraus, daß sich der Inhaber davon eine Verbesserung seiner Arbeitsbedingungen, seiner Rendite und seiner Popularität verspricht.

KUNSTSTOFFPLATTEN

Veraltete Bezeichnung aus den 50er Jahren zur Abgrenzung der damals neuartigen, aus Kunststoff hergestellten Langspielplatte (Single usw.) gegenüber der klassischen Schellackschallplatte, die ja ihren Namen auch aus dem verwendeten Material bezog. Wird aber immer wieder auch als verallgemeinerte Bezeichnung für alle, aus verschiedenartigsten Kunststoffen gefertigten Schallplatten verwendet.

KUPFER-MASTER

Bezeichnung für die fertiggestellte → Urplatte im → Direct Metal Mastering-Verfahren. Das Kupfer-Master kann direkt als → Mutter innerhalb der → Galvanoabfolge fungieren. Die Erstellung eines → Vaters wie im Lackverfahren ist hier nicht nötig. Bei sehr hohen Auflagen wird dennoch eine zusätzliche Umkopierung vorgenommen, um genug → Preßmatrizen zu erhalten.

KURZ- BZW. LANGFASSUNG

Um der geringen Laufzeit einer → Single zu entsprechen oder eine Hitparaden-Tauglichkeit (Laufzeit kleiner 4 Min.) herzustellen, benutzt man technische Gestaltungsmöglichkeiten (→ Cut) zur Verkürzung der Tonaufzeichnung eines Einzeltitels. Das → Album enthält dann den Titel in seiner ursprünglichen Langfassung, die parallel dazu veröffentlichte Single hingegen die Kurzfassung. Speziell während der frühen Phase des Progressive Rock, als die Einzeltitel immer weiter ausuferten, Konzeptalben zum Standard wurden und durchkomponierte Stücke ganze Seiten füllten, versuchten einige Schallplattenfirmen auch weiterhin die → Hitparade als Marketinginstrument zu benutzen. Für die dazu notwendige Single-Auskopplung wurden entsprechend gekürzte, neu eingerichtete → Abmischungen angefertigt, die dann der üblichen Laufzeit einer Single entsprachen, aber fast immer dramaturgische Mängel gegenüber der Langfassung aufwiesen. Erst als das → Konzeptalbum sich kommerziell überzeugend zu einer eigenständigen Kunstform entwickelte, entschied man sich gegen einen Hitparadeneinsatz und unterstrich damit einmal mehr den »hochkulturellen« Anspruch im Sinne der → E-Musik. Das Gros dieser Singles erfüllte die in sie gesetzten Erwartungen keineswegs, da die Songs in den seltensten Fällen wirklich über ein echtes Hit-Potential verfügten, und der interessierte Käufer sich fast immer für die → Langspielplatte entschied. Speziell die zwischen 1968 – 73 veröffentlichten Single-Auskopplungen aus den großen Konzeptalben jener Zeit zählen heute, aufgrund äußerst geringer Auflagen, zu den begehrtesten Sammlerstücken.

L

LABEL

Unterfirmierung innerhalb einer Schallplattenfirma. Exakt formuliert handelt es sich um eine Schallplattenmarke, mit der eine Schallplattenfirma an die Öffentlichkeit tritt. Dabei kann es zu Namensgleichheiten kommen (Hauptlabel). Besitzt eine Schallplattenfirma nur eine → Marke ist eine Namensgleichheit die Regel. Durch den ständigen Konkurrenzkampf innerhalb der Tonträgerindustrie kam und kommt es permanent zu Übernahmen von (zumeist) kleineren Schallplattenfirmen, die dann häufig auch als eigenständiges → Sublabel innerhalb der neuen Mutterfirma weitergeführt werden. Umgangssprachlich wird Label auch als Bezeichnung für das Papieretikett der Schallplatte benutzt. Hier nimmt man Bezug auf die englische Doppelbedeutung des Wortes (Aufkleber und Aufschrift).

LABEL COPY

→ Schallplattenpaß

LABELAUFKLEBER

1. Korrigierter Warenzeichen-Aufkleber, der im Falle einer anderen Eigentumslage der Schallplattenmarke im Importland das ursprüngliche Etikett teilweise oder vollständig überdeckt. Vor allem die US-amerikanische → Columbia, in Europa durch → CBS vertreten, benutzte immer wieder Labelaufkleber zur Abdeckung des Columbia-Schriftzuges, da dieser Markenname in der BRD von der → EMI Electrola gehalten wird. Diese wiederum verwendete für ihre His Masters Voice-Exporte in die USA Odeon-Aufkleber, da → Nipper dort der → RCA gehört. Mitunter findet man auch Teilauslöschungen des Etiketts durch Schwärzung.
2. Vom bundesdeutschen Zoll wurden in den 50er Jahren zahlreiche → Import-Schallplatten aus Übersee mit einer Freimachungsmarke versehen, die das ordnungsgemäße Verzollen bestätigt und die Zollgebühr in DM angibt. Der daraus resultierende Mehrpreis von 3 bis 8 DM gegenüber einer »deutschen« Pressung ließ sich so auch dem Kunden gegenüber rechtfertigen.
3. In den 50er bis 70er Jahren haben »pfiffige« Phonohändler mitunter → Cover und → Etikett mißbraucht, um mit kleinen Werbeaufklebern für ihr Fachgeschäft zu werben.

LABEL-CODE

Von der Gesellschaft zur Verwertung von Leistungsschutzrechten (GVL) und den (öffentlich-rechtlichen) Rundfunkanstalten eingeführter vierstelliger Zahlenschlüssel, der eine computergestützte Abrechnung ermöglicht. Der Sendenachweis der Rundfunkanstalten wurde dadurch radikal vereinfacht, da nunmehr nur noch Interpret, Titel und Label-Code genügten, um den jeweiligen Rechtsinhaber einer Tonaufnahme eineindeutig zu ermitteln. Der Code basiert auf einem von Sveriges Radio entwickelten System zur unkomplizierten Zuordnung und Verknüpfung der Verlags- und Produktionsrechte. Dadurch wird zwar jeder Firma eine Zahlenkombination zugesprochen, aber der letztlich anzuwendende Code steht in Zusammenhang mit den Verlags- und Verwertungsrechten. So kontrollieren die stärksten Musikverlage auch direkt die Verwertungsrechte der Aufnahme. Seit 1976 werden alle in der BRD für den Binnenmarkt gefertigten Schallplatten mit einem auf dem Etikett gut lesbaren Label-Code versehen. Das System wird rückwirkend auch für alle bisherigen Tonaufnahmen angewandt, so daß sich Nachauflagen für den Sammler sehr schnell über den Label-Code verraten. Mit dem Siegeszug der CD begann man Ende der 80er Jahre massiv grenzüberschreitend zu produzieren, so daß nun auch im Ausland (z.B. England) gefertigte Schallplatten über den für den deutschen Binnenmarkt notwendigen Label-Code verfügen.

LABELFARBE

In der hüllenlosen frühen Schellack-ära wurde die Tradition der Warenauszeichnung durch das Etikett geboren. Damals nutzte man das Etikett nicht nur für die üblichen Angaben (Interpret, Titel, Urheber usw.), das Warenzeichen und Firmenlogo, sondern auch zur farblichen Kodierung der Preisgruppe. Innerhalb der Labelkunde kommt der Farbbestimmung des Labels eine große Bedeutung zu, da sich an der Abfolge einzelne Veröffentlichungs- und Fertigungsetappen festmachen lassen.

LACKFOLIE

Zum Lackschnitt benutzter → Aufzeichnungsträger, der aus einer ebenen Aluminium-Scheibe (Materialstärke ca. 1mm) besteht, die beidseitig eine homogene Schicht (ca. 0,3 mm) aus Azetat-Lack trägt.

LACKSCHNITT

Seit Ende der 40er Jahre gebräuchliches Umschnittverfahren, bei dem die → Rille in eine →Lackfolie geschnitten wird. Auf dem Plattenteller der Umschnitteinheit wird diese Folie mittels Unterdruck angesaugt, um eine optimale Planlage der Aufnahmeebene sicherzustellen. Die Rille schneidet ein → Schneidstichel aus Saphir oder Rubin, der dabei anfallende Span wird abgesaugt. Der → Plattenteller der Aufzeichnungseinheit rotiert mit der vorgesehenen Aufzeichnungsgeschwindigkeit (→ Nenndrehzahl), der → Schreiber wird durch eine Antriebsvorrichtung während des Schneidprozesses tangential über die

→Aufnahmeplatte geführt. Seit den 50er Jahren wird zur optimalen Ausnutzung der Plattenkapazität, der → Vorschub durch entsprechende Steuerverstärker variabel geregelt (→ Füllschrift). Der Schreiber wandelt das anliegende Signal des Zuspiels in mechanische Bewegungen. Der so angeregte Schneidstichel graviert in die Lackfolie eine Rille, die der gewählten Schriftart und der jeweiligen Norm entspricht. Um einer thermischen Zerstörung des Antriebssystems vorzubeugen, besitzen die Schreiber seit Ende der 60er Jahre eine → Heliumkühlung. Dadurch verbessert sich auch das Übertragungs- und Aufzeichnungsverhalten der Einheit. Moderne Schreiber zeichnen den vorgesehenen → Musikübertragungsbereich fast verlustfrei (30 Hz bis 16 kHz, ± 0,5 dB) auf. Seit Mitte der 60er Jahre nutzte man auch elliptische Verzerrer zur Unterdrückung der Tiefenschriftanteile, und konnte dadurch die Abtastbarkeit tiefer Frequenzen deutlich steigern (→ Tracing Simulator).

LAGERUNG VON SCHALLPLATTEN

Bei der → Schallplatte handelt es sich um ein thermoplastisches Industrieerzeugnis, das sich unter Druck und Hitze instabil verhält. Unter normalen Bedingungen (Raumtemperatur, Aufstellung) verhalten sich die Platten praktisch stabil. Kommt es zu einer übermäßigen Erhitzung (>35°C) fängt das Material an zu arbeiten, die Schallplatte verzieht sich und wirft lange Wellen. Eine ungünstige Lagerung forciert diesen Prozeß. Optimal werden Schallplatten senkrecht aufbewahrt, da sie in dieser Stellung nur punktuell an ihrer Außenkante belastet sind und sich nicht aus dem Materialgewicht heraus verziehen. Günstig sind Regale mit relativ schmalen Fächern, bewährt haben sich dabei Aufteilungen mit Einzelfächern von 15 bis 35 cm Breite. Befinden sich genug Schallplatten in einem Fach, stabilisieren sie sich gegenseitig, wobei man ein unnötiges Stopfen vermeiden sollte, da auch dann eine ungünstige Spannung entsteht. Nicht komplett gefüllte Fächer sind kein Widerspruch, wenn man die Platten nur leicht anwinkelt (<15°). Natürlich kann man Schallplatten auch hinlegen, wobei man nie mehr als 20 Exemplare langfristig übereinander stapeln sollte, da sich sonst die obersten Scheiben verziehen.
Anmerkung: Auch die → Cover reagieren auf Lagerbedingungen und dabei besonders stark bei auftretender Feuchtigkeit. Im Falle eines Wasserschadens die Schallplatten sofort einzeln aufstellen oder hinlegen und trocknen lassen.

LAND

Englische Sammlerbezeichnung für den → Spiegel (inside margin) einer Schallplatte.

LANGSPIELSCHALLPLATTE

Von der US-amerikanischen Schallplattenfirma → Columbia Records im Jahr 1948 eingeführtes Tonträgerformat. Dabei handelt es sich um eine Kunststoffplatte mit Mikrorille und 33 1/3 Upm Aufzeichnungsgeschwindigkeit. Der normale Durchmesser beträgt 30 cm, als Alternative ist auch ein Durchmesser von 25 cm möglich. International konnte sich die neue → LP binnen kurzem durchsetzen und auch zahlreiche europäische Schallplattenfirmen übernahmen das Format (1950 Decca; 1951 DGG, Supraphon; 1952 EMI, DSB). Ende der 50er Jahre hatte die LP ihr Vorgängerformat, die Schellackschallplatte, vollständig verdrängt.

LASERGRAVUR
→ etched disc

LASER-SCHALLPLATTENSPIELER
→ Finial

LAST
Mit einem fünfteiligen Set flüssiger Essenzen zur Reinigung und Konservierung von Schallplatte und Abtaststift bietet der US-amerikanische Zubehörspezialist eines der umfangreichsten Programme auf diesem Gebiet. In kostspieligen Miniaturabfüllungen (7 – 60 ml) werden zwei Schallplattenreiniger (Formula 1 & 3), ein Schallplattenversiegler (Formula 2), ein Nadelreiniger (Formular 4) und ein Nadelversiegler (Formular 5) angeboten, die ihre Aufgabe zwar angemessen erfüllen, aber keineswegs wie versprochen außergewöhnliche Reinigungserfolge garantieren. Hier kommt es wie bei zahllosen anderen Spezialgemischen zu einer imageorientierten Überbewertung. Was teuer ist, muß gut sein!

LAUFGERÄUSCH
Das Laufgeräusch einer Schallplatte entsteht während des Abtastvorgangs und setzt sich aus dem vorgegebenen → Grundgeräusch der Rille und dem individuellen → Nadelgeräusch zusammen.

LAUFWERK
Übliche Bezeichnung für die gesamte Konstruktionseinheit des Schallplattenspielers ohne Tragarm und Abtastsystem. Einige Hersteller bieten ihre üblicherweise kompletten Geräte auch als »offenes« Modell an, und ermöglichen dem Kunden so, sich eine individuelle Kombination zusammenzustellen

LAUFZEIT-STEREOPHONIE
→ AB-Verfahren

LEERRILLE
Eine unmodulierte Rille oder ein unmodulierter Teilabschnitt der Rille (→ Windung). Am häufigsten werden Leerrillen als → Trennrillen zwischen Einzelstücken des Programmmaterials eingesetzt. Besonders vorteilhaft sind zusätzliche Leerrillen im Anschluß an die → Einlaufrille, um das Abtastsystem nach dem Absenken weiter zu beruhigen. Ebenso sind Leerrillen zwischen Pro-

grammende und Beginn der Auslaufrille sinnvoll, um das Hörvergnügen nicht abrupt durch einen zu schnellen Vortrieb der Abtaster/Tragarmkombination zu stören. Von einer echten Leerrille spricht man nur dann, wenn die Quelle stillgeschaltet wird und somit auch kein Bandrauschen in der Rille aufgezeichnet wird.

LENCO

Deutsch-schweizerischer Gerätehersteller, der vor allem wegen seiner → Naßabspieleinrichtung Lenco Clean in den 70er Jahren Aufmerksamkeit erzielte. Über Jahrzehnte fertigte Lenco vorrangig Modelle im unteren und mittleren Preissegment, wobei die Baureihen 300, 400 und 800 besonders erfolgreich waren. Ende der 80er Jahre geriet man mit dem Absatz in Schwierigkeiten, versuchte mit einer Produktionsverlagerung nach Tschechien (Tesla) Boden zu gewinnen und konnte sich dennoch nicht weiter am Markt behaupten. Als Spitzenmodell der Firma wurde 1990 das Masselaufwerk Royal für 9000,- DM vorgestellt. Die Naßabspieleinrichtung wird auch heute noch in Lizenz gefertigt.

LEUCHTZIFFERN-DISPLAY

Anzeigesegment zur alphanumerischen Darstellung von Ziffern und/oder Buchstaben. In den 70er Jahren zuerst als Leuchtdiodenanzeigen eingeführt, und später durch LCD-Displays ersetzt, überzeugen diese elektronischen Anzeigen im Vergleich zu mechanischen Instrumenten durch ihre trägheitslose Darstellung von Ist-Zuständen. Bei Schallplattenspielern werden Leuchtziffern-Displays mitunter zur exakten Darstellung der aktuellen Drehzahl oder ihrer prozentualen Abweichung benutzt. Darüber hinaus geben komfortable Anzeigen auch eine Rückmeldung über den gewählten Schallplattendurchmesser (Vollautomaten) oder die bisherige Spielzeit.

LIBERTY RECORDS

Eine der zahlreichen US-amerikanischen Schallplattenfirmen, die nach Beendigung des Zweiten Weltkrieges gegründet wurden. In den späten 50er und frühen 60er Jahren konnte man im Rock & Roll-Sektor einige Erfolge feiern, aber sich auf Dauer nicht bodenständig behaupten. 1969 folgte die Eingliederung in den Katalog von United Artists (UA). Heute sind beide Backkataloge im Besitz der → EMI.
Etiketten (USA): türkisblau M, schwarz S (bis 1960); schwarz mit Regenbogen, goldenes Logo (1960 – 65); schwarz mit Regenbogen, blaues Logo (1966 – 69); blaues Logo, »Liberty/UA Inc.« (1970 – 79); grau (ab 1980).

LICHTBANDBREITE

Die Schallplatte zeigt bei einer senkrechten Betrachtung und einer flacheinfallenden Beleuchtung einen glänzenden hellen Streifen von wechselnder Breite, der quer über die Schallplatte verläuft und durch das reflexionsarme Etikett deutlich unterbrochen wird. Dieses Lichtband entsteht in der Rille und ist abhängig von der jeweiligen Rillenmodulation. Eine unmodulierte Rillenwand reflektiert das Licht nur punktuell, das Lichtband ist an dieser Stelle am schmalsten. Modulierte Rillenwände spreizen das Licht und die Bandbreite nimmt zu. Bei einer entsprechenden optischen Betrachtung lassen sich so leise und laute Stellen des Programminhalts unterscheiden. So sind z.B. bei Testplatten exakte Aussagen über den tatsächlich in der Rille aufgezeichneten Pegel der Testfrequenz möglich. Anmerkung: Rillen mit Informationen in Seitenschrift zeigen die Lichtbandbreite in jedem Lichteinfallwinkel.

LIED DER ZEIT

Von Ernst Busch 1946 in der Sowjetischen Besatzungszone gegründete Schallplattenfirma, aus der später der → VEB Deutsche Schallplatten hervorging.

LIEFERUMFANG

Alle authentischen Bestandteile einer Schallplattenveröffentlichung, die zum Zeitpunkt der Auslieferung Gegenstand der Wareneinheit sind. Wenn man eine Schallplatte fabrikneu erwirbt, geht man prinzipiell davon aus, daß die Ausgabe über den vollständigen Lieferumfang verfügt. Bei einem Kauf aus zweiter Hand erhält man hingegen nur selten eine vollständige Ausgabe, denn allzu oft fehlen → badges, → Beilagen, → Beihefte, → Lyricsheets, → Postkarten, → Rückantwortkarten, → sticker oder → bonus discs. Gebrauchte Schallplatten im vollständigen und möglichst unberührten Lieferumfang werden deutlich höher gehandelt. Andererseits verlieren → Japan-Pressungen ohne ihre typische Banderole (→ obi) schlagartig an Wert. Allgemeine Bestandteile einer Wareneinheit: Tonträger, Innenbeutel, Außencover. Weitergehende Bestandteile: Beilagen aller Art, individualisierte Innenbeutel, Ergänzungen des Covers (Banderolen, Schleifen, Druckknöpfe etc.), → Tragetaschen, → Umverpackungen.

LIMITED EDITION

Bezeichnung (engl.) für eine begrenzte Auflagenhöhe. Dabei setzt der Hersteller voraus, daß sich eine Schallplatte als → Sonderausgabe, z.B. mit veränderter Covergestaltung, Ausstattung, Bonustracks oder Fertigungsqualität erfolgreich am Markt plazieren läßt. Um den Absatz des Produkts anzuregen, versehen es die Marketingabteilungen mit dem Slogan »limited edition«. Diese Veröffentlichungspolitik ist nur dann für den Käufer von weitreichendem Interesse, insofern es sich um eine kleine Auflage handelt, die die tatsächliche Nachfrage unterschreitet und zum Spekulationsobjekt taugt. Andererseits werden Spezialausgaben wie beispielsweise → audiophile Schallplatten gern mit dem markigen Slogan versehen, obwohl in den meisten Fällen, je nach Abverkauf, identische Nachpressungen angefertigt werden. Den absoluten Wahn stellen einzeln nummerierte Ausgaben dar, wobei eine niedrige Nummer das frühestmögliche Produktionsdatum, oder im Falle → audiophiler Schallplatten eine frische → Matrize suggeriert. Inwieweit die auf dem Cover angebrachte Nummer tatsächlich mit der Preßfolge übereinstimmt, bleibt der Fantasie des Käufers überlassen.

LINE-CONTACT
Nadelschliff, → Abtastnadel-Querschnitte

LINERNOTES
Engl. Bezeichnung für einen Begleittext auf Schallplattenhülllen (zumeist Rückseite) bzw. als Text auf dem Innenbeutel oder gar als gesonderte Beilage (Booklet). Im Bereich der E-Musik handelt es sich dabei vorrangig um Werkeinführungen, Künstlerbiographien oder monothematische Aufsätze. Die Linernotes werden dabei wie Vor- bzw. Nachworte bei Büchern behandelt. Ähnlich verstanden sich in den 50/60er Jahren Textbeiträge auf Jazz- und Blues-Alben, die zum großen Teil von renommierten Musikkritikern verfaßt wurden. Mit Aufkommen der durchgestalteten Rockalben ergänzten Linernotes die im Song verwendeten Lyrics um zweite oder dritte Textebenen (z.B. Genesis – The lamb lies down on Broadway). Multitalentierte Künstler trieben aber auch die Verwertung von eigenen Fotografien, Collagen, Grafiken und Prosatexten als Ergänzung zum eigentlichen Tonträger voran. Durch die zunehmende musikhistorische Aufarbeitung von Einzelpersönlichkeiten und Genres werden Linernotes immer komplexer. Nicht selten erhält der Käufer 100-seitige, reich illustrierte Booklets im LP-Format als Beilage, die (oft) im Sinne des Herausgebers (Plattenfirma oder Band) von den guten und sehr guten Momenten im Leben des Künstlers künden. Inwieweit diese Publikationen eine werkkritische Literatur ersetzen, bleibt außen vor. Keineswegs verwechseln sollte man Linernotes jedoch mit den z.T. nicht enden wollenden Danksagungen von überschwenglichen Künstlern an Freunde, Bekannte und Mäzene.

LINN
Schottischer Hersteller für Schallplattenspieler, Tonabnehmersysteme und weitere Unterhaltungselektronik. Als Firmengründer Ivor Tiefenbrunn 1973 sein Subchassis-Laufwerk → LP 12 vorstellte, ahnte niemand, daß aus dem spleenigen Tüftler ein erfolgreicher Industrieller werden sollte. Linn kooperierte anfangs mit Naim (Elektronik) um das Loch zwischen dem Plattenspieler und dem ersten eigenen Lautsprecher zu stopfen. Tiefenbrunn konfrontierte die HiFi-Gemeinschaft seit den späten 70er Jahren mit mehreren fundamentalen Grunderkenntnissen: 1. Eine Anlage ist nur so gut wie ihr schwächstes Glied. 2. Jeder Fehler in der Kette zieht sich bis zum Ende durch. 3. Verbessere deine Produkte und binde den Kunden mit ständigen Updates an deine Marke. Neben der Geräteherstellung begann man Anfang der 80er Jahre, auch vorsichtig ein eigenes, gleichnamiges Label aufzubauen. Anfang der 90er Jahre präsentierte Linn als eine der ersten Firmen für Audiogeräte geeignete Schaltnetzteile. Produktauswahl: Basik (Einsteigerlaufwerk); Axis (Mittelklasselaufwerk); Trag-

arme Basik; Basik Plus; Akito (1988); Ittok LV (1979); Ittok LV Mk II (geschraubter Tonkopf, 1983); Ittok LV Mk III (geklebter Tonkopf, 1987), Ekos (1988); Ekos 2 (1993, Lagertoleranzen verbessert); Ekos 3 (1996, Lager, Innenverkabelung); MM-Abtastsystem K5 (elliptisch); K9; K9 MkII (Vital); K 18 (Vital); MC-Abtastsystem Klyde; Arkiv (Aluminium-Nadelträger, Vital-Schliff); Arkiv Mk II (Bor-Nadelträger, Line Contact Schliff); Phonovorverstärker Linto (hochintegrierte Schaltung). Die Abtastsysteme werden nach eigenen Spezifikationen größtenteils in Japan bei Skan Tech gefertigt.

LIVE-AUFNAHME

Eine während einer öffentlichen Aufführung (Konzert) oder unter vergleichbaren Verhältnissen im Studio aufgezeichnete Tonaufnahme. Auch bei Live-Aufnahmen wird seit Jahrzehnten im Sinne der Optimierung der künstlerischen Qualität zur Schere gegriffen, eventuelle Schwachstellen werden durch Montagetechniken korrigiert. Am eindrucksvollsten sind Live-Aufnahmen, wenn sie praktisch unbearbeitet das Ohr des Zuhörers erreichen und diesen durch die Authentizität der Aufführung überzeugen und begeistern.
Anmerkung: Live-Übertragungen im Rundfunk, die in Echtzeit ausgestrahlt werden, verstärken diesen Effekt und werden von einigen Hörern als Maß aller Dinge gewertet.

LIVING STEREO

In den 50/60er Jahren benutztes Markenzeichen der US-amerikanischen → RCA für ihr spezifiziertes stereophones Aufnahmeverfahren (2- und 3-Kanal) und die daraus abgeleiteten Schallplatten.

LIVING VINYL

Seit 1995 unregelmäßig erscheinende, deutschsprachige Schriftreihe zu allen Aspekten der analogen Schallplatte und Nadeltonaufzeichnung (nach 1948). Living Vinyl stellt Einzelwerke und Genreübersichten vor, veröffentlicht Künstler- und Label-Diskographien sowie Etikettenstammbäume, beleuchtet technische Aspekte der Aufzeichnung und Wiedergabe, analysiert verschiedene Pressungen, gibt Hinweise zur Reinigung und Pflege von Schallplatten. Ergänzend erscheinen monothematische Sonderpublikationen.

LIZENZAUSGABE

Bezeichnung für eine in Lizenz herausgegebene Schallplatte, die durch einen anderen Hersteller als den ursprünglichen (dem Lizenzgeber) gefertigt wird. Die Lizenzausgabe kann unter der gleichen Marke veröffentlicht werden, insofern der Lizenznehmer auch die Markenrechte für den jeweiligen Absatzmarkt vertritt. Für Märkte, auf denen der jeweilige Lizenzgeber nicht vertreten ist, werden in der Regel die Lizenzausgaben auf einem Label des Lizenznehmers veröffentlicht. Typisch hierfür sind alle Ostblockpressungen.

LOCHCOVER

Bezeichnung für eine Schallplattenhülle mit einem zumeist in der Größe des Schallplattenetiketts ausgestanzten Mittelteil. Sehr häufig bei Einheits- und Standardhüllen für → Singles, jedoch selten bei LP-Außenhüllen. Lochcover wurden als ökonomischste Variante werbewirksamer Verpackung bis Ende der 60er Jahre verwendet. Dabei nahm man entweder auf die Schallplattenfirma oder das Label als Qualitätssiegel Bezug oder verwendete z.T. grafisch reizvolle Motive zur Illustration von genrespezifischen Eigenheiten. In den 80er Jahren erneut, und diesmal im Großformat, als Universalverpackung für die Maxi-Single eingeführt.

LOHN-PRESSUNG

Die Herstellung einer Schallplatte im Auftrag einer Schallplattenfirma. Dabei ist das Presswerk in keinem Punkt an der Erstellung der Inhalte bzw. an der weiteren Vermarktung des Finalproduktes beteiligt. Vorrangig unabhängige Presswerke bieten diese Leistung an. In den verkaufsstarken Zyklen der 70/80er Jahre kam es bei saisonalen oder fertigungstechnischen Engpässen auch zur Vergabe von Lohnpressungen an konkurrierende Unternehmen. Nicht selten entstanden so bei Neuanfertigung von Werkzeugen zwei oder mehrere voneinander abweichende Pressungen mit den gleichen Katalogangaben. Für den fortgeschrittenen Sammler sind solche Doubletten besonders interessant, wenn sich Aufmachung, Inhalt oder Umschnittqualität von der ursprünglichen Pressung deutlich abheben. Anfang der 90er Jahre gaben zahlreiche große Schallplattenfirmen, durch den radikalen Rückgang der Verkaufszahlen bedingt, ihre eigenen Produktionsstätten auf und greifen seitdem für eventuelle Vinyl-Ausgaben auf fremde Presswerke zurück.

LONDON

Sublabel der britischen Decca für den Export (seit 1950) in die USA, da dort der Name bereits von der ehemaligen, nunmehr unabhängigen gleichnamigen Tochterfirma belegt war. Im Prinzip veröffentlichte die Decca alle erfolgversprechenden britischen Aufnahmen auch auf London.
Etiketten: weinrot M oder tiefblau S, Logo eingerahmt (bis 1964); weinrot M oder tiefblau S, Logo freistehend (1964 – 65); rot M oder blau S, »wideband« (1965 – 69); blau »smallband« (1969 – 79); blau oder orange (ab 1978).

LONG PLAY

Von der US-amerikanischen → Columbia 1949 ursprünglich als Long Play Record eingeführter und geschützter Markenbegriff für die damals neuartige → Langspielplatte aus → Vinylite mit 30 cm Durchmesser und Mikrorillenaufzeichnung. Das Kürzel → LP wurde umgehend zum Synonym für diese spezifische Form der Schallplatte.

LP

Kurzbezeichnung für die 1948 eingeführte → Langspielplatte (Schallplattentyp 3033, gelegentlich auch 2533). Dabei ist es unwichtig, ob das Programmmaterial in der Rille monophon (→ Seitenschrift) oder stereophon (→ 45/45-Schrift) aufgezeichnet wurde. Auch die Kurzbezeichnung wurde vom Systemerfinder → Columbia seinerzeit als geschützte → Marke eingeführt, wobei man jedoch relativ schnell einer freien Nutzung zustimmte. Einzig in firmeneigenen Werbeprospekten wurde das Kürzel noch jahrzehntelang als Schutzmarke beibehalten.

LP 12 SONDEK

Wahrscheinlich der bekannteste Schallplattenspieler aller Zeiten. Mehr als 100.000 Exemplare dieses hochwertigen Laufwerks wurden vom Hersteller → Linn seit 1973 verkauft. Die auf drei Kegelfedern ruhende Subchassis-Konstruktion konnte durch regelmäßige Updates aufgewertet werden. Auswahl: Netzteile Basik; Valhalla (1982); Lingo (1990, ausgelagert); Motor (1994). Nirvana-Kit (1981); Cirkus-Kit (1994, Subchassisplatte, Lager, Innenteller); Antriebsriemen (1994, Neopren); Trampolin (1994, Bodenplatte, Gerätefüße).

LYRA

Skan Tech, ein japanischer Hersteller, der vorrangig Abtastsysteme für andere Firmen (u.a. Linn) fertigt, vermarktet seine eigenen Systeme unter der Marke Lyra. In Zusammenarbeit mit dem amerikanischen Entwickler Jonathan Carr entstanden mehrere aufwendige und teure MC-Konstruktionen mit Line Contact-Schliff: Lydian, Clavis, Clavis DC, Parnassus D.C.t. (da capo titanium). Anmerkung: Lyra-Abtastsysteme sind ob ihrer Handhabung (Einbau, Justierung) und Abspielergebnisse (reagieren auffällig auf Schmutz und Kratzer) nicht unumstritten.

LYRICSHEET

Ein Einzel- oder seltener auch Faltblatt mit den Songtexten (Lyrics) der Tonaufnahme, das der allgemeinen → Tonträgerverpackung beigelegt ist. Umfangreichere Textabdrucke werden auch als → Beiheft gefertigt.

M

MAGNETOPHON

Geschützter Markenname der deutschen Telefunken für Tonbandgeräte, die auf Grundlage des von der Firma entwickelten Magnettonverfahrens mit variablem Vormagnetisierungsstrom arbeiten. Das erste Magnetophon wurde 1935 auf der Berliner Funkausstellung unter der Typenbezeichnung K1 vorgestellt. In den folgenden Jahren entwickelte die Telefunken die Geräte kontinuierlich weiter, so daß schon ab 1939 zahlreiche Tonproduktionen – vereinzelt sogar schon in Stereo (Versuchsreihen) – im Bereich der E-Musik mit Magnetophonen auf Band aufgezeichnet wurden. Die Entwicklung zu einem hochwertigen Tonaufzeichnungsverfahren vollzog sich, durch den Zweiten Weltkrieg bedingt, außerhalb eines internationalen Gedanken- und Verfahrensaustauschs. Das Prinzip der Magnetbandaufzeichnung war zwar international grundlegend bekannt, aber alle ausländischen Firmen scheiterten immer wieder an dem hohen Rauschanteil des Verfahrens. Nach Kriegsende gehörten Magnetophone zu den begehrtesten Trophäen der alliierten Siegermächte, die das einzigartige Verfahren der Vormagnetisierung und die zahlreichen ausgereiften Detaillösungen ihren jeweiligen nationalen Herstellern zur Verfügung stellten. Magnetbandgeräte wie die renommierte Ampex Baureihe 300 wären ohne den Transfer aus Deutschland sicher nicht so schnell entwickelt worden. Telefunken, später die AEG-Telefunken, nutzten den Markennamen auch nach dem Krieg zur Bezeichnung weiterer Geräte-Baureihen für den professionellen Einsatz sowie für Heimtonbandgeräte.

MAILORDER

Bezeichnung (engl.) für einen Versandhandel. Permanent gepflegte Verkaufsform, die nicht nur die Versorgung ländlicher Regionen mit Schallplatten sicherstellt, sondern darüber hinaus dem Spezialhändler einen akzeptabel großen Kundenstamm ermöglicht. Vor allem Importe und Nischenrepertoire werden durch entsprechend profilierte Mailorder vertrieben.

MAJOR (COMPANY)

Bezeichnung (engl.) für eine Schallplattenfirma, die über eine komplette Produktions- und Vertriebsstruktur verfügt, einen oder mehrere Musikverlage besitzt und eine eigene Abteilung zur Entwicklung des künstlerischen Programms unterhält. Majors sind historisch gewachsen, verfügen über eine jahrzehntelange Tradition, erwerben permanent kleinere Schallplattenfirmen und binden erfolgreiche Künstler mit Exklusivverträgen an sich.

MANTICORE RECORDS

Nachdem Greg Lake die Band King Crimson 1970 verlassen hatte, wurden seine Produktionen des neuen Projekts Emerson, Lake & Palmer auch weiterhin von → E'G Records finanziert und verlegt sowie, der Tradition folgend, auf → Island Records veröffentlicht. Nach Ablauf der Vertragsbindung an E'G gründete das Trio im Jahr 1973 eine eigenständige → Künstler-Schallplattenfirma, die anfänglich von → Island, und ab 1978 durch die WEA betreut wurde. Auf Manticore erschienen alle Neuaufnahmen der Band und ab 1978 auch Nachauflagen der ersten vier ELP-Alben. Darüber hinaus veröffentlichte man in begrenztem Umfang auch Aufnahmen von befreundeten und stilistisch verwandten Progressive Bands wie Banco, Premiata Forneria Marconi, Stray Dog. Mitte der 90er Jahre lizensierte ELP seinen Backkatalog an → Castle Communication.

MARGIN CONTROL

Markenzeichen der US-amerikanischen Mercury für ihr modifiziertes → Füllschriftverfahren bei Mono- und Stereo-Schallplatten.

MARKE

Bezeichnung für den Namen und/oder ein grafisches Motiv, mit dem sich eine Schallplattenfirma auf dem → Cover und dem → Etikett zu erkennen gibt. Die Marke ist das eigentliche Image der Schallplattenfirma. Ein kompliziertes Wechselverhältnis zwischen Repertoire, Künstlerstamm und technischer Umsetzung beeinflusst das Werden und Wachsen einer Marke. Mit einem entsprechend künstlerischem Potential versehen und durch eine konsequente Ausrichtung der Veröffentlichungspolitik verstärkt, erzielen vor allem kleine Schallplattenfirmen immer wieder ein enormes Image. Marken sind vorrangig symbolhafte Wörter (Aurora, Bizarre, Reprise, Verve usw.), Kunstwörter (Epic, Parlophone, Zonophone usw.), Abkürzungen (Atco, Colpix, CBS usw.), mitunter auch plakative Wendungen (His master's voice, Hör zu, Blue Note usw.) oder sachliche Firmenbezeichnungen (Deutsche Grammophon Gesellschaft, Warner Brothers usw.). Oft wird der Name auch in ein Logo bzw. einen speziellen Schriftzug gefaßt oder um ein eigenständiges (symbolisches) grafisches Motiv (→ Nipper) ergänzt. Für alle Details der Marke werden umfangreiche Schutzansprüche erworben und entsprechend geltend gemacht. In der Regel ändert eine Marke nie ihren eigentlichen Kernbegriff, unterliegt aber durchaus modischen Trends, die beispielsweise eine grafische Überarbeitung von Schriftzug oder Logo zulassen.

MASSEKLOSS

Bezeichnung für die im → Extruder vorbereitete und portionierte → Preßmasse. Der Masseklоß ist immer schwerer als das gewünschte Nettogewicht der späteren Schallplatte, da beim Preßvorgang ein Teil der Preßmasse zwischen den → Preßformen herausquillt. Zur Herstellung einer 120 g-Schallplatte benötigt man einen Masseklоß von ca. 150 g.

MASSELAUFWERK

Im Gegensatz zum → Subchassis verzichten Masselaufwerke auf eine schwingende Aufhängung der Laufwerkskonstruktion. Durch den ungestümen Einsatz von Material wird auftretenden Schwingungen der Kampf angesagt. Masse läßt sich von außen schwer anregen, speichert aber im Falle eines Falles sehr lange die eingeflossene Energie. Diesem Widerspruch wird u.a. durch eine separate Aufstellung aller Baugruppen (Motor, Tragarm und Laufwerk) entsprochen. So vermeidet man gegenseitige Anregungen. Der Motor wird durch Nylonfaden oder Magnetband mit dem Außenteller verbunden, wobei Masselaufwerke in der Regel keine Unterteilung in Außen- und Innenteller kennen. Die Aufstellung des Laufwerks erfolgt häufig in Sandkisten, um zusätzlich auftretende Schwingungen (z.B. Trittschall) wirkungsvoll zu unterdrücken. Das bekannteste Masselaufwerk und praktisch Mutter aller anderen Konstruktionen ist die Mitte der 70er Jahre vom französischen Tüftler Jean-Constant Verdier vorgestellte Platine Verdier. Das Apolyt-Laufwerk von Bayer, Brakemeyer & Partner bringt samt dazugehörigem Unterbau sagenhafte 250 kg auf die Waage. Allein die Tellermasse beträgt 50 kg. Ebenfalls zu den absoluten Schwergewichten zählt der Ulysses (92 kg) von Horstmann und Petter.
Anmerkung: Es existieren auch schwergewichtige Subchassis-Konstruktionen, u.a. von → Thorens, die versuchen, die Vorteile des Masseprinzips mit dem des Subchassis zu verbinden.

MASTER

Unscharfer Begriff u.a. für alle freigegebenen Teilergebnisse innerhalb der Schallplattenherstellung: Urband, Lackfolie, Mutter usw.

MASTERBAND

→ Original-Master, → Urband

MATRIZE

Bezeichnung für einen positiv ausgeführten Stempel, der der eigentlichen Vorlage folgt. Innerhalb der → Galvanoabfolge werden umgangssprachlich alle Abzüge, auch die negativen (erhabenen) Stempel, als Matrizen bezeichnet, obwohl nur die Mutter eine echte Matrize ist. Eine negative Abformung (Vater, Sohn) wird technisch korrekt als Patrize bezeichnet.

MATRIZENAUSTAUSCH

Bezeichnet die zwischen Lizenzgeber und -nehmer übliche Praxis, anstatt dem → Masterband oder einer Bandkopie → Matrizen als Produktionsgrundlage weiterzugeben. Der Lizenzpartner erhält dabei einen Satz fertig entwickelter → Väter, die er innerhalb seines eigenen Produktionsablaufs vervielfältigt und entsprechend aufbereitet. Die Güte der Pressmatrizen und die Pressqualität der so hergestellten Schallplatten entsprechen dem Standard des jeweiligen Finalherstellers. Schallplatten, die auf einem Matrizenaustausch beruhen, zeigen zumeist im → Spiegel eine Gravur des Lizenzgebers, die die ursprüngliche → Matrizennummer und gegebenenfalls auch das Umschnittstudio nennt. Der Lizenznehmer fügt je nach Ermessen eine eigene Matrizennummer mit entsprechend überarbeiteter Galvanobezeichnung, → Preßcode und/oder → Katalognummer, hinzu. Das Abschleifen oder Ausstreichen der ursprünglichen Matrizennummer ist nicht unüblich. Für den Matrizenaustausch sprechen u.a. die internationale Verbreitung einer festgelegten und abgesegneten → Originalaufzeichnung, der Schutz des Masterbandes (es verbleibt am Standort), der Verzicht auf eine weitere Generation (Bandkopie) und vor allem die praktische Handhabung. Andererseits ist der Lizenznehmer von der technischen Umschnittqualität und eventuellen spezifischen Klangvorstellungen des Lizenzgebers abhängig. Kommt es beim Umkopieren zu Problemen oder gar zum Verlust der Vorlage, verzögern die großen Distanzen zumeist die Produktion. Darüber hinaus ist der Lizenznehmer bei einer Beschränkung auf den Matrizenaustausch nicht in der Lage, eigene → Sammelprogramme aus dem Aufnahmefundus zusammenzustellen oder Singles zu generieren. Ende der 50er Jahre, als sich international eine Normung der Magnetband-Aufzeichnungskennlinien abzeichnete, gingen alle größeren Firmen dazu über, vorrangig Bandaufzeichnungen untereinander auszutauschen. Durch die in den 70er Jahren einsetzende Praxis, bei zahlreichen Tonaufnahmen (vorrangig Pop und Rock) erst im Umschnittstudio den klanglichen Feinschliff vorzunehmen, kam es zu einer Neubelebung des Matrizenaustauschs. Namhafte Künstler und/oder Produzenten sicherten sich damals vertraglich die Zusicherung der Schallplattenfirmen, nur dieses autorisierte Master international zu verbreiten.

MATRIZENNUMMER

Auch als Spiegelnummer bezeichnete Zeichenkombination, die sich im → Spiegel der Schallplattenseite befindet. Die Matrizennummer enthält, für die Öffentlichkeit verschlüsselt, alle relevanten Angaben zur Identifizierung der → Originalaufzeichnung. Dazu gehören je nach Vorgabe der Firma: Band-, Folien-, Katalognummer, verantwortlicher Techniker, Jahr/Monat der Aufzeichnung, Aufzeichnungsverfahren (Lack oder DMM), Typ der Umschnitteinheit und eventuell verwendete Spezialapparaturen (Tracingsimulator, Kompandersysteme o.ä.). Innerhalb der Schallplattenfirma oder des Preßwerks dient die Matrizennummer zur Kontrolle, Einhaltung sowie Abrechnung von Qualität und Leistung. Insofern der Sammler den passenden Schlüssel besitzt, kann er auch Jahrzehnte später zuverlässig eine Pressung anhand ihrer Matrizennummer bestimmen.

MATRIZENPASS

→ Schallplattenpaß

MATRIZENSTAMMNUMMER

Eine auf dem → Etikett abgedruckte gekürzte Fassung der im → Spiegel der Schallplattenseite vermerkten → Matrizennummer. Auf die Kennzeichnung der Lackfolie, Mutter oder Preßmatrize wird hier verzichtet. In der Regel entspricht die Matrizenstammnummer der Band- oder Aufnahmenummer und besitzt keinerlei Bezug zur Bestellnummer der Schallplatte. Je nach Firmenstrategie wird die Bandnummer numerisch oder alphanumerisch generiert. Die Verwendung von codierten Jahrgängen oder Jahreszahlen in Klarschrift ist möglich. Interessant sind Matrizenstammnummern vor allem, wenn sich die Verwendung überarbeiteter oder erneuerter Urbänder aus ihnen ableiten läßt.

MAXI-SINGLE

In Anlehnung an das Single-Format (Typ 1733 und 1745) Ende der 70er Jahre eingeführtes Schallplattenformat zur Vermarktung von → Remixen. Der auch als → Disco-Single bezeichnete Tonträger (Typ 3045) ist eine Kreuzung von → Single und → LP. So verfügt die Maxi-Single über den LP-Durchmesser von 30 cm und ermöglicht so die kostengünstige Nutzung von → Lackfolien, → Galvanik, → Pressformen und Cover-Technologien der Langspielplatte. Die von der Single übernommene Aufzeichnungsgeschwindigkeit (45 UpM), verspricht dem Kunden mehr Dynamik und verbesserte Abbildung der Frequenzextreme (Tiefen und Höhen). Die von US-amerikanischen Schallplattenfirmen vorrangig hergestellten Maxi-Singles mit 33 1/3 UpM führen zu einer Aufweichung der Typenbezeichnung 3033 (Standard-LP).

MCA RECORDS

Die Schallplattenfirma Music Corporation of America (MCA) entstand Anfang 1973 aus der Zusammenlegung von Kapp Records, (American) Decca und Uni (Universal City). Die damalige Muttergesellschaft, der Medien- und Dienstleistungskonzern MCA Incorporated, deren Kern der Musikverlag und Universal Films and TV waren, agierte dabei mit schwerwiegenden Folgen für den gesamten US-amerikanischen Schallplattenmarkt. MCA erwarb 1969 Kapp Records und gründete gleichzeitig Universal City. Indem MCA Inc. mit einer bis dahin beispiellosen Konsequenz die einzelnen, historisch gewachsenen Herstellungs- und Vertriebsabteilungen innerhalb von zwei Jahren zusammenfaßte und reorganisierte, entstand das allgemeingültige Branchenprofil der nächsten zehn Jahre: Marktkonzentration! Vor allem eine Handvoll extrem gut verkaufender Künstler bescherten MCA die besten Renditen aller US-Majors. Mitte der 80er Jahre geriet der Konzern in eine anhaltende Krise, die zum Verkauf führte. Kurz darauf wurde die Firma in MCA Universal umbenannt. Seit 1996 ist (MCA) Universal im Besitz des Seagram-Konzerns, der die Firma zwei Jahre später mit der Neuerwerbung → PolyGram verschmolz und damit kurzzeitig zum größten Musikkonzern der Welt aufstieg. Künstlerstamm: Black Oak Arkansas, Bing Crosby, Crusaders, Alice Cooper, Neil Diamond, B.B. King, Loretta Lynn, Lynyrd Skynyrd, Tom Petty, Conway Twitty, Wishbone Ash u.a. *Etiketten (USA): schwarz, Regenbogen (1973 – 78); hellbraun (1977 – 79); Bildmotiv – blauer Himmel mit Wolken (ab 1980). Für Nachauflagen wurde auch ein modifiziertes, blaues Regenbogen-Etikett genutzt.*

MECHANISCHE SCHALLSPEICHERUNG

Da das Verfahren der mechanischen Schallspeicherung in einer Rille keine Umsetzung in elektrische Größen verlangt, konnte es schon vor der Erfindung der Verstärkerröhre als erstes Schallspeicherverfahren verwendet werden.

MECHANISCHES COPYRIGHT

Bezeichnet das Recht, urheberrechtlich geschützte Kompositionen, die auf Tonträgern aufgezeichnet vorliegen, öffentlich zu reproduzieren. Hierbei handelt es sich um eine indirekte Gewinnbeteilung des Urhebers an den durch eine öffentliche Aufführung erzielten Veranstaltunseinnahmen. Dazu werden durch die entsprechenden → Verwertungsgesellschaften eines Landes die aus einer öffentlichen Aufführung gemeldeten Titel dem jeweiligen Betreiber (Radio, Fernsehen etc.) detailliert oder entsprechend eines Rahmenvertrages in Rechnung gestellt. Für feste Veranstaltungsorte (Diskotheken, Clubs u.a.) werden Pauschalgebühren erhoben, die den Betreiber von einer detaillierten Nachweispflicht freistellen. Für die private Nutzung von Schallplatten wird keine weitere Forderung erhoben, denn mit dem Kauf des Tonträgers erwirbt der Kunde das Recht auf unbeschränkte (private) Wiedergabe.

MEDIANEBENE

Lokalisierung der Schallquelle in der vertikalen Ebene. Speziell im Frequenzbereich um 8 kHz verfügt das menschliche Gehör über die Fähigkeit, das auftretende Frequenzband hinsichtlich seiner Höhe zu orten. In der Wiedergabepraxis erscheint das Frequenzband dann oberhalb des eigentlichen Stereopanoramas. Dieser Effekt läßt sich bei der Aufnahme auch zielgerichtet einsetzen bzw. ist Bestandteil der Kunstkopf-Stereiophonie.
Anmerkung: Die auftretenden Irritationen bei einer elektroakustischen Wiedergabe der Tonaufzeichnung kann man u.a. beobachten, wenn man beim Hören die hinter den Lautsprechern befindliche Wand mit den Augen fixiert und dann den Blick nach oben führt. Ein Teil der abgebildeten Instrumente oder Stimmen wird in Abhängigkeit ihres Frequenzspektrums mit dem Blick nach oben wandern.

MEDIUM PLAY

Die auch als Ten-Inch bezeichnete Schallplatte mit 25 cm Durchmesser und 33 1/3 UpM (Typ 2533) galt bis Ende der 60er Jahre als optimales Mid Price-Medium, da die Materialkosten geringer waren und die geringere → Spielzeit vom Kunden auch optisch verstanden wurde. Andererseits ermöglichte das kleine Format auch zu Beginn der LP-Ära den Künstlern und Produzenten einen sanften Einstieg in die drastisch verlängerte Spieldauer der Langspielplatte. Obwohl in der Schellack-Ära von allen Seiten immer wieder gefordert, hatten viele Interpreten anfänglich Schwierigkeiten, die für eine LP geforderten 40 Minuten Programm auch anzubieten. Für das bei Erstellen des Mikrorillen-Startrepertoires der Schallplattenfirmen übliche Verfahren, erfolgreiche Schellackplatten zu koppeln, bot das Medium-Format darüber hinaus die Möglichkeit auch aus kleinen Sessions gewinnbringend Kapital zu schlagen, da hier nur zwei 78er übernommen werden mußten. Ein Revival erlebte die Ten-Inch in der Punk-Ära, als kleine Firmen (→ Independents) wie Pilze aus dem Boden schossen und die Vorteile des Formats für sich entdeckten.

MELODIJA

Staatliche Schallplattenfirma der UdSSR, die 1962 als unionsweiter Zusammenschluß diverser Schallplattenfirmen der verschiedenen Unionsrepubliken gegründet wurde. Melodija gehörte in den 70er und 80er Jahren zu den produktivsten Schallplattenfirmen der Welt, da ein Binnenmarkt von über 250 Millionen Einwohnern zu versorgen war. Jährlich erschienen mehr als tausend Neuerscheinungen, die durch unzählige Nachauflagen ergänzt und in z.T. riesigen Auflagen produziert wurden. Dennoch geriet ein Besuch im Schallplattenfachgeschäft immer wieder zur Enttäuschung, da LPs mit 1,45 Rubel (4,64 DM anno 1975) einfach viel zu billig waren und stapelweise gekauft wurden. Den wichtigsten Programmschwerpunkt im Katalog der Firma bildeten die zahlreichen erstklassigen E-Musik-Produktionen mit international renommierten Solisten, Dirigenten und Klangkörpern und eine noch größere Anzahl von Aufnahmen mit nur landesweit bekannten Virtuosen. Insofern sich Melodija oder eine der Tochterfirmen um die Bewahrung ethnischer Musikkulturen kümmerten, wurden in der Regel ebenfalls sehr interessante Aufnahmen veröffentlicht. Da Melodija im internationalen Programmaustausch mit seinen Aufnahmen und Solisten wuchern konnte, fast alle westlichen Schallplattenfirmen führten eigene Melodija-Reihen, übernahmen die Russen auch regelmäßig westliche Popproduktionen in Lizenz.

MEMORABILIA

Allgemein für ein künstlerorientiertes Sammlerstück. Dabei kann es sich beispielsweise um Schallplatten, Poster, Bücher oder Wäsche des Künstlers handeln, wobei der ideele und finanzielle Wert des Sammlerstücks in einem komplizierten Wechselverhältnis von Popularität, Kaufkraft und Fetisch entsteht. Schallplatten erreichen aufgrund ihrer Massenvervielfältigung selten den Status eines ausgesprochenen Sammlerstücks. Lediglich Acetate, extrem rare Pressungen und Covervarianten können den Status erreichen. Bei naiven Fans erreichen mitunter auch → Picture-Discs den Ruf eines Sammlerstücks. Memorabilia sind insofern kritisch zu betrachten, da ein großer Teil seit Jahren auch von renommierten Auktionshäusern angeboten wird. Hier wird der Sammlermarkt nach oben ausgereizt, es entsteht eine Sogwirkung, die einerseits auch auf völlig belanglose Produkte umschlägt und andererseits Kaufkraft entzieht sowie Wertmaßstäbe verzerrt.

MERCURY RECORDS

Von Adams, Green und Talmadge im Jahr 1947 gegründete US-amerikanische Schallplattenfirma, die sofort eine komplette Infrastruktur inklusive → Vertrieb aufbaute. Mercury konnte schon zu Beginn zahlreiche Erfolge im Popsektor feiern und entwickelte parallel dazu eine eigene E-Musik-Abteilung. Schon Anfang der 50er Jahre ermöglichte man vielversprechenden Individualisten wie Norman Granz, eigene Label (→ Clef, → Norgran) unter der Schirmherrschaft von Mercury zu führen. 1954 entwickelte der Produzent Robert Shad das Sublabel → EmArcy für Jazz- und Easy Listening, 1959 folgte Smash (U-Musik). 1960 geriet Mercury in langanhaltende Turbulenzen und wurde zwei Jahre später von der US-amerikanischen Tochter der holländischen Schallplattenfirma Philips übernommen. Trotz großer Anstrengungen konnte Mercury sich in den 60er Jahren nur mit wenig Erfolg über Wasser halten. Zwischenzeitlich firmierten die Aufnahmen sogar unter Philips-Etikett und wurden teilweise sogar in Europa gefertigt. Erst in den 70er Jahren verhalfen zahlreiche neue Rockacts der Firma zu neuer Blüte. Derzeit wird Mercury im 1998 fusionierten Universal-Polygram-Katalog geführt. Künstlerstamm: 10cc, Bachman sTurner Overdrive, Chuck Berry, Robert Cray, Dexys Midnight Runners, Def Leppard, Paco de Lucia, Van Morrison, The Platters, Rush, Spirit, Tears For Fears, Yello u.a.

Etiketten Pop & Jazz (USA): schwarz, einfacher Schriftzug (1955 – 61); schwarz, ovales Logo (1961 – 64); rot, Mercury-Kopf links oben (1964 – 68); rot, zwölf Logos im Kreis (1969 – 73); rot, sieben Logos im Halbkreis (1973 – 74); Bildmotiv – Hochhaus (1974 – 82); schwarz (ab 1982). Etiketten E-Musik (USA): weinrot, einfacher Schriftzug (1955 – 61); weinrot, einfacher Schriftzug, Fußzeile »Product of Mercury Record Productions, Inc« (1962 – 66); weinrot, ovales Logo, Fußzeile »Manufactured and Distributed by Mercury Record Productions, Inc« (1967 – 1969); rot, zwölf Logos im Kreis (1969 – 73); rot, sieben Logos im Halbkreis (1973 – 74); Bildmotiv – Hochhaus (1974 – 82); schwarz (1982 – 92), rot, Mercury-Kopf links oben, neue Katalognummern (ab 1992). Matrizennummer: Prefix MG (micro groove, mono); SR (stereo recording, stereo). Umschnittstudio FR (Mercury); RFR (Mercury Richmond); CTFR, CBFR (Columbia); EFR (EMI); M (Philips). Galvanonummer identisch mit Bestellnummer (A/B-Seiten). Preßcode A1 steigend. Preßwerk H (Hollywood); I (Indianapolis); R (Rockway, N.Y.).

MESSSCHALLPLATTE

Zur Überprüfung und Messung aller relevanten Eckdaten der Abtast- und Wiedergabeparameter werden spezielle Meßschallplatten gefertigt. Im semiprofessionellen und Heimbereich verwendet man in der Regel kombinierte Meßschallplatten, die über eine Auswahl sinnvoller Meßsignale verfügen. Bei der Entwicklung von Laufwerken und Abtastsystemen, im Studioalltag und zu professionellen Testzwecken werden spezielle Meßschallplatten eingesetzt, die jeweils nur ein Meßsignal vorstellen. Das mit Abstand umfangreichste Kompendium dieser Art wurde vom VEB Deutsche Schallplatten Berlin erstellt. Im Labor der Abteilung Nadeltontechnik entstanden mehr als 20 verschiedene, z.T. synthetisch generierte und nach erfolgter Pressung optisch ausgemessene Prüf- und Meßschallplatten.

METALLOPHON-PLATTE

Aufnahmeplatte (engl. acetate), Kunstseidebeschichtung auf Aluminiumträger.

METRO JAZZ RECORDS

→ MGM Records

METRONOME RECORDS

In den 50er Jahren war die ursprünglich in Schweden gegründete Firma mit ihren beiden selbstständigen Ablegern in Dänemark und der BRD die namhafteste und erfolgreichste unabhängige Schallplattenfirma Europas. Ein enges Geflecht mit anderen unabhängigen Labeln in den USA und Europa bescherte Metronome Records umfangreiche Lizenzen für Aufnahmen von → Atlantic, Signal, → Prestige, Disneyland, → Mercury (alle USA), Pye-Nixa (UK) und Music (Italien). Durch die Konzentrationsprozesse auf dem US-amerikanischen Schallplattenmarkt verlor Metronome seit den 60ern zahlreiche Lizenzen und dadurch massiv an Bedeutung. Für den bundesdeutschen Markt entwickelte man Anfang der 70er Jahre mit großem Erfolg das Krautrock-Label (→ Brain).

MFB, MOTIONAL FEEDBACK (BEWEGUNGSGEGENKOPPLUNG)

Im Schreiber untergebrachte Gegenkopplungsspulen erzeugen aus der aktuellen Bewegung des Schneidstichels heraus ein Gegenkopplungssignal, das im → Schneidverstärker mit dem Eingangssignal für die Treiberspule verglichen wird. Das Gegenkopplungssignal ist dabei die negative Rückkopplung des Eingangssignals und minimiert auftretende Verzerrungen der Schaltung.

MFSL

US-amerikanische Schallplattenfirma und Spezialist für audiophile Wiederauflagen von Klassikern der Langspielplatten-Ära. MFSL begründete 1978 die Tradition moderner audiophiler Masterings und entsprechend gefertigter Schallplatten. Eine erste Staffel von knapp 200 verschiedenen, in Japan bei JVC gepreßten Titeln erschien bis 1987. Von 1994 bis 1996 veröffentlichte man weitere knapp 60 Titel als → Anadisc 200. Ende 1999 stellte man auch die Produktion von audiophilen CDs ein.

MGM RECORDS

Von der US-amerikanischen Filmgesellschaft Metro-Goldwyn-Mayer 1945 gegründete Schallplattenfirma, die sich anfänglich mit Filmmusiken, Big Band- und Country-Aufnahmen einen Namen machte. Mitte der 50er Jahre entstand mit Metro ein reines Sublabel für Jazz. 1962 erwarb man den → Verve-Katalog von Norman Granz und engagierte sich ab 1965 auch im Rock- und Folk-Sektor. MGM geriet im Rahmen einer übermäßigen Expansion 1969 in heftige Turbulenzen, von denen sich die Firma nicht erholte. Die holländische PolyGram erwarb 1972 das komplette MGM-Paket. Künstlerstamm: The Animals, Richard Chamberlain, Jimmy Dorsey, Billy Eckstine, Connie Francis, Woody Herman, Harry James, George Shearing, Conway Twitty, Velvet Underground, Hank Williams.
Etiketten (USA): gelb/schwarz (bis 1959); schwarz, mehrfarbiges Logo (1960 – 68); blau/gold, Swirl-Design, »A Division of Metro-Goldwyn-Mayer« (1968 – 73); blau/gold, Swirl-Design, »Polygram« (ab 1973).

MIKROFASER

Die Erfindung dieser äußerst feinen Fasertechnologie und die daraus hergestellten Tücher sind für den Schallplattenfreund der reine Segen, ermöglichen sie doch erstmals eine »porentiefe« Reinigung der → Mikrorille ohne jeglichen chemischen Zusatz. Mikrofaser-Tücher reinigen alle Oberflächen nur mit Wasser. Seit einigen Jahren werden diverse Tücher angeboten, deren grundsätzliche Faserstärke 1,0 Denier (Seidenfeinmaß) nicht überschreiten darf. Zwischenzeitlich ist das Fasermaß sogar auf 0,13 Denier gesunken, und somit mehr als 100mal dünner als menschliches Haar (ca. 60-120 μm). Damit verfügen die Fasern über einen Durchmesser, der sogar bis in die feinsten Rillenmodulationen (ca. 2 μm) eindringen kann. Diese extreme Feinheit des Gewebes bricht die Oberflächenspannung des Wassers rein mechanisch und ermöglich eine mikroskopische Verteilung und Aufnahme des Mediums. In der Regel werden Mikrofasergewebe aus einem 72-fach gewickelten Faden gewirkt. Jeder Einzelfaden kann bis zu 16-mal gesplittet werden, womit sich 1152 Einzelfasern ergeben. Durch die Längssplittung bleibt die Stabilität des Materials weitgehend erhalten, womit eine Tiefenreinigung gewährleistet ist. Die vielen Hohlräume nehmen das Wasser auf und ermöglichen eine abrasive Wirkungsweise. Bei der Auswahl eines für die Schallplattenreinigung geeigneten Tuchs sollte man die Feinheit, Wirkdichte und Länge der eingesetzten Mikrofaser beachten. Verbesserte Aktiv-Faser-Tücher verfügen zumeist über deutlich feinere Fasern und eine höhere Wirkdichte des Gewebes. Am effektivsten sind leicht flauschige oder Frottee-artige Tücher, glatte Oberflächen besitzen hingegen nur kurze Faserenden, die nicht ausreichend tief in die Rille eintauchen können. Da die Tücher chemisch und nicht mechanisch gesplittet werden, entscheidet die Güte des Verfahrens auch über den Halt des Gewebes. Einige Gewebe neigen rasch zum Fusseln und hinterlassen in der Rille feinste Reste, die dann beim Abspielen vom → Abtaststift aufgenommen werden und den Nadelträger hochwandern. Sie lassen sich einfach mit einem weichen Pinsel entfernen. Hochwertige Tücher sind über einen langen Zeitraum fusselfrei und können bis zu 500-mal gewaschen (60°) werden. Zur Reinigung legt man die Schallplatte auf einen festen Untergrund und reibt das Tuch kreisförmig – immer der Rille folgend – über die Scheibe. Zur besseren Handhabung empfiehlt es sich, einzelne Kreisbögen (ca. 130°) zu beschreiben und die Schallplatte entsprechend in drei Etappen jeweils um 90° zu drehen. Damit wird die gesamte Seite in ergonomisch sinnvolle Abschnitte unterteilt und deutlich wirksamer gereinigt, als wenn man das Handgelenk verdreht. Erfahrungen zeigen, daß eine zweiteilige Reinigung (Vor- und Hauptwäsche) bessere Resultate erzielt. Besonders stark verdreckte Schallplatten (Flohmarkt u.ä.) sollte man ohnehin mehrfach reinigen. Die Schallplattenreinigung mit einem (geeigneten) Mikrofasertuch ist schonender (für Haut und Vinyl), einfacher, preiswerter und vor allem tiefgreifender als alle anderen herkömmlichen Verfahren. Eine mikrofasergereinigte Schallplatte verzeichnet deutlich weniger Reststörungen und erklingt mit exzellenter Auflösung und Klangfarbenfülle. Hinweis: Mikrofasertücher niemals mit Netzmittel oder Weichspüler in Verbindung bringen!

MIKROPROZESSORSTEUERUNG

Auch als Mikrorechner- oder Mikrocomputersteuerung bezeichnete vollelektronische Regelung und Steuerung. Ein Mikroprozessor besteht aus verschiedenen Schaltkreisen (CPU, ROM, EPROM, RAM, I/O), die untereinander mit Busleitungen (Adreß- und Datenbus) verbunden sind. Zur Kontrolle können gegebenenfalls Anzeigedisplays und Eingabegeräte angeschlossen werden. Das Abarbeiten bestimmter Vorgänge erfolgt nach Programmen, die aus einzelnen Befehlen bestehen. Eine Mikroprozessorsteuerung stellt zumeist in einem Wechselverhältnis von Soll/Ist-Abfragen eine sehr genaue Regelung der ihr anvertrauten Aufgaben her. Die Möglichkeit dieser aktiven Reaktion auf äußere Veränderung führte schon Ende der 70er Jahre zum Einsatz von Mikrocomputern innerhalb komplizierter analoger Regel- und Steuerungsprozesse. Durch die fortschreitende Integration der Bauteile, die sinkenden Kosten und vor allem die hohe Regelgenauigkeit wurden Mitte der 80er Jahre auch zahlreiche Schallplattenspieler mit Mikroprozessorsteuerungen ausgestattet. Die Bauteile übernahmen zumeist komplizierte Funktionen bei der Steuerung und Regelung von → Antriebsmotor und → Tragarm. Ebenso wurden neuartige Komfortfunktionen wie direkte Titelanwahl oder Suchlauf möglich.

MIKRORILLE

Bezeichnung für die monophone Rille auf → Langspielplatten. Der Systemerfinder → Columbia Records führte 1948 mit der → LP auch die Mikrorille ein. Die Rillenbreite beträgt 55 μm, der Rillengrundradius 10μm. Zur Abtastung werden Abtastnadeln mit 65μm, gelegentlich auch 55 μm Querschnitt verwendet.

MIKULSKI

Seit mehr als vier Jahrzehnten zählt Bernhard Mikulski zu den erfolgreichsten, dauerhaftesten Größen im bundesdeutschen Musikgeschäft. Der ambitionierte Jazzliebhaber begann im Verbund mit dem ebenfalls unabhängigen Preßwerk »Pallas« und dem SZ-Verlag schon Mitte der 50er Jahre, verschiedene US-amerikanische Jazz-Label für den deutschen Markt in Lizenz herzustellen und zu vertreiben. Die Auswertung des → Verve-Katalogs in den Jahren 1957 – 60, bevor die → DGG als → MGM-Partner zum Lizenznehmer wurde, brachte dem Gespann ersten kommerziellen Erfolg und weite Anerkennung bis in die USA. Während sich Mikulski in den 60er und 70er Jahren, gezwungen durch den enormen Konzentrationswettbewerb der US-Schallplattenfirmen, vor allem im → Import-Geschäft engagierte, setzte er in den 80er Jahren erneut und tatkräftig das Lizenzgeschäft für den DACH-Markt (BRD, Österreich, Schweiz) fort. Unter der Marke »pop import« überschwemmte Mikulski den Markt mit hunderten von → Maxi-Singles im modischen Eurodisco-Sound, veröffentlichte → Nachauflagen gesuchter Sammlerstücke, z.B. der → »Ohr« Schallplatten und überraschte Jazzkenner mit Lizenzausgaben renommierter US-Größen, deren Aufnahmen im Sammelkatalog des neuen Überseepartners → Fantasy Records schlummerten. Anmerkung: Vor allem die Nachauflagen der OJC-Serie (Original Jazz Classics), die aus dem umfangreichen, zusammengetragenen Katalog von Fantasy stammen, sind, obwohl zumeist in den USA direkt bei Fantasy überspielt und von der renommierten Pallas gepreßt, unter Audiophilen nicht unumstritten. Dabei verkennt diese Käuferschicht vor allem, daß ein Großteil dieser fast vierhundert Nachveröffentlichungen im Original nur äußerst schwer zugänglich und dann auch überaus teuer ist. Insofern stellt die OJC-Serie, die von Mikulski clever im Mittelpreis-Segment plaziert wurde, dennoch eine sehr preiswürdige Alternative für den Repertoire-Sammler dar. Alle Nachauflagen von Fremdrepertoire tragen auf den Außenhüllen einen deutlich sichtbaren Vermerk, zumeist unten links, des deutschen Lizenznehmers Mikulski.

MINI-LP

Langspielplatte mit deutlich geringerer Spieldauer. Dabei nutzen Schallplattenfirmen zwar die Parameter der LP (Format und Drehzahl), bieten den Kunden aber nur Programmmaterial für ca. 20 Minuten. Vor allem seit den 70er Jahren werden Mini-LPs, unabhängig von der Verfügbarkeit des → Medium Play-Formats, immer dann angeboten, wenn entweder der Künstler zuwenig verwertbares Material aufgenommen hat oder sich die Firma gegen Teile der Tonaufnahme sperrt. Angemerkt sei, daß sich die Herstellung einer Ten-Inch seit den frühen 80er Jahren deutlich verteuert hat und heute wirtschaftliche Vernunftsgründe für eine Mini-LP sprechen.

MINT (M)

Höchste Güteklasse innerhalb des → Graduierungssystems (→ Second Hand). USA: Güteklasse 1 (Wert 100 %). In jeder Hinsicht absolut perfekt: ungespielt, eventuell sogar eingeschweißt (→ still sealed). Das US-Sammlermagazin Goldmine empfiehlt, das Prädikat mit Bedacht zu verwenden. UK: Güteklasse 1 (Wert 100 %). Platte oder Cover sind in jeder Beziehung in einem neuwertigen Zustand (brand new condition). Keine Oberflächenschäden und Störgeräusche. Eventuelle Beilagen sind vollständig und perfekt erhalten. BRD: Güteklasse 1 (Wert 100 %). Platte oder Cover sind in jeder Beziehung in einem neuwertigen Zustand. Keine Störgeräusche.

MIRACLE-SURFACE

Von der US-amerikanischen → RCA Victor in den späten 50er und frühen 60er Jahren benutzte Schutzmarke für einen speziellen Plastwerkstoff. Dabei handelte es sich insbesondere um einen Antistatikzusatz mit der geheimnisvollen Bezeichnung »317X«. RCA reagierte mit dieser Anreicherung auf die im Praxisalltag entstehenden statischen Aufladungen früherer Vinylanmischungen. Darüber hinaus wurden für die »miracle-surface«-Mixtur auch die Art und der Anteil an Weichmachern überarbeitet, so daß Schallplatten aus diesem Werkstoff im allgemeinen eine recht niedrige Eigenmodulation aufweisen. Später rückte RCA von dieser Mixtur ab und ersetzte sie, ebenfalls werbewirksam unterstützt, durch das sich schneller zu verarbeitende → »Dynaflex«-Material. RCA-Schallplatten aus der »miracle-surface«-Fertigung spielen, einen guten Erhaltungsgrad vorausgesetzt, auch heute noch geräuscharm – ein Zeichen für die hervorragende Langzeitstabilität des Werkstoffs.

MISPRESSING

Bezeichnung (engl.) für eine → Fehlpressung.

MITLAUFBESEN

Ein weiteres »nützliches« Accessoire aus dem Zubehörkatalog. Der Mitlaufbesen ist ein kleiner Pinsel aus Marderhaar o.ä. Naturmaterialien, der an einem Ausleger über die Schallplatte geführt wird. Mittels eines kleinen Gegengewichts bestimmt man die Auflagekraft des Pinsels und damit auch die Vorschubgeschwindigkeit des Auslegers. Im Idealfall bewegt sich der Mitlaufbesen im gleichen Tempo wie der Tragarm auf die Innenrille zu. Der Mitlaufbesen wird links oben auf dem Chassis angebracht und soll ca. eine halbe Umdrehung vor dem Abtastpunkt die Schallplatte und Rille von losem Staub befreien und so optimale Abtastbedingungen schaffen. Die Hersteller versprechen deutlich weniger Knistern und Knackgeräusche während der Wiedergabe. Von fortgeschrittenen Schallplattenfreunden wird der Einsatz solcher Besen abgelehnt, da er u.a. eine Nachregelung der Drehzahl erfordert (zusätzliche Reibung) und bei ungenügender Erdung bzw. geringer Luftfeuchtigkeit zu merklichen Aufladungen (Knistern) führt. In der Praxis benötigt eine gut gepflegte Schallplatte

(→ Reinigung von Schallplatten) keinerlei zusätzliche mechanische Reinigung während des Abspiels.

MITSCHNITT

Bezeichnet Vorgang der Aufzeichnung und das entstehende Resultat (Band) einer Live-Aufführung (Konzert o.ä.). → Live-Aufnahme

MITTELLOCH

→ Zentrierloch

MITTELPREIS

Das ursprüngliche Preisniveau aller Schallplatten. Erst im Laufe der Entwicklung der Phonoindustrie bildeten sich weitere → Preiskategorien heraus. Der Mittelpreis ist mittlerweile seit Jahrzehnten den normalen, preisgesenkten Nachauflagen vorbehalten und fast alle Neuausgaben werden im → Hochpreis-Segment angeboten.

MITTENSCHALLQUELLEN

Signalanteile, die bei Seitentausch der Wiedergabe nicht die Position ändern.

MIXDOWN

Bezeichnung für die Tätigkeit, aber auch das Resultat der finalen Abmischung einer Tonaufzeichnung in ein für die Massenvervielfältigung vorgesehenes Tonformat. Beispielsweise stellt die Stereoabmischung einer Mehrspuraufnahme, vom Produzenten und/oder Künstler abgenommen, das Endresultat des Aufnahmeprozesses einer Tonaufnahme dar. Dieser Mixdown ist praktisch für die weitere industrielle Bearbeitung der Schallaufzeichnung verbindlich. Auf Wunsch des Produzenten/Künstlers, aber auch bei der Aufarbeitung → historischer Aufnahmen bzw. der Zusammenstellung von → Kopplungen kann es zu einer klanglichen Überarbeitung (→ Master, Remaster) des Mixdowns kommen. Für aufwendigere → Reissues kann bei entsprechender Quellenlage und abhängig vom Ermessen des Neuproduzenten auch ein vollständig neuer Mixdown, auch → Remix genannt, angefertigt werden.

MM/MC

Funktions- und Tastenbezeichnung für Umschalten zwischen MM- bzw. MC-Verstärkerstufe eines Phonovorverstärkers (auch innerhalb eines Vollverstärkers).

MODULATION

Bezeichnung für die Form und den Inhalt einer Rille.

MODULATIONSRAUSCHEN

Bei der Schallplattenabtastung treten verschiedene Rauschanteile auf, die sich summieren. In der Regel liegt das zu erwartende Modulationsrauschen bei etwa

– 30db. Hochwertige → Abtastsysteme, → Vor-Vorverstärker und exzellent gefertigte Schallplatten ermöglichen, in Abhängigkeit zur Nutzdynamik Rauschabstände besser als -40 db. → Grundgeräusch, → Systemrauschen.

MONO-ABTASTSYSTEM

→ Monoschallplatten

MONOFONISIERUNG

Bezeichnet die Monobildung aus einem Stereosignal. Zumeist werden dabei die beiden Kanäle der Stereoaufnahme einfach summiert bzw. addiert. Beispielsweise arbeitet die Monostellung eines Heimverstärkers nach diesem Prinzip. Hier werden beide Kanäle in der Verstärkerstufe zusammengeführt. Dabei entsteht aufgrund der kohärenten Signalanteile (Mittenschallquellen) des Stereosignals eine Anhebung eben dieser um 3 dB innerhalb des gebildeten Monosignals. In professionellen Masteringstudios und im Rundfunkbetrieb wird zur Erzielung eines ausgeglichenen Klangbildes ein zusätzliches 90°-Filter eingesetzt, das die o.g. Anhebung der Mittenschallquellen verhindert.
Anmerkung: Unter Sammlern werden immer wieder Diskussionen über die besondere Anmutung monophoner Schallplatten aus der frühen Stereophase geführt. Existieren von einer Tonaufnahme parallel eine Mono- und eine Stereoversion, so wird sich die Monofassung nur dann tatsächlich in ihren Klangeigenschaften von der Stereofassung abheben, wenn bei der Aufzeichnung zwei getrennte Mikrofonanordnungen und Aufzeichnungseinheiten eingesetzt wurden. Bei Jazz-, Rock- und Pop-Produktionen aus der stereophonen Übergangszeit sind praktisch nur die Monofassungen von historischem Wert, die in ihrer eigenständigen Abmischung (mix) die damaligen Intentionen und Soundvorstellungen der Künstler widerspiegeln. Das Gros der nach 1967 edierten monophonen Popscheiben sind einfache Summen- oder 90°-Grad-Monos und werden damit ihrem Sammlerwert eigentlich nicht gerecht.

MONOKOMPATIBILITÄT

Die Fähigkeit von für die Wiedergabe von Stereoaufzeichnungen (Flankenschrift) konstruierten Abtastsystemen, auch → Monoschallplatten mit in Seitenschrift gespeicherten einkanaligen Signalen abzutasten.

MONOPHONIE

Einkanal-Aufzeichnungs- und Wiedergabeverfahren, das nur einen Verstärkerzug und einen Lautsprecher benötigt. Bei monophonen Schallplatten ist der Signalanteil in → Seitenschrift gespeichert (→ Monoschallplatten, Wiedergabe von). Anders als die → Stereophonie weist die Monophonie keine echte → Breiten- und Tiefenstaffelung auf, sondern vermittelt nur ein entsprechendes Lautstärkeverhältnis der Einzelstimmen.

MONOSCHALLPLATTEN, WIEDERGABE VON

Im Rahmen der aktuellen, von der Stereorille dominierten Schallplattenwiedergabetechnik verwendet man zumeist ein Stereoabtastsystem zur Wiedergabe von Monoschallplatten. Dazu nutzt man die auch unter Berücksichtigung einer Abwärtskompatibilität entwickelte Fähigkeit der Stereorillenabtastung (→ Flankenschrift), im Falle einer monophonen → Mikrorille, allein aus der Seitenschrift heraus, die aufgezeichnete Toninformation wiedergeben zu können. Dabei wird vorausgesetzt, daß die Bewertung der Wiedergabequalität nur nach dem informellen Gehalt und nicht nach der Wiedergabegüte erfolgt. In der Praxis führt der verkleinerte Verrundungsradius der Stereoabtastnadel von max. 15 µm, im Vergleich zu dem für → Mikrorillen (nicht zu verwechseln mit den späteren monophonen Stereorillen, s.u.) vorgesehenen Nadelspitzenverrundungsradius von 26 µm, zu einem deutlich tieferen Eintauchen in die Rille, und so dramatisch erhöhten Störgeräuschanteilen. Durch die Fähigkeit eines Stereoabtasters, sich ohne großen Widerstand dreidimensional zu bewegen und dabei Informationen aus dem Tiefenschriftanteil zu gewinnen, werden die o.g. Störungen noch weiter verstärkt. Ein Stereoabtaster wertet Materialverwerfungen, Kratzer, Dreck, Staub u.s.w. praktisch dreidimensional aus und erzeugt durch seinen vierpoligen Doppelwandler daraus einen stereophonen Störteppich. Ebenso wird das eigentliche Monosignal zweimal (links und rechts getrennt) ausgelesen und durch die in allen Dimensionen bewegliche Nadelspitze gegebenenfalls (z.B. beim Tänzeln der Nadel) phasenverschoben interpretiert. Darüber hinaus führt der Einsatz eines Abtaststifts mit einem »modernen« Schliff (alle nichtsphärischen Varianten), zu einer gewissen Interpretation des Signals. Ein modernes Stereoabtastsystem setzt voraus, daß sich das Signal aus der Flankenschrift, also der horizontalen und vertikalen Auslenkung, ergibt. Dabei enthält die eine Rillenflanke den linken, die andere den rechten Kanal und das Signal befindet sich dreidimensional in der jeweiligen Rillenflanke. Bei der → Mikrorille hingegen wird das Signal aus der Auslenkung der Rille in der Horizontalen, also von oben gesehen, durch die Bewegung von links nach rechts gewonnen. Hier ist die Musik nicht quer nach unten geschnitten: Eine → Mikrorille hat immer die gleiche Tiefe und Breite, es ändert sich wirklich nur die Auslenkung der Rille. Als man die Stereorille entwickelte und ihr zugunsten einer hohen Akzeptanz – man hatte ja erst zehn Jahre zuvor die → Mikrorille eingeführt – eine Abwärtskompatibilität der zukünftigen Abspieltechnik mit auf den Weg gab, entschied man sich gegen das Auftrennen der beiden Stereo-Kanäle in Seiten- und Tiefenschrift, für eine um 45° gedrehte Kombination der beiden Schriftarten. Die Flankenschrift bildet also ein kanalgleiches, d.h. monophones Signal ohne jegliche Phasenverschiebung, in reiner Seitenschrift ab. Zum Zeitpunkt der Normung gab es ausschließlich sphärische Abtaststifte, deren kugelförmige Nadel den Kontakt mit den beiden Rillenflanken in jedem Winkel gleichmäßig gewährleistet. Dabei ist es diesem Nadeltyp egal, ob er genau über seine Achse (180°) oder mit einem abweichenden Winkel zur Flanke steht, die Anregung auf den Wandlerbaustein bleibt hier bei reiner Seitenschrift immer gleich. Wird nun ein moderner, mutiradialer Nadelschliff zur Abtastung verwendet, entscheidet dessen Drehung um die eigene Achse (von oben gesehen), über die maximale Kontaktfläche zur Rillenflanke ebenso wie die Taumelung der Nadel in ihrer Senkrechten. D.h. nur wenn dieser Nadelschliff optimal dreidimensional justiert wäre, könnte er ohne Beeinträchtigung die → Mikrorille als kanalgleiches, monophones Signal ohne jegliche Phasenverschiebung abtasten. In der Praxis ist eine solche Justierung ebenso wie deren permanente Einhaltung in Bezug auf den Tonträger nicht möglich. Das führt zu Fehlinterpretationen des Signals. Je mehr die Kontaktfläche der Nadel sich einer Geraden annähert, desto mehr entstehen Phasen- und Pegelverschiebungen zwischen den beiden vom Wandler generierten Einzelkanälen. Über die zunehmend häufiger diskutierte Frage, inwieweit Nadelschliffe mit extremer Flankenschmalheit (> 5 μm) das abgetastete Signal aus seinem homogenen Zeitverhalten reißen, d.h. beispielsweise das Signal anteilig in der linken Flanke einen Moment vor dem Zeitpunkt der rechten Flanke abzutasten, besteht keine gesicherte Erkenntnis. Da auch die → Mikrorille mit einem Stichel geschnitten worden ist, ist ein möglicher Aspekt eher die Tatsache, daß moderne Schliffe zum Teil die damaligen Werkzeugdimensionen unterschreiten. Der Einsatz einer Summenmono-Schaltung am Verstärker engt zwar das gewonnene Stereosignal wieder auf Mono ein, kann aber keineswegs die o.g. Probleme lösen. Eine optimale Abtastung von »echten« Monoschallplatten, d.h. historisch verbürgten Monoumschnitten nach der ersten, monophonen Mikrorillennorm, kann nur der Einsatz eines eigenständigen Monoabtastsystems erreichen. Dabei besitzt das dort häufig verwendete, auf die zweidimensionale Auslenkung der Seitenschrift optimierte Nadelträgerlager den Vorteil, daß sich Störungen aus dem Tiefenbett nur unerheblich in das eigentliche Klangbild der Aufzeichnung übertragen. Bei der Auswahl eines Monoabtastsystems sollte man darauf achten, daß der Hersteller entsprechende Maßnahmen zur Dämpfung der vertikalen Auslenkung getroffen hat. Für Monoschallplatten aus Fertigungszeiträumen nach 1958, also dem Zeitpunkt der Einführung der Stereorillennorm und damit verbunden der Flankenschrift, gilt folgendes: Solange eine Schallplattenfirma in der allgemeinen Übergangsphase bis 1968 für die Anfertigung von Monoaufzeichnungen noch die alten Monoschneidköpfe nutzte und damit verbunden die Einhaltung der Mikrorillennorm (inkl. Seitenschrift) gewährleistete, kann man auch die daraus resultierenden Pressungen, wie oben beschrieben, abtasten. Wurde hingegen das Schreiben von Monoaufnahmen durch monophon angesteuerte Stereoschneidköpfe übernommen und gleichzeitig die Rillendimensionierung der Stereorille verwandt, ist die Verwendung eines passend dimensionierten Stereoabtasters im Sinne von Geometrie und Rillenabrieb (Deformation) vorteilhafter. Für alle nach 1968 hergestellten Monoschallplatten wurden praktisch nur noch Stereoschneidköpfe eingesetzt.

Fortsetzung auf S. 268

»Black Label« 1950-60
(schwarz/silber)

»Pinwheel Black Box« 1960-61
(grün/blau) oder (orange/weinrot)

»Pinwheel vertikal« 1961-66
(grün/blau) oder (orange/weinrot)

»Pinwheel horizontal« 1966-68
(grün/blau) oder (orange/weinrot)

»1841 Broadway« 1968-72
(grün/orange)

»Rockefeller Plaza« 1973 ff.
Warner Com.-Logo ab 1978 (grün/orange)

»Harfe« 1958-61
(schwarz/silber) oder (gelb/schwarz)

1961-68
mono (gelb/grau)

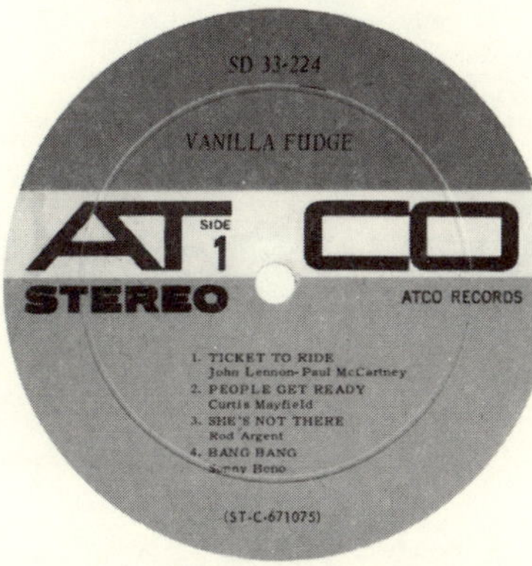

1961-68
stereo (weinrot/braun)

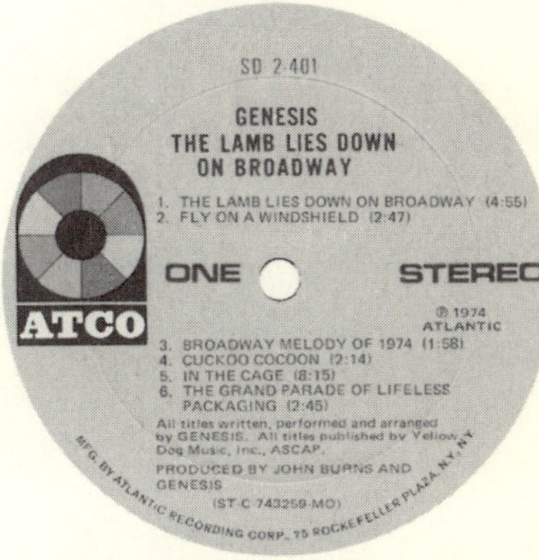

1968-78
stereo (gelb/color)

1978-84
(grau/color)

»13 Logos« 1984-89
(grau/weinrot)

(EKL) 100er 1952-61
(Elektron, weiß)

(EKS) 74.000er 1965-69
stereo & mono (goldbeige)

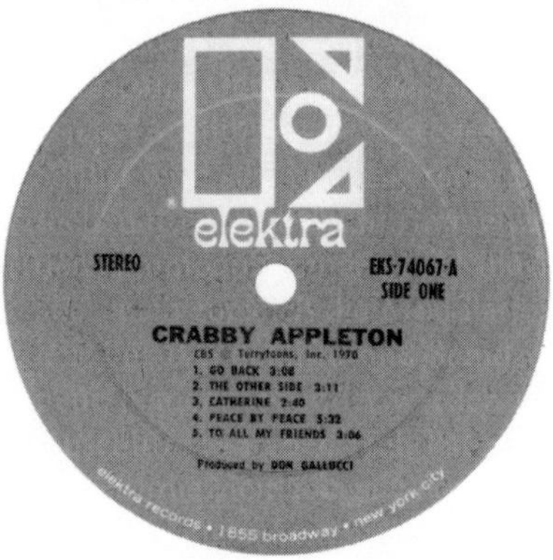

(EKS) 74.000er 1970
1855 Broadway, New York (rot)

(EKS) 74.000er 1971-78
15 Columbus Circle, New York (Butterfly)

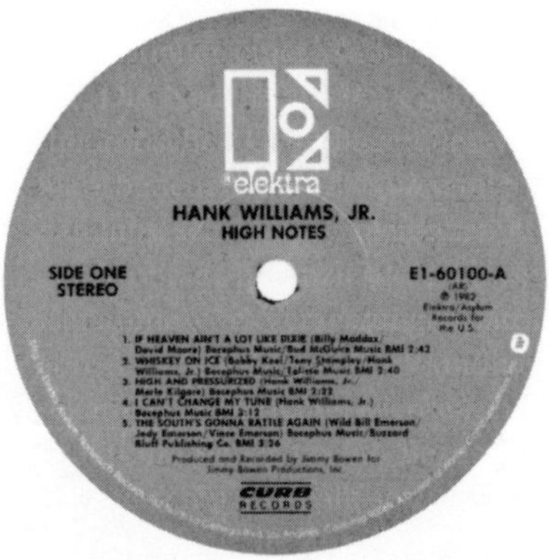

(E1) 60.000er 1978-90
962 North La Cienega Blvd., LA (rot)

60.000er 1990-ff
75 Rockefeller Plaza, NY (weiß)

(R/RS) 6.000er 1963-65
stereo & mono (rosa/grün/beige)

(F/FS) 1.000er 1963-68
stereo & mono (rosa/grün/goldbraun)

(R/RS) 6.000er 1966-68
stereo & mono (rosa/grün/beige)

(R/RS) 6.000er 1968-70
stereo & mono (rosa/grün/beige)

(R/RS) 6.000er 1970-76
stereo (braun)

(R/RS) 6.000er 1976-89
Warner Com.-Logo, stereo (braun)

»Grey-Warner« 1958-65
mono (grau/gelb)

»Gold-Warner« 1962-68
stereo (gold/rot)

»Green-Warner, 7 Arts« 1968-70
(olivgrün)

»Green-Warner, WB« 1970-72
(olivgrün)

»Burbank Street-Warner« 1973-78
Warner Com.-Logo 75-78 (color)

»Line-Warner« 1978-88
(color)

1958-62
mono, Stroboskopring (gelb/schwarz)

«Stereorama» 1959-62
stereo, Stroboskopring (gelb/schwarz)

1965-72
(gelb)

1972-78
(orange)

1976 ff.
(schwarz/blau)

»half speed mastered« 1981-84
(rot/gelb)

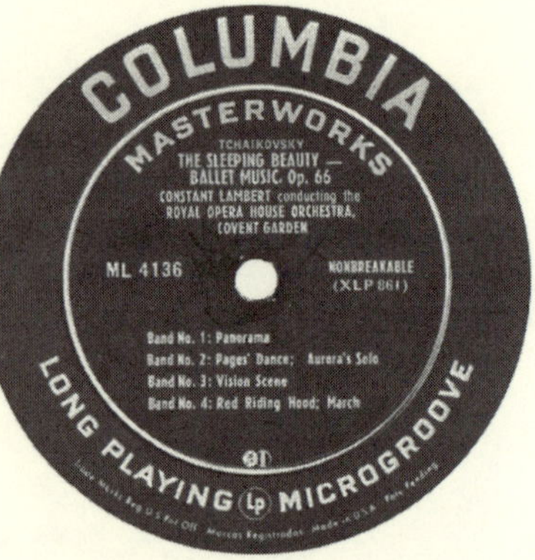

1948-55
mono (rot/gold)

»six eye« 1955-62
mono (rot/schwarz)

»six eye« 1958-62
stereo (rot/schwarz)

»two eye« 1962-65
mono (rot/schwarz)

»two eye« 1962-63
stereo, 360° Sound (rot/schwarz)

»two eye« 1963-65
stereo, 360° Sound, Pfeile (rot/schwarz)

»two eye« 1965-70
mono, 360° Sound, Pfeile (rot/schwarz/weiß)

»two eye« 1965-70
stereo, 360° Sound, Pfeile (rot/schwarz/weiß)

»half a dozen« 1970-84
(rot/gelb)

»quadrophonic« 1971-75
(gold/rot)

»half speed mastered« 1981-84
(rot/gelb)

»half a dozen« 1984-89
(rot/gelb)

«Living Presence» 1955-60
(weinrot/silber)

«Living Presence» 1959-62
(weinrot/silber)

«Living Presence» 1962-64
(weinrot/silber)

«Living Presence» 1965-69
(weinrot/silber)

ovales Logo 1955-64
(schwarz/silber)

Mercury-Kopf 1964-68
(rot/schwarz)

zwölf Logos 1969-73
(rot/schwarz)

sieben Logos 1973-74
(rot/schwarz)

Bildmotiv Hochhaus 1974-82
(color)

1982-92
(schwarz)

1992 ff.
(rot/schwarz)

EmArcy 1955-62
(schwarz/silber)

Nipper outline 1954-55
mono (rot/silber)

«Shaded Dog» 1956-64
mono (weinrot/color)

«Shaded Dog» 1958-59
stereo, kleiner LS-Schriftzug (weinrot/color)

«Shaded Dog» 1960-62
stereo, großer LS-Schriftzug (weinrot/color)

«Shaded Dog» 1962-63
stereo, Master-Nr. in Klammern (weinrot/color)

«Shaded Dog» 1963-64
stereo, Dynagroove (weinrot/color)

«White Dog» 1965-68
stereo (rot/color)

«White Dog» 1965-67
stereo, Dynagroove (rot/color)

«White Dog» 1966-67
stereo, Dynagroove, Miracle Surface (rot/color)

«Red Seal» 1968-71
stereo, Dynagroove (rosa)

Victrola Sublabel 1958-65
mono (weinrot/silber)

Victrola Sublabel 1958-65
stereo (weinrot/silber)

«Shaded Dog» 1955-64
mono (schwarz/color)

«Shaded Dog» 1958-64
stereo (weinrot/color)

«White Dog» 1965-67
stereo, Dynagroove (schwarz/color)

«White Dog» 1965-68
stereo (schwarz/color)

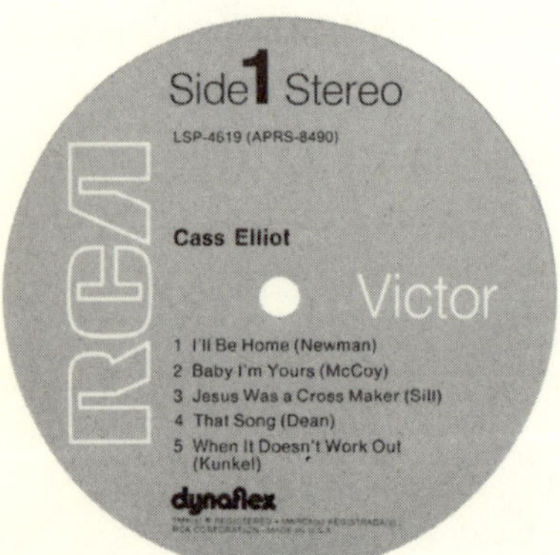

«dynaflex» 1965-67
stereo (orange)

«Shaded Dog», rechts 1976 ff.
stereo (schwarz/color)

«Rainbow», links 1958-62
mono (schwarz/color)

«Rainbow», oben 1962-69
stereo (schwarz/color)

1972-75
stereo (orange)

1972-78
stereo (gelb)

«Capitol-Logo», groß 1978-84
stereo (weinrot)

«Capitol-Logo», klein 1991 ff.
stereo (weinrot)

MGM Records 1950-60
mono (gelb/schwarz)

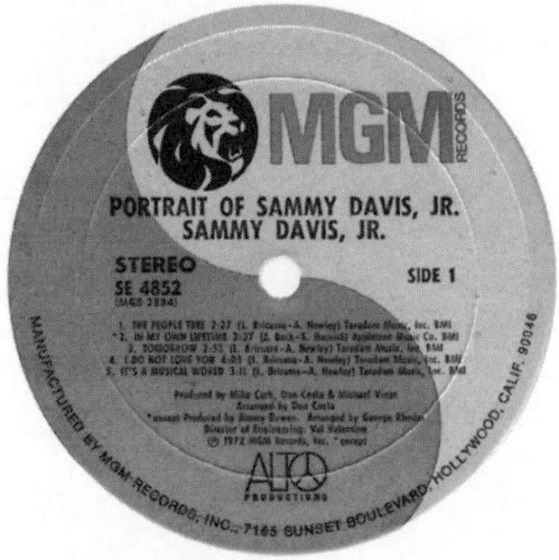

MGM Records 1968-76
stereo (gold/blau)

United Artists Records 1960-68
stereo (schwarz/color)

United Artists Records 1968-70
stereo (schwarz/orange)

Decca Records 1949-54
mono (gold/schwarz)

Decca Records 1963-71
stereo (schwarz, color)

Everest 1958-62
stereo (schwarz/blau/silber)

Everest 1962-68
stereo (gold/schwarz)

Everest 1968-75
stereo (orange/schwarz)

Everest 1975-85
stereo (color)

Westminster 1950-59
mono (schwarz/silber)

Westminster 1960-68
stereo (schwarz/blau/silber)

«ABC-Paramount» 1961-68
stereo (orange/schwarzbraun)

«ABC Records» 1968-73
stereo (rot/schwarz)

1973-74
stereo (schwarz)

1974-78
stereo (grün/purpur)

MCA-Etikett 1978-85
stereo (color)

1985-90
stereo (rot/schwarz)

1985-90

stereo (rot/schwarz)

1995-98

stereo (orange/schwarz)

Balkenkreuz 1959-62

mono (weiß, color)

Balkenkreuz 1959-62

stereo (weiß, color)

1962-63

stereo (orange/rosa)

Roulette-Design 1963-77

stereo (orange/gelb)

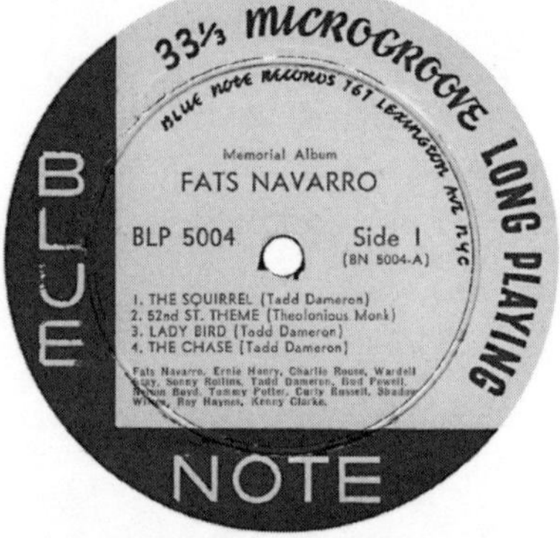

»767 lexington avenue« (1951-57)
BLP-Prefix, 4n-Katalog (blau/weiß)

»42 west 63rd« (1957-61)
BLP-Prefix, 4n-Katalog (blau/weiß)

»A Division of Liberty Records« (1966-69)
BST-Prefix, 5n-Katalog (blau/weiß)

»b-note« (1973-78)
BNS-Prefix, 5n-Katalog (blau/schwarz)

»Capitol« (1985-90)
BT-Prefix, 5n-Katalog (blau/weiß)

»Capitol« (1990 ff.)
B-Prefix, Barcodenummer (blau/weiß)

RLP 12-Prefix 1957-59
mono (blau/silber)

RLP-Prefix 1960-63
mono (blau/silber)

Fantasy, OJC-Prefix 1985 ff.
mono (weiß/grau)

1960-65
mono (schwarz/silber)

PJ-Prefix 1952-56
mono (schwarz/silber)

Liberty 1965-70
mono (schwarz/orange/gelb)

ohne Seitenbeschriftung 1950-58
mono (gelb/schwarz)

mit Seitenbeschriftung 1958-67
mono (gelb/schwarz)

1958-67
stereo (schwarz/gold)

1967-78
stereo (gelb/schwarz)

1964-67
stereo (schwarz/silber)

Fantasy, OJC-Prefix 1985 ff.
stereo (gelb/schwarz)

bis 1960

mono (weinrot/gold)

1969-75

stereo (color)

1975-80

stereo (grün)

1980 ff.

stereo (beige)

1980 ff.

stereo (beige)

Fantasy, OJC-Prefix

1980-85

stereo (grün)

FFRR 1955-66
mono (orange/schwarz)

FFSS 1958-69
stereo (schwarz/silber)

FFSS Smallband 1969-78
stereo (schwarz/silber)

FFSS Smallband, PolyGram 1978-82
stereo (schwarz/silber)

Decca Digital 1982-88
stereo (orange/schwarz)

6-stelliger Katalog 1989 ff.
stereo (silber/rot/blau)

FFRR 1955-58
mono (weinrot/silber)

FFRR 1958-69
stereo (weinrot/silber)

FFSS Wideband 1958-69
stereo (weinrot/silber)

Smallband, PolyGram 1978-82
stereo (weinrot/silber)

London Digital 1982-88
stereo (hellblau/schwarz)

6-stelliger Katalog 1989 ff.
stereo (schwarz/silber)

FFRR 1955-66
mono (weinrot/silber)

FFRR 1969 ff.
mono (weinrot/silber)

FFSS Wideband 1958-69
stereo (weinrot/silber)

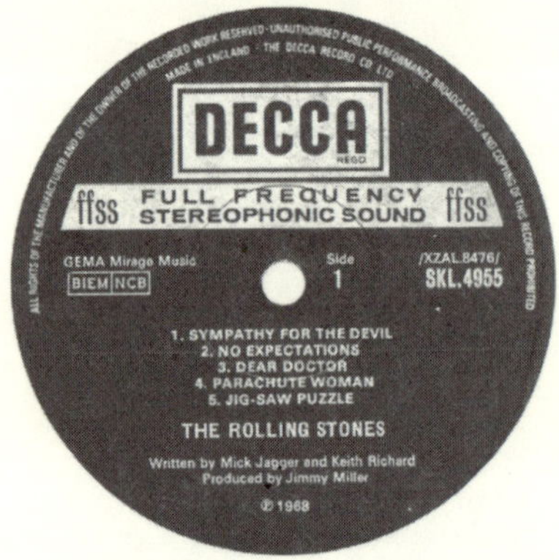

FFSS Smallband 1969-78
stereo (weinrot/silber)

PolyGram 1978-85
stereo (silber/blau/rot)

SKDL = digital remastered 1985 ff.
stereo (silber/blau/rot)

6-stelliger Katalog 1989 ff.
mono (silber/blau/rot)

Budget-Reihe Rock Echoes 1980 ff.
stereo (silber/blau/rot)

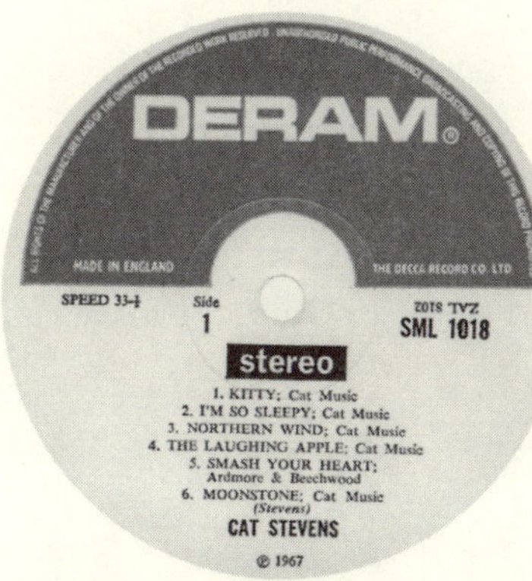

Deram Sublabel 1967-69
stereo (rot/weiß)

Deram Sublabel 1969-73
stereo (rot/weiß)

Deram Nova Sublabel 1969-73
stereo (rot/schwarz)

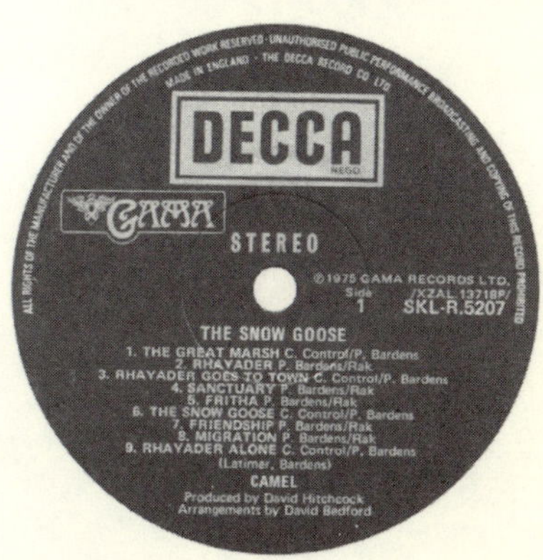

Gama Sublabel 1972-75
stereo (blau/silber)

Nipper 1951-64
stereo (weinrot, color)

Nipper 1951-64
stereo (weiß/gold/color)

Nipper 1968-72
stereo (rot/color)

Nipper 1972-82
stereo (rot/color)

Nipper 1982 ff.
stereo (rot/color)

Nipper, DMM 1982 ff.
stereo (rot/color)

Angel 1951-56
mono (schwarz/silber)

Angel 1972-75
stereo (gelb/color)

Angel 1976-82
stereo (color)

Angel Digital 1982 ff.
stereo (gelb/schwarz/color)

Fanfare Sublabel 1969 ff.
stereo (ocker)

Fanfare Classic for Pleasure 1969 ff.
stereo (beige)

»PMC-Serie 1« 1964-68
mono (schwarz/gelb/silber)

»PMC-Serie 2« 1968-72
mono (schwarz/gelb/silber)

»PCS-Serie 1« 1964-68
stereo (schwarz/gelb/silber)

»PCS-Serie 2« 1968-75
stereo (schwarz/silber)

»PCS-Serie 3« 1975-85
stereo (schwarz/silber)

»PCS-Serie 4» 1985 ff.
(schwarz/silber)

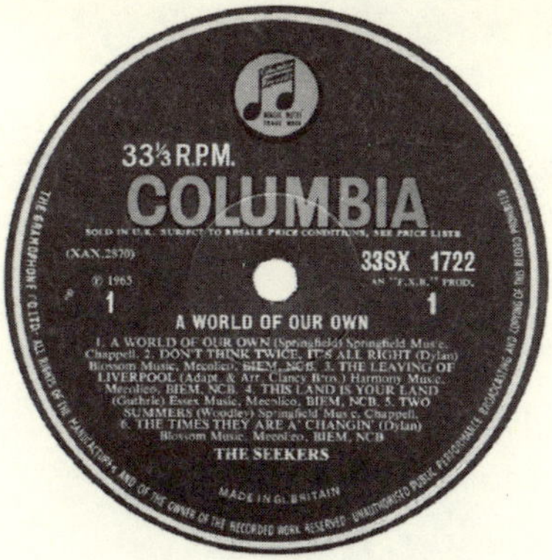

1964-68
stereo (schwarz/blau/silber)

»Studio 2« 1968-72
stereo (schwarz/blau/silber)

1968-72
stereo (schwarz/blau/silber)

1972-80
stereo (blau)

Regal Zonophone Sublabel 1968-70
stereo (weinrot/silber)

Regal Zonophone Sublabel 1970-73
stereo (weinrot/silber)

»eye-land« 1967-69
(pink/orange/schwarz)

«block logo», auch «eye-land» 1969
(pink/schwarz)

«black i-logo» auch »pink-island« 1969/70
(pink, s/w)

«pink i-Logo», auch «help-island» 1970
(schwarz/pink)

»palm tree-logo«, auch »palm-island« 1970-73
(color)

»orange palm-island« 1973-76
(color)

»day & night«, Tagseite 1977-82
(color)

»day & night«, Nachtseite 1977-82
(color)

»rainbow-island« 1983-90
(color)

»deepblue-island« 1991 ff.
(blau, gelb, silber)

US-Island 1973/74
(color)

Sublabel Antilles, US-Island 1974 ff.
(schwarz, color)

Bronze Sublabel 1972 ff.
(color)

Obscure Sublabel 1975/76
(color)

Antilles Sublabel 1985-92
(schwarz/blau)

Antilles New Directions Sublabel 1985-92
(schwarz/blau)

Mango Sublabel 1989 ff.
(color)

4th Broadway Sublabel 1989 ff.
(color)

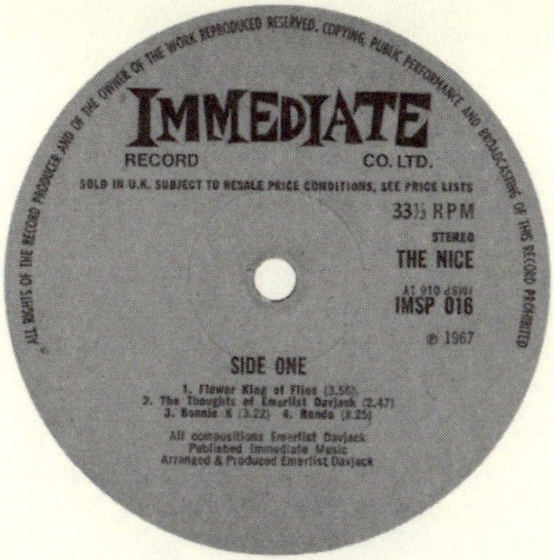

1967-69

(pink/schwarz)

NEMS 1973 ff.

(weiß/schwarz)

WWA 1973-78

(schwarz/silber)

NEMS 1976-82

(schwarz/weiß)

NEMS 1985 ff.

(weiß/schwarz)

NEMS 1985 ff.

(gelb/schwarz)

Island-Logo oben 1971-72
(grün/pink)

CHR-Prefix, ILPS-Matrize 1972-73
(grün/rot)

CHR-Prefix 1974-77
(grün/rot)

EMI-Katalognummer 1988 ff.
(color)

Neueinspielung
Sgt. Pepper Lonely Hearts Club Band

Neueinspielung
Sgt. Pepper Lonely Hearts Club Band

Pink Scroll 1970-72
(pink)

Mad Hatter, groß 1972-74
(color)

Mad Hatter, klein 1974-75
B&C Records (color)

Mad Hatter, klein 1975-79
Phonogram (color)

Mad Hatter Microphone 1980-82
Phonogram (blau)

Mad Hatter Microphone 1982-85
Virgin (blau)

»two virgin & dragon«, V1.1 1973-75
(s/w)

two virgin & dragon, V1.2 1975-76
(color)

two virgin, V2.1 1975
(ocker)

two virgin, V2.2 1976
(rot oder grün)

two virgin, V2.3 1976-78
(grün)

two virgin, V4.1 1978
(blau/rot)

V5.1 1978-84
(grün/rot)

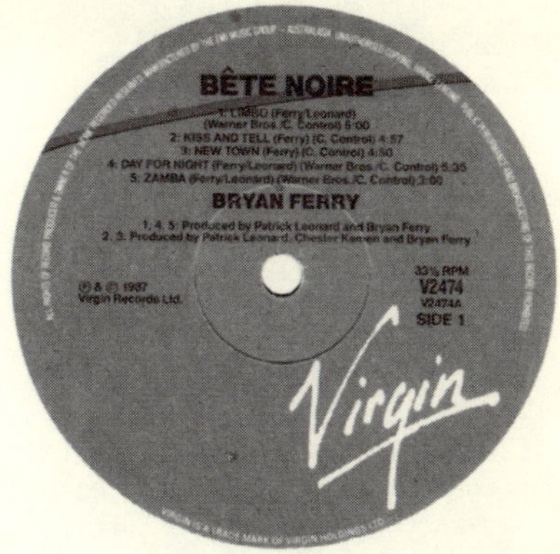

V5.2 19884-89
(rot/grün)

V6.1 1989-92
(s/w, grau)

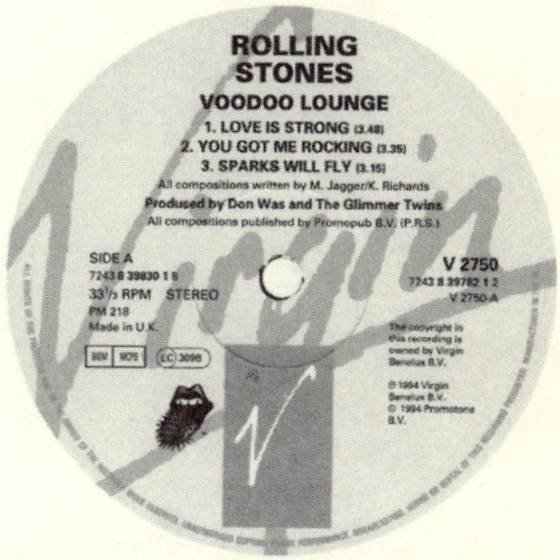

V6.2 1993 ff.
(s/w, grau)

Caroline, two virgin & dragon 1973-75
(s/w)

Caroline, two virgin 1974-78
(schwarz, rot)

Harvest, Sublabel EMI Records (UK)

1969-72

Made in Gt. Britain mittig (gelb/grün)

1972-85

(gelb/grün)

1985-90

(schwarz/silber)

1967-69

(weiß/orange/rosa)

1967-72

Made in Gt. Britain mittig (schwarz/silber)

1972-78

(schwarz/silber)

«Swirl» 1969-70
6-stelliger Katalog, Philips (weiß/schwarz)

«Swirl» 1970-73
7-stelliger Katalog (weiß/schwarz)

«UFO» Version 1 1974-78
(color)

«UFO» Version 2 1985-89
(color)

«Reflex» Budget-Linie 1976-84
(orange)

«Swirl» 1989 ff.
(weiß/schwarz)

1953-63
(schwarz/silber)

1963-68
(schwarz/silber oder blau/silber)

1968-70
(schwarz/silber oder blau/silber)

1970-75
(schwarz/silber oder blau/silber)

1975-80
(schwarz/silber oder blau/silber)

1980 ff.
(schwarz/silber oder blau/silber)

1955-63
(schwarz/silber)

1963-68
(schwarz/silber)

1970-75
(schwarz/silber)

1990 ff.
(schwarz/silber oder braun/gold)

Favoriten Serie
1953-63
(schwarz/silber)

Pergola Budget-Label
1969-78
(blau/silber)

60.000er 1963-69
Made in Germany, XSM-Archiv (orange)

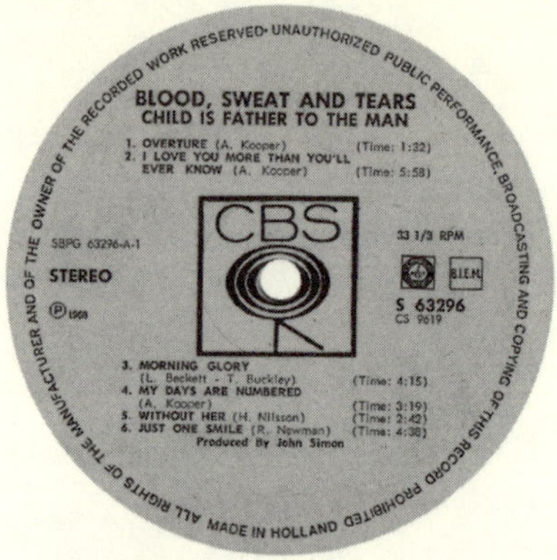

60.000er Katalog 1969-70
Made in Holland, BPG-Archiv (orange)

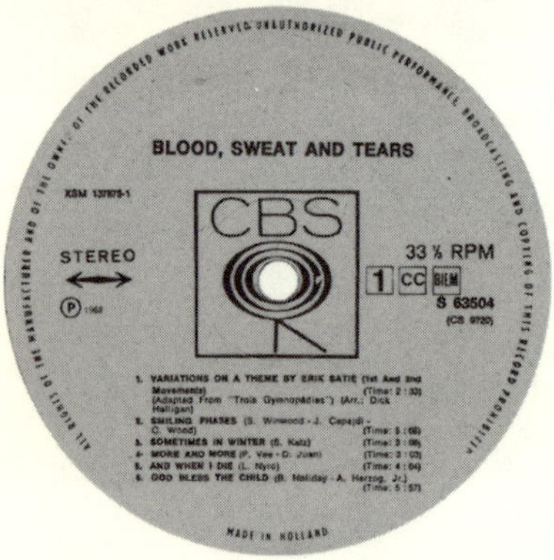

60.000er 1970-75
neuer Außenkreis, XSM-Archiv (orange)

60.000er 1975
neues Logo, 6.000er, CS…-Archiv (Verlauf)

80.000er 1975-77
Verlag, neuer Außenkreis (Verlauf)

80.000er 1977-80
Anordnung Seitenzahl und Quelle (Verlauf)

80.000er 1980-84

keine Stereo-Pfeile, freier Raum (Verlauf)

20.000/30.000er 1984-85

neues Matrizen-Archiv 01, Fließtext (Verlauf)

20.000/30.000er 1985-87

neues Logo (rot)

400.000er 1987-89

auch Katalogneuordnung (rot)

sechsstelliger Katalog 1989-92

ohne CBS-Prefix, Bestellnummer links (rot)

sechsstelliger Katalog 1992 ff.

jetzt COLUMBIA, neuer Außenkreis (rot)

«Tulip» 1951-62
mono (gelb)

«Tulip» 1958-62
stereo (gelb)

1968-88
stereo (gelb)

Digital 1980-88
stereo (gelb)

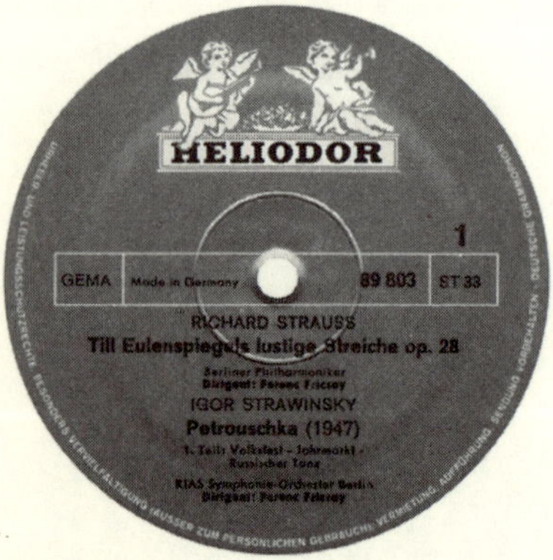

Heliodor Sublabel 1968-88
stereo (ocker)

Sonderpressung Gesprochenes Wort 1962
mono (weiß/türkis)

Ariola 1958-66
mono (rot)

1967-75
stereo (silber)

1976-85
stereo (silber)

Quellux (Quelle-Versand) 1960
mono (türkis)

Bertelsmann Schallplattenring 1955-58
mono (gold/weiß)

Bertelsmann Schallplattenring 1958-60
mono (türkis)

1961-66

(rot)

1967-72

(rot)

1972-76

(rot)

1976-85

(rot)

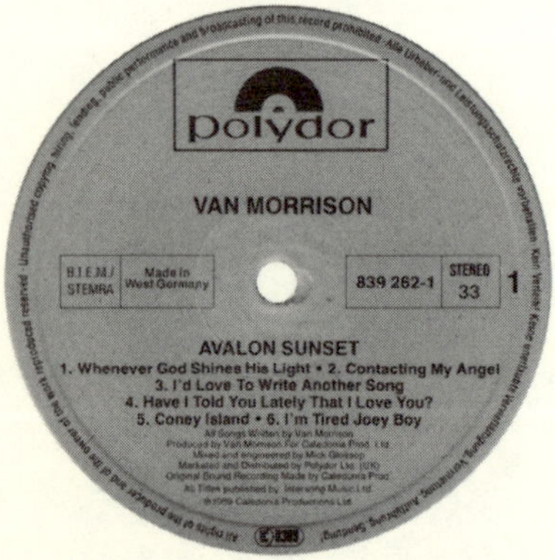

1985-90

(rot)

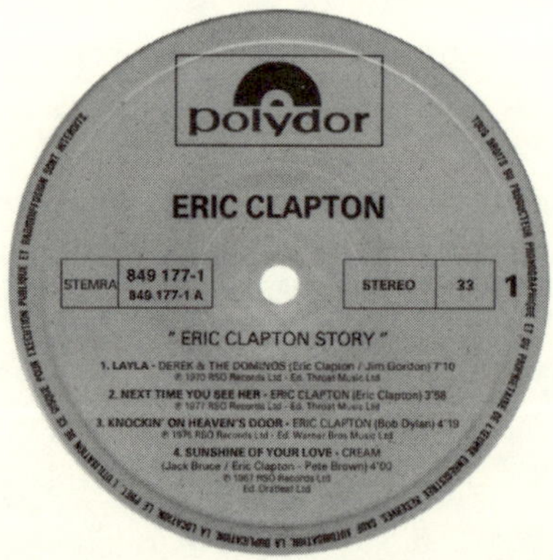

1990 ff.

(rot)

Hör Zu 1965-71
(rot)

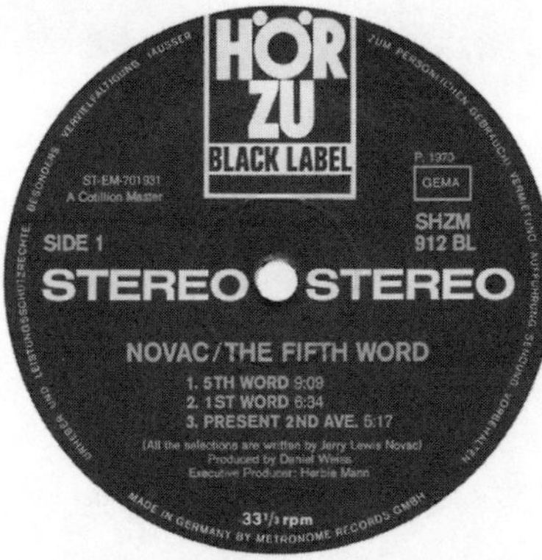

Hör Zu Black Label 1969-71
(schwarz)

Hör Zu 1972-75
(rot)

Motor Music 1995 ff.
(schwarz)

WEA 1980-84
(color)

WEA 1984-89
(color)

Super Stereo Sound 1970-73
(weiß)

Stereo 1973-75
(weiß)

Stereo 1982 ff.
Mikulski, Label Code (weiß)

Etikett A-Seite 1970 ff.
bei allen Ausgaben gleich (weiß)

1973-75
stereo (color)

1976 ff.
Label Code, stereo (color)

Metronome 2001 1970-74
(rot)

Brain 2001 1970-74
(rot)

Brain Metronome 1973-75
(olivgrün)

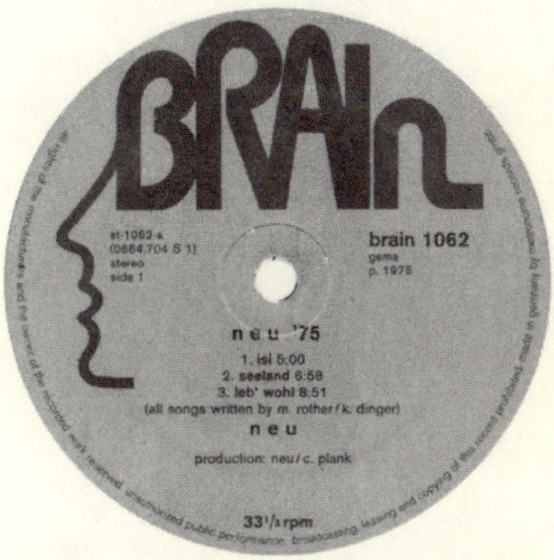

Brain 1975-77
(olivegrün)

Brain Color 1978
(color)

Schallplattenversand Govi 1975 ff.
(schwarz/gelb)

Electrola 1955-61
mono (rot)

Electrola 1958-65
stereo (weiß/gold)

MPS 1968-72
(rot)

MPS 1973-78
(schwarz)

JCOA Records, Virgin 1974
(ocker)

Watt Records, Virgin 1975
(silber)

ECM Records 1969-74
(grün)

ECM 1975-84
(grün)

1984 ff.
plus PolyGram Bestellnummer (anthrazit)

Digital 1984 ff.
plus PolyGram Bestellnummer (anthrazit)

New Series 1984 ff.
plus PolyGram Bestellnummer (anthrazit)

SP 1981
nur PolyGram Bestellnummer (weiß)

Eterna/LdZ 1950-52
Supraphon-Logo (weiß/blau auch weiß/rot)

Eterna/LdZ (weiß/blau) 1952-53
neuer Innenkranz (weiß/blau)

Eterna/VEB DSB 1953-56
Drehzahl am Fuß (grün)

Eterna/VEB DSB 1956-58
Monozeichen, neuer Kranz (grün)

Eterna 1961-63
A/B-Seiten, stereo (weiß/grün)

Eterna 1963-66
neues Logo und Kranz, BIEM (weiß/grün)

Eterna 1968-69
1/2-Seiten, BIEM, stereo (schwarz/silber)

Eterna 1969-80
1/2-Seiten, AWA, stereo (schwarz/silber)

Eterna 1984-90
1/2-Seiten, stereo (blau)

Eterna (Digital Recording) 1984-90
DMM (anfangs beige, später orange)

Eterna Edition 1969 ff.
stereo (schwarz/silber)

Eterna Melodija 1969 ff.
stereo (schwarz/silber)

Amiga 1963-67
A/B-Seiten, Matrizen-Nr., mono (rot/weiß)

Amiga 1963-67
A/B-Seiten, BIEM, stereo (rot/weiß)

Amiga 1967
1/2-Seiten, BIEM, mono (rot/weiß)

Amiga 1967
1/2-Seiten, BIEM, stereo (rot/weiß)

Amiga 1968-69
1/2-Seiten, BIEM, mono (weinrot/silber)

Amiga 1968-69
1/2-Seiten, BIEM, stereo (weinrot/silber)

Amiga 1969-80
1/2-Seiten, AWA, stereo (weinrot/silber)

Amiga 1981
1/2-Seiten, AWA, stereo (tiefblau/silber)

Amiga 1981-84
1/2-Seiten, AWA, stereo (hellblau/schwarz)

Amiga 1984-90
neue Marke und Kranz (hellblau/schwarz)

Phonoclub 1965-68
1/2-Seiten, AWA, stereo (orange/schwarz)

Musterplatte einer Intershop-Pressung 1984-90
(hellblau/schwarz)

Super Disk 1979-81
Etikettübernahme Elektra (color)

Nautilus 1979-82
Etikettübernahme Asylum (color)

Nautilus 1979-82
(weiß)

Nautilus 1981-82
dbx-codiert (weiß)

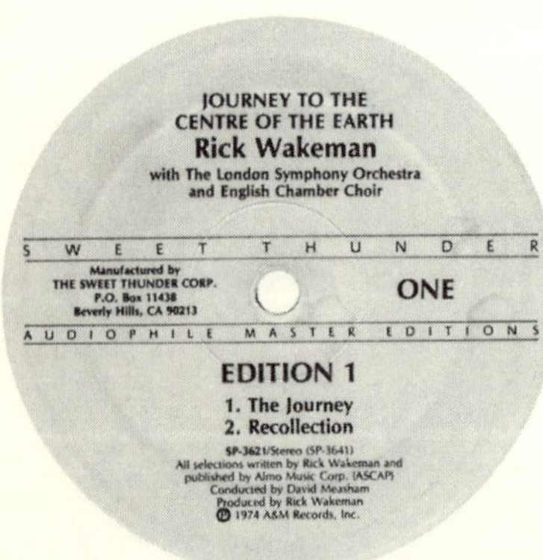

Sweet Thunder 1979-81
(weiß)

A&M Canada 1981-83
(color)

MFSL 1978-84
(weiß)

MFSL 1984-86
(weiß)

MFSL Anadisc 200 1994-96
(weiß)

DCC Compact Classics 1994-98
(weiß/silber)

Miller & Kreisel 1979-81
Stroboskopring (beige)

Stereoplay 1984-86
(weiß)

Testplatte Tonabnehmer

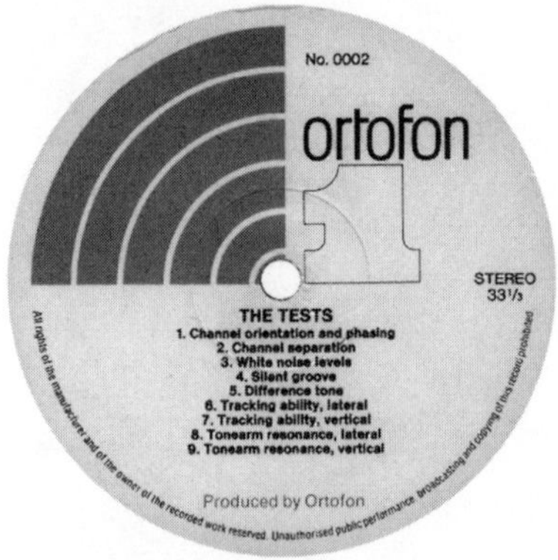

Testplatte Tonabnehmer

Testplatte Tonabnehmer

Testplatte Tonabnehmer

Testplatte Tonabnehmer

Meßschallplatte Nichtlineare Verzerrungen

Stereo-Hörtestplatte

Stereo-Hörtestplatte

Stereo-Testplatte

Stereo-Hörtestplatte

Stereo-Testplatte

Stereo-Testplatte

interview disc (USA)
RCA, white label

conversation disc (UK)
Island Records, white label

radio station copy, mixed for airplay (USA/BRD)
Atlantic Records/Ariola, white label

radio station copy (USA)
Columbia Records, white label

disc jockey record (USA)
MGM Records, yellow label

Informations-Schallplatte (BRD)
Telefunken, white label

demonstration copy (USA)
Columbia Records, white label

demonstration copy (USA)
Epic Records, white label

sample copy (USA)
Atlantic Records, white label

promotional copy (USA)
Smash, Mercury Records, white label

promotion copy (USA)
Zappa Records, white label

promotion copy (USA)
Zappa Records, Originaletikett

Columbia Records (USA)
Werk Santa Maria

Warner Bros. Records (USA)

Mercury Records (USA)
Werk Terre Haute

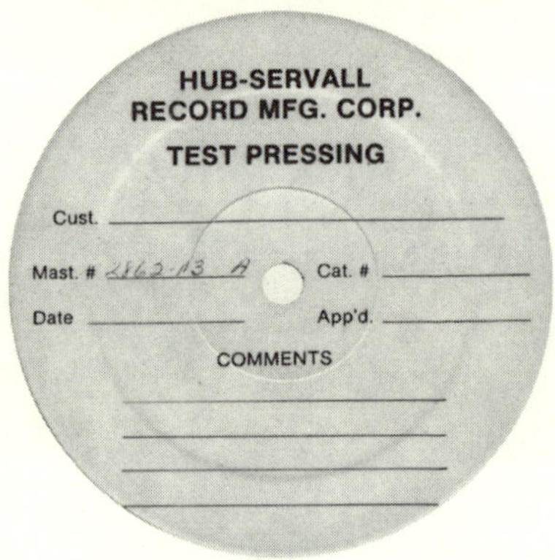

Hub-Servall Record Mfg. Corp. (USA)

RTI, Record Technology Inc. (USA)

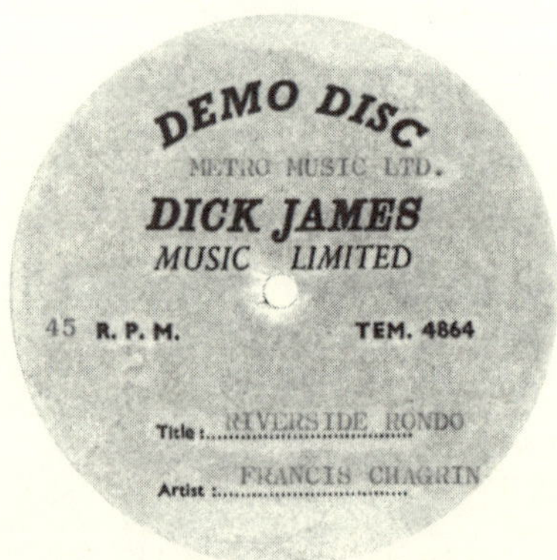

Acetat, Demo Disc, DJM (UK)

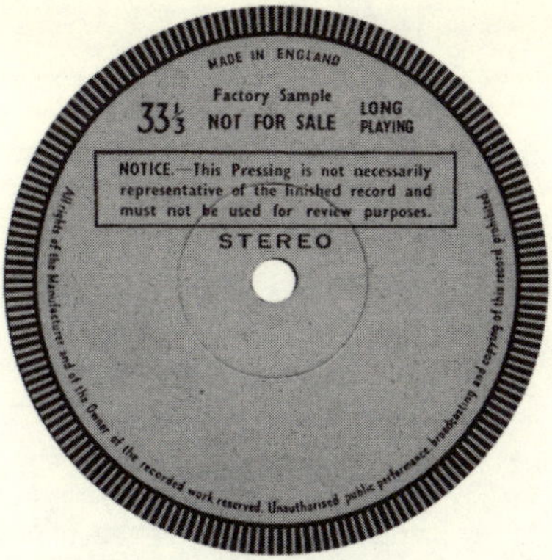

Decca Records (UK)

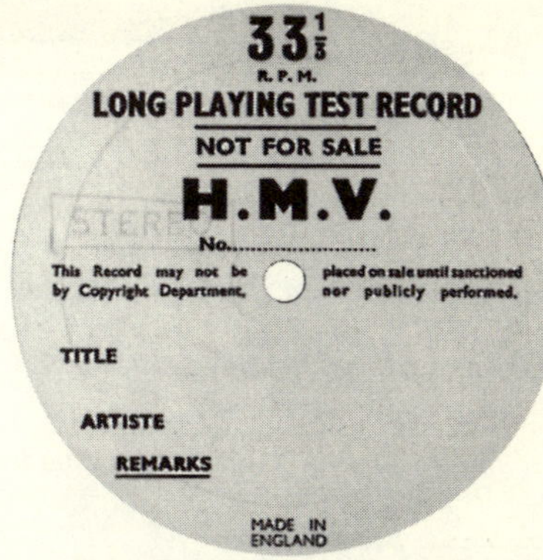

EMI Records/His Masters Voice (UK)

Deutsche Grammophon Ges. (BRD)

Sonopress (BRD)

Stereo-Versuchs-Platte, Telefunken (BRD)

SQ-Testplatte, Columbia (USA)

Label Copy

RECORD INFORMATION SHEET	POPULAR – ~~CLASSICAL~~ / STEREO – ~~MONO~~	RELEASE DATE 12/15/72	RETAIL PRICE $4.98	CODE NBR. SR-61366

FROM: MERCURY — RECORD – ~~4-TRACK MUSICASSETTE – 8-TRACK CARTRIDGE~~

LABEL: Mercury
OWNER: Mercury

COLOUR: — SPEED: 33 1/3 rpm — CATEGORY: LP — RECORD DIA. 12" — 1.Ⓟ 1972 — 2.Ⓟ 1972

1. JERRY LEE LEWIS
WHO'S GONNA PLAY THIS OLD PIANO... (Think About It Darlin')

Side A	Time	MATR. 1	PUBLISHER IN U.S.A.
1. WHO'S GONNA PLAY THIS OLD PIANO (R. Griff)	3:17	2-49847	Blue Echo Music Inc. (ASCAP)
2. SHE'S REACHIN' FOR MY MIND * (D. Frazier - D. Owens)	2:37	2-49869	Blue Crest Music Inc. Hill & Range Sons Inc (BMI)
3. TOO MANY RIVERS * (H. Howard)	2:55	2-49840	Combine Music Corporation (BMI)
4. WE BOTH KNOW WHICH ONE OF US WAS WRONG (D. Frazier - D. Owens)	3:32	2-49845	Blue Crest Music Inc. Hill & Range Songs Inc. (BMI)
5. WALL AROUND HEAVEN (C. Holland - C. Harrelson - J. L. Lewis)	3:15	2-49844	Jerry Lee Lewis Mus /Con Brio Music Co. (BMI)
6. NO MORE HANGING ON * (J. Chesnut)	3:11	2-49867	Passkey Music Inc. (BMI)

2.

Side B	Time	MATR. 2	PUBLISHER IN U.S.A.
1. THINK ABOUT IT DARLIN' * (J. Foster - B. Rice)	2:32	2-49751	Jack and Bill Music Company (ASCAP)
2. BOTTOM DOLLAR * (B.J. Shaver - D. Finley)	2:59	2-49848	Return Music Corporation (BMI)
3. NO TRAFFIC OUT OF ABILENE * (W. Webb)	2:43	2-49752	Coby Music Co. / (BMI)
4. PARTING IS SUCH SWEET SORROW (C. Harrelson - L. G. Lewis)	2:58	2-49846	Jerry Lee Lewis (BMI)
5. THE MERCY OF A LETTER * (J. Foster - B. Rice)	3:30	2-49868	Jack and Bill Music (ASCAP)

PRODUCED BY: JERRY KENNEDY (to be shown on labels)
* ARRANGED BY: CAM MULLINS (to be shown on labels)

REMARKS: Available for export
Also available on Musicassette, and Stereo 8 tapes MCR-4-61366 - MC-8-61366
Mastering: Gilbert Kong

RECORDING DATES: 1. 1. 7/28/72 2. 10/13/72 3. 7/27/72 4. 7/27/72 5. 7/27/72 6. 10/13/72 — 2. 1. 8/30/72 2. 7/27/72 3. 7/19/72 4. 7/27/72 5. 10/13/72

PUBLICATION DATE

	SIDE A 1	2	3	4	5	6	SIDE B 1	2	3	4	5	6
PUBLICATION DATE	7-7-72	12-15-72	12-15-72	11-15-72	12-15-72	12-15-72	2-4-72	12-15-72	12-15-72	12-15-72	12-15-72	

FOR FOREIGN LICENCEES ONLY

1	2	3	4	5	6	7	8
Y	Y	Y	N	R	Y	Y	G

MIC NUMBER: 12-427-04-75-1 — GPG NO. 6338-121

Mercury Records (USA), 1972

FROM: LORRIE JANSON

DATE NOVEMBER 20, 1975

655 D/8

LABEL COPY

ARTIST ALICE COLTRANE
RECORD # BS 2916
LABEL COLOR & PAPER DJ –
ON SALE –

LABEL WARNER BROS.
RELEASE DATE FEBRUARY 15, 1976
COLOR INK BLACK
RECORD SIZE 12 INCH

JOB # 504,103
RESTRICTIONS

REVISION: 11/24/75 (Alb. number matrix numbers & label changed)
REVISION: 12/9/75 (Album Title added)

SIDE I – (S41,256)

1.	SPIRITUAL ETERNAL	2:55
2.	WISDOM EYE	3:07
3.	LOS CABALLOS	11:22
	PLAYING TIME:	17:24

All selections written by Alice Coltrane,
Published by Jowcol Music – BMI

SIDE II – (S41,257)

1.	OM SUPREME	9:33
2.	MORNING WORSHIP	3:30
3.	SPRING ROUNDS from RITE OF SPRING (Igor Stravinsky) Boosey & Hawkes, Inc. – ASCAP	5:59
	PLAYING TIME:	19:02

All selections written by Alice Coltrane,
Published by Jowcol Music – BMI, except as indicated.

AVAILABLE IN
8 TRACK AND CASSETTE

ETERNITY
ALICE COLTRANE
Produced by Ed Michel under the direction of Alice Coltrane
Engineering by Baker Bigsby
℗ 1976 Warner Bros. Records Inc.

ART DEPT. USE ONLY:
Price Code: 0698
Tape Code: M8 & M5, 0797

AVAILABLE IN
8 TRACK AND CASSETTE

ML-1027E 11/72

Warner Bros Records (USA), 1976

MONTAGESCHABLONEN

Spezielle Meß- und Einstellungslehren, die zur → Justierung von → Abtastsystem und/oder → Tragarm benutzt werden. Allgemein geht man davon aus, daß ein Abtastsystem in einen bereits auf dem → Schallplattenspieler montierten Tragarm einzubauen ist. In diesem Fall benötigt man eine Montageschablone, die zuverlässig Auskunft über die tatsächliche Position des Abtastsystems gibt und die Bestimmung des idealen Arbeitspunktes ermöglicht. Zur individuellen Tragarmmontage benötigt man ebenfalls eine spezielle Meßlehre, um den genauen Montagepunkt zu ermitteln und einzuhalten. Die gängigsten Montageschablonen eigenen sich jedoch nur zur Justierung von Abtastsystemen. Die einfachsten Schablonen (→ SME, Audio) besitzen zwei Nulldurchgänge, die durch ein parallel zur → Rillentangente angeordnetes Linienraster eine rechtwinklige Ausrichtung des Abtastsystems (an den Nulldurchgängen) ermöglichen. Weiterführende Schablonen (Schön, Elac) verfügen über Maßsysteme, an denen sich numerisch exakt die aktuellen Werte für → Kröpfung, Überhang (direkt/indirekt) und → tangentialen Spurfehlwinkel (relativ in °/cm) überprüfen und korrigieren lassen. Ein Teil dieser Funktionen läßt sich nicht ohne Übung nutzen, weshalb immer wieder vereinfachte Montageschablonen offeriert werden. Vor allem bei einer in sich geschlossenen Laufwerk/Tonarm-Kombination kann der Hersteller ohne weiteres eine vereinfachte, zuverlässige Montageschablone entwickeln, da grundlegende Werte (→ effektive Tragarmlänge, Kröpfungswinkel, Überhang) konstruktionsbedingt vorausgesetzt sind. Immer häufiger werden auf Firmenschablonen (→ Linn, → Wilson Benesch u.a.), zusätzlich zu den zwei Nulldurchgängen, in Abhängigkeit zu den Maßen des Tragarms berechnete Kreisbögen aufgezeichnet. Indem die Nadelspitze beim Ausschwenken des → Drehtragarms exakt dem Kreisbogen folgt, kann eine optimale Justierung des Überhangs angenommen werden. Diese Methode setzt voraus, daß der Mittelpunkt des Kreisbogens mit dem lateralen Mittelpunkt des → Tragarmlagers identisch ist und entsprechend eingehalten wird. Den tangentialen Spurfehlwinkel überprüft und korrigiert man mittels der Nulldurchgänge. Andere Montageschablonen (Geo-Disc, Dennesen u.a.) ermitteln in Abhängigkeit von der Position von Tragarmlagermittelpunkt und der effektiven Tragarmlänge einen einzelnen Montagepunkt, an dem die Ausrichtung innerhalb eines Linienrasters zur optimalen Einstellung von Kröpfung, Überhang und tangentialem Spurwinkel führt. Kombinationen der o.g. Meßmethoden und Einstellhilfen sind möglich. Gelegentlich werden auf runden, schallplattengroßen Meßschablonen auch → Stroboskope abgedruckt. Bei der Konstruktion, Fertigung und dem Einsatz von Meßschablonen sind folgende Problemfelder zu beachten: Genauigkeit der Berechnung, Plazierung und Maßhaltigkeit des Aufdrucks (evtl. Ätzung oder Gravur) und eine exakte Zentrierung des Mittellochs. Vor allem die Berechnung der Nulldurchgänge führt immer wieder zu heißblütigen Diskussionen (Festlegung von Nulldurchgängen). Für den Anwender entscheiden die (möglichst) einfache Handhabung, die Genauigkeit und Zuverlässigkeit der getroffenen Einstellungen über den Nutzen einer

Meßschablone. Gelingt ihm eine entscheidende Minimierung der auftretenden Abtastverzerrungen und damit verbunden eine Steigerung der Wiedergabequalität seiner Anlage, wird er mit der Schablone zufrieden sein und sie auch Freunden oder Bekannten empfehlen.

MOSAIC RECORDS

US-amerikanischer Spezialist für Editionen mit Tonaufnahmen aus der Hochzeit des Jazz (1939 – 1971). Dafür werden die Archive von Major-Companys und Kleinfirmen ebenso wie Privatarchive gewissenhaft gesichtet. Mosaic verwertet alles verfügbare Tonmaterial, vom Azetat über das → Originalmaster bis zum Multikanalband. Besondere Aufmerksamkeit widmet das Team um den Herausgeber Michael Cuscuna der diskographischen Aufarbeitung mit umfassenden Angaben zu Aufnahme, Besetzung, Takes. Das Ganze wird in umfangreichen Multi-Sets (Boxen mit bis zu zwanzig LPs) veröffentlicht. Ein Begleitheft mit Fotografien von den Sessions, Linernotes über Werk und Künstler sowie eine umfassende vergleichende Diskographie runden jede → Edition ab. Viele der bislang erschienenen Ausgaben erfüllen audiophile Ansprüche, wobei Mosaic Records in letzter Zeit vorrangig CD-Sets veröffentlicht und dem Vinyl-Liebhaber nur noch die »massenwirksamen« Titel auf Langspielplatte anbietet.

MOVING COIL-ABTASTSYSTEM

Ein → elektrodynamisches Abtastsystem mit induktivem Wandler, in diesem Fall einer bewegten Spule. Dabei wird die Spulenkonstruktion am hinteren Ende des Nadelträgers befestigt und in einem von den Polschuhen eines Dauermagneten ausgebildeten, homogenen Magnetfeld plaziert.

MOVING IRON-ABTASTSYSTEM

Mit veränderlichem magnetischem Widerstand arbeitendes induktives Abtastsystem. Dazu wird am hinteren Ende des Abtastträgers ein kreuzförmiger Anker aus magnetischem Material angebracht. Die Bezeichnung Moving Iron (MI) rührt aus der technischen Umsetzung, dem Bewegen eines Eisens im Magnetfeld.

MPS RECORDS

Auf dem SABA-Label hatte Firmenjunior Hans-Georg Brunner-Schwer schon seit 1963 neben diversen Lizenzübernahmen erfolgreich eigene Jazzaufnahmen veröffentlicht. Nach dem Verkauf der SABA-Werke (1968) übernahm Brunner-Schwer den gesamten SABA-Katalog und dessen Firmenlogo, gründete MPS (Musik Produktionen Schwarzwald) und entwickelte die neue Firma rasch zu einem der erfolgreichsten europäischen Jazzlabel. Brunner-Schwer verstand es, mit kommerziellen Erfolg traditionell interpretierten Jazz neben avantgardistischer Neutönerei zu plazieren. Mit großem Engagement produzierte der musikbesessene Firmengründer bis 1981 knapp 600 Aufnahmen, die im Katalog gelegentlich durch korrespondierende US-Lizenzübernahmen ergänzt wur-

den. Der MPS-Katalog wurde 1983 an die Polydor verkauft und wird heute durch → PolyGram verwaltet. Eine umfassende Auswertung der legendären Privat-Sessions (u.a. Oscar Peterson), die in der Villinger Industriellen-Villa aufgezeichnet wurden, kam erst in den 90er Jahren zustande. Künstlerstamm: Monty Alexander, Clarke-Boland Big Band, Wolfgang Dauner, George Duke, Friedrich Gulda, Volker Kriegel, Albert Mangelsdorf, Singers Unlimited, Supersax u.a.
Etiketten: rot (SABA, bis 1967), rot (MPS auf BASF, 1968 – 72), schwarz (MPS, 1973 – 78).

MS-STEREOPHONIE

Mikrofonieverfahren der Intensitätsstereophonie, bei dem mit einem Hauptmikrofon, bestehend aus zwei Einzelmikrofonen, aufgezeichnet wird. Das Hauptmikrofon ist hier ein drehbares System, bei dem das M-System festmontiert mit 0° (also gerade) zum Klangkörper weist. Das bewegliche Mikrofon (S-System) ist drehbar gelagert und wird mit 90° verschränkt (zeigt nach links). Das Stereosignal entsteht nicht direkt über die Einzelsignale, sondern aus der Summen- und Differenzbildung der beiden Signale. Das M-Signal enthält eine reine Monoabbildung, das S-Signal spiegelt die Intensität der Raumanteile.

MULTIPLE ALBUM

Bezeichnung (engl.) für ein Mehrfachalbum, das das Maß einer Einfach-LP übersteigt. Dazu gehören u.a. Doppel- und Dreifach-Alben, Box-Sets oder Sammelkassetten.

MUSICASSETTE

Bezeichnung für eine vorbespielte Compact Cassette (Magnetband). Die erfolgreichsten Aufnahmen einer Schallplattenfirma werden seit Ende der 60er Jahre auch als MusiCassette angeboten. Damit reagiert die Phonoindustrie direkt auf die Aufnahmefähigkeit des Kassettensystems. Praktisch benötigt man bei Verwendung eines homogenen Aufzeichnungs- und Wiedergabesystems keine industriell gefertigten Tonträger, da das Gerät selbst in der Lage ist, eine Kopie anzufertigen. Deshalb wurden MusiCassetten u.a. deutlich preiswerter angeboten, bzw. als Zweitmedium gepriesen. Mit zahlreichen Kampagnen (home taping is killing music) versuchte die Musikindustrie, den Konsumenten vom Überspielen abzuhalten. Mitte der 90er Jahre drosselte man radikal die Produktion von MusiCassetten, ohne den durchschlagenden Erfolg eines der neuen, digitalen Aufnahmemedien (MiniDisc, DCC, DAT) plazieren zu können. Der Trend ging, anders als erwartet, eindeutig zur aufnahmefähigen CD.

MUSIKBOX

Auch als Jukebox oder Musikautomat bezeichnete kommerzielle, automatische Abspielvorrichtung für → Singles mit direkter Einzeltitelauswahl. Die klassische Musikbox ist eher eine schrankgroße, prachtvoll gestaltete, mit Spiegeln und Lichtelementen versehene, tönende Skulptur als ein nüchternes technisches Gerät. Vor allem die Jukeboxen des amerikanischen Herstellers Wurlitzer haben bis heute, unterstrichen durch den typischen erleuchteten, halbkreisförmigen Regenbogen an der Spitze des Geräts, nichts von ihrer Faszination verloren und gelten immer noch als Kapitalanlage. Ursprünglich dienten Musikboxen in den örtlichen Halbstarkentreffs (Eisdielen, Cafés, Klubs etc.) der 40er bis frühen 60er Jahre als magisches Zentrum und zur kurzweiligen Unterhaltung. Die Möglichkeit der Auswertung sogenannter Beliebtheitsskalen für die am häufigsten gewählten Einzeltitel unterstrich die Wirksamkeit von Promotion und Werbung für eine Single. Die Musikboxen wurden von kommerziellen Automatenaufstellern, ähnlich Zigarettenautomaten, betrieben und regelmäßig mit aktuellen Single-Neuveröffentlichungen bestückt. Aus dem Betriebserlös erhielt der Lokalbetreiber eine Gewinnbeteiligung. Prinzipiell gliedert sich eine Musikbox in folgende Teile: das gemeinsame Magazin mit Platz für 50 oder 100 nebeneinander stehende Singles, die Transporteinrichtung, die Abspieleinrichtung, den Verstärkerteil mit in die Musikbox integriertem Lautsprecherkabinett, die Steuerelektronik mit zentralem Bedienfeld und Einzeltitelauswahl, die Münzmechanik mit Sammelbehälter. Ende der 60er Jahre erschienen die ersten Musikboxen für Stereowiedergabe mit getrennten Lautsprechern. Durch die Zunahme an Heimwiedergabetechnik und den umfangreicheren Privatbesitz an → Tonträgern, dem Aufkommen des kaum an Single-Veröffentlichungen orientierten Progressive Rock, aber vor allem durch den Siegeszug der (gestalteten) Diskothek als jugendkulturellem Versammlungsort, büßte die Musikbox in den 70er Jahren erheblich an Ausstrahlungskraft ein. Die Einführung der → Compact Disc führte letztlich zur flächendeckenden Aufgabe von kommerziell betriebenen Musikboxen, so daß man heute nur gelegentlich in Jugendkulturzentren o.ä. Einrichtungen eine Jukebox vorfindet. Weiterhin hingegen sind diese schmucken Dinosaurier der Vinyl-Ära vor allem bei Single-Sammlern glänzender Mittelpunkt einer gelungenen Heiminszenierung.

MUSIKFREQUENZBEREICH

Bezeichnet den für die Abbildung einer musikalischen Darbietung notwendigen Frequenzbereich einer Tonaufzeichnung oder Übertragung. Zur Definierung eines »notwendigen« Musikfrequenzbereichs werden immer wieder verschiedene Ausgangssituationen herangezogen. Im Bereich der E-Musik orientiert man sich an den Werknotationen und den in der Aufführungspraxis benutzten Instrumenten. Das untere Frequenzende wird dabei durch die gestrichenen Kontrabässe (25 Hz) oder gewaltige Kirchenorgeln (18 Hz) bestimmt. Nach oben werden in der Regel nur spezielle, sehr hohe Perkussionsinstrumente (Glocken, Klangröhren usw.) berücksichtigt, deren Grundton dennoch oft unterhalb 10 kHz liegt. Unter Beachtung des ersten Obertons ergibt sich praktisch ein Frequenzumfang von ca. 20 kHz, der in der Lage ist, alle Instrumente eines Symphonie-Orchesters auch mit ihrem dritten Oberton abzubilden. Damit stellt die Übertragungstechnik im Sinne allgemeiner akustischer Erkenntnisse sicher, daß der Klang in seinem Wesen »natürlich« übertragen wird. Bei der Aufzeichnung synthetischer Klangquellen in Rock, Pop und Experimentalmusik sieht die Sache anders aus. In den letzten dreißig Jahren wurden zunehmend mehr Klangquellen erschlossen, die auch Töne oberhalb 10 kHz produzieren. Ein hohes Frequenzende bei Aufnahme und Wiedergabe garantiert hier einen »natürlichen« Klang der zumeist synthetisch generierten Klänge. Der realisierte Musikfrequenzbereich entscheidet, auch wenn er vom Hörer nicht mehr objektiv wahrgenommen wird (→ Hörvermögen), über die Qualität des Klangs.

MUSIKKONSERVE

Umgangssprachliche Bezeichnung für eine Tonaufnahme, bei der der »konservierende« Charakter, das Bewahren von Vergänglichem den Ausdruck prägte. Der Begriff ist deutlich in die Jahre gekommen und wird fast nur noch von älteren Musikfreunden zur Bezeichnung ihrer Tonträger benutzt. Der musikalische Alltag (Radio, Fernsehen, Heimwiedergabe) hat das Verhältnis zwischen aufgeführter und konservierter Musik zu Gunsten letzterer derart verschoben, daß die Musikkonserve sich selbst genügt und im allgemeinen Bewußtsein längst ohne die historisch gewachsenen Wertmaßstäbe der Aufführungspraxis auskommt.

MUSTERPRESSUNG

Im deutschsprachigen Raum verwendeter Begriff zur Kennzeichnung einer → Promotionschallplatte. Musterpressungen zeigen auf dem weißen Etikett fast immer einen entsprechenden Vermerk (Warenprobe ohne Wert o.ä.). Einige Sammler bevorzugen Musterpressungen in der Hoffnung, eine Pressung aus dem Fertigungszeitraum unmittelbar vor oder während der → Initialauflage zu erhalten.

MUTTER

Bezeichnung für die indirekte, positive Abformung der → Aufnahmeplatte. Die Mutter wird vom → Vater (negativ) abgeformt und ist ein identisches Abbild der Folie, das sich – z.B. zu Kontrollzwecken – abspielen läßt. Im weiteren Verlauf der Galvanoabfolge wird von der Mutter der → Sohn (negativ) gezogen.

MUZAK

Aus dem Warenzeichen und Markenbegriff der Muzak Corporation hat sich seit 1934 ein allgemein verwendetes Synonym für Hintergrundmusik aller Art entwickelt. Historisch enstand Muzak, den Wirkungsmechanismen der Löffel- oder Kaffeehausmusik folgend, als Soundtrack der Moderne. Der Mensch muß (scheinbar) in den abstrakten Räumen der Neuzeit akustisch beruhigt werden, um nicht an der Wirklichkeit zu zerbrechen. Andererseits liegt, dem kongenialen Einsatz von Muzak vorausgesetzt, auch eine ungeheure Stimulanz in der Soundberieselung. Nicht anders ist der Einsatz in Warenhäusern und Supermärkten zu erklären. Jedoch wenn sich pfiffige Muzak-Redakteure nicht scheuen, Aufnahmen von The Clash oder Roxy Music in ihr Programm einzubauen, kommt es zu einer doppelten Drehung. Für den Sammler sind mitunter speziell bearbeitete Programm-Schallplatten interessant, vor allem wenn sie stark weichgespülte Versionen von populären Rockklassikern enthalten. Eine sehr ausgefallene Variante stellen speziell für den Einsatz in psychiatrischen Praxen und Einrichtungen zusammengestellte Beruhigungs- und Entspannungs-Schallplatten dar. Damit sind nicht Vollenweider & Co. gemeint!

N

NACHAUFLAGE

Schallplattensammler und Händler benutzen, ähnlich den Bibliophilen, zur historischen Einordnung einer → Pressung den Begriff der Erstauflage. Nachfolgende Ausgaben, die über sichtlich veränderte Kriterien verfügen (Grammatur, Matrizennummer, Etikett, Ausstattung, Covermotiv etc.), werden dementsprechend als Nachauflage bezeichnet. Innerhalb des Sammlermarktes existieren für die gängigsten Schallplatten detaillierte Kataloge oder Register, die mitunter ausführliche Angaben zu den einzelnen Nachauflagen einer Schallplatte enthalten. Unverzichtbares und nützliches Hilfsmittel bei der Bestimmung einer Pressung ist die Labelkunde.

NACHECHO

Bei der Wiedergabe von Schallplatten kann es zu einem Nachecho, also der zeitlichen Wiederholung eines Signals kommen. Dabei ertönt beim Nachecho im rechten Kanal das Signal des linken Kanals der vorhergehenden Windung in deutlich abgeschwächter Form. → Vorecho.

NACHPRODUKTION

Nicht mehr gebräuchliche Bezeichnung für eine Neuaufnahme eines erfolgreichen Schlagers (Hit) durch einen anderen, oft unbedeutenderen Künstler, dessen Fassung als ungleich preiswerterer Ersatz und außerhalb einer Lizenzierung der entsprechenden Schallplattenfirma einen Anteil am finanziellen Gesamterfolg des Hits sicherte. Vor allem für preiswerte Sonderausgaben für den Kaufhaushandel der 50er und 60er Jahre wurde dieses Verfahren eingesetzt. Insofern sich ein emanzipierter Künstler unabhängig von der Tagespolitik mit der Nachproduktion eines erfolgreichen Titels beschäftigt, hat sich der Begriff → Coverversion durchgesetzt.

NADEL

Übliche Kurzform für → Abtastnadel.

NADELEINSCHUB

Austauschbarer → Nadelträger mit → Abtastnadel und Halterung. Wird bei sehr vielen → MM-Abtastsystemen als kostengünstige Alternative zur Erneuerung einer abgespielten Abtastnadel angeboten. Darüber hinaus besteht bei einigen Modellen durch diesen Wechselmechanismus auch die Möglichkeit, sehr einfach einen Nadeleinschub mit Mikrorillennadel durch einen anderen mit sphärischem 65µm-Schliff zur Abtastung von Schellackschallplatten zu ersetzen. Bei MC-Abtastsystemen wird ein wechselbarer Nadeleinschub aufgrund des abweichenden Konstruktionsprinzips und zur Vermeidung von unerwünschten Nebenschwingungen nicht angewandt.

NADELGEOMETRIE

Fachspezifische Angaben zu → Nadelschliff und verwendeten → Verrundungsradien werden als Nadelgeometrie zusammengefaßt. → Abtastnadel-Querschnitte

NADELGERÄUSCH

Während des Abtastvorgangs werden durch die Reibung der → Abtastnadel an der Rillenwand feinste Modulationen erzeugt, die in das Übertragungssignal einfließen. Das Nadelgeräusch ist abhängig von der Härte (Diamant, früher auch Saphir) und Güte (Verunreinigung) des Kristalls sowie dem Schliff der Nadel. Um die Nadeloberfläche möglichst homogen zu gestalten, werden hochwertige Abtastnadeln nach dem Schleifen mindestens einmal poliert, wobei der ursprüngliche → Nadelschliff unangetastet bleibt. Moderne Nadelschliffe nehmen darüber hinaus Bezug auf die geometrischen Gegebenheiten in der Rille und die beim Abtasten auftretenden Kräfte. In der Regel verfügen diese modernen Schliffe über ein deulich reduziertes Nadelgeräusch.

NADELMASSE, EFFEKTIVE

Bezeichnet die tatsächlich auf die Spitze der Abtastnadel bezogene Masse aller bewegten Teile des Abtastsystems (Nadel, Nadelträger und je nach Bauart: Anker, Magnet oder Spule). Moderne Abtastsysteme verfügen unabhängig von der Diamantgröße und dem Nadelschliff über effektive Nadelmassen von (deutlich) unter 1mg. Beim Abtasten der Rille ist die von der Abtastnadel ausgeübte Kraft von der abzutastenden Beschleunigung und der effektiven Nadelmasse abhängig. Eine zu hohe Nadelmasse führt zu irreparablen Schäden der Rillenflanken. In vergangenen Zeiten, als Abtastsysteme noch mit effektiven Nadelmassen von >3 mg auftraten, kam es deshalb zu einem schnellen Abschliff der Rille. Immer wieder wird behauptet, daß die hohen Auflagekräfte der 50/60er Jahre zur Zerstörung der Rille führten. Das ist falsch, es waren die hohen Nadelmassen.

Anmerkung: Defekte Nadelträger oder Nadelträgerlager führen zu einer Erhöhung der effektiven Nadelmasse und sollten deshalb umgehend repariert werden.

NADELNACHGIEBIGKEIT

→ Compliance

NADELREINIGUNGSFLÜSSIGKEIT

Von diversen Zubehörherstellern angebotene unterstützende Elixiere zur Reinigung der Abtastnadel. Dabei wird ein Pinsel oder eine Bürste mit der Reinigungsflüssigkeit getränkt, und anschließend die Abtastnadel damit abgerieben. Fast alle Tinkturen bestehen aus einer leicht alkoholischen Mixtur oder nutzen aggressive, chemische Stoffe zum Anlösen von Staub und Abrieb. Zu den bekanntesten Nadelreinigungsflüssigkeiten zählen »Stylus Cleaning Formula AT 607« von Audio-Technica und »Stylus Cleaner« von Last. Darüber hinaus sollen einige Reinigungsflüssigkeiten auch eine Versiegelung der Nadeloberfläche garantieren und so deren Abnutzung minimieren. Mit ähnlichem Versprechen werden auch spezielle Siegellacke angeboten. Die chemische Reinigung der Abtastnadel ist nicht unumstritten, da nicht offengelegte Rezepturen den Verdacht nähren, daß sich so aggressive Stoffe über den Nadelträger einen Weg bis zum empfindlichen Gummilager bahnen und dieses langfristig zerstören.

NADELSCHLIFF

Die → Abtastnadel wird aus mehreren Gründen an ihrer Spitze angeschliffen. Ein Verrunden der scharfkantigen Kristallstruktur wirkt sich postiv auf die Laufeigenschaften der Nadel aus und senkt den Verschleiß von Nadel und → Rillenflanke. Die Abtastnadel muß entsprechend geneigte Seitenflächen oder Rundungen aufweisen, die dem 90°-Winkel der aufgezeichneten Rille entsprechen. Indem man die Nadelspitze unten abrundet, verhindert man ein zu tiefes Eintauchen in den Rillengrund. Durch eine Verringerung des → Abtastnadel-Querschnittes wird die Kontaktfläche eingegrenzt und kann je nach Nadelschliff genau definiert werden. Schmalere Seitenwände können kleinsten Auslenkungen der Rille besser folgen. Mitte der 60er Jahre präsentierte Shure erstmalig ein Abtastsystem mit → biradialem Nadelschliff, der die Abtastung der Stereorille deutlich verbesserte. Die o.g. Erkenntnisse wurden bei der Entwicklung und Fertigung von Abtastnadeln erst Ende der 60er Jahre umfassend berücksichtigt, als man für das quadrophone → CD-4-Verfahren einen Nadelschliff benötigte, der Freqenzen von bis zu 45 kHz abtasten konnte. In schneller Folge wurden in den 70er und frühen 80er Jahren verschiedene → multiradiale Nadelschliffe vorgestellt, die in ihren seitlichen Ausdehnungen bis an die Geometrie des Schneidstichels heranragen.
Anmerkung: Im Zuge einer rückwärtsgewandten Technologiemüdigkeit wird die Verwendung von → sphärischen Nadelschliffen immer wieder lebhaft diskutiert. Im Sinne einer historisch korrekten → Wiedergabe-Philologie ist es völlig richtig, für die Abtastung monophoner → Mikrorillen oder früher Stereorillen sphärische Nadelschliffe zu empfehlen. Andererseits führt der Einsatz von bi- oder multiradialen Nadelschliffen auch bei älteren Schallplatten zu einer erhöhten Abtastauflösung. Allgemein muß man dann jedoch mit einem Anwachsen der Störgeräusche rechnen.

NADELSCHLIFF, BIRADIAL

Elliptischer, aus zwei Teilkreisen zusammengesetzter und konisch nach unten zulaufender → Nadelschliff, der eine bessere Abtastung der feinen Rillenauslenkungen ermöglicht. Seit den 70er Jahren definieren biradiale Nadelschliffe den Standard und werden in Abtastsystemen aller Preisklassen eingesetzt. → Abtastnadel-Querschnitte

NADELSCHLIFF, MULTIRADIAL

Mehrfach geschliffene Abtastnadel, deren Querschnitt sich aus mindestens drei Teilellipsen zusammensetzt. Multiradiale Nadelschliffe versuchen, weitestgehend der Geometrie des Schneidstichels zu entsprechen und so auch noch das letzte Quentchen an Information aus der Rille zu holen. Zu den bekanntesten Ausführungen dieser Art gehören die Schliffe von → Clearaudio und → van den Hul, wobei letzterer in unzähligen Varianten von anderen Herstellern adaptiert wurden. Multiradiale Nadelschliffe sind nicht unumstritten, denn sie erfordern eine extrem genaue Justierung und quittieren einen ungenauen Einbau mit erheblich verschlechterten Abtastergebnissen. Andererseits führen Analysen des Kugelmodells sowie der geschichtlich gewachsenen Herstellungs- und Fertigungsqualität immer wieder vor Augen, daß sich die Verhältnisse in der Rille nur bedingt »randscharf« abtasten lassen und eine »definierte« Ungenauigkeit oft zu subjektiv besseren Wiedergaberesultaten führt. → Abtastnadel-Querschnitte

NADELSCHLIFF, SPHÄRISCH

Dieser kugelförmige, konisch nach unten zulaufende → Nadelschliff entspricht in seiner Geometrie am ehesten dem Kugelmodell. Sphärisch geschliffene Abtastnadeln lassen sich relativ einfach und vor allem preiswert herstellen. In der Regel verrundet man einfach die gegebene Kristallstruktur, bis die Dimension der Nadel innerhalb der vorgesehenen Norm liegt. Der sphärische Schliff übernahm gewonnene Erkenntnisse aus der Fertigung von Metallnadeln (Schellack-Ära), in das kristalline Zeitalter. Schon in den 30er Jahren wurden zur Abtastung von Schellackplatten zahlreiche Nadeln mit Saphir- oder Korund-Spitze angeboten. Der Plattenverschleiß beim Abspielen sank drastisch und die Kristallnadeln besaßen auch eine längere Lebensdauer. Systemerfinder → Columbia verband mit der Einführung der → Mikrorille auch den vollständigen Systemwechsel auf sphärisch geschliffene Kristallnadeln (Saphir, Korund). Anders ließen sich die feinen → Mikrorillen ohnehin nicht qualitativ hochwertig und verschleißfrei abtasten. Später folgten die ersten Diamantnadeln mit nochmals verlängerter Lebensdauer. Bis Ende der 60er Jahre existierten praktisch nur Abtastnadeln mit sphärischem Nadelschliff. Mit der Einführung von bi- oder multiradialen Nadelschliffen wurden sphärische Nadeln praktisch nur noch in Abtastsystemen der unteren Preisklasse eingebaut.

NADELTON-VERFAHREN

Bezeichnung für alle Schallspeichverfahren, deren Signalinhalt in einer Rille verankert ist, deren Abtastung durch einen Stift erfolgt.

NADELTRÄGER

Innerhalb des → Abtastsystems an einem Drehpunkt elastisch gelagerte starre Achse, an deren vorderem Ende die → Abtastnadel befestigt ist. Der Nadelträger muß extrem leicht und stabil zugleich sein, um die bewegte Masse und das Resonanzverhalten gering zu halten. Vorrangig an den verwendeten Materialien und Fertigungstechnologien scheiden sich die Geister. Einfache Abtastsysteme verwenden einteilige Nadelträger aus Aluminium (Leichtmetall). Den aktuellen Stand der Technik repräsentieren Nadelträger aus Saphir oder Diamant (Kristall), Bor (Halbmetall), Beryllium (Leichtmetall) oder mehrlagige Konstruktionen aus Aluminium.

NADELTRÄGEREINHEIT

Bezeichnet die Konstruktionseinheit von → Nadelträger, Nadelträgerlager, am Nadelträger befestigten Spulen oder Magneten und → Abtastnadel. Mit einem Teilgehäuse versehen, kann eine Nadelträgereinheit auch als wechselbarer → Nadeleinschub zur kostengünstigen Erneuerung eines MM-Abtastsystems verwendet werden.

NASSABSPIELEN VON SCHALLPLATTEN

Indem man die Schallplatte während des Abspiels auf Höhe des aktuellen Abtastradius mit einer Spezialflüssigkeit benetzt, gleitet die Abtastnadel deutlich leichter durch die Rille. Wie die schweizerisch-deutschen Techniker Löscher und Hirsch (1974) nachgewiesen haben, veringern sich beim Naßabspiel die auftretenden Kräfte während des Abtastvorgangs auf ca. 1/3 der ansonsten beim trockenen Abspiel auftretenden Werte. Vor allem die Reibkraft zwischen Rillenflanken und Nadelspitze wird reduziert und verlängert die Lebensdauer des Diamanten. Dadurch verringert sich die Driftkraft und benötigt eine deutlich kleinere Anti-Skatingkraft zur Kompensation. Während des gesamten Abspiels taucht die Nadel in einen feinen Flüssigkeitsfilm, der einen großen Anteil der Staub- und Dreckpartikel aus dem direkten Kontaktbereich Nadel – Rille herausspült und gleichzeitig jegliche antistatischen Aufladungen unterbindet. In der Praxis erklingt eine naß abgespielte Schallplatte mit drastisch reduziertem Störgeräuschpegel. Man vernimmt kaum noch Knistern oder Knacken, grobe Kratzer fallen weniger stark auf und die Eigenmodulation der Rille scheint reduziert. Bis heute ist umstritten, ob das Naßabspielen wirklich die optimalen Informationen aus der Rille holt oder dazu neigt, kritische Stellen weniger exakt abzubilden. Vor allem für letzteres sprechen ein geringfügig matterer Sound, weniger nervende Verzerrungen bei S-Lauten (auch bei dejustiertem Abtastsystem) und ein subjektiv geringer Ausgangspegel. Diese Aspekte sind nie wissenschaftlich untersucht worden! Für das Verfahren verwendet man eine kombinierte Flüssigkeit aus Alkohol und Wasser, die relativ schnell abtrocknet. Schon nach einmaligem Einsatz zeigt sich eine leichte Ablagerung in der Rille, die sich beim neuerlichen Trockenabspiel störend bemerkbar macht, so daß man früher fest daran glaubte, eine naß abgespielte Scheibe immer wieder naß spielen zu müssen. Heutzutage läßt sich eine solche Schallplatte mit einem geeigneten Mikrofasertuch problemlos reinigen, wobei natürlich physikalische Schäden an der Rille nicht behoben werden. Das vor allem von → Lenco mit der externen Naßabspieleinrichtung »Lencoclean« propagierte Verfahren konnte sich in audiophilen Kreisen ob der o.g. klanglichen Einschränkungen nie durchsetzen. Zwingend angeraten ist eine Naßabspieleinrichtung jedoch beim Abtasten einer Metallmatrize (Mutter), da hier eine Reduzierung der Reibkraft die Standzeit der Diamantnadel beträchtlich erhöht.

NEAR MINT (NM)

Hohe Güteklasse innerhalb des → Graduierungssystems (Second Hand). US: Güteklasse 2 (Wert 100 %), auch als mint minus (m-) bezeichnet. Platte ist gespielt, sieht aber wie neu aus und spielt ebenso. Das Cover ist optimal erhalten, ohne Abnutzungserscheinungen und keinesfalls gekennzeichnet (→ cutout). Die Platte sieht praktisch so aus, als hätte man sie gerade neu gekauft und ins Regal gestellt. In den USA wird dieses Prädikat für sehr gut erhaltene, theoretisch neuwertige Exemplare benutzt. Die tatsächlich absolut neuwertigen Schallplatten bewertet man mit → mint. Für beide Kategorien empfiehlt das US-Sammlermagazin Goldmine einen Wert von 100 %. UK: nicht gebräuchlich. BRD: nicht gebräuchlich.

NEGATIV-MASTER

Mitunter benutzter Begriff innerhalb eines Galvanoarchivs für die eingelagerten negativen Matrizen (→ Vater) der ersten Generation. Indem man die Väter für eventuelle spätere Umkopierungsprozesse aufbewahrt, spart man Kosten und Zeit. Unbehandelt besitzen Negativ-Master nur eine begrenzte Aufbewahrungszeit, da ihre Oberflächen oxydieren. Ein zusätzliches Vernickeln des Vaters verhindert dies. Andererseits haben praktisch alle Firmen die Fortschritte der Aufzeichnungstechnologie genutzt und bereits vorliegende → Originalaufzeichnungen für eine → Nachauflage durch einen neuen, d.h. entsprechend technisch kompetenteren, Umschnitt ersetzt.

NENNDREHZAHL

Die vom Hersteller vorgeschriebene Abspieldrehzahl einer Schallplatte, die identisch mit der bei Aufnahme des Tonträgers verwendeten Umdrehungszahl sein muß. Nur dadurch wird die richtige Wiedergabe in Bezug auf Tempo und Tonhöhe der Tonaufzeichnung gewährleistet. Eigentlich müßte man korrekterweise vom Wiederherstellen der bei der Aufnahme der Tonaufzeichnung verwendeten Geschwindigkeit, auch beim Abspielen (Abspielgeschwindigkeit), sprechen. Um den internationalen Tonträgeraustausch sicherzustellen, wurden seit 1930 umfangreiche Normungen für die jeweils aktuellen Rillentypen und Schallplattendurchmesser festgelegt. In der Zeit der akustischen Aufnahmetechnik wurden Schneidapparaturen mit Gewichtsmotoren und einer Fliehkraftregelung für die Geschwindigkeit auch dazu genutzt, um längere Aufzeichnungszeiten zu realisieren. Die zur Wiedergabe benutzten Grammophone zeichneten sich ebenfalls durch variable Geschwindigkeiten aus. Erst mit der elektrischen Tonaufzeichnung und der damit verbundenen umfassenden Elektrifizierung der Schallplattenstudios begann man durch die Verwendung von Elektromotoren und deren genaue Kalibrierung, firmeninterne Standarddrehzahlen einzuführen und diese auf den Schallplattenetiketten anzugeben. Damit begann die ingenieurtechnische Absicherung einer adäquuaten Reproduktion der Tonaufzeichnung. Zur korrekten Wiedergabe von historischen Schallplatten, die mit abweichenden Umdrehungsgeschwindigkeiten aufgezeichnet wurden, benötigt man einen Schallplattenspieler mit variabler Geschwindigkeitsregelung sowie einen aus der Tonaufzeichnung herzuleitenden Bezugston. Dazu nutzt man im allgemeinen die musikalische Tonhöhe der Aufzeichnung, in Bezug zu einem durch die Stimmgabel erzeugten → Kammerton (a^1). Da der Kammerton selbst aber auch erst 1939 auf eine Frequenz von 440 Hz genormt wurde, sind ein an der σhistorischen Aufführungspraxis geschultes Gehör sowie die Kenntnis der Klangcharakteristiken einzelner Instrumente für die exakte Bestimmung der individuellen Abspielgeschwindigkeit absolut notwendig. Bei dem Transfer historischer → Aufnahmeplatten auf ein neues Medium sollte man entsprechende Kenntnisse und Fertigkeiten von dem verantwortlichen → Tonmeister oder Produzenten erwarten! Die nun seit 1930 international vereinbarten Geschwindigkeitsfestlegungen stehen in direktem Zusammenhang mit der zu erzielenden Aufzeichnungsqualität des verwendeten Rillentyps: Normalrille: 78 UpM, → Mikrorille: 331/3 oder 45 UpM, Nanorille: 162/3 UpM. Durch die Kombination der zwei Mikrorillen-Nenndrehzahlen mit verschiedenen Schallplattendurchmessern (175, 250 und 300 mm) entstand eine breite Palette an Schallplattentypen (→ Long Play, Standard Play, → Medium Play, → Extended Play).

NEUAUSGABE

Bezeichnet eine Nachauflage, die in inhaltlichen oder editorischen Aspekten nicht überarbeitet wurde, aber sich dennoch von allen vorhergehenden Ausgaben hinsichtlich äußerer Merkmale unterscheidet (Ausstattung, Katalognummer, verändertes Layout etc.). Anders als bei einer → Neuedition, handelt es sich bei einer Neuausgabe zumeist um alten Wein in neuen Schläuchen.

NEUEDITION

Im Sinne einer werkkritischen Aufarbeitung stellt die Neuedition eine komplett überarbeitete Neuausgabe einer bereits erschienenen Schallplatte dar. Über den editorischen Aufwand und Umfang herrscht keine einheitliche Meinung. Im günstigsten Fall sollte eine Neuedition z.B. die einzelnen Tonaufnahmen (Sequenzen) einer Schallplatte erneut von der Originalquelle (→ Urband) überspielen, Bandschnitte gegebenenfalls neu montieren, Ein- und Ausblendungen überarbeiten, versehentlich bei einer ersten → Edition unterschlagene Teilstücke ergänzen und andere bekannte Überspielfehler (stillschweigend) korrigieren. Ein rekonstruiertes oder überarbeitetes → Cover, umfangreiche → Linernotes und diskographische Angaben runden eine Neuedition ab. Viele in den 90er Jahren hergestellte audiophile Nachauflagen von Albumklassikern (E-Musik, Jazz, Pop, Rock), entsprechen in zahlreichen Punkten o.g. Forderungen.

NEUMANN

Die deutsche Georg Neumann GmbH (Berlin) galt jahrzehntelang neben dem US-Anbieter Westrex als der kompetenteste Hersteller von Aufzeichnungseinheiten. Neumann entwickelte in enger Zusammenarbeit mit dem → Teldec-Labor entsprechende Konstruktionen zur Umsetzung des Tracingsimulators und der DMM-Technologie. 1968 stellte man erstmals einen Helium-gekühlten Schreiber (→ SX 68) vor, der in den nachfolgenden Jahren stetig verbessert wurde. Neben der Schneidtechnik produzierte Neumann auch sehr erfolgreich Studioeinrichtungen und Mikrofone. Ende der 80er Jahre übernahm Sennheiser die Firma.

NEUTRALCOVER

In der Regel ein unbedrucktes, einfarbiges Innen- oder Außencover, das mitunter aber auch über einen kleinen Druckverweis (Hersteller oder Patentnummer) verfügt. Bedruckte Cover mit Firmenlogo und/oder Werbung bezeichnet man als → factory sleeve.

NICE PRICE

Geschützte Bezeichnung der CBS/Sony für ihre, mit zeitlichem Abstand veröffentlichten, preisreduzierten Nachauflagen regulärer Alben (→ Budget Line). Die Nice Price-Serie wird mit einem auffälligen roten Aufkleber auf dem Cover gekennzeichnet.

NIPPER

Der Maler Francis Barraud (1856 – 1924) erbte von seinem 1887 verstorbenen Bruder Mark einen Hund namens Nipper. Nach eigenen Aussagen bemerkte Barraud beim Abspielen von Musikwalzen, daß der Hund in Andacht und aufmerksamer Suche vor der tönenden Quelle hockte. Aus dieser Beobachtung heraus entstand um 1895 das Doppelporträt »Dog looking at and listening to a phonograph«. Wenig später fand Barraud für das Bild den bedeutungsvollen, endgültigen Titel »His Master's Voice«. Hier spielt der Maler auf die Fähigkeit des Hundes an, in der vom Phonographen wiedergegebenen Tonaufzeichnung die »Stimme seines Herrn« zu erkennen. Nach einigen erfolglosen Versuchen, das Bild an Schallplattenfirmen oder Gerätehersteller zu verkaufen, hatte Barraud endlich 1899 bei der Gramophone Company Erfolg. Dessen Geschäftsführer William Berry Owen konnte den Maler überzeugen, den im Bild gezeigten Phonographen (Walze) des Konkurrenten Edison gegen das eigene Grammophon (Schallplatte) auszutauschen. Owen bezahlte 50 Pfund für das überarbeitete Gemälde und das Recht auf unbegrenzte Reproduktion des Bildes. Weitere 50 Pfund erhielt Barraud für das Abtreten der Rechte an dem Titel »His Master's Voice«. Später fertigte Barraud für die Schallplattenfirma mehrere Kopien des Originals an. Schon 1899 begann die britische Gramophone Company, das kongeniale Sinnbild für Werbezwecke und als Markenzeichen zu benutzen. Durch die seinerzeit zwischen den führenden Herstellern üblichen internationalen Verträge zur Aufteilung des Weltmarktes übernahm 1900 Emil Berliner die Marke für die USA und Kanada. Die Victor Talking Machine Company erwarb im folgenden Jahr die Rechte am Bildmotiv für Zentral- und Südamerika, den Fernen Osten sowie Japan. Aus dieser Aufteilung heraus wirbt Nipper heute in Großbritannien, der BRD und weiteren europäischen Staaten für die → EMI, hingegen in den USA, Kanada, Nord- und Süd-Amerika, Fernost und Japan für die → RCA. Anmerkung: Keine andere Schallplattenmarke der Welt ist annähernd so populär wie Nipper. Sicher, das Motiv eines treuen Vierbeiners, der der Stimme seines Herrn lauscht, ist in seiner Unschuld nicht zu schlagen. Andererseits ist die Deutungsfähigkeit des Motivs atemberaubend. Barraud nimmt praktisch die Frage nach der Authentizität der Abbildung und dem natürlichen Klang von Aufnahme und Reproduktion vorweg. Interessant ist, daß Barraud durch die Wahl des Bildtitels, »Die Stimme seines Herrn«, den Betrachter förmlich einlädt anzunehmen, Nipper lausche der konservierten Stimme des verstorbenen »Herrn« Mark Barraud. Hier bringt der Maler, ob gewollt oder ungewollt, die Bewahrung des akustischen Moments durch eine Tonaufzeichnung treffend in einen visualen Kontext. Indem der Maler das Bild beschwört, der mit einem weitaus besseren Gehör ausgestattete Hund erliege dem Abbild, errichtet Barraud das perfekte Zeichen für eine gelungene Illusion und begründet (un)bewußt das unsterbliche Vokabular für Hersteller, Verkäufer, Tester und Konsumenten.

NITTY GRITTY

US-amerikanischer Hersteller für → Schallplattenwaschmaschinen und Zubehör. Nitty Gritty besitzt mit Sicherheit die größte Auswahl an Waschmaschinen in allen Preisklassen, wobei sich die einzelnen Modelle nicht in der Reinigungstechnologie (Schlitzabsaugung), sondern ausschließlich in der Ausstattung (Einspritzpumpe, beidseitige Absaugeinrichtung, Motorantrieb) und im Bedienkomfort unterscheiden. Verschiedene Reinigungsflüssigkeiten, Bürsten, Verschleißteile und eine CD-Waschmaschine runden das Programm ab.

NON-ALBUM B-SIDE

Engl. für eine Tonaufnahme, die als Bestandteil der B-Seite einer → Single nur dort und noch nie auf einem → Album veröffentlicht wurde.

NORGRAN

Vom Manager und Impresario Norman Granz im Jahr 1951 gegründetes, unabhängiges Jazzlabel, auf dem vorrangig Tonaufnahmen der von ihm betreuten Künstler erschienen. Die Herstellung und den Vertrieb übernahm → Mercury Records. Nach Gründung von Verve Records (1956) wurde dort der gesamte Norgran-Katalog nachveröffentlicht. Etiketten: Anfänglich auf weinrotem oder schwarzem Mercury-Etikett, später mit eigenen Etiketten in schwarz/silber oder gelb/schwarz mit stilisiertem Trompeter.

NORMALRILLE

Auf der → Schellackplatte verwendeter monophoner Rillentyp (→ Seitenschrift) mit einer → Rillenbreite von ca. 120 μm und einem Verrundungsradius von 30 μm. Anfänglich wurde dieser Rillentyp noch mit → Abtaststiften aus Metall abgetastet. Ende der 20er Jahre wurden die ersten elektrischen Abtastsysteme entwickelt. Auch heute bieten einige Hersteller (→ Ortofon, Shure u.a.) immer noch entsprechende → Abtastsysteme (65 μm) für die Normalrille an.

NORMALSPIELPLATTE

Von der Deutschen Grammophon zur Abgrenzung der verschiedenen Schallplattenarten eingeführter Begriff. Die Normalspielplatte bezeichnet(e) eine 25- oder 30- cm-Schellackplatte mit monophoner → Normalrille in → Seitenschrift und konstantem Rillenvorschub. Die Schellackplatte mit → variablem Rillenvorschub brachte die DG als → »Variable Micrograde 78« auf den Markt. In den 50er Jahren wurden von der Deutschen Grammophon auch Singles als Normalspielplatte vermarktet.

NOVA

Für zeitgenössische Musik eingerichtete Marke des → VEB Deutsche Schallplatten Berlin.

NUDE

Bezeichnung für eine einteilige Diamantnadel, die von der Nadelspitze bis zum Ende aus einem Stück ist. Im Gegensatz zum getippten Diamanten (→ tipped) wird der »nackte« Diamant direkt in den Nadelträger eingelassen. Für hochwertige → Abtastsysteme werden – bis auf wenige, zumeist konstruktionsbedingte Ausnahmen – praktisch nur nackte Diamantnadeln verwendet. Ein geschlossener Diamantkristall läßt sich, im Gegensatz zum Splitter, anhand seiner Kristallachse exakt ausrichten und bearbeiten. Besonders bei bi-, multiradialen oder facettierten Schliffen entscheidet die genaue Ausrichtung der Kristallachse über die Qualität des Nadelschliffs.

NYLON-PLATTEN

Von JVC hergestellte Aufnahmeplatten mit einer Nylonbeschichtung, die sich praktisch wie Acetat-Platten bei der Erstellung von Unikat-Schnitten verwenden lassen. Nylon-Platten sind deutlich widerstandsfähiger und können mehr als hundertmal abgespielt werden. Von einigen Firmen (→ Ortofon u.a.) wurden Nylon-Platten zur Aufzeichnung von Testsignalen verwendet, um optimale Meßplatten zu erhalten (keine Umkopierungsverluste, exakte Zentrierung der Aufzeichnung usw.).

O

OBERFLÄCHENSTÖRUNG

Sammelbegriff für die vielfältigsten Formen einer an der Oberfläche gestörten Schallplatte. Dabei geht es um die Wiedergabe nachhaltig störender, entweder mechanisch verursachter oder im Tonträger fest verankerte Fehler. Dazu gehören: Blasen, Haarkratzer, grobe Kratzer, Schrammen, Schmutz und Verunreinigungen aller Art, Verwerfungen usw.

ODE

Nach dem Verkauf von → Dunhill Records gründete Erfolgsproduzent Lou Adler 1969 eine neue Firma, die er als → Sublabel an → Columbia Records lizensierte. Stilistisch orientierte sich Ode stark an dem »kalifornischen Sound« des Vorgängerlabels und konnte mit der Combo Spirit und der Singer/Songwriterin Carole King auch zwei sehr erfolgreiche Künstler etablieren. Nach Kompetenzstreitigkeiten mit Columbia brachte Adler 1971 seinen Ode-Katalog bei → A&M Records ein.

OFFSET ANGLE

→ Kröpfungswinkel

OHR SCHALLPLATTEN

Die Anfang 1970 von Peter Meisel (Hansa Musikverlag) und dem Musikjournalisten Rolf-Ulrich Kaiser gegründete Schallplattenfirma überraschte eine breite Öffentlichkeit mit der ersten konsequenten Umsetzung von Pop-Art und Rockästhetik im bis dahin konservativen bundesdeutschen Kulturbetrieb. Mit dem Slogan »Macht das Ohr auf« und z.T. grellbunten Schallplattenhüllen provozierte der umtriebige Kaiser (s)eine jugendliche Kundschaft und gab ihr in schneller Folge eine progressive Schallplatte nach der anderen. Das zum Teil äußerst krude und oberflächlich produzierte Material spiegelt, mit historischem Abstand betrachtet, kristallklar die zahlreichen und oft hoffnungslosen Ansätze einer eigenständigen deutschen Rockmusik wider. Fast alle Aufnahmen dieser Zeit, die auf Ohr Schallplatten (Vertrieb Metronome) und dem Sublabel Pilz (Vertrieb BASF) erschienen, bildeten das Fundament des »Krautrock« und gelten heute als Sammlerstücke. Mit dem Sublabel der Kosmischen Kuriere drückte Kaiser, unterstützt durch suggestive Werbung, die Mär einer Bewußtseinserweiterung bis in das letzte Dorf der Republik. Vor allem dieser gezielt psychedelisch-elektronische Bauernfang grenzte Kaiser schnell aus der weiteren Entwicklung der deutschen Rock-Szene aus. Jedoch der Spuk war schnell vorbei. Kaiser häufte in aktiven Labelzeiten, durch immer weiter ausufernde Produktionen (auch in → Quadrophonie), ungeheure Defizite an, die ab 1973 durch sinkende Akzeptanz und Absatzzahlen verstärkt wurden. Hansa sah keine weitere Perspektive und trennte sich von Kaiser, nicht ohne diesem seinen eigenen Katalog zu verkaufen. Mitte der 80er Jahre erschienen parallel zum ersten Krautrock-Revival zahlreiche Nachauflagen aus dem Gesamtkatalog im Vertrieb von → Mikulski. Heutzutage werden einige der schillerndsten Alben durch diverse Lizenznehmer erneut in Umlauf gebracht. Zum Künstlerstamm gehörten u.a.: Amon Düül, Birth Control, Emtidi, Embryo, Floh de Cologne, Guru Guru, Hölderlin, Popol Vuh, Tangerine Dream, Wallenstein.

OLDIE MARKT

1982 gegründete deutsche Sammlerzeitschrift (Abo, kein Freiverkauf), die unzählige Privatanzeigen veröffentlicht und auch über einen redaktionellen Teil verfügte. Bis Ende der 80er Jahre lag der journalistische Schwerpunkt in der Aufarbeitung der deutschen und internationalen Vinyl-Landschaft und wurde durch Künstler-Diskographien ergänzt. Seit 1990 konzentriert man sich praktisch ausschließlich auf den Anzeigenverkauf. Die Bestandsaufnahme Vinyl scheint abgeschlossen. Mit deutscher Gründlichkeit bearbeitet der Oldie Markt alle innerhalb der monatlichen Auktion erfassten Tonträger nach Bieteranzahl, Einzelgebot und errechnet daraus einen »durchschnittlichen« Preis, der wiederum in die jährlich erscheinenden Sammlerkataloge (LP und Single getrennt) einfließt. Damit zeichnet man neue Trends auf, überrascht aber den Leser mit Preisangaben wie 12,31 DM oder 60,09 DM. Diese Preisfindung erschwert einen souveränen Einsatz der Kataloge in der Praxis.

ONE-SIDED DISC

Bezeichnung (engl.) für eine Schallplatte, die nur einseitig Signale enthält. Der Verzicht auf die Nutzung der zweiten Seite kann verschiedene Ursachen haben. Bei konventionellen Schallplattenveröffentlichungen verwendet man einseitige Schallplatten (fast) immer, um eine mangelnde Gesamtspielzeit der Aufnahme zu kaschieren. Seit den späten 80er Jahren werden Tonaufnahmen, die eigentlich für eine CD-Veröffentlichung produziert wurden und Spielzeiten von ca. 70 min. aufweisen, häufig auf ein → Doppelalbum mit drei Seiten Programminformation verteilt. Damit sichert man die Spielzeit um 20 min. je Plattenseite. Audiophile Hersteller und Kunden schätzen einseitig bespielte Platten und weisen ihnen einen besseren Klang zu, da sich keine Programminformationen von der Rückseite bemerkbar machen können. Meßtechnisch läßt sich dieser Sachverhalt bei ordnungsgemäß gefertigten zweiseitigen Schallplatten nicht nachweisen. Eine einseitig bespielte Schallplatte sollte zur Stabilisierung der Scheibe immer eine unmodulierte Rille (Leerrille) auf der B-Seite besitzen.

ORIGINALAUFZEICHNUNG

Die korrekteste Bezeichnung für den Vorgang, aber auch das Resultat der Signalübertragung von einem → Urband in die Rille eine Nadeltonaufzeichnung. Man muß der sprachlichen Genauigkeit deutscher Ingenieure dankbar sein, benennen sie doch mit der Originalaufzeichnung das Eigenständige und Eigenartige (im Sinne der eigenen Art und Weise), in der sich das Nadeltonverfahren von anderen Tonaufzeichnungsverfahren unterscheidet. Indem die Rille vom Schneidstichel geformt wird, entsteht ein plastisches, massenreproduzierbares Abbild der Ausgangstonaufzeichnung. Hier ist die Akustik in mikroskopisch kleinen Gebirgsschluchten verewigt, verfügt über eine dreidimensionale Ansicht und kann mittels der mechanischen Fähigkeiten des Abtaststiftes und der angeschlossenen Wandlereinheit (→ Abtastsystem) erneut in elektrische Signale gewandelt werden. Die Verschiebung des Frequenzgangs durch die → Aufzeichnungskennlinie verändert die eigentliche Tonaufzeichnung innerhalb genormter Parameter und bedarf bei der Reproduktion einer entsprechenden Rückwandlung. Indem von dieser Originalaufzeichnung dann im weiteren → Herstellungsprozeß die entsprechenden → Galvanos abgeformt und letztlich die eigentlichen Schallplatten gepresst werden, entsteht eine Analogie im reinsten Sinne. Die seit Jahrzehnten dauerhaft und teils lebhaft geführten Auseinandersetzungen, inwieweit die aus der ausgeformten Schallplatte gewonnene Toninformation der des → Urbandes entspricht, ähnelt dem Vergleich von Birnen mit Äpfeln. Selbstredend stellt die Schallplatte die gleichen Inhalte der Tonaufzeichnung bereit und vermittelt diese dem Höhrer – eine adäquate Wiedergabetechnik vorausgesetzt – auch in teils atemberaubender Art und Weise. Aber die Schallplatte speichert eben nur die gleiche Toninformation, sie selbst ist nicht das Urband. Erstaunlicherweise konnte die Schallplatte in ihrer rund einhundertjährigen innovativen Entwicklungsperiode eine Abbildungsschärfe und Genauigkeit erreichen, die im wahrsten Sinne »High Fidelity« ist. Dabei ist es wichtig, die viel wesentlichere und inhaltlich produktivere Diskussion im Sinne des Abbilds eines künstlerischen Moments nicht zu vernachlässigen und keineswegs mit den technischen Rahmenbedingungen der Tonaufzeichnung und ihrer Massenvervielfältigung zu vermischen. Benutzt man den Begriff der Originalaufzeichnung hinsichtlich Schneidvorgang und -resultat, fällt eine Beurteilung und Lösung der im Bearbeitungsprozeß sowie bei der Wiedergabe der Schallplatte entstehenden Charakteristika und Probleme leichter.

ORIGINALBAND

→ Urband

ORIGINAL-MASTER(BAND)

Vor allem in den USA gebräuchliche, spezifische Bezeichnung für ein → Urband. Hier wird impliziert, daß es sich bei dem verwendeten Band um das echte, ursprüngliche Urband und nicht ein production master handelt. Die Festlegung eines Masterbandes ist immer kompliziert, da sie entweder aus den einzelnen

Mixdown-Bändern der Tracks montiert werden, oder durch ein → Überspiel von verschiedenen Zuspielgeräten entstehen. Beim Remastern der alten Bänder werden im Gegensatz zu den bis weit in die 70er Jahre gebräuchlichen drei- oder vierbandigen Equalizern heutzutage (zumeist) analoge Entzerrer mit bis zu 30 Kanälen und hervorragender Flankensteilheit eingesetzt. Eine digitale Entzerrung der Bänder kann, zumindest was die Wiederherstellung und Einhaltung des Frequenzgangs betrifft, noch effizienter sein, ist aber im Sinne der Bewahrung einer rein analogen Signalübertragung nicht wünschenswert.

ORIGINALTONTRÄGER

Bezeichnet das Tonträgerformat, auf dem eine Tonaufzeichnung das erste Mal veröffentlicht wurde. Dabei wird der historische Kontext in Bezug auf Ausstattung und technologische Reife des Produkts ebenfalls berücksichtigt. Zur besseren Verdeutlichung einige Beispiele: Caruso erschien auf frühen, akustisch aufgenommenen Schellackschallplatten, Glenn Miller auf elektrisch aufgenommenen Schellackschallplatten, die frühen Beatles auf monophonen Mikrorillenschallplatten (Singles bzw. LPs), hingegen die späten Beatles auf stereophonen Mikrorillenschallplatten. Und um bei den Beatles zu bleiben: Die »Magical Mystery Tour« ist zum Beispiel im Original eine Doppel-EP. Weitergehende, vor allem für Chronisten und Sammler existentielle Differenzierungen, bewerten im Falle von Parallelausgaben z.B. die eigentlich autorisierte Abmischung der Tonaufzeichnung mit Vorrang (Beispiel: »Sgt. Pepper« ist im Original monophon und nicht stereophon, »Dark side of the moon« ist im Original stereophon und nicht quadrophon). Die eindeutige Benennung des Originaltonträgers für eine Tonaufzeichnung dient vorrangig der historischen Bewertung und hat weniger akademischen Charakter als oft angenommen. Vergleichbar wäre es mit den bei Bibliophilen üblichen Verweis auf die Originalausgabe eines Buches. Ein guter Text verliert auch Jahrzehnte später und, egal ob als Paperback oder Hardcover, nichts von seinem Reiz, hingegen der gewisse Kitzel stellt sich für den kultivierten Genießer erst bei der Originalausgabe ein. Hier strömt der Atem der Zeit aus jeder Seite und die Aura einer vergangenen Epoche wird greifbar. Spannend wird die Bewertung des Originaltonträgers seit der Einführung der CD (1982). Durch die fast zehnjährige massenhafte Parallelproduktion von LP und CD und die nach außen hin praktisch nicht veränderten technischen Parameter (Kanäle, Spielzeit, Abmischung etc.) fällt ein eindeutiges Urteil oft sehr schwer. Beispielsweise für das Album »Brothers in arms« (1985) der Dire Straits ist der Originaltonträger die Compact Disc, und die damalige Werbung für die CD nahm selbstredend massiv Bezug auf die digitale Aufzeichnungsart und die Vorteile des ebenfalls digitalen Tonträgerformats. Hingegen verfügt z.B. die CD-Ausgabe von »Stop making sense« (1985) der Talking Heads ebenfalls eine Digitalaufnahme, zwar über zusätzliche Tracks, aber nicht über die Originalgestaltung des Booklets der LP-Veröffentlichung. Hier war die verlängerte und durchgängige Spielzeit zwar ein Argument für die CD, aber der Covergestalter und die Band als dessen Auftraggeber dachten noch in der großformatigen Aufmachung einer Langspielplatte. Um es noch komplizierter zu machen: Eigentlich waren weder CD noch LP das Originalträgerformat, sondern die – später veröffentlichte – Videokassette, denn nur sie bildete das Original, den Konzertfilm, umfassend ab. Vor allem bei kleinen, unabhängigen Schallplattenfirmen, die mit durchgestalteten Produkten auffallen und in engem Kontext zu ihren Künstlern stehen, galt lange Jahre die LP weiterhin als die eigentliche Originalveröffentlichung (→ 4AD Records). Spätestens nach 1990 sind praktisch alle Long Play-Veröffentlichungen im Original auf CD erschienen, und nur noch in seltenen Ausnahmen besitzen parallel erscheinende Vinylausgaben einen historischen Wert, wie z.B. »Adore« (1999) von den Smashing Pumpkins, das auf LP in einer Monofassung veröffentlicht wurde.

ORTHOPHONIC RECORDING

1925 von der Victor Talking Machine Co. (später RCA) eingeführte Bezeichnung für ihr elektrisches → Aufzeichnungsverfahren. Dabei diente der Begriff als Qualitätsauszeichnung und zusätzliches Marketinginstrument, um die gegenüber der bisherigen akustischen Tonaufzeichnung dramatisch verbesserten Aufnahme- und Wiedergabeparameter anzuzeigen. Der Begriff wurde in eben diesem Sinne auch in die Zeit der Magnetbandaufzeichnung und Mikrorillentechnik überführt.

ORTO-LINE

Nadelschliff, → Abtastnadel-Querschnitte

ORTOFON

Dänischer Hersteller von Abtastsystemen, Schneidköpfen, Peripherie (Übertrager, Vorverstärker etc.) und Zubehör (Kabel, Montageschablonen, Meßschallplatten). Ortofon wurde 1918 von den dänischen Funkpionieren Axel Petersen (1887 – 1971) und Arnold Poulsen (1889 – 1952) ursprünglich als »Electrical Phon Fil Company« gegründet. Bis 1945 beschäftigte man sich mit der Entwicklung von Mikrophonen, Dynamik-Kompressoren, Meßgeräten und optischen Instrumenten für die Filmwirtschaft. Schon 1946 erfolgte die Vorstellung eines ersten Schneidkopfes (mono) für das Nadeltonverfahren. Gleichzeitig änderte die Firma ihren Namen in Fonofilm Industrie A/S. Zwei Jahre später präsentierte man das erste MC-Abtastsystem der Welt. 1951 änderte man den Namen in Ortofon A/S (griechisch orto = korrekt, fon = Klang). Der erste Stereo-Schneidkopf folgte 1957. Parallel nahm man die Entwicklung einer neuen Generation von hochwertigen Abtastsystemen für den professionellen Einsatz auf. Das neue SPU wurde erstmals 1959 vorgestellt und begeistert aufgenommen (u.a. Deutsche Grammophon). Nach einigen Jahren in amerikanischem Besitz erwarb der langjährige Ortofon-Mitarbeiter und Entwickler Erik Rohmann 1980 die Firma und baute sofort die Forschungs- und Entwicklungsabteilung aus. Mit dem Einmeßcomputer → TC 3000 präsentierte man kurz darauf ein sinnvolles Arbeitsmittel für den serviceorientierten Fachhandel. Die im Nachhinein für die Disco-Szene bedeutungsvolle Concorde-Baureihe kam 1984 auf den Markt und wurde später um die sehr erfolgreichen Night Club (1989) und DJ-Serie (1995) ergänzt. Die bewährten Monoabtastsysteme der SPU-Baureihe erfuhren 1996 eine Überarbeitung und wurden erneut ins reguläre Fertigungsprogramm aufgenommen. In den letzten 50 Jahren hat Ortofon eine derart umfangreiche Modellpalette produziert, daß ein kompletter Überblick kaum möglich ist. Die Firma feiert sich und ihren Fortbestand (Erfolg) zu jedem Jubiläum mit speziellen Sonderanfertigungen bekannter Systeme bzw. echten Neukonstruktionen. Von verschiedenen Modellen werden auch handselektierte und einzeln ausgemessene Exemplare gegen entsprechenden Aufpreis angeboten. In Zusammenarbeit mit Fritz Gyger entstanden auch eigene Nadelschliffe (Orto Line, Replicant100). Ortofon fertigt auch für Dritte (Tonus – Blue Wave). Weitere Modelle: VMS-Serie (MM); OM/P-Serie; Turbo-Serie (high-output MC); MC-10, MC-20, MC-25, MC-30; V-Serie (Virtus, Virgo); MC-2000 (FG90), MC-3000 (Replicant100), MC-5000 (Replicant100), MC 7500 (Orto Line); Rohmann (MC, Orto Line); Jubille (MC, → Shibata). Die zur optimalen Abtastung aller Rillentypen ausgelegte SPU-Reihe wird in zwei Gehäusevarianten (A und G) hergestellt und umfaßt derzeit folgende Modelle: Classic (MC, sphärisch 18 μm), Classic E (MC, elliptisch 18 μm), Mono (MM, sphärisch 25 oder 65 μm), Mono C (MC, sphärisch 25 oder 65 μm), Reference (MC, Replicant 100), Meister (MC, elliptisch 18 μm), Meister Silber (MC, Silberspulen, elliptisch 18 μm), GT (mit integriertem Übertrager). Tragarme: S-12 (1956), RMA 212 (9") und 309 (12") von 1960, letztere als überarbeitete Replicas (212i, 309i) erneut im Programm. Ein umfangreiches Zubehörangebot (u.a. Nadelbürste aus Karbonfaser) und Kabelprogramm (u.a. Tragarmkabel) runden das Programm ab.

OST

Abkürzung (engl.) für Original Soundtrack, im Deutschen als Original-Filmmusik bezeichnet. → Soundtrack-Album

OUT-TAKE

Bezeichnung (engl.) für einen in Zusammenhang mit der Arbeit an einem → Album aufgezeichneten Einzeltitel, der letztlich nicht den Weg auf die veröffentlichte Schallplatte fand. In einigen Fällen werden out-takes auf → bonus discs bereits der Veröffentlichung beigelegt oder gelangen Jahre später auf → Sammelschallplatten. Vor allem bei der Aufarbeitung von erfolgreichen Langspielplatten auf → Compact Disc greifen zahlreiche Schallplattenfirmen in ihre Archive, reichern die CDs mit out-takes, → Alternativ-Versionen oder → Remixen an und werten so die → Neuedition deutlich auf.

P

PABLO RECORDS

1972 von Norman Granz als Nachfolger des 1961 an MGM verkauften Verve-Labels gegründet. Granz nahm erneut zahlreiche, nunmehr betagte Künstler aus den glorreichen Verve-Zeiten unter Vertrag, die vom neuen Verve-Eigner → PolyGram entlassen wurden. Pablo konnte kommerziell nicht an die Erfolge der 50er Jahre anschließen, besitzt aber hinsichtlich der z.T. umfassenden Dokumentation des Alterswerks vieler namhafter Jazzer eine ungeheure Bedeutung. Interessanterweise erschien auf Pablo auch erneut der gesamte Art Tatum-Nachlaß, den Granz seinerzeit aus dem Verve-Deal mit MGM herausgelöst hatte. Den Namen vergab Granz in Erinnerung an seinen Freund Pablo Picasso, von dem auch das Logo stammt. Gegen den Trend der poppigen 70er Jahre entschied sich Granz für ein spartanisch, uniformes Cover-Konzept (Granz & Sheldon Marks), das den Interpreten in zumeist ekstatischen Momentaufnahmen (s/w-Fotos) zeigt. Auf Pablo erschienen auch umfangreiche Mitschnitte des von Granz unterstützen Montreux Jazz Festival. Der Pablo-Katalog wurde 1987 an → Fantasy Records verkauft. Sublabel: Pablo Today, Pablo Live. Künstlerstamm: Ray Brown, Roy Eldrige, Duke Ellington, Ella Fitzgerald, Dizzy Gillespie, Coleman Hawkins, Milt Jackson, Machito, Joe Pass, Oscar Peterson, Zoot Sims.

PACIFIC JAZZ RECORDS / WORLD PACIFIC

Von Richard Bock und Roy Harte im Jahr 1952 gegründetes unabhängiges Jazz-Label der US-amerikanischen Westküste. In den 50er Jahren war man mit stilbildenden Aufnahmen des West Coast Jazz überaus erfolgreich, konnte aber das Niveau auf Dauer nicht halten. 1965 verkaufte man das Label an Liberty (heute EMI). Künstlerstamm: Chet Baker, Chico Hamilton, Gerry Mulligan, Art Pepper, Lee Konitz, Shorty Rogers, Bud Shank u.a.
Etiketten (USA): schwarz, Pacific Jazz, Prefix PJ (bis 1956), schwarz, World Pacific, Prefix WP und ST (1957 – 59); schwarz, M, Prefix LP (1960 – 65); blau, S, Prefix ST (1960 – 65); schwarz/orange/gelb (1965 – 70); blau/grün (1978 – 85).

PARLOPHONE

Sublabel der britischen → EMI, das vorrangig Pop-Produktionen veröffentlicht. Weltbekannt wurde Parlophone als Heimstatt der Beatles.

PAROC

Nadelschliff, → Abtastnadel-Querschnitte

PCM

Digitales Signalverarbeitungsverfahren, bei dem das analoge Signal in eine Folge von Impulsen umgewandelt wird. Dabei werden in kurzen Abständen Proben entnommen (Quantisierung) und anschließend in Einzelimpulse umgewandelt (Codierung). PCM-Signale werden u.a. auf CD, DAT oder MiniDisc gespeichert.

PCM DAD 16

Vom Studioausstatter Studer entwickelte digitale Vorhöreinheit, die auch in Verbindung mit Schneidanlagen zum Einsatz kommt. Arbeitet in Pulse Code Modulation (16-bit, 48 kHz) mit adaptiertem A/D-D/A-Wandler zur Wandlung der Eingangs- und Ausgangssignale. Der PCM DAD 16 wird als digitale Zeitverzögerung zur Steuerung der Füllschrift verwendet (→ Vorhörsignal).

PEGEL

Auch als Pegelmaß bezeichneter Wert eines elektrischen oder auch akustischen → Signals. Dafür wird ein logarithmisches Maß benutzt, das den Abstand oder besser gesagt das Verhältnis zwischen Signal und Bezugswert in → Dezibel (dB) angibt. 1. Der Leistungspegel vergleicht die elektrischen Leistungen oder die Schalleistung anhand der gemessenen Leistung und der Bezugsleistung. 2. Der Spannungspegel vergleicht elektrische Spannungen anhand von Meß- und Bezugsspannung. 3. Absolute Pegel besitzen eine fest definierte Bezugsgröße (1 mW beim absoluten Leistungspegel; 0,775 V an 600 Ohm beim absoluten Spannungspegel). 4. Relative Pegel werden verwendet, wenn unterschiedliche Messungen miteinander verglichen werden. Damit lassen sich Verstärkungen oder Dämpfungen innerhalb elektrischer oder akustischer Anlagen darstellen. Oft vergleicht man dabei ein Nutzsignal mit einem Störsignal (→ Dynamik, → Rauschspannungsabstand, Übersprechen). Wenn der Meßwert größer als der Bezugswert ist, erhält der Pegel ein positives Vorzeichen (+), bei umgekehrten Verhältnissen wird ein negatives Vorzeichen (-) verwendet.

PEGELSCHWANKUNG

Technisch beschrieben handelt es sich bei einer Pegelschwankung um die punktuelle Veränderung einer elektronischen Einrichtung (Verstärker, Aufnahme- und Wiedergabegeräte, Zusatzgeräte etc.) gegenüber dem vorgesehenen Sollwert. Die meisten Pegelschwankungen sind auf instabile elektrische und elektronische Bauteile, auf Verschleißerscheinungen beweglicher Bauteile oder auf mangelnde Pflege und Wartung der Geräte zurückzuführen. Am häufigsten treten Pegelschwankungen beim Magnetbandverfahren auf. Verdreckte Magnetköpfe und wellige Magnetbänder verringern den Band-Kopf-Kontakt und führen so zu unterschiedlich starken Pegelschwankungen. Im ungünstigsten Fall kann es sogar zu einem (kurzzeitigen) vollständigen Pegelabfall kommen. Von Pegelschwankungen sind auch Mikrofonaufnahmen mit schwankender Distanz zwischen Mikro und Schallquelle betroffen. Bei Gesangsaufnahmen ist die Ursache oft eine mangelnde Mikrofontechnik des Künstlers. Darunter versteht man den bewußten, gestalterischen Einsatz der Distanz zum Mikrofon, die in Abhängigkeit des individuellen Ausdrucks und der interpretatorischen Intensität jeder Note oder Zeile steht. Pegelschwankungen von Vocalstimmen werden besonders bei Live-Mitschnitten deutlich. Im Studioalltag verwendet man zur Korrektur von auftretenden Pegelschwankungen mitunter auch automatische Regelverstärker (→ Aufnahmebegrenzer). Nicht korrigierte Pegelschwankungen eines → Masterbandes werden auch auf die → Schallplatte übertragen.

PERPETUUM EBNER (PE)

Neben → Dual und → Thorens die dritte wichtige deutsch-schweizerische Traditionsmarke. PE galt bis Mitte der 70er Jahre als kompetenter Hersteller für Schallplattenspieler und Phonokombinationen, konnte aber im Zuge der fortschreitenden Entwicklungen in der Heimelektronik nicht mehr mithalten und verschwand Anfang der 80er Jahre ohne großes Aufsehen vom Markt.

PESENANTRIEB

Veraltete Bezeichnung für → Riemenantrieb.

PHASE-4-STEREO

Markenzeichen der → Decca für Schallplatten, deren Rilleninformationen mit Hilfe des Tracing Simulators aufgezeichnet wurden.

PHILIPS

1946 von dem holländischen Industriekonzern geformte Schallplattenfirma, die bis 1962 u.a. die europäischen Lizenzausgaben der US-amerikanischen → Columbia auf ihren Marken Philips und Fontana veröffentlichte. Parallel dazu eröffnete man einen eigenen, umfangreichen und hochwertigen Katalog für Tonaufnahmen der E-Musik. 1962 schloß man einen Fusionsvertrag mit dem deutschen Großkonzern Siemens, der zehn Jahre später in der → PolyGram mündete. Die bestehenden Marken wurden weitergeführt.

PHILLES RECORDS

US-amerikanische Schallplattenfirma des Autoren- und Produzentenduos Phil Spector und Lester Sill. Das 1961 gegründete Label operierte überaus erfolgreich mit im Studio geschaffenen Liedern, die in Arrangement, Technologie und Sound den Beginn einer modernen Pop-Produktion begründeten. Die hohen Erwartungen in das 1967 von Spector produzierte Album »River deep, mountain high« (Ike & Tina Turner) gingen nicht in Erfüllung, so daß sich der exzentrische Produzent vergrämt vom Business abwandte und nur für gute Freunde (Lennon, Harrison, Cohen) gelegentlich tätig wurde. Mit dem Nachfolgelabel Spector International (1975) setzte Phil Spector seine eigene Arbeit sporadisch und wenig erfolgreich fort. Vor allem die zahlreichen Nachauflagen und Sammelplatten mit altem Material aus der Philles-Ära sicherten der Firma langfristigen Bestand. Zu den Philles-Schöpfungen gehörten u.a.: Bobby Sox & The Blue Jeans, The Crystals, The Ronettes.

PHON

Maßeinheit der Lautstärke.

PHONOGRAPH

Von Thomas Alva Edison 1877 erfundenes Gerät zur kombinierten Aufzeichnung und Wiedergabe von Schallaufzeichnungen. Der Phonograph benutzt eine mit Stanniol beklebte Walze als Aufzeichnungs- und Wiedergabemedium, arbeitet nach dem → Nadelton-Verfahren, speichert und liest → Tiefenschrift, besitzt Handantrieb, einen kleinen Trichter und eine Spielzeit von knapp 1 Minute (später bis 5 min.). Edison erfüllte mit seiner Erfindung einen uralten Wunsch der Menschheit: Stimmen, Klänge und Musik wurden überlieferbar.

PHONOGRAPHIE

1. In der wissenschaftlichen Forschung gebräuchliche alternative Bezeichnung für → Diskographie.
2. Die Notierung von Sprachlauten in lautgerechter Schrift.

PHONOKOFFER

Tragbarer Schallplattenspieler mit integriertem Verstärker und zumeist im Deckel untergebrachtem Lautsprecher. Anfänglich verfügten Phonokoffer noch über Verstärkerröhren, die ab Ende der 50er Jahre und innerhalb kürzester Zeit durch die zuverlässigere und kompaktere Transistorelektronik ersetzt wurden. Phonokoffer trugen zur Popularisierung der → Schallplatte in jenen Jahren ungeheuer viel bei, indem sie vor allem den Jugendlichen in weitaus stärkerem Maße, als Generationen zuvor, einen unkomplizierten Zugang zu ihrer Musik ermöglichten. Vor allem ein breites Angebot von Phonokoffern in allen Qualitäts- und Preisklassen, die damals hohe Wiedergabequalität und der geringe Platzbedarf waren schlagende Argumente. Phonokoffer, später → Phonotransistoren, gab es auch mit Wechslereinrichtung oder als Stereoausführung. Vor allem die weitere Popularisierung und Entwicklung der Schallplatte in den späten 60er Jahren hin zum high-fidelen Medium, das mit klangvollen, stereophonen Produktionen nach großen Lautsprecherboxen und kraftvoller Elektronik verlangt, aber auch die allgemein gestiegenen Einkommen und Ansprüche der Konsumenten sprachen gegen die stagnierende Wiedergabequalität der tragbaren Geräte und führten zur forcierten Entwicklung hochwertiger Standgeräte. Tragbare Kassettengeräte ersetzten Anfang der 70er Jahre den Phonokoffer.

PHONOKOMBINATION

Heimwiedergabegerät, das zumeist aus einem Radio besteht, dessen Verstärkerzug, um weitere Eingänge versehen, auch den Anschluß eines integrierten Schallplattenspielers ermöglicht. Die Phonokombination entwickelte sich aus der besonders in den 50er und 60er Jahren beliebten Phonotruhe. Dabei gab man deren Kleinmöbel-Charakter zugunsten einer technikorientierten Aufstellkombination (→ Braun) auf. In späteren Jahren folgte eine immer weitere Aufteilung in Einzelkomponenten, die erst in den 90er Jahren durch diverse Design-Systemanlagen (→ Bang & Olufsen, Bose u.a.) korrigiert wurde.

PHONOMAT

Deutscher Hersteller (DDR) für Schallplattenspieler und Phonokombinationen. Der VEB »Phonomat« Pirna war der »kleine« Konkurrent oder besser gesagt Mitstreiter des VEB Funkwerk Zittau (→ Ziphona). Beim Phonomat entstanden in den 70er Jahren Mittelklassegeräte, die zwar technisch den Ziphona-Geräten vergleichbar waren, aber in Design und Fertigung oft weniger gediegen wirkten. Das Angebot reichte von dem Mono-Phonokoffer »Disco«, der Zarge »Favorit« über die »Belcanto«-Baureihe bis zur Kompaktanlage »Compliment«.

PHONOTHEK

Der angegliederte Tonträgerbestand einer öffentlichen Bibliothek. Eine Phonothek zeichnet sich durch den freien, kostenlosen Zugang zu seinen Beständen aus. Gelegentlich auch für institutionalisierte bzw. kommerzielle → Tonträgersammlungen oder → Schallarchive benutzt.

PHONOTRANSISTOR

Tragbarer, transistorisierter → Schallplattenspieler mit integriertem Verstärker und zumeist im Deckel untergebrachtem Lautsprecher. Mit diesen, auch Phonokoffer genannten Geräten, begann in den 50er Jahren der allgemeine Siegeszug der → Mikrorille. Bis die unkomplizierteren, tragbaren Kassettengeräte Anfang der 70er Jahre den Phonotransistor verdrängten, galten sie als ein Sinnbild der Moderne. Das revolutionärste und kleinste Gerät dieser Art war ohne Zweifel der 1959 von → Braun vorgestellte Phonotransistor TP1, der aus einem Laufwerk (P1) und passendem Transistorradio (T3) zusammengekoppelt wurde und die Wiedergabe von 17cm-Schallplatten ermöglichte.

PHONOVORVERSTÄRKER

Zur elektro-akustischen Wiedergabe von Schallplatten benötigter Verstärkerzug, der das geringe Ausgangssignal des → Abtastsystems verstärkt, die entsprechende → Wiedergabekennlinie anwendet und das gewandelte (entzerrte und verstärkte) Signal an den eigentlichen Verstärker weiterleitet. Bei Vollverstärkern ist eine Phonovorstufe zumeist integriert. Hochwertige Phonovorverstärker werden als externe Bausteine zur Ergänzung oder Aufrüstung bereits vorhandener Baugruppen angeboten. Je nach Eingangsempfindlichkeit und Verstärkungsfaktor unterscheidet man MM oder MC-Eingänge. Aufwendige Schaltungen verfügen über zusätzliche Stellglieder zur individuellen elektrischen Anpassung des Abtastsystems (Dämpfung, Widerstand).

PICTURE SLEEVE

Bezeichnung (engl.) für ein individuell gestaltetes und gedrucktes → Cover einer → Single. Dazu werden Gruppenfotos oder Grafiken auf der Außenhülle abgedruckt. Die Bildhülle kam Ende der 60er Jahre in Mode und ersetzte die bislang verwendeten, wenig plakativen → company sleeves. Folgende Gestaltungslösungen sind üblich: Bildmotiv nur Fontseite, Bildmotiv beidseitig, verschiedene Bildmotive vorn/hinten. Typografisch können Vorder- und Rückseite voneinander abweichen, auch ist eine getrennte Titelnennung möglich. Die Bildhüllen werden oft nur für die → Initialproduktion eingesetzt und später durch Neutralcover ersetzt. Dieses Verfahren zur Gewinnoptimierung ist vor allem in den USA und Großbritannien üblich, so daß Singles mit gut erhaltenen Bildhüllen höher bewertet werden. Ähnliches gilt für die Covervarianten von Maxi-Singles.

PICTURE-DISC

Eine aus transparenter Preßmasse hergestellte illustrierte Schallplatte. Eine Picture-Disc wird aus fünf Bestandteilen gefertigt und ist deutlich dicker als eine herkömmliche Schallplatte. Alle fünf Teile besitzen schon vor dem Preßvorgang ihre typischen Endmaße (plus). Das Innere der Picture-Disc ist eine Plastscheibe, auf die beidseitig die bedruckten und kreisrund ausgestanzten Papierflächen mit dem Bildmotiv aufgelegt werden. Darauf legt man je Seite eine weitere Plastfolie, die später die Rilleninformation tragen wird. Praktisch wie ein Sandwich wird die Platte vorbereitet und dann im Preßvorgang untrennbar miteinander verschmolzen. Picture-Schallplatten besitzen eine lange Tradition, die bis in die 30er Jahre zurückreicht und ihren Höhepunkt in den 70/80er Jahren hatte. Viele Sammler schätzen die illustrierten Scheiben, da sie aufgrund ihrer grafischen Wirkung das jeweilige Sammelgebiet deutlich erweitern und farbiger gestalten. Klanglich können Picture-Disc keinesfalls mit konventionellen Pressungen mithalten.

PICTURE-MAXI

Im Format der → Maxi-Single hergestellte → Picture-Disc, enthält wie die Maxi zumeist nur einen Song pro Seite.

PIKORILLE

Ende der 50er Jahre vorgestellte Miniaturrille, die die bei der → Mikrorille gesammelten Erfahrungen in ein halbiertes Rillenmaß und eine ebenfalls halbierte Abspielgeschwindigkeit (16 2/3 Upm) umsetzte. Die Pikorille kam bei der Produktion von sog. sprechenden Büchern zum Einsatz, wobei nur wenige

Firmen überhaupt Schallplatten in diesem Format veröffentlichten. Weder Handel noch Konsumenten konnten sich auf Dauer für die Pikorille begeistern.

PILZ

→ Ohr Schallplatten

PING PONG-STEREO

Eine spezielle Stereoanmutung, die nicht wie bei der → A/B- oder → X/Y-Stereophonie ganze Räume abbildet, sondern Einzelstimmen separiert auf der → Stereobasis zeigt. Der Begriff bezieht sich auf das 4-Kanal-Aufnahmeverfahren (gelegentlich auch 8 Spuren). Bei der Session 1 nimmt der → Toningenieur verschiedene Einzelstimmen auf drei Kanälen auf, die er dann beim → Mix auf eine Spur reduziert. Es bleiben drei Spuren übrig. Der nächste → Take erfolgt auf den drei freien Spuren, anschließend ein weiterer Redutions-Mix. Anschließend können die zwei restlichen Spuren erneut bespielt werden. Insgesamt sind maximal vier Takes möglich und alle befinden sich auf dem Bandmaterial der 1. Generation. Ein anschließender Mono-Mix bündelt alle vier Spuren in einem Kanal. Beim Stereo-Mixdown plaziert man hingegen die vier Einzelspuren im Stereopanorama mittels Panorama-Potentiometer (pan-pot). Die Tiefenstaffelung ergibt sich durch die Mikrofonaufstellung bei der Aufnahme (Mikrofonabstand) oder wird durch zusätzlichen Hall beim Mix erzeugt. Je nach dem Hallverhältnis können die Einzelspuren auf einer oder mehreren gedachten Achsen zwischen beiden Lautsprechern angeordnet werden. In der Frühzeit der Stereophonie lagen diese Zuordnungen weit auseinander, man trennte am liebsten nur drei Richtungen (links-Mitte-rechts). Erst um 1967 setzte auch bei Pop- und Rock-Produktionen ein homogenes Stereoempfinden ein, das schon bei der Produktion echte oder nachträglich kreierte laufzeitstereophone Zweikanalanteile berücksichtigte.

PITCHCONTROL

Bezeichnung (engl.) für die variable Geschwindigkeitskontrolle eines Motorantriebs.

PLAIN PAPER JACKET

Unbedrucktes Neutralcover aus Papier oder Karton, zumeist als → Lochcover (engl. die-cut cover) zur Verpackung von Singles oder Maxi-Singles genutzt. Der Begriff wird mit einer gewissen Unschärfe, gelegentlich auch für mit Firmeninformationen oder Pflegehinweisen bedruckte → Innenhüllen verwendet.

PLATINUM DISC

→ Goldene Schallplatte

PLATTE

Umgangssprachlich verallgemeinernde Bezeichnung für alle runden, scheibenförmigen Tonspeicher (Schellack-, Langspiel-, Stereo-, Single-, Aufnahmeplatte, Compact Disc, DVD).

PLATTENTELLERACHSE

Zur Fixierung und Ausrichtung der Schallplatte wird diese auf einen aus der Mitte des → Plattentellers herausragenden Stahlstift gesteckt. Die Plattentellerachse muß dem genormten Durchmesser des Mittellochs (7,29 mm, max. – 0,09 mm Abweichung) entsprechen, um einen schlüssigen Halt und eine angemessene Zentrierung der Schallplatte zu gewährleisten. Bei der Verwendung von → Plattentellerklemmen muß der Stift ausreichend weit aus der Schallplatte herausragen.

PLATTENTELLERKLEMMEN

Praktisches Zubehör, das auf die Plattentellerachse aufgesetzt und verspannt wird, dabei die Schallplatte fixiert und eventuell an den Plattenteller drückt. Moderne Plattentellerklemmen sind relativ leicht (Plastik, Alu) und nutzen einen einfachen Spannmechanismus. Die früher benutzten schweren Gewichte zum Planhalten der Schallplatte sind damit praktisch überholt. Unter Audiophilen ist weiterhin strittig, ob das »Ausbeulen« oder die »Ankopplung« an Plattenteller und Achse den entscheidenden Kick bei der Wiedergabe (mehr Kick im Baß) bringt. Kritisch sind schwere Anpressklemmen ohnehin, da eine durchgebogene Schallplatte ja zwei verschiedene Ausformungen (konkav und konvex) besitzt, und die Anpressung nur die konvexe beseitigt.
Anmerkung: Früher gab es auch kombinierte Plattenteller(auflagen) und Klemmen, die die Schallplatte in eine konkav ausgeformte Auflage pressen. Bei einer derartigen Verbiegung des Tonträgers entstehen natürlich zusätzliche Spannungen im Material und eine minimal verdrehte Spurlage der Rille, die wiederum die Abtastbedingungen verändert.

PLL-VERFAHREN

Elektronische Motordrehzahlregelung unter Bezugnahme auf eine von einem Quarzgenerator erzeugte Referenzfrequenz. Dazu wird eine phasengekoppelte Regelschleife genutzt, die einen Phasenvergleich zwischen der in eine Rechteck-Wechselspannung umgewandelten Tachospannung und der als frequenzstabil vorausgesetzten Quarzgenerator-Wechselspannung vornimmt. Das PLL-Verfahren (phase locked loop) wird bei → Impuls-Servomotoren eingesetzt.

PLUM LABEL

Zahlreiche Schallplattenfirmen nutzten in den 50er und 60er Jahren pflaumenrote Etiketten. Dabei wurde eine spezielle Farbe verwendet, die auch nach dem → Preßvorgang ihren Ton annähernd beibehielt. In der Regel wurden diese Etiketten mit silberner oder weißer Schrift bedruckt, und erzielten so einen guten Kontrast. Das Pflaumenrot schwankt in der Praxis von weinrot bis rostbraun.

P-MOUNT

→ T4P-Anschluß

POLIEREN DER MATRIZEN

Nach dem galvanischen Abformungsprozeß werden die gewonnen Preßmatrizen an ihrer Rückseite plangeschliffen. Die mittels Galvanik gewonnenen Matrizen sind so dünn (ca. 0,3 mm), daß sich an ihrer Rückseite die Rillenstruktur (oder das Negativ) abbildet. Vor der Verwendung als → Preßmatrize müssen diese Unebenheiten abgeschliffen werden.

POLIERFACETTEN

→ Konterfacetten

POLSKIE NAGRANIE

Die VR Polen war hinsichtlich ihrer Tonträgerproduktion immer etwas weniger verkrampft als die anderen Ostblock-Staaten. Nicht nur daß man eine staatliche Schallplattenfirma (Polskie Nagranie) mit verschiedenen eigenständigen Marken (Muza, Pronit) unterhielt, sondern man lizensierte auch einen landesweit agierenden Schallplatten-Club, der regelmäßig Jazzaufnahmen vom Warschauer Jazzfestival u.ä. Konzertreihen veröffentlichte. Anfang der 70er Jahre begann man umfangreich westliche Tonaufnahmen in Lizenzausgaben zu fertigen.
Anmerkung: Berüchtigt und heiß begehrt sind unter versierten Sammlern die während der späten 60er und frühen 70er Jahre auf den zahlreichen Wochenmärkten Polens vertriebenen → klingenden Postkarten (Bootlegs).

POLYDOR

Eine der Traditionsmarken der → Deutschen Grammophon Gesellschaft.

POLYGRAM

Multinationaler Schallplattenkonzern, der 1962 von der deutschen Siemens und der holländischen Philips gegründet wurde. Beide Firmen waren eigentlich Industriekonzerne (Maschinen, Anlagen, Glühlampen usw.), die erst seit kurzem im Musikgeschäft waren. Bis zur endgültigen Fusion als PolyGram (1972) führten die Holländer ihren Anteil als Philips (ab 1967 Philips Phonogram) fort, und die Siemens betrieb weiterhin die Deutsche Grammophon Gesellschaft. Schon Mitte der 70er Jahre folgte eine umfassende Verschiebung der Katalogentwicklung, u.a. erwarb man 1980 die britische → Decca. 1987 stieg Siemens endgültig aus. Der Konzern verfügt über zwei äußerst große Fertigungsstätten in Hannover (BRD) und Baarn (NL). Aber auch Philips verlor 1998 jegliche Hoffnung in das Tonträgergeschäft und verkaufte seinen Gesamtkatalog an den Getränkehersteller Seagram, der schon kurz zuvor Universal übernommen hatte und somit – wenn auch nur kurzzeitig bis zur Fusion von Warner-EMI – zur größten Schallplattenfirma der Welt aufstieg.

POOR (P)

Niedrige Güteklasse innerhalb des → Graduierungssystems (→ Second Hand). USA: Güteklasse 6 (Wert unter 5 %). Platte liegt nackt im Cover und ist zerbrochen, gerissen oder derartig zerkratzt, daß sie nicht ohne eine Reparatur laufen wird. Das Cover ist massiv beschädigt, die Innenhülle fehlt oder ist zerrissen, geknickt oder bekrakelt. Mitunter wird der Zustand auch als → fair bezeichnet. UK: Güteklasse 6 (Wert 15 %). Platte ist extrem abgespielt. Kratzer und Grundrauschen sind überdeutlich hörbar. Das Cover ist stark beschädigt und Beilagen fehlen. BRD: nicht gebräuchlich.

POSTCARD FLEXI

Bezeichnung (engl.) für eine → klingende Postkarte.

POSTKARTE, KLINGENDE

Auch als Ton- oder Schallpostkarte bezeichnete, zumeist rechteckige Schallplatte, die aus einem Trägermaterial (Karton) und einer aufgeklebten Schallfolie besteht. Der Karton ist in der Regel mit einem Bildmotiv (farbig) bedruckt und die Schallfolie aus transparentem Plastwerkstoff. Von einigen Sammlern werden die klingenden Postkarten aufgrund ihrer besonderen Anmutung und Seltenheit geschätzt. Vor allem die in den 60/70er Jahren in der VR Polen gefertigten Karten mit westlichen Tonaufnahmen (Beatles, Rolling Stones usw.) erzielen mitunter beachtliche Preise auf Auktionen und Börsen. Klanglich können Schallpostkarten aufgrund ihrer vereinfachten Herstellung (Pressung) mit konventionell gefertigten Schallplatten nicht mithalten.

POSTPRODUKTION

Oft auch Postproduction (engl.) – Sammelbegriff für alle außerhalb der eigentlichen Aufnahmesession getätigten Arbeiten am oder mit dem → Urband.

PRE-AMPLIFIER

Englisch für Vorverstärker, das Glied einer elekronischen Wiedergabekette, dem die Aufgabe der Quellenanwahl und der ersten Signalverstärkung bei Einstellung von Pegel sowie Balance obliegt. Darüber hinaus verfügen einige Vorverstärker auch über einen Schalter für Summenmono und Anschlüsse zum Einschleifen von Zusatzgeräten. Danach wird das aufbereitete Signal an den (die) Endverstärker weitergeleitet. Fast immer vefügt das Gerät auch über einen integrierten Phonovorverstärker (MM/MC).

PREISCODE

Verschlüsselte Preisangabe auf dem → Etikett, dem → Cover oder als Bestandteil (Präfix, → Suffix) der → Bestell- oder → Seriennummer einer Schallplatte. Die Verwendung von Preiscodes vereinfacht die Verwaltung der Industrieabgabepreise und Auszeichnung im Handel. So benutzen die Schallplattenfirmen den jeweiligen Schlüssel und geben mit Hilfe des Preiscodes allgemeine Preisänderungen bekannt. Für den normalen Käufer spielen Preiscodes praktisch keine Rolle, da der Einzelhandel (bis heute) jede Schallplatte einzeln auszeichnet. Andererseits kann aber ein gut informierter Käufer den Verkaufspreis einer Schallplatte, z.B. bei in Bestellnummern integrierten Preiscodes, einschätzen.

PREISKATEGORIE

Differenzierte Staffelung der Schallplattenindustrie zur besseren Vermarktung ihrer Produkte. Um den Markt zusätzlich zu stimulieren, benutzt man verschiedene Kategorien: → Hoch-, Mittel- und Niedrigpreis. Dazu werden Schallplatten nach Inhalt, Interpret, Auflage (geplant oder real) und mitunter auch nach ihrer Aufnahmequalität bewertet und einer Kategorie zugeordnet. Grundsätzlich wird jede Schallplattenfirma versuchen, ein Neuprodukt im Hochpreissegment anzubieten, um die entstandenen Produktionskosten umgehend zu amortisieren. Wird hingegen eine Tonaufnahme nachverwertet, plaziert man diese fast immer im Mittel- oder Niedrigpreissegment, um einen größeren Käuferkreis zu erreichen. Ihren Ursprung fand diese Preisgliederung schon in der frühen Schellack-Ära, als man durch verschiedenfarbige Etiketten die Preiskategorien einer Schallplattenfirma deutlich kennzeichnete. Als um 1904 erstmals rote Schallplattenetiketten für Aufnahmen mit renommierten Exklusivkünstlern verwendet wurden, reduzierte man nicht den Preis der bisherigen Tonträger, sondern schuf für die → Red Seal(s) eine neue Preiskategorie. Insofern ist der Mittelpreis eigentlich der historisch verbürgte Normalpreis einer Schallplatte. Der Hochpreis bilanziert zusätzliche Kosten (Honorare, Technik, Material etc.) bei Tonaufnahme und/oder Tonträger, die auf den Kunden umgewälzt werden. Seit dem Aufkommen audiophiler Pressungen wurde der Begriff Hochpreis noch einmal dramatisch erweitert und nunmehr gehört das Doppelte oder Mehrfache des alten Hochpreises praktisch zum guten Ton.

PREMIUM

Dieses seit Jahrzehnten im Nahrungs- und Genußmittelbereich angewandte Prädikat (lat.-engl., von besonderer, bester Qualität) wurde in den letzten Jahren immer häufiger zur Auszeichnung der Fertigungsqualität verwendet. Es ist ein reiner Werbebegriff, der durch entsprechende Aufkleber oder Anzeigenkampagnen unterstützt wird. Musik- und HiFi-Zeitschriften haben sich den Begriff in Ermangelung einer ausgeprägten technischen Werkkritik zueigen gemacht und letztlich zur allgemeinen Akzeptanz beigetragen. Die bei der Fertigung von Schallplatten auftretenden → Herstellungsfehler sind serieller und inidividueller Natur. Inwieweit nun jedes Exemplar einer → Preßcharge (völlig) frei von Fehlern ist, mag zu bezweifeln sein. Eigentlich impliziert der Hersteller durch den Vorsatz Premium (z.B. Premiumpressung, Premiumvinyl), daß es sich bei dieser Ausgabe um eine besonders hochwertige Pressung handelt, deren qualitativer Fertigungsaufwand sich unmittelbar im Verkaufspreis niederschlägt. Ob eine Schallplatte wirklich von besonderer Qualität ist, kann nur die individuelle Ansicht und ein Abspiel beweisen. Im Englischen charakterisiert dieser Begriff tatsächlich auch eine Schallplatte, die einem Nahrungsmittel als Gratisgeschenk beilag!

PRESS KIT

→ Rezensionsexemplar

PRESSAUTOMAT

Vollautomatische → Presse mit integriertem → Extruder, Zuführungsarmen, Etikettenspender, Temperatur- und Zeitsteuerung, Zählwerk, Kranzabschnitt, Stapelsäule, eventuell auch Eintüteinrichtung. Der gesamte Preßvorgang wird in allen Einzelschritten entsprechend vorgewählter Parameter von der automatischen Steuerung überwacht und geregelt. Anders als bei der handgeführten Presse, wo jede ausgepresste Schallplatte vom Bediener gemustert wird, kommt der Qualitätsprüfung bei vollautomatisch hergestellten Schallplatten eine enorme Bedeutung zu. Die übliche Stichprobenkontrolle stellt zwar sicher, daß wiederkehrende Produktionsfehler erkannt und abgestellt werden können, kaschiert aber Einzelfehler (z.B. gerissene oder doppelte Etiketten). Extrem hohe Fertigungsansprüche werden mit einer nachträglichen Einzelbegutachtung sichergestellt.

PRESSCHARGE

Bezeichnung für alle aus einer Maschineneinrichtung stammenden Schallplattenexemplare, die ohne Wechsel der Preßmatrize hergestellt wurden. D.h. alle Schallplatten entsprechen sich hinsichtlich der durch die Presse eingestellten Parameter (Nachregelungen ausgenommen) und der verwendeten Matrize. Alle Maßnahmen an der Presse, die eine erneute Freigabe der Produktion und der dazu gehörigen Fertigungskontrollen erfordern, werden firmenintern als neue Preßcharge gelistet. Dazu gehören Produktionsunterbrechungen mit Auskühlen der Maschine, einseitiger Matrizenwechsel, der Einsatz einer anderen Preßmasse usw. Für den Sammler ist in der Regel eine spezielle Preßcharge nur dann verifizierbar, insofern sich mit der Charge auch der → Preßcode ändert.

PRESSCODE

Numerische oder alphanumerische Angabe über die, bei Herstellung der vorliegenden Schallplatte, verwendeten → Preßmatrizen. Der Preßcode befindet sich häufig nicht innerhalb der Matrizennummer, sondern steht getrennt (z.B. bei 3 oder 9 Uhr), und wird mittels kleiner Prägestempel direkt in die Matrize gedrückt. Jede Firma benutzt einen eigenen Schlüssel zur Kenntlichmachung der verwendeten Werkzeuge, wobei in der Regel eine zweistellige, alphanumerische Auszeichnung verwendet wird. Beispielsweise steht A1 für die erste → Mutter und den ersten → Sohn, B5 für die zweite Mutter und den fünften Sohn. Ist die Angabe der verwendeten Mutter in der → Matrizennummer verankert, wird der Sohn getrennt angegeben. In seltenen Fällen gehören zum Preßcode auch die im Preßwerk verwendeten Maschinennummern. Diese Angaben dienen innerhalb straff organisierter Firmen und bei Reklamationen zur Qualitätsauswertung und -sicherung. Anmerkung: Es ist nicht ungewöhnlich, wenn eine Schallplatte keinen Preßcode aufweist. Mitunter verzichten Preßwerke auf eine Kenntlichmachung des verwendeten Werkzeugs oder tilgen nach Produktionsfreigabe den Preßcode aus der Matrize.

PRESSE

Zur industriellen Vervielfältigung des Nadeltonverfahrens nutzt man seit der Vorstellung des Grammophons durch Emile Berliner die thermoplastische Abformung eines Negativs der Aufzeichnung. Seitdem → Columbia für die Langspielplatte den bislang verwendeten → Schellack gegen → Vinylite austauschte, verarbeiten die Pressen moderne Mischpolymerisate aus Vinylchlorid und Vinylazetat. Eine moderne Schallplattenpresse (→ Preßautomat) besteht aus mehreren integrierten Baugruppen, handbediente Pressen hingegen benötigen externe Zusätze (Extruder, Etikettenablage, Kranzabschneider, Stapelsäule). Egal welcher Generation eine Presse angehört, sie verfügt immer über ein Heiz- und Kühlsystem, Preßwangen, → Preßwerkzeuge und eine festverankerte Maschinenbasis. Man unterscheidet Tiegelpressen mit Scharnierführung (Klappmechanismus) und Vertikalpressen mit Stangenführungen (beide Preßformen parallel). Beim Auspressen einer LP wird ein Druck von ca. 100 Mp benötigt, der über eine Hydraulik erzeugt wird. Zu den bekanntesten Modellen gehören die (handbetriebenen) Tiegel- und Stangenpressen von Hamilton, die bis heute in den USA verwendet werden. Hamilton setzte bei der Konstruktion des Mittelstücks auf einen relativ großen Durchmesser, so daß die Matrizen entsprechend weit ausgestanzt werden müssen. In Europa dominieren seit den 70er Jahren vorrangig Preßautomaten von Toolex Alpha, die speziell zur Fertigung von Schallplatten konstruiert wurden. Diese Pressen stellen den letzten Stand der Technik dar, verfügen über ein hocheffizientes Heiz- und Kühlsystem und gestatten den Einsatz von kleinen Mittelstücken. Da die Herstellung von Schallplatten ein Nischengeschäft geworden ist, kommt es auch bei der Verfügbarkeit von Preßmaschinen mittlerweile zu Engpässen. Das Gros der Pressen wurde verschrottet, diejenigen die noch in Betrieb sind, werden regelmäßig gewartet, im Rahmen der technischen Möglichkeiten liebevoll restauriert und gegebenenfalls um moderne Baugruppen ergänzt.

PRESSFORM

In die → Presse eingebautes Werkzeug, daß die Matrize aufnimmt und fixiert. → Preßwerkzeug

PRESSMASSE

Die Schallplatte wird aus einem thermoplastischen Kunststoff gefertigt, der über genau spezifizierte Eigenschaften verfügen muß. Werksseitig geht es um eine perfekte Abformung der Preßmatrize und unkomplizierte Verarbeitung innerhalb der vorgesehenen Produktionstechnologie. Der Kunde erwartet ein kratzfestes und langzeitstabiles Produkt, das hervorragende Abspielergebnisse ermöglicht. In der Regel wird ein Mischpolymerisat aus Vinylchlorid (VC) und Vinylacetat (VAC), angereichert mit diversen Zusatzstoffen, eingesetzt. Dabei werden die Homopolymere PVC und Kopolymere VC/VAC miteinander gemischt und mit Zusätzen von Stabilisatoren (z.B. Organozinn), Gleitmitteln und Pigmenten (z.B. Ruß) versetzt. Die fertig gepresste Schallplatte weist je nach Zusammensetzung der Preßmasse und der Ausformung (→ Preßvorgang) unterschiedliche flexible und homogene Eigenschaften auf. Vor allem die Homogenität entscheidet über eine perfekte Abformung auch kleinster Rillenauslenkungen und über das spätere Abspielverhalten. Anfang der 70er Jahre entwickelte JVC (Japan) für das → CD-4-Verfahren eine spezielle Preßmasse, die auch aufgezeichnete Frequenzen von über 40 kHz bei der Wiedergabe verlustfrei abbilden konnte. Das CD-4-Vinyl ist schwarz gefärbt, aber bei Durchsicht transluzent. Die deutsche → Teldec entwickelte im Zusammenhang mit der TED-Bildplatte eine ähnliche Preßmasse, die auch kleinste Ausformungen beim Abtastvorgang beibehält. Das Teldec-Vinyl ist ebenfalls transluzent, aber dabei deutlich weniger lichtdurchlässig. Beide Preßmassen wurden neben der normalen Serienproduktion auch zur Fertigung von audiophilen Schallplatten eingesetzt (→ MFSL) und entsprechend werbewirksam vermarktet. Eine andere Intention veranlaßte die US-amerikanische RCA, mit der Einführung der Dynaflex-Preßmasse (1970) auch das Plattengewicht drastisch zu reduzieren. Diese dünnen, sehr flexiblen Platten besitzen ein Eigengewicht von knapp 80 g und ähneln eher einer Flexidisc, als einer »erwachsenen Schallplatte«.

Anmerkung: Die genaue Zusammensetzung einer Preßmasse gehört zum bestgehütetsten Geheimnis des jeweiligen Herstellers. Eine nachträgliche Analyse der ausgepreßten Masse führt nur zu ungenauen Angaben, da sich beim Preßvorgang (Hitze, Druck) einzelne Bestandteile verändern bzw. verflüchtigen. Über Jahrzehnte wurde nicht nur von den o.g. Firmen geforscht und entwickelt, sondern die gesamte chemische Industrie verbesserte kontinuierlich die von ihr angebotenen Werkstoffe. Preßmassen kommen und gehen, einige der besten sind schon seit Jahren nicht mehr verfügbar. Aus ökonomischen Gründen wurden und werden aber auch preiswerte, mitunter weniger geeignete Preßmassen oder verschnittene Rezepturen (→ virgin vinyl) eingesetzt.

PRESSMATRIZE

Am Ende eines mehrfachen, galvanischen Umkopierungsprozesses entsteht eine Matrize, von der dann die Schallplatte tatsächlich gepreßt wird. Zur besseren Abgrenzung und als Synomym für das eigentliche → Preßwerkzeug wird häufig die Matrize dann auch als Preßmatrize bezeichnet.

PRESSUNG & KLANG

Besonders unter audiophilen Schallplattenfreunden wird eine frühe Pressung (→ Preßcode) mit dem bestmöglichen Klang gleichgesetzt. Insofern ist für diese Sammlergemeinschaft der Besitz einer solchen Pressung oberstes Ziel und wird vom Markt mittlerweile entsprechend bewertet. Frühe Pressungen verteuern sich immer dann nochmals, wenn ein HiFi-Kritiker oder eine audiophile Sammlerzeitschrift ein wohlwollendes Urteil über diese Ausgabe gefällt hat. Speziell für Pressungen der als »audiophil« erklärten Label Decca, EMI, Mercury, RCA (der 50/60er Jahre) sind die Preise – unabhängig vom Programminhalt – derzeit schon auf astronomischem Niveau. Korrekt ist die Feststellung, daß man mit einer Pressung aus der → Initialauflage zumeist das historisch verbürgte Klangideal inklusive einer größtmöglichen technischen Authentizität (d.h. entsprechend dem damaligen Stand der Technik) erwirbt. Andererseits kamen in den Folgejahren auch immer wieder firmeneigene Neuumschnitte auf den Markt, die zumeist mit entsprechend verbessertem Equipment und/oder Fertigungstechnologien hergestellt wurden. Vor allem nach 1967 wurden deutlich verbesserte Schneideinrichtungen verwendet, die u.a. durch die damals neuartige Heliumkühlung des Schneidkopfes erstmals stabil Frequenzen oberhalb 12 kHz schneiden konnten. Auch wurden in späteren Gerätekonstellationen die im Sinne der high-fidelen Gesinnung wichtigen Grundwerte (Dynamik, Frequenzgang, Linearität, Grundrauschen etc.) deutlich verbessert. Spezielle audiophile Neuumschnitte und Pressungen der 90er Jahre legten die Meßlatte nochmals höher. Inwieweit sich diese modernen Pressungen von der Initialauflage klanglich unterscheiden, und wie der einzelne Hörer darauf reagiert, hat wohl mehr mit den liebgewonnen Eigenheiten der »limitierten« Technik früher Jahre zu tun, als daß sich hier eindeutig Stellung beziehen ließe. Es scheint auch nicht sinnvoll, in Anbetracht anderer Eigenheiten der analogen Tonspeicherung (z.B. eventueller Lagerungsprobleme bei Magnetbändern), die sich nicht komplett meßtechnisch erfassen lassen, von einer Sterilität der Neuausgaben oder von einer Grundehrlichkeit der alten Pressungen zu sprechen. Der beste Ansatz findet sich bei einer Betrachtung der äußeren Rahmenbedingungen: Jede Originalaufzeichnung und die damit verbundene Pressung spiegelt neben dem technischen Vermögen auch eindeutig das ästhetische Empfinden ihrer Entstehungszeit wider. Insofern sind die audiophilen Neuausgaben der 90er ebenso ein Sittenbild ihrer Zeit.

Anmerkung: Wer das gesamte Instrumentarium der Tonaufzeichnung und Wiedergabe als gigantische, gut gelungene Illusionsmaschine begreift und akzeptiert, kommt auf Dauer deutlich besser mit den Beschränkungen und Veränderungen dieser Technologie zurecht. Alle, die eine Objektivität des Mediums außerhalb der »ungeliebten« Meßdaten einfordern, werden an den inneren Widersprüchen der Maschinerie zerbrechen.

PRESSUNG

Bezeichnet nicht den → Preßvorgang, sondern wird unter Sammlern als Synonym benutzt, um die Auflage, aus der die vorliegende Schallplatte stammt, eindeutig zu bezeichnen. Eine Erstpressung ist demnach eine Schallplatte aus der → Initialauflage oder Erstauflage, spätere → Nachauflagen oder → Neuausgaben werden dementsprechend als zweite, dritte usw. Pressung bezeichnet. Zumeist lassen sich verschiedene, aufeinanderfolgende Auflagen nur dann unterscheiden, wenn sich wesentliche, äußerlich sichtbare Kriterien verändert haben (Grammatur, Matrizennummer, Etikett, Ausstattung, Covermotiv etc.). Kleinere → Teilauflagen werden in der Regel vom Sammlermarkt nicht verifiziert.

PRESSVORGANG

Die Zusammenführung der Ausgangsmaterialien (→ Etikett, → Preßmasse) und die Ausformung der Schallplatte bezeichnet man als Preßvorgang. Dabei wird der im → Extruder vorbereitete → Massekloß zwischen die ordnungsgemäß ausgerichteten Etiketten gelegt und die Presse geschlossen. Die beiden → Werkzeugformen und die in sie eingespannten → Preßmatrizen sind vorgewärmt. Zur Ausformung nutzt man Druck und Hitze. Die notwendige Temperatur (Dampfheizung) ist abhängig vom verwendeten Mischpolymerisat und den in ihm enthaltenen Zusätzen. Typisch sind heute Arbeitstemperaturen von ca. 180° C, die in Verbindung mit der verwendeten Materialmenge (Grammatur) und dem Preßdruck eine definierte Zeitdauer zur optimalen Ausformung benötigen. Der Preßdruck wird entsprechend des Schallplattenformats eingestellt, wobei ein Flächendruck von 13 Mpa (=130 kp/cm^2) benötigt wird. Für eine LP ergibt sich somit ein Gesamtdruck von knapp 100 Mp. Im Anschluß wird die gesamte Form auf ca. 30° C abgekühlt (Kühlwasser), die Presse geöffnet und die fertig ausgepresste Schallplatte entnommen. Der überstehende → Kranz wird abgeschnitten und die Scheibe auf einer Stapelsäule zwischengelagert. Hier ruht die Schallplatte bis zur Verpackung. Beim Einsatz von Vollautomaten, die ohne menschliche Zureichungen produzieren, sind Preßzyklen von 30 bis 40 sec. (bei einer Grammatur von 120 g) realistisch. Die interne Ausfallrate in einem gut organisierten Preßwerk liegt bei ca. 10 % und kann durch spezielle Kontrollverfahren und Bedienerschulungen auch nach außen hin auf weniger als 2 % begrenzt werden. Anmerkung: Das Mittelloch der Schallplatte wird durch einen einseitig angebrachten Stift im Zentrum des Mittelstücks erzeugt, der durch die Preßmasse bis in die gegenüberliegende Preßform dringt. Beim Preßvorgang wird kein Trennmittel beigebracht, die Schallplatte schrumpft beim Abkühlen und verliert ihre Formschlüssigkeit gegenüber der Preßmatrize. Beim Öffnen der Presse löst sich die Schallplatte aufgrund der hohen Spannung von selbst aus der Form.

PRESSWERKZEUG

Häufig bezeichnet man damit die zum Pressen verwendete Matrize. Diese dünne Folie wäre aber ohne eine stützende Form, die zugleich als Halterung für die Matrize dient, nicht in der Lage, dem gewaltigen Druck, der beim Pressen ausgeübt wird, standzuhalten. Jede der beiden Presswangen verfügt über eine eingelassene und verschraubte Preßform, die plastisch (negativ) ausgeformt ist, so daß der Hohlraum zwischen beiden Hälften der Schallplatte ihr späteres Profil aufzwingt. Die Anfertigung dieser Werkzeuge erfordert ein hohes Niveau, da sie permanent extremen Temperaturschwankungen und Druckverhältnissen ausgesetzt sind und lange halten müssen (Kostenfaktor). Nur wenige Werkzeughersteller auf der Welt verfügen über ein entsprechendes Know-how. Der Hohlraum zwischen den beiden Preßformen gibt auch das endgültige Gewicht der Schallplatte vor. Überflüssige → Preßmasse quillt beim → Preßvorgang heraus und wird später abgeschnitten. Bei der Maschineneinrichtung ist es möglich, innerhalb gewisser Toleranzen (ca. ± 10 %) das endgültige Schallplattengewicht zu variieren, aber keinesfalls ohne Preßformwechsel von 120 g auf 180 g umzusteigen. Da der Einbau der Preßformen zeitintensiv und auch mit Veränderungen an der Regel- und Steuereinheit verbunden ist (Temperatur, Presszeit, Extruder etc.), werden innerhalb des Maschinenparks die verschiedenen Formate und Grammaturen entsprechend verteilt.

PRESTIGE

Die von Bob Weinstock 1949 gegründete Schallplattenfirma zählte in den 50er Jahren neben → Blue Note zu den einflußreichsten Jazz-Labeln. Weinstock hatte viele Jahre das Ohr an der richtigen Stelle, konnte aber seine Superstars auf Dauer nicht an sich binden. Bis Mitte der 60er Jahre veröffentlichte Prestige zahlreiche Klassiker des Genres. Der Backkatalog wird seit 1971 von Fantasy Records ausgewertet. Künstlerstamm: Gene Ammons, John Coltrane, Miles Davis, Stan Getz, Lee Konitz, Thelonios Monk u.a.
Etiketten (USA): gelb/schwarz, »W. 50th Street, NYC« (1950–56); gelb/schwarz, M, »Bergenfield, NY« (1957 – 64); schwarz, S, »Bergenfield, NY« (1960 – 64); blau, Trident-Logo rechts (1964 – 67); blau, umrandetes Trident-Logo oben (1967 – 69); rotblau, freistehendes Trident-Logo oben (1969 – 72); grün, Fantasy Records, OJC-Prefix (ab 1980).

PRIVATPRESSUNG

Bezeichnung für Schallplatten, die ein Künstler oder eine Gruppe im Eigenauftrag produzierte und fertigen ließ. Privatpressungen genießen in der Regel den Ruf einer → Rarität, da sie nur in kleinen Stückzahlen (500 – 1000 Expl.) gefertigt wurden, z.T. über sehr eigenständige Covergestaltungen verfügen und entweder nie oder nur am Rand von Konzerten vertrieben wurden. Vor allem obskure Privatpressungen von progressiven Amateur-Combos der späten 60er und frühen 70er Jahre erzielen heute astronomische Preise.

PRODUCED

Das Produzieren (engl.) einer Tonaufnahme wird häufig auch der Schallplattenfirma oder einem tontechnischen Subunternehmer zugeschrieben. Ist ein Produzent namentlich genannt, bezieht sich der zweite Verweis zumeist auf die Tonträgerproduktion durch die Firma.

PRODUCTION MASTER

→ Sessiontape

PRODUZENT

Der leitende Mitarbeiter innerhalb eines → Aufnahmeteams, der alle Etappen von der Aufzeichnung über den Mix bis zur Anpressung überwacht und gegenzeichnet. Oftmals ist der Produzent auch ökonomisch für das Produkt mitverantwortlich. Bei der Tantiemenabrechnung werden zunehmend mehr Verträge abgeschlossen, die dem Produzenten ein kleineres Auftragshonarar zusichern, ihn aber an den späteren Einkünften der Schallplatte beteiligen. Spätestens seit den 60er Jahren ist der Produzent in die Liga der künstlerischen Arbeitskräfte aufgestiegen und entscheidet z.B. bei Pop- und Rockproduktionen oft über den Klang und die Instrumentierung bzw. das Arrangement einer Tonaufnahme. Im Rahmen dieser wesentlichen Beeinflussung einer Produktion haben es einige Produzenten geschafft, sich einen eigenen Stil und/oder Sound zu erarbeiten, der sie hinsichtlich der Konkurrenz abgrenzt und einzigartig macht. Der erste Produzent dieses neuen Typs war Phil Spector, der mit seinem »wall of sound« ganze Generationen von Tontechnikern und Produzenten nachhaltig beeinflußte. Die erfolgreichsten Produzenten werden von Künstlern oder Schallplattenfirmen engagiert, um eine hohe Produktionsqualität und/oder eine möglichst breite Akzeptanz beim Publikum zu erzielen. In Einzelfällen agieren Produzenten auch im Eigenauftrag und fertigen komplette Alben (z.B. Hal Willner). Versierte und emanzipierte Künstler nehmen nicht nur auf dem Papier Einfluß auf die Produktion – im Sinne einer weiteren Vergütung –, sondern kontrollieren ihre eigene Produktion aus inhaltlichen und qualitativen Gründen von A-Z (Rolling Stones, Neil Young, Frank Zappa usw.).

PROJECT

Tschechisch-österreichischer Hersteller (ehemals Tesla, Betriebsteil Phono) für Schallplattenspieler und Tragarme. Ähnlich → Rega verzichtet man zumeist auf ein Subchassis und verwendet einfache Brettkonstruktionen mit dämpfenden Stellfüßen. Das Programm wird ständig gepflegt und weiterentwickelt. Project 1 (1990); 1.2; 2 (mit 12« Tragarm); 2.9; 6 (1992); 6.1; 6.9 (1997); Perspective (Acryllaufwerk).

PROMOTIONSCHALLPLATTE (PROMO)

Von der Schallplattenfirma zu Werbe- oder Promotionzwecken prinzipiell kostenlos abgegebene Schallplatte. Selten handelt es sich dabei um eine eigenständige Veröffentlichung. In der Regel wird vor Beginn der Serienfertigung eine kleine Teilauflage mit weißen Etiketten (→ white label) gefertigt. Die Druckstöcke für die Etiketten zeigen dabei bereits die Typographie des späteren Original-Etiketts, werden jedoch zumeist um eine Angabe zur Gesamtspielzeit ergänzt. Eine andere, häufig angewandte Form sind Schallplatten aus der → Initialauflage, die mit zusätzlichen Aufklebern oder Stempelabdrucken auf → Etikett oder → Cover versehen sind. Die Firmen zeichnen ihre Promotionschallplatten eineindeutig aus, um den Verwendungszweck sicherzustellen und um sie wiederum gegenüber der Buchhaltung und der Steuer als Abschreibung gelten zu machen. In der Regel tragen Promotionschallplatten Aufdrucke wie: → radio copy, promotional copy, demonstration copy, sample, Warenprobe, Musterschallplatte. Mitunter werden auch spezielle Promotionschallplatten verteilt, die ein eigenständiges, ansonsten nicht kommerziell angebotenes, Programmaterial enthalten (→ clean cut, → conversation disc, → interview disc, → radio album).

PSEUDOSTEREOPHONIE

Verfahren zur nachträglichen stereophonen Aufbereitung einer monophonen Tonaufzeichnung. Es ist prinzipiell nicht möglich, aus einem Monosignal ein echtes, vollwertiges Stereosignal zu erzeugen. Dennoch wurden einige Verfahren entwickelt, dem Hörer zumindest den Eindruck einer stereophonen → Klangbühne zu vermitteln. Als grundlegende Hilfsmittel benutzt man dazu Frequenzbeeinflussungen, Phasenverschiebungen, Verzögerungen und Verhallungen. Die Wirkung einer pseudostereophonierten Aufnahme ist abhängig vom Klangspektrum der ursprünglichen Monoaufnahme. Verfügt das Monosignal über gut getrennte Einzelstimmen, lassen sich diese entsprechend besser filtern und im Stereopanorama verteilen. Eine Anhebung im Bereich von 2 – 3 kHz (links) und eine gleichzeitige Anhebung um 1 kHz (rechts), verschiebt z.B. scheinbar die Streichergruppen eines Symphonie-Orchesters auf ihre angestammten Positionen (Geigen links, Bratschen rechts). Selbstredend werden aber auch andere Instrumente, die sich im o.g. Frequenzbereich befinden, entsprechend »verschoben« oder schlimmstenfalls auseinanderdividiert. Häufig benutzt man deswegen eine sog. Delokalisation, bei der das eigentlich in der Mitte des Stereopanoramas spielende Monosignal mittels frequenzunabhängiger Verschiebung (um 90°) beider Monokanäle in der Breite deutlich gestreckt wird. Einen ähnlichen diffusen Effekt erreicht man, indem das Monosignal verzögert (ca. 10 – 30 ms) und als S-Signal dem unverzögerten M-Signal beigemischt wird. Die anschließende Umsetzung in ein L/R-Signal führt zu einer flächigen, in sich frequenzabhängig veränderten Abbildungsrichtung. Die separate Kanalaufteilung von Ursprungssignal (z.B. links) und nur minimal verzögertem Signal (z.B. rechts) führt ebenfalls zur Aufbrechung der Mittenlokalisation, ist aber nicht – wie gefordert – monokompatibel.
Anmerkung: Die Pseudostereophonie wurde vorrangig in den 60/70er Jahren im Rahmen der tontechnischen Aufarbeitung »betagter« Monoaufnahmen ein-

gesetzt. Hier spielten Marketinginteressen und ein ehrlich naiver Glaube an den technischen Fortschritt Hand in Hand. Stereo war das Motto der Stunde und es wurden überall neue, kostspielige Heimwiedergabeanlagen angeschaffen. Die Schallplattenfirmen veröffentlichten binnen kurzem ein umfassendes stereophones Basisprogramm, das alle wichtigen Werke der E-Musik in Zweikanaltechnik präsentierte. Auf der Strecke blieben dabei die großen Interpreten der Vergangenheit. Die komplizierte Wechselwirkung des Backkatalogs – Bewahrung und Einnahmequelle zugleich – führte zum massenhaften Stereophonisieren historisch wertvoller Aufnahmen, die zumeist innerhalb sorgfältig editierter → Neuausgaben veröffentlicht wurden. Mitte der 70er Jahre ging man jedoch allgemein wieder dazu über, die monophonen Aufnahmen »klangrein« als Mono-LPs zu vermarkten. Ähnliches trifft auf die nachfolgende CD-Auswertung zu.

PUCK

→ Zentrierstück

PULLEY

Bezeichnung (engl.) für das auf der Motorachse angebrachte Rundstück, das den → Antriebsriemen antreibt. Oftmals fest aufgeschrumpft und feinpoliert, wird hier die Drehgeschwindigkeit des Motors abgestimmt. Kommt eine elektronische Motorensteuerung mit variabler Motorendrehzahl zum Einsatz, hat der Pulley nur einen Nenndurchmesser. Bei konstanter Motorendrehzahl nutzt man hingegen zwei verschiedene, übereinander angeordnete Durchmesser und legt den Riemen per Hand oder Hebel um. Mitunter werden auch einfache Aufsteckhülsen angeboten. Eine zuverlässige Riemenführung benötigt am Pulley eine Steigung und/oder Wölbung zum Anlaufen. Der Pulley muß so eingestellt werden, daß der Riemen weder nach oben oder unten wegläuft und sich nach der Anlaufphase stabilisiert. Die Stellung der Motorenachse entscheidet über die auftretenden Driftkräfte, Riemenspannung und allgemeine Kraftverteilung. Bei einigen Modellen regelt man in dieser Position auch das Einhalten der → Nenndrehzahl. Beim Hochlaufen entsteht in Verbindung mit dem → Schlupf des Riemens vorübergehend eine zusätzliche Spannung, die das Subchassis kurzzeitig anregt.

PUSH-OUT CENTRE

Herausnehmbares Mittelstück einer → Single.

Q

QUADROPHONIE

Um 1971 erstmals vorgestelltes Vierkanal-Verfahren zur räumlichen Wiedergabe aufgezeichneter Schallereignisse. Bei der Aufnahme und Wiedergabe bedient man sich vier über Kreuz positionierter Wandler (Mikrofone, Lautsprecher). Die Aufnahme erfaßt das innerhalb des Mikrofonfeldes stattfindende akustische Ereignis, die Vierkanal-Wiedergabe umgibt später den Hörer mit einem rundherum reichenden Hörpanorama. Natürlich sind auch Effektaufnahmen und spezielle Manipulationen während der Mischung (Mix) möglich. Der gesteigerte Aufwand an Elektronik und Lautsprechern, aber vor allem die anspruchsvolle Positionierung innerhalb des Abhörraums konnten in den 70er Jahren nur wenige Fans begeistern. Zudem war das Angebot an entsprechend aufgezeichnetem Programmaterial eingeengt, da nur wenige Firmen überhaupt in Quadro produzierten und auch quadrophone Tonträger veröffentlichten. Ein weitreichender Systemstreit verschiedener Anbieter komplizierte eine erfolgreiche Einführung der Quadrophonie zusätzlich. → SQ-Verfahren, → CD4-Verfahren

QUERSCHNITT

Eine verkürzte Zusammenstellung aus einer mehrteiligen Schallplattenveröffentlichung. Die Möglichkeit, aus einem umfangreichen Werk, zumeist Oper oder Operette, eine Auswahl zu treffen und diese auf nur einer Schallplatte zu veröffentlichen, erfreut Käufer und Schallplattenfirma. Der Kunde erhält in der Regel mit dem Querschnitt alle Highlights und einen Einblick in das Werk, spart Geld und Platz. Für die Schallplattenfirma sind Querschnitte in der Regel deutlich besser verkäuflich und verursachen außer den Herstellungskosten und Tantiemen kaum weitere Kosten.

QWEST RECORDS

Unabhängiges → Künstler-Schallplattenlabel, vom Komponisten, Arrangeur, Orchesterleiter und Produzenten, Quincy Jones 1981 gegründet. Jones nutzt das Label zur Veröffentlichung der eigenen Aufnahmen, für Produktionen befreundeter Künstler und als Lizenzgrundlage für ausländische Label. Künstlerstamm: Patti Austin, Lena Horn, James Ingram, New Order, Frank Sinatra, Ernie Watts u.a.

R

R2D4

Amerikanische Abkürzung für »records to die for«, sinngemäß: Platten, für die es sich lohnt zu sterben. Eine gleichnamige Auflistung wird seit 1990 in der US-HiFi-Zeitschrift »stereophile« geführt und ständig um neue Aufnahmen ergänzt. Jährlich erscheint eine aktualisierte Komplettübersicht. Dabei legen die Redakteure neben einer historischen und musikalischen Bedeutsamkeit der Produktion sowie einem hohen Repertoirewert auch besonderen Wert auf die gelungene technische Umsetzung (Aufnahme und Pressung). Die Liste enthält vorrangig Aufnahmen auf Compact Disc, aber auch zahlreiche Vinylpressungen werden samt Bestellnummer als Referenz geführt. Neben der weniger inhaltlich orientierten → TAS-Liste entscheidet in »gläubigen« Kreisen auch eine R2D4-Eintragung über den »ideellen« Wert einer Aufnahme.

RACE RECORDS

Historische Bezeichnung (amerikan.) für alle Schallplatten, die Tonaufnahmen »nichtweißer« Musik enthalten. Bis Ende der 50er Jahre hielt sich dieser, eigentlich rassistische, Ausdruck für Jazz-, Folk- und Bluesschallplatten, die von Mitgliedern der farbigen Minderheiten in den USA aufgenommen wurden. Durch den Erfolg, den diese Aufnahmen bei ihren jeweiligen ethnischen Zielgruppen erzielten, wurden in den 40er Jahren sogar erste Charts zur Bilanzierung aufgestellt. Die Kennzeichnung von sogenannten »race records« gestaltete sich in den 50er Jahren zunehmend problematischer, als junge, weiße Künstler mit großem Erfolg anfingen, Songs aus diesem Repertoire für eigene Aufnahmen zu verwenden. Durch einen weißen Interpreten wurden die Stücke praktisch auch zu weißen Schallplatten, was wiederum, da ja die spezifischen und oft anzüglichen Inhalte und Aussagen erhalten blieben, zu großen Problemen mit einer rassistischen, weißen Bevölkerungsgruppe führte. Parallel zu den vielfältigsten Erfolgen bei der Aufhebung der Rassengrenzen wird seit Ende der 60er Jahre allgemein von Black Music gesprochen. Auch hier gibt es eigene Charts, wobei die »nichtweiße« Musiklandschaft der USA sich ethnisch (hispanostämmisch, jüdisch u.a.) und stilistisch (Rap, Soul, Blues, Dance etc.) immer weiter differenziert.

RACK-JOBBING

Bezeichnung (amerikan.) für eine um 1957 in den USA eingeführte Verkaufsstrategie, bei der ein Großhändler ein spezielles Tonträgersortiment auf Verkaufsflächen von Supermärkten und Kaufhäusern plaziert. Dabei werden spezielle, die Ware überaus gut präsentierende Ständer aufgestellt, die eine begrenzte Auswahl an Ware enthalten. Insofern es sich um eine spezifische, inhaltlich orientierte Auswahl handeln würde (z.B. Weihnachtsplatten oder ein Interpret), wäre das System nicht verkehrt. Da das Rack-Jobbing jedoch bis in die 70er Jahre als Machtinstrument massiv für die Umsetzung der Charts benutzt wurde, führte sein Einsatz zu einer Ausblutung der Tonträgerindustrie. In einem komplizierten Wechselverhältnis von günstigen Einkaufspreisen, enormen Bestellmengen, straffen Endkundenpreisen, Ramschaktionen und unkontrollierten Warenretouren führte das Rack Jobbing nicht nur zu einer Verknappung der Angebotsvielfalt und dem Niedergang des Phono-Einzelhandels, sondern auch zu einer immer größeren Abhängigkeit der Industrie gegenüber dem Großhandel. Dabei entstand erstmals eine Entwertung des Produkts bei seiner Erstdistribution, die sich in gerader Linie bis zum Endkunden fortsetzte. Es war für viele Firmen trotz der hohen Produktions- und oft auch Verkaufszahlen einfach nicht mehr lukrativ, in diesen Racks zu landen. Andererseits verfügte der restliche Markt nicht annähernd über ähnliche Kapazitäten. Ebenfalls verschärfend wirkte sich die US-spezifische Art der Chartsnotierung aus, die die ausgelieferten und nicht tatsächlich abverkauften Stückzahlen berücksichtigte sowie die damalige Unbeschränktheit zum Retournieren (Rücksendung der Ware zum Hersteller bei Verrechnung). Es ranken sich Dutzende von Legenden um die Korrumpierbarkeit dieses Verfahrens, wovon die meisten mit Sicherheit der Wahrheit entsprechen. Mitte der 70er Jahre erschütterte eine umfassende Krise den Tonträgermarkt der USA, die durch das Rack-Jobbing dramatisch verschärft wurde. Dabei kristallisierte sich heraus, daß man dieses korrupte Verfahren auf keinen Fall weiter unterstützen würde. Durch eine Reorganisation wurde zumindest die massive Konzentration der direkten Vertriebswege aufgebrochen und durch einen differenzierten, ebenfalls sehr effektiven Mehrfachverteiler ersetzt. Die fortschreitende Konzentration des Marktes, die Verringerung der Major-Companys und die Bündelung der Vertriebsschienen über spezialisierte Großhändler oder Handelsketten führte in den frühen 90er Jahren zu einer erneuten Produktabwertung. Inwieweit technische Entwicklungen wie MP3 und das Internet (auch als Vertriebsweg für echte Finalprodukte) sich, wie erhofft, auf die Konsolidierung der Phonoindustrie positiv auswirken oder der angeschlagenen Branche noch den letzten Rest geben, bleibt abzuwarten.

RADIO ALBUM

Eine Spezialität US-amerikanischer Schallplattenfirmen, die den zahllosen Rundfunksendern und darunter vor allem den lokalen College-Radiostationen vorbereitetes Musik- und Interviewmaterial zur Verfügung stellten. Dabei erhält der Diskjockey eine spezielle → Promotionschallplatte, die ausgewähltes Musikmaterial eines (neuen) Albums enthält, das von Wortbeiträgen des Künstlers unterbrochen wird. Dramaturgisch ist die Scheibe wie ein richtiges Interview (Frage-Antwort) aufgebaut, wobei jedoch der Part des Interviewers freigelassen (timespace) wurde. Zur Schallplatte gehört ein Beileger, der alle Textpassagen inklusive der notwendigen Fragen und eine Dialogregie beinhaltet. Der Radiomoderator kann nun sein »eigenes« Interview mit XYZ führen und vermittelt so dem Hörer den Eindruck, als ob XYZ tatsächlich im Studio wäre. Mit diesen Radio-Alben werten die Schallplattenfirmen nicht nur den DJ auf, sondern zugleich auch seinen zu promotenden Künstler, von dem ja nun der irregeführte Hörer annimmt, er hätte sich tatsächlich ins letzte Dorf oder College des Landes aufgemacht. Das ist optimale Fan-Anbindung! Für den Rundfunkeinsatz werden auch sogenannte interview discs (auch conversation discs) verteilt, die beide Parts enthalten. Der Interviewer ist dabei zumeist eine in der Szene bekannte Persönlichkeit. Eine dritte Variante sind die radio-shows, Schallplatten, auf denen (zumeist) Live-Material der Künstler, mitunter auch durchbrochen von Wortbeiträgen, das Gefühl einer Live-Übertragung beim Hörer vermitteln sollen. Alle Varianten dieser sehr spezifischen Promotion-Schallplatten eint: Sie sind (relativ) selten, inhaltlich einzigartig und begehrt. Im Anhang sind einige Beispiel abgedruckt.

RADIO COPY

Konventionell gefertigtes und ansonsten allgemein angebotenes Album, das mit einem speziellen Aufkleber (→ title & timing strip) auf der Titelseite des Covers versehen, an die Discjockeys der US-Radiostationen zu Promotionzwecken verteilt wird. Mitunter werden als radio-copies auch → Promotionsschallplatten mit title & timing strip überreicht.

RADIO-SHOW

→ radio-album

RAK RECORDS

Der britische Erfolgsproduzent Mickie Most (u.a. »House of the rising sun«) gründete Ende 1969 seine eigene Schallplattenfirma, um entgegen dem damaligen Trend zum Konzeptalbum auch weiterhin Singles zu propagieren. Für Most widerspiegelte eine erfolgreiche Single den Sinn des Geschäfts und stellte zugleich den Einstieg für ein gut zu verkaufendes Album dar. Vor allem mit dem Autorenteam Chinn/Chapman entstanden so bis Ende 1988 knapp 400 Singles. Von 1973 – 76 war RAK mit diversen MOR-Projekten überaus erfolgreich, danach veröffentlichte man mit ständig abnehmendem Output und Erfolg. Künstlerstamm: CCS, Hot Chocolate, Kenny, Mud, Suzi Quatro, Racey, Smokie, Chris Spedding, Kim Wilde u.a.

RAND
Äußere Begrenzung einer → Schallplatte.

RARITÄT
Das seltene, schwer zu bekommende Sammlerstück. Raritäten lassen sich nicht an ihrer ursprünglichen oder derzeit verfügbaren Auflage festmachen. Schallplatten, die nur in kleinen Auflagen hergestellt wurden und schwer zugängliche Inhalte bieten (z.B. 12-Ton-Musik, Experimental-Kompositionen, ethnische Musik, Privataufnahmen), aber kaum oder gar nicht nachgefragt werden, besitzen zwar den Status einer Rarität, werden aber vom Markt in der Regel nicht angemessen bewertet. Massenhaft verbreitete Tonträger populärer Künstler (z.B. Beatles, Rolling Stones, Zappa) werden grundsätzlich zu Raritäten erklärt und dann enorm hoch bewertet, sobald die (spezielle) Pressung über Gebühr nachgefragt wird. Als klassische Raritäten gelten spezielle Ausstattungsvarianten oder perfekt erhaltene Ausgaben extravaganter, einmalig veröffentlichter Cover (z.B. The Velvet Underground, 1966, Verve, Andy Warhol-Cover mit intaktem Bananen-Aufkleber). Spezielle Sammlerkreise besitzen ihre eigenen Raritätenlisten, die sich zumeist deutlich von denen anderer Sammler unterscheiden. Der Audiophile braucht die Halfspeed-Version eines Albums, der künstlerorientierte Sammler hingegen sucht die reguläre Erstausgabe. Mitunter kehren sich aber auch die Verhältnisse um. Neuveröffentlichungen oder Nachauflagen, die in kleinen Auflagen erscheinen und vom Hersteller und/oder der Presse mit dem Prädikat versehen werden, müssen dieses erst einmal beweisen. Eine Rarität ist immer mit dem Second Hand-Markt verbunden, hier entscheidet sich der zu erzielende materielle Mehr-Wert.

RAUBPRESSUNG
Umgangssprachliche Bezeichnung für einen unautorisierten Tonträger.

RAUMEINDRUCK
Begriff der Hörakustik für das Empfinden von Größe und Ausgestaltung des Raums der Tonaufzeichnung. Der Raumeindruck ergibt sich bei der Wiedergabe und vermittelt dem Hörer eine Vorstellung von Raumgröße, Halligkeit und Räumlichkeit z.B. des Aufnahmestudios. → Breiten- und Tiefenstaffelung

RAUSCHEN
Eine in allen elektrischen Leitern und Halbleitern entstehende Wechselspannung, die durch die unregelmäßige Bewegung der Elektronen verursacht wird und sich als homogenes Geräusch zum eigentlichen Tonsignal addiert. Rauschen entsteht schon in den Mikrofonen und wird durch Kabelverbindungen, Mischpulte, Effektgeräte, Wiedergabegeräte usw. um neues Rauschen ergänzt und weiterverstärkt. Im allgemeinen fällt das Rauschen gegenüber dem Tonsignal deutlich geringer aus. Zur Reduzierung des Rauschens bei Magnetband-

und Schallplattenaufzeichnungen, die mit einem zusätzlichen Eigenrauschen des Mediums zu kämpfen haben, verwendet man auch → Kompander.

RAUSCHUNTERDRÜCKUNG

Verfahren zur Verringerung der Rauschanteile einer Tonaufzeichnung. Dazu werden verschiedene Verfahren der Pegelanhebung verwendet. → Kompander

RCA RECORDS

Traditionsreiche US-amerikanische Schallplattenfirma der Oberliga (→ Major). RCA hat seit ihrer Gründung als Victor Talking Machine Company (1901) wie keine andere US-Firma den einheimischen und Weltmarkt bestimmt. Unter anderem besaß man Anteile an der britischen → His Master's Voice und der → Deutschen Grammophon Gesellschaft. 1917 veröffentlichte man die erste Jazz-Schallplatte und beförderte in den 20er Jahren das Entstehen der → Race Music. Gleichzeitig entwickelte man einen umfangreichen E- und U-Musik-Katalog für ein weißes Publikum. Den jungen Elvis übernahm man 1957 von Sun Records und in den 60er Jahren folgten erste Ausflüge in den Rock. 1983 überführte der deutsche Bertelsmann-Konzern die RCA in die → BMG.
Etiketten Popular & Jazz (USA): grün (1950 – 54); schwarz, mit Nipper, outline (1954 – 55); schwarz, großer Nipper, »shaded dog« (1956 – 63); schwarz, kleiner Nipper, »white dog« (1965 – 68); mit zusätzlicher Fußzeile »Dynagroove« (1966 – 67); orange (1968 – 71); orange, »Dynaflex« (1971 – 76); schwarz, kleiner Nipper, rechts oben (ab 1976). Etiketten E-Musik (USA): tiefrot (1950 – 54); tiefrot, mit Nipper, outline (1954 – 55); tiefrot, großer Nipper, »shaded dog« (1956 – 63); tiefrot, kleiner Nipper, »white dog« (1965 – 68); mit zusätzlicher Fußzeile »Dynagroove« (1963 – 67); rosa (1968 – 71); rosa, »Dynaflex« (1971 – 76). Prefix: LM (E-Musik, mono); LSC (E-Musik, stereo); LPM (Pop, mono); LSP (Pop, stereo); Matrizennummer (bei 6 Uhr): Buchstaben-Zahlen-Kombination; erster Buchstabe nennt Jahr der Erstveröffentlichung (A = 1950, steigend, z.B. L = 1961); erste Ziffer (Label); zweiter Buchstabe nennt Repertoire (R = Red Seal, E-Musik, P = Popular); Leerstelle; dritter Buchstabe nennt Aufzeichnungsformat und Geschwindigkeit (P = mono mit 33 Upm, Y = stereo mit 33 Upm); vierstellige Nummer des verwendeten Masterbandes (bei RCA Production-Master); Bindestrich; Zahl plus S nennt die Umschnittgeneration (1 steigend, S = Stamper/Lackfolie). Ab 1964 wurden weitere Buchstabenkürzel eingeführt, die den Einsatz veränderter Technologien dokumentieren: RR (Dynagroove); VR (dynamic styli correlator). Preßcode (bei 9 Uhr): A1 steigend (Buchstabe = Mutter, Zahl = Sohn); Preßwerk (bei 12 Uhr): I = Indianapolis, R = Rockway N.Y., H = Hollywood/Los Angeles. Ab 1970 ging man dazu über, die Matrizen auch per Handgravur zu kennzeichnen und brach den Schlüssel immer häufiger auf. Parallel dazu wurde der numerische Katalog weiter aufgesplittet.

RECORD COLLECTOR

1979 gegründete britische Sammlerzeitschrift, die über einen umfangreichen redaktionellen Teil und unzählige Privatanzeigen verfügt. Bis Ende der 80er Jahre lag der journalistische Schwerpunkt in der Aufarbeitung der britischen Vinyl-Landschaft und wurde durch exzellente Künstler-Diskographien (UK) ergänzt. Seit 1990 konzentriert man sich praktisch ausschließlich auf Memorabilia und ultrarare Pressungen, wobei zunehmend mehr CDs berücksichtigt werden. Die Bestandsaufnahme Vinyl scheint abgeschlossen, die unregelmäßig erscheinenden Sammler-Kataloge beginnen zu stagnieren. In Großbritannien ist der Record Collector eine feste Institution, dessen Preisempfehlungen jedoch von Sammlern und Händlern selten akzeptiert werden.

RED SEAL

Von der → RCA geführtes Qualitätssiegel zur Auszeichnung ihrer Musikproduktionen aus dem Bereich der E-Musik. Um 1905 setzte die Vorläuferfirma Victor Record Company erstmals rote Schallplattenetiketten zur Kennzeichnung außergewöhnlicher Aufnahmen von namhaften Exklusiv-Künstlern ein. Hier begann eine Abgrenzung innerhalb des Marktes, die binnen kurzem zur Entstehung der verschiedenen Preiskategorien führte. Da auch rote Etiketten beliebig verwendbar sind, setzte in den nachfolgenden Jahrzehnten ein regelrechter Marketingkrieg um die griffigsten und werbewirksamsten Markenbezeichnungen ein. RCA hält bis heute am roten Siegel fest – es ziert sogar die CD-Inlays.

REEL-TO-REEL TAPE

Bezeichnung (engl.) für offiziell angebotene, vorbespielte Magnetbänder (Spule) mit Tonaufnahmen der Schallplattenfirmen. Mittels vorbespielter Tonbänder wurden 1954/55 erstmals stereophone Aufnahmen für ambitionierte Musikliebhaber und HiFi-Freunde angeboten. Bis Ende der 60er Jahre wurde eine Parallelveröffentlichung ausgewählter Titel von einigen Schallplattenfirmen (Columbia, EMI, RCA) beibehalten und erst nach erfolgreicher Plazierung von MusiCassette (Europa) und 8-Track-Cartridge (USA) eingestellt. Die Magnetbänder (stereo, gelegentlich auch mono) wurden in verschiedenen Spurlagen (2- und 4-Spur), Entzerrungen (NAB, IEC) und Geschwindigkeiten (38, 19 und 9,5 cm/s) hergestellt. Vor allem die schnellaufenden 2-Spur-Stereobänder (Columbia, Mercury, RCA u.a.) gelten auch heute noch unter Audiophilen als akustische Meilensteine. Kommerziell angebotene Magnetbänder mit Produktionen bekannter Pop-Interpreten (Rolling Stones, Beatles usw.) sind relativ selten und werden vor allem von künstlerorientierten Sammlern gesucht. Anmerkung: Beim Einsatz von reel-to-reel tapes sollte man immer, vor allem wenn es sich um US-amerikanische Bänder (NAB-I, NAB-II etc.) handelt, auf eine exakte, der → Aufzeichnungscharakteristik angepaßte Entzerrung achten.

REFERENZSIGNAL

Ein Bezugssignal, dessen absolute Größe zum Einstellen eines anderen Signals benötigt wird. Referenzsignale benötigt man zum Einstellen von Signalparametern wie Spannung, Strom, Frequenz und Phase. Darüber hinaus kann der Zeitwert von Impulsen verglichen oder ein Referenzsignal als Synchronsignal verwendet werden. Für alle Anwendungen nutzt man das Referenzsignal als Vergleichsgröße und setzt sie als Eichmaß ein. Das einzustellende Signal wird nun soweit verändert, daß es dem Referenzsignal möglichst gleicht. Man spricht auch vom Aufzwingen der Eigenschaften des Bezugssignals. Die Qualität dieser Annäherung an das Referenzsignal hängt von dem Verfahren an sich und der Güte der dazu verwendeten elektronischen Regeleinrichtungen ab.

REFLEXSCHRANKE

Eine optoelektronische → Abschalteinrichtung bei Schallplattenspielern.

REGA

Britischer Hersteller für Schallplattenspieler, Tragarme sowie Heimelektronik. Legendär sind die Tonarme der Baureihen 250 und 300, die auch von zahlreichen Fremdfabrikaten verwendet werden. Inhaber und Chef-Entwickler Roy Gandy bevorzugt leichte steife Materialien zur Ableitung der auftretenden Energie und konstruiert deshalb ungefederte Chassis, die einzig durch entsprechende Füße vom Untergrund entkoppelt werden. Eine Wandhalterung ist deshalb unbedingt empfehlenswert. Rega-Plattenspieler müssen nicht wie Subchassis aufwendig justiert werden und begeistern deshalb vor allem durch ihre Auspackqualitäten: hinstellen, anschließen, losspielen. Tragarme: RB 250, RB 300 (wie RB 250, bessere Fertigungstoleranzen), RB 900 (Spitzenmodell). Laufwerke: Planar 2 (RB 250), (auch als NAD 533 mit Holzteller); Planar 3 (RB 300); Planar 9 (1997, RB 900, Plattenteller aus Aluminium-Oxid-Keramik). Abtastsysteme: Bias, Super Bias, Elys (MM, Alumium-Nadelträger, Vital-Schliff).

REGAL ZONOPHONE

Im Rahmen der progressiven Rockaktivitäten der → EMI im Jahr 1967 reaktiviertes, uraltes Schellacklabel aus dem Katalogbestand des Konzerns.

REIBRADANTRIEB

Kraftübertragungskonstruktion aus verschiedenen Rädern, die den Antrieb des Plattentellers übernimmt. Der Reibradantrieb ist ausgesprochen kraftschlüssig, ermöglicht kurze Hochlaufzeiten, überträgt aber eventuell auftretende Störschwingungen des Motors in auffälliger Art und Weise. Darüber hinaus ist der Wartungsaufwand (Verschmutzung, Abrieb usw.) relativ groß. Bis Mitte der 60er Jahre wurden derartige Konstruktionen auch bei hochwertigen Schallplattenspielern eingesetzt. Die erfolgreiche Konstruktion von Subchassis führte zum Einsatz des → Riemenantriebs.

REIBUNGSZAHL

Koeffizient für den Reibungsfaktor der verwendeten → Preßmasse. Die Reibungszahl ist abhängig von der ausgeformten Oberfläche bzw. dem homogenen Charakter des Werkstoffs und kann leicht variieren. Bei der Berechnung der auftretenden → Skatingkraft wird die Reibungszahl herangezogen.

REIHE

Eine Reihe ist die Veröffentlichung von miteinander verknüpften Teilausgaben, oft thematischen Zusammenstellungen, die in größeren zeitlichen Abständen, loser Folge und/oder aufgerissener Katalogisierung erscheinen. Von den Schallplattenfirmen werden zur besseren Auswertung des σBackkatalogs immer wieder Reihen veröffentlicht, die zumeist aus Werkschauen erfolgreicher Einzelkünstler bzw. Komponisten, Genre-Zusammenstellungen oder → Sammelprogramme mit chronologisch geordnetem Material bestehen. → Serie

REIHENTITEL

Ein dem eigentlichen Inhalt der Schallplatte übergeordneter, die → Reihe thematisch verbindender Albumtitel. In der Praxis werden für eine → Reihe plakative, werbewirksame Titel kreiert, die oft mehr versprechen als der Inhalt hergibt. Alle in einer → Reihe veröffentlichten Einzelschallplatten tragen den gemeinsamen Reihentitel dann in gleicher Funktion als Haupt-, Ober- oder Untertitel. Ein Großteil von Reihen wird schon bei der → Covergestaltung mit einer gemeinsamen Bild- und/oder Zeichensprache doppelt kenntlich gemacht. Insofern eine Schallplattenfirma innerhalb einer Reihe auf Originalalben und deren Titelnennung zurückgreift, kann es zu einer Vereinheitlichung der Covergestaltung oder zum Einsatz von speziellen → Stickern kommen. Typische Reihentitel sind: »Ihre größten Erfolge«, »Best of ...«, »Rock Archiv«, »Classics«, »Hundert Meisterwerke«, »Klassiker der Moderne«, »Musik unserer Zeit«, »Golden Oldies«, »Vintage«, »Heritage« usw.

RE-IMPORT

Bezeichnung für eine Exportschallplatte, die, auf welchem Weg auch immer, in das Ursprungsland rückimportiert wird. Vor 1990 gaben hauptsächlich steuerrechtliche Aspekte oder Lizenzfragen einen Anlaß für Re-Importe seitens der Industrie bzw. unabhängiger Distributoren (auch Importeure). In den 90er Jahren führte der massive Abbau von Produktionsstätten innerhalb Europas zu einer Zentralisierung der Fertigung. So produzierte beispielsweise die deutsche → WEA auch weiterhin für den europäischen Markt, hier vor allem Großbritannien, bot diese Schallplatten aber nur in begrenztem Maße (Titelauswahl und Mengen) auf dem einheimischen Markt an. Die Nachfrage im eigenen Land (BRD) führte zu Re-Importen aus Großbritannien. Prinzipiell ist dieses Verfahren völlig legitim, führt aber zu einer beträchtlichen Wertsteigerung und letztlich zu einer Überteuerung des Produkts. Je mehr Zwischenhändler die Ware durch ihre Lager schleifen, umso mehr erhöht sich der Endkundenpreis.

REINIGUNG VON SCHALLPLATTEN

Eines der umstrittensten Themen innerhalb der Vinylszene ist mit Sicherheit die Reinigung von → Schallplatten. Ausgangspunkt dafür ist immer der Wunsch, eine Schallplatte möglichst frei von Störgeräuschen abspielen zu können. Zum Entfernen von (losem) Staub verwendet man häufig → Antistatiktücher (nicht empfehlenswert) oder → Kohlefaserbürsten (sehr empfehlenswert). Umwelteinflüsse aller Art und Eigenemissionen des → Vinyls führen zu einer Verunreinigung der Schallplatte und lagern sich in der → Rille ab. Eine gute Schallplattenreinigung muß die Rille ausreichend tief und gründlich reinigen, in die feinen Auslenkungen der Flanken eintauchen und dabei alle festen Partikel und den filmigen Schmutz entfernen. In der Regel wird dazu eine spezielle → Schallplattenwaschmaschine eingesetzt, die eine auf der Schallplatte verteilte Reinigungsflüssigkeit in die Platte bürstet und anschließend absaugt. Man versucht mit einem Gemisch aus destilliertem Wasser (verhindert Rückschmutz) und Alkohol (fettlösend) sowie dem Zusatz von Netzmittel (Senken der Oberflächenspannung) auch in die feinsten Ausbuchtungen der Rille zu gelangen. Die Verteilung und mechanische Waschverstärkung übernehmen Bürsten oder Samtlippen, deren Mikrostruktur aber deutlich oberhalb der Rillendimension liegt. Mit dieser Feuchtreinigung kommt der gröbste Dreck aus der Rille, werden mitunter sogar Verklebungen und Flecken (Cola, Weine etc.) gelöst und abgetragen sowie Fingerabdrücke und andere Fettflecken entfernt. Beim Abspiel treten in der Regel weniger Störgeräusche auf und das Klangbild scheint sich besser aufzulösen. Der Einsatz von Alkoholen zur Schallplattenreinigung ist nicht unumstritten. Kritiker befürchten ein Ausspülen der Weichmacher und damit verbunden das Verspröden der Schallplattenoberfläche. Neben hausgemachten Reinigungsflüssigkeiten gibt es auch unzählige kommerzielle Tinkturen, die mitunter zu astronomischen Preisen gehandelt werden und unglaubliche Reinigungseffekte versprechen. Hier schlägt der Zubehörmarkt wieder einmal mehr gnadenlos auf den hoffnungsvollen Kunden ein. Berücksichtigt man die neuesten Erkenntnisse professioneller Reinigungsverfahren, so stößt man unweigerlich auf die → Mikrofaser. Für den Schallplattenfreund sind die neuartigen Mikrofasertücher der reinste Segen. Ohne chemische Zusätze, nur mit Wasser reinigt man jede Rille derart porentief, wie man es bislang nicht für möglich hielt. Zur Schallplattenreinigung verwendet man am besten ein frotteeartig gewirktes Mikrofasertuch, das mit destilliertem Wasser (aqua dest) nebelfeucht (klamm) bespritzt (Zerstäuber) wird. In Kreisbewegungen, der Rille folgend, wird die Schallplatte abgerieben, ohne dabei die Drehrichtung zu ändern. Aufgrund der mikroskopischen Faserstärke wird das Wasser weit über seinen eigenen Brechungsgrad geteilt und gelangt in (fast) jede Ritze, wobei die Faser den angelösten Schmutz aufgreift und bindet. Gleichzeitig trocknet die Schallplatte in Sekundenschnelle. Bei besonders stark verschmutzten Scheiben ist die Prozedur in Abständen zu wiederholen. Ein Hin- und Herreiben auf der Platte führt zu schlechteren Resultaten, da die Fasern dann den aufgenommenen Dreck in die Rille zurücktragen. Eine mikro-

fasergereinigte Schallplatte ist sauberer und klingt noch umwerfender, als man es von allen anderen bekannten Reinigungsverfahren gewohnt ist. Selbstredend kann auch diese Methode keine Kratzer oder Schlieren entfernen, wird aber den auftretenden Störimpuls auf ein Minimum reduzieren, da die Rillenflanke deutlich besser gereinigt ist.
Anmerkungen: Die Reinigungsmittel (Bürste, Pinsel etc.) müssen regelmäßig selbst gereinigt werden, um eine stabile Reinigungswirksamkeit des jeweiligen Verfahrens zu gewährleisten. Das Nadeltonverfahren ist in gewissem Umfang auch selbstreinigend, indem der Abtaststift losen Staub aufgreift und vor sich herschiebt. Werden durch ein Reinigungsverfahren zahlreiche Partikel angelöst aber nicht abgetragen, so werden diese häufig bei den ersten nachfolgenden Abtastungen von der Nadel herausgetragen. Beim Schallplattenreinigen geht es prinzipiell um das Entfernen von Dreck, Verbesserungen am Sound sind ein positiver Nebeneffekt. Je sauberer eine Rille, umso besser werden die Parameter der Rillenabtastung eingehalten und eventuelle irreparable Defekte verhindert. Eine saubere Schallplatte und Nadel schonen sich selbst!

REINIGUNGSMASSE

Preiswerte, klebrige Substanz, die durch Kontakt mit der Abtastnadel dort festgesetzten Schmutz abtrennen soll. Durch die zum Teil äußerst starke Klebkraft der Reinigungsmasse ist eine dauerhafte Beschädigung des → Nadelträgers nicht ausgeschlossen. In der Praxis empfehlen sich zur Reinigung deshalb eher → Nadelreinigungsflüssigkeiten.

REISSUE

Nachauflage; vor allem in Zusammenhang mit einer audiophilen Neuausgabe oder Sammleredition, wird dieser exotisch anmutende Begriff auch gern im Deutschen verwendet.

RELATIVE DREHZAHLABWEICHUNG

Die Differenz aus der für die Schallplattenwiedergabe notwendigen → Nenndrehzahl und der tatsächlich realisierten Drehzahl des Laufwerks. Die relative Drehzahlabweichung wird in Prozent angegeben und sollte entsprechend der DIN-Normung zwischen +1,5 % und -1,0 % liegen. Diese auch → Tonhöhenschwankung genannten Werte werden mittlerweile von sehr vielen Geräten unterschritten und gelten heute nur noch als Anhaltspunkt. Realistisch für → Riemenantrieb sind derzeit Werte von < 0,1 %, und für → Direktantrieb mit → PLL-Verfahren < 0,05 %. Die relative Drehzahlabweichung bezeichnet nur die Annäherung an die Nenndrehzahl und keineswegs deren stabile Einhaltung. Indem Laufwerksantriebe durch entsprechende Steuerungen nachgeregelt und durch mechanische Parameter in ihrem Gleichlauf behindert werden, muß man auch die → Gleichlaufschwankung als Qualitätsparameter berücksichtigen.

REMIX

Bezeichnung (engl.) für eine wie auch immer geartete Neumischung auf Grundlage einer bereits veröffentlichten Tonaufzeichnung. Ursprünglich wurde ein einfaches Verfahren zur Verlängerung der Spielzeit eines Titels und zur Linearisierung von Rhythmus und Arrangement entwickelt, um den Einsatz der Aufnahmen in Diskotheken effizienter zu gestalten. Dabei ging man von einem bekannten Hit aus, den man durch serielle Methoden und umfangreiche Montagen streckte, aber auch durch die Addition neu angelegter Rhythmusspuren in seiner Tanzbarkeit verstärkte. Binnen kurzem entwickelte sich aus diesen eigentlich nur für den Diskoeinsatz veröffentlichten Neufassungen ein blühender Markt. Künstler oder deren Manager gaben einen Remix in Auftrag, um in den Diskotheken als Umschlagplatz von Geschmack und Lebensgefühl präsent zu sein, und Schallplattenfirmen veröffentlichten auf der damals neu eingeführten Maxi-Single mit großem Erfolg eben diese Remixe als reguläre, käufliche Pressung. Anfang der 80er Jahre bildete sich eine erste Generation von namhaften Remixern heraus, die in Kenntnis der Bedürfnisse der Tänzer fast jedem Song zu neuem Glanz verhalfen. Vorrangig durch die analogen Schnittmöglichkeiten begrenzt, weisen Remixe dieser Zeit eine große Nähe (Tonart, Klangfarben, Stimmung) zum Original auf. Erst das Aufkommen der digitalen Sample-Technologie ermöglichte die unbegrenzte Veränderung des Ausgangsmaterials, in deren Folge es zu immer abenteuerlicheren Remixen kam, deren Wiedererkennungseffekt zum Original bewußt gebrochen wurde. Ebenso beachtenswert ist die Tatsache, daß sich in den 90er Jahren eine Gegenrichtung entwickelte, die sphärische Remixe anfertigte, die in den sogenannten Chill Out-Zonen (Ruhepunkten) der Diskotheken eingesetzt wurden. Gerade hier, wo man im Gegensatz zu den ekstatischen Tanzorgien der Technoszene wieder verstärkt zum eigentlichen Musikhören kam, wurde mit diesen ruhigen Remixen das Interesse der Käufer geweckt. Zum heutigen Zeitpunkt ist das Remixen praktisch nicht mehr überschaubar und führt selbst auf Langspielplatten ein reges Eigenleben. Es ist keine Seltenheit, wenn ein Song überhaupt nicht mehr in seiner Originalfassung, sondern nur noch als Remix und als Teil des Longplayers veröffentlicht wird. Die absolute Krönung stellen Parallelausgaben von komplett geremixten Alben dar. Außerhalb der o.g. massenwirksamen Form des Remix entwickelte sich seit den 80er Jahren in den Tonstudios eine im musikhistorischen Kontext stehende Arbeitsweise, die auf Grundlage vorhandener Mehrspurbänder neue Abmischungen bekannter Aufnahmen anfertigt. Dabei geht es vorrangig um die Verbesserung der Durchhörbarkeit sowie ein moderneres Stereo-Panorama einer (betagten) Tonaufnahme, und letztlich um eine Optimierung für die Verwertbarkeit auf Compact Disc. Dieses Verfahren konnte sich nicht flächendeckend durchsetzen. Dagegen standen vor allem die hohen Kosten, aber auch zahlreiche Künstlerpersönlichkeiten, die die bekannten und bewährten Originalaufzeichnungen aus ihrem historischen Kontext herausgelöst und in einigen Fällen auch in ästhetischen Fragen gefährdet sahen. Im Gegensatz zu den Multispur-Neuabmischungen ist hingegen der Remix von Dreispur-Masterbändern aus der Frühzeit der Laufzeit-Stereophonie sinnvoll und wird von allen namhaften Firmen bei Neuausgaben praktiziert.

REPRISE RECORDS

Von Frank Sinatra nach seiner Trennung von Capitol 1960 gegründetes Künstler-Schallplattenlabel. Anfangs spielte Sinatra fast seinen gesamten Backkatalog erneut ein und sammelte zahlreiche »dicke« Freunde um sich (u.a. Dean Martin und Sammy Davis Junior). 1963 übergab Sinatra die Firma für 2 Millionen US-$ und einen Anteil von 30 % an → Atlantic. Mitte der 60er Jahre begann Reprise umfangreich, britische Rockbands in Lizenzausgaben für den US-Markt zu entdecken, mit dabei u.a. Jimi Hendrix. Gleichzeitig konnte man auch mit Erfolg die US-amerikanische Rockszene gewinnen (u.a. Ry Cooder, Randy Newman, Neil Young). Mit einem ähnlich gestrickten Programm operiert man bis heute innerhalb von → Warner Communications.
Etiketten (USA): Anfänglich gab es drei verschiedene Veröffentlichungsreihen. Pop-Serie: dreigeteiltes Etikett in rosa, grün und goldbraun, mit einem Mississippi-Dampfboot links oben (1961 – 68). Jazz-Serie: dreigeteiltes Etikett in gelb, grün und rot, mit einem Engel links oben (1961 - 63). Sinatra-Serie: dreigeteiltes Etikett in rosa, grün und goldbraun, mit einem Porträtfoto des Sängers (1961 – 68). Braun/orange, kleines Dampfboot, W7-Logo (1968 – 70); braun, kleines Dampfboot (1970 - 76); braun, kleines Dampfboot (1976 - 89); gelb/blau (ab ca. 1990).

REPROCESSED STEREO

Englische Bezeichnung für → stereophonisierte Schallplatten.

REZENSIONSEXEMPLAR

Journalisten erhalten von Schallplattenfirmen zur Besprechung in entsprechenden Fachorganen Vorabpressungen (→ Weißmuster) oder Serienmuster (→ Promotionschallplatte) mit zusätzlich beigelegten Pressefotos zum honorarfreien Abdruck, Künstlerbiografien, Diskografien und den sogenannten Waschzetteln. Letztere sind ausführlich vorformulierte essayistische Prosatexte, die Interpret, Produzent, Plattenfirma und natürlich die neue Scheibe in wunderbar gleißendes Licht stellt, jedoch den Rezensenten keinesweg in seiner Meinung beeinflussen wollen – es sind ja nur »wichtige« Informationen und Sentenzen. Natürlich könnte ein Autor, ohne zu zögern, Teile des Waschzettels übernehmen und als eigene Meinung verkaufen. Aber wer macht das schon?
Anmerkung: Insofern das Rezensionsexemplar (engl. press kit) nach außen eindeutig gekennzeichnet ist, ein anderes Covermotiv oder einen individuellen Aufkleber besitzt, es sich um Weißmuster handelt und die o.g. entsprechenden Beigaben komplett sind, tritt eine höhere Bewertung am Markt auf. Besonders Ausgaben mit beigelegten, einmaligen Werbegeschenken erzielen beachtliche Preise. Am höchsten werden → Spezialausgaben bewertet, die veränderte oder

zusätzliche Tonaufzeichnungen (Interviews, Remixe, Zusammenfassungen etc.) enthalten.

RIAA/IEC-KENNLINIE

Standardisierte → Aufzeichnungskennlinie, die in ihrer Ausgestaltung seit Mitte der 60er Jahre international angewendet wird. Die → Zeitkonstanten liegen bei 3180/318/75 μs, entspricht Übernahmefrequenzen von 50/500/2120 Hz. Eine überarbeite Version der IEC berücksichtigt darüber hinaus eine weitere Zeitkonstante bei 7950 μs (20 Hz), um zusätzlich tieffrequente Störungen zu unterbinden.

RIEMENANTRIEB

Die am häufigsten verwendete Antriebsart bei Schallplattenspielern verwendet einen → Antriebsriemen, der das Drehmoment des Motors vom → pulley aufnimmt und auf den Plattenteller (oft Innenteller) überträgt. Der elastische Riemen sorgt für eine optimale Abkopplung des Plattentellers von unerwünschten Vibrationen des Motors, die durch eine → Subchassis-Konstruktion noch verbessert werden kann.

RILLE

Bezeichnet den Informationsanteil einer Schallplatte. Dabei handelt es sich um eine spiralförmige Vertiefung mit dreieckigem Querschnitt, die in ihren Rillenwänden die Toninformation trägt.

RILLENABSTAND

→ Rillenvorschub

RILLENAUSLENKUNG

Auch als → Rillenausschlag bezeichnete Auslenkung der Rille, wobei man hier den Bezug zu ihrer Steilheit bewertet. Beim Schneiden der Rille lenkt der Schneidstichel mit seinem dreieckigen Querschnitt (von oben gesehen), entsprechend dem anliegendem Signal, nach links bzw. rechts aus und verläßt die »gerade« Rillenspirale. Die in diesem Moment entstehende Rille steht praktisch mehr oder weniger »schief« zum Schneidstichel und besitzt eine veränderte Modulationsachse. Theoretisch wäre eine maximale Rillenauslenkung von 45° möglich, da die Flanken des Schneidstichels nach hinten im Winkel von 90° zulaufen. In der Praxis kommt es zu verschiedenen Auslenkproblemen, die den effektiven Maximalwinkel auf ca. 35° minimieren. Ohnehin würde ein Auslenkwinkel von 45° die Belastung für das Abtastsystem enorm erhöhen.

RILLENAUSSCHLAG

Bezeichnet die momentane Auslenkung der Rille von ihrer gedachten Mittelachse heraus. Eine unmodulierte Rille verhält sich »gerade« und folgt der Rillenspirale. Legt man ein Signal an, lenkt der Schneidstichel entsprechend der

Modulation aus und die Rille verläßt die »gerade« Spirallinie. Bei einer sinusförmigen Modulation kommt es z.B. zu einer beidseitigen Auslenkung von der gedachten Mittellinie. Dieser Rillenausschlag benötigt Platz und beeinflußt die maximal zu erzielende Spielzeit einer Schallplattenseite. Im Rahmen der internationalen Festlegungen wurde der maximale Rillenausschlag auf 0,05 mm beschränkt.

RILLENBREITE

Bezeichnet den Abstand – auf Höhe der Schallplattenoberfläche – zwischen den beiden zueinander gehörigen → Rillenflanken einer → Rille. Die Rillenbreite ist aufgrund des feststehenden Rillenwinkels abhängig von der Rillentiefe. Beim Einrichten der Umschnitteinheit wird eine Mindestrillentiefe festgelegt. Als Ausgangswert wird dabei zumeist eine unmodulierte Rille (ohne Signal) von 50 μm definiert. Entsprechend der Signalaussteuerung entstehen maximale Rillenbreiten von bis zu ca. 150 μm. Gegebenenfalls ist es möglich, z.B. bei längerem Programmaterial, die minimale Rillenbreite auf 30 μm herabzusetzen. Anmerkung: Für Maxi-Singles, teilweise auch audiophile Schallplatten, wird die Mindestrillentiefe heraufgesetzt und/oder durch einen erhöhten Aufzeichnungspegel auch die → Rillenauslenkung erhöht. Maximale Rillenbreiten von weit über 200 μm sind hier keine Seltenheit.

RILLENFLANKE

Bezeichnung für die beim Schneiden entstehenden angewinkelten Seitenwände der Rille. Die Rillenflanke ist dreidimensional ausgeformt und enthält alle Spurinformationen (→ Seitenschrift, → Tiefenschrift, Stereoschrift).

RILLENGESCHWINDIGKEIT, EFFEKTIVE

Bezeichnung für die tatsächlich in einer Rille abgespeicherte und auch abgetastete Modulationsgeschwindigkeit einer Tonaufnahme. Schon beim Schneiden der Rille kann es beispielsweise durch eine Oberflächenverwerfung der → Lackfolie zu einer minimalen Längenabweichung des in der Rille eingravierten Signals kommen. Durch die verschiedenen Teilabschnitte innerhalb der galvanischen Umkopierung und Vervielfältigung können gleichfalls mikroskopische Dimensionen verändert werden. Vor allem jedoch beim Pressen selbst kommt es zu außergewöhnlichen Verformungen und Verwerfungen des flexiblen Materials und somit zu geometrischen Abweichungen jeder einzelnen Schallplatte vom »idealisierten« Original (Matrize). Die → Preßmasse besitzt trotz bester Spezifikation eine unterschiedliche Dichte über die ausgepresste Fläche. Beim Abkühlen der geschlossenen → Preßform zieht sich der Werkstoff mit sinkender Temperatur immer weiter zusammen, wobei das Material aufgrund des hohen Drucks und der noch »formgebenden« Matrize weiterhin versucht, der Form zu entsprechen. Wird der Druck gelöst und die Preßform geöffnet, springt die Schallplatte förmlich aus der → Matrize, da sie jetzt ihre eigene, den inneren Dichteverhältnissen folgende Form annimmt. Eine ausgepresste Schallplatte ist mit der ursprünglichen Matrize nicht mehr formschlüssig. Zugleich unterscheiden sich dadurch auch alle Schallplatten derselben → Preßcharge voneinander. Es entsteht ein allgemeiner Materialverzug der Schallplatte, der sich durch dreidimensionale Unebenheiten und verschieden ausgerichtete Materialanspannungen auszeichnet. Da es sich bei diesen Verwerfungen zumeist um große Wellenlängen handelt, liegt deren aufnehmbare Geschwindigkeit zwischen 0,5 – 0,8 cm/s, die je nach Materialbeschaffenheit und Abtastradius einen Frequenzumfang von ca. 0,5 bis 5 Hz besitzt. Darüber nimmt die Verwerfungsgeschwindigkeit jedoch schnell ab und beträgt bei 10 Hz nur noch ca. 0,2 cm/s. Beim Abtasten der Rille folgt die Abtastnadel den Verwerfungen der Oberfläche und nimmt deren Frequenz auf. Bei einer gut abgestimmten Kombination von Tragarm und Abtastsystem wird diese Modulation die Wiedergabe klanglich kaum beeinflussen. Liegt jedoch die Resonanzfrequenz nahe oder innerhalb der Verwerfungen, kommt es durch diese zu einer gefährlichen Anregung der gesamten Kombination. Die → Nadel nimmt die Frequenz auf und leitet sie über den Nadelträger in das Abtastsystem. Dort setzt sich die Frequenz über den Systemkorpus auch in das Gehäuse fort und gelangt über den Tragarm letztlich bis ins Tragarmlager. Die gesamte Kombination ist angeregt und beginnt zu schwingen, da sie die tiefe Frequenz nicht bedämpfen kann. Nunmehr wandert die Frequenz zurück bis in den Nadelträger und es entsteht eine Relativbewegung zwischen Nadelspitze und Schallplattenoberfläche. Die Abtastnadel bewegt sich nun in der Rille vor und zurück, wobei sich der horizontale Spurwinkel ständig ändert. Es entstehen Verzerrungen.

RILLENMODULATION

Bezeichnung für die äußere Form und den aufgezeichneten Inhalt der → Rille.

RILLENÖFFNUNGSWINKEL

Bezeichnet den Winkel, mit dem sich die Rille von ihrem Fuß nach oben öffnet. Der Rillenöffnungswinkel (auch Böschungswinkel genannt) wird vom verwendeten → Schneidstichel vorgegeben und ist entsprechend der Rillenart genormt. Für die → Mikro-, → Piko- und Stereorille beträgt der Rillenöffnungswinkel international 90° (RIAA, IEC, DIN). Diese Winkelvorgabe bezieht sich auf eine unmodulierte Rille bzw. auf die Umkehrpunkte der → Rillenmodulation, denn nur hier steht der Schneidstichel perfekt rechtwinklig zur Aufzeichnungstangente. Da der Stichel von einem Lenker geführt wird, der hinter der Aufzeichnungstangente befestigt ist, dreht sich der Stichel bei jeder Auslenkung leicht ein und die geschnittene Rille ist hier schmaler als an ihren Umkehrpunkten. Dadurch ergibt sich eine Verringerung des Rillenöffnungswinkels. Die ständige Änderung des Rillenöffnungswinkels führt bei der späteren Abtastung zu → Klemmverzerrungen.

RILLENPROFIL

Beschreibung der dreidimensionalen Ausdehnung einer Rille (→ Seitenschrift, → Tiefenschrift, Stereoschrift).

RILLENSPIRALE

Bezeichnet die Rille einer Schallplattenseite in ihrer gesamten Länge. Die Rillenspirale besteht aus Einlaufrille, modulierter Rille, gegebenenfalls → Trennrille (bei getrennten Einzeltiteln), → Auslaufrille, → Endrille. Die Rillenspirale ist eine homogene, in einem Arbeitsgang nahtlos geschnittene Rille. In Einzelfällen (z.B. Meßplatten) kann eine Schallplattenseite mehrere (voneinander abgetrennte) Rillenspiralen beinhalten.

RILLENSTEG

Bezeichnet die blanke Trennfläche zwischen zwei benachbarten → Windungen der Rille. Die Breite des Rillenstegs wird von der gewählten → Vorschubsteuerung beeinflußt, wobei zu gewährleisten ist, daß sich beide Rillenwindungen nicht zu dicht annähern (Echoerscheinungen) oder gar überschneiden.

RILLENTANGENTE

Angelegte Linie, die Mittelpunkt und Außenrand der Platte geradlinig miteinander verbindet. Diese Tangente entspricht praktisch der Transportbewegung des → Schreibers während der Erstellung der → Originalaufnahme. Die → Rille mit beiden → Rillenflanken kann also geometrisch korrekt nur auf der angelegten Rillentangente abgetastet werden. Ein entsprechend konstruierter → Tangentialtragarm folgt der Tangente, hingegen ein → Drehtragarm mit seiner kreisförmigen Bewegung über die Schallplattenseite durchschneidet sie nur an zwei Punkten.

RILLENTIEFE

Die Rillentiefe steht immer im Zusammenhang mit dem jeweiligen → Rillentyp und der verwendeten Schriftart. Jeder Rillentyp benötigt eine Rillenmindesttiefe, die sicherstellt, daß die entsprechend verwendete → Abtastnadel weit genug in die Rille eintauchen und weitgehend ungestört abtasten kann. Der optimale Abtastpunkt wird in der Regel auf Höhe der halben Rillentiefe festgelegt, um weit genug vom Rillengrund und der Rillenverrundung entfernt zu sein, aber auch, um unterhalb der zu erwartenden durchschnittlichen Oberflächenstörungen (leichte Kratzer, Schrammen o.ä.) zu liegen. Rillen in → Seitenschrift besitzen eine feststehende Rillentiefe, da die Signalinformation horizontal geschrieben wird. Rillen in → Tiefenschrift benötigen, da sie die Signalinformation in vertikaler Modulation enthalten, eine Festlegung und Überwachung der maximalen Rillentiefe, um nicht durch die aufgebrachte Schicht (Wachs, Lack, Kupfer) der Aufzeichnungsplatte zu stoßen. Bei Wachs- und Lackfolien benötigt man zusätzlich einen gewissen Spielraum, um Unebenheiten der Folie auszugleichen. Beim Kupferschnitt ist die Oberfläche derart plan,

daß die Mindestrillentiefe ohne Bedenken heraufgesetzt werden kann und so auch der dünnen Kupferschicht (ca. 100 μm) entgegenkommt. Zusätzlich wird hier in der Regel die maximale Schnittiefe mittels vertikaler Ausschlagbegrenzer auf 80 μm begrenzt.
Anmerkung: Eine zufriedenstellende Abtastung des jeweiligen Rillentyps ist nur mit einer entsprechend dimensionierten Abtastnadel zu erwarten und führt im Zweifelsfall zu irreparablen Beschädigungen an Rille und Nadel.

RILLENTYPEN

In Zusammenhang mit den verschiedenen Stationen der Entwicklung der Schallplatte wurden auch immer wieder entsprechend angepaßte Rillentypen definiert und international genormt. Eine zufriedenstellende Abtastung des jeweiligen Rillentypes ist nur mit einer entsprechend dimensionierten Abtastnadel gewährleistet und führt im Zweifelsfall zu irreparablen Beschädigungen an Rille und Nadel. → Normalrille, → Mikrorille, → Pikorille

RILLENVORSCHUB

Auch als Rillensteigung bezeichnete Vorgabe für den Vorschub des Schreibers während der Aufzeichnung. Ist der Rillenvorschub gleich null, besitzt die Rille nur eine → Windung. Zum Erstellen einer Rillenspirale muß der Schreiber permanent in Richtung des Schallplattenmittelpunkts bewegt werden (→ Außenstarter). Bis zur Einführung der → Füllschriftverfahren benutzte man einen konstanten Rillenvorschub, der innerhalb jeder Umdrehung der Aufzeichnungsplatte den Schreiber um das gleiche Maß einwärts bewegte.

RING

Ein durch eine → Kennrille oder → Trennrille von anderen modulierten Abschnitten der Schallplattenseite abgetrennter, ebenfalls modulierter Abschnitt. Ein Ring ist eher der fachspezifische Ausdruck für die Einzeltracks einer Schallplattenseite. Durchgehendes Tonmaterial erhält häufig durch eine Erhöhung des Vorschubs eine sogenannte modulierte Kennrille zur Abgrenzung der musikalischen Einzelabschnitte (z.B. Liveaufnahme ohne Blenden). Dadurch gestaltet sich der Begriff Ring äußerst schwammig.

RINGMAT

Von der britischen Elektronikmanufaktur DNM und QR Design 1992 vorgestellte Plattentellerauflage. Dabei handelt es sich um eine runde Kartonscheibe mit einem Durchmesser von 242 mm und beidseitig aufgebrachten Korkringen. Durch die versetzte Anbringung der Ringe von je einem Paar pro Seite wird die Schallplatte statisch an ihren eigenen Schwingungspunkten, ähnlich einer Brücke durch deren Pfeiler, abgestützt. Die Ringmat wird gegen den bisherigen Plattentellerbelag (Filz, Gummi o.ä.) ausgetauscht und einfach auf den Plattenteller gelegt. Es gibt drei Ausführungen, die sich in ihrer Dicke (2,0/2,5/3,3 mm) voneinander unterscheiden. In der Praxis werden die besten Resultate ausschließlich mit 30cm-Schallplatten erzielt, da nur hier alle berechneten Stützpunkte wirken. Das Abspielen von Singles ist möglich. Ein gewichtiger Nachteil ist unter anderem die geringe Formstabilität der Matte, da der Karton auf hydrothermische Einflüsse mit Verwellungen reagiert. Vom Hersteller wird eine deutlich verbesserte Klangwiedergabe versprochen: weniger Rillengeräusche, breitere und tiefere Klangbühne, höhere Auflösung, mehr Druck und saubere Bässe. Im Vergleich mit einigen konventionellen Plattentellerauflagen sind diese Verbesserungen partiell nachvollziehbar. Die Ringmat galt vor allem Mitte der 90er Jahre einer audiophilen Klientel, durch die positive Bewertung der HiFi-Presse befördert, als probates Mittel auf der Suche nach dem Heiligen Gral. Es läßt sich schwer ein absolutes Urteil über den Nutzen der Ringmat fällen, da z.B. hochverdichtete, feste Filzmatten ein deutlich homogeneres Klangbild unterstützen, aber im Zweifelsfall lohnt ein Versuch mit der Pappscheibe schon aus therapeutischen Gründen.

RINGWEAR

Bezeichnung (amerikan.) für Schallplattenaußenhüllen, die eine eindeutig, in Form der innenliegenden kreisrunden Platte, abgeriebene Oberfläche haben. Diese ringförmigen, das Covermotiv zerstörenden Abreibungen, treten vor allem bei nicht oberflächenlackierten Schallplattenhüllen auf und senken den Wiederverkaufswert des Exemplars.

RIVERSIDE RECORDS

Von Bill Grauer im Jahr 1953 gegründetes und vom Produzenten Orrin Keepnews geprägtes, unabhängiges Jazz-Label der USA. Hier erschienen die wichtigsten Aufnahmen des East Coast Jazz und Hard Bop jener Jahre. Der Backkatalog ist seit den 70er Jahren im Besitz von Fantasy Records. Künstlerstamm: Cannonball Adderley, Bill Evans, Thelonios Monk, Sonny Rollins, Wes Montgomery u.a.

Etiketten (USA): blau/weiß (1953 – 57); blau, M, Logo mit Mikrophon und Magnetband, »Bill Grauer Productions« (1957 – 63); schwarz, S, Logo mit Mikrophon und Magnetband, »Bill Grauer Productions« (1959 – 63); türkis, »Orpheum Prod.« (1964 – 67); braun, ABC (1967 – 75); blau/weiß, Faksimile, Fantasy Records, OJC-Prefix (ab 1985).

ROKSAN

Britischer Hersteller für Schallplattenspieler, Tonabnehmersysteme und sonstige Heimelektronik. Der Firmengründer Touraj Moghaddam stellte 1985 erstmals das Subchassis-Laufwerk Xerxes vor (überarbeitet 1995), das mit Dreipunkt-Aufhängung und zweigeteilter Zarge eine Kombination von Masse- und Subchassis-Laufwerk darstellt. Anfang der 90er Jahre folgte das Spitzenmodell TMS (Touraj Moghaddam Signature) und ein kleines, preiswertes Laufwerk (Radius) mit ähnlicher Konstruktion. Zum Programm gehört auch der Tragarm Artemiz mit tiefergelegtem Ausgleichgewicht und die beiden Abtastsysteme

Corus Blue (MM, Goldring-Modifikation, Gyger-III) und Shiraz (modifizierter EMT-Generator).

ROLLING STONES RECORDS

Unabhängiges → Künstler-Schallplattenlabel, von den Rolling Stones im Jahr 1970 gegründet. Die Band stellte sich nach tiefgreifenden Auseinandersetzungen mit der langjährigen Schallplattenfirma → Decca und ihrem eigennützigen Manager Klein endlich auf eigene Beine. Dem jungen Label verpasste Andy Warhol mit dem Zungen-Logo eines der originärsten Logos der Branche und auch das erste Album »Sticky Fingers« bewies erneut den außerordentlichen Stellenwert der Combo. Rolling Stones Records ist ein Kopfunternehmen, das zur Betreuung von Aufnahmesessions, der verlegerischen Tätigkeit und zur allgemeinen Koordination der »größten Band der Welt« dient. Der Katalog führt auch Soloalben und Aufnahmen des befreundeten Reggae-Musikers Peter Tosh. In den ersten Jahren lizensierte die Combo ihre Produkte an Atlantic Records, die weltweit Herstellung und Vertrieb der Alben betreuten. Später nutzte man das gierige Interesse der Majors gnadenlos aus und verlieh seinen Katalog regelmäßig an den Meistbietenden.
Etiketten: gelb, rote Zunge; die Unterzeilen geben den jeweiligen Lizenzpartner an; 1970 – 76 Atlantic/WEA; 1977 – 84 EMI; 1985 – 91 CBS/Sony; seit 1992 Virgin.

ROULETTE RECORDS

US-amerikanische Schallplattenfirma, die von George Goldner im Jahr 1956 gegründet und schon ein Jahr später von Peretti & Creatori übernommen wurde. Auf Roulette erschienen vorrangig Jazz-Aufnahmen aus dem Umfeld des Birdland-Clubs. Das Label ist seit 1988 im Besitz der EMI.
Etiketten (USA): schwarz (1957/58); weiß, farbige Balken über Kreuz (1959 – 62); orange/rosa (1962/63); orange/gelb, Roulette-Design (1963 – 77); orange/gelb, Roulette-Design, »Made in USA by Roulette Inc.« (1977 – 88).

ROYAL SOUND STEREO

Markenzeichen der deutschen Telefunken-Decca, später Teldec, für den Einsatz des Tracing Simulators. Seit Mitte der 60er Jahre als Qualitätsmerkmal gelobt, wurde die Bezeichnung nach 1970 fallen gelassen, obwohl man bis Mitte der 70er Jahre das Verfahren weiterhin anwandte.

ROYALITIES

Bezeichnung (engl.) für Tantiemen.

RRG

Abkürzung für die deutsche Reichs-Rundfunk-Gesellschaft, die zwischen 1923 und 1944 bei der Entwicklung der Tonaufnahme und Übertragung internationale Schlüsselentwicklungen hervorbrachte. Für die Geschichte der Tonaufzeichnung ist die RRG insofern von großer Bedeutung, da hier die ersten umfangreichen Praxistests des damals neuartigen Magnetband-Aufzeichnungsverfahrens der Telefunken durchgeführt wurden.

RSO

Vom australischen Impressario und Manager Robert Stigwood gegründete Schallplattenfirma, die Schallplatten der von ihm vertretenen Künstler veröffentlicht. Anfänglich erschienen die Alben auf → Atlantic/Atco gelegentlich auch auf → Warner. Den größten Teil der Aufnahmen übernahm Stigwood nach seinem Zerwürfnis mit Ertegun auf RSO und vergab Herstellung und Vertrieb an Polydor/Polygram. Zum Künstlerstamm gehör(t)en: The Bee Gees, Jack Bruce, Eric Clapton, The Cream, Barbara Dickinson, Yvonne Elliman, John Williams.
Etiketten (USA, EU): hellbraun, mit rotem Kuh-Logo (1973 – 81); silber (ab 1981).

RÜCKANTWORTKARTE

Der Schallplatte beigelegte Postkarte, die zumeist an den offiziellen Fanclub oder die Plattenfirma adressiert ist. Der Kunde wird darin fast immer aufgefordert, Angaben zu seiner Person zu machen und sich über das Produkt zu äußern. Häufig wird als Dank ein Geschenk oder kostenloses Informationsmaterial in Aussicht gestellt. Die Rückantwortkarte soll den Kunden stärker an den Künstler und das Produkt binden und kann bei seriöser Auswertung auch als zusätzliches Marketinginstrument bzw. zur Qualitätssicherung der Produktion dienen. Seltener sind Aktionen, bei denen der Käufer aufgefordert wird, sich kreativ zu beteiligen (z.B. Text- und Zeichenwettbewerbe), oder die zu aktivem Handeln aufrufen (Politik, Umwelt, Solidarität etc.). Für den manischen Sammler bleibt die Rückantwortkarte natürlich ein bewahrenswerter Bestandteil des → Lieferumfangs, und er wird höchstens mit einer Kopie der Karte anworten.

RÜCKLAUF

1. Bei Magnetbändern mögliche Abspielrichtung auch gegen die Aufzeichnungsrichtung (rückwärts).
2. Bei Schallplatten praktisch nur im Studiobetrieb oder von → DJs angewandte Möglichkeit eine Schallplatte mittels Laufwerksteuerung rückwärts drehend abzuspielen (→ cueing).

RÜCKSTELLKRAFT

Je nach Größe der → effektiven Nadelmasse wird die Nadel durch eine geringfügige Federkraft nach einer erfolgten Auslenkung in ihre Ruhestellung zurückgeführt. Die dazu erforderliche Kraft wird als statische Rückstellkraft bezeichnet. Schnelle Wechsel der Auslenkungsrichtung setzen die Nadeln einem Wechselverhältnis aus (→ Compliance).

RÜCKWINKEL

Der am → Schneidstichel angebrachte rückwärtige Winkelschliff. Die Größe des Winkels entscheidet über die Lebensdauer des Schneidstichels und über die maximale → Schnelle (vertikal) der Aufzeichnung. Theoretisch wäre ein Winkel von 0°, also eine senkrecht aufsteigende Kante, optimal, ist aber aufgrund der Dimensionen nicht möglich. In der Praxis wird ein Rückwinkel von 45° eingesetzt, der als günstigster Kompromiß gilt.

RUMPELFILTER

Eine elektronische Filterschaltung (→ Filter), die Frequenzen unterhalb von 20 bzw. 50 Hz steilflankig dämpft. Rumpelfilter werden entweder direkt in → Entzerrervorverstärker oder als schaltbare Komponente in einem Verstärker eingebaut und schwächen auftretende → Rumpelstörungen während der Schallplattenwiedergabe ab. Das Filter beschneidet dabei aber auch das untere Spektrum des Nutzsignals. Für eine hochwertige Schallplattenwiedergabe werden ein entsprechend optimal bedämpftes Gerät und der Verzicht auf ein Rumpelfilter vorausgesetzt. Andererseits kann aber auch hier in Einzelfällen, z.B. beim Abspielen von stark verwellten Schallplatten, der Einsatz eines Rumpelfilters sinnvoll sein.

RUMPEL-FREMDSPANNUNGSABSTAND

Lineare Bewertung der → Rumpelspannung nach DIN 45 539 zwischen 15 und 315 Hz. Zur Messung verwendet man eine → Rumpel-Meßschallplatte (DIN 45 544) und ein Rumpel-Störspannungsmeßgerät. In letzterem sind entsprechende → Filter nach DIN 45 539 fest eingebaut. Die DIN schreibt einen minimalen Rumpel-Fremdspannungsabstand von 35 dB vor. Ermittelte Messwerte nach DIN sind weitestgehend mit denen nach IEC (→ Rumpelspannungsabstand) identisch.

RUMPEL-GERÄUSCHSPANNUNGSABSTAND

Bewertung der → Rumpelspannung nach DIN 45 539, mit einem gegenüber dem → Rumpel-Fremdspannungsabstand zusätzlich um 12 dB/Oktave unterhalb von 315 Hz abfallenden Frequenzgang. Damit erzielt man eine annähernd → gehörrichtige Bewertung der Rumpelspannung, die berücksichtigt, daß das menschliche Ohr für tiefe Frequenzen deutlich unempfindlicher ist. Die DIN schreibt einen minimalen Rumpel-Geräuschspannungsabstand von 55 dB vor. In der IEC wird dieser Wert als → Rumpelspannungsabstand (bewertet) bezeichnet.

RUMPEL-MESSSCHALLPLATTE

Nach DIN 45 544 definiert: Abmessung und Rillenanordnung entsprechen Typ 3033. Die A-Seite enthält in einer Stereorille 15 Sekunden 315 Hz mit einer in jeder Aufzeichnungsrichtung gleichen Spitzenschnelle von 5,42 cm/s in folgender Reihenfolge: linke Flanke, rechte Flanke, Tiefenschrift, Seitenschrift. Im

Anschluß → Leerrille(n) bis mindestens zum Durchmesser von 120 mm. Die B-Seite enthält in einer Monorille 15 Sekunden 315 Hz mit einer Spitzenschnelle von 0,54 cm/s (-20 dB von 10 cm/s bei 1 kHz) in Seitenschrift. Anschließend Leerrille(n) mit einer Steigung von 0,54 mm/U (= 0,3 mm/s). Nach IEC 98: Schallplattentyp 3033. Stereorille mit in einer Stereorille 15 Sekunden 315 Hz mit einer in jeder Aufzeichnungsrichtung gleichen effektiven Schnelle von 3,90 cm/s (entspricht 5,51 cm/s Spitzenwert) in folgender Reihenfolge: linke Flanke, rechte Flanke, Tiefenschrift, Seitenschrift. Anschließend → Leerrille(n) bis mindestens zum Durchmesser von 120 mm.

RUMPELN

Auffälliges, gleichförmiges, niederfrequentes Störgeräusch, das durch Unwucht bzw. Kollektorprobleme des Motors oder Unregelmäßigkeiten anderer mechanischer Teile der Antriebseinheit erzeugt wird. Eine zu hohe, einseitige Lagerreibung kann unter Umständen ebenfalls ein Rumpeln verursachen. Dabei wird diese mechanische Störung durch das System von Schallplatte und Tonabnehmersystem aufgefangen und in den elektrischen Wiedergabevorgang übertragen. Schallplatten, deren Mittenzurichtung außerhalb der Norm liegt oder die über einen steilen Höhenschlag verfügen, erzeugen ebenfalls oft ein auffälliges Rumpeln. Grundsätzlich verursachen alle mechanischen Abspieleinheiten ein Rumpeln, das jedoch im Regelfall deutlich unterhalb der Hörschwelle des gedachten Wiedergabesystems liegen sollte. Dabei wird der effektive Dynamikumfang des Systems als Maß herangezogen. In den meisten Fällen kann durch eine Reparatur und/oder Justierung, das Rumpeln moderner Plattenspieler auf ein Minimum reduziert werden. Bei historischen Antriebskonzept (z.B. Reibrad) muß man mit deutlich ungünstigeren, im Bereich des Dynamikumfangs liegenden Werten rechnen. In seltenen Fällen kann es aber auch zu einer Übertragung von Rumpelgeräuschen bei der Tonträgeraufzeichnung kommen. Dabei wäre ein Eigenrumpeln der Aufzeichnungseinheit vorauszusetzen oder im Fall eines Tontransfers von z.B. einer Schellackplatte aufgrund ihrer Unwucht denkbar.

RUMPELSPANNUNG

Tieffrequente Störspannung unterhalb von 50 Hz, die bei der Schallplattenwiedergabe entsteht. Eventuelle → Rumpelstörungen werden von dem → Abtastsystem aufgenommen und in das zu verstärkende Signal eingebettet. Das führt zu elektrischen Störspannungen, die sich schließlich als Pumpen der Tieftöner, rhythmisches Grollen oder allgemeines Aufblähen des tiefen Frequenzspektrums (Intermodulation) während des Abspielens einer Schallplatte bemerkbar machen. Häufige Ursache für das Auftreten von Rumpelspannungen sind Laufwerksfehler (z.B. Unwucht, Vibrationen) bzw. stark verwellte Schallplatten. Bei der meßtechnischen Erfassung der Rumpelspannung bewertet man sowohl den absoluten Wert als auch einen im Verhältnis zum menschlichen Gehör stehenden Wert (→ Rumpel-Geräuschspannungsabstand). Zur

Messung benutzt man eine → Rumpel-Meßschallplatte und das Rumpel-Störspannungsmeßgerät.

RUMPELSPANNUNGSABSTAND

Der unter Verwendung einer → Rumpel-Meßschallplatte nach IEC 98 bewertete Abstand zwischen dem Abtastsignal (Pegel) eines definierten Signals von 315 Hz bei einer effektiven Schnelle von 3,90 cm/s (entspricht 5,51 cm/s Spitzenwert) und dem Abtastsignal beim Abspielen einer unmodulierten Leerrille. Die Differenz zwischen beiden Werten, der Rumpelspannungsabstand, wird in → Dezibel angegeben. Die IEC unterscheidet eine lineare und eine gehörrichtige Bewertung der → Rumpelspannung, verwendet aber abweichend zur DIN 45 544 dafür die Attribute unbewertet (d.i. linear) und bewertet (d.i. gehörrichtig). Eingesetzt wird ein Rumpelspannungsmeßgerät (nach IEC 98) mit integriertem → Filter, das unterhalb von 15 Hz das Signal um 6dB/Oktave absenkt, um systembedingte tieffrequente Schwingungen (3-5 Hz) des Nadeltonverfahrens auszuschließen. Ebenso wird im Meßgerät oberhalb von 315 Hz das Signal um 12 dB/Oktave beschnitten, womit eventuelles Plattenknistern während der Bewertung unberücksichtigt bleibt. Für hochwertige Schallplattenspieler sind Rumpelspannungsabstände von größer 50 dB (unbewertet) und 70 dB (bewertet) realistisch.

RUMPELSPEKTRUM

Moderne Meßmethoden können auftretende Rumpelspannungen innerhalb des zu bewertenden Meßbereichs (10 bis 50 Hz) an einzelnen Meßpunkten darstellen. Mit solch einer differenzierten Ansicht können Analysen über Qualität und Quantität der Rumpelstörungen getroffen werden. Vor allem bei der Entwicklung und Überarbeitung von Laufwerken ist ein aussagekräftiges Rumpelspektrum zur Feinabstimmung der Konstruktion unumgänglich.

RUMPELSTÖRUNG

Bezeichnung aller tieffrequenten Störungen (10 bis 50 Hz) während der Schallplattenwiedergabe. Rumpelstörungen entstehen durch allgemeine Laufwerksfehler wie Unwucht, Vibrationen oder unzureichende Bedämpfung der Antriebseinheit. Es kommt zu einer Relativbewegung zwischen → Tonabnehmer und → Schallplatte, die als → Rumpelspannung in das zu übertragende Signal einfließt Diese Störungen werden nicht nur linear vom → Abtastsystem aufgenommen, sondern setzen sich auch in anderen schwingungsempfindlichen Bauteilen wie dem → Tragarm oder → Plattenteller fort. Schon bei der Konstruktion eines → Schallplattenspielers werden entsprechende Maßnahmen zur Bedämpfung und/oder Abkopplung der Störquelle vorgenommen. Die getrennte Anordnung von Antrieb und Plattenteller/Tragarm, die Kraftübertragung mit einem elastischen Riemen, die Aufhängung mittels Kegel- oder Blattfedern, das Bedämpfen des Chassis mit schwingungsarmen Materialien (z.B. Karbon) oder die Verwendung von gegensätzlichen Materialien, die das

Schwingungsspektrum verschieben, gelten dabei als probate Mittel. Sollte sich trotz aller ingenieurtechnischer Leistungen eine Rumpelstörung einstellen, sind häufig defekte Lager oder stark verwellte Schallplatten, die zu einer ähnlichen → Störspannung führen, die Ursache.

RUNDFUNKMITSCHNITT

Bezeichnet im allgemeinen die (individuelle) Tonaufzeichnung einer Rundfunkausstrahlung. Im Zusammenhang mit auf kommerziellen Tonträgern veröffentlichten Aufnahmen (Echtzeitaufzeichnungen) der Rundfunkanstalten häufig als (qualitative) Abgrenzung zu »echten« Studioproduktionen der Phonoindustrie verwendet. Zu den bekanntesten, auf Schallplatten veröffentlichten Rundfunkaufnahmen zählen die BBC-Transcriptions-Serie (UK), die King Bisquit Flower Show (USA) und die Norddeutschen Musiktage des NDR (BRD).

RUNDRIEMEN

Bei sog. Riemenläufern verwendete Riemenart mit rundem Querschnitt.

S

SACEM

Abkürzung für die französische Verwertungsgesellschaft »Societé des Auteurs, Compositeurs et Editeurs de Musique« mit Sitz in Paris.

SAMMELGEBIETE

Beim Sammeln gibt es praktisch keine Begrenzungen. Dennoch haben sich in Zusammenhang mit populären Musikströmungen oder inhaltlichen Aspekten verschiedene Sammelgebiete entwickelt, die von Herstellern und Handel entsprechend bedient werden. Typische Sammelgebiete sind musikalische Hauptströmungen (Blues, Jazz, Rock usw.), einzelne Genres (Big Beat, Progressive Rock, Punk Rock etc.), künstlerische Gesamtwerke (z.B. Beatles komplett) oder Spezialthemen (gesprochenes Wort, quadrophonische Aufnahmen o.ä.). Außerdem existieren nationale Eigenheiten, die kein anderer Sammlermarkt angemessen wertet oder goutiert. Dazu zählen u.a. der deutsche Schlager, Kabarett- und Komikeraufnahmen, nationales Liedgut, ethnische Aufnahmen. In zyklischen Abständen erzeugt der Second Hand-Markt darüber hinaus eigene Trends oder reagiert auf äußere Anregungen.

SAMMELPROGRAMM

Auch als Sammelplatte bezeichnete Schallplatte, die eine Zusammenstellung von diversen Einzeltiteln enthält. Typische Beispiele sind LPs, die z.B. bislang nur auf → Singles veröffentlichte Titel bündeln, thematische Sammlungen, Greatest Hits oder andere Werkschauen. Im Alltag werden solche Sammelprogramme auch gern als → Sampler bezeichnet, obwohl das eigentlich → Promotionschallplatten sind.

SAMMLERKATALOGE

Zyklisch oder unregelmäßig erscheinende Kataloge, die in alphabetischer Auflistung (Interpret) ausgewählte Schallplatten eindeutig mit Albumtitel, Bestellnummer und Veröffentlichungsjahr benennen. Im Anschluß findet sich ein vom Herausgeber ermittelter oder empfohlener Verkaufswert, der zumeist für zwei Qualitätskategorien (mint und very good) aufgeschlüsselt ist. Seriöse Sammlerkataloge berücksichtigen in großem Maße die allgemeinen Trends und vergleichen auch Angebot und Nachfrage miteinander. In der Regel sollte der für einen Sammlermarkt herausgegebene Katalog auch in der Praxis greifen, dennoch orientieren sich zunehmend mehr Händler und Kunden an der Obergrenze und bewerten sogar mittelmäßig erhaltene Exemplare wie Mint-Pressungen. Außerhalb des berücksichtigten Sammlermarktes können diese Kataloge nur bedingt eingesetzt werden, da durch die geringe Verfügbarkeit der angegebenen Pressungen – es handelt sich ja dann um Importe – die Preise auf Börsen oder im Antiquariat in der Regel höher als angegeben liegen. Audiophile Pressungen werden in »normalen« Sammlerkatalogen zumeist nur unzureichend berücksichtigt, subjektiv erfaßte Preislisten von Händlern oder Sammlern sollten möglichst nicht als Referenz benutzt werden. Zu den wichtigsten Sammlerkatalogen zählen: Rock- und Pop Katalog LP (BRD), Record Collector – Rare Price Guide (UK), Goldmine – Standard Catalog of American Records 1950 – 75 (USA), Goldmine – Collectible Record Albums (USA), Goldmine – Jazz Albums 1950 – 69 (USA).

SAMPLER

Bezeichnung (engl.) für eine Warenprobe (Tonträger) oder Promotionschallplatte. Umgangssprachlich wird Sampler im Deutschen hauptsächlich für Kopplungen, Sammelplatten und Zusammenstellungen jeder Art benutzt.

SAPHIR

Eine aus (zumeist) synthetischem Saphir gefertigte Abtastnadel, die erstmalig zum Abspielen von → Saphir-Platten um 1915 verwendet wurde. Im Gegensatz zu den herkömmlichen Stahlstiften nutzte sich diese viel härtere Nadel langsamer ab und erzielte bessere Abtastwerte. Diese Vorteile führten in weiten Anwenderkreisen zur Bildung des Mythos »Saphir«. Der markante Ausdruck hielt sich über Generationen als Qualitätsbegriff und wird bis heute umgangssprachlich auch als Synonym für ein Abtastsystem mit Diamantnadel benutzt.

SAPHIR-PLATTEN

Historische Markenbezeichnung für Schellackplatten mit Tiefenschrift nach französischer Norm, die um 1915 in Deutschland hergestellt wurden und auf den (erstmals) notwendigen Einsatz von Saphirnadeln zur Wiedergabe hinwies.

SAW MARK

Schlitzförmiger Einschnitt (→ cut out) an einer oder mehreren Außenkanten des → Covers.

SCHALL

Bezeichnung für die Gesamtheit aller vom (menschlichen) Gehör wahrnehmbaren Luftschwingungen. Der Schall breitet sich nicht nur in der Luft, sondern auch in anderen elastischen Medien aus. Weniger elastische Stoffe können durch ihr Schwingungsverhalten ebenfalls Schall transportieren. Je nach Dichte und Temperatur des Mediums variiert die Schallgeschwindigkeit (Vergleichswert 343 m/s, bei 20° C). Die Intensität des Schalls wird als Lautheit oder → Schalldruck bezeichnet.

SCHALLARCHIV

Bezeichnung für die → Tonträgersammlung bei Rundfunk und Fernsehen. Es handelt sich dabei um eine institutionelle Einrichtung, die der Öffentlichkeit nicht frei zugänglich ist. Das Schallarchiv stellt infolge der Sendetätigkeit der Anstalt Teile aus seinem Bestand der Allgemeinheit zur Verfügung. Neben industriell gefertigten Tonträgern (Musikprogramm) werden vor allem bei öffentlich-rechtlichen Rundfunkanstalten die → Urbänder der Eigenproduktionen und, insofern ein dokumentarisches Interesse besteht, auch die Laufbänder einzelner Sendungen archiviert.

SCHALLDOSE

Historische Bezeichnung für die mechanisch-akustische Wandlerapparatur bei → Grammophon und → Phonograph. Die Schalldose wandelt die in der Rille gespeicherte Aufzeichnung mittels Abtastnadel und Membran erneut in akustische Schallwellen um. Dabei regt die Abtastnadel je nach Stärke und Schnelligkeit der Auslenkung die Membran unterschiedlich an und stellt so ein »akustisches« Abbild her. Bei der um 1925 eingeführten elektrischen Schallplattenwiedergabe wurde die Schalldose durch das → Abtastsystem ersetzt, das die nötige elektrische Ausgangsspannung zur Ansteuerung eines Verstärkers erzeugt. Vor allem im Sprachgebrauch der Rundfunkanstalten hat sich der Begriff bis heute gehalten, da der bekannte Studioausstatter → EMT seine elektrischen Abtastsysteme »konsequent« als Tondose (TD) bezeichnet.

SCHALLDRUCK

Hierunter versteht man den Druck, den eine Schallwelle auf eine Fläche ausübt. Die Schallwellen erzeugen einen Wechseldruck (Druckschwankung), der den eigentlichen Luftdruck überlagert und so wahrnehmbar wird. Diese Druckschwankungen verbreiten sich kugelförmig und weiten sich mit zunehmendem Abstand aus. Der Schalldruck halbiert sich dabei mit jeder Verdoppelung des Abstandes von der Schallquelle.

SCHALLFOLIE

Bezeichnung für eine dünne, flexible, ein- oder zweiseitig mit Schallrille(n) versehene PVC-Folie, die häufig als Beilage für Druckerzeugnisse (Zeitschriften und Bücher) verwendet wurde. Vor allem die in den 60er bis frühen 80er Jahren mit Musikzeitschriften in Umlauf gebrachten Schallfolien mit ansonsten schwer zugänglichem Material (z.B. Outtakes) gelten heute unter Sammlern als beliebte Trophäen. Die Tonqualität von Schallfolien ist eher mangelhaft und auch der Erhaltungszustand ist aufgrund des dünnen Materials zumeist sehr kritisch. Zur Wiedergabe benutzt man möglichst eine konventionelle Schallplatte als Unterlage. Die Schallfolie wurde erst durch die MusiCassette und dann Anfang der 90er Jahre vollständig durch die wertigere Bonus-CD verdrängt. Wenn heute noch jemand eine Schallfolie veröffentlicht, dann immer nur in lieb gemeinter Reminiszenz an die guten alten Analogzeiten.

SCHALLPEGEL

Klassisches Verhältnismaß, mit dem die Stärke eines auftretenden → Schalldrucks im Vergleich zur angenommenen Hörschwelle des Menschen gesetzt wird. Im Gegensatz zur Lautstärke berücksichtigt die Bewertung des Schallpegels nicht das frequenzabhängige Lautstärkeempfinden des menschlichen Gehörs (→ Hörbereich). Schalldrücke können auch im Verhältnis zueinander als »relative Schallpegel« bewertet werden.

SCHALLPLATTE

Oberbegriff für alle scheibenförmigen Tonträger, wobei die Art der aufgezeichneten Signalinformation nicht berücksichtigt wird. Auch eine CD wird im Alltag als Schallplatte bezeichnet.

SCHALLPLATTEN-ANTIQUARIAT

Bezeichnung für ein auf den An- und Verkauf von gebrauchten Tonträgern spezialisiertes Fachgeschäft. Ein Schallplatten-Antiquariat unterscheidet sich vom Trödler oder einfachen Gebrauchtplatten-Händler durch die systematische Aufarbeitung und sachgemäße Bewertung der Bestände, eine informative und kompetente Beratung sowie den weitestgehenden Verzicht auf moderne Tonträgerformate (CD, Mini Disc usw.). Darüber hinaus bieten zahlreiche Schallplatten-Antiquariate sinnvolles Zubehör, weitergehende Dienstleistungen (z.B. Schallplattenwäsche) und eventuell Sekundär- und Fachliteratur an. Ein gut geführtes Antiquariat wird vom Sammler gern aufgesucht, da es nicht nur Verkaufsstelle, sondern auch Treffpunkt der Szene ist und einen regen Gedankenaustausch unterstützt.

SCHALLPLATTENBÖRSEN

Regelmäßig stattfindende öffentliche Veranstaltungen, bei denen mit gebrauchten und gelegentlich auch neuen Tonträgern gehandelt wird. Hier findet der Sammler ständig Nachschub und mitunter sogar eine »sagenumwobene« Rarität. Das Angebot an Tonträgern ist breitgefächert und deckt in der Regel alle → Sammelgebiete ab. Spezielle, monothematische Schallplattenbörsen ergänzen in kaufkräftigen Ballungsgebieten die monatlichen Börsen. Der Kaufabschluß auf einer Schallplattenbörse ist reine Verhandlungssache. Zumeist gibt der Verkäufer einen Eckpreis zur Orientierung vor. Das Verhandlungsgeschick des Käufers und gewährte Rabatte bei größeren Posten gestalten den Abverkauf flexibel. In der Regel finden Schallplattenbörsen monatlich statt und werden von denselben Veranstaltern immer am gleichen Ort durchgeführt. In der Bundesrepublik sind diese Veranstaltungen straff durchorganisiert und reisen mitunter wie ein Wanderzirkus durch die Lande. Darüber hinaus finden in jedem wichtigen Ballungszentrum auch größere Schallplattenbörsen mit internationaler Beteiligung statt. Einige ausländische Großveranstaltungen (z.B. in Messehallen) besitzen internationalen Referenzcharakter und ziehen Sammler aus aller Welt an (z.B. Amsterdam, Austin, Barcelona, London, Rio de Janeiro).

SCHALLPLATTENBÜRSTE

Praktische Handbürste zur Reinigung der Schallplattenoberfläche. Anfänglich verwendete man Samtbürsten, die den Staub aufnahmen, aber dabei immer zu statischen Aufladungen der Schallplattenoberfläche führten. Mittlerweile haben sich die in den frühen 80er Jahren eingeführten Karbonfaserbürsten mit Abstreifbügel durchgesetzt. Hier sind die Faserstärken deutlich kleiner als beim Samt und die echte Borstenanordnung verleiht der Faser eine bessere Richtwirkung, als es bei textilen Geweben üblich ist. Darüber hinaus senken Karbonfaserbürsten, insofern sie schlüssig ableitend konstruiert sind, auch die statische Ladung der Schallplatte auf ein Minimum. Bürste und Mensch wirken hier als Leiter (funktioniert nicht bei Gummisohlen). Eine Karbonfaserbürste wird sanft auf die sich drehende Schallplatte aufgesetzt und nach zwei oder drei Umdrehungen wieder abgenommen. Die Reinigungswirkung ist am besten, wenn man die Bürste dabei nicht bewegt. Je nach Verschmutzung wiederholt man den Vorgang mehrfach, wobei nach jedem Aufnehmen außerhalb der Schallplattenfläche die Fasern am Abstreifbügel zu reinigen sind (Hin- und Herschwenken). Einige Firmen (u.a. audio-technica) haben auch spezielle Bürsten zur Feuchtreinigung entwickelt, die sich aber auf Dauer und im Vergleich zu speziellen → Schallplattenwaschmaschinen nicht durchsetzen konnten.
Anmerkung: Auch Schallplattenbürsten müssen wie alle anderen Reingungsinstrumente in regelmäßigen Abständen selbst gereinigt werden. Dazu benutzt man am besten ein nebelfeuchtes Tuch aus → Mikrofaser, mit dem man die Karbonfasern und den Korpus bzw. Bügel der Bürste mehrmals sanft abreibt. Danach wird die Bürste mehrfach über den Bügel gedreht, bis sich die Fasern wieder auftrennen. So gereinigt, wirkt auch eine in die Jahre gekommene Bürste wie neu. Im Laufe der Jahre verändert sich bei fast allen Karbonfaserbürsten die Stellung der Fasern und/oder die Bürsten selbst sind unregelmäßig abgerieben. Hier empfiehlt sich in der Regel eine neues Exemplar.

SCHALLPLATTENFIRMA

Bezeichnung für ein Unternehmen, das kommerziell Schallplatten – im Sinne einer Kontrolle und Beeinflussung der Inhalte – herstellt. Dabei können praktisch auch alle einzelnen technischen oder kommerziellen Arbeitsschritte (Aufnahme, Pressung, → Vertrieb usw.) ausgegliedert oder von Dritten bedient werden. Eine Schallplattenfirma zielt über das einmalige Produkt hinaus und erarbeitet sich in Folge einen → Katalog. Zumeist werden längerfristige Künstlerverträge abgeschlossen, um die Veröffentlichungspolitik der Firma gezielt zu entwickeln. Schallplattenfirmen, die von engagierten Einzelpersönlichkeiten

(→ Independents) oder Bands (→ Künstler-Schallplattenlabel) gegründet werden, geraten über kurz oder lang in den Besitz eines → Majors und werden dort in den bestehenden Katalog ein- oder angegliedert.

SCHALLPLATTENFREUND

Von der Industrie in den 50/60er Jahren gern benutzte Schmeichelei beim Kundenfang, die sich im Kreis von Musikliebhabern und Schallplattensammlern auf Dauer festsetzen konnte.

SCHALLPLATTENHERSTELLUNG

Bezeichnung für den kompletten, mehrteiligen Prozeß von Aufzeichnung und Vervielfältigung einer Tonaufnahme. Dazu gehören: die Tonaufnahme inkl. → mixdown, die Herstellung der → Originalaufzeichnung, → Galvanik (→ Galvanoabfolge), der → Preßvorgang und die Verpackung.

SCHALLPLATTENKLUB

Traditionelle Vertriebsform der Phonoindustrie, um ihre Produkte gezielt auch bis in den letzten Winkel des Absatzmarktes zu tragen. Ähnlich einem Buchklub, oder in Verbindung mit diesem, werden dem Käufer per Katalog verschiedene Titel angeboten, von denen je nach Vertragsabschluß und Dauer eine gewisse Menge abzunehmen ist. Schallplattenklubs werben mit attraktiven Endkundenpreisen, zwingen den Käufer jedoch zur Abnahme. Zumeist werden auch vorausgewählte Titel direkt oder bei unterlassener Bestellung in Ergänzung an das Klubmitglied versandt. Für den Sammler sind vor allem speziell zusammengestellte Klub-Schallplatten mit eigenständigem Programminhalt oder als »Sonderausgabe« gefertigte Teilauflagen bekannter Alben von Interesse. Besonders Sonderpressungen mit abweichendem Cover, veränderter Titelauswahl oder -reihenfolge sowie Eigenumschnitte besitzen in der Regel eine gute Akzeptanz am Markt.
Anmerkung: Innerhalb des Ostblocks profilierten sich vor allem der polnische und der tschechische Schallplattenklub durch eine Vielzahl eigenständiger Veröffentlichungen. Hier bot man den Klubmitgliedern u.a. Live-Aufzeichnungen erfolgreicher Konzerte aus Jazz, Blues und Folk. Einige dieser Scheiben besitzen heutzutage aufgrund des Programminhalts und der zumeist sehr geringen Auflagen einen sehr hohen Repertoire- und Sammlerwert.

SCHALLPLATTENMITTELPUNKT

Der Mittelpunkt einer Schallplatte befindet sich nur im Idealfall wie angenommen im Zentrum des Mittellochs. In der Praxis weichen alle vervielfältigten Schallplatten mehr oder weniger deutlich davon ab. Der Grad der Abweichung ist abhängig von der Zentrierung der Preßmatrizen in der Preßform, der Homogenität der verwendeten Preßmasse, dem Abkühlungsprozeß innerhalb des Preßvorgangs, der Lagerung und der Schlüssigkeit von Mittelloch und Plattentellerachse. Die Norm (DIN, IEC, RIAA) schreibt eine Mittenzentrierung der Schallplatte von 0,2 mm vor, die aber in der Praxis oft überschritten wird. Für DMM-Schallplatten wurde der Toleranzbereich auf 0,1 mm minimiert. Anmerkung: In der Regel weisen A- und B-Seite unterschiedliche Maßhaltigkeiten auf, da die Mittenzentrierung der Preßmatrizen einzeln vorgenommen wird.

SCHALLPLATTENNUMMER

Eine numerische oder alpha-numerische Zeichenkombination, die auf beiden → Etiketten der Schallplatte identisch ist und zur Identifizierung einer einzelnen Schallplatte dient. Reine Schallplattennummern, die tatsächlich Einzelplatten spezifisch ausweisen, sind relativ selten. In der Regel verwenden Schallplattenfirmen vorliegende → Bestell- oder → Katalognummern gleichsam als Schallplattennummer oder differenzieren Einzelplatten nur über entsprechende → Matrizennummern (intern) bzw. Seitenbezeichnungen (extern). Eigenständige Schallplattennummern bieten innerhalb einer Diskographie den unschätzbaren Vorteil, daß sie eine umfangreiche Veröffentlichung knapp und eineindeutig charakterisieren. Gelegentlich bestehen Schallplattennummern auch aus einer mehrteiligen Kombination von → Präfix, → Seriennummer und/oder eventueller Unternummer, → Preiscode, → Suffix. Derart lange Schallplattennummern erschweren zwar die Bearbeitung der Daten, garantieren aber dafür höchste Genauigkeit. Inwieweit nun ein Diskograph auch eine Kurzfassung mehrerer zusammengehöriger Schallplattennummern anwenden darf, ist zweifelsohne eine Auslegungsfrage.

SCHALLPLATTENORCHESTER

Bezeichnung für einen Klangkörper, der extra für die Produktion einer Schallplatte zusammengestellt wird und ansonsten nicht in der alltäglichen Aufführungspraxis zusammenspielt. Schallplattenorchester haben sich historisch aus einer fortschreitenden Arbeitsteilung heraus entwickelt. Dabei verfügt der Einzelmusiker über einen großen Erfahrungsschatz beim Umgang mit den spezifischen Bedingungen im Tonstudio. Jedes Mitglied des Schallplattenorchesters ist versiert im Gruppen- und Einzelspiel, im Umgang mit den Mikrofonen, verfügt über ein hohes Maß an Wiederholbarkeit und Gleichmäßigkeit (wichtig bei Overdubs), ein sicheres Takt- und Rhythmusgefühl und beherrscht das Blattspiel (Noten). Darüber hinaus profitieren besonders moderne Rock- und Popproduktionen von hochqualifizierten Studiomusikern, die über ein effizientes Improvisationstalent verfügen und/oder die Fähigkeit besitzen, die Intentionen des Produzenten und/oder Künstlers kongenial umzusetzen.

SCHALLPLATTENPASS

In Vorbereitung einer Schallplattenproduktion erhält jede Produktion einen Auftrags- und Begleitzettel, der alle wesentlichen Angaben zu Programminhalt und Fertigung schriftlich fixiert. Hier werden Format, Überspieltechnik, Etiketten, Cover, Promopressungen, Kontrollschritte usw. festgelegt und während des Produktionsprozesses abgerechnet. Teilweise ist der Schallplattenpaß auch das Satzmanuskript für die Etiketten und das Cover. Weitergehende firmenspezifische Kontrollzettel, Abrechnungs- und Freigabeformulare sowie umfangreichere Manuskripte und/oder Bildmaterial, befinden sich zumeist gesondert in einer angehefteten Auftragstüte.

SCHALLPLATTENPREISE

Sammelbezeichnung für alle Auszeichnungen, die die Phonoindustrie ihren erfolgreichsten Künstlern zur Aufwertung von Ego und Produkt zukommen läßt. Schallplattenpreise sind zumeist absatzorientiert und spiegeln den kommerziellen Erfolg einer Produktion. Es entsteht eine Wechselwirkung zwischen dem bisherigen Abverkauf (an den Handel) und den zu erwartenden Absatzzahlen (an den Endkunden). Eine Goldene Schallplatte wird für den Umsatz der Firma an den Handel und nicht an den Endkunden vergeben. Die tatsächliche massenhafte Verbreitung z.B. einer Single wird nun durch eine entsprechende Vermarktung angeregt.

Anmerkung: Natürlich gibt es auch vereinzelt Schallplattenpreise, die künstlerische und repertoirepolitische Aspekte der Tonträgerproduktion berücksichtigen (→ Deutsche Phono-Akademie).

SCHALLPLATTENPROFIL

Bezeichnung für den Querschnitt einer Schallplatte. In der Regel verfügt die Schallplatte am Außenrand und im Etikettbereich über ein verstärktes Profil, um die Statik der Scheibe zu verbessern.

SCHALLPLATTENRADIUS

Da es sich bei Schallplatten um runde, flache Körper (Scheiben) handelt, die ihren Rotationsmittelpunkt im Zentrum besitzen, werden alle metrischen Angaben (außer Schallplattendurchmesser) in Bezug zum Radius der Platte angegeben.

SCHALLPLATTENRAND

Die äußere bzw. innere Begrenzung der scheibenförmigen Schallplatte. Nach dem → Preßvorgang wird die ausgepresste Schallplatte, die an ihrem Außenrand einen unregelmäßigen Materialüberschuß aufweist, entsprechend beschnitten. Der endgültige Schallplattenrand sollte gleichmäßig sein, keine überstehenden Kanten oder Noppen aufweisen und sich im Sinne einer optimalen Handhabung gut fassen lassen.

SCHALLPLATTENRAUSCHEN

→ Grundgeräusch

SCHALLPLATTENREINIGUNG

→ Antistatiktuch, → disco-antistat, → Discofilm, → Last, → Mikrofaser, → Mitlaufbesen, → Naßabspielen von Schallplatten, → Nitty Gritty, → Reinigung von Schallplatten, → Schallplattenbürste, → Schallplattenwaschmaschine

SCHALLPLATTENSPIELER

Bezeichnung für eine vollständige Abspieleinrichtung (→ Laufwerk, → Tragarm, → Abtastsystem) zur Wiedergabe von → Schallplatten.
Anmerkung: Auch wenn umgangssprachlich CDs als Schallplatten bezeichnet werden, verwendet man dort aber nicht den Begriff des Schallplattenspielers.

SCHALLPLATTENSTABILISATOR

→ Plattentellerklemme

SCHALLPLATTENTELLER

Zylinderförmiger Körper, auf den die Schallplatte zum Abspiel aufgelegt wird. Der Schallplattenteller ist durch die Tellerachse mit dem Tellerlager verbunden. Bei indirekter Kraftübertragung (→ Riemenläufer) wird der Plattenteller zumeist zweigeteilt (Innen- und Außenteller), wobei der Riemen dann am Innenteller anliegt. Plattenteller sind ausreichend schwer dimensioniert, um ein in Abhängigkeit zum Antrieb verträgliches → Trägheitsmoment zu entwickeln. Das Außenmaß des Tellers muß alle vorgesehenen Tonträgerformate stützen und entsprechend groß sein (zumeist 30 cm). Bei der Materialauswahl für den Schallplattenteller sind eine hohe Masse, ausreichende Dämpfungseigenschaften und geringes Eigenschwingungsverhalten zu gewährleisten. Zum optimalen Ruhigstellen der Schallplatte setzt man Schallplattentellerbeläge ein. Zusätzlich werden gelegentlich auch → Plattentellerklemmen verwendet.

SCHALLPLATTENTELLERBELAG

Zur Dämpfung und Abkopplung auf den → Schallplattenteller aufgelegter oder festgeklebter Belag. Zumeist werden Gummi- oder Filzmatten verwendet, die über gute Dämpfungseigenschaften verfügen. Seit einigen Jahren werden auch spezielle Auflagen aus Sorbothan (Audioquest), Kork (→ Ringmat) oder verschiedenen Materialmixen (→ Thorens, RDC) angeboten. Der Schallplattentellerbelag entscheidet in erheblichem Maße über den zu erzielenden Klang der Wiedergabe. Eine zu wenig gedämpfte Schallplatte wird eher harsch oder nervig klingen, einer ungenügenden Auflösung des unteren Übertragungsbereichs Vorschub leisten und auch in ihrer Abbildungsruhe viele Wünsche offenlassen. Hingegen führt eine zu stark gedämpfte Schallplatte immer zu Dynamikverlusten und einer wenig differenzierten Abbildung. Die Wirkung eines Belags ist immer abhängig von der Konstruktion und dem Werkstoff des Plattentellers. Oft kann man nur durch Hörtests den klanglich besten Schallplattentellerbelag ermitteln. Seit einigen Jahren statten zahlreiche Hersteller ihre neuen Modelle schon mit optimalen Belägen oder Matten aus. Dennoch werden von Audiophilen regelmäßig neue Versuche unternommen, die Qualität ihrer Heimwiedergabeanlage mittels eines besser geeigneten Schallplattentellerbelags zu steigern.

SCHALLPLATTENTYP

Nach → IEC Publikation 98 benutzte numerische Bezeichnung zur Verschlüsselung von Durchmesser und → Drehzahl einer Schallplatte. Der Durchmesser wird in Zentimetern angeben und die Drehzahl auf die Stellen vor dem Komma beschränkt. Mit dieser Einteilung lassen sich alle gebräuchlichen Schallplattentypen eineindeutig voneinander trennen. Beispiele: 3033 (30 cm, 33 1/3 UpM), 3045 (30cm, 45 UpM), 1733 (17 cm, 33 1/3 Upm) 1745 (17 cm, 45 UpM).

SCHALLPLATTENUNTERHALTER

Diese vollständig eingedeutschte Bezeichnung für einen Diskjockey wurde in der DDR eingeführt und sollte das Tätigkeitsfeld vom reinen Plattenauflegen hin zum gestaltenden Kleinkünstler ausdehnen. Dazu wurde ein umfangreiches Reglement und ein Schulungsverfahren eingeführt, welches jeden Diskjockey zum Universalgenie ausbilden sollte. Schwerpunkte der zentral organisierten Schulungen waren u.a. technische Grundlagen, Lichtgestaltung, Musikgeschichte und Ästhetik, Programmgestaltung, Conference sowie Rechtsfragen. Mit bis zu 2-jährigen Fernkursen für das Erlangen einer professionellen Spielerlaubnis schoß man sicher über das Ziel und die Vorstellungen der Interessenten hinaus, schuf aber dadurch als einziges Land der Welt eine eigenständige, staatlich anerkannte Berufsausbildung zum Diskjockey, pardon Schallplattenunterhalter. Straff organisiert, trafen sich die Schallplattenunterhalter mit Amateurstatus in ihren gleichnamigen Kreisarbeitsgemeinschaften, die in der Praxis weniger als ideologische Seminare, sondern als Bastelklubs und Tauschbörsen verstanden wurden. Die ca. 70 vollberuflichen Kader hingegen wurden zentral vom Komitee für Unterhaltungskunst geführt und angeleitet. Das Schwert der staatlichen Einflußnahme war jene Spielerlaubnis, die als Voraussetzung für das öffentliche Auftreten, für Vertragsabschlüsse und entsprechende Außenwerbung notwendig war. Ebenso wie bei Rockmusikern wurde die Erteilung und Aberkennung der Spielerlaubnis des öfteren zu erzieherischen Maßnahmen mißbraucht.

SCHALLPLATTENWASCHMASCHINE

Zur → Reinigung von Schallplatten konstruierte Spezialmaschine, die je nach Wirkprinzip (Film- oder Tauchbad) und Ausführung über einen motorisierten Antrieb, Platten- oder Stützteller, Flüssigkeitsspender, Auftrageinrichtung, Bürste oder Pinsel, Absaugeinrichtung und Auffangbehälter verfügt. Einfache Modelle werden zumeist komplett per Hand betrieben. Bei der Reinigung im Tauchbad rotiert die Schallplatte (teilweise) in der Reinigungsflüssigkeit, wird mittels beidseitig angebrachter Bürsten gereinigt (→ disco-antistat) und anschließend an der Luft getrocknet. Beliebter sind Maschinen, die über eine

mehrteilige Konstruktion verfügen und nach der Wäsche die Schallplatte auch trocknen. Dazu verwendet man entweder elektrische Saugmotoren (Staubsauger) oder Pumpen (Aquariumpumpen). Einfache Saugmaschinen (→ Nitty Gritty) ziehen durch einen im Gehäuse eingefrästen und mit einer Bürste versehenen Schlitz die Flüssigkeit in einen Auffangbehälter. Die Drehbewegung über die feinfaserige Samtbürste der Schlitzöffnung löst den Dreck und der anschließende Saugvorgang entfernt die Reinigungsflüssigkeit. Maschinen mit einer Absaugpumpe (Keith Monk, Loricraft) trennen beide Funktionen und besitzen neben der Bürste einen Schnorchel, der die Reinigungsflüssigkeit punktuell absaugt. Diese Methode steigert die Absaugleistung am Arbeitspunkt und ermöglicht eine sofortige Trocknung der entsprechenden Absaugstelle, wo hingegen die Schlitzsauger zumeist drei bis fünf Umdrehungen zur vollständigen Trocknung benötigen. Die Schnorchelsauger führen die bewegliche Absaugeinrichtung spiralförmig über die Plattenseite, wobei der Vortrieb durch einen dünnen Faden erzeugt wird, der grob der Rille folgt. Dabei verwendet man eine umgekehrte Drehrichtung der Platte, setzt den Schnorchel in die Auslaufrille und das Absaugstück wandert von innen nach außen. So verhindert man u.a. eine Beanspruchung des Etiketts. Durch die Trennung von Bürste und Absaugeinrichtung verhindert man ein Rückwandern der herausgelösten Schmutzpartikel in die Rille. Der Dreck bleibt in der Bürste, die separat ausgespült werden muß. Schlitzabsauger versuchen während des Saugvorgangs, Rille und Bürste gleichzeitig von der verdreckten Reinigungsflüssigkeit zu befreien. Bei aufwendigeren Schlitzabsaugern (Blue Danube, VPI) sind Bürste und Absaugeinrichtung getrennt ausgeführt. Im Praxisbetrieb erzeugen Schallplattenwaschmaschinen mit integriertem Staubsaugermotor beachtliche Lärmpegel, hingegen Kompressormodelle nur leise Arbeitsgeräusche. Jeder Hersteller versucht, das von ihm eingesetzte Reinigungsprinzip und die daraus resultierenden Waschmaschinen als das Nonplusultra auf dem Reinigungssektor darzustellen. Mitunter werden auch veränderte Detaillösungen (Korkplattenteller, Bürstenausführung, höhere Saugleistung usw.) als dramatische Qualitätssteigerung abgefeiert. Die Praxis beweist aber leider, daß sich die verschiedenen Maschinen in der tatsächlich zu erzielenden Reinigungstiefe nicht dramatisch voneinander unterscheiden. Es ist ein weitverbreiteter Irrglauben eine teurere Maschine reinige besser als ein billiges Fabrikat. Einerseits hängt die Reinigungstiefe von der verwendeten Reinigungsflüssigkeit sowie der Sauberkeit der Bürste und Absaugeinrichtung ab, andererseits verfügt jedoch keine der bislang vorgestellten Waschmaschinen über mechanische Reinigungshilfen, die den tatsächlichen Dimensionen der Rille auch nur annähernd entsprechen. Es ist eher so, als würde man mit einer Harke versuchen, feinen Sand zu kehren. Die HiFi-Fachpresse läßt sich bei der Berichterstattung oft vom z.T. horrenden Anschaffungspreis und der Massivität der Maschine blenden, als daß sie versucht, die erzielten Waschleistungen untereinander zu objektivieren.
Anmerkung: Die Einführung ordinärer Reinigungstücher aus → Mikrofaser hat die Anschaffung einer teuren Schallplattenwaschmaschine praktisch überflüs-

sig gemacht. Geeignete Mikrofasertücher garantieren unschlagbar preiswert, mit geringstem Aufwand und ohne chemische Zusätze eine optimale Tiefenreinigung der Rille und der Schallplattenoberfläche.

SCHALLPLATTENWECHSLER

Bezeichnung für einen → Schallplattenspieler, der mehrere Schallplatten aufnimmt und der Reihe nach abspielt. Vorrangig in den 50/60er Jahren wurden von allen Geräteherstellern entsprechende Modelle angeboten, die vor allem die Spieldauer verlängern sollten. Hier wurde dem Wunsch des Hörers entsprochen, bei umfangreicheren Werken auf Doppel-LP oder im mehrteiligen Box-Set eine möglichst lange, zusammenhängende Hörsitzung genießen zu können. Bis auf wenige Ausnahmen benutzte man immer eine Stapelanordnung und einen automatisierten Hebelmechanismus, der nach erfolgtem Abspiel einer Seite den Tragarm anhebt und auslenkt, die nächste Schallplatte von oben herabfallen läßt, den Arm erneut über die Platte führt und in die Einlaufrille absenkt. In der Praxis waren solche Einrichtungen nicht frei von Fehlern. Häufig hakte der Mechanismus, die Schallplatten wurden verkantet abgeworfen und/oder der Tragarm fand nicht die Rille. Darüber hinaus sind natürlich komplizierte mechanische Einrichtungen auch deutlich wartungsintensiver. Im Sinne einer hohen Wiedergabequalität wurde ab Anfang der 70er Jahre weltweit auf die weitere Produktion von Schallplattenwechslern verzichtet.
Anmerkung: Vor allem in den USA wurden bis Ende der 70er Jahre zahlreiche Doppelalben mit einer für den Einsatz im Schallplattenwechsler optimierten Seitenfolge (1/3, 2/4) produziert.

SCHALLPLATTENWELLIGKEIT

Bezeichnet einen welligen Verwurf der Schallplatte. Beim → Preßvorgang wird die Schallplatte innerhalb zwei exakt planliegender, paralleler Preßformen ausgepreßt. Beim Öffnen der Form und dem anschließenden Ruheprozeß kommt es aufgrund der Materialeigenschaften des Vinyls und ungünstiger äußerer Rahmenbedingungen zu ersten Verwerfungen der Schallplatte. In der Regel bleiben diese Wellen auf Dauer fester Bestandteil der Schallplatte und können durch eine ungünstige Lagerung im Handel oder zuhause noch verstärkt werden. Nachträgliche Hitzeeinwirkungen (z.B. Sonnenstrahlen) führen zu weiteren Verwellungen.
Anmerkung: Wellen kann man nicht wirklich effizient bekämpfen. Mitunter hilft ein mehrfaches, kräftiges, aber dennoch vorsichtiges Ausbiegen der Platte, um wenigstens konische Verspannungen (Tellerform) zu lösen.

SCHALLSPEICHERVERFAHREN

In der Geschichte der Schallaufzeichnung wurden verschiedene technische Verfahren entwickelt, die sich grundlegend in ihren verwendeten Speichermedien und Speicherarten unterscheiden. Zum Speichern analoger Schallaufzeichnungen nutzt(e) man mechanische (Rille), magnetische (Draht, Band) oder optische (Lichtton auf Film) Speicher. Für digitale Aufnahmeverfahren werden als Speichermedium Magnetbänder oder -platten, optische Platten bzw. Festspeicher benutzt.

SCHELLACKPLATTE

Bezeichnung für alle unter Verwendung von Schellack gefertigten scheibenförmigen Tonträger. Dieses bei der Fabrikation von Knöpfen bereits bewährte Material wurde von Emile Berliner um 1897 erstmals zur Fertigung von Schallplatten eingesetzt. Die Preßmasse besteht aus einer feingemahlenen Mischung von Baryt, Schiefermehl, Baumwollflock, Ruß und Schellack. Zu Beginn wurden als fasriger Bestandteil des Plattenmaterials auch Kuhhaare verwendet, deren herausragende Enden nach dem Preßvorgang abgeschnitten werden mußten. Schellack selbst besteht aus Wachsabscheidungen der Lackschildlaus. Der Materialmix wurde im Laufe der Jahrzehnte immer weiter verbessert, wobei die Zerbrechlichkeit des Werkstoffs nicht deutlich verringert werden konnte. Schellackplatten wurden bis ca. 1960 hergestellt und seit 1948/50 durch die → Langspielplatte aus → Vinylite ersetzt. Die Schellackplatte steht im täglichen Sprachgebrauch als Synonym für alle 78er-Schallplatten (→ Normalspielplatte, 78 UpM).

SCHLAUCHTASCHE

Gemeinhin als Klappcover bezeichnete, aufklappbare Schallplattenaußenhülle (→ Cover) mit Einschüben für ein bis zwei, selten mehr LPs. Aufgrund der verschiedenen Möglichkeiten der buchbinderischen Weiterverarbeitung des Druckbogens sind grundsätzlich drei verschiedene Varianten bekannt.

1. Einschub links/rechts. Die am weitesten verbreitete Standardvariante, mit innen- bzw. außenliegenden Klebefalzen. Bei Verwendung für eine Einzel-LP auch an der linken Seite verklebt.
2. Einschub von oben. Bis Ende der 60er Jahre gebräuchliche Variante mit innen- oder außenliegenden Klebefalzen (→ flipback sleeve) am linken und rechten Rand des Covers (z.B. Beatles – »White Album«, Parlophone PMC/PCS 7067/8, Erstauflage).
3. Einschub von innen. Mit Sicherheit die polygraphisch anspruchsvollste und kultivierteste Möglichkeit, da das einfache Herauslassen der LP unterbunden wird und man das Cover wie ein Buch zuerst aufschlägt, um, über die Innenseiten des Covers geführt, an den Inhalt zu gelangen.

SCHLEIFGERÄUSCHE

Bei der Wiedergabe von Schallplatten auftretende periodische Geräusche, die durch schleifende Bauteile verursacht werden. Typisch sind ein Aufliegen des Abtastsystems auf der Schallplattenoberfläche bei einer viel zu hohen Auflagekraft oder einem verbogenen bzw. defekten Nadelträger, das Aufsetzen des Plattentellers auf den innenliegenden → Pulley, schräglaufende Riemen, Probleme im Tragarm- oder Plattentellerlager, defekte Antriebsmotoren und auffällige Verschmutzungen der beweglichen Teile. Extrem verbogene Schallplatten können bei der Abtastung auch zu Schleifgeräuschen führen, wobei dann das Abtastsystem zumeist hinter dem Umkehrpunkt auf die Schallplatte aufsetzt. Bei auftretenden Schleifgeräuschen sollte man umgehend die Fehlerquelle suchen und beheben.

SCHLUPF

Bei → Riemenläufern auftretende Abweichung der vorgesehenen → Umdrehungsgeschwindigkeit einer → Schallplatte. Die Kraftübertragung mit einem Riemen (Gummi) zwischen → Antriebswelle des Motors und Plattenteller ist elastisch. Damit werden störende Vibrationen des Motors von der Schallplatte weitestgehend ferngehalten. Vor allem beim Hochlaufen des Plattentellers kommt es auf Grund der hohen Masse zu einer Dehnung des Riemens und damit unstetigen Drehzahlsteigerung. Ein Riemen ist niemals absolut homogen und verfügt über Teilbereiche, die sich – wenn auch nur minimal – unterschiedlich ausdehnen. Andererseits entsteht an den beiden Kontaktpunkten zwischen Motorwelle-Riemen und Riemen-Plattenteller eine permanente Reibung, die ebenfalls ständig variiert. Der Schlupf tritt immer dann auf, wenn sich der Reibungsfaktor ändert. Hier können auch kleinste Verunreinigungen (Fett, Schmutz, Nikotin) zu einer Ausdehnung des Schlupfs beitragen. Im allgemeinen wird der Schlupf durch das → Trägheitsmoment des Plattentellers ausgeglichen. Zur Kontrolle der tatsächlichen Umdrehungsgeschwindigkeit nutzt man das → Stroboskopverfahren. Um den Schlupf möglichst gering zu halten, sollte der Riemen regelmäßig auf (deutlichen) Abrieb überprüft werden und gegebenenfalls ausgetauscht werden. Öfters talkumiert, kann ein Gummiriemen über Jahre geschmeidig bleiben.

SCHNEEWITTCHENSARG

Humoristisch-liebevolle Bezeichnung für die 1956 von dem deutschen Hersteller → Braun vorgestellte → Phonokombination SK4, bei der erstmals ein Acryldeckel als obere Gehäuseabdeckung eingesetzt wurde. Die Idee für diese revolutionäre Lösung ging auf das Tonmöbel-Konzept des Designers Hans Gugelot zurück, das eine Antithese zu der bis dahin vorherrschenden Praxis darstellte, technische Heimgeräte in Wohnzimmermöbeln zu verstecken. Für Gugelot und den Braun-Designer Dieter Rams galt es, eine neuartige, dem Funktionsprinzip des Geräts entsprechende Formensprache zu entwickeln. Dazu verwendete man einen U-förmigen Metallkorpus, der durch hölzerne Seitenteile gefasst wurde. Im ersten Entwurf fügte man als oberen Abschluß einen dem Korpus entsprechenden Metalldeckel ein, der aber dem Ganzen eher die Anmutung eines Brotkastens gab und darüber hinaus bei der Tonwiedergabe über den integrierten Lautsprecher heftig zu vibrieren begann. Die Legende will es, daß der bei Werbeaufnahmen deckellos fotografierte Prototyp so umwerfend aussah, daß man sich entschloß, den Deckel aus modernem, glasklaren Acryl zu fertigen. Dadurch gestaltete sich der Abspielvorgang transparent und Braun definierte letztlich einen Industriestandard für (fast) alle nachfolgenden Schallplattenspieler.

SCHNEIDBRUST

Die gerade Vorderkante des → Schneidstichels.

SCHNEIDKENNLINIE

Zur Aufzeichnung der Signalinformation in der Rille wird das anliegende Signal in seinem Frequenzgang verformt. Damit verringert man die Auslenkung der Rille, macht Aufzeichnung und Abtastung der Frequenzextreme beherrschbar und spart Platz. Hohe Frequenzen werden im Pegel angehoben und führen zu einer größeren Auslenkung. Tiefe Frequenzen werden im Pegel abgesenkt und erfordern dadurch eine geringere Auslenkung. Der Verlauf der Kennlinie wird im Sinne einer technischen Reproduzierbarkeit durch → Zeitkonstanten definiert. Entsprechend internationaler Festlegungen werden vereinheitlichte → Aufzeichnungskennlinien eingesetzt und ermöglichen eine breite Austauschbarkeit von Schallplatten. Bei der Wiedergabe muß eine entsprechend umgekehrte → Wiedergabekennlinie gewählt werden, die das aufgezeichnete Signal entzerrt und in seinen ursprünglichen, linearen Frequenzgang überführt.

SCHNEIDSTICHEL

Am → Schreiber in einer Fassung angebrachter Stichel, der bei der Aufnahme die Rille in die → Aufnahmeplatte schneidet. Der Schneidstichel besteht aus synthetischem Saphir oder Rubin (→ Lackschnitt) bzw. Diamant (→ Direct Metal Mastering). Im Gegensatz zur Abtastnadel mit ihrem im Prinzip runden Schliff, besitzt der Schneidstichel ausschließlich gerade Facetten. Der zylindrische Stichelrohling (0,75 x 4 mm) wird auf seiner Länge um ca. 0,15 mm gerade abgeschliffen, es entsteht eine Schneidbrust. Danach schleift man ein Ende im Winkel von 45° nach hinten fallend ab, es entsteht der → Rückwinkel. Anschließend werden an den Seiten des Stichels (Frontansicht) zwei Flanken im Winkel von 45° geschliffen, die in ihrer Summe die geforderten 90° der Stichelspitze ergeben. Es entsteht ein dreieckiger Querschnitt (Aufsicht), dessen Basis vorn liegt, während die entsprechende Schenkelspitze nach hinten zeigt. Zur Reduzierung des → Grundgeräuschs werden an den Eckpunkten der Basis kleine Konterfacetten (ca. 2 – 4 μm) angeschliffen. Die Stichelspitze wird minimal verrundet, wobei ein Radius unter 4 μm einen guten Rauschabstand ermöglicht. Die Standzeit eines Schneidstichels liegt bei ca. 15 Stunden.

SCHNEIDSTICHELHEIZUNG

Zur Unterstützung eines homogenen Lackschnitts wird der Schneidstichel mit einer kleinen Heizwicklung versehen, die den Stichel über die auftretende Reibungshitze hinaus erwärmt und eine optimale Arbeitstemperatur an der Stichelspitze gewährleistet. Die optimale Temperatur ist u.a. abhängig von der verwendeten Lackfolie und kann individuell eingeregelt werden.

SCHNEIDVERSTÄRKER

Professionelle Verstärkerschaltung mit Leistungstransistoren oder Röhren, die das Eingangssignal in Festlegung zum gewünschten Aufzeichnungspegel verstärkt und den → Schreiber mit der nötigen Energie versorgt. Moderne Schneidverstärker besitzen maximale Ausgangsleistungen um 400 – 600 Watt, sind sehr schnell in der Signalverarbeitung und über die zu erwartenden Impulsspitzen hinaus übersteuerungsfest. Funktional bilden → Schreiber, Schneidverstärker und die integrierte elektronische Sicherung eine Funktionseinheit. Deshalb wird der elektrische Abgleich mit dem Schreiber über spezielle Stellglieder (→ MFB) vorgenommen, wobei ein genaues Einpegeln der Baugruppen das Rauschen der gesamten Einheit senkt. In der Regel werden dem Schneidverstärker aus aufzeichnungstechnischen Sicherheitsgründen auch Schnelle-Begrenzer vorgelagert.

SCHNELLE

Bezeichnet die Wechselgeschwindigkeit, mit der sich ein → Schneidstichel oder eine → Abtastnadel bewegt.

SCHNITT

→ cut

SCHNITTIEFEN-STEUERUNG

Während der Erstellung der → Originalaufzeichnung muß der Schreiber eine kontinuierliche Schnittiefe sicherstellen. Bei den Konstruktionen von → Neumann ist der Schreiber an einem kugelgelagerten und mittels Feder ausgeglichenen Waagebalken befestigt und dadurch vertikal beweglich gelagert. Am hinteren Ende des Waagebalkens ist eine Tauchspule montiert, die sich in einem Topfmagneten bewegt. Bei einer Erhebung (z.B. Welle) der Lackoberfläche kann der Schreiber adäquat reagieren. Die Gesamtkonstruktion reduziert den Schnittwiderstand auf ein Minimum und benötigt nur geringe Kräfte zum Ausgleich. Auftretende Vertikal-Schwingungen werden über eine einstellbare Öldämpfung minimiert. Ältere Umschnitteinheiten verwenden eine → Vorlaufkugel zur Glättung der Lackoberfläche.

SCHOLA

Für Lern- und Unterrichtsschallplatten eingerichtete Marke des → VEB Deutsche Schallplatten Berlin.

SCHREIBER

Zum Schneiden der Rille wird eine komplexe Funktionseinheit von Treiberspulen und Magneten, Schneidstichel, Stichelfassung, Aufhängungen und Sicherungseinrichtungen zur thermischen Überwachung eingesetzt. Der Schreiber ist ein elektro-mechanischer Wandler, der in Abhängigkeit zum anliegenden Signal den Schneidstichel bewegt. Moderne Schreiber arbeiten nach dem elektrodynamischen Prinzip mit bewegter Spule und ermöglichen eine dreidimensionale Bewegung des Schneidstichels. Die mechanische Verbindung zwischen den beweglichen Teilen eines Schreibers führt zu Resonanzen. An diesen Stellen kann die Gegenkopplungsspule auftretende Stichelbewegungen nicht erfassen und kontrollieren. Es kommt zu einer Aufhebung der Übersprechdämpfung (0dB) und dadurch zur Überhöhung des in diesem Frequenzbereich anliegenden Signalanteils (Pegelüberhöhung). Diese auftretenden Systemresonanzen sind abhängig von der Konstruktion des jeweiligen Schreibers (→ Neumann 18 kHz, Ortofon 32 kHz, Westrex 13 kHz).

SCHWANN CATALOG

US-amerikanischer Schallplattenkatalog, der jeden Monat über die Neuveröffentlichungen anhand von Interpret, Titel, Tracklisting und Bestellnummer, und über alle weiteren von der Industrie gelisteten (zu diesem Zeitpunkt angebotenen) Schallplatten in gekürzter Form informiert. Die Schwann-(Long Playing Record)-Kataloge, die seit 1949 mit verschiedenem Untertitel erscheinen, stellen für den engagierten Sammler heute ein unverzichtbares Arbeitsmaterial dar, geben sie doch über alle wesentlichen Genres (E-Musik, gesprochenes Wort, Folk Music, Popular, Jazz und Sammelplatten) Auskunft. Dabei verwendet Schwann die von der Tonträgerindustrie gelieferten Daten und stellt auch alle offiziell in den USA vertriebenen Import-LPs vor. Pro Katalog sind die etwa 500 pro Monat veröffentlichten Neuerscheinungen zur besseren Übersicht und Handhabung extra gelistet. Vor allem die genaue Datierung von Erstveröffentlichungen wird für die Zusammenstellung von Diskographien, bei unzureichender oder fehlender Unterstützung seitens der Industrie, gern nach Einträgen im Schwann Catalog vorgenommen. Dabei muß man beachten, daß die Schwann-Notierung einer LP, aus redaktionellen Gründen, immer erst im Folgemonat erfolgt.

SCHWARZPRESSUNG

Umgangssprachliche Sammelbezeichnung für einen unautorisierten (illegalen) Tonträger. Dabei ist es egal, ob es sich dabei um einen Bootleg, ein Counterfeit oder eine Raubpressung handelt.

SCHWINGUNG

Definiert als periodische Zustandsänderung einer physikalischen Größe, wird die Schwingung im Zusammenhang mit der Schallplatte u.a. für die Versorgungsspannung (50 oder 60 Hz), für den Frequenz- oder Übertragungsbereich (z.B. 20 Hz bis 20000 Hz), aber auch zur Beschreibung der Schallschwingungen natürlicher oder synthetischer Klänge und deren Reproduktion verwendet.

SCRATCH & SNIFF

Aus dem Englischen (kratzen und riechen) abgeleitete Bezeichnung für einen, oft nur bei der → Initialauflage eingesetzten, Schallplattenaufkleber (seltener auch Teilabschnitt der Außenhülle), der mit einem Geruchsstoff imprägniert wurde und beim Reiben (Erwärmung) das gespeicherte Aroma entfaltet. Als populärstes Beispiel gilt das Album »Bush Doctor« von Peter Tosh (1979, Rolling Stones Records COC 39109, auch EMI 064-61708). Das → Cover zeigt in einer Fotomontage den in Nebeln tanzenden, bekifften Tosh, und der Aufkleber vermittelt dazu passend einen intensiv an den Rauch von Joints erinnernden Geruch. In ähnlicher Manie wurden gelegentlich auch komplett parfümierte → Innenhüllen oder Einleger (→ Beiheft) eingesetzt, die beim Auspacken der Schallplatte einen intensiven Geruch freisetzten. Beispiele: Durutti Column – »Another Setting«, mit parfümiertem Einleger (1983, Factory, FACT 74). Melanie – »Garden in the city«, präparierte Vorderseite des Covers (1972, Buddah, 2318 054). Für alle diese Gerüche gilt: Einmal freigesetzt, verfliegt ihr Reiz schnell und der Marktwert für eine unberührte Ausgabe steigt deshalb stetig.

SCRATCH NOISE SUPRESSION

Vom japanisch-holländischen Gerätehersteller Marantz vorgestelltes Verfahren zur wirkungsvollen Unterdrückung kurzimpulsiger Störgeräusche (→ Knack) während der Schallplattenwiedergabe. Basierend auf einer Filterschaltung mit definiertem Funktionsalgorithmus stellte Marantz im Jahr 1993 ein eigenständiges, externes Zusatzgerät (SX-72) vor, das in die Tape-Schleife eines Verstärkers integriert wird. Der SX-72 wandelt das analoge Signal in eine Digitalinformation und bewertet diese in einem digitalen Signalprozessor (DSP). Etwaige Pegelspitzen, die dem programmierten Muster in Intensität und Zeitverhalten entsprechen, werden unterdrückt. Dazu wird das Signal zur Bearbeitung in einen Zwischenspeicher gelegt und an der entsprechenden Stelle kurzzeitig (ms) ausgeblendet. Zwei Tipptasten an der Gehäusefront ermöglichen die stufenlose Einstellung des Arbeitspunktes und damit des Wirkungsfaktors. Nach erfolgreicher »Reinigung« des digitalen Signals wird dieses durch einen DA-Wandler erneut in ein analoges Signal umgeformt und wieder in die konventionelle Verstärkerschaltung eingespeist. Das SNS-Verfahren ist nicht unumstritten, da es mit zunehmendem Wirkungsgrad auch die klanglichen Eigenschaften des Signals verändert. Je feiner ein Signal(anteil) ist, umso mehr gerät es (er) in Gefahr, durch den DSP komplett ausgeblendet zu werden. Die eigentliche Signalinformation (Musik usw.) bleibt dabei erhalten, jedoch die begleitenden Signalanteile zur Darstellung der Klangcharakteristik (wichtig für Raumabbildung, Ortung usw.) werden massiv unterschlagen. Der Marantz SX-72 konnte sich nicht am Markt behaupten und verschwand nach knapp zwei Jahren aus dem Lieferprogramm der Firma. Ähnliche »Reinigungsfunktionen« gehören heute zum Basisumfang fast aller Audio-Softwarelösungen für den Personalcomputer (PC, Mac u.a.).

SDRM

Abkürzung für die französische Verwertungsgesellschaft »Societé pour l'Administration du Droit de Reproduction Mécanique des Auteurs, Compositeurs et Editeurs« mit Sitz in Paris.

SEALED, AUCH FACTORY SEALED

1. Bezeichnung (engl.) für eine Schallplatte, die (noch) über eine intakte, verschweißte Schutzfolie verfügt und somit als ungespielt gilt. Seit den späten 60er Jahren wurden immer mehr Schallplatten für Lagerung und Transport eingeschweißt, um so Schäden am → Cover (Kratzer, Flecken usw.) und am Tonträger (Verunreinigungen aller Art) gering zu halten. Andererseits stellten eingeschweißte Schallplatten auch für den Handel ein probates Mittel gegen übertriebene Abnutzung (Befingern!) der ausgestellten Ware und Diebstahl (Beilage etc.) dar. Große Handelshäuser verwendeten früher sogar eigene Verpackungsmaschinen zum nachträglichen Folienschweißen. Der Einsatz von Schutzfolien ist nicht zu verwechseln mit sogenannten → shrinkwrapped Schallplatten, bei denen eine zumeist farbige Folie als Bestandteil der Covergestaltung agiert. Anmerkung: Im Second Hand werden intakte Schutzfolien als Prädikat (sealed) benutzt und deklarieren den Tonträger als ungespielt. Selbstredend müßte eine eingeschweißte Platte ungespielt sein, aber eine objektive Bewertung der Schallplattenoberfläche (z.B. Herstellungsfehler) kann nicht standfinden, bis die Schutzfolie geöffnet wird. Werden Ausgaben aus den 50er und 60er Jahren mit dem Vermerk »sealed« angeboten, irrt fast immer der Verkäufer, denn das Einschweißen von Tonträgern war damals noch nicht üblich. Eine Ansicht der Schallplattenetiketten und Einordnung in den → Etiketten-Stammbaum einer Firma, klärt Problemfälle.
2. Bezeichnung (engl.) für ein Siegel, häufig Aufkleber, das vom Hersteller oder Händler mittig auf der Einschuböffnung des Covers angebracht wurde und dieses beidseitig umschließt. Damit wird eine Entnahme des Tonträgers erschwert, wobei sich aber viele Siegel in Abhängigkeit von ihrer Klebewirkung und dem verwendeten Untergrundmaterial mehr oder weniger leicht lösen lassen. Anmerkung: Siegel und Schutzfolien lassen sich auch noch Jahre später nachträglich einsetzen und können, eine entsprechende kriminelle Energie vorausgesetzt, zur Kaschierung von Mängeln am Tonträger dienen.

SECOND HAND, INTERNATIONALE ABKÜRZUNGEN

AS (art sleeve, künstlerisch gestaltetes Cover); B&W (schwarz/weiß); BK (book, Buch); CAT. NO. (Katalognummer); CC (cut corner, entwertetes Cover mit abgeschnittener Ecke); CO (cut-out, entwertetes und gelochtes Cover); COV (Cover); CV (coloured/clear vinyl, farbige/transparente Preßmasse); DIFF (different, abweichend); DJ (DJ-Pressung); D/LP (Dopple-LP);EDN (Edition); EP (extended play); EW (edge warp); EXT (extended); FLEXI (Flexidisc); G/F (gatefold sleeve, Klappcover); IMO (international money order, international gültiger Überweiser); IMP (Import); INST (instrumental); INTL (international); IRC (international replay coupon, international verwendbare Briefmarke); M (mono, Mono-Ausgabe); MAG (Magazin, Zeitschrift); MB (Mindestgebot); M/S (mono/stereo, gemischt); NAP (not affecting play, praktisch kaum spielbar); NC (no cover, ohne Außenhülle); NO (Nummer); NOC (no original centre, ohne Original-Mittelstück); NO'D (nummeriert); OFFS (offers required/invited, Preisangebot erforderlich/erwünscht); OL (on label, auf dem Etikett);ORG (original, Originalausgabe); PD (picture disc); PR (promo); P/S (picture sleeve, Bildcover); Q (quadro); RE (reissue, Nachauflage oder Neuausgabe), REPRO (reproduction, counterfeit); RI (reissue, Nachauflage oder Neuausgabe); S (stereo); SAE (stamped addressed envelope, frankierter Rückumschlag); SL (sleeve, cover); SPLT (split, gerissen oder zerbrochen); SOL (sticker on label, Aufkleber auf Etikett); SR (slight ring-wear, abgeriebenes Cover); SS (still sealed, folienverschweißt); SS (surface scratches, Oberflächenkratzer); ST (stereo, Stereo-Ausgabe); STKR (sticker, Aufkleber); TIC (tics, Knackgeräusche); TOC (tear on cover, Flecken auf Cover); TOC (tape on cover, Klebeband auf Cover); TOL (tape on label, Klebeband auf Etikett); TOL (tear on label, Flecken auf Etikett); TOS (tear on sleeve, Flecken auf Hülle); TS (taped seams, mit Klebeband reparierte Coverkanten); T/P (Testpressung); TRI (triangular centre, Single mit integriertem Mittelstück); VERS (Version); VOL (Volume); W/ (with, als Ergänzung);WL (white label); WLTP (white label test pressing); WOC (writing on cover, Gekrakel auf Cover); WOL (writing on label, Gekrakel auf Etikett); WOS (writing on sleeve, Gekrakel auf Hülle); 45 (Single mit 45 Upm); 78 (Schellack-Schallplatte mit 78 Upm).

SEITENSCHRIFT

Von Emile Berliner im Jahr 1887 eingeführte Schriftart, bei der der Stichel während der Aufzeichnung eine vom Eingangssignal abhängige seitliche Auslenkung erfährt. Dabei wird das → Rillenprofil unverändert symmetrisch verschoben und die geschnittene Rille weicht dadurch mehr oder weniger von der durch den Vorschub vorgegebenen Spirale ab.

SENKRECHT-PLATTENSPIELER

Variante eines Schallplattenspielers, bei dem die Schallplatte auf dem Mitteldorn aufgehangen wird und sich beim Abspielen senkrecht zur Aufstellungsebene befindet. Ein Senkrechtplattenspieler setzt die Abtastung mittels eines ausbalancierten Tangentialtragarms voraus, da alle anderen Lösungen unter den geänderten physikalischen Rahmenbedingungen nicht funktionieren. Als Mitte der 80er Jahre die ersten Geräte dieser Bauart auftauchten, war man sich von Seiten der (japanischen) Hersteller einig, endlich den verbraucherfreundlichsten Plattenspieler aller Zeiten kreiert zu haben. In Werbebroschüren sprach man u.a. von platzsparender Aufstellung, deutlich reduzierter Körperschallempfindlichkeit (durch die verringerte Stellfläche), minimierter Verschmutzungsgefahr (da geschlossenes Gerät) und optimaler Bedienfreundlichkeit (einige Geräte waren mit beidseitiger Abspieleinrichtung und automatisiertem Vorschub ausgestattet). Weder das eine noch das andere wurde im Praxisalltag eingelöst. Natürlich war die Stellfläche kleiner, aber was nützt das schon, wenn das Anlagenraster im allgemeinen auf der Grundfläche eines konventionellen Schallplattenspielers beruht. Die Körperschallempfindlichkeit wurde eher verstärkt, da die Stabilisierung durch einen Plattenteller entfiel, und die LPs praktisch ungesichert rotierten. Unwuchten führten darüber hinaus zu unangenehmen Rumpelstörungen. Eine unnötige Verschmutzung beim Abspielen – stellt für versierte Nutzer selbst keine echte Gefahr dar – wurde durch das unsichere Ladeverfahren, bei dem man die Schallplatte nur vorfixiert, völlig in Frage gestellt. Einzig die erzielten Resultate bei der Bedienfreundlichkeit (u.a. direkte Titelanwahl, Suchlauf, Zufallsbetrieb) und die Möglichkeit, beide Schallplattenseiten ohne Wechsel zu hören, stellten eine echte Systemerweiterung dar. Letztlich konnten sich Geräte dieser Art nicht durchsetzen und wurden schon nach kurzer Zeit vom Markt genommen. Historisch betrachtet war der Senkrechtplattenspieler in seiner damaligen Form ein mißlungener »letzter« Rettungsversuch, ein durch die CD – und deren Spieldauer und Bedienfreundlichkeit – überholtes Format wie die LP durch zusätzliche »Spielereien« weiterhin attraktiv zu gestalten. Der darauffolgende Trend zu wohlklingenden und praxistauglichen Abspielgeräten zeigte jedoch die wahren Bedürfnisse der Nutzer.

SERIE

Auch wenn häufig negiert, besteht zwischen einer (Schallplatten-) Serie und Reihe ein Unterschied. Nach publizistischen Kriterien, die verlegerisch auf Schallplatten ebenso zutreffen wie auf Bücher und Zeitschriften, unterscheidet sich die Serie durch ihre (publizistische) Kontinuität von einer Reihe. Mit anderen Worten: Wird in jeder Ausgabe (z.B. Tageszeitung) eine Beitragsfolge fortgesetzt, spricht man von einer Serie, erscheinen die Folgen hingegen nur einmal wöchentlich, ist es eine Reihe. Bei Schallplatten wäre es also sinnvoll, z.B. bei aufeinanderfolgenden Schallplatten mit fortlaufenden Katalognummern von einer Serie zu sprechen. Hingegen wäre eine Schallplattenedition, die mit Teilausgaben in größeren, zeitlichen Abständen und/oder aufgerissener Katalogisierung erschien, richtig als Reihe zu bezeichnen. Aber auch hier sind die Grenzen fließend, da Schallplattenfirmen häufig dazu neigen, vorab bestimmte Katalogbereiche zu reservieren, um für geplante Editionen zusammenhängende (besser vermarktbare) Nummernblöcke zu erhalten. Die Erstellung spezieller Teilkataloge, oft auch in alphanumerischer Form, seitens der Industrie erschwert darüber hinaus noch die exakte Klassifizierung. Insofern ist es letztlich nicht (immer) zwingend notwendig, diese o.g. Differenzierung einzuhalten, aber es ist gut, sie zu kennen.

SESSIONTAPE

Speziell angefertigte Magnetbänder, die ein extra für die Schallplattenproduktion equalisiertes, also überarbeitetes → Überspiel des Urbandes sind. Dabei wird im Rahmen des Produktionsablaufes der Schallplattenherstellung der Prozeß der (notwendigen) Klangbeeinflussung vorweggenommen und die Arbeit des Umschnitttechnikers an der Schneideinheit vereinfacht. Bei der Entscheidung für den Einsatz von Sessiontapes spielen firmeninterne Kompetenzen, Ausbildungsfragen und Standortentscheidungen eine entscheidende Rolle. Vor allem große Schallplattenfirmen mit weit verstreuten Produktionsstätten, starken Hierarchien und ausgeprägtem Geschmacksempfinden hatten in den 50er und 60er Jahren versucht, mit dem Einsatz von Sessiontapes den Herstellungsprozeß einheitlicher und ökonomischer zu gestalten. Das bekannteste Beispiel ist die US-amerikanische RCA, die damals im Bereich der E-Musik die Dreikanal-Tonaufzeichnung favorisierte und von diesen Masterbändern notgedrungen, dann im firmenzentralen Tonstudio unter der Aufsicht des Chefproduzenten John Pfeiffer equalisierte stereophone Zweikanal-Mixdowns anfertigte, die anschließend an die verschiedenen Preßwerke der Firma weitergegeben wurden. Hier erfolgte im wesentlichen eine lineare Weiterverarbeitung der Sessiontapes beim Erstellen der → Originalaufzeichnung, so daß im Endresultat landesweit die gleichen Schallplatten verkauft werden konnten. Nach dem damaligen Stand der Wiedergabetechnik ließen sich die unterschiedlichen Pressungen kaum oder gar nicht voneinander unterscheiden. Nicht verschwiegen werden soll, daß gerade heute eine hochwertige Wiedergabtechnik vorausgesetzt, sich dennoch klangliche Unterschiede dingfest machen lassen. Vor allem in audiophilen Zirkeln wird seit Jahren anhaltend und erregt über die ultimativen Pressungen diskutiert, immer mit dem Augenmerk auf das jeweilige Presswerk und dessen Umschnitt, ohne jedoch die ebenso wichtigen Parameter der anschließenden Galvanik, der verwendeten Preßmasse und des eigentlichen Preßvorganges selbst umfassend mit einzubeziehen.

SET

Bezeichnung (engl.) für eine → Verkaufseinheit, die aus zwei oder mehr zusammengehörigen Einzelschallplatten besteht. Für die äußere Verpackung werden Einsteckcover, Klappcover oder bei besonders hochwertigen Ausgaben auch gern Boxen (→ Box-Set) verwendet.

SETNUMMER

Bestellnummer für ein → Set oder → Box-Set. Ordnet eine Schallplattenfirma ihren → Katalog entsprechend nach Verkaufseinheiten, dann vergibt sie für das Set auch nur eine Katalognummer. Alle zum Set gehörigen Schallplatten tragen dann dieselbe Katalognummer. Zur fortlaufenden Nummerierung innerhalb des Sets nutzt man entweder Buchstaben (bei A beginnend) oder Zahlen. Häufig findet man auch zusätzliche Druckvermerke wie »Record 1, Side A« oder »Disc 1, Side 1«. Um Ausstattung und Umfang der Veröffentlichung nach außen deutlich zu machen, verwenden viele Firmen eine Buchstabenkombination als Präfix oder seltener → Suffix. Benutzt die Schallplattenfirma hingegen eine durchgängige Nummerierung für jede Einzelschallplatte, so stellt entweder die erste Scheibe des Sets die Katalognummer oder es wird eine zusammengefasste, numerische Bezeichnung generiert (z.B. 855243-45).

SEVEN ARTS

Kurzzeitige Firmierung der bekannten US-amerikanischen Schallplattenfirma → Warner Brothers.

SHAPE-DISC

Spezielle Form einer (Single-) Schallplatte, die nicht kreisrund, sondern aus einer runden Ausgangspressung herausgesägt wird. Dabei benutzt man gesteuerte Säge-Halbautomaten oder seit der Mitte der 80er Jahre zunehmend Laser-Schneideinrichtungen. Die Formenvielfalt ist, vor allem bei laserbearbeiteten Shape-Discs, scheinbar grenzenlos. Um die Shapes noch attraktiver zu gestalten, werden sie vorrangig als Picture-Shape-Discs, d.h. mit einem eingelassenen Bildmotiv im durchsichtigen Vinyl, ausgeführt. In der Handhabung und Praxistauglichkeit unterscheiden sich Shapes nicht von den (schlechten) Werten der Picture-LPs, gelten aber unter Sammlern ob ihrer Anmutung als besonders erstrebenswert. Ein weiterer Nachteil dieser Sonderpressungen ist die geringe Spielzeit, da bei aller Formenvielfalt fast immer nur die effektive Nutzfläche einer gewöhnlichen 17cm-Single übrigbleibt. Vor allem in den späten 80er und frühen 90er Jahren waren Shape-Discs hochdotierte Spekulationsobjekte, was sich aber bei zunehmender Orientierung des Second Hand-Marktes auf Originalausgaben und hochwertige Pressungen regulierte.

SHIBATA

Nadelschliff, → Abtastnadel-Querschnitte

SHRINKWRAPPED, SHRINKWRAPPING

Bezeichnung (engl.) für eine industriell in Folie eingeschweißte Schallplatte, bei der diese spezielle Verpackungstechnik künstlerischer Bestandteil der → Covergestaltung ist. Hier besteht ein deutlicher, formal-ästhetischer Unterschied zu den ordinären, transparenten Schutzfolien (→ sealed). Da man grundsätzlich nicht ohne Öffnen der Folie an den Inhalt (Schallplatte) gelangt und die meisten der verwendeten Folien sich nach Auftrennen einer Seite auffällig verziehen, sind vollständig unversehrte Ausgaben äußerst selten. Denn wer erwirbt schon die Schallplatte für den Aufbau eines Verpackungsarchivs? Als bekanntestes Beispiel gilt »Wish you were here« von Pink Floyd, das, obwohl in ersten Auflagen weltweit millionenfach in schwarze Schlauchfolie (plus Aufkleber) eingeschweißt und ausgeliefert, heute kaum unberührt zu finden ist.

SIGNATUR

Bezeichnung für eine handschriftliche Kennzeichnung auf dem → Spiegel der Schallplatte. Dabei ist es sinnvoll, den Begriff nicht als Synonym für eine Handgravur von Matrizennummer oder Preßcode zu verwenden. Signaturen werden a) zur Kennzeichnung des für den Schallplattenschnitt verantwortlichen Toningenieurs (Autograph oder Kürzel) oder b) als »versteckter« Kommentar (Witze, Aphorismen oder Danksagungen) benutzt. Letztere Variante kann sogar den kauzigen Kurzkommentar (vor allem in Großbritannien) des Toningenieurs zum gerade geschnittenen Werk widerspiegeln.

SILIKONDÄMPFUNG

Anstelle eines → Gegenresonators zur Bekämpfung der → Tragarmresonanz setzen einige Hersteller auch in Silikon gebettete Dämpfungseinrichtungen ein. Hierbei nutzt man die Trägheit des viskosen Materials, um den Dämpfungsgrad optimal und stufenlos auf den erforderlichen Wert einzustellen. Führend auf diesem Gebiet ist der britische Hersteller → SME, der für zahlreiche seiner Tragarme entsprechende Zusatzeinrichtungen anbietet.

SILVER DISC

→ Goldene Schallplatte

SIMPLY VINYL

Britischer Spezialist für Wiederauflagen von Klassikern der Langspielplatten-Ära. Seit 1997 aktiv, überschwemmte die Firma vor allem 1999 den Markt mit einer ungewöhnlich großen Anzahl von Nachveröffentlichungen. Obwohl nach außen nicht eineindeutig als audiophiles Produkt gekennzeichnet, zielt die Firma direkt, und die begleitende HiFi-Presse unterstützt sie dabei, auf den musikliebenden Audiophilen. Richtig ist, daß Simply Vinyl die Scheiben mit hohem Materialaufwand (180 g) fertigen läßt, dabei aber nicht, wie in diesem Marktsegment üblich, die verwendete Quelle offenlegt. Das Finalprodukt hält in Klang, Ausstattung und Druckqualität dem Vergleich mit audiophilen → Reissues von DCC, → MFSL oder → Classic Records leider nicht stand. Der eigentliche Verdienst von Simply Vinyl sind die zahlreichen Vinyl-Erstausgaben erfolgreicher CD-Produktionen aus den 90er Jahren.

SINGLE

Bezeichnung (engl.) für eine »einfache« Schallplatte mit 17,5 cm Durchmesser (7 inch) und 45 UpM. Im Formatkrieg um die neuartige Mikrorillen-Technologie setzte die RCA als Initiator der Single voraus, daß das Publikum mit der bisherigen Spielzeit je Schallplattenseite von ca. 5 Minuten vertraut und glücklich sei. Welch ein historischer Irrtum! Der Begriff »Single« ergab sich bei Formateinführung (1949) aus der Kontinuität der Spielzeit in Relation zur konventionellen Schellack-Schallplatte (30 cm). Da das Startrepertoire für alle Mikrorillen-Schallplatten von den für die Schellack-Veröffentlichung vorgesehenen Aufnahmeplatten oder Lackfolien neu editiert wurde, was z.B. die Columbia bei dem Zusammenspiel für die verlängerte Long Play-Schallplatte vor gehörige Probleme stellte, konnte RCA hingegen ihr bewährtes Material unkompliziert weiterverarbeiten. Die Single konnte sich beim Publikum in dieser Form nicht durchsetzen, denn niemand war weiterhin bereit, komplexe Werke (z.B. Opern) in sezierter Form zu ertragen. Hingegen setzte sich Anfang der 50er Jahre das Format als idealer Tonträger für die chartorientierten U-Musiktitel durch. Bis heute werden die gängigen Hits auf Singles vermarktet, und etablierten so, fernab ihrer eigentlichen Bestimmung, eine eigenständige Repertoireästhetik. Durch das massenhafte Aufstellen von Jukeboxen in Lokalen, Bars und Clubs wurde die Single in den 50er Jahren äußerst populär. Spezielle tragbare, einfach konstruierte und preiswerte Abspielgeräte (Phonokoffer) sorgten für den Einzug der Single-Schallplatte in die Teenagerzimmer der Rock'n'Roll-Ära. Hier konnte man ungestört und so häufig man wollte, seinem Star zuhören und war darüber hinaus für jede Fete (auch mobil) gewappnet. Die Single setzte damals, schon wegen des deutlich günstigeren Verkaufspreises, die Akzente im Pop-Geschäft und eine Langspielplatte diente eigentlich nur zur Zusammenkopplung des bewährten Hit-Repertoires. Insofern sich die Gestaltungskraft der Künstler veränderte, die Songs immer länger und die Verknüpfung der Titel einer LP untereinander immer komplexer wurden, gelang es der Langspielplatte jedoch endgültig, die Single vom Sockel zu stoßen. In den späten 70er Jahren wurde der Begriff Single durch die Einführung der Maxi-Single ergänzt. Dabei handelt es sich um eine Schallplatte mit 45 UpM und vergrößertem Durchmesser (30 cm). Die Maxi-Single wird ebenfalls als »einfache« Schallplatte vermarktet, da sie in Kontinuität der Single je Seite ebenfalls häufig nur einen Titel (zumeist als Extended Version oder Remix) bietet. Die mit gleichem Durchmesser hergestellte EP (extended play) steht hingegen eher in inhaltlichem Zusammenhang mit der Langspielplatte (vgl. dort). Wenn auch der Single im Rahmen des Vinylrevivals der 90er Jahre nur wenig Aufmerksamkeit geschenkt wurde, hat sich aber ein hartnäckiger Sammlerzweig voll und ganz diesen kleinen Scheiben verschrieben. Dabei stehen spezielle Songs oder Fassungen, die nie oder nur selten außerhalb des Formats veröffentlicht wurden, verständlicherweise im Vordergrund. Ebenso beliebt bei fortgeschrittenen Sammlern ist die Aufstellung einer Jukebox im heimischen Wohnraum und das stilgerechte Abfeiern der Originalausgaben vergangener Epochen! Leider stellt dieses Vinyl-Lexikon nicht annähernd so viel Platz zu Verfügung, um alle Aspekte des Sammelns von Singles auszuleuchten, jedoch sei ausdrücklich darauf verwiesen, daß speziell Singles aus der Zeit des Progressive oder Art-Rock heutzutage zu den rarsten zählen. Hier führten die Kunstgattung (weg vom Einzeltitel) und das Kaufverhalten (hin zur Langspielplatte) zu äußerst geringen Preßauflagen und heute schwer zu findenden Exemplaren mit z.T. gekürzten oder reeditierten Fassungen der Albumtracks.

SINGLE PACKS

Bezeichnung (engl.) für eine Sammlung von Einzel-Singles, die in ihrer Gesamtheit das komplette Repertoire einer Langspielplatte enthalten. Vor allem in den späten 70er und frühen 80er Jahren zur Stimulierung des Sammlermarktes produziert, verfügen single packs aufgrund ihrer Geschlossenheit über einen gewissen Reiz und können Single-Sammler begeistern.

SINUSWELLENANTRIEB

Bei Synchronmotoren angewandte Spannungsversorgung zur Verbesserung des Gleichlaufs. Dabei wird durch einen integrierten Quarzoszillator eine gleichmäßige Sinuswelle erzeugt, die anschließend von zwei verzerrungsarmen Hochspannungsverstärkern verarbeitet und um 90 Grad phasengedreht dem Motor zugeführt wird. Es wird praktisch eine Neutaktung der Frequenz des Speisestroms vorgenommen. Es gibt mehrere, qualitativ unterschiedliche Umsetzungen, wobei Motorsteuerungen, die ihre Taktfrequenz aus einem Quarzoszillator gewinnen, als beste Lösung gelten.

SIX EYE

Bezeichnung für Schallplattenetiketten und die daraus resultierenden Pressungen der US-amerikanischen Firma → Columbia. Das six eye-Etikett wurde 1958 in den Farbenkombinationen rot/schwarz (U-Musik) bzw. grau/schwarz (E-Musik) eingeführt und schon 1961 durch das sogenannte two eye-Etikett ersetzt. Als »eye« bezeichnet man das Firmenlogo der Columbia, eine stilisierte (Fernseh)-Kamera auf Stativbeinen. 1970 wurde eine neugestaltete Variante mit sechs Columbia-Logos eingeführt, die in den USA als »half a dozen« (ein halbes Dutzend) bezeichnet wird. Im Anhang sind die Etikettenstammbäume beider Reihen (E-/U-Musik) umfangreich dokumentiert.

SKATINGKRAFT

Bei → Drehtragarmen verbleibt aufgrund der kreisförmigen Bewegung und der → Kröpfung des → Tonkopfs eine einseitig wirkende Reibkraft, die den Tragarm zum Mittelpunkt der Schallplatte zieht. Bei der Abtastung reibt die Nadel in der Rille und es entsteht eine Reibungskraft. Diese Kraft ist abhängig von der Reibungszahl des Werkstoffs und der Auflagekraft des Abtastsystems. Bei einem perfekt tangential geführten System gleicht sich diese auf beide Rillenflanken wirkende Reibungskraft theoretisch aus. Da aber ein Drehtragarm im Tragarmlager eine andere als die von der Kröpfung aufgenommene Kraftrichtung aufweist, kommt es zu einer ungleichmäßigen Aufnahme der in der Rille verteilten Reibkraft. Die daraus resultierende Restkraft (Skatingkraft) richtet sich zum Schallplattenmittelpunkt und zieht den Tragarm in dessen Richtung. Dabei wird die Abtastnadel in die linke, innenliegende Rillenflanke gepreßt und es kommt zu einer einseitig stärkeren Abnutzung von Nadel und Rille. Um nun diese Skatingkraft auszugleichen, benötigt man ein frei einstellbares Gegendrehmoment (→ Antiskatingkraft), das entsprechend auf den Tragarm wirkt.

Anmerkung: Die Größe der auftretenden Skatingkraft ist nur verallgemeinert von der Auflagekraft und der Reibungszahl abhängig. Die Skatingkraft ist auch abhängig von der aktuellen Rillengeschwindigkeit, also vom abgetasteten Rillenradius und der Nenndrehzahl. Die kleinen Rillenradien weisen eine kleinere Rillengeschwindigkeit als die außenliegenden Radien auf, bei 45 Upm ist die Rillengeschwindigkeit hingegen höher als bei einer 33er Platte. Theoretisch benötigt man nun eine in Abhängigkeit zum Rillenradius stehende Antiskatingeinrichtung, die die jeweilige optimale Gegenkraft fließend ausübt. Die häufig anzutreffenden freiliegenden Antiskatingeinrichtungen (Faden mit hängendem Gegengewicht) berücksichtigen teilweise diese Kraftänderung. Andere Hersteller verwenden in geschlossenen Antiskatingeinrichtungen mitunter spezielle kompensierte Federn, deren Gegendrehmoment sich mit der Auslenkung des Tragarms ändert. Einen weiteren enormen Einfluß auf die Driftkraft besitzt der Nadelschliff. Ein moderner Schliff, der eine viel größere oder geometrisch veränderte Kontaktfläche zur Rille aufweist, erzeugt eine ganz andere Reibungskraft und entsprechend auch eine veränderte Restkraft. Van den Hul beispielsweise gibt für seine filigranen Nadelschliffe eine deutlich unterhalb der bei sphärischen Abtastnadeln üblichen 1:1-Einstellung an. Hingegen muß ein Shibata-Schliff mit einer deutlich größeren Antiskatingkraft entlastet werden.

SKIMMING

Bezeichnung (amerikan.) für eine Retusche am Tonträger. Hier wird vorausgesetzt, daß der Verkäufer mit dem Abschleifen von Kratzern oder Oberflächenfehlern den Kunden täuschen will. Die sichtbare Oberfläche einer Schallplatte entscheidet in vielen Augen über den Zustand und das → Grading einer Scheibe. Für den Abtastvorgang hingegen ist nur der Zustand der → Rillenflanken von Bedeutung. Natürlich wird eine Schallplatte die starke Oberfächenkratzer aufweist, auch beim Abspielen entsprechend starke → Störgeräusche aufweisen. Indem nun der Verkäufer feinfühlig an entsprechend kritischen Punkten den aufgerissenen oberen Teil der Wandung anschleift und nachpoliert, verstärkt er – vorausgesetzt, es ist perfekt gelungen – den optischen Eindruck einer homogenen Oberfläche. Was für ein Aufwand und meist geht's amtlich in die Hose. Am besten man läßt die Platte wie sie ist und graduiert sie fairerweise eine oder mehrere Stufen tiefer.

SLOGANS

Durch die sich seit Anbeginn ständig verbessernde Aufnahme- und Wiedergabetechnik der Schallplatte, verknüpft mit den Bestrebungen einer engagierten Hörerschaft nach der bestmöglichen »naturgetreuen« Tonwiedergabe, setzten → Schallplattenfirmen schon frühzeitig auf eine plakative Darstellung ihrer technologischen Fähigkeiten. Seit den 30er Jahren ging man vorrangig auf die HiFi-Enthusiasten ein, welche die Schallplattenwiedergabe mit viel Enthusiasmus zum Hobby erklärten und sich dabei der Tonträgerindustrie gegenüber als ein beständiges, vor allem kaufkräftiges Publikum erwiesen. Besonders massiv wurde in den 50er Jahren mit Werbesprüchen zur Produktauszeichnung gearbeitet. Die Ursachen liegen in der damals schnellen Aufeinanderfolge technischer Innovationen, die den Käufer ideell und finanziell überforderten. Als → Columbia 1948 die LP vorstellte, sorgte vor allem die enorm gesteigerte Spielzeit je Seite (von 4 auf 20 Minuten) für den schnellen Durchbruch des Formats. Abwärtskompatible Abspielgeräte der ersten Generation, die neben der Mikrorillenwiedergabe auch noch Schellackplatten mit Normalrille abtasten konnten, vereinfachten den Systemwechsel. Hingegen erforderte das nur zehn Jahre später eingeführte Stereoformat bei der Wiedergabetechnik ein komplettes Umdenken. Vorbei waren die Zeiten, als ein Plattenspieler – einfach aufgestellt – zufriedenstellend aufspielte. Stereo verlangte nach einer angemessenen Positionierung der Lautsprecher und der richtigen Plazierung des Hörers. Um den Absatz der Stereo-Langspielplatte über den Kreis der ambitionierten HiFi-Freunde hinaus zu erweitern und das Produkt so überhaupt kommerziell wirtschaftlich zu gestalten, erfanden die Werbeabteilungen der großen aber auch kleinen Schallplattenfirmen in schneller Folge immer überschwenglichere Slogans, um jedermann zum Systemwechsel zu bewegen. Dieser Prozeß dauerte insgesamt zehn Jahre, währenddessen man nicht nur technische Tonaufzeichnungsanordnungen oder spezifizierte Verarbeitungsprozesse der Tonträgerherstellung verbalisierte, sondern mit großer Hingabe auch imaginäre, sich nicht erklärende oder einlösbare Versprechungen gab. Dabei galt die Integration des → High Fidelity-Begriffs als Standard, der gern um die Betonung der »Lebendigkeit«, »Richtigkeit« oder »Echtheit« der beworbenen Tonaufzeichnung ergänzt wurde. Sicherlich am phantastischsten war dabei die Columbia, die über Jahre hinaus das 360°-Stereopanorama propagierte. Mit dem Abstand von vier Dekaden ließe sich darüber schmunzeln, wenn die seinerzeit ausgebildete Suggestivkraft nicht bis heute, und in alle digitale Neuzeit hinein, als wirksames Mittel zum Kundenfang verwendet würde. Im Nachfolgenden einige der erfolgreichsten Slogans aus den 50er und 60er Jahren: »Guaranteed High Fidelity« (Columbia), »Living Presence« (Mercury), »Living Stereo« (RCA), »A New Orthophonic High Fidelity Recording« (RCA, mono), »Stereo-Orthophonic High Fidelity Recording« (RCA, stereo), »A Certified Stereo-Master Recording« (Everest).

SMASH RECORDS

Sublabel der US-amerikanischen Schallplattenfirma → Mercury.
Etiketten (USA): rot (1961 – 68); rot, ovales Mercury-Logo (1968 – 71).

SME

Legendärer britischer Hersteller für → Tragarme und später auch Schallplattenabspielgeräte. Der Musikliebhaber und HiFi-Freund der ersten Stunde, Alastair Robertson-Aikman, formte 1959 aus seiner dreizehn Jahre zuvor gegründeten Firma für Modellguß- und Präzisionsteile (Scale Model Equipment Co. Ltd.) den ersten Spezialanbieter für Tragarme. Die meisten Entwicklungen des Hauses sind aus der Neigung des Chefs für eine immer bessere Wiedergabe seiner geliebten Schallplatten entstanden. Aikman ist Perfektionist! SME verfügt über eine außerordentliche Fertigungstiefe (Gießen, Fräsen, Veredeln usw.) und läßt Bauteile, die man aufgrund der erforderlichen Toleranzen doch nicht selbst herstellen kann, bei den renommiertesten Zulieferern fertigen. Das Traditionsmodell ist der stetig verbesserte Tragarm 3009 mit horizontalem Kugellager und vertikalem Spitzenlager (erstmals 1959, Serie II ab 1962, Serie II improved ab 1972, Serie III 1979, R II 1980, ST 1998). Weitere Tragarme: Series 300 (1988); Type V (1986); Type IV (1987). Laufwerke: Model 30 (1984, Vierpunkt-Subchassis, Öldämpfung, Aufhängung mittels Gummiringen, 33/45/78 Upm); abgespeckte Version Model 20 (1992); Model 10 (1999). Die Modelle 30 und 20 wurden zwischenzeitlich überarbeitet und werden als /2-Version angeboten.

SME-ANSCHLUSS

Vom britischen Tonarmhersteller SME eingeführter, und durch andere Hersteller übernommener, Bajonettverschluß zum unkomplizierten, schnellen Austausch von Abtastsystemen, von SME eigentlich als trennbare Verbindungsstelle zwischen → Headshell und → Tonarmrohr entwickelt. Dabei werden gewöhnliche Halbzollsysteme im, mit entsprechenden Nuten versehenen, Headshell vormontiert und anschließend auf das Tonarmrohr gesteckt. Inwieweit diese bewegliche Nahtstelle im Tonarmkonstrukt zusätzliche Eigenresonanzen erzeugt und den Klang beeinflusst, ist umstritten. Letztlich nutzt derzeit nur der dänische Abtastsystemhersteller Ortofon die Möglichkeiten des Konzepts optimal. Hier ist das System nach hinten als Steckbolzen mit Führungsstift und integrierten elektrischen Anschlußkontakten ausgeführt. Somit entfällt ein zusätzlicher Adapter, und das Abtastsystem wird einfach durch Einstecken in das Tonarmrohr und anschließendes Anziehen der Überwurfmutter befestigt. Dieses direkte Montagesystem setzt voraus, daß die geometrischen Abmessungen des verwendeten Austauschsystems identisch sind. Durch die Concorde-Baureihe von Ortofon popularisiert, verwendet man dieses System vorrangig bei Diskotheken-Schallplattenspielern.

SOHN

Bezeichnung für die negative Abformung der → Mutter. Der Sohn ist ein negatives, also erhabenes Abbild der Mutter und läßt sich nicht abspielen. Zumeist wird der Sohn als → Preßmatrize eingesetzt, oder bei sehr hohen Auflagen nochmals mittels eines kompletten Abformungsvorgangs kopiert (→ Galvanoabfolge). Mitunter wird der Sohn auch als Patrize (erhabener Stempel) bezeichnet.

SONDERAUSGABE

Hierbei handelt(e) es sich um eine nicht für die normale Distribution (Einzelfachhandel) hergestellte Ausgabe eines aber dennoch regulär gehandelten Tonträgers. Vorrangig für sog. Klubpressungen, in der BRD zumeist als »Club-Sonderauflage«, wurden von den ursprünglichen Matrizen Teilauflagen mit geänderten → Bestellnummern für → Schallplattenklubs und andere Spezialvertriebsformen angefertigt. Darüber hinaus gaben Schallplattenfirmen auch Sonderausgaben zu feierlichen Anlässen (Jubiläen, Weihnachten, Neujahr usw.) heraus. Ebenfalls als Sonderausgaben werden gelegentlich erschienene Spezial- oder Deluxe-Ausgaben konventioneller LPs bezeichnet, die sich in Ausstattung vom Original deutlich unterscheiden.

SONICSTAGE

Vom britischen Tonmeister John Culshaw (Decca) konzipiertes Aufnahme- und Tonmischverfahren zur Schaffung einer imaginären Klangbühne.

SOUNDTRACK-ALBUM

Langspielschallplatte mit (zumeist) Auszügen der originalen Musikaufnahmen eines Ton-Films. In solchen Fällen wird das Album auch als OST (Original Soundtrack) bezeichnet. Im Gegensatz dazu stehen Schallplatten mit Filmmusiken, die entweder zusammengekoppelt oder gar neu eingespielt wurden. Die Variationen zu letzterem sind enorm: Neuaufnahmen mit den Originalkünstlern, Einspielungen mit anderen Klangkörpern, Neufassungen für Symphonieorchester, Fassungen für Synthesizer usw. usf.

SOUTHER LINEAR

US-amerikanischer Hersteller für Tangential-Tragarme, die sich ohne Motorantrieb selbstwindend während des Abtastvorgangs über die Schallplattenseite ziehen. Die Marke wird heute von → Clearaudio betreut. Modellvarianten: Linear; Junior; TQ-1; TQ-1 rev. (seit 1999 mit verbesserten Lagern und Führung).

SPAN

Der Stichel schneidet beim Erstellen der → Originalaufzeichnung aus der → Aufnahmeplatte einen Span heraus. Während dieses Vorgangs muß der Span kontinuierlich entstehen und darf nicht reißen, da sonst eine defekte Rille entsteht.

SPARS-CODE

Für die Kennzeichnung von CD-Produktionen durch die Society of Professional Audio Recording Studios eingeführter Schlüssel. Dreierkombination, die in der Buchstabenkombination A (analog) oder D (digital) die verwendeten Techniken bei Aufnahme, Abmischung bzw. Schnitt und Mastering benennt. Beispiel: AAA (analoges Tonband bei Aufnahme, analoges Mischpult bzw. analoger Bandschnitt und analoges Masterband für das Tonträgermastering). Besonders der letzte Buchstabe führt seit Einführung des SPARS-Codes zu Verwirrungen: Hierbei geht es laut Definition nicht um die Art der Tonträgers. Da der Code für die Auszeichnung bei CD-Produktionen eingeführt wurde, werden analoge Techniken (z.B. Schneidstichel für → Mikrorille) und deren andere, analoge Art der Informationsspeicherung unberücksichtigt gelassen. Somit wäre eine LP (DDD) ebenso wie eine CD (AAA) denkbar, wenn nicht die Phonoindustrie mit größter Sorgfalt bei der Compact Disc auf mindestens ein großes D bestehen würde. Digital muß eben digital sein: Das verkauft sich besser! Bei der kontinuierlichen Weiterentwicklung der mit der CD verbundenen Mastering- und Fertigungstechnologien wurden einige Versuche unternommen, den SPARS-Code durch z.B. einen vierten Buchstaben auszuweiten. Letztlich ist man jedoch bei seriösen Produktionen dazu übergegangen, alle relevanten Produktionsdaten ausführlich im Impressum mitzuteilen. Die Lektüre dieser Angaben ist mitunter lehrreich, wenn es um neue Masteringtechniken und digitale Auflösungsverfahren geht, und besser als ein unerschütterlicher Glaube an den längst angestaubten SPARS-Code. Von den Schallplattenfirmen wird der Code vorrangig auf die CD und das Cover-Inlay gedruckt. Vereinzelt ist er auch auf LP-Covern bzw. Schallplattenetiketten zu finden.

SPEAKERS CORNER

Deutsche Schallplattenfirma. Spezialist für audiophile Neuausgaben von Klassikern der Langspielplatten-Ära. Dabei wertete die in Kiel ansässige Firma bislang den umfangreichen Backkatalog der Polygram und seit deren Fusion mit Universal MCA auch den erweiterten Bestand an historisch wertvollen Tonaufzeichnungen aus. Speakers Corner hat bislang vorrangig bewährte und erfolgreiche E-Musikaufnahmen aus dem Decca- und DGG-Katalog, aber auch Jazzalben von Verve und Mercury unter Beibehaltung der Originalbestellnummern, in historisierender Ausstattung mit Originalcover (inkl. Repro der Rückseite) und originalgetreuen Etiketten, auf den Markt gebracht. Einziges Manko ist die Verwendung von zusätzlichen, dem modernen Polygramkatalog entsprechenden Bestellnummern auf Coverrücken und Schallplattenetikett. Bei der Erstellung der Neuausgaben achtet man auf die Verwendung der Originalbänder ebenso, wie auf einen durchhörbaren, homogenen und dynamischen Sound des Finalproduktes.

SPEICHERDICHTE (GRÖSSE 500 BIT/MM^2)

Vor Jahren errechnete Speicherdichte der analogen Schallplatte. Dabei berücksichtigte man den molekularen Aufbau des Vinyls. Im Vergleich zur CD wäre eine LP damit deutlich hochauflösender, wobei jedoch die verschleifenden technischen Rahmenbedingungen der Nadeltontechnik nicht berücksichtigt sind. Wie die letzten Jahre bewiesen haben, scheiden sich nicht nur bei Blindtests die Geister (Hörer).

SPHÄRISCH

kugelförmig, → Nadelschliff

SPIEGEL

Bezeichnung für den planen Freiraum zwischen der letzten modulierten Rille und dem Etikett der Schallplatte. Der Spiegel wird durch die Auslauf- und Endrille unterbrochen. Die Schallplattenfirmen nutzen diese Freifläche zur Anbringung von Hand- oder Maschinengravuren (gelegentlich auch Stempeln), die Seiten- und Matrizenstammnummer, Preßcode, Takenummern und mitunter Herstellerangaben enthalten. Darüber hinaus findet man im Spiegel auch Stempel des Umschnittstudios, Autographen und vielfältigste → Signaturen.

SPIEGELEI

Für die Krautrock-Aktivitäten der 70er Jahre gegründetes Sublabel der deutsche Schallplattenfirma Intercord.

SPIELDAUER

→ Spielzeit

SPIELFLÄCHE

Bezeichnet den modulierten Rillenanteil einer Schallplattenseite. Dabei werden die unmodulierten Anteile (→ Leerrille zwischen den Einzeltiteln) mitgerechnet. → Einlauf-, → Auslauf- und → Endrille zählen nicht dazu und müssen laut Norm auch außerhalb der zugewiesenen Spielfläche liegen.

SPIELZEIT

Auch (eleganter) als Spieldauer angegebene Länge (in Minuten und Sekunden, selten auch Stunden) einer Tonaufzeichnung (z.B. Schallplatte). → Aufführungsdauer

SPITZENSCHNELLE

Bezeichnung für die maximale Auslenkgeschwindigkeit einer geschnittenen Rille. Beim Nadeltonverfahren erzeugen höhere Frequenzen eine schnellere Bewegung (Ein- und Auslenkung) des Schneidstichels.

SPRECHPLATTE

Sammelbegriff für alle auf Schallplatte veröffentlichten Tonaufnahmen des gesprochenen Wortes. Dazu gehören u.a. historische Aufnahmen, Dokumentationen, Hörspiele, Märchen, Kabarett, Dichterlesungen, Interviews. Vor allem Originalaufnahmen historisch bedeutender Persönlichkeiten (Dichter, Politiker, Wissenschaftler, Musiker u.a.) besitzen ob ihres dokumentarischen Werts ein hohes Ansehen unter Sammlern.

SPRITZGUSSVERFAHREN

Mitunter zur Herstellung von → Singles oder → Schallfolien angewandtes Verfahren, bei dem der Tonträger nicht aus einem → Massekloß gepreßt, sondern die Form mittels einer Spritzvorrichtung mit dem Werkstoff ausgefüllt wird.

Das Spritzgußverfahren ist unter optimierten Bedingungen ökonomischer als das Preßverfahren, da z.B. keine → Etiketten benötigt werden (→ embossed label).

SPURFEHLWINKEL

Undifferenzierte Bezeichnung für (eine) abweichende Winkelstellung(en) der Abtastnadel gegenüber der Rillengeometrie. Man unterscheidet je nach Ausrichtung zwischen → tangentialem und → vertikalem Spurfehlwinkeln. Die Größe eines Spurfehlwinkels beeinflußt die Wiedergabequalität und kann bei überdurchschnittlichen Werten zu starken Verzerrungen führen.

SPURFEHLWINKEL, HORIZONTALER

→ tangentialer Spurfehlwinkel

SPURFEHLWINKEL, TANGENTIALER

Vor allem bei → Drehtragarmen auftretende Abweichung von der Ideallinie der rechtwinklig zum Schallplattenmittelpunkt verlaufenden Rilleninformation. Beim Schneiden der Rille wird der → Schreiber tangential über die Lackfolie geführt. Dadurch (ent)steht die momentane Rilleninformation immer auf derselben Tangente zum Rotationsmittelpunkt. Der Drehtragarm beschreibt aufgrund seines fixierten Lagerdrehpunktes eine kreisförmige Abtastlinie über die Schallplattenseite. Entspricht die → effektive Länge des Tragarms genau dem Abstand zwischen Schallplatten- und Tragarmlagermittelpunkt, oder der Tragarm besitzt die gleiche Längsachse wie das Abtastsystem, würde das Abtastsystem und damit die Nadelspitze nur an einem Punkt parallel zur aufgezeichneten Rilleninformation stehen. Alle anderen Schnittpunkte, vor und nach diesem → Nulldurchlauf, weichen fallend davon ab. Ein zu kurzer Tragarm besitzt überhaupt keinen Nulldurchlauf. Indem man nun die Tragarmlänge über den Abstand zwischen Schallplatten- und Tragarmlagermittelpunkt hinausführt und das Abtastsystem anwinkelt, schneidet die kreisförmige Abtastlinie nunmehr zweimal die Tangente. Es entstehen dadurch zwei Nulldurchläufe und die anderen, von der Tangente abweichenden Abtastpunkte, steigen bzw. fallen gleichzeitig weniger stark. Jede Abweichung von der Ideallinie führt zu nichtlinearen Verzerrungen, die sich mit kleiner werdendem Radius (→ Rillengeschwindigkeit) drastisch erhöhen. Dabei ist nicht der absolute Wert des tangentialen Spurfehlwinkels das Verzerrungsmaß, sondern der auf den Radius der Rille bezogene Fehlwinkel. Die Idealkonstruktion wäre ein unendlich langer Tragarm, dessen gesamte Arbeitspunkte sich immer auf der Tangente bewegen würden. In Anbetracht der Schwierigkeiten bei der Konstruktion von Tragarmen (Masse, Torsion, Steifigkeit, Eigenresonanz usw.) bevorzugt man einen abgewinkelten → Tonkopf oder eine S-förmige Biegung des → Tragarmrohres, um einen → Kröpfungswinkel einzurichten. Die Differenz zwischen effektiver Tragarmlänge und dem Abstand des Tragarmlagerpunkts vom Schallplattenmittelpunkt bezeichnet man als Überhang. Bei einer gelungenen Abstimmung von Kröpfungswinkel, Überhang und effektiver Tragarmlänge liegt der tangentiale Spurfehlwinkel in Abhängigkeit zum Schallplattenradius deutlich unter 2°. Der daraus resultierende Klirrfaktor ist kleiner 1 %. Diese Angaben beziehen sich auf die weitverbreiteten 9"-Tragarme mit einer effektiven Tragarmlänge von ca. 229 mm. Für 12"-Tragarme (ca. 305 mm) sinkt der Spurfehlwinkel auf unter 1° und der Klirrfaktor auf ca. 0,5 %.Eine Möglichkeit den tangentialen Spurfehlwinkel weitestgehend auszuschalten, besteht in der Konstruktion von → Tangentialtragarmen. Hier läuft der Tragarm praktisch immer parallel zur gedachten Rillentangente.

SPURFEHLWINKEL, VERTIKALER

Beschreibt die Fehlstellung des Abtastsystems oder genauer gesagt, die Fehlstellung des Eintauchwinkels der Abtastnadel in Bezug zur aufgezeichneten → Rillenmodulation. Allgemein wird vorausgesetzt, daß die Befestigungsebene des Tonkopfes parallel zur Schallplattenoberfläche steht. Der Hersteller des Abtastsystems konstruiert und justiert die Nadelträger/Abtastnadel-Kombination immer so, daß bei entsprechender Auflagekraft die Nadelspitze senkrecht in die Rille eintaucht. Nur so steht der → Nadelschliff korrekt zur angenommenen Winkelung der → Rillenmodulation. Die entsprechenden Normen (DIN, RIAA, EIC) sehen beim Schneiden der Rille einen → vertikalen Spurwinkel von 20° ± 5° vor. Dieser Toleranzbereich entstand im Rahmen des ursprünglichen Kugelmodells und erfordert bei der Verwendung von sphärischen oder leicht elliptischen → Nadelschliffen nicht zwingend eine dem Spurwinkel angepaßte Nadelstellung. Je mehr jedoch ein Nadelschliff vom ursprünglichen Kugelmodell abweicht (stark elliptisch, biradial, facettiert), um so wichtiger wird die Einhaltung des aufgezeichneten Spurwinkels. Entsteht nun bei der Montage des Abtastsystems ein vertikaler Spurfehlwinkel, kommt es zu zusätzlichen → Spurverzerrungen, die als elektrische Verzerrungen (→ Klirren) in die Wiedergabe einfließen. Die klanglichen Auswirkungen sind jedoch bei weitem nicht so störend wie die aus einem → tangentialen Spurfehlwinkel resultierenden Verzerrungen. Ist nun die Gehäusehöhe des Abtastsystems größer oder kleiner als der vorgesehene Montageabstand, steht die Nadel in einem Fehlwinkel zur optimalen Position. Viele Tragarme besitzen einen fest fixierten Lagermittelpunkt, der sich nicht in seiner senkrechten Position verschieben läßt. Hier kann man praktisch nur Abtastsyteme einsetzen, deren Bauhöhen das vorgesehene Maß nicht überschreiten. Werden kleinere Abtastsystem eingebaut, verwendet man sog. Distanzplättchen zum Höhenausgleich. Hochwertige Tragarme verfügen über eine veränderbare Einstellung der vertikalen Lagerposition. Das in der Tragarmbasis montierte Rohr ist hier nicht verklebt oder verschweißt, sondern durch eine Schraube fixiert, die beim Lösen der Verbindung eine Verschiebung der Tragarmhöhe ermöglicht. Besonders komfortable Konstruktionen können sogar während des Abspielbetriebs in ihrer Höhe justiert werden, da hier die Lagerkonstruktion (zumeist) mit zwei bzw. drei Rohren oder Streben taumelfrei mit der Tragarmbasis verbunden ist.

Ein als Schneckengewinde ausgeführter Antrieb gewährleistet per Hebel oder Rändelrad eine leichtgängige, erschütterungsfreie Justierung.

SQUALAN-ÖL (ART 30)

Das von ART angebotene Spezialöl ist nutzlos. Es ist einfach nur ölig und verschlimmbessert die Problematik. Indem das Öl einen Film in der Rille auslegt, gleitet die Nadel wie beim → Naßabspiel mit verminderter Reibkraft. Das Öl steigt am Abtaststift und Nadelträger hoch, verklebt beides, dämpft die Höhenauflösung und setzt sich natürlich auch später in der Innentüte ab. Ob das alles Dreck ist, wie behauptet, was da ans Tageslicht kommt, darf stark bezweifelt werden. ART verspricht eine molekulare Regeneration des Vinyls, die sich aber in der Praxis nicht beobachten läßt. Auch Schallplatten, die ein Jahr mit dem Öl eingerieben waren, weisen immer noch einen deutlich sichtbaren Film auf, der ebenfalls beim Abspiel von der Nadel aufgenommen wird. Den Ölfilm kann man nur mit einer (mehrfachen) Wäsche mit Alkohol/ Wasser abtragen. Resultat: Die Schallplatte knistert genauso wie vor der Ölung. Anmerkung: Abtaststift und Nadelträger lassen sich hier nur mit Alkohol wirksam reinigen.

SQ-VERFAHREN

Von der US-amerikanischen Schallplattenfirma Columbia im Jahr 1971 vorgestelltes quadrophones Wiedergabeverfahren. Als Tonträgerformat wählte man eine zweikanalige, stereo-kompatible Mikrorillenschallplatte, die, in den beiden Rillenflanken verschlüsselt, auch die rückwärtigen Kanäle bereithält. Beim SQ-Verfahren werden die vier einzelnen Kanäle zu zwei Summenkanälen verknüpft und in der Stereorille abgespeichert. Bei der Wiedergabe trennt ein zusätzlicher → Decoder die beiden Summensignale nach einem bestimmten Schlüssel und erzeugt erneut vier Einzelkanäle. Der Decoder verfügt über zwei Schaltungen, die die Phase um 90° drehen, zwei Dämpfungsglieder (3 dB) trennen die Signale. Die Übersprechdämpfung zwischen den Kanälen ist relativ gering, reicht aber in der Praxis zur Trennung ohrenfälliger Positionen aus. Durch die Phasenverschiebung innerhalb des gespeicherten Stereosignales sind SQ-Schallplatten weitgehend stereo-kompatibel.

S-SIGNAL

Ein Differenzsignal, das durch elektrische Substraktion der Links- und Rechts-Komponenten eines Stereosignals ensteht. Das S-Signal enthält die wesentlichen Rauminformationen des Stereosignals (z.B. Raumreflexionen).

STAFFEL

Etwas unscharfe Bezeichnung für eine zusammenhängende Veröffentlichung aus mehreren Einzeltiteln. Dabei kann es sich um eine → Reihe oder → Serie bzw. Teile dieser handeln, wobei ein gemeinsamer Herstellungsaspekt die Veröffentlichung begleiten sollte. Üblich sind Schallplattenreihen, bei denen ein aus mehreren Alben bestehender Teilabschnitt komplett am gleichen Tag veröffentlicht wird. Für den Hersteller und Vertrieb bedeutet dies u.a. eine umfangreiche Vorproduktion und Logistik. Hochwertig aufgemachte → Reissues werden gern in Staffeln veröffentlicht, da redaktionelle Vorarbeit und Fertigungsprozeß besser koordiniert werden können. Andererseits bietet eine Staffel bei Werbung und Vermarktung enorme Vorteile, da sich das Produkt einfach durch seine Menge über eine Einzelveröffentlichung erhebt, den Gedanken der Kontinuität verstärkt und letztlich den Kunden gleich mehrfach fordert. Einfach gesagt: Eine Platte wird er schon kaufen!

STAGMA

Abkürzung für die im Deutschen Reich (Weimarer Republik und NS-Zeit) tätige »Staatlich genehmigte Gesellschaft zur Verwertung musikalischer Urheberrechte« mit Sitz in Berlin. Diese → Verwertungsgesellschaft wurde nach Kriegsende von den Alliierten aufgelöst und durch kurzzeitige Interimslösungen in den einzelnen Besatzungszonen, später durch die → GEMA in der BRD sowie die → AWA in der DDR ersetzt.

STAND BY

Bezeichnung (engl.) für die Möglichkeit einer Abschaltung des Geräts ohne Trennung vom Stromnetz. Ins Deutsche lyrisch als Schlafmodus übersetzt. Technisch bedeutet der Vorgang die Trennung der aktiven (stromfressenden) Bauteile vom Netz, ohne dabei die Ruheströme auf Platinen und bei modernen, mit Halbleitern und ICs bestückten Geräten, innerhalb der Steuerungsschaltungen auszuschalten. Der Vorteil sind ständige Betriebsbereitschaft und Arbeitstemperatur sowie das Senken von Einschaltabnutzungen z.B. durch Spannungsspitzen. Die Nutzung des Schlafmodus ist ökologisch sehr umstritten, da das Gerät permanent Strom verbraucht.

STAR CLUB RECORDS

Vom Eigentümer des Star Clubs (Hamburg), Manfred Weißleder, begründete Schallplattenfirma, die als Sublabel der Philips/Phonogram zwischen 1964 – 67 zahlreiche im Club aufgezeichnete Beatgruppen auf knapp 35 Alben veröffentlichte. Ab 1967 ging das allgemeine Interesse am Beat drastisch zurück, der Rock kam und für neue Bands damit auch immer häufiger eigene Plattenverträge. Weißleder verlor den Anschluß an die Szene, das Label kam zum Erliegen und konnte erst 1973 durch eine breit angelegte → Anthologie für kurze Zeit reanimiert werden.

STARKTON-SCHALLPLATTEN

Ein Begriff aus der Schellack-Zeit, der für sehr laute, akustisch aufgezeichnete Schallplatten als zusätzliche Qualitätsbezeichnung (auf dem Plattenetikett) verwendet wurde. Die vor allem mit Orchestermusik und Märschen bespielten Starkton-Schallplatten wurden gern zur öffentlichen Aufführung (Ballhaus, Lokal, Tanzschule) verwendet. In Verbindung mit großdimensionierten Trichter-Grammophonen und extralauten Nadeln konnten diese Schallplatten ganze Säle unterhalten und sich auch gegenüber erhitztem Publikum behaupten.

STAX RECORDS

Vom Geschwisterpaar Jim Stewart und Estelle Axton in Memphis, Tennessee, im Jahr 1960 zuerst unter dem Namen Satellite Records gegründete unabhängige Schallplattenfirma. Im folgenden Jahr schuf man aus den Nachnamen der beiden den neuen Titel: Stax. Das Label profilierte sich in den 60er Jahren durch seine zahlreichen afroamerikanischen Künstler, die in ihrer Summe den Memphis Sound schufen. Das 1962 geschaffene Sublabel Volt diente als Basis für Interpreten, denen der enge Rahmen von Stax nicht paßte. Ende der 60er Jahre begann man das Profil mit der Verpflichtung von soulorientierten weißen Bands auszuweiten. Von 1962 – 71 wurde Stax/Volt von → Atlantic vertrieben, anschließend von Polydor. Durch Missmanagment geriet Stax 1975 in Konkurs, der Katalog wurde geschlossen und von verschiedenen Firmen ausgewertet. Zum Künstlerstamm gehörten u.a.: The Bar-Keys, Isaac Hayes, Albert King, Booker T. & The MGs, Otis Redding, Sam & Dave, The Staple Singers, Rufus Thomas.

Etiketten (USA): blau M, gelb S, Plattenstapel (1962 – 68); gelb, Schnappfinger, blaues Feld (1968 – 71); gelb, Schnappfinger, braunes Feld (1971 – 75); weinrot/weiß (ab 1975). In späteren Jahren wurde das Schnappfinger-Etikett wiederholt für Nachauflagen eingesetzt.

STECKVERBINDUNGEN

Alle Steckverbindungen innerhalb der Wiedergabeanlage sollten in angemessenen Zeitabständen gereinigt werden, um den Signalfluß nicht unnötig zu behindern. Hierbei geht es nicht nur um Staub und Schmutz, sondern vorrangig um oxidierte Kontakte. Ein mehrmaliges Ein- und Ausstecken der jeweiligen Verbindung bewirkt mitunter Wunder und befreit den Klang von einer eventuellen Mattigkeit. Fortgeschrittene Audiophile verwenden zusätzlich Kontaktfluids oder spezielle Reinigungslösungen.

STEG

Der erhabene Zwischenraum zwischen zwei Rillenwindungen. Die Stegbreite ist abhängig vom gewählten und an der Aufzeichnungseinheit eingestellten → Vorschub bei der Originalaufzeichnung. Der Vorschub ergibt sich in erster Linie aus der vorgesehenen Gesamtspielzeit der Schallplattenseite und dem Dynamikumfang der vorliegenden Tonaufzeichnung. Bei weniger differenziertem, dynamikarmen Tonmaterial kann die Stegbreite zugunsten der Spielzeit minimiert werden, da hier das Übersprechen zwischen den einzelnen → Windungen nicht so deutlich hervortritt. Dieses Problem, das vor allem durch die Flexibilität der → Rillenflanken der klassischen → Lackfolie verursacht wird und ein »Wandern« der Toninformation zwischen den Rillen verursacht, konnte mit dem Einsatz der → DMM-Technologie und der dort verwendeten, deutlich formstabileren Kupferbeschichtung drastisch reduziert werden. Dadurch wurden erstmalig (übersprechungsfreie) Aufzeichnungslängen von bis zu 40 Minuten je Seite möglich.

STEMRA

Abkürzung für die holländische Verwertungsgesellschaft »Stichting tot Exploitatie van Mechanische-Reproductie Rechten der Auteurs« mit Sitz in Amsterdam.

STEREOBASIS

Bezeichnet die tatsächlich von einer Tonaufzeichnung bei der Wiedergabe genutzte stereophone Basisbreite zwischen den beiden Lautsprechern. Bei der Aufzeichnung einer stereophonen Tonproduktion erfassen die verwendeten Mikrofone, je nach Aufnahmecharakteristik, den sie umgebenden Raum in Kreisbögen. Bei der Wiedergabe erscheinen im Halbkreis sitzende Instrumente als gerade Linie zwischen den Lautsprechern. Befinden sich bei der Aufnahme die Instrumente in gerade Linie vor dem Mikrofon, werden sie bei der Wiedergabe in einem nach vorn zulaufenden Halbkreis abgebildet. Beim Laufzeitverfahren (→ Stereophonie) werden derartige Positionierungsprobleme besonders deutlich abgebildet. Um bei der Wiedergabe den gesamten Basisbereich auszunutzen, muß während der Tonaufnahme die Ausdehnung des Klangkörpers mit dem Aufnahmebereich der Mikrofone übereinstimmen.

STEREOHÖRFLÄCHE

Bezeichnet die bei einer stereophonen Wiedergabe entstehende Fläche, in der ein adäquates Hörerlebnis möglich ist. Diese Fläche verläuft rund um die Mittelachse zwischen beiden Lautsprechern in den Abhörraum hinein und weitet sich mit zunehmendem Abstand aus. Um die Phantomschallquellen der Stereoabbildung wahrzunehmen, muß sich der Hörer innerhalb der engen Stereohörfläche befinden. Bei einer Basisbreite und einem gleich großen Hörabstand von 3 m beträgt die effektive Stereohörfläche ca. 21 cm (5 m = 38 cm).

STEREOPHONIE

Zweikanaliges Aufzeichnungs- und Wiedergabeverfahren zur Abbildung von Raumeindrücken. Die Darstellung innerhalb der Stereophonie ist historisch gewachsen. Am Anfang stand das → AB-Verfahren, das zweikanalig links/rechts abbildet, aber je nach gelungener Plazierung der Mikrofone und der Einflüsse des Aufnahmeraums ein mehr oder weniger großes Loch in der Mittenabbildung aufweist. In Ergänzung wurde später ein drittes, in der Mitte der Aufnahmebasis plaziertes, Mikrofon zu Stabilisierung und Hervorhebung des Mittengeschehens integriert. Die Aufzeichnung auf Magnetband erfolgt dabei im Dreikanalverfahren. Die endgültige Lautstärke (der Pegel) für den mittleren Kanal legte man unter optimalen Hörbedingungen im Masteringstudio (hier beginnt die Arbeitsteilung) fest. Das XY-Verfahren ermöglicht aufgrund der veränderten Mikrofonaufstellung/Anordnung, dem Verschränken zweier Mikros im definierten Abstand, eine raumabbildende Zweikanalaufnahme. Ein drittes Mikro kann die Mittenbalance zusätzlich stabilisieren. Die Anordnung von sog. Stützmikrofonen bei kritischen Einzelinstrumenten (z.B. Solisten) oder Instrumentengruppen ist möglich. Ein angemessenes Stereo-Panorama während der Wiedergabe erstreckt sich nicht, wie oft behauptetet, links bzw. rechts weit über die Boxen hinaus, sondern befindet sich zwischen diesen. Das Übertreten der seitlichen Begrenzung durch die Boxen nennt man → Überbasis. Sie entsteht u.a. durch Phasenverschiebungen bei der Aufnahme (ungewollt oder manipuliert), selten beim Schneiden, häufig auch bei der Wiedergabe. Ein Ansteigen der Gesamtverzerrungen der Wiedergabe (inkl. der Schallplatte) führt ebenfalls zu Veränderungen der Basis und deren Abbildungsgenauigkeit. Die so oft zitierten Bewegungen eines Sängers sind fast immer Instabilitäten der Aufzeichnung oder Wiedergabe. Man vergegenwärtige sich, daß die Produktion einer Tonaufnahme für alle Beteiligten eine ernste Angelegenheit ist, auch wenn es möglichst entspannt und leichtschweifig zugehen sollte. Jeder Sänger oder Instrumentalist wird seinen Vortrag so gestalten, daß er dem Tonmeister nicht unnötige Probleme beim Ausregeln der Aufnahme beschert, da dieser schon mit der Dynamik des Vortrags zu kämpfen hat und in der stereophonen Frühzeit ohnehin gleichzeitig alle Musiker regeln mußte. Natürlich ist das Auslenken des Kopfes oder des Instruments zulässig und wird bei der Aufnahmeplanung schon durch einen entsprechenden Abstand Mikro/Quelle technisch so festgelegt, daß sich diese Bewegungen nicht durch allzu große Pegelschwankungen bemerkbar machen. Die Aufnahme soll weniger den körperlichen Einsatz des Künstlers (nur in Ausnahmen und dann als gestalterische Kraft) abbilden, sondern die Ausdruckskraft und die Stimme transportieren. In der Regel sind Stimmen- und Solistenaufnahmen echte Einzelmikrofonaufnahmen, die zumeist in von der Außenwelt schallisolierten Kabinen aufgezeichnet werden. Dämpfungsmatten oder Trennwände unterdrücken eventuelle Hallanteile, die eine Position des Interpreten fahrig erscheinen lassen. Eine entsprechende Wahl der Mikrofon-Richtcharakteristik und das Einstellen des Künstlers auf das Aufnahmeumfeld gehören zum Training. Hervorragend ausgebildete Sänger und Instrumentalisten mit ausreichend Studioerfahrung sind in der Lage, mit den Gegebenheiten im Studio gestalterisch umzugehen. Eine differenzierte Höhenabbildung bei der Wiedergabe ist eher unwahrscheinlich, kann aber vorkommen. Zumeist wird der Hörer jedoch von seiner stereophonen Illusionsmaschine getäuscht. Die Merianebene beweist, daß das Gehör unterschiedlichen Frequenzen verschiedene Höhen zuweisen, bzw. sie entsprechend besser orten kann. So sind Instrumente mit einem Grundton oder stark ausgeprägtem 1. Oberton im Frequenzspektrum um 8 kHz prädestiniert, dem Hörer eine Höhenabbildung vorzugaukeln. Als Test kann man eine Aufnahme mit hohen Instrumentalstimmen abhören und den Kopf samt Blick dabei langsam nach oben wandern lassen. Dabei bemerkt man in der Regel, wie ein Teil der abgebildeten höherfrequenten Instrumente die Wand förmlich hochwandert. Die

Frage ist, wie klingt, oder treffender gesagt, wie wirkt Stereo. Es ist ohne eine entsprechende Hörerfahrung und eine genaue Kenntnis der Stereoaufteilung nicht möglich, mit modernen mix-stereophonen Tonaufnahmen ein Boxenpaar optimal zu plazieren. Greift man hingegen auf Aufnahmen aus der stereophonen Frühzeit zurück, kann man sich auch als relativ unerfahrener Hörer einem optimalen Stereo-Panorama mit hoher Trefferquote annähern:

1. Verwendung einer möglichst klangstabilen Quelle. In diesem Fall einen CD-Player mit entsprechend aufgenommenen CDs. Das erspart die Fehlersuche innerhalb der Tragarm-/Tonkopf-/Abtastsytem-Justierung.
2. Erste Hörprobe mit Tonaufzeichnung in A/B-Stereophonie, Basisbreite verschieben, bis ein Loch in der Mitte entsteht.
3. Boxen solange verdrehen, bis sich hinter den Lautsprechern die Instrumente in klaren Linien abzeichnen. Der Klang muß dabei nach hinten aus den Boxen herauswandern.
4. Zweite Hörprobe mit Tonaufzeichnung in 3-Kanaltechnik (z.B. RCA Living Stereo 1959 – 64), um die Mittenfokussierung festzulegen. Nicht zu eng, nicht zu weit, es ist jetzt eine geschlossene Stereobreite erwünscht. Dennoch muß die Tiefenstaffelung gewahrt bleiben, dabei hilft eventuell ein weiteres Eindrehen der Lautsprecher.
5. Dritte Hörprobe mit Tonaufzeichnung Ping Pong-Stereo. Am günstigsten sind dabei kurze Instrumentalparts, die wechselseitig links/rechts auftauchen (Tambourine, Schellen, Einwürfe aller Art). Wichtig dabei, es muß sich um den gleichen Hallanteil handeln. Die Parts sollten an den Lautsprecherbasen links und rechts, bei einer optimalen Position, exakt die gleiche Tiefe, Intensität und Klangfarbe besitzen.
6. Vierte Hörprobe mit einer gelungenen Mix-Stereoaufnahme der 80/90er Jahre. Das Stereopanorama ist jetzt weit aufgespannt, eventuelle Soundeffekte reichen auch in die → Überbasis. Spezielle Phasenmanipulationen, wie der Q-Sound, erreichen dramatische Überbreiten. Insgesamt verbessern sich die Textverständlichkeit und die Einzelstellung der Solisten, es kommt zum Aufbröseln des Backgrounds (z.B. Sänger) und der Instrumentalgruppen. Dabei entsteht eine plastische Atmosphäre um eine gelungene Solistenabbildung (Klavier, Saxophon etc.). Drum-Sets bekommen eine realistische Größe in Bezug zum restlichen Instrumentarium. Gimmicks wie Links-Rechts-Verschiebungen (wandern) werden vom Tempo gleichmäßiger. Der abgebildete Klangraum hinter den Boxen ist (fast immer) rechteckig, das gefürchtete Hineinziehen des Klangs in die Boxen entfällt. Nebeneffekt bei der Nadeltonwiedergabe: Die Störgeräusche verbleiben in der Box und die Musik trennt sich praktisch vom Knack. Die Durchhörbarkeit steigert sich proportional zur Güte der Anlage. Auch scheinbar mitgenommene Schallplatten sind mehr als hörenswert.

STEREOPHONISIERTE SCHALLPLATTE

→ Pseudostereophonie

STEREORILLE

Bezeichnung für die stereophone Rille auf → Langspielplatten und Singles. Nach umfangreichen Normungsgesprächen in Europa und den USA einigte man sich auf die Verwendung der → Flankenschrift, um eine Abwärtskompatibilität zur → Mikrorille zu gewährleisten. Die Rillenabmaße wurden überarbeitet und minimal verkleinert: Rillenbreite 45 μm, Rillengrund verrundet mit ca. 4 μm, Stegbreite 100 μm, empfohlene Abtastnadelverrundung 15 μm.

STEREOSONIC

Markenzeichen der → London für Schallplatten, deren Rilleninformationen mit Hilfe des Tracing Simulators aufgezeichnet wurden.

STEUERVERSTÄRKER

Zur Umschnitteinheit gehöriger Steuerverstärker, der vor den → Schneidverstärker geschaltet ist. Hier finden sich alle wesentlichen Bedienelemente: Pegelregler für → Balance, → Stereobreite, Baß, Höhen, Präsenz; Umschalter zum Phasentausch; schaltbare Filter (→ Rumpelfilter, → dynamisches Tiefpassfilter); elliptischer Entzerrer (Tracing Simulator); Stummschaltung. Moderne Steuerverstärker bieten darüber hinaus umfangreiche Kalibrierungs- und Pegelhilfen inklusive einem Pegeltongenerator.

STICKER

Ein auf dem → Cover aufgebrachter Aufkleber, der mit dem Schallplatteninhalt oder der Gestaltung der Außenhülle korrespondiert. Ein Sticker zur Kenntlichmachung des Produkts tut oft Not, wenn sich Gestalter und/oder Künstler für ein Covermotiv ohne typografische Elemente entschieden haben. Eines der bekanntesten Beispiele ist die LP »True blue« von Madonna (1986, Sire Records, 25442-1), deren ursprünglicher Coverentwurf nur ein silhouettenhaft wirkendes Porträtfoto (Herb Ritts) schmückt. Die → Initialauflage in den USA erhielt einen silbernen Aufkleber mit den wesentlichsten schriftlichen Angaben. Spätere US-Auflagen sowie in Übersee und Europa veröffentlichte Ausgaben zeigen im Kopfbereich des Covers einkopiert nun, wie allgemein üblich, Name und Albumtitel. In den letzten Jahrzehnten wurden ständig neue Sonderausführungen (Hologramme, Signalfarben, Leuchtstoffe usw.) sowie amüsante Abwandlungen zum Thema entwickelt (→ scratch & sniff). Sticker werden auch zur schnellen Erläuterung des Inhalts oder als Hinweis auf bestimmte, prominente Mitwirkende eingesetzt. Häufig werden zur Vorbereitung einer Tournee des Künstlers auf aktuelle Teilauflagen Aufkleber (auch mit verifizierten Tourdaten) angebracht. Veröffentlicht eine Schallplattenfirma eine Staffel von → Mittel- oder → Niedrigpreis-Schallplatten, versieht sie diese fast immer mit einem Werbeaufkleber, der den attraktiven Preis und/oder den Reihencharakter hervorhebt. Seit den späten 60er Jahren verwenden US-Firmen aus Image- und Werbegründen für entsprechend von der → RIAA mit → Gold oder Platin ausgezeichnete Schallplatten goldene Aufkleber mit Hinweis auf die erfolgreiche RIAA-Zertifizierung. US-amerikanische → radio-copies besitzen auf der Frontseite des Covers einen großen Aufkleber mit gut lesbaren Angaben über Titel und Laufzeit. In seltenen Fällen werden sticker zur Korrektur von fälschlichen Angaben auf dem Cover eingesetzt. Steht ein Aufkleber in inhaltlichem Zusammenhang mit der Schallplatte oder ist gar integraler Bestandteil der Gestaltung, befriedigt den Sammler nur ein vollständig erhaltenes Exemplar (→ Lieferumfang). Anmerkung: Einige Schallplattenhüllen zeigen »getürkte« Aufkleber, die von weitem wie Sticker wirken, aber tatsächlich homogener Teil der Coverabbildung sind. Hier legt manchmal der Gestalter, häufiger jedoch die Werbeabteilung der Plattenfirma, für die gesamte Auflage einen Slogan o.ä. fest. In einigen Fällen wird nur bei Teilauflagen eine entsprechende Montage auf der Reprovorlage oder den separierten Filmen vorgenommen.

STÖRABSTAND

Verhältnis zwischen einer Nutzspannung und der an gleicher Stelle auftretenden Störsignalspannung. Der Störabstand wird in dB angegeben und sollte bei mindestens 60 dB (1:1000) liegen.

STÖRSCHWINGUNGEN

→ Vibrationen

STRIPPEN

Bezeichnung für die nachträgliche Demontage des Gehäuses eines Abtastsystems. Anmerkung: Der Hersteller eines Abtasters geht allgemein davon aus, daß sein Produkt in der vorgesehenen Art und Weise (also i.R. mit Gehäuse) eingebaut und genutzt wird. Indem man einen Abtaster entkleidet, löst man eventuelle Siegellacke, o.a. Kontrollmarkierungen und kann in der Regel nicht mit Garantieleistungen oder Kulanz rechnen.

STROBOSKOP

Hilfsmittel zur Überprüfung und Einstellung der Drehgeschwindigkeit. In der Regel benutzt man entsprechende Stroboskop-Scheiben, die mit einem im Kreis angeordneten, regelmäßigen Strichlinienraster bedruckt sind. Der Stroboskop-Effekt beruht auf der Tatsache, daß ein Vorgang mit einer Folgefrequenz nur für einen kurzen Zeitpunkt mit der Meßfrequenz zusammen beobachtet wird. Das Auge ist träge! Stimmen Folge- und Meßfrequenz überein, scheint die Linie zu stehen. Zur Taktung der Folgefrequenz benutzt man das elektrische Licht mit einer Frequenz von 50 Hz. Spezielle Ausführungen verwenden eine höhergetaktete Lichtquelle (z.B. Linn), um unabhängig von auftretenden Netzschwankungen und damit verbunden auch genauer arbeiten zu können. Mitunter besitzen Schallplattenteller am Außenrand ein integriertes Stroboskop, das von einer kleinen Glimmlampe beleuchtet wird. Auch gedruckte Schallplattenetiketten und Spritzgußschallplatten (hier als Gravurprägung) zeigen gelegentlich Stroboskopringe. Die Bewertung der Umdrehungsgeschwindigkeit erfolgt anhand der Bewegung der betrachteten Linie. Steht der Strich, wird die Nenndrehzahl exakt eingehalten. Wandert der Strich nach links, läuft die Schallplatte zu schnell, ein Wandern nach rechts zeigt zu geringe Drehzahl an. Anmerkung: Perfektionisten legen auf die LP-große Stroboskop-Scheibe eine Single und spielen diese bei der Messung ab. Dadurch werden auftretende Reibungen berücksichtigt und gegenkorrigiert.

STUDIOSCHALLPLATTENSPIELER

Speziell für den Einsatz in Rundfunkstudios konstruierte, robuste, zuverlässige, schnell hochlaufende und einfach zu wartende Schallplattenspieler. In den 50er und 60er Jahren mit kraftvollen Motoren und → Reibradantrieb ausgeführt, wurden sie später durch Modelle mit → Direktantrieb ersetzt. Vor allem → Thorens, Gerrard und → EMT galten als versierte Hersteller mit praxisnaher Gerätevielfalt und gutem Service. Seit den 70er Jahren ist EMT mit direktgetriebenen, modular aufgebauten Studiolaufwerken Branchenführer.

STUMMSCHALTUNG

Bei Studioplattenspielern und → Vollautomaten häufig eingesetzte Zusatzschaltung, die das Abtastsignal erst einen Sekundenbruchteil (100 bis 500 ms) nach Absenken des Abtastsystems freigibt. Damit werden eventuelle Pegelspitzen des Absenkvorgangs unhörbar und auch nachgeschaltete Verstärkerzüge vor etwaigen Überlastungen geschützt.

STYLUS

Engl., → Abtastnadel

SUBCHASSIS

Schallplattenspieler, deren Chassis zweiteilig konstruiert ist, besitzen ein Haupt- und Subchassis. Letzteres wird unterhalb des Hauptchassis eingehangen und mittels Blatt- oder Kegelfedern, mitunter auch Gummipuffern, entkoppelt. Subchassis wurden u.a. entwickelt, um auftretende Eigenschwingungen innerhalb des → Chassis zu minimieren und die Abkopplung von der → Zarge zu verbessern. Das Subchassis dämpft einerseits auftretende Schwingungen aus der Umgebung (Trittschall o.ä.) und schluckt andererseits Eigenvibrationen der Laufwerksanordnung (Motor, Riemen, Plattenteller). In der Theorie soll das Subchassis alle auftretenden Schwingungen (Bewegungsenergie) aufnehmen und absorbieren (Umwandlung in Wärmeenergie). Natürlich gelingt dieser Prozeß nie hundertprozentig und führt in der Praxis auch zu gewissen Dynamikverlusten innerhalb der Musikwiedergabe, da sich das Chassis und somit der Abtastpunkt ständig minimal bewegen. Blattfederaufhängungen definieren eine eindeutige Bewegungsrichtung (auf/ab), Spiral- oder Kegelfedern können das Subchassis in alle Richtungen auslenken (auf/ab, links/rechts, vorn/hinten). Um ein Taumeln der Konstruktion zu verhindern, müssen alle verwendeten Federn über gleiche Dimensionen und Dämpfungseigenschaften verfügen. In der Regel setzt man drei Federn ein, um den Schwingprozeß punktuell und kontrolliert ablaufen zu lassen. Das Subchassis sollte nach der Justierung nur auf- und abschwingen und keinerlei Horizontalbwegungen der Zarge nachvollziehen. In diesem Fall erhält man eine optimale Ableitung der auftretenden Schwingungen und beeinflußt den Abtastvorgang nur vertikal. Ein horizontales Hin- und Herschwingen von Plattenteller (Schallplatte, Rille) und Tragarm (Abtastsystem, Nadel) führt hingegen zu einer außerordentlichen Veränderung des Rillen-Nadel-Kontakts und beeinträchtigt die Wiedergabe. Bei der Verwendung von Kegelfedern wird das Subchassis entweder auf die Federn gestellt oder mittels der Feder hängend befestigt. Letztere Anordnung neigt weniger zum Taumeln, wobei der Arbeitspunkt exakt gewählt sein muß, um eine optimale Kraftverteilung zu garantieren. Clevere Ingenieure integrieren zusätzlich einen senkrechten Führungsstift in die Konstruktion, der in einem zähflüssigen Silikonbad ruht und zu schnelle Bewegungen des Subchassis dämpft. Eine zu weiche Aufhängung und damit verbundenen starke Dämpfung führt oft zu deutlichen Klangeinbußen (müder Sound). Die Entwicklung der Subchassisaufhängung geht auf einen 1956 von Edgar Villchur veröffentlichten Artikel zurück, in dem verschiedene Aufstellungen des Schallplattenspielers (Reibradantrieb/Zarge/Chassis) und deren Auswirkung auf die Wiedergabe (Klang) verglichen werden. Villchur leitete aus den empirisch gewonnenen Erkenntnissen folgende Forderungen ab: Abkopplung des Motors mittels Riemen, Einführung eines zweiten Chassis, Abkopplung der beiden Chassis durch Federn. In seiner Firma Acoustic Research konstruierte man verschiedene Prototypen und untersuchte die praktischen Auswirkungen der Neukonstruktion. 1962 wurde das erste Serienmodell vorgestellt und von der Öffentlichkeit begeistert aufgenommen. Nie zuvor klangen Schallplatten auf Konsumergeräten derart eindrucksvoll. Parallel zu Villchur hatten auch andere Hersteller mit entsprechenden Aufbauten experimentiert und kamen zu vergleichbaren Lösungen. Seit Mitte der 60er Jahre werden Subchassisanordnungen in hochwertigen Schallplattenspielern eingesetzt.

SUBLABEL

Unterfirmierung innerhalb eines → Labels. Die eigentliche → Marke wird dann zum Hauptlabel und die angegliederte oder untergeordnete Marke operiert als Sublabel, wobei immer ein Verweis auf das Hauptlabel angebracht wird. Durch den ständigen Konkurrenzkampf innerhalb der Tonträgerindustrie kommt es zu permanenten Übernahmen zumeist kleiner Schallplattenfirmen, die dann häufig als Sublabel, bei umfangreichen oder bedeutenden → Katalogen aber auch als weiteres Hauptlabel von der neuen Mutterfirma weitergeführt werden. Sublabel können über eine eigenständige Katalognummerierung und/oder Suffix-Hierarchie verfügen. Beispiel: Im Jahr 1999 ist Island Records vollständig im Besitz der EMI und eines der aktuellen Hauptlabel des Konzerns. Island selbst führt zahlreiche Sublabel (u.a. 4th & Broadway, Mango, Taxi, Tuff Gong).

SUBSONIC-FILTER

→ Rumpelfilter

SUFFIX

Im Gegensatz zum → Präfix befindet sich der Suffix am Ende der → Katalognummer. Angewendet werden Suffix zum Kodieren der → Preiskategorie oder des Tonträgerformats. Neben reinen Buchstaben- oder Zahlenkombinationen werden auch gemischte Formen verwendet. Mitunter koppelt man den Suffix durch einen Bindestrich oder Punkt an. Der Suffix ergänzt die eigentliche Katalognummer, birgt zusätzliche Informationen und ist mitunter auch für den fortgeschrittenen Sammler von Interesse. Exzellente Diskographien berücksichtigen Suffix und geben ihren Schlüssel an.

SUMMENMONO

→ Monophonie

SUPERSINGLE

In enger Anlehnung an den von Teldec gehaltenen Begriff der Super-Sound-Single geprägter allgemeiner Reklameslogan der Konkurrenz. Auch hierbei spielte man auf den (vermeintlich) besseren Klang und die erweiterte Spielzeit der Maxi-Single an.

SUPER-SOUND-SINGLE

In den 80er Jahren benutzter, markiger Reklamebegriff für Maxi-Singles aus der Teldec-Fertigung. Hierbei spielte man auf den lauteren, damit vemeintlich besseren Klang und die erweiterte Spielzeit der Maxi-Single an. Für alle in Deutschland damals durch Teldec vertretenen Labels benutzt.

SUPRAPHON

Die CSSR besaß aufgrund der doppelten nationalen Identität (Tschechen und Slowaken) zwei eigenständige Schallplattenfirmen. Die tschechische Firma Supraphon produzierte seit 1950 Mikrorillen-Schallplatten, übernahm auch die Fertigung der ersten DDR-LPs (→ VEB Deutsche Schallplatten Berlin) und war in den 70er Jahren im Ostblock federführend bei der Erstellung quadrophonischer Aufnahmen und Schallplatten. International konnten sich die Tschechen einen guten Ruf mit ihren soliden Klassikaufnahmen erspielen, die u.a. im Programmtausch zu zahlreichen Lizenzausgaben westlicher Tonaufnahmen führten. Die slowakische Teilrepublik besaß mit Opus eine deutlich kleinere Schallplattenfirma, deren hauptsächliches Augenmerk der Pflege und Bewahrung ihrer nationalen Identität galt.

SWAN SONG

Mit der Gründung eines unabhängigen → Künstler-Schallplattenlabels folgte Led Zeppelin dem allgemeinen Trend aller Erfolgs-Combos jener Jahre. Da man ohnehin seit geraumer Zeit seine Alben selbst produzierte und auch einen gewaltigen Eigenaufwand zur Produktvermarktung betrieb, entschlossen sich die Band und Manager Peter Grant 1974, ein eigenes Label ins Leben zu rufen. Natürlich war die Freiheit nur eine halbe, da man auch weiterhin Fertigung und Vertrieb dem langjährigen Partner Atlantic überließ. Nach der Bandauflösung erschienen bis 1985 auch fast alle Soloalben der Musiker auf Swan Song. Darüber hinaus veröffentlichte das Label auch Aufnahmen befreundeter Künstler (Bad Company, Maggie Bell, Dave Edmunds, Andy Pratt, Pretty Things).

SWEET SPOT

Unter Audiophilen mitunter benutzte Bezeichnung für den Moment, an dem alle Parameter von Laufwerk, Tragarm, Abtastsystem und Schallplatte derart optimal miteinander harmonieren, daß der Klang sich scheinbar völlig losgelöst von jeglicher irdischen Schwere im Raum ausbreitet. In vereinfachter Form benutzt man den Begriff auch zur Umschreibung einer gelungenen Justierung des Abtastsystems.

SX 74

Elektrodynamischer, heliumgekühlter → Schreiber (Lackfolie) von → Neumann. Neben dem Westrex-3C der verbreitetste Schneidkopf weltweit.

SX 84

Elektrodynamischer → Schreiber (Kupferfolie) von → Neumann. Der SX 84 ähnelt im Grundaufbau dem Typ SX 74 und wurde für den Kupferschnitt entsprechend weiterentwickelt.

SYNCHRONMOTOR

Funktioniert im wesentlichen wie ein → Asynchronmotor, jedoch wird der Rotor aus dauermagnetischem Material gefertigt. Der Permanentmagnet kann auch durch einen mit Gleichstrom versorgten Elektromagneten ersetzt werden, wobei der Rotorstrom dann über Schleifringe übertragen wird. Die Anzahl der Polpaare und die Frequenz des Speisestroms bestimmen die Drehzahl des Motors. Mehr Pole senken die Umdrehungsgeschwindigkeit, eine höhere Stromfrequenz hebt sie an. Durch eine entsprechende Frequenzssteuerung lassen sich z.B. bei Schallplattenspielern die unterschiedlichen Drehzahlen realisieren. Synchronmotoren mit zumeist 16 oder 24 Polen werden sehr häufig als Antriebsquelle in Schallplattenspielern eingesetzt. Qualitativ hochwertige Modelle besitzen zusätzlich eine Motorsteuerung mit → 2-Phasen-Generator.

SYSTEMRAUSCHEN

Bezeichnung für das aufsummierte Rauschen innerhalb einer Wiedergabeanlage (z.B. Abtastystem, Verstärkerzüge). Bei analogen Bandaufzeichnungen kommt noch das Grundrauschen des Magnetbandes hinzu.

T

T4P-ANSCHLUSS

Von Technics entwickeltes Anschlußsystem zum unkomplizierten Austausch von Abtastsystemen, das auch unerfahrenen Anwendern die Wartung des Geräts ermöglichen soll. Ein T4P-Abtastsystem verfügt über einen genormten Gehäusesockel, in dem die Anschlußstifte und ein Gewinde verankert sind. Der spezielle → Tonkopf verfügt über eine entsprechende Fassung, in die das Abtastsystem einfach eingesteckt und mittels einer kleinen Schraube fixiert wird. Eine Justierung des Abtastsystems entfällt, alle wesentlichen Werte sind innerhalb der Systemlösung fest definiert. Die Stabilität der Verbindung, die Maßhaltungen für Überhang und Kröpfung sowie der Verzicht auf jegliche Feinjustierung werten das System in den Augen erfahrener Anwender deutlich ab. Der T4P-Anschluß wurde nur von wenigen Geräteherstellern eingesetzt (Braun, Technics, Sony u.a.) und die entsprechenden Abtastsysteme werden auch nur von wenigen Herstellern angeboten. Ohnehin werden praktisch nur Einsteiger- und Mittelklasse-Abtastsysteme angeboten, womit ein hochqualitatives Aufrüsten des Plattenspielers unmöglich wird. Dennoch hat die ursprüngliche Maxime nichts von ihrer Werbekraft verloren: einstecken, festdrehen, fertig!

TACHOMETERGENERATOR

→ Impuls-Servomotor.

TACHOMETERREGELUNG

→ Impuls-Servomotor.

TACHOMETERSTEUERUNG

→ Impuls-Servomotor.

TAKE

Studiotechnische Bezeichnung (engl.) für eine ohne Unterbrechung aufgezeichnete Tonaufnahme. In den verschiedenen Entwicklungsetappen der Schallplatte wurde der Begriff Take zwar immer im gleichen Sinne, aber in verschiedenem Zusammenhang benutzt. Als zu Beginn das Direktschnittverfahren die einzige Möglichkeit der Aufzeichnung darstellte, entsprach ein Take auch einer Schallplattenseite. D.h. die bei der Wiedergabe ertönende Tonaufnahme entspricht in vollem Umfang der Originalaufzeichnung. Erst als man ökonomisch notwendige Nachproduktionsverfahren wie das Zuspiel von zwei unabhängigen Zuspieleinheiten erfand, begann man die Schallaufzeichnung aus ihrer Echtzeit herauszulösen. Spätestens seit Einführung des Magnetbandverfahrens, der damit verbundenen Montagetechnologien und deren ungeheuren Gestaltungskraft stellt ein Take letztlich eine zwar genaue Quellenangabe, aber nicht deren Authentizität dar. Seit den 50er Jahren werden im Studioalltag die verschiedenen Aufnahmen ein und desselben Titels mit fortlaufender Nummerierung versehen, um bei späterer Nachbearbeitung eineindeutige Bezüge zu erhalten. Praktisch entsteht heute kaum noch eine Musikproduktion ohne nachträgliche Manipulation, bei der z.B. Teilstücke (Einzeltakte, Soli, Einsätze oder Pausen) aus einem anderen Take einmontiert werden. Bei dem durch Einführung der Mehrkanal-Magnetbandtechnik möglich gewordenen Overdubbing, also dem nachträglichen Belegen oder Überspielen von Teilspuren, gerät die Tonaufzeichnung aus ihrer Kontinuität und die Bezeichnung Take ist dann irreführend. Spezielle Take-Angaben findet man auf Schallplatten eigentlich nur, wenn es sich um editorisch aufbereitetes Material wie kritische Werkausgaben handelt. Vor allem die bei CD-Nachveröffentlichungen historisch bedeutender Tonaufzeichnungen übliche Praxis der Programmerweiterung durch Bonustracks greift gern auf sogenannte Alternative- oder Out-Takes, also ursprünglich nicht für die Veröffentlichung vorgesehene oder benutzte Einzelaufnahmen zurück. Besonders gelungene Beispiele für die Vielschichtigkeit der modernen Studioarbeit findet man immer wieder bei Jazzaufnahmen der 50/60er Jahre, wo bis zu einem Dutzend aufgezeichnete Versionen des gleichen Titels den kreativen Prozeß und die instrumentale Praxis besonders plastisch erscheinen lassen.

TAKENUMMER

Numerische oder alphanumerische Kennzeichnung der zu einer Aufnahmesession gehörenden Einzelaufzeichnung (→ Take). Die Takenummer findet sich im Aufnahmeprotokoll sowie auf dem Bandkarton und dient bei späteren Bearbeitungsschritten als Bezugverweis.

TANGENTIALTRAGARM

Ein → Tragarm, bei dem das Abtastsystem in tangentialer Ausrichtung auf dem Radius der Schallplattenseite geführt wird. Zumeist ist das Abtastsystem samt Tonkopf und Ausgleichgewicht (z.B. als Stummeltragarm) auf einer Schiene beweglich angebracht. Entweder wird durch eine zusätzliche Vorschubeinrichtung das Abtastsystem über die Platte geführt oder der Abtaster zieht den berührungsarm gelagerten Arm selbständig hinter sich her. Der tangentiale Spurfehlwinkel ist in der Regel unterhalb von 0,2° und die entstehende Reibkraft wird fast vollständig vom Tragarm aufgenommen (Wegfall der Antiskatingeinrichtung). Tangentialtragarme sind relativ selten anzutreffen, da ihre Konstruktion und Fertigung sehr aufwendig ist. Letztlich konnte sich diese vor allem in den 80er Jahren sehr populäre Konstruktionsform nicht durchsetzen.

TANZPLATTE

Eine Schallplatte mit Tanzmusik im weitesten Sinne. Vor allem in den 60er und frühen 70er Jahren erschienen spezielle, für (private) Tanzveranstaltungen aufgenommene Schallplatten, bei denen Titelauswahl, Arrangement und vor allem die durchgängige Verzahnung der Einzeltitel einen optimalen Verwendungszweck garantierten. Immer wieder eine Überraschung für nachfolgende Generationen stellen spezielle Tanzplatten jener Epoche mit Tonaufnahmen von Alleinunterhaltern dar, die in den meisten Fällen skurrile und wunderbar zickige Arrangements ablieferten.

TAS-LISTE

Von der US-amerikanischen HiFi-Zeitschrift »The Absolute Sound« Anfang der 80er Jahre begründete Auflistung aufnahmetechnisch herausragender Aufnahmen und entsprechend korrespondierenden »ultimativen« Pressungen. Im Laufe der Jahre wurde das Bewertungsraster immer weiter verfeinert und führte zur völligen Aufgabe aller inhaltlichen Aspekte (Repertoirewert, Interpretation, Virtuosität usw.). Die TAS-Liste operierte schon Mitte der 80er Jahre gegen den CD-Trend und förderte das Vinyl-Revival, indem sie zunehmend frühe Stereo-Tonaufnahmen und Schallplatten einiger spezieller Firmen (Decca, EMI, Mercury und RCA) über Gebühr lobte. Einerseits zollte man damit den Leistungen der Stereo-Pioniere erstmals umfassend Tribut, verklärte aber mit Fehldeutungen der weiteren Technologieentwicklung eben jene so ungeheuer wichtigen Gründerjahre. Die Wirkung der TAS-Liste ist bis heute allgegenwärtig und dient immer noch als Pauspapier für zahllose neue Super-Sound-Listen. Speziell audiophile Kritiker und Hörer stellen immer wieder gern den Klang einer Aufnahme über alle inhaltlichen Aspekte. In »gläubigen« Kreisen entscheidet ein Eintrag in der TAS-Liste bis heute über den »ideellen« Wert einer Aufnahme. Auch bei der Titelauswahl für zahlreiche audiophile Neuausgaben der 90er Jahre ließen sich die entsprechenden Firmen (→ alto, → Classic Records, → Speakers Corner) allzuoft von einem Eintrag in der TAS-Liste blenden und schütteten den neuentstehenden Markt mit einem Berg unbedeutender oder mittelmäßiger Aufnahmen zu. Die anvisierte Kundschaft begriff schnell, daß sie die Einspielungen auf Dauer nicht fesseln konnten und mäßigte sich. Andererseits führte dieses audiophile Vinyl-Revival zu lebhaften Grabenkämpfen zwischen historisierenden Traditionalisten (an vorderster Front dabei auf Originalpressungen spezialisierte Händler) und den »neutönerischen« Lizenznehmern. Die Presse begleitete den Vorgang mit mehr oder weniger geglückten Polemiken und Hofberichterstattungen, wobei sich auch hier keine einheitliche Meinung herausbildete. Bis heute herrscht Unfrieden, der von allen beteiligten Seiten regelmäßig Nachschub erhält. Von seriösen Musikkritikern und aufgeklärten Musikfreunden werden die TAS-Liste und alle daraus resultierenden Diskussionen kaum oder nur lächelnd zur Kenntnis genommen.

TC 3000

Zur Analyse von → Abtastsystemen konstruiertes Kombinationsmeßgerät mit integriertem Microprozessor, auch als Tonabnehmer-Testcomputer bezeichnet, der Firma → Ortofon, das die ermittelten Daten auf Karten ausdruckt. Der TC 3000 ermöglicht ein schnelles und unkompliziertes Vermessen aller wesentlichen Kenndaten, die zur Bewertung der Konstruktions-, Fertigungs- und Montagequalität notwendig sind. Als Signalquelle dient eine spezielle → Meßschallplatte. In der Praxis sind zur Optimierung der Montage eines Abtastsystems vor allem die sich durch Vergleichsanalysen ergebenden Werte hilfreich. Folgende Angaben werden durch den TC 3000 ermittelt: Ausgangsleistung (mV) links/rechts getrennt; Kanalbalance (dB); Kanalseparation (dB) links/rechts getrennt; Abtastfähigkeit (μm) bei 315 Hz links/rechts getrennt; Phasenlage links/rechts getrennt; Frequenzgangabweichungen (dB) für 1, 5, 10, 12, 15, 18, 20 kHz; Kapazität (pF); Widerstand (Ohm). Zusätzlich auf dem Ausdruck festgehalten: Auflagekraft (mN), Antiskatingwert und Umgebungstemperatur.

TECHNICS

Japanischer Gerätehersteller, der über Jahre ein inniges Verhältnis zur Schallplattenwiedergabe besaß. Technics konnte mit zwei Entwicklungen Geschichte schreiben. Der T4P-Anschluß ermöglichte auch unerfahrenen Anwendern eine einfache Selbstmontage des Abtastsystems. Mit der Konstruktion des Schallplattenspielers SL-1020 MkII gelang der Firma ein absoluter Verkaufsschlager und Klassiker der Gerätegeschichte. Dieses überaus robuste Modell (Direktantrieb, Plattentellerachse im Motor eingelassen, Pitchregler, gummivergossenes Aludruckguß-Chassis) dient seit zwanzig Jahren DJs in aller Welt als zuverlässiges Arbeitsgerät. Darüber hinaus fertigte Technics natürlich unzählige weitere Modelle, von denen die M- und L-Serie, mit z.T. elektrisch bedämpften Tangential-Tragarmen und ihrem enormen Bedienkomfort, besonders erwähnenswert sind. Das Einsteiger- und Mittelklasse-Segment repräsentierten jahrelang die BD- bzw. DD-Baureihen (BD = belt drive, Riemenantrieb; DD = direct drive). Diverse Abtastsysteme rundeten das Angebot ab.
Anmerkung: Vom Modell SL-1020 wurden und werden mehrere preiswerte Nachbauten (z.B. DJ-1600 für knapp 300 DM) angeboten. Keine dieser Kopien kann sich mit dem Original messen. Nicht nur, daß kein anderes Gerät einen ähnlich kraftvollen Motor besitzt und ein derartiges Drehmoment aufweist, schlimmer noch, sie sind im Vergleich zum Original auch nachlässig aufgebaut und gefertigt. Einige Kopien verfügen sogar über Riemenantrieb, der sich zum Scratchen eigentlich nicht verwenden läßt. Deshalb: Wer wirklich DJ werden will, sollte sparen oder einen gebrauchten SL-1020 erwerben.

TED-BILDPLATTE

→ Bildplatte

TEILAUFLAGE

Bezeichnung für eine innerhalb eines größeren Produktionszeitraums gefertigte Auflage, die in allen wesentlichen, äußeren Kriterien (Grammatur, Matrizennummer, Etikett, Ausstattung, Covermotiv etc.) mit der genannten Auflage (Erst-, Zweitauflage usw.) übereinstimmt. Oftmals lassen sich Teilauflagen nur anhand der Produktionsunterlagen des jeweiligen Preßwerks oder der Schallplattenfirma nachweisen. Für eine Teilauflage ist nicht entscheidend, daß ein neuer → Umschnitt angefertigt wurde und/oder neue → Matrizen zum Einsatz kommen. Einzig die verlegerische Entscheidung, eine Auflage zu splitten und beispielsweise an zwei verschiedenen Orten gleichzeitig oder kurz hintereinander pressen zu lassen, rechtfertigt den Begriff. In einigen Fällen geben Kennzeichnungen im → Spiegel der Schallplatte oder veränderte/korrigierte Angaben auf dem Etikett oder im → Druckverweis darüber Auskunft. Für den Sammler sind Teilauflagen immer dann bemerkenswert, wenn sie inhaltliche Abweichungen gegenüber anderen Teilen der entsprechenden Auflage aufweisen.

TELCOM C4

Ende der 60er Jahre von der Teldec in Zusammenarbeit mit dem Mutterunternehmen Telefunken entwickeltes professionelles frequenzabhängiges Kompanderverfahren zur Rauschunterdrückung bei Tonbandaufzeichnungen. Wie Dolby A verfügt das telcom c4 über vier getrennte Frequenzbänder (Trennfrequenzen: 215 Hz, 1450 Hz, 4800 Hz), aber über eine deutlich effektivere Rauschminderung von 30 dB bei einem Kompressionsgrad von 1:1,5. Obwohl als externer Baustein für die Studiotonbandmaschinen von Telefunken angeboten und als eine sinnvolle Alternative zu Dolby A gepriesen, konnte sich das Verfahren nie richtig durchsetzen.

TELDEC SCHALLPLATTEN GMBH

Traditionsreiche deutsche Schallplattenfirma, die in den 50er Jahren aus der Traditionsmarke Telefunken und den Anteilen der britischen Decca zusammengeschmolzen wurde. Bis Ende der 60er Jahre operierte man vorrangig als Lizenznehmer diverser international erfolgreicher Schallplattenfirmen (u.a. Decca, RCA, Warner). In den 70er Jahren folgte der Aufbau einer erfolgreichen eigenen Pop- und Rockabteilung. Teldec gehörte zu den innovativsten Schallplattenfirmen der Welt. Eine eigene Forschungs- und Entwicklungsabteilung entwickelte u.a. den Tracing-Vorschub, die TED-Bildplatte und das DMM-Verfahren. Darüber hinaus besaß man eine eigene Pressmassenspezifikation: das transluzente Teldec-Vinyl. 1988 wurde die Firma an WEA International verkauft und die Forschungsabteilung geschlossen.

TESTPRESSUNG

Im deutschsprachigen Raum verwendeter Begriff zur Kennzeichnung einer firmeninternen Anpressung, anhand der alle wesentlichen Qualitätsparameter der bevorstehenden Serienfertigung überprüft werden. Testpressungen werden im

Preßwerk oder bei der Schallplattenfirma archiviert und stellen ein wichtiges Hilfsmittel bei der Qualitätssicherung bzw. der Archivierung der eigenen Produktion dar. In der Regel verlassen Testpressungen nicht die Firma, so daß dem privaten Erwerb solcher Anpressungen Grenzen gesetzt sind. Seitdem Ende der 80er Jahre die allgemeine Promotion für Neuerscheinungen gänzlich auf CD umgestellt wurde, verzichten praktisch alle Firmen auf die Fertigung spezieller → Promotionschallplatten und versenden bei bestimmten Marketing-Events dafür Testpressungen.

TGL 27617/01
Elektronische Heimgeräte; Schallplattenabspielgeräte; Begriffe.

TGL 27617/02
Elektronische Heimgeräte; Schallplattenabspielgeräte; Technische Forderungen.

TGL 27617/03
Heimelektronik; Schallplattenabspieleinrichtungen; Prüfung.

TGL 27618
Elektronische Heimgeräte; Schallplatten-Abtastsysteme.

TGL 27619
Elektronische Heimgeräte; Abtastnadeln für Schallplatten-Abtastsysteme.

TGL 27620
Schallplatten.

THD
Abkürzung (engl.) für total harmonic distortion, also die gesamten harmonischen Verzerrungen, zu deutsch: der → Klirrfaktor.

THERMOPLAST
Synthetischer Werkstoff, der sich bei Erwärmung erweichen und durch einen dabei ausgeübten Druck ohne chemische Veränderung verformen läßt. Bei der Herstellung von Schallplatten werden thermoplastische Kunststoffe als → Preßmasse eingesetzt.

THING(S)
Aus der Mode gekommene alternierende Bezeichnung für eine um das Motiv herum freigestellte → Shape-Disc, die einen eindeutig identifizierbaren Gegenstand (engl. thing) abbildet. Beispielsweise zeigt die Shape-Disc von The Police »Roxanne/Can't stand losing you« (1979, A&M Records, AM-2147) eine nachgebildete US-amerikanische Polizeimarke, die mit Bandnamen und Songtitel

versehen wurde. Andererseits wurden früher auch freigestellte, abstrakte Formen wie Kleeblatt, Herz, Stern, Plektrum usw. als thing bezeichnet.

THORENS

Der dienstälteste Fabrikant für Schallplattenspieler feierte 1983 seinen 100. Geburtstag. Das ursprünglich schweizerische Traditionsunternehmen fertigte anfangs Spieldosen und wenig später die ersten mechanischen Antriebe für das neuartige → Grammophon. Nach 1900 begann man auch erste Abspielgeräte unter eigenem Namen zu vermarkten. Auf Grund der langen Firmengeschichte, stabiler Qualität und riesigen Stückzahlen ist Thorens auch heute ein Synonym für hochqualitative, grundehrliche Produkte. In den 60er Jahren verlagerte man die Produktion ausschließlich in den Schwarzwald und kooperierte enger mit der damaligen Studioschwester → EMT. Typisch für Thorens sind Subchassis in leichter, mittelschwerer oder schwerer Ausführung. Vor allem mit den extrem schwergewichtigen Subchassis-Konstruktionen (Reference und Prestige) konnte man wertvolle Erfahrungen über den Tag hinaus sammeln. Bemerkenswerte Konsequenz: Auch heute ist ein Teil der Modelle immer noch für 78 Upm gerüstet. Das Dämpfungs-Tuning (RDC, auch nachrüstbar) wird seit 1997 massiv ausgebaut und in die aktuellen Geräteversionen integriert. Bemerkenswert war auch die Ansaugvorrichtung VG 28 (Vacuum Generator), die verwellte Schallplatten geradebog, sich aber im Dauerbetrieb nicht bewähren konnte. Bautypen, letzte Modellvarianten in Klammern: Drehtragarme TP 16; TP 20; TP 35; TP 50; TP 90. Laufwerke 124 (Reibrad 1957, auch Mk II); 126 (MkIII mit Unterdruckplattenteller); 127 (126 mit verbreiterter Zarge); 146 (Mk V); 160 (Mk VI); 166 (Mk VI); 180 (Mk V); 226 (126, große Zarge für 12" Arme); 280 (Mk IV); 290 (Mk II); 316; 318 (Mk II); 320 (Mk III); 321 (320 ohne Tragarm); 520; 520 S; 524 (DJ-Laufwerk mit EMT-Know How und Direktantrieb, Hochlaufzeit 250 ms, Pitch-Control ± 25%, 33 cm-Plattenteller mit Cue-Rand, 10"-Tragarm); 2001; 3001; Reference (1978, 90 kg, Teller 8,1 kg, drei Tragarmbasen, Vierpunkt-Subchassis, 33/45/78 Upm); Prestige (1989, 55 kg, Teller 8,1 kg, zwei Tragarmbasen, Vierpunkt-Subchassis, 33/45/78 Upm); Concrete; Ambiance (1998, RDC-Tuning). BC = ohne werkseigenen Tragarm; S = Zarge in Massivausführung, bedämpft, Achse und Mittellager verstärkt.

TIEFENSCHRIFT

Von Thomas Alva Edison im Jahr 1877 eingeführte Schriftart, bei der der Stichel während der Aufzeichnung eine vom Eingangssignal abhängige Eintauchtiefe erfährt. Die geschnittene Rille folgt der idealen, durch den Vorschub vorgegebenen Spirale, wobei sich die Rillenbreite im Verhältnis zu der variablen Schneidtiefe symmetrisch um die Mittellinie (Spirale) ausdehnt.

TIEFPASSFILTER

Häufig als einfaches RC-Glied ausgeführtes Filter, das bei steigender Frequenz der Eingangsspannung die Ausgangsspannung senkt, da der Widerstand des geschalteten Kondensators abnimmt. Das Tiefpaßfilter ist für Frequenzen unterhalb seiner Grenzfrequenz durchlässig (frequenzabhängiger Spannungsteiler). Die Grenzfrequenz wird an dem Punkt erreicht, an dem das Signal um 3 dB gedämpft ist. Höhere Frequenzen werden entsprechend der Schaltung mit maximal 20 db/Frequenzdekade (6 dB/Oktave) abgeschwächt. Andere Schaltungsvarianten sind möglich.

TIEFPASSFILTER, DYNAMISCHES

Beim Schneiden eingesetztes Hochtonfilter, dessen Grenzfrequenz veränderbar ist. Damit lassen sich auftretende Pegelspitzen bei hohen Frequenzen begrenzen und somit thermische Überlastungen der Antriebsspulen verhindern. Andererseits arbeitet das dynamische Tiefpaßfilter auch als → Schnelle-Begrenzer und → De-Esser, womit eine Verbesserung der späteren Abtastbedingungen vorweggenommen wird. Indem die Beschleunigungswerte der hohen Signalanteile bei Bedarf reduziert und eventuelle S-Laute entschärft werden, gestaltet das Filter eine Rille, die in ihren Dimensionen weitaus besser abgetastet werden kann als eine unlimitierte Aufzeichnung. Der Arbeitspunkt des Filters wird in der Regel zwischen 10 und 18 kHz gewählt und läßt sich eventuell auch in seiner Dämpfung einstellen. Im orthodoxen Sinne einer high-fidelen Signalaufzeichnung sind solche Filter nicht unumstritten, werden aber dennoch von praktisch allen Masteringstudios eingesetzt, um im Falle eventueller Überlastungen gewappnet zu sein. Die Kunst liegt, wie so oft, eher in der Dosierung des Filters.

TIPPED

Bezeichnung für eine zweiteilige → Diamantnadel, deren Grundkörper ein Metallstift ist, auf den ein Diamantsplitter aufgeklebt wurde. Dabei handelt es sich um eine sehr preiswerte Bauform für einfache → Abtastsysteme, da hier die bei der Bearbeitung von Diamantkristallen anfallenden Splitter verwendet werden können. Fertigungstechnisch gelingt beim Bearbeiten des Diamantsplitters keine befriedigende Analyse und Ausrichtung der Kristallachse, womit in der Regel der aufgebrachte Nadelschliff nicht dem Optimum entspricht. Ein weiteres Aufsplittern der Nadel ist zu erwarten. Damit liegt die Standzeit von »getippten« Diamanten in der Regel deutlich unter der von nackten Diamanten (→ nudes). Anmerkung: Einige Hersteller verwenden in Einzelfällen – mitunter konstruktionsbedingt – auch bei hochwertigen Abtastsystemen getippte Diamanten, die dann zumeist in Schliff, Kristallachse, Polierung und Abtasteigenschaften ihrem Preis gerecht werden.

TITELKATALOG

Bezeichnung für den nach Einzel- oder → Werktiteln der Tonträger geordneten Teilkatalog einer Schallplattenfirma. Dabei wird zumeist der Haupt-, eventuell auch der Untertitel eines Albums erfasst und alphabetisch katalogisiert. Vor allem im Bereich der → E-Musik führen große Schallplattenfirmen oft ein detailliertes → Werkverzeichnis innerhalb des Titelkatalogs. Die Auflistung und Ordnung einzelner Songs wird in einem → Einzeltitelverzeichnis oder im → Tracklisting vorgenommen. Innerhalb einer Schallplattenfirma stellt der Titelkatalog zusammen mit dem → Interpretenkatalog und der Ordnung nach → Katalognummer, die Basis für einen effizienten, leicht zu bearbeitenden → Gesamtkatalog dar.

TITLE & TIMING STRIP

Zusätzlicher, zumeist weißer Aufkleber auf der Titelseite des Covers zahlreicher US-amerikanischer → radio-copies, der mit aufgeräumter Typographie eine Schnellübersicht über alle für den Sendebetrieb einer Rundfunkanstalt relevanten Daten (Interpret, Titel, Laufzeit, Tracknummer, Urheber etc.) garantiert. Radio-copies sind nur mit zugehörigem title & time strip entsprechend hochwertig.

TON

1. Der reine Ton als Schallereignis mit sinusförmigem Schwingungsverlauf. Einzig einige elektronische Instrumente können reine Töne erzeugen. Fast alle natürlichen Schallquellen (Natur, Instrumente, Maschinen usw.) sind ein Gemisch verschiedener Töne.
2. Umgangssprachliche Bezeichnung für den Klang eines Instruments.
3. MusIkalisch als Tonhöhe bezeichneter Grundklang eines Instruments.

TONABNEHMER

→ Abtastsystem.

TONABNEHMERSYSTEM

→ Abtastsystem.

TONARM

→ Tragarm

TONARM-LIFT

→ Tragarm-Absenkvorrichtung.

TONARMWAAGE

Kompakte Wippwaage mit einem definierten Gegengewicht und skalierter Führungsnut zur Überprüfung und Einstellung der Auflagekraft des Abtastsystems. Dabei wirD die Nadelspitze in der eingefrästen Nut plaziert und durch eine Drehung des Plattentellers solange verschoben, bis sie sich einpendelt. Seit den 80er Jahren werden auch immer wieder kostspielige, digitale Tonarmwaagen mit elektronischem Meßfühler und ultragenauer Anzeige (1/100) angeboten.

TONDOSE

Gern von »Insidern« verwendete Bezeichnung für die vom Studioausstatter EMT hergestellten Tonabnehmersysteme.

TONHÖHENSCHWANKUNG

Ensteht bei der Schallplattenwiedergabe durch eine Abweichung der Istdrehzahl von der → Nenndrehzahl. Da durch eine → relative Drehzahlabweichung sich auch die Tonhöhe des wiederzugebenden Signals ändert, bestimmt die Einhaltung der Nenndrehzahl also wesentlich die Echtheit der abzubildenden musikalischen Stimmung. Technisch ausgedrückt, verursacht eine Abweichung um 6 % die Transposition der Musik um einen Halbtonschritt. Menschliche Stimmen erscheinen dann z.B. getragener oder piepsiger. Besonders bei der Wiedergabe von klassischem Programmaterial mit dominanten Streichern oder Klavier werden Drehzahlabweichungen dramatisch wahrgenommen. In Anbetracht der Tatsache, eine gleichmäßige Wiedergabe des Tons vorausgesetzt, daß das menschliche Gehör ohne besondere Schulung und Vergleichswert eine Tonabweichung von weniger als einem Vierteltonschritt nicht wahrnimmt, hielt man vor Jahren eine Drehzahlabweichung von ± 1,5 % für praxisnah. Die Entwicklung der Wiedergabetechnik hat aber bewiesen, daß viel kleinere Werte und vor allem die Konstanz der Tonhöhenschwankung über die Qualität der Darbietung entscheiden. Schon periodisch auftretende → Gleichlaufschwankungen von über ± 0,1, (also insgesamt 0,2 %) werden bei einer hochwertigen Verstärkung des Signals als störend empfunden.

TONINGENIEUR

Die sachlich-technische Bezeichnung für einen → Tonmeister. Einige große Schallplattenfirmen besitzen ausgeprägte Hierarchien, die eine Unterscheidung in Ingenieur und Meister sinnvoll machen.

TONKOPF

Bezeichnung für den vorderen, häufig auch abnehmbaren Teil des → Tragarms. Im Tonkopf wird das → Abtastsystem mittels Schraub- oder Steckverbindung befestigt. Am weitesten verbreitet sind die schraubbaren → Halbzoll-Befestigungen. Einfache Steckverbindungen werden zumeist nur in preiswerten Modellen eingesetzt und sollen vor allem einem unkomplizierten Systemaustausch dienen. Da der Tonkopf das Verbindungsglied zwischen Abtastsystem und Tragarm ist, muß er eine außergewöhnliche Festig- sowie Steifigkeit zwischen beiden Bauteilen garantieren und dabei überaus leicht sein, um das Gesamtgewicht der Konstruktion nicht unnötig zu erhöhen. Mitunter werden deshalb sehr leichte und extrem belastbare Werkstoffe wie Karbon, Magnesium oder Titan verwendet. Einige Hersteller bevorzugen eine geschlossene Konstruktion des Tragarms bis in den Tonkopf und/oder verkleben beide Teile dauerhaft miteinander. Andererseits kann man mit einem drehbaren Tonkopf eine interne → Azimutfehlstellung des Abtastsystems korrigieren. Im Laufe der Weiterentwicklung von Schallplattenspielern und Abtastsystemen wurden von diversen Herstellern eigene, wechselbare Konstruktionen vorgestellt. Zu den bekanntesten, auch firmenüberschreitend verwendeten Lösungen zählen der → SME-Anschluß und das → T4P-System.

TONMEISTER

Der leitende Toningenieur innerhalb eines → Aufnahmeteams, dem die Klangregie der Tonaufnahme obliegt.

TONPEGELBEGRENZER

Auch als Limiter (engl.) bezeichneter Regelverstärker, dessen Grad der Begrenzung abhängig vom Eingangspegel ist. Der Tonpegelbegrenzer verstärkt dabei – im eigentlichen Sinne – nicht das Eingangssignal, sondern senkt dieses oberhalb eines einzustellenden Wertes auf einen konstanten Wert ab. Damit werden Übersteuerungen, beispielsweise Pegelspitzen, wirksam verhindert. Limiter eignen sich gut zum Schutz von Lautsprechern (vor Überlastung) und zur Begrenzung des Eingangspegels bei der Magnetbandaufzeichnung (vor Übersteuerung). Der Tonpegelbegrenzer läßt sich in erweiterter Funktion auch zur Dynamikverringerung als → Kompressor, bzw. zur Expansion als → Expander einsetzen. Die Kombination beider Verfahren wird in → Kompandern eingesetzt.

TONTECHNIKER

Ein technischer Mitarbeiter innerhalb eines → Aufnahmeteams, der mit all den kleinen Aufgaben einer Tonaufnahme betraut wird. Dazu gehören je nach Ermessen der Schallplattenfirma u.a. Aufstellung der Mikrofone, die Wartung, Justierung, Kalibrierung der technischen Einrichtungen, aber auch die Bedienung der Tonbandgeräte. Der Tontechniker ist oft die dritte Hand des Tonmeisters. In einigen Fällen haben später sehr erfolgreiche Produzenten ihre Laufbahn als einfache Tontechiker begonnen.

TONTRÄGERSAMMLUNG

Oberbegriff für alle institutionalisierten Sammlungen von Tonaufnahmen. Dazu gehören u.a. das bei Rundfunk und Fernsehen gebräuchliche → Schallarchiv sowie die einer öffentlichen Bibliothek angeschlossene → Phonothek. Akademische Einrichtungen besitzen mitunter ein eigenes Phonogrammarchiv, in dem vor allem ethnologische Aufnahmen aus der Frühzeit der Tonaufzeichnung bewahrt werden. Diese sprach- oder musikethnologischen Aufzeichnungen bilden das Fundament zur Aufarbeitung von Sprache, Dialekt und

Folklore. Die größten Tonträgersammlungen sind die Nationaldiskotheken (auch Nationalphonotheken), die entweder eigenständig oder als Teil der Nationalbibliothek, die gesamte nationale Tonträgerproduktion dokumentieren. Um den Bestand so umfassend wie möglich zu gestalten, ist per Gesetzauftrag jeder Tonträgerproduzent verpflicht, mindestens ein Exemplar seines Produkts kostenlos der Nationaldiskothek zur Verfügung zu stellen. Zu den umfangreichsten derartigen Sammlungen zählen: Deutsches Musikarchiv (BRD), The British Library National Sound Archive (UK) und Library of Congress (USA).

TONZELLE

Nur noch selten benutzte, ehedem ingenieurtechnische Bezeichnung für ein → Abtastsystem.

TOP 40

Im Rundfunk seit Jahrzehnten eingesetztes Hitparaden-Format mit den vierzig erfolgreichsten Hits der Woche. Andere Auswahlmengen (10, 20, 50, 100) sind üblich. Der häufige Einsatz (airplay) in den Top 40 regt den Abverkauf der Schallplatte im Einzelhandel an. Alle Top-Listen kommen regelmäßig in den Verdacht, auch subjektive Meßlatten zuzulassen (Bestechung).

TOURENZAHL

Nicht mehr gebräuchliche Bezeichnung für Drehzahl. Als in den späten Fünfzigern parallel vier verschiedene Drehzahlen in Gebrauch waren, sprachen Hersteller von Wiedergabegeräten in ihren Bedienungsanleitungen gern von Tourenzahl.

TRACING SIMULATOR

Zusatzgerät bei der Schallplattenaufzeichnung zur schneidtechnischen Korrektur der Stereorille. Bei diesem Verfahren wird schon beim Schneiden der Aufzeichnungsfolie, die während des späteren Abtastvorgangs zu erwartenden geometrischen Verzerrungen der Tiefenschriftanteile (vertikal) durch einen elliptischen Entzerrer elektronisch korrigiert. Der Tracing Simulator errechnet im Verhältnis zu einem angenommenen Verrundungsradius der sphärischen Abtastnadel (z.B. 15 μm) die zu erwartenden harmonischen Verzerrungen (2. und 3. Ebene). Ein Analogrechner ermittelt für jeden Momentanwert des Ausgangssignals die entsprechenden Werte und fügt sie als Korrektiv dem Aufzeichnungssignal in lateraler Schrift hinzu. Beim Abtastvorgang tastet die sphärische Nadel das Gesamtsignal ab, es kommt dabei zu einer starken Auslöschung der Verzerrungen, der Klang wird reiner. Vor allem bei den kleinen Rillenradien am Ende der Schallplattenseite wirkt sich das Verfahren spürbar verbessernd aus. Da der Prozeß eine runde Nadel voraussetzt und entsprechend kalibriert ist, können moderne Nadelschliffe (mit Ausnahme des Shibata-Schliffs) das Verfahren praktisch nicht nutzen. Teilweise kommt es bei der Verwendung einiger Feinschliffe sogar zu einer zusätzlichen Verschlechterung des Klangs. Das Mitte der 60er Jahre eingeführte Verfahren wurde von der Teldec entwickelt und durch die Schneideinrichtungen von Neuman weltweit verbreitet. Einige Schallplattenfirmen benutzten seinerzeit markige Slogans zur Kennzeichnung des Verfahrens (Royal Sound – Teldec, Phase 4 – Decca usw.). Das von der RCA über Jahre verwendete »Dynagroove«-System war eine Eigenentwicklung mit vergleichbarem Funktions- und Wirkungsprinzip. Der Tracing Simulator wurde ab Mitte der 70er Jahre durch modernere, programmgesteuerte vertikale Ausschlagbegrenzer ersetzt, die nur im Bedarfsfall beim Überschreiten eines vorgegebenen Grenzwertes überaus effizient die Tiefenschriftanteile begrenzen. Derartige Korrekturen sind für alle Nadelschliffe von Vorteil.

TRACK

Bei einer Mehrspuraufzeichnung zur Kennzeichnung der eigentlichen Spurlage verwendeter Begriff, der aber seit Einführung der Compact Disc, und der dortigen expliziten Verwendung, als Synonym für einen Einzeltitel des Tonträgers verbreitet ist.

TRACKLISTING

Bezeichnung für eine (geschlossene) Auflistung der einzelnen Titel oder Songs einer → Schallplatte. Das Tracklisting faßt dabei, als Unterpunkt des Albumtitels, alle Einzelstücke in der auf dem Tonträger bestehenden Reihenfolge zusammen. Eine alphabetische Ordnung ist unüblich. Tracklistings werden häufig als sinnvolle Ergänzung innerhalb eines → Interpreten- oder → Titelkatalogs geführt. Zusätzliche Angaben zu Komponist und/oder Laufzeit runden ein Tracklisting ab.

TRACK RECORDS

1966 gegründetes Sublabel der britischen → Polydor für Veröffentlichungen in den Bereichen Pop und Rock. Als Schwesterlabel fungierte kurzzeitig Marmalade.

TRAGARM

Exakte Bezeichnung für einen Tonarm, da der Arm ja das → Abtastsystem trägt und nicht den Ton erzeugt! Der Tragarm sichert die Führung der → Abtastnadel in der → Rille. In einem → Tragarmlager ist das Tragarmrohr in horizontaler und vertikaler Richtung freibeweglich gelagert. Mittels eines → Ausgleichgewichts wird der Tragarm ausbalanciertm bis er im Schwebezustand verharrt. Einfache Armkonstruktionen erfordern eine weitere Verschiebung des Ausgleichgewichts, um die benötigte Auflagekraft einzustellen. Aufwendigere Konstruktionen besitzen eine zusätzliche Einrichtung, die mittels Feder eine entsprechend definierte Auflagekraft erzeugt. Es gibt zwei grundlegende Konstruktionsprinzipien zur Führung des Abtastsystems über die Platte. Der → Tangentialtragarm bewegt das System gleichmäßig im rechten Winkel zur Rille. Am häufigsten werden jedoch Drehtragarme verwendet, die sich um den außerhalb der Schallplatte befindlichen Tragarmlagermittelpunkt drehen. Das Abtastsystem bewegt sich hier im Kreisbogen über die Schallplatte. Dadurch entsteht ein → tangentialer Spurfehlwinkel, dessen Winkelmaß abhängig von der Länge des Tragarms ist. Eine → Kröpfung des → Tonkopfs oder ein entsprechend S-förmig ausgeführtes Tragarmrohr minimieren die tangentiale Abweichung, wobei eine → Skatingkraft entsteht. Alle Veränderungen der geraden Ausrichtung des Arms (Kröpfung oder Verbiegung) führen zu einer Veränderung der Masseverteilung. S-förmige Tragarme verfügen auf Grund ihrer Konstruktion über eine symmetrische Masseverteilung. Bei abgewinkelten Tragarmen wird durch verschiedene Konstruktionsmaßnahmen versucht, die unsymmetrischen Masseverhältnisse annähernd auszubalancieren. Aufgrund der auftretenden Kräfte muß das Tragarmrohr verwindungssteif, fest und leicht zugleich sein. Auftretende → Tragarmresonanzen werden je nach Konstruktion unterschiedlich bedämpft. Der Tragarm ist in seiner Basis mit dem → Chassis bzw. dem → Subchassis des → Schallplattenspielers fest verbunden oder befindet sich außerhalb des → Laufwerks (→ Masselaufwerk). Aus der → effektiven Tragarmlänge und der Kröpfung des → Tonkopfes ergibt sich bei → Drehtragarmen der Montageabstand des Tragarmlagers.

TRAGARM-ABSENKVORRICHTUNG

Auch als Tonarmlift bezeichnete Vorrichtung zum gleichmäßigen und plattenschonenden Absenken des Tragarms. In der Regel verfügt der Tragarm über eine einfache Hebelkonstruktion, die den Arm nach manuellem Einschwenken absenkt und später wieder anhebt. Komfortable Modelle verfügen über einen automatisierten Vorgang mittels Taster oder Wippschalter.
Anmerkung: Das Benutzen der Tragarm-Absenkvorrichtung schont tatsächlich die Schallplatten. Auch wenn es vielleicht unpraktisch ist oder dem Anwender als unnötige Last erscheint, im Sinne der Werterhaltung sollte man unbedingt den Lift benutzen. Die Platten werden es danken.

TRAGARMDÄMPFUNG, ELEKTRISCHE

Zur Dämpfung der → Tragarmresonanz konstruierte elektrische Motorsteuerung, die den Tragarm in vertikaler und horizontaler Ausrichtung innerhalb einer geregelten Amplitude bewegt. Dabei kann die Steuerung nach einem werksseitig festgelegten Muster erfolgen oder im Rahmen einer komplizierten Analyse der Bewegung aktiv geregelt werden. Andere Modelle verfügen über Miniaturpotentiometer, die eine individuelle Anpassung der Dämpfung ermöglichen. Unter Verwendung leistungsfähiger → Mikroprozessorsteuerungen entwickelten in den 80er Jahren vor allem japanische Hersteller einige zum Teil sehr aufwendige Konstruktionen. Zu den ausgefeiltesten Lösungen gehören beispielsweise der Biotracer von Sony und der Tragarm des DP-37 F von → Denon.

TRAGARMLÄNGE, EFFEKTIVE

Maßangabe für den tatsächlichen Abstand zwischen dem Drehpunkt des → Tragarmlagers und der Abtastnadelspitze. Bei → Drehtragarmen wird die effektive Tragarmlänge immer größer sein als die Distanz zwischen Lagerdrehpunkt und Schallplattenmitte. Nur so wird in Verbindung mit einem angepaßten → Kröpfungswinkel des → Tonkopfs eine gewinnbringende Reduzierung des → tangentialen Spurfehlwinkels möglich. Von vereinzelten Ausnahmen abgesehen, haben sich international drei verschiedene effektive Tragarmlängen (Maßangabe in Inch, veraltet in Zoll) durchgesetzt. Am häufigsten werden Tragarme mit einer effektiven Länge von 9" (228,6 mm) angeboten, deren Geometrie – je nach Fertigungs- und Konstruktionsgenauigkeit – eine Reduzierung des tangentialen Spurfehlwinkels auf bis zu 1 – 2° ermöglicht. Der zu erwartende Klirrfaktor liegt dann bei ca. 0,5 bis 1°. Für den professionellen Einsatz von Schallplattenspielern (Rundfunk, Tonstudio, Fertigungsbetriebe) und für ambitionierte Heimgeräte werden auch Tragarme mit einer effektiven Länge von 12" (304,8 mm) hergestellt. Durch den deutlich größeren Abstand zwischen Tragarmlagermittelpunkt und Nadelspitze können, eine entsprechend seriöse Fertigung und Justierung vorausgesetzt, tangentiale Spurfehlwinkel von maximal 0,5 ° (Klirrfaktor um 0,2°) erzielt werden. Als Zwischenmaß werden mitunter auch Tragarme mit einer effektiven Länge von 10" (254 mm) hergestellt. Für alle derartigen Maßangaben trifft zu, daß es sich dabei nur um sog. Eckdaten des Tragarms handelt. Die effektive Tragarmlänge ist abhängig vom jeweiligen Kröpfungswinkel sowie Überhang und umgekehrt. Deshalb kommt es praktisch immer zu einer, gegenüber den »vereinfachten« Werten (z.B. 9" oder 12") abweichenden, effektiven Länge des Arms. Beispiele: SME 3009-R, 9"-Arm, effekt. 9,180" = 233,2 mm; SME 3009/S2, 9"-Arm, effekt. 9,103" = 231,2 mm; SME Sereis IV, 9"-Arm, effekt. 9,180" = 233,15 mm (genauere Fertigung mit 1/100-Toleranz). Seriöse Hersteller geben in ihren Datenblättern die exakte, effektive Tragarmlänge des jeweiligen Modells an. Da ein längerer Arm auch einen weiter entfernten Montagepunkt erfordert, können lange Tragarme nur auf entsprechend bemessenen Plattenspielern eingesetzt werden. Verwendet man eine → Montageschablone, die über einen durchgängig aufgezeichneten Kreisbogen zur Überprüfung des Spurfehlwinkels verfügt, so ist zu beachten, daß diese Linie nur bei der Übereinstimmung von Kreisradius und effektiver Tragarmlänge eine exakte Maßhaltigkeit gewährleistet. Auch → Tangentialtragarme besitzen, unabhängig von ihrer Konstruktion, eine effektive Tragarmlänge, deren vom Lagerdrehpunkt abgewandtes Ende den optimalen Einsatzpunkt für die Nadelspitze anzeigt.

TRAGARMLAGER

Bestandteil der Tragarmkonstruktion. Das Tragarmlager ermöglicht die Bewegung des Tragarmrohrs in horizontaler und vertikaler Richtung. Die dabei auftretenden Lagerreibungskräfte sollten so gering wie möglich sein, um die Bewegung des Tragarmrohrs nicht unnötig zu erschweren. Zumeist werden Tragarme mit kardanischen Lagern, zwei getrennt angeordneten Tragarmlagern (horizontal und vertikal), versehen, deren Überschneidung den Lagermittelpunkt definiert. Aufwendige Konstruktionen sind in allen Ebenen vollständig ausbalanciert, um die auftretenden Störkräfte genau im Lagermittelpunkt zu bündeln. Nur hier können die Kräfte optimal abgeleitet werden. Einpunktgelagerte Tragarme besitzen nur ein einzelnes Lager, das dennoch konstruktionsbedingt ein Ausschwenken des Tragarmrohrs in alle Richtungen ermöglicht. Hier wirken die auftretenden Störkräfte immer genau im Lagermittelpunkt. Zu den bekanntesten Vertretern dieser Bauart zählen: Act 1, Act 2 (Wilson Benesch), Iason (Horstman & Petter), DP6 (Morch), RPM 2 (Immedia).

TRAGARMMASSE, EFFEKTIVE

Angabe der auf die Nadelspitze bezogenen, tatsächlichen Gesamtmasse von → Tragarm und → Abtastsystem. Dabei wird berücksichtigt, daß der Arm (inkl. montiertem Abtastsystem) mittels → Ausgleichgewicht ausbalanciert und die → Auflagekraft gleich Null ist. Die effektive Tragarmmasse gibt den Massewert (in Gramm) an, der beim Abtastvorgang tatsächlich zu bewegen ist, und steht in unmittelbarem Zusammenhang mit der → Compliance (Nadelnachgiebigkeit) des verwendeten Abtastsystems. Die jeweilige Compliance erfordert – innerhalb gewisser Toleranzen – eine zu ihm passende Tragarmmasse. Liegen Compliance und zu bewegende Tragarmmasse nicht in angemessenem Verhältnis zueinander, kommt es zu einer ungünstigen Verschiebung der → Tragarmresonanz.

TRAGARMRESONANZ

Auch als Resonanzfrequenz bezeichnete Schwingung, die während des Betriebs einer Tragarm/Tonabnehmerkombination entsteht. Wie in jedem schwingungsfähigen System tritt auch hier eine stark ausgeprägte Resonanz auf, die durch eine äußere Anregung (Abtastung) ausgelöst, und durch die verschiedenen Massen, Nachgiebigkeiten und Reibungen von → Nadel, → Spule, Gehäuse des → Abtastsystems, → Tragarm usw. übertragen, verstärkt bzw. verlagert wird. Die Frequenz dieser Tragarmresonanz ist umgekehrt proportional zur → Compliance (Nadelnachgiebigkeit) und der → effektiven Tragarmmasse. D.h. indem das Verhältnis von Nadelnachgiebigkeit und effektiver Armmasse ingenieurtechnisch zueinander in ein angemessenes Verhältnis gebracht wird, kann die Tragarmresonanz in den (unhörbaren) Bereich zwischen den → Verwerfungsgeschwindigkeiten der Schallplatte (<7 Hz) und dem unteren Frequenzende des Programmaterials (>20 Hz) plaziert werden. Liegt die Tragarmresonanz hingegen außerhalb ihres Idealbereichs (7 – 15 Hz) kommt es zu einer Veränderung der → effektiven Rillengeschwindigkeit, also zu Tonhöhenschwankungen sowie Intermodulationsverzerrungen und somit zu massiven Störungen der Wiedergabe. Zur Resonanzbedämpfung nutzen hochwertige Armkonstruktionen einen → Gegenresonator, eine → elektrische Tragarmdämpfung oder eine → Silikondämpfung.

TRAGARMSTEUERUNG, ELEKTRISCHE

Durch integrierte Schrittmotoren im Tragarmsockel ausgeführte und mit einer auf der → Zarge angebrachten Schalteinrichtung kontrollierte Steuerung des Tonarms. Dabei wird der Tragarm nicht mehr mit der Hand hin und her geschwenkt, sondern durch Wipp- oder Wechselschalter gesteuert. Neben der unbestritten, sehr eleganten und komfortablen Art, einen Tragarm zu führen, verhindert diese Methode praktisch ein heftiges Absetzen, Fallenlassen oder Springen des Abtastsystems. Im Zuge der ständigen Weiterentwicklung von elektronisch gesteuerten Zusatzeinrichtungen setzte sich dieses Verfahren in den 80er Jahren vor allem bei hochpreisigen Vollautomaten durch. Besonders die TX-Serie von → Bang & Olufsen und das gelungene Modell → Braun P4 mit einer ergonomisch ausgeformten Wippe setzten damals Maßstäbe.

TRAGETASCHE

1. In seltenen Fällen gehört eine (gestaltete) Tragetasche zum ursprünglichen → Lieferumfang der Langspielplatte, wobei diese zusätzliche Verpackung nicht nur als → Gimmick, sondern zugleich auch als Transportbehältnis dient.
2. Mit individuellen Aufdrucken versehene Tragetaschen von Schallplattenfirmen und -händlern, die zu Werbezwecken (fast) immer kostenlos abgegeben werden. Es soll Leute geben, die über eine umfangreiche Sammlung solcher Tragetaschen verfügen!

TRÄGHEITSMOMENT DES PLATTENTELLERS

Fähigkeit eines Plattentellers, aufgrund seiner Masse sich auch nach Abschalten des Antriebs für eine gewisse Zeit weiter zu drehen. Je schwerer der Teller und leichtgängiger das Lager, umso länger rotiert der Teller und die Drehgeschwindigkeit nimmt nur langsam ab. Alle Antriebskonstruktionen berücksichtigen diesen Umstand. Beim → Riemenantrieb nutzt man einen mittelschweren Plattenteller (2 bis 10 kg), um den → Schlupf auszugleichen, aber dennoch die zu bewegende Masse des → Subchassis in Grenzen zu halten. Schwere Plattenteller von bis zu 100 kg rotieren auf → Masselaufwerken, da hier keinerlei Masseausgleich vorgenommen werden muß. Mitunter werden leichte Plattenteller aus Konstruktions- oder Designgründen bei → Direktläufern verwendet und mit einer entsprechenden Motorsteuerung permanent nachgeregelt.

TRANSCRIPTION RECORD

1. Im Englischen alternierend zu instantaneous recording (Momentaufnahme) benutzt, um den Charakter der eigenständigen Tonaufzeichnung, d.h. dem Anfertigen der → Originalaufzeichnung beim sog. Überspiel, gerecht zu werden. Steht aber auch in Sinnzusammenhang mit → Abhörfolie und → Aufnahmeplatte.

2. Die im Rahmen ihrer Konzert-Veranstaltungen (Live) für Rundfunk und Fernsehen (Top of the pops, John Peel Sessions etc.) hergestellten Tonaufzeichnungen der BBC sind seit den späten 60er Jahren als Transcription Record(s) für Werbe- und Dokumentationszwecke in Kleinauflagen als Schallplatte erschienen. Für ein größeres Publikum entwickelte die BBC aus dieser Tradition heraus, in den 80er Jahren eine kommerzielle Reihe, »BBC Transcription Series«, die Aufnahmen der bekanntesten Bands in loser Folge dokumentierte.

TRANSFIGURATION

Japanische Manufaktur für hochwertige Abtastsysteme, deren Inhaber und Entwickler Seiji Yoshika grundsätzlich Ringmagnete in seinen Konstruktionen verwendet. Besonders spektakulär geriet 1992 die Vorstellung des ersten Modells. Das AF-1 mit einem dem Magneten folgenden, kugelförmigen Systemkorpus brachte Anwender in aller Welt während der Systemjustierung zur Verzweiflung. 1995 folgten, ebenfalls mit Ringmagnet versehen, aber in längliche Gehäuse eingebaut, die Nachfolger Spirit und Temper. Mit Ogura-Schliff und verbesserten Detaillösungen versehen, schickte Yoshika 1999 seine beiden Favoriten als New Spirit und New Temper erneut in den Ring.

TRANSROTOR

Von dem Deutschen Jochen Räke um 1975 auf Grundlage des britischen Hydraulic-Laufwerks von Transcriptor (Räke war seinerzeit Deutschland-Vertrieb) angeschobene Produktlinie, die anfänglich auch in Großbritannien gefertigt wurde. Typisch für Transrotor sind Masselaufwerke, gelegentlich auch Chassiskonstruktionen, aus massivem Stahl gedreht oder transparentem Acryl gefertigt und mit Spikes oder Gummifüßen versehen. Räke setzt bevorzugt Mehrmotoren-Antriebe und Acryl-Plattenteller ein und stellte Anfang der 90er Jahre auch ein invertiertes Plattentellerlager vor, das in allen aktuellen Modellen zum Einsatz kommt. Für alle jemals von Transrotor hergestellten Laufwerke wird ein exzellenter Service aufrechterhalten, der u.a. auch das Aufrüsten (Updates) auf den derzeitigen Stand der Technik ermöglicht. Räke vertreibt in Deutschland auch die Tragarme von → SME und bietet den eigenen Tragarm 3500 auf Basis des SME 309 und Type V an. Nach einem kommerziell wenig erfolgreichen Ausflug ins CD-Lager (Blue Oyster) konzentrierte sich Transrotor mit ungebremstem Elan auf die Konstruktion und Fertigung von Schallplattenspielern. Stammbaum (Auswahl): Transrotor AC (1972 – 82 Urmodell mit Acrylgehäuse), als Classic (1985 re); Rotary (1981); Delight (1982, mit Acrylgehäuse); Golden Shadow (1984); Conoisseur (1987); Quintessence (1984 – 91, 1995 re, drei Tragarmbasen); Vision (1991, zwei Basen, basiert auf Quintessence); Iron (1991); Iron Plexi (1993); Pianta (1995); Eternita (1995); Aspect (1996); Galileo ST (1998); Fat Bob (1999); Roberto (1999).

TRENNRILLE

Durch manuelle oder computergesteuerte Erhöhung des → Vorschubs an der Schneideinrichtung bewußt erweiterter → Rillenabstand. Die Rille bleibt dabei in ihren eigentlichen Abmaßen erhalten, lediglich der Abstand zwischen zwei → Windungen wird erhöht. Der so entstandene Raum wird zur Kennzeichnung von Programmpausen, zumeist zwischen zwei Einzeltiteln (unmoduliert) oder zur Kenntlichmachung von Programmabschnitten (moduliert) in durchgängigen Tonaufzeichnungen verwendet. So erhält der Anwender eine optische Hilfe zur Programmauswahl. Gleichzeitig ermöglicht die vergrößerte Stegbreite – wie bei der → Einlaufrille – ein sanftes Annehmen der Nadel.

TRI-CENTRE

Herausnehmbares → Mittelstück mit Dreipunktkontakt, auch als Single-Stern bezeichnet. Wurde vorrangig in den 50er und 60er Jahren für → Singles oder → EPs benutzt und gehört noch heute zum umfangreichen Zubehörangebot.

TRI-FOLD

Abkürzung für triple fold-out sleeve, ein → Klappcover bestehend aus drei zusammenhängenden Einzelflächen.

TRITTSCHALL

Niederfrequente mechanische Schwingung, die durch äußere Anregung bis in das Abtastsystem wandert. In der Regel entsteht der Trittschall im Fußboden oder den Wänden durch Laufen, Türenschlagen oder Motorenschwingungen (Kompressor, Kühlschrank usw.). Der Frequenzumfang liegt deutlich unter 100 Hz, wobei der Hauptanteil bei ca. 5 bis 30 Hz auftritt. Damit befindet sich der Trittschall praktisch unterhalb des Wiedergabefrequenzgangs und der Hörfähigkeit, beeinflußt aber z.B. das Abtastverhalten. Es kommt u.a. zum Aufschwingen des Schallplattenspielers oder zur Übersteuerung des Wandlers. Als probates Mittel werden entsprechend steilflankige Filter (subsonic) eingesetzt. Eine Wandhalterung des Plattenspielers hilft in den meisten Fällen ebenso gut.

TT

Abkürzung (engl.) für total time (Gesamtspielzeit) einer Schallplatte. → Spielzeit

TV-KOMPILATION

Marketingbezeichnung für einen Tonträger, der intensiv in Fernsehen aber auch Rundfunk beworben wird. Dabei handelt es sich in aller Regel um spezielle, publikumswirksame Kopplungen und keine Original-Alben. Zumeist werden TV-Kompilations schon auf der Außenhülle durch einen Aufdruck oder eine Banderole auffällig gekennzeichnet. In einigen Fällen werden auch hirnrissige Slogans (Bekannt aus der Rundfunk- und Fernsehwerbung...) oder extra zugeschnittene Albumtitel verwendet. Speziell in Großbritannien, wo auch

Buchstabencodes für Bestellnummern üblich sind, wurden auch spezielle, kurzlebige Katalognummern (z.B. Virgin HLTV1, d.i. Human League – Greatest Hits) vergeben.

TWEN (SCHALLPLATTEN)

Ähnlich den Hör Zu-Schallplatten, gab auch das Jugendmagazin »twen« während seiner kurzen Bestandzeit, in enger Zusammenarbeit mit → Philips, eine eigene Schallplattenreihe heraus, die das Lebensgefühl einer aufbrechenden Generation widerspiegeln sollte.

Ü

ÜBERBASIS

Bezeichnet eine erweiterte → Stereohörfläche, die über die physikalische Begrenzung der beiden Lautsprecher nach links bzw. rechts in den Abhörraum hineinreicht. Eine Überbasis entsteht durch Phasenverschiebungen während der Aufnahme oder innerhalb des Übertragungsweges. Die ersten bewußt angelegten Verbreiterungen der Stereobasis wurden um 1967/68 zur Unterstreichung eines psychedelischen Sounds durchgeführt (Jimi Hendrix Experience, Axis Bold as Love).
Anmerkung: Aufgrund der unzähligen Instabilitäten des Nadeltonverfahrens kommt es immer wieder zu Phasenverschiebungen während der Wiedergabe. Je hochauflösender eine Stereo-Wiedergabeanlage ist, umso deutlicher fallen diese zumeist kleinen Phasenverschiebungen auf. Vorrangig audiophile Hörer mit exzellenten Anlagen berichten immer wieder von extremen Stereobasen, die aber bei einer exakten Positionierung der Lautsprecher bzw. einem phasenkorrekten Signalfluss nicht auftreten sollten.

ÜBERHANG

→ Tragarmlänge, effektive

ÜBERPRESSUNGEN

Bezeichnung für → Tonträger, die innerhalb der zwischen Lizenzgeber und Lizenznehmer ausgehandelten Vereinbarung gefertigt werden, aber den Rahmen der vereinbarten Stückzahl übersteigen. Typisch sind bilanzierte Auflagen, die z.B. aufgrund größerer Nachfrage (im In- oder Ausland) überschritten und nicht vorvereinbart bzw. korrigiert abgerechnet werden. Überpressungen lassen sich schlecht nachweisen und erfordern (fast) immer Insiderkenntnisse über das Presswerk und den entsprechenden Großhändler oder Exporteur, der die Ware auffängt. Allgemein wird angenommen, daß große Märkte, die außerhalb der gängigen internationalen Verträge produzieren (GUS, VR China), bei einer eventuellen Lizenzierung oft und dann dramatisch Überpressungen für den Binnenmarkt herstellen (Russlandpressungen). Ein anderes Phänomen sind Parallelimporte in der westlichen Welt, die, eine entsprechende Nachfrage auf dem jeweiligen Importmarkt vorausgesetzt, auch durch Überpressungen aufgefüllt werden können. Überpressungen sind vollwertige Finalprodukte, die sich an keinem einzigen Punkt vom lizensierten Tonträger unterscheiden, da sie ja aus demselben Produktionsprozess stammen. Juristisch verstößt das Überpressen gleich dreimal gegen international geltendes Urheberrecht (Vervielfältigungs- und Verbreitungsrecht von Autor, ausübendem Künstler, Tonträgerhersteller).

ÜBERSPIEL

Bezeichnung für die Kopie eines → Urbandes. Dabei wird das aus dem komplexen Nachbearbeitungsprozess hervorgegangene Magnetband dupliziert und als neuerliche Quelle zur weiteren Verwendung freigegeben. Jede Duplizierung eines Magnetbandes ist mit Nutzsignalverlusten verbunden, wobei besonders das Bandrauschen mit jeder Kopie drastisch zunimmt und letztlich zu Dynamikeinschränkungen innerhalb der Tonaufzeichnung führt. Zusätzlich können sich Fehler beim Einpegeln und Kalibrieren des Bandes einschleichen. Ein Überspiel, zumindest bei der analogen Magnetbandaufzeichnung, stellt immer einen Qualitätsverlust dar. Deshalb ist man bei einer hochwertigen Tonträgerproduktion bemüht, das eigentliche → Urband für die Tonträgerherstellung zu verwenden. In der Entwicklung der Schallplattenindustrie wurde das Überspiel aus verschiedenen Gründen dennoch praktiziert. Aus Sicherheitsgründen wurde bei einigen Schallplattenfirmen ein Überspiel angefertigt, um ein häufiges Abspiel zu vermeiden und mit dem Urband immer eine intakte Quelle zu besitzen. Darüber hinaus war man sich zu Beginn der industriellen Magnettontechnik nicht in jeder Hinsicht sicher, wie hoch die Langzeitstabilität der Bänder wirklich ist, und fertigte mitunter auch über die Notwendigkeit hinaus erneut Duplikate vom Urband, um so dem Verfall der Aufzeichnung entgegenzuwirken. Duplikate waren in den auflagenstarken 70er Jahren vor allem in den USA beliebt, um an verschiedenen Plätzen gleichzeitig produzieren zu können. Aus der geschichtlichen Entwicklung der Tonträgerindustrie heraus geboren, galt der → Matrizenaustausch über Jahrzehnte als probates Hilfsmittel, um die → Originalaufzeichnung international zu verbreiten. Dennoch wurden seit den 50er Jahren immer mehr Bandkopien an ausländische Teilfirmen oder Lizenznehmer vergeben. Damit konnten die Partnerfirmen ihre Eigenproduktion im Rahmen ausgeweiteter Verträge zusätzlich flexibler gestalten und z.B. eigene, speziell für den einheimischen Markt zusammengestellte → Kopplungen zur Gewinnoptimierung anfertigen. Anfang der 80er Jahre setzte sich im internationalen Programmaustausch ein Überspiel auf U-Matic-Bänder durch. Dieses frühe digitale Bandformat war einheitlich genormt und galt als weniger anfällig und langzeitstabil. Seit den 90er Jahren ist auch eine Schallplattenproduktion auf Grundlage der Compact Disc üblich, und gilt von Seiten der Phonoindustrie – die die CD als kongeniales Abbild des Urbandes feiert(e) – keineswegs als Peinlichkeit! Das verwendete Ausgangsmaterial ist für die Klangfarbenpracht und Dynamik einer Schallplatte an erster Stelle verantwortlich, entscheidet aber keineswegs über den Gesamtcharakter. Hier spielen auch meßtechnische Genauigkeit bei der Kalibrierung, die gewählte Equalisierung beim Herstellen der Originalaufzeichnung, die Güte der galvanischen Abformung(en), die Preßmasse und der Preßvorgang eine große Rolle. Bei einigen Herstellern geben Vermerke auf dem → Etikett und/oder im → Spiegel (Signatur) auch Aufschluß über die verwendete Quelle.

ÜBERSPIELUNG

Bezeichnet den Vorgang oder das Resultat eines Aufzeichnungstransfers, wobei es unwichtig ist, ob das Format dabei gewechselt wird. Firmeninterne Überspielungen von Band zu Band werden als → Überspiel oder Bandkopie bezeichnet. Eine Überspielung von Band auf Platte nennt man → Originalaufzeichnung oder → Umschnitt. Im Heimbereich werden seit Jahrzehnten diverse Überspielverfahren benutzt (Magnetband, CompactCassette, CD-R, MiniDisk usw.).

ÜBERSPRECHEN

Bezeichnet das Eindringen von Signalen des einen Kanals in den anderen Übertragungskanal. Das Maß des Übersprechens wird als Übersprechdämpfung (dB) angegeben. Bei stereophonem Programmaterial macht sich ein starkes Übersprechen durch die Verringerung der → Basisbreite bemerkbar. Aufgrund des menschlichen Hörvermögens wird der Effekt erst bei Werten kleiner 30 dB auffällig.

ÜBERSTEUERUNG

Jede elektronische Verstärkerschaltung setzt einen Arbeitsbereich voraus, für den die Kurvenform des Eingangssignals mit dem des Ausgangssignals weitestgehend übereinstimmt. Man bezeichnet diesen Arbeitsbereich auch als linearen (Übertragungs)-Bereich der Schaltung. Im Falle einer zu hohen Spannung (Übersteuerung) des eingespeisten Signals kommt es in Abhängigkeit der Übersteuerungsfestigkeit des Eingangs zur Bildung von nichtlinearen Verzerrungen. Dabei wird das Ausgangssignal im nichtlinearen Übertragungsbereich durch die Schaltung verzerrt und begrenzt. Es entstehen Oberwellen, die im eigentlichen Signal nicht enthalten waren und sich störend bemerkbar machen. Zur automatischen Überwachung des Pegels nutzt man → Aufnahmebegrenzer. Für Wiedergabeanlagen ist es wichtig, die Aus- und Eingangspegel der verschiedenen Geräte miteinander abzugleichen bzw. die für die jeweiligen Quellen ausgelegten und entsprechend spezifizierten Eingänge (MM, MC, Tape, Aux etc.) zu benutzen.
Anmerkung: Ein extrem geringes Eingangssignal liegt ebenfalls außerhalb des linearen Übertragungsbereichs, womit sich dann Frequenzgang und Dynamik des Signals verändern. Deshalb sollten für besonders spannungsschwache (leise) MC-Abtastsysteme ein → Vor-Vorverstärker oder → Übertrager benutzt werden.

ÜBERTRAGER

Zum Anschluß von MC-Abtastsystemen an MM-Eingängen benutzter Transformator, der die geringe Ausgangsspannung des MC-Systems entsprechend verstärkt. Da es hoch- und niederohmige Übertrager gibt, muß das jeweilige Gerät am MM-Eingang entsprechend abgeschlossen werden (→ Anpassung), um einen linearen Frequenzgang zu gewährleisten. Im Übertrager findet keine Entzerrung der → Aufzeichnungskennlinie statt.

UC

Vom VEB Deutsche Schallplatten und dem ZWT Rundfunk und Fernsehen der DDR entwickelter, breitbandiger Kompander zur Codierung von Schallplatten. Das UC-Kompandersystem (universal compatible) nutzt die Möglichkeit durch den Einsatz sogenannter Logarithmierer, den Verstärkungsvorgang fließend zu gestalten und ein abruptes Umschalten bei niedrigen Signalpegeln zu vermeiden. Durch einen sich kontinuierlich wandelnden Kompressionsgrad von 5:3 (0 dB) bis 1:1 (-20 dB) erzielt man eine effektive Störunterdrückung von 10 dB. Die Expansion erfolgt spiegelverkehrt. Auch ohne den Einsatz eines entsprechenden UC-Expanders bleiben durch das »fließende« Verfahren die Ein- und Ausklingvorgänge in ihrer Homogenität und auch die Raumabbildung der Tonaufzeichnung weitestgehend erhalten. Die gewinnbringende Nutzung des UC-Kompanderverfahrens stellt den Anwender vor ein kaum lösbares Problem, da die ökonomischen Rahmenbedingungen und die zentrale Planung der Geräteentwicklung in der DDR die Herstellung eines Serienproduktes untergruben. Letztlich existieren nur einige Labormuster in den Händen der an dem Verfahren beteiligten Entwickler. Ein Versuch nach 1990, mit dem Verfahren erneut Fuß zu fassen, scheiterte an der international bereits von der Industrie vollzogenen, umfassenden Digitalisierung der Heimwiedergabe. Vom VEB Deutsche Schallplatten wurden in den Jahren 1983 bis 1990 weit mehr als 500 verschiedene UC-codierte Schallplatten der Marken Eterna und Amiga veröffentlicht. Alle entsprechend aufgezeichneten Schallplatten tragen im Spiegel der Auslaufrille zusätzlich zur Matrizengravur ein U. Auf eine äußere, gut sichtbare Kennzeichnung wurde, im Sinne der hervorragenden Kompatibilität des Verfahrens bei einer konventionellen Wiedergabe und in Ermangelung verfügbarer UC-Expander für den Heimgebrauch, verzichtet.

ULTRASCHALLSCHWINGUNG

1. Beim Schneiden der Rille im → DMM-Verfahren entsteht aus dem Zusammenwirken der Kupferschicht der → Aufnahmeplatte und dem Diamantstichel – ohne äußere Anregung – eine Ultraschallschwingung, die bei ca. 80 kHz liegt und in die → Rille mit einmoduliert wird. Eine entprechende optische Vergrößerung zeigt diese Schwingungen am Rillengrund.
2. Während des galvanischen Vervielfältigungsprozesses werden Ultraschallschwingungen in entsprechenden Tauchbädern (mit destilliertem Wasser) zur Reinigung der → Matrizen verwendet.

U-MATIC

Anfang der 80er Jahre setzte sich international für Archivierung und Programmaustausch ein völlig neues Aufzeichnungssystem durch. Dazu nutzte man die im TV-Broadcasting bewährten professionellen U-Matic-Videorecorder im 1 Zoll-Format. Das System war praxiserprobt, zuverlässig und das Bandmaterial relativ preiswert. In Verbindung mit einem PCM-Prozessor wird aus dem analogen Video-Recorder ein digitaler 2-Spur-Recorder für Tonaufzeichnungen. Als PCM-Prozessoren kamen anfangs die Typen PCM 1600 (Sony) und BP-90 (JVC) zum Einsatz. Letztlich konnte sich Sony im Studiobereich durchsetzen und entwickelte die Prozessorserie bis zum Typ PCM-1630 weiter. Parallel dazu bot Sony mit dem digitalen Schnittplatz DAE 3000 ein kompaktes, sicheres Schnittsystem an, das erstmals Timecode-basierte Schnitte ermöglichte. Innerhalb kürzester Zeit rüsteten fast alle Masteringstudios und Preßwerke ihr Zuspiel für das neue digitale Format ein. Die Vorteile lagen auf der Hand: keine Bandkalibrierung, kein Taumeln, absolute Klangstabilität, lineare Aufzeichnung etc.

UMDREHUNGSGESCHWINDIGKEIT

→ Drehzahl

UMSCHNITT

Bezeichnet den Vorgang und das Resultat der → Originalaufzeichnung. Der Umschnitt erfordert eine → Aufnahmeplatte und ein entsprechend geeignetes Schneidverfahren. Durch das Zuspiel des → Urbandes wird ein → Schneidstichel angeregt und graviert in die Aufnahmeplatte eine Rille. Bis ca. 1950 benutzte man eine vorzuwärmende Wachsplatte, die durch Abdrehen einer geschnittenen Rille und Nachpolieren der Oberfläche auch in begrenztem Maße mehrfach eingesetzt werden konnte. Mit Einführung der → Mikrorille wurde die Lackfolie als Aufzeichnungsträger eingeführt. Der ebenfalls weiche Lack ermöglichte die Nutzung der vorhandenen Ausrüstung, garantierte aber eine deutlich genauere und stabilere Aufzeichnung. Der → Lackschnitt wird bis heute in seiner ursprünglichen Form, aber mit verbesserten Anlagen und Schreibern praktiziert. Die deutsche Firma Teldec führte um 1980 das → Direct Metal Mastering (DMM) ein, bei dem die Aufzeichnungsplatte über eine Kupferschicht verfügt. Das DMM-Verfahren erfordert für den unmittelbaren Schnitt in das deutlich härtere Kupfer einen speziellen Schneidkopf und einen Diamant-Stichel.

Anmerkung: Unter Audiophilen wird der Qualität des Umschnitts eine enorme Bedeutung beigemessen. Dabei wird nicht nur der Einsatz der verschiedenen Verfahren (Lack, DMM) kontrovers diskutiert, sondern auch das verwendete Equipment und eventuelle Gerätemodifikationen bewertet. Im Rahmen umfangreicher Marketingmaßnahmen und einer entsprechenden Berichterstattung in der HiFi-Presse konnten sich in den 90er Jahren einige Umschnittstudios nach außen profilieren. Dabei kam es zu einer trügerischen Verknüpfung des eigentlich technischen Vorgangs der Aufzeichnung mit der gewählten Equalisation des Masterbandes. Analysiert man Eigendarstellungen der audiophilen Labels und Techniker/Tonmeister, Presseartikel und Schallplattenrezensionen sowie Leserbriefe, bemerkt man mit wachsendem Erstaunen, daß alle Beteiligten die Unverfälschtheit und Klangtreue beschwören, aber eigentlich über den Sound der Schallplatte reden.

U-MUSIK

Sammelbezeichnung der Musikwissenschaft für alle Stilrichtungen der »populären« Musik. In Anlehnung an die → E-Musik versucht man »Unterhaltungsmusik« wissenschaftlich zu bewerten, unterliegt aber in weiten Bereichen einem historisch gewachsenen Unverständnis gegenüber dem Schaffens- und Rezeptionsprozeß von Jazz, Rock, Pop, Schlager usw. Schallplattenfirmen mit umfassendem Repertoire und Künstlerstamm führen getrennte Kataloge für E- und U-Musik.

UMVERPACKUNGEN

Eine zusätzliche, aufwendig hergestellte, äußere Verpackung für das → Cover. Einige Schallplatten werden von den verantwortlichen Gestaltern sehr aufwendig umverpackt, so daß der Käufer mitunter einen stattlichen Mehrwert erhält. Größtenteils werden Umverpackungen aus ökonomischen Gründen nur bei der → Initialauflage oder bei späteren → Sonderausgaben eingesetzt. Die Auswahl der dabei verwendeten Materialien und der Einsatz buchbinderischer Techniken scheint grenzenlos. Mitunter werden auch andere Gewerke bemüht (Glaser, Schlosser, Tischler etc.). Sinnvoll und bewahrenswert ist eine Umverpackung vor allem dann, wenn sie im Kontext zum Produkt steht und es sich z.B. um eine gestalterisch eigenständige Lösung oder um eine Fortsetzung der Covergestaltung handelt. Negativbeispiel: Die deutsche Schallplattenfirma in-akustik GmbH gab 1993/94 eine mehrteilige, audiophile Schallplattenreihe heraus, die ein knappes Dutzend der erfolgreichsten CDs der Firma in Vinyl verewigte. Man verzichtete aus ökonomischen Gründen, auf die Anfertigung von individuellen Covern mit Bildmotiv und verwendete standardisierte → Steckhüllen. Ein vierfach gefalteter Bogen Achatkarton mit dem geprägten Logo der Serie (ESA Records) umfaßt das eigentliche Cover und wird mit einem Aufkleber versiegelt (→ seal). Das Ganze liegt in einer, ebenfalls versiegelten, mit Schaumstoff ausgefütterten Klappbox. Jeder einzeln nummerierten Box liegen Echtheitszertifikat, technische Informationen, Werkeinführung sowie eine → Rückantwortkarte bei. Bei dieser Schallplattenreihe wurde exemplarisch vorgeführt, daß die tradierte äußere Form, die Individualisierung der Verpackung, von ungeheurem Wert ist. Nichts gegen eine Reihengestaltung, aber bei diesem Fall zeichnen sich die einzelnen Alben untereinander praktisch nicht mehr aus. Andererseits mutet in-akustik dem Nutzer einen beachtlichen Aufwand vor dem Abspiel zu, denn die Schallplatte will erstmal freigelegt sein.

UNIKATSCHNITT

Einmaliger → Umschnitt auf eine → Aufnahmeplatte. Unikatschnitte werden zu Kontrollzwecken gelegentlich auch für Promotion-Veranstaltungen (aktuelle Radiointerviews etc.) angefertigt. Seit Anfang der 90er Jahre nutzen kreative → DJs das Verfahren, um eigene Samples oder Loops während des Auftritts einsetzen zu können. Mitunter lassen sich auch beinharte Schallplattenliebhaber bemerkenswerte Neuerscheinungen, die nur als CD veröffentlicht werden, als Unikatschnitt überspielen.

Anmerkung: Ein Unikatschnitt läuft auf dem Schallplattenspieler absolut mittenzentriert, da die Platte ja direkt auf der Umschnitteinheit bespielt und niemals umkopiert wurde.

UNIVERSAL RECORDS

In der Urfom 1969 als Universal City (Uni) von der → MCA gegründete Schallplattenfirma. Nachdem der Name zugunsten dem Sammelbezeichnung MCA fast fünfzehn Jahre ruhte, entschloß man sich 1987 doch zur Wiedereinführung des alten Namens, um das Corporate Identity des Konzerns zu stärken. Die in Universal gesetzten Erwartungen gingen nicht in Erfüllung, so daß die Firma 1996 an den Seagram-Konzern veräußert wurde. Ende 1998 folgte die Fusion mit der ebenfalls aufgekauften → PolyGram zum kurzzeitig größten Schallplattenkonzern des Jahrhunderts (ca. 33 % Marktanteil weltweit).

UNTERDRUCKSYSTEME

Technische Einrichtung zum Erzeugen eines Unterdrucks zwischen → Plattenteller(auflage) und → Schallplatte. Funktioniert aufgrund der notwendigen Ansaugkanäle nur mit Schallplatten eines Durchmessers, wobei man praktischerweise die → LP berücksichtigt. Erst die ausreichend große und entsprechend flexible Gesamtfläche der Langspielplatte ermöglicht eine hohe Wirksamkeit des Unterdruckverfahrens. Dabei wird entweder durch eine Hebeleinrichtung oder einen elektrisch betriebenen Kompressor die Luft zwischen dem Medium und der Auflagefläche abgesaugt und so ein Unterdruck erzeugt. Die Wirksamkeit ist von der Art der Absaugkanäle sowie von der Welligkeit und Steifigkeit der Schallplatte abhängig. Im allgemeinen versucht der Hersteller durch die Verbindung von konzentrisch kreisförmigen und sternförmig zum Mittelpunkt zulaufenden Rillen, eine über die gesamte effektive Auflagefläche verteilte, möglichst gleichmäßige Unterdruckzone zu schaffen. Die verschiedenen Querschnitte einer LP und die daraus resultierenden unterschiedlichen Hohlräume unterhalb der aufgelegten Schallplatte komplizieren das Verfahren. Eine Schallplatte ohne → Wulstrand liegt zwar flacher auf und minimiert die abzusaugende Luftmenge, bietet aber eine nur ungenügend definierte Außenkante. Letztlich hatten nur zwei Hersteller versucht, entsprechend ausgerüstete Schallplattenspieler am Markt zu positionieren. → Thorens favorisierte eine entsprechend ausgeführte Unterlegmatte aus Gummi, die über ein Aufsatzstück und einen externen Kompressor für ca. 30 min. einen akzeptablen Unterdruck erzeugt. Die von Thorens angebotene, auch nachrüstbare Variante konnte sich nicht durchsetzen, da die Gummimatte schon nach wenigen Jahren porös wurde. Von Mikro-Seiki wurden mit einer Hebelpumpe ausgerüstete Schallplattenspieler angeboten. Dabei verfügten die Metallplattenteller über entsprechend eingefräste Kanäle und konzentrisch eingelassene Dichtungsringe aus Gummi, die als Absaugform benutzt wurden. Das Verfahren war ebenso instabil. Darüber hinaus kam es zu einer erhöhten Oberflächenbeanspruchung (Kratzer) der Schallplatte durch das nackte Anpressen an den metallenen Plattenteller. Unterdrucksysteme beweisen zwar den klanglichen Stellenwert einer möglichst planliegenden Schallplatte, konnten sich aber weder technologisch behaupten, noch beim Anwender durchsetzen. Aufwand, Nutzen und Langzeitstabilität liegen einfach zu weit auseinander.

UPC

Zwölfstellige US-amerikanische Artikelnummer zur Kennzeichnung von Industrieprodukten aller Art (universal product code). Der UPC steht immer in Verbindung mit einem maschinenlesbaren Barcode. → Columbia Records führte 1979 als erste US-Schallplattenfirma eine entsprechende Kennzeichnung ihrer Tonträger ein. → EAN

UPM

Gebräuchliche Abkürzung (Umdrehungen pro Minute) zur Angabe der einzustellenden → Drehzahl einer Schallplatte, und auf dem → Etikett und gelegentlich auch dem → Cover vermerkt. Technisch korrekt wird die Drehzahl in Umin-1 angegeben. Anmerkung: Im Englischen und Amerikanischen als rpm (rounds per minute) bezeichnet.

URBAND

Das Ausgangsmedium für einen massenvervielfältigten Tonträger. Im komplizierten Prozeß der Tonaufnahme, von den Mikrofonen über das Mischpult bis hin zum Mehrkanalmagnetband, wird permanent in den technischen Gestaltungsprozeß der Aufzeichnung eingriffen. Das Urband ist das Finalprodukt nach Abschluß all dieser Arbeiten und liegt in der endgültigen, für die Herstellung der Schallplatte benötigten Form vor. Im allgemeinen zweiteilig (A- und B-Seite getrennt) und mit der gewünschten Kanalanzahl (mono, stereo, quadro), ist das Urband die für die Produktion verbindliche Ausgangsvorlage und sollte – eine adäquate Weiterverarbeitung vorausgesetzt – auch gegen dieses qualitativ bestehen können. Das Urband verfügt über Vor- und Abspannband, sowie eine Kalibrierungssequenz zum Justieren der Kopfspaltlage und Einpegeln der Wiedergabeeinheit. Zumeist sind Urbänder aus Einzelsequenzen des Mixdowns gecuttert und besitzen zwischen den Einzeltracks ein eingelassenes Weißband, das auch die Länge der Pausen bestimmt. Im Falle einer 2-Kanal-Tonaufzeichnung in Echtzeit (z.B. Live-Mitschnitt) wird im optimalen Fall direkt dieses Bandmaterial gecuttert und für die Tonträgerproduktion zur Verfügung gestellt. Das

Urband steckt in einer Schachtel, die mit einem Begleitzettel (Aufkleber) versehen ist, der alle wesentlichen Produktionsdaten auflistet (Titel, Laufzeiten, Magnetbandentzerrung, Produzent, Autoren, Interpreten usw.). Vor allem in den USA war und ist auch die Herstellung von sogenannten → Sessiontapes gebräuchlich, bei denen mitunter eine klangverbindliche Equalisierung für das Finalprodukt Schallplatte auf Magnetband vorweggenommen, und die nachfolgende Aufzeichnung im Nadeltonverfahren linear (→ flat) ausgeführt wird. Wird für den internen Gebrauch, aus Sicherheitsgründen oder für den internationalen Programmaustausch eine Kopie des Urbandes angefertigt, spricht man von einem → Überspiel (auch Überspielkopie, Ü-Band, Duplikat).

URHEBER- UND VERWERTUNGSRECHTE

International vereinbarte Rechte zum Schutz des Urhebers und des Produzenten/Verwerters. Die Urheberrechte regeln umfassend alle Ansprüche und Vorbehalte, die sich im Zusammenhang mit der Erstellung und der Wahrung der künstlerischen oder schöpferischen Leistung ergeben. Die Verwertungsrechte regeln hingegen ebenso umfassend alle Ansprüche und Vorbehalte, die sich im Zusammenhang mit der Wahrung und Vergabe von Rechten zur Vervielfältigung des Kunstwerks oder eines spezifizierten Produkts ergeben.
Beispiel: Werke von Mozart sind nicht urheberrechtlich geschützt, aber die entsprechenden Einspielungen der Schallplattenfirmen.

URHEBERRECHTSVERMERKE

Kennzeichnung der jeweiligen → Verwertungsgesellschaft oder des eigentlichen Urhebers auf → Etikett und/oder → Cover. Verwertungsgesellschaften werden (fast immer) in ihrer Abkürzung genannt, selten als Signet oder Logo.

URPLATTE

Bezeichnung für eine bespielte → Aufnahmeplatte, die die → Originalaufzeichnung enthält. Im → Lackverfahren ist dies die fertiggestellte → Lackfolie, beim → Direct Metal Mastering das → Kupfer-Master.

URPRESSUNG

→ Initialauflage

V

VAN DEN HUL

Der Niederländer Aart van den Hul gründete 1980 zur Vermarktung des von ihm entwickelten gleichnamigen Nadelschliffs (→ Abtastnadel-Querschnitt) eine eigene Firma. Das Lieferprogramm besteht vorrangig aus hochwertigen MC-Abtastsystemen (u.a. Frogg, Grasshopper, Black Beauty), die z.T. einlagige Spulenwicklungen aus Silber oder Gold besitzen und natürlich über Abtastnadeln mit eigenem Schliff verfügen. Als Einsteigersystem offeriert man ein modifiziertes MM-Abtastsystem von Elac. Ein eigener Phono-Vorverstärker und zahlreiche Kabel runden das Programm ab.

VARIABLE MICROGRADE 78

Markenzeichen der Deutschen Grammophon für ihr seinerzeit revolutionäres → Füllschriftverfahren bei Schellack-Schallplatten mit 78 Upm. Die internationale Bedeutung und vor allem Kompetenz, das Verfahren schon in der Schellack-Ära propagiert und eingesetzt zu haben, kann gar nicht hoch genug bewertet werden.

VATER

Bezeichnung für die direkte, negative Abforrmung der → Aufnahmeplatte. Der Vater ist ein negatives, also erhabenes Abbild der Folie und läßt sich nicht abspielen. Im weiteren Verlauf der Galvanoabfolge wird vom Vater die → Mutter (positiv) abgeformt. Gelegentlich wird der Vater auch als Patrize (erhabener Stempel) bezeichnet.

V-DISCS

Während und nach dem Zweiten Weltkrieg vom US-amerikanischen Kriegsministerium herausgegebene Schallplatten-Reihe zur Truppenbetreuung. Im offiziellen Sprachgebrauch waren die V-Discs zur »Unterhaltung« und »Erbauung«, der an allen Kriegsschauplätzen verstreuten Truppe gedacht. Von 1943 – 49 erschien jeden Monat ein → Set mit zehn bis dreißig Schallplatten, daß an alle Einheiten im In- und Ausland versandt wurde. Bei der Zusammenstellung des Programms bediente man sich zumeist in den Archiven der großen und kleinen US-amerikanischen Schallplattenfirmen, nutzte aber Rundfunkaufnahmen und auch Eigenmitschnitte von Army-Konzerten. Das Repertoire umfasste Klassik, Musical, Schlager und Jazz ebenso wie das gesprochene Wort, aber vor allem die äußerst populären Swingaufnahmen jener Jahre. Mit der umfangreichen Produktion von V-Discs gehörte das Kriegsministerium damals (indirekt) zu den größten Schallplattenfirmen der USA. Ein wesentlicher Aspekt bei der Verbreitung der Schallplatten war die weit über die Truppe hinausstrahlende Wirkung der Aufnahmen. Vor allem durch die Nutzung der V-Discs im mobilen Armee-Rundfunknetz, das mit der Truppe durch die Welt zog, kamen in vielen Ländern die einheimischen Hörer erstmals umfassend mit der »typischen« US-Musikkultur in Kontakt. Die V-Discs unterstützten direkt den Siegeszug des amerikanischen »way of life«, der nach Kriegsende weite Teile der Welt überrollte. In Deutschland wurden in den ersten Nachkriegsjahren auf unzähligen Schwarzmärkten neben US-Zigaretten auch V-Discs zu erstaunlichen Kursen gehandelt. Für den engagierten Schellacksammler stellen heute gut erhaltene V-Discs, vor allem mit exemplarischen Jazz- und Swingaufnahmen, ein oder das Highlight der eigenen Sammlung dar.

VEB DEUTSCHE SCHALLPLATTEN

Die einzige Schallplattenfirma der DDR entstand 1953 aus der Verstaatlichung des sieben Jahre zuvor von Ernst Busch gegründeten Labels »Lied der Zeit«. Busch selbst hatte schon zwei Sublabels gegründet: Amiga (U-Musik) und Eterna (E-Musik). Durch Verstaatlichung verfügte die Firma über einen neuen Klassenauftrag und erheblich mehr finanzielle Mittel. Busch veröffentlichte fortan seine eigenen Aufnahmen innerhalb der Firma auf der Marke »aurora«. In rascher Folge baute man den Katalog aus, schuf eine umfassende Infrastruktur, die vom Studio bis zum Preßwerk reichte. Aus der umfangreichen Produktion von Tonaufnahmen mit moderner Musik heraus, gründete man 1969 Nova. Ein bildungsorientiertes Sublabel (Schola) entstand ebenso, wie unzählige, nicht separat ausgewiesene Schallplattenproduktionen für Betriebe, Institutionen usw. In der DDR operierte der VEB DSB praktisch als Monopolist. Dies führte immer wieder zu starken Reibungen mit zahlreichen Künstlern. Im Zuge der Wiedervereinigung (1990) konnte sich der Betrieb in seiner Gänze und trotz kurzfristig versuchter Neuprofilierung (Zong, Gala) nicht am Markt halten. Die beiden wichtigen Kataloge wurden von bundesdeutschen Firmen übernommen: Amiga (Ariola), Eterna (Edel).

VEEJAY RECORDS

Vom Ehepaar Vivian Carter und Jimmy Bracken 1954 in Chicago gegründete Schallplattenfirma, die mit geringem Erfolg aber großem Elan permanent Aufnahmen vornehmlich regional erfolgreicher Musiker veröffentlichte. Der ganz große Wurf gelang VeeJay jedoch 1963, als das Label ohne Bedenken die US-Lizenz für die ersten vierzehn bis dahin aufgezeichneten Songs der Beatles erwarb. Ironischerweise erkannte → Capitol, der US-Ableger der → EMI, nicht auf Anhieb, welches Potential in der neuen Band aus England schlummerte, und lehnte 1963 die Option auf eine Übernahme ab. VeeJay wurde über Nacht

zu einer landesweit bekannten Marke und befand sich umgehend im Rechtsstreit mit der aufgewachten Capitol, die die Rechte an den Aufnahmen der Beatles mit sofortiger Wirkung selbst nutzen wollte. Für ein Jahr sog VeeJay aus dieser Situation Kapital, ohne es künstlerisch gewinnbringend umsetzen zu können. Mit genialer Einfalt koppelte man die vierzehn Tracks mehrfach um und veröffentlichte das Album auch unter neuen Titeln wie »Songs, pictures and stories of the Fabulous Beatles«. Die große Nachfrage unter Sammlern nach der US-Erstpressung des Beatles-Debüts führte schon Ende der 60er Jahre zu zahlreichen mehr oder minder gelungenen → Counterfeits des Albums. Erschwerend kam dazu, daß VeeJay selbst »Introducing The Beatles« in zwei Kopplungen – a) »Love me do« und »P.S. I love You« bzw. b) »Please please me« und »Ask me why« – veröffentlicht hatte. Von beiden Fassungen exisitieren darüber hinaus mehrere sich durch Etiketten und Coverrückseiten unterscheidende Ausgaben.
Etiketten (USA): tiefrotbraun, M (1953 – 59); grau, S (1958/59); schwarz, Regenbogenrand, Vee Jay-Logo oben (1960 – 63); schwarz, Regenbogenrand, Vee Jay-Logo in Klammern (1963 – 65); schwarz (1965/66).

VERCHROMEN
Zu Zeiten großer Preßauflagen (1970 – 85) von einigen Schallplattenfirmen benutzte kostensenkende Maßnahme der Oberflächenhärtung von → Preßmatrizen. Dabei wird die Matrize mit einer feinen Chromschicht versehen und damit mechanisch widerstandsfähiger gemacht. Das Verfahren ist stark umstritten, da natürlich eine zusätzlich aufgebrachte Schicht, und sei sie noch so dünn, generell zu Informationsverlusten führt.

VERKAUFSEINHEIT
Abstrakte, warenwirtschaftliche Bezeichnung für eine wie auch immer geartete Schallplattenveröffentlichung. Dabei setzt man voraus, daß es sich bei der Verkaufseinheit um eine zusammenhängende Ausgabe handelt. Somit wird eine aus mehreren Schallplatten bestehende Verkaufseinheit (→ Doppelalbum, → Set), firmenintern und im Handel wie ein Einfachalbum, also mit einem Preis, abgerechnet. Thematische Veröffentlichungen (→ Reihe, → Serie) splittet man zur Gewinnoptimierung und aus Marketinggründen in einzelne Verkaufseinheiten auf. Im Second Hand-Bereich werden ehemals zusammenhängende, mehrteilige Verkaufseinheiten gern einzeln ausgezeichnet.

VERPOLUNG
Bezeichnet den phasenverkehrten Anschluß einer elektrischen Komponente innerhalb der Wiedergabeanlage. Vorrangig an frei zugänglichen Kontaktstellen (Steckverbindungen) kann das verpolte Anschließen von Kabeln zu einer Auslöschung der Mittensignale führen. Speziell der ordnungsgemäße Anschluß der farbig kodierten Kabelverbinder zwischen Abtastsystem und Tragarm sollte während der Montage genau überprüft werden.

VERRUNDUNGSRADIUS

Bezeichnung für den Grad der Verrundung von → Schneidstichel, → Rille oder → Abtastnadel. Beim Stichel und der Nadel wird die Verrundung der Spitze betrachtet, bei der Rille hingegen die Verrundung des Rillentals.

VERSAND VON SCHALLPLATTEN

Optimal sind spezielle Verpackungskartons mit oder ohne zusätzlicher überstehender Stoßkante und einer formatschlüssigen Innenaufteilung. Die Schallplatten sollten in Zeitungspapier o.ä. fest eingeschlagen und ebenso wie der Karton mittels reißfestem Paketband fest verklebt sein. Um eventuellen Verlusten vorzubeugen, empfiehlt sich ein Versand als Paket, da die Post bei dieser Versandart den Inhalt grundsätzlich bis zu 1000,- DM versichert. Höhere Versicherungsbeträge sind gegen Aufpreis möglich. Päckchen sind preiswerter, aber nicht versichert! Für den Versand ins Ausland sollte man ohnehin nur versicherte Versandformen mit Rücklaufzettel verwenden.
Anmerkung: Als Privatperson sollte man Schallplatten, die man einem anderen Sammler verkauft hat, entweder erst nach Vorkasse oder als Nachnahmesendung zuschicken. So vermeidet man unnötigen Streß.

VERTIGO

Mit diesem Speziallabel reagierte 1969 die → Phonogram auf die schnelle Entwicklung der Rockmusik, aber vor allem auf die kurz zuvor erfolgte Gründung des Harvest-Labels vom Konkurrenten EMI. Die Zeit war damals überreif für eine individuelle, kompetente Betreuung der Künstler und deren zielgruppenorientierte Vermarktung, die von den etablierten Marken der großen Schallplattenkonzerne nicht mehr angemessen und glaubhaft geleistet werden konnte. Kleine, unabhängige Label wie → Island, → Charisma, aber auch Immediate hatten seit 1967 mit großem künstlerischen und kommerziellen Erfolg vorgeführt, welches ungeheure Potential in einer mündigen Rockmusik steckt. Die Phonogram wollte mit Vertigo ein dickes Stück vom Kuchen abhaben und nahm 1969/70 zahlreiche, progressive Bands unter Vertrag. Einige von den neuen Acts sollten sich in Folge zu verlässlichen Garanten der Firma entwickeln, andere verschwanden nach maximal zwei Alben in der Versenkung. Mitte der 70er Jahre stabilisierte man das Label mit gefälligeren Rock-Acts. Den kommerziellen Höhepunkt dieser Entwicklung stellen die Alben der Dire Straits dar. In nachfolgenden Jahren wurde der Vertigo-Katalog von → PolyGram sorgsam gepflegt und feinfühlig durch umsatzstarke neue Bands ergänzt. Zum Künstlerstamm gehörten u.a.: Black Sabbath, Bon Jovi, Colloseum, Dire Straits, Doro, Gentle Giant, Gracious!, Kraftwerk, Metallica, Nucleus, Rush, Status Quo, Thin Lizzy.
Etiketten (UK, BRD): weiß, mit Swirl-Motiv auf der A-Seite (1969 – 75); Bildmotiv – grünschwarze Landschaft mit fliegendem UFO (1975 – 81, 1985 – 89); weinrot mit schwarzem Bildmotiv UFO (1982 – 85); vereinzelt PolyGram-Etiketten (1985 – 89); Wiederbelebung des klassischen Swirl-Etiketts ab 1989.

VERTRIEB

Der Teil einer Schallplattenfirma oder ein externer Partner, der die Lagerhaltung, die Verteilung und den Transport der Finalprodukte betreut. Der Erfolg einer Schallplattenfirma steigt und fällt mit der Effizienz des Vertriebs, denn er allein stellt die bedarfsgerechte Produktion im Preßwerk und die kontinuierliche Versorgung des Handels sicher. Somit kann ein guter Vertrieb Herstellungs- und Lagerkosten reduzieren und andererseits das Renommee und die Zuverlässigkeit der Schallplattenfirma nach außen stärken. Dabei werden alle Varianten von Großhandels-, Fachhandels- und Direktvertrieb je nach Anlage der Firma betrieben. Der Großhandelsvertrieb stellt den Absatz von großen, zusammenhängenden, ökonomisch sehr reizvollen Lieferungen sicher, die dann vom Großhandel in Teilmengen und mit Aufpreis an den Fachhandel weiterverkauft werden. Der Einzel- und Fachhandelsvertrieb stellt direkt ab Werk die flächendeckende Versorgung mit Tonträgern sicher und unterstützt so auch weiterhin einen kompetenten, verbraucherorientierten Fachhandel. Im Direktvertrieb versuchen einige Firmen, vor allem Lizenznehmer, mit vorrangig »exklusiven« Angeboten (z.B. Zusammenkopplungen aller Art), den Einzelhandel auszuschalten und ihren Gewinn zu optimieren. Wenn z.B. Schallplattenklubs mit speziellen Tonträgern an ihre Mitglieder herantreten, operieren sie wie Direktvertriebe. Für die Vertriebsarbeit sind spezielle Tonträgerkataloge, Flyer und seit den frühen 90er Jahren das PhoNet, ein computergestütztes zentrales Bestellsystem, dem große Teile der Phonoindustrie beigetreten sind, die wichtigsten Hilfsmittel. Obwohl gegen den Trend der Zeit, setzen einige Schallplattenfirmen immer noch Handlungsreisende (Vertreter) als direkte Ansprechpartner für den Fachhandel ein. Ein im Sinne des Herstellers guter Vertrieb beherrscht das Marketing virtuos und ködert den nachgeordneten Handel durch vielerlei Aktionen. Für die Phonoindustrie ist seit Aufhebung des umfassenden Retourenrechts der Abverkauf der Ware an den Handel gleichzeitig ein Garant für den eigenen Umsatz. Da heutzutage Retouren nur im Rahmen vorab vereinbarter Kontingente und Zeiträume möglich sind, geht ein großer Teil der Entwertung der oft sehr schnellebigen Produkte zu Lasten des Einzelhandels.

VERVE

US-amerikanische Schallplattenfirma. Vom Manager und Impresario Norman Granz im Jahr 1956 gegründet, als sein Topstar Ella Fitzgerald von ihrer langjährigen Plattenfirma Decca (USA) aus dem Vertrag entlassen wurde. Granz bündelte bei Verve alle vorherigen Aktivitäten (→ Clef, → Norgran) und baute den Katalog innerhalb von nur vier Jahren zum führenden Jazz-Label der USA aus. 1961 verkaufte Norman Granz die Firma an MGM. Der neue Eigner entwickelte anfänglich den Katalog mit viel Geschick und Erfolg weiter, konnte aber im Zuge der Neuorientierung des Marktes auf Folk, Pop und Rock nicht mithalten. Auch die Integration von Folkways und anschließende Ausgründung des Sublabels Forecast brachten nicht den erwünschten kommerziellen Durchbruch. Ab 1968 kam MGM insgesamt ins Taumeln und veräußerte seinen gesamten Aufnahmebestand 1971 an die holländische PolyGram.

VERWERFUNGSGESCHWINDIGKEIT

In Abgrenzung zur → Modulationsgeschwindigkeit der Rille gewählte Maßbezeichnung (in cm/s) für auftretende Frequenzen (von ca. 0,5 bis 10 Hz), die durch Unebenheiten und/oder Verspannungen der Schallplatte verursacht werden. Sie führen unter ungünstigen Umständen und im Zusammenhang mit der → Tragarmresonanz zu wahrnehmbaren Verzerrungen (→ effektive Rillengeschwindigkeit).

VERWERTUNGSGESELLSCHAFTEN

Staatliche oder gemeinwirtschaftliche Organisationen zur Verwaltung und Kontrolle von Urheberrechten der Autoren/Komponisten oder der Zweitnutzungsrechte (Leistungsschutzrechte) von Interpreten bzw. Schallplattenfirmen. Verwertungsgesellschaften sind nationale Institutionen, die per Gesetzesauftrag (Monopol) oder gleichberechtigt den jeweiligen Binnenmarkt kontrollieren. Insofern die Verwertungsgesellschaften über keinen staatlichen Auftrag verfügen (USA, UK) und/oder die mechanischen Rechte nicht kontrollieren, wird zumeist auf eine Kennzeichnung des Tonträgers verzichtet, man nennt dafür ausführlich die Rechtsinhaber der Einzelkompositionen. In Ländern, in denen die Verwertungsgesellschaften auch die mechanischen Rechte, also die der Vervielfältigung, verwalten, ist eine Kennzeichnung auf den Tonträgern (Etikett) Pflicht. Bei Exportpressungen wird zumeist die Verwertungsgesellschaft des Ziellandes angegeben. Bei einheitlicher Produktion für mehrere nationale Märkte können alle entsprechenden Verwertungsgesellschaften einzeln genannt werden oder zur Vereinfachung der Verweis auf den internationalen Dachverband (BIEM) angebracht werden. Für Kompositionen und Texte, die nicht urheberrechtlich geschützt sind (public domain), wird in einigen Märkten das Kürzel PD oder DP verwendet.
Verwertungsgesellschaften, alphabetisch geordnet: ASCAP (USA), Austro Mechana (AU), AWA (DDR), BIEM (Dachverband) BMI (USA), Britico (UK), GEMA (BRD), GRAMEX (DK), MCPS (UK), Mechanlizenz (CH), Mecolico (UK), SACEM (FR), SDRM (FR), SIAE (ITA), STEMRA (NL).

VERY GOOD (VG)

Hohe oder mittlere Güteklasse innerhalb des → Graduierungssystems (→ Second Hand). USA: Güteklasse 4 (Wert 25 %). Platte ist mehrfach gespielt, weist Gebrauchsspuren (Kratzer, Schrammen) auf, die sich aber nicht sehr störend bemerkbar machen. Das Cover zeigt Abreibungen (→ ring wear), beschädigte Ecken oder Risse. Wäre die Platte besser erhalten, könnte man sie eventuell auch bei → very good plus (vg+) einordnen. UK: Güteklasse 3 (Wert 55 %). Platte ist mehrfach gespielt, dennoch keine bedeutenden Störgeräusche. Leichte Haarkratzer und Schrammen sind vorhanden. Ein normal abgenutztes

Cover, auch mit leichten Ringen oder Flecken, ist akzeptabel. BRD: Güteklasse 2 (Wert 75 %). Platte ist gespielt und weist leichte Störgeräusche auf. Haarkratzer vorhanden, jedoch kaum hörbar. Das Cover weist leichte Abnutzungserscheinungen auf.

VERY GOOD PLUS (VG+)

Mittlere Güteklasse innerhalb des → Graduierungssystems (→ Second Hand). USA: Güteklasse 3 (Wert 50 %). Platte ist mehrfach gespielt, aber wurde vom Vorbesitzer pfleglich behandelt. Die Oberfläche zeigt einige leichte Gebrauchsspuren (Haarkratzer, Schrammen), die sich aber nicht ernsthaft störend bemerkbar machen. Das Cover zeigt leichte Abreibungen (→ ring wear), beschädigte Ecken oder Risse. Die Platte wäre praktisch → near mint, wenn sie nicht gewisse Makel aufweisen würde. Der Sammler kann mit einer Platte in vg+ gut leben. UK: nicht gebräuchlich. BRD: nicht gebräuchlich.

VIBRATIONEN

Auftretende Schwingungen aller Art, die entweder innerhalb der verwendeten Aufnahme- bzw. Wiedergabetechnik entstehen oder von außen eingebracht werden. Vibrationen wirken sich immer negativ aus und sollten weitgehend vermieden oder unterdrückt werden.

VIELSPURTECHNIK

Bezeichnung für alle Mehrspur-Aufzeichnungsverfahren, bei denen erst nach erfolgter Aufnahme aller Einzelspuren durch einen abschließenden Mischvorgang (mix) ein konventionelles, zwei- (stereo) oder vierkanaliges (quadro) → Urband entsteht.

VINYL

1. Allgemeine Bezeichnung für den Werkstoff, aus dem eine moderne Schallplatte gefertigt ist. Es ist ein verknappter Hinweis auf die beiden wesentlichen Bestandteile der → Pressmasse: Vinylchlorid und Vinylacetat.
2. Seit den 90er Jahren auch in Deutschland umgangssprachlich verwendete Kurzbezeichnung für eine Schallplatte im → Nadeltonverfahren. Vinyl grenzt trendgerecht die analoge Schallplatte von der digitalen Compact Disc ab.

VINYLITE

Warenzeichen des US-amerikanischen Chemiekonzerns Carbide & Carbon Chemicals Corporation für einen plastifizierbaren Kunststoff auf Basis des homopolymeren Polyvinylchlorids (PVC). Der erstmals um 1932 vorgestellte Werkstoff wurde in nachfolgenden Jahren kontinuierlich weiterentwickelt und in ein Mischpolymerisat aus Vinylchlorid und Vinylacetat gewandelt. Schon in den 30er Jahren experimentierte die → RCA mit dem Werkstoff, ohne jedoch in der Serienfertigung den damals verwendeten Schellack zu ersetzen. Erst 1948, als sich die → Columbia entschloß, den modernen Werkstoff zur Fertigung der filigranen Mikrorillenschallplatte einzusetzen, konnte sich das schwarz eingefärbte Vinylite auf breiter Basis durchsetzen. RCA reagierte umgehend, indem sie die 45er Single aus Vinylite vorstellte. Der Stoff ist milchig farblos und wurde in den frühen Jahren auch in verschiedenen, leuchtend-transluzenten Einfärbungen (rot, gelb, blau usw.) angeboten. In der Folge stellten fast alle Kunststoff-Firmen vergleichbare oder verbesserte Werkstoffe auf der Grundlage des Vinylite her. Seit Mitte der 60er Jahren sind moderne Preßmassen nur noch rudimentär mit dem ursprünglichen Vinylite vergleichbar, sie sehen zwar ähnlich aus, verfügen aber über deutlich verbesserte Gesamteigenschaften.

VIRGIN RECORDS

Britische Schallplattenfirma. Von Richard Branson im Jahr 1973 gegründet, konnte die Firma schon mit ihrer ersten Veröffentlichung (Mike Oldfield – Tubular bells) einen Millionseller verbuchen. Bis 1976 veröffentlichte man vorrangig Progressive Rock, um dann erfolgreich in Punk und New Wave zu investieren. In den 80er Jahren galt Virgin als die erfolgreichste unabhängige Schallplattenfirma der Welt. Branson verkaufte 1992, nachdem er die Rolling Stones unter Vertrag genommen hatte, seine Firma an die → EMI. Hier wird die Entwicklung des Katalogs in kleinerer Form fortgesetzt, aber mehr noch der Backkatalog ausgeschlachtet. Bis 1976 unterhielt Virgin einen Herstellungs- und Vertriebsvertrag mit → Island Records. Virgin selbst übernahm in späteren Jahren immer wieder ähnliche Aufgaben auch für andere unabhängige Labels, wobei Branson auch immer wieder gern in Not geratene Indies aufkaufte (E'G, Charisma). Zu den diversen Sublabeln von Virgin gehörten u.a. Caroline, Frontline, Watt. *Etiketten: two virgins, s/w (1973 – 75); two virgins, color (1975 – 76); two virgins, ocker (1975); two virgins, grün (1976 – 78); blau (1978); grün/rot (1978 – 84); rot/grün (1984 – 89), grau (1989 ff.).*

VIRGIN VINYL

Bezeichnung für erstmals verwendetes Granulat, das ohne die sonst übliche Anreicherung mit recyceltem Material (Kranz) zur Herstellung der Schallplatte verwendet wird. Die Verwendung von »jungfräulichem« Vinyl garantiert eine 100prozentige Reinheit des Materials und die vom Vinylhersteller spezifizierten Verarbeitungs- und Gebrauchseigenschaften. Virgin Vinyl wird vorrangig bei dynamisch anspruchsvollen Schallplatten (E-Musik), Quadro-Schallplatten (→ CD-4) und audiophilen Pressungen verwendet. In der Regel bewerben die Hersteller den entsprechenden Materialeinsatz hinreichend auf der → Außenhülle.

VIRTUAL TURNTABLES

Von der Firma Carrot Innovations 1999 vorgestellte Softwareapplikation für das Bearbeiten und Scratchen von MP3-codierten Tonaufnahmen auf IBM-kompatiblen Computern. Virtual Turntables stellt eine nur vom Arbeitsspeicher begrenzte Anzahl virtueller Schallplattenspieler bereit, mit denen sich per

Mausklick oder Zeitsteuerung alle konventionellen DJ-Techniken, aber auch zahlreiche aus dem Studiobetrieb bekannten Sample-Techniken in Echtzeit ausführen lassen. Das System ist weitaus flexibler und zu größerer Gestaltkraft fähig als ein herkömmliches DJ-Deck. Durch die Verwendung von MP3-codiertem Ausgangsmaterial ist das System äußerst sparsam hinsichtlich des Speicherbedarfs und ermöglicht zum Beispiel die Bereitstellung von 100 h Spielzeit auf 6 Megabyte Festplattenkapazität. Bekannt wurde Virtual Turntables durch DJ (Richard) Eden, der als erster kommerzieller Anwender vor allem durch sein schmales Equipment – einen Laptop – überraschte. Derzeit ist Virtual Turntables noch eine einzigartige Softwarelösung, die mit Sicherheit in kürzester Zeit zahlreiche Nachahmer und eine umfangreiche Verbreitung bei technisch versierten DJs und DJanes erfahren wird.

VOLLAUSSTEUERUNG

Die nach → RIAA/IEC genormte Vollaussteuerung (0 dB) einer Nadeltonaufzeichnung schreibt folgende Spitzenschnellen vor: Stereoschallplatte (33, 45 Upm) = 8 cm/s; Monoschallplatte =10 cm/s; MaxiSingle = 12 cm/s.

VOLLAUTOMAT

Schallplattenspieler mit automatischer Erkennung des Schallplattendurchmessers und an diesen gekoppelter Wahl der Abtastgeschwindigkeit, Führung zur Absenkung in die → Einlaufrille, → Endabschaltung (Motorstop) bei Erreichen der → Auslaufrille und gleichzeitiger Anhebung sowie Rückführung des → Tragarms in die Ausgangsposition.

VOODOO

Sammelbezeichnung für alle »Modifikationen« an der Wiedergabeanlage und dem Hörraum, die sich einer wissenschaftlichen Deutung verweigern. Hiermit sind nicht komplizierte, kaum zu durchschauende und zu erklärende Sachverhalte wie der Skin-Effekt bei Kabelverbindern gemeint, sondern all die »tausend kleinen Dinge«, die in spezialisierten HiFi-Stuben auf bedürftige und kaufkräftige Kundschaft warten. Der Brite Peter Belt präsentierte als erster unerschütterlich weiße Papierschnipsel, die, unter einem Gerätefuß plaziert, den Klang des Geräts verbessern (sollen). Konsequenterweise empfiehlt Belt den Einsatz der Papierschnipsel auch unter Stuhl-, Tisch- und Schrankbeinen; vorausgesetzt, die Möbel besitzen derer vier. In der Bundesrepublik kümmert sich Hans Drange liebevoll um weitergehende Verbesserungen der Heimwiedergabe und vermarktet mit Erfolg spezielle Kerzen, Untersetzer und möchte am liebsten alle Geräte mit einem »klanglich umwerfenden« weißen Lack überziehen. Schwarz kann nicht klingen! Anmerkung: Es gibt natürlich jede Menge hilfreicher Zubehörartikel, über die immer wieder ausführlich und entsprechend gewertet in der HiFi-Presse berichtet wird. Manche empirisch gewonnenen Erkenntnisse brauchen Jahre, bis man sie hinreichend erklären kann, aber der echte Voodoozauber wird in diesem Leben nicht durchschaubar. Inwieweit sich ein klangbewußter Hörer in diesem komplizierten Dickicht verstrickt oder davon befreien kann, hängt oft von der eigenen Neigung ab.

VORECHO

Bei Wiedergabe von Schallplatten oder Magnetbandaufzeichnungen kann es zu einem Vorecho, also der zeitlichen Vorwegnahme eines Signals, kommen. Bei der Schallplatte kann es sich um → Rillenmodulationen handeln, die sich schon auf der Lackfolie durch die »weiche« Beschichtung von einer Rillenwand zur anderen »durchgearbeitet« haben. Darauf haben u.a. die Wahl des Vorschubs (Rillenabstand) und die verwendete Schriftart bedeutenden Einfluß. Ein Großteil der Vorechos ensteht jedoch während der anschließenden Galvanik. Bei der Abformung der Lackfolie durch eine aufzutragende Nickelschicht können die Qualität des Auftrags, die Materialdicke und das Auftreten von Materialverspannungen ganz entscheidend über die Häufigkeit und Intensität der Vorechos entscheiden. Beim Abspielen der Schallplatte ertönt beim Vorecho im linken Kanal das Signal des rechten Kanals der darauffolgenden Windung in deutlich abgeschwächter Form. Durch die unterschiedliche Reaktion des Materials treten Vorechos häufig nur punktuell und nicht durchgängig auf einer Schallplatte auf. Die DMM-Technologie konnte durch den Einsatz einer Metallbeschichtung als Schneidgrund und den damit wegfallenden Umformungsprozeß zwischen zwei unterschiedlich reagierenden Materialien das Auftreten von Vorechos drastisch senken. Bei der Magnetbandwiedergabe werden Vorechos bei Übertragungen von Magnetfeldern durch das Trägermaterial hindurch verursacht. Dabei sind diese Vorechos kanaltreu und können durchgängig oder punktuell auftreten. Eine Abbildung dieser Vorechos durch deren Mitaufzeichnung bei der Schallplattenaufnahme ist unvermeidbar.

VORHÖRSIGNAL

Zur Steuerung des variablen → Rillenvorschubs (→ Füllschrift) benötigt man ein vorgelagertes Signal, das zuverlässig Auskunft über das zu erwartende Aufnahmesignal gibt. Bei analogen Magnetbandgeräten werden mittels eines vorgelagerten Vorhör-Wiedergabekopfes und einer entsprechend langen Bandschleife, das Signal der nächsten Rillenwindung abgenommen und der Rillenvorschub entsprechend geregelt. Da digitale Bandverfahren sehr komplizierte Bandführungseinrichtungen besitzen und sich ein Vorhörsignal nicht unkompliziert aus der Bandführung gewinnen läßt, benutzt man digitale Verzögerungseinrichtungen, die sich wiederum natürlich auch für analoge Masterbänder verwenden lassen. In den 80er Jahren wurde für das Überspielen von digitalen Masterbändern (→ U-Matic) vorrangig das Digital-Audio-Delay Studer PCM DAD 16 eingesetzt. Hier wird das Eingangssignal als Vorhörsignal betrachtet und ein entsprechend verzögertes Signal als Aufzeichnungssignal verwendet. Neueste Entwicklungen auf dem Gebiet der Digitaltechnik führen auch ständig zu verbesserten Delays, die häufig im Zuge einer Erneuerung der Peripherie Einzug in Mastering-Studios halten.

VORLAUFKUGEL

Während der Aufzeichnung läuft bei einigen Umschnitteinheiten unmittelbar vor dem → Schreiber eine kleine Kugel, die über die Aufzeichnungsfolie gleitet und eine kontinuierliche Schnittiefe sicherstellt. Dabei kommt es zu einer minimalen Verformung der Lackoberfläche, die sich bei einem späteren Abspiel der aufgezeichneten Rille als → Rumpelstörung bemerkbar macht.

VORSCHUB

Um beim Schneiden der Rille eine fortlaufende Rillenspirale und keinen geschlossenen Kreis zu erhalten, muß der → Schreiber kontinuierlich auf einer Tangente fortbewegt werden. Im Laufe der Entwicklung der Nadeltontechnik hat sich international, bis auf wenige Ausnahmen (→ Innenstart), eine Aufzeichnungsrichtung von außen nach innen durchgesetzt (→ Außenstart). Im Zusammenspiel mit der gewählten → Rillentiefe entscheidet der Vorschub über die effektive Breite des → Rillenstegs. Die → Vorschubgeschwindigkeit läßt sich an der → Umschnitteinheit einstellen und wird beim Schneiden der → Mikro- und Stereorille in Abhängigkeit zum momentan auftretenden Signal auch individuell geregelt (→ Füllschriftverfahren).

VORSCHUBEINRICHTUNG

Auf der Umschnitteinrichtung montierter, tangential geführter und motorisch angetriebener Schlitten für den → Schreiber. Mit der Vorschubeinrichtung wird der Schneidkopf während der Aufzeichnung tangential über die → Aufnahmeplatte bewegt. Die → Vorschubgeschwindigkeit ist individuell regelbar und kann durch spezielle Einrichtungen (→ Füllschriftverfahren) optimiert werden.

VORSCHUBGESCHWINDIGKEIT

Bezeichnet das Tempo, mit der der → Schreiber während der Aufzeichnung über die → Aufnahmeplatte in Richtung Plattenmittelpunkt bewegt wird. Die Vorschubgeschwindigkeit wird in Abhängigkeit zur Programmlänge und der Dynamik des Programmaterials gewählt. Unterschreitet eine Aufnahme das übliche Aufzeichnungsvolumen deutlich, beispielsweise einer LP von ca. 20 min., macht es Sinn, die Vorschubgeschwindigkeit zu vergrößern. Bei längeren Aufzeichnungen verringert man entsprechend das Tempo, wobei sichergestellt werden muß, daß der → Rillensteg eine akzeptable Trennung der beiden benachbarten Rillenwindungen gewährleistet. Mit dem → Füllschriftverfahren wird die Vorschubgeschwindigkeit in Abhängigkeit zum momentan anliegenden Signal geregelt.

VOR-VORVERSTÄRKER

Für → Moving-Coil-Abtastsysteme mit geringer Ausgangsspannung benötigte elektronische Verstärkerschaltung, auch Pre-Pre (engl.) genannt, die das Ausgangssignal des Abtasters soweit verstärkt, daß es zur paßgerechten Ansteuerung des MM-Eingangs innerhalb eines Vorverstärkers ausreicht. Der Verstärkungsgrad liegt bei ca. +20 dB d.h. als in etwa bei dem Wert, der die Ausgangsspannungen von MM- und MC-Abtastsystemen trennt. Im Regelfall reicht dieser Verstärkungsgrad aus, um auch bei leisen Passagen eine angemessen rauschfreie Schallplattenwiedergabe zu garantieren. Einige wenige, sehr leise MC-Abtaster können auch bei Verwendung eines Vor-Verstärkers keine wirklich zufriedenstellenden Nutzgeräuschabstände liefern. Möglich wäre in diesem Falle der Anschluß des Pre-Pre an den MC-Eingang des Vorverstärkers, wobei man beachten sollte, daß in der Regel ein vom Vor-Vorverstärker abgegebenes Signal, im reellen wie kapazitiven Teils der → Abschlußimpedanz, auf die üblichen (genormten) Werte eines MM-Verstärkerzugs ausgelegt ist (R = 47 kOhm, 450 pF). Häufig verfügen MC-Eingänge über schaltbare Kapazitätsvariablen, die einen entsprechenden Abschluß zulassen. Die Bezeichnung ist insofern unscharf, da sie mindestens drei verschiedene Geräte bezeichnet.

1. Linearer Vor-Vorverstärker auf Transistor- oder Röhrenbasis der das vom MC-Abtaster bereitgestellte Signal verstärkt und an den MM-Eingang des Vorverstärkers weiterleitet. Erst dort findet die Entzerrung der → Schneidkennlinie und Herstellung der → Wiedergabekennlinie statt.
2. Übertrager, ein speziell bemessener Transformator, der das vom MC-Abtaster bereitgestellte Signal verstärkt und an den MM-Eingang des Vorverstärkers weiterleitet. Auch hier findet keine Entzerrung der → Schneidkennlinie statt.
3. Gelegentlich und dann irrtümlich werden auch externe → Phonovorverstärker mit integrierter Entzerrerkurve als Vor-Vorverstärker bezeichnet.

VPI

Der US-amerikanische Hersteller für Schallplattenabspieler und Zubehör ist vor allem für seine Plattenwaschmaschinen (HW-16, HW-17) mit getrennter Bürste und Schlitzabsaugeinrichtung bekannt geworden. Die Schallplattenspielerproduktion dominiert das luftgefederte Spitzenmodell TNT IV. Als Antrieb dient hier ein ausgelagerter Gleichstrommotor, der über den Umweg einer Schwungmasse den Plattenteller antreibt. Insgesamt werden für die aufwendige Kraftübertragung vier Antriebsriemen (Gummi) eingesetzt. Der den Plattenteller antreibende Riemen besitzt, durch zwei Auslenkrollen geführt, nur punktuellen Kontakt mit dem Teller. Zum Laufwerk wird ein selbstentwickelter, einpunktgelagerter Drehtragarm in 9"- bzw. 12"-Armrohrlänge angeboten. In der Vergangenheit wurden auch mehrere kleine Laufwerke angeboten.

VTA

vertical tracking angel, → vertikaler Spurfehlwinkel

VTF

vertical tracking force, → Skatingkraft

W

WAAGEBALKEN

→ Schnittiefen-Steuerung

WALZE

Im Jahr 1877 wurde von Thomas Alva Edison (1847-1931) das Prinzip der Schallaufzeichnung mittels → Phonographen auf eine Walze erfunden und der Öffentlichkeit vorgestellt. Die Walze ist ein zylindrischer Körper, der die Signalaufzeichnung in → Tiefenschrift beinhaltet. Anfänglich waren diese Walzen Aufzeichnungs- und Wiedergabemedium in einem. Um 1888 kamen die ersten bespielten, industriell vervielfältigten Walzen auf den Markt. Neben der Edison-Gesellschaft veröffentlichten auch andere Schallplattenfirmen (z.B. Pathé und Columbia) ihre Aufnahmen bis ca. 1910 auf Walzen. Spätestens zu diesem Zeitpunkt stellten dann, bis auf Edison, alle Schallplattenfirmen ihre Produktion auf die moderne → Schellackplatte um. Die Edison-Gesellschaft selbst bot bis 1929 Walzen an. In den fast fünfzig Jahren des Phonographen verfeinerte Edison ständig sein System und stellte in größeren Abständen auch hinsichtlich Spielzeit, Haltbarkeit sowie Klang verbesserte Walzentypen vor.

1. Concert-Walze – Breitrille, Wachs (braun), Überformat (Durchmesser 12,5 cm), Laufzeit ca. 2 min, von ca. 1899 – 1909.
2. Goldguß-Walze – Breitrille, Hartwachs (schwarz), Normalformat (Durchmesser 5,5 cm), Laufzeit ca. 2 min, von ca. 1902 – 1908.
3. Standard-Walze – neuer Name für die bewährte Goldguß-Walze, von ca. 1908 – 1912.
4. Amberol-Walze: → Mikrorille, Hartwachs (schwarz), Normalformat (Durchmesser 5,5 cm), Laufzeit ca. 4 min, von ca. 1908 – 1912.
5. Blue-Amberol-Walze: → Mikrorille, Zelluloid (blau) auf Gipskern, Normalformat (Durchmesser 5,5 cm), Laufzeit ca. 4 min, 1912 – 1929.

WARENZEICHEN

Bezeichnung für einen gesetzlich geschützten Begriff, eine Marke oder ein Signet. Die Phonoindustrie, neuerdings auch zahlreiche Künstler, lassen sich außer ihrem Namen auch immer mehr Teil- und Unterbegriffe schützen. Damit versucht man im Wettbewerb, die Verwendung einer erfolgreichen Marke durch Dritte zu verhindern. Die ständigen Konzentrationsprozesse der Branche führen auch häufig zum Besitzwechsel von Warenzeichen. Mitunter wird dann vom neuen Eigner auch schon bestehendes Tonmaterial der erfolgreicheren Marke zugeordnet. Seit Generationen erfolgreiche Warenzeichen sind beispielsweise »Living Stereo« (RCA), »Nipper« (RCA, EMI), »His Master's Voice« (EMI) und »Tongue« (The Rolling Stones).

WARNER BROS.

US-amerikanische Schallplattenfirma. Warner wurde 1958 von der gleichnamigen Filmfirma gegründet und konnte sich nach anfänglichen Startschwierigkeiten erst durch die Übernahme von → Reprise Records künstlerisch und kommerziell stabilisieren. Danach hatte man aber den Bogen raus und akquirierte in schneller Folge eine Schallplattenmarke nach der anderen (Atlantic, Atco, Asylum, Elektra. Heute sind Warner Records und alle angeschlossenen Marken im Besitz von → AOL.
Etiketten (USA): grau M, schwarz/gelbes Logo (1958 – 62); grau M, schwarz/weißes Logo (1963 – 65); gold S (1959 – 65); gold, schwarz/rotes Logo M/S (1965 – 68); grün, W7-Logo (1968 – 70), grün, WB-Logo (1970 – 73); Bildmotiv »Burbank Street Scene« (1973 – 75); Bildmotiv »Burbank Street Scene«, Warner Communication rechts unten (1975 – 78); weiß, Linienraster (1978 – 85); weiß, sieben WB-Logos (1986 – 95). Warner verwendet seit den späten 80er Jahren gelegentlich auch einfarbige, schwarze Etiketten mit silbernem Aufdruck.

WARNER COMMUNICATIONS

Konzernbezeichnung und auch auf Etiketten und Cover verwendete Oberbezeichnung aller von Warner kontrollierten Schallplattenfirmen und -marken. Das dazugehörige Signet – ein bauchiges W – findet sich ab 1975 auf allen Etiketten innerhalb der abgedruckten Fußzeile.

WARP

1. Bezeichnung (engl.) für eine durch Hitzeeinwirkung entstandene Welle in der Schallplatte.
2. Bezeichnung (engl.) für eine kleine Blase oder Nase im → Vinyl, die sich beim Abspielen der Schallplatte negativ bemerkbar macht.

WASSERWAAGE

Klassisches Messinstrument mit zumeist zwei eingesetzten Libellen zur Prüfung der waagerechten, senkrechten und daraus resultierend geneigten Lage. Zur optimalen, waagerechten → Aufstellung eines Schallplattenspielers ist eine Wasserwaage unverzichtbar. Speziell für den Einsatz auf → Plattenteller oder → Plattentellerachse gibt es sehr leichtgewichtige, zumeist kreisrunde Spezialausführungen, die das → Subchassis nicht unnötig belasten.

WATT RECORDS
1976 als Nachfolgelabel von JCOA Records gegründete unabhängige → Künstler-Schallplattenfirma, für die vielfältigen Tonaufnahmen des Jazzer-Ehepaars Carla Bley und Mike Mantler, später auch des neuen Lebensgefährten Steve Swallow und Tochter Karen Mantler. Watt wird weltweit durch → ECM vertreten.

WAX
Amerikanischer Slangausdruck für Schallplatte.

WEA
Kürzel für die 1973 aus einer weltweiten Umstrukturierung hervorgegangene Vertriebsorganisation der Warner Communication Incorporated. In Europa operiert WEA International mit mehreren nationalen Schallplattenfirmen, die einheimische Künstler betreuen und den gigantischen Katalog von Warner Communication vor Ort auswerten. Dazu führen die Tochterfirmen eigene Katalognummern und nutzen in der Regel lokalisierte Varianten der aktuellen Etiketten des jeweiligen US-amerikanischen Sublabels. 1988 erwarb die deutsche WEA den Katalog der → Teldec Schallplatten GmbH und gründete darauf aufbauend EastWest, die für den Konzern im Bereich der E- uns U-Musik aktiv wurde.WEA in der BRD: → Asylum, → Atco, → Atlantic, → Discreet, → Elektra, → Reprise, → Rolling Stones Records, → Sire, Straight, → Warner Bros., Nonesuch u.a.

WEISSMUSTER
Allgemeine Bezeichnung für eine nichtkommerzielle Pressung mit weißem Etikett. Im deutschsprachigen Raum verwendet man den Begriff in der Regel zur Kennzeichnung einer → Testpressung oder → Musterpressung. Einige Sammler bevorzugen Weißmuster in der Hoffnung, eine Pressung aus dem Fertigungszeitraum unmittelbar vor oder während der → Initialauflage zu erhalten.

WERKTITEL
Die treffendste Bezeichnung für eine eigenständige Tonträgerveröffentlichung, die in Kontinuität von Produktion, Veröffentlichungsdatum und parallel zur (künstlerischen) Entwicklung des Interpreten steht. Dabei geht man im allgemeinen von Original-Singles oder Original-Alben und keinen, wie auch immer gearteteten, Kopplungen aus. Ein Werktitelverzeichnis nach einem einheitlichen Muster wäre für Sammler und Publizisten von ungeheurer Bedeutung, stellt es doch die veröffentlichten Tonaufnahmen eines Interpreten in einen historisch kritischen Zusammenhang. Bislang existieren Werktitelverzeichnisse nur für die bekanntesten und erfolgreichsten Interpreten der Tonträgergeschichte. Dabei konnte sich jedoch kein einheitliches Muster durchsetzen, das die Interessen der Musikwissenschaft ebenso wie die der Sammler berücksichtigt. Die Arbeit von wissenschaftlichen Tonträgersammlungen und Schallplat-

tenarchiven ist, obwohl von der Öffentlichkeit kaum beachtet, in Teilgebieten wie E-Musik (nach Komponisten und Interpreten) und speziell im Jazzbereich ausgesprochen lobenswert. Für musikhistorische Veröffentlichungen und → Neueditionen greift die Phonoindustrie zunehmend auf umfangreiche diskographische Arbeiten von Spezialisten und Musikwissenschaftlern zurück.

WERKVERZEICHNIS

Aus der Musikwissenschaft stammende Katalogisierung aller oder ausgewählter Werke eines Komponisten. Für bekannte und bedeutende Gesamtwerke liegen mitunter mehrere Werkverzeichnisse vor. Bei einer entsprechenden Werkangabe auf Tonträger bezieht man sich in der Regel auf das jeweilige »autorisierte« oder »korrekteste« Werkverzeichnis. Zu den bekanntesten Beispielen gehören das »Köchel-Verzeichnis« (W.A. Mozart) sowie das BWV (J.S. Bach). Für alle Komponisten außerhalb der → E-Musik existieren keine einheitlich angewandten Werkverzeichnisse. Mitunter sind die wissenschaftlichen Forschungen in einzelnen Spezialgebieten (Jazz, Folk, Chanson etc.) schon erstaunlich fortgeschritten, jedoch dort erstellte Werkverzeichnisse (→ Werktitel) finden nur selten den Weg an eine interessierte Öffentlichkeit. Nur gelegentlich, zumeist bei der Erarbeitung einer → Edition, werden entsprechende Werkverzeichnisse herangezogen und bei der Aufarbeitung eines Œuvres berücksichtigt. Unvorstellbar aber wahr: Außer z.T. umfangreichen → Diskographien gibt es zu den als abgeschlossen geltenden Werken der populären Musik (z.B. Beatles, Beach Boys, Who, John Coltrane, Frank Zappa oder Bob Marley) keine entsprechenden Werkverzeichnisse, die in ihrer Kompetenz auch von der Musikwissenschaft anerkannt sind und wiederkehrend benutzt werden. Sicher werden sich erst nachfolgende Generationen – wenn überhaupt – mit einer in der E-Musik allgegenwärtigen Ernsthaftigkeit auch über herausragende Gesamtwerke aus Pop, Rock und Jazz beugen.

WHEATON

Vom US-amerikanischen Entwickler Herbert Papier 1981 erstmals vorgestellter Tragarm (Version IV, 1993), der in seiner Anmutung als feinmechanisches Monster durchgehen kann. Der Triplanar Ultimate bezieht seinen Namen aus der Tatsache, daß sich der Tragarm in allen Dimensionen frei einstellen läßt. Eine eigene Meßlehre ermöglicht eine exakte Bestimmung des Abstands zwischen Plattenteller- und Tragarmlager-Mittelpunkt. Der Lagermittelpunkt des Arms befindet sich auf der Abtastebene und ist außerhalb der Tragarmbasis gelagert, wodurch auch eine Montage auf Laufwerken mit 9"-Fundament möglich wird. Das zweigeteilte Tragarmrohr (übereinander angeordnet und in sich drehbar) ist mit einer Gleitkerbe versehen und ermöglicht mittels Rändelschraube eine extrem feinfühlige Azimutjustierung. Die VTA-Höhenjustierung erfolgt durch ein vertikal geführtes Stellrad (skaliert) und wird mit einer Schraube arretiert. Zu den weiteren Features gehören eine Skatingeinrichtung per Ausleger und Faden, eine Wanne mit Silikonöl zur Dämpfung, und der

Tonkopf ist mit einer Bleieinlage zur Dämpfung auftretender Eigenschwingungen versehen.

WHITE LABEL

Abgrenzende Bezeichnung für ein weißes → Etikett auf der Schallplatte. Dabei wird vorausgesetzt, daß die Schallplattenfirma für gewöhnlich anders- oder mehrfarbige Etiketten einsetzt. Im Deutschen wird alternierend der Begriff → Weißmuster verwendet. Weiße Etiketten werden, oft in Ermangelung fertig gedruckter Serienetiketten, zur Kennzeichnung von → Testpressungen und → Promotionschallplatten benutzt. Testpressungen besitzen (zumeist) nur ein neutral bedrucktes Etikett des Presswerkes oder ein gänzlich unbedrucktes, weißes Etikett. Bei beiden Varianten erfolgt der Eintrag von Künstler und Albumtitel, oft auch der von → Matrizen- bzw. → Katalognummer, per Hand oder Schreibmaschine. Für Promotionschallplatten werden aus Informationsgründen und zur besseren Handhabung die Etiketten mit Firmennamen/Logo sowie Inhaltsangaben bedruckt. Sehr häufig verwendet man dazu für das Serienetikett vorbereitete Druckstöcke, die um Gesamtspielzeit und Promotionhinweis ergänzt wurden. Insofern sich das Programmaterial deutlich vom Serienexemplar abhebt (Titelauswahl, Laufzeit etc.), ist die Anfertigung einer eigenständigen Druckform ohnehin unumgänglich. Der Vorteil eines weißen Etiketts liegt nicht nur in seiner kostengünstigen Fertigung, sondern vor allem im klareren Schriftbild. Hier erschweren keine farbigen Fonds oder Hintergrundabbildungen die Lesbarkeit. Zur Kontraststeigerung verwendeten einige US-Firmen in den 50 – 70er Jahren (→ Mercury, → Verve u.a.) auch gelb eingefärbte Etiketten, die entsprechend als »yellow label« bezeichnet werden.

WIDESOUND-STEREO

Von der deutschen → EMI Electrola GmbH verwendeter Qualitätsbegriff für überarbeitete monophone Tonaufnahmen in → Pseudostereophonie.

WIEDERGABEKENNLINIE

Beschreibt die notwendige oder benutzte Entzerrerkennlinie des Phonovorverstärkers zur Wiederherstellung eines (möglichst) linearen Frequenzgangs der vorliegenden → Aufzeichnungskennlinie. Im Sinne einer korrekten Wiedergabe-Philologie ist die Wiederherstellung des originalen Frequenzgangs von entscheidender Bedeutung. Wollte man nun die verschiedensten Aufzeichnungskennlinien vor ca. 1964 korrekt entzerren, benötigte man einen Entzerrer, der eine einzelne Anwahl der üblichen Zeitkonstanten von 25 μs, 50 μs und 75 μs zuläßt; einen variablen Arbeitspunkt zwischen 300 und 1000 Hz aufweist und auch ein variables Höhenfilter um 10 kHz besitzt. Einige Hersteller haben in der Vergangenheit versucht, mit festen Schaltungsaufbauten wenigsten die gängigsten Aufzeichnungskennlinien zu berücksichtigen. Der britische Gerätehersteller Merdian präsentierte 1991 erstmals in seinem Modell 601 eine digitale Korrekturschaltung für 16 Aufzeichnungskennlinien. 1995 prä-

sentierte der Schweizer Hersteller FM Acoustic erstmals in den Modellen 122 und 222 eine rein analog aufgebaute Schaltung, die über den geforderten variablen Arbeitspunkt zwischen 200 und 1000 Hz verfügt und auch ein variables Höhenfilter (10 kHz) besitzt.
Anmerkung: Über den notwendigen Schaltungsaufwand für eine sehr gute bis hervorragende Wiedergabekennlinie wird seit mehr als drei Jahrzehnten vehement gestritten. Fakt ist, daß die Aufzeichnungskennlinie innerhalb der Aufzeichnungseinheit nur mit relativ einfachen, kalibrierten Schaltungen erzeugt wird. Für die Wiedergabe (Entzerrung) wird vorausgesetzt, daß man die Schaltung u.a. hinsichtlich der Anpassung verschiedenster Abtastsysteme offen halten muß. Dabei spielen alle elektrischen Anschlußwerte eine enorme Rolle. Theoretisch läßt sich dies immer, in der Praxis nur in Einzelfällen, mit großem Erfolg demonstrieren. In Anbetracht der nunmehr ultragenau spezifizierten und gefertigten Bauteile wäre eine simple Lösung – in Annäherung an ein genau definiertes Abtastsystem und die anschließenden Leitungsparameter – eine ingenieurtechnische Herausforderung. Zur Erinnerung: Anfänglich integrierte man ein simples R-C-Glied samt Verstärkerstufe in den Plattenspieler.

WIEDERGABE-PHILOLOGIE

Bezeichnung für die – im technischen Sinne – korrekte Wiedergabe einer (historischen) Tonaufzeichnung. Bei der Wiedergabe von Aufzeichnungen im Nadeltonverfahren betrifft dies: die Einhaltung der → Nenndrehzahl oder der tatsächlichen Aufnahmegeschwindigkeit (→ Kammerton), die Verwendung einer der → Aufzeichnungskennlinie entsprechenden → Wiedergabekennlinie, die Reproduktion des Aufnahmeverfahrens hinsichtlich der verwendeten Schriftart, Kanalanzahl und Kanallage.

WIEDERHOLAUTOMATIK

Komfortable elektromechanische Schaltung im → Vollautomat, die über eine Vorwahl das einfach oder mehrfach wiederholte Abspielen einer Schallplattenseite ermöglicht.

WIEDERVERÖFFENTLICHUNG

Die Neuausgabe einer bereits veröffentlichten Schallplatte/Tonaufnahme in ihrer ursprünglichen → Kopplung. Früher wurden Wiederveröffentlichungen (engl. → Reissue) generell mit einer neuen → Bestellnummer versehen und dann oft in einer niedrigeren → Preiskategorie plaziert. Die audiophilen Wiederveröffentlichungen der 90er Jahre kopierten die Originalausgaben derart genau, daß eine Unterscheidung nach Katalognummer oft nicht mehr möglich ist (→ Classic Records, → Speakers Corner). Kritisch überarbeitete oder revidierte Alben sind → Neueditionen.

WILSON BENESCH

Britischer Hersteller für Schallplattenspieler, Tonabnehmersysteme und Lautsprecher, der durch den konsequenten Einsatz moderner Werkstoffe und Fertigungstechnologie binnem kurzem zu internationaler Bedeutung aufstieg. Das 1992 erstmals vorgestellte Laufwerk Act 1 besitzt ein ultraleichtes Subchassis aus Kunstharz und Kohlefaser (280 g). Ein zargenloses Einsteiger-Modell (Circle) folgte 1998. Die einpunktgelagerten Tragarme (Act 0.5, 1, 2) aus Karbonfiber-Epoxyd, mit konisch zulaufendem Armrohr und daraus erwachsendem Tonkopf, zählen derzeit zur Weltspitze. Ein eigenes Programm an hochwertigen Abtastsystemen (z.B. Carbon mit Bor-Nadelträger, elliptischer Nadelschliff, Kohlefasergehäuse, Benz Ruby-Generator) runden das Programm ab. Sehr konsequent ist auch der Einbau einer integrierten Phonoentzerrer/Vorverstärker-Platine (stage one), die auf dem Bodenbrett des Schallplattenspielers angebracht wird.

WINDUNG

Bezeichnung für den laufenden Abschnitt der → Rille, der eine Umdrehung des Tonträgers umfasst. Umgangssprachlich bezeichnet man jeden Bezugspunkt der Rille ebenfalls als Rille und meint damit eigentlich die entsprechende Windung. Die Schallplatte besitzt im Regelfall pro Seite nur eine Rille, die von der → Einlaufrille über den modulierten Teil, die → Trennrille(n) und → Auslaufrille bis in die → Endrille reicht. Beginnend vom ersten Ton besitzt beispielsweise eine durchgängige, zwanzigminütige Aufzeichnung auf einer Schallplatte mit 33 1/3 UpM exakt 666 Windungen.

WITHDRAWN

Bezeichnung (engl.) für eine von der Schallplattenfirma wenige Tage oder Wochen nach Auslieferung zurückgezogene Pressung. Dafür werden an den Handel eine Retourenaufforderung und ein Verrechnungsformular für den entsprechenden Tonträger verschickt. Die Gründe für das Zurückziehen einer Schallplatte sind vielfältig: Lizenz- oder Rechtsfragen, künstlerische Bedenken, Fragen von Sitte und Moral, technische Probleme, → Fehlpressung usw. Zumeist werden die Schallplatten dann unverzüglich durch eine entsprechend korrigierte Fassung (Programminhalt, Covermotiv usw.) ersetzt, oder in seltenen Fällen gänzlichen aus dem → Katalog der Schallplattenfirma gestrichen. Vor allem letztere Schallplatten genießen unter Sammlern einen hohen Stellenwert, stellen sie doch aufgrund ihrer geringen Verfügbarkeit, des einmaligen Programminhalts und eigenständigen Covers eine Bereicherung für jede Sammlung dar.

WORK PART

Bezeichnung für vorequalisierte Zweikanal-Magnetbänder, die eine klangliche Zurichtung und den finalen Mix-Down einer ursprünglichen Drei- bzw. Multi-Kanalaufnahme für den eigentlichen → Umschnitt enthalten. Die Vorequalisierung betrifft übrigens nicht – wie permanent behauptet – die Schneidkennlinie. Ein work part vereinfacht den Herstellungsprozeß oder neudeutsch das (den) workflow. Ein Umschnitttechniker könnte mit dem work part einen 1:1 Umschnitt ohne individuelle Equalisierung anfertigen. D.h. er benötigt weder eine entsprechende Gehörbildung oder eine spezielle Abhöreinrichtung. Auch könnte man evtl. Abnahmen von beteiligten Künstlern im Hauptstudio absegnen lassen. Vor allem in den USA, wo große Firmen über zumeist mehrere Produktionsstätten verfügten, stabilisierte diese Technologie eine landesweite, einheitliche Produktion innerhalb festverbindlicher Qualitätsparameter.

WORN (W)
Niedrige Güteklasse innerhalb des → Graduierungssystems (Second Hand). USA: nicht gebräuchlich. UK: nicht gebräuchlich. BRD: Güteklasse 4 (Wert 25 %). Platte ist überdurchschnittlich abgespielt. Kratzer und Grundrauschen sind deutlich hörbar. Das Cover ist stark beschädigt, oftmals eingerissen oder stark verschmutzt.

WOW-AND-FLUTTER-FEHLER
Bei Schallplattenspielern und Magnetbandgeräten durch Gleichlaufabweichungen hervorgerufene Schwankungen der Tonhöhe. Diese Fehler machen sich als Jaulen oder Flattern bemerkbar. Das Jaulen (wow) sind langsame Schwankungen, die durch den Antrieb verursacht werden. Häufige Ursache sind Fehler in der Motorregelung, ausgeleierte oder müde Riemen (→ Riemenantrieb), verharzte Lager, verbrauchte Batterien (tragbare Geräte). Das Flattern (flutter) sind schnelle Schwankungen, die durch unrunde, nicht ausgewuchtete oder verbogene Tonwellen bzw. Antriebe verursacht werden. In der Praxis werden diese Fehler stets dann hörbar, wenn sie die gültigen Normen deutlich überschreiten. Seitdem in den 70er Jahren die Fertigungsqualität und die Motorensteuerung von Schallplattenspielern die in der DIN-Norm vorgesehenen Werte deutlich verbesserte, treten Wow-and-flutter-Fehler nur bei defekten Geräten auf. Andererseits können sich aber bei ausgereizten Abspiel- und Wiedergabeanlagen, eine entsprechende Hörerfahrung vorausgesetzt, auch kleine Abweichungen vom idealen Gleichlauf störend bemerkbar machen. Bei der Fehlersuche sollte man zuerst die Verbrauchsteile prüfen, reinigen und gegebenenfalls durch neue austauschen. Weitergehende Fehler am Lager, der Motorsteuerung oder am Motor sollte man in der Fachwerkstatt beheben lassen. Entsprechende Erfahrungen beim Umgang mit mechanischen und elektronischen Baugruppen vorausgesetzt, kann man aber auch (fast) alle Probleme selbst beheben. Für den Austausch defekter Bauelemente sollte man möglichst auf Originalbauteile oder gleichartige Teile zurückgreifen.
Anmerkung: Insofern der → Schallplattenmittelpunkt außerhalb der Norm liegt, kann es beim Abspiel mitunter ebenfalls zu dramatischen Wow-and-flutter-Effekten kommen.

WULSTRAND

Erhabener Außenrand der Schallplatte. Zu Beginn der Mikrorillenproduktion (1949) fertigte man Schallplatten, deren Dicke über den gesamten Querschnitt gleich war. Der Anfang der 50er Jahre eingeführte Wulstrand stabilisiert die Schallplatte zusätzlich und dient auch als schützende Griffzone. In der Regel beginnt die → Einlaufrille im Wulstrand und sollte diesen schon verlassen haben, bevor der modulierte Abschnitt der Rille beginnt. Im Zuge diverser Sparmaßnahmen wurden Schallplatten immer leichter und dünner. Ein entsprechend kräftig geformter Wulstrand erhöhte die Stabilität der Scheibe, führte aber aufgrund ihres anderen Materialverhaltens während des Abkühlvorgangs (→ Preßvorgang) zu Problemen mit der Torsion. In den 80er Jahren überarbeiteten führende Hersteller das von ihnen eingesetzte Schallplattenprofil erneut und führten flache Wulstränder mit großen Einlaufzonen ein. Diese letzte Evolutionsstufe ermöglicht eine fast ungestörte Anfangssequenz während der Wiedergabe.

X

XDR

Ein von der EMI benutztes Verfahren zur Erhöhung der Aussteuerfähigkeit von Magnetbändern (nur für vorbespielte MusiCassetten). Dabei nutzt man die Möglichkeit, mit einer dynamischen Änderung des Vormagnetisierungsstromes die Sättigungsgrenze des Bandes zu optimieren. Dazu verwandte die EMI für die Schnellduplizierung das professionelle Dolby HX. Mit XDR aufgezeichnete MusiCassetten sind vollkompatibel und benötigen bei der Wiedergabe keine spezielle Dekodierung. Das Verfahren spielte für die Schallplattenherstellung keine Rolle und ist nur insofern erklärenswert, als bei Katalogangaben auf dem Schallplattencover auch auf die korrespondierende MusiCassette verwiesen wird.

XY-VERFAHREN

Mikrofonieverfahren der Intensitätsstereophonie, bei dem entweder mit einem Hauptmikrofon oder mit mehreren Einzelmikrofonen aufgenommen wird. Ein Hauptmikrofon besteht aus zwei Einzelmikrofonen, die auf einer gemeinsamen Achse dicht übereinander montiert sind und in der Regel mittig vor dem aufzuzeichnenden Klangkörper postiert werden. Die Ortungsschärfe ist gut und die Einzelstimmen werden bei der Wiedergabe recht gleichmäßig auf der (gesamten) Hörbasis verteilt. Schwierigkeiten bereitet lediglich eine angemessene Ausleuchtung der Tiefenstaffelung. Hier rücken die einzelnen Reihen praktisch zu dicht aufeinander. Mitunter werden solche Aufnahmen künstlich nachverhallt, um mehr Raum vorzugaukeln! Man kann aber das XY-Verfahren auch mit mehreren Einzelmikrofonen, die in der Nähe der Einzelstimmen plaziert sind, aufzeichnen. Diese Anordnung führt zu einer besseren Tiefenstaffelung, vernachlässigt aber deutlich die Raumabbildung.

Z

ZAPPLE RECORDS

Sublabel von → Apple Records für einige Soloaufnahmen der Beatles mit experimentellem Charakter.

ZARGE

In Abgrenzung zu der bis Ende der 50er Jahre gebräuchlichen Praxis, ein → Chassis in eine → Phonokombination oder Phonotruhe einzubauen, bezeichnet die Zarge den einzelstehenden → Schallplattenspieler, der in ein externes Gehäuse (z.B. Holzrahmen) liegend eingebaut ist. Die Zarge ist nach unten mit einer Bodenplatte abgeschlossen und verfügt in den meisten Fällen über eine → Abdeckhaube. Die Einführung von Einzelbausteinen reduzierte die → elektromagnetischen Einstreuungen von benachbarten Baugruppen und vereinfachte eine optimale → Aufstellung des Plattenspielers.

ZEITFEHLER

1. Im herkömmlichen Sinn bezeichnete ein Zeitfehler die Abweichung zwischen Aufnahme- und Wiedergabegeschwindigkeit. Dadurch wird ein zeitliches Schwanken innerhalb des Wiedergabesignals verursacht, es kommt zum → Jaulen oder → Flattern, und das Klangbild verliert insgesamt an Ruhe. Zumeist sind → Gleichlaufschwankungen innerhalb des mechanischen Antriebssystems die Ursache.
2. Postmoderne Bezeichnung (High End) für wahrnehmbare Erscheinungen, die durch eine Veränderung der Phase des Signals ausgelöst werden. Dabei kann es sich um Überlagerungen, Auslöschungen und Verschiebungen handeln. Besonders die Nadeltontechnik kämpft auf Grund ihrer miniaturisierten Wandlereinheiten, der geringen Ausgangsspannungen, der notwendigen Verstärkerstufen und des labilen Nadel-Rillenkontakts permanent mit auftretenden Phasenverschiebungen. Dazu gehören u.a. im Stereopanorama wandernde Frequenzbänder und Pegelspitzen, die oft als sog. Tanzen einzelner Instrumente oder Stimmen gedeutet werden. Eine Fehljustierung innerhalb des → Abtastsystems, unterschiedliche Verbindungskabel, falsch gewählte → Abschlussimpedanzen können darüber hinaus das Phasenverhalten gravierend beeinflussen.

ZEITKONSTANTE

Der genaue Verlauf der → Aufzeichnungskennlinie wird durch die Übergangsfrequenzen der Schaltung oder durch Zeitkonstanten angegeben. Die Reihenschaltung von Kondensator und Widerstand bestimmt den Verlauf des Frequenzgangs. Das rechnerische Produkt aus Kapazität und Widerstand bezeichnet man als Zeitkonstante (in μs). Zeitkonstanten ermöglichen im ingenieurtechnischen Sinne eine exakte Definierung der Schaltung.

ZELLULOSE-ACETAT

Kurzbezeichnung für eine mit Cellulose-Acetat oder Nitrat-Acetat beschichtete → Aufnahmeplatte.

ZENTRIERLOCH

Bezeichnung für das Loch in der Mitte einer Schallplatte. Für → Singles wird allgemein ein großes Zentrierloch mit einem Durchmesser von 38,2 (± 0,05) mm verwendet, um ein schnelles, unkomplizertes Wechseln der Schallplatte in der Diskothek oder beim Rundfunk, aber auch im Wechselmechanismus der → Musikbox zu gewährleisten. Zur korrekten Fixierung auf der → Plattentellerachse benötigt man ein adäquates → Zentrierstück. Für alle anderen Schallplattenvarianten wird hingegen ein Zentrierloch von 7,24 (+ 0,09) mm verwendet, das durch die Normung der Schallplatten formschlüssig mit der Plattentellerachse ist. Alle Zentrierlöcher entstehen direkt beim Pressen, indem ein entsprechender Stift, als Bestandteil der → Preßform, den → Masseklоß zu Beginn des → Preßvorgangs durchdringt. Eine Sonderform stellen die in den 50ern und 60ern beliebten → EPs dar, die eigentlich ein kleines Zentrierloch besitzen, sich aber durch das Herausbrechen eines vorperforierten Mittelstücks auf das große Mittelloch der Single erweitern lassen, um z.B. den Einsatz in der Musikbox sicherzustellen.

ZENTRIERSTÜCK

Auch Puck genanntes Mittelstück, das zum Abspielen von → Singles mit einem Zentrierloch von 38,2 mm benötigt wird. Es gibt mehrere Varianten. Im allgemeinen wird ein aus Plastik gefertigter Hohlkörper mit sehr geringem Eigengewicht, um das → Subchassis nicht unnötig zu belasten, auf die → Plattentellerachse gesteckt. In den 50er und 60er Jahren wurden Singles auch ab Werk mit einer kleinen, zumeist dreischenkligen Einsteckzentrierung versehen. Diese Variante hat den Vorteil, daß sie, ohne aufzutragen, als Teil der Single mit archiviert werden kann. Eine solche Dreipunktzentrierung ist jedoch durch eventuelle Verkantungen und Einbuchtungen bei weitem nicht so exakt wie die Verwendung eines entsprechenden Vollkörpers. Zahlreiche Hersteller integrierten das Zentrierstück im Zentrum des → Plattentellers, wobei man es durch Drehung oder Druck herausheben konnte. Bei dieser Lösung ist der Puck also immer mit an Bord, und das so häufige Suchen nach ihm entfällt.

ZIPHONA

Deutscher Hersteller (DDR) für → Schallplattenspieler, → Phonokombinationen und Heimelektronik. Der VEB Funkwerk Zittau, später Teilbetrieb des Kombinat Stern Radio Berlin, besaß in der »arbeitsteiligen« DDR eine einzigartige Stellung, die ihm über Jahrzehnte praktisch eine Monopolstellung bei der Entwicklung und Fertigung von Schallplattenspielern sicherte. In den 50er Jahren waren das – häufig in Musiktruhen verwendete – 10-fach-Plattenwechslerchassis »Don Carlos« sowie die → Phonokoffer »Intermezzo« und »Tarantella« sehr erfolgreiche Geräte. Die in den 60er und 70er Jahren entwickelten, gefederten Subchassis mit → Reibrad- oder → Riemenantrieb kamen in zahlreichen Varianten zum Einsatz. Die Baureihe 023 wurde als preiswertes Zwischenrollen-Chassis in der Solid-Serie (223, 323, 423, 523, 823) eingesetzt, deren Spektrum vom Standgerät bis zum Stereo-Phonokoffer reichte. Deutlich bessere Wiedergabeparameter erzielten die Riemenläufer der Baureihen 016 und 024. Diese Chassis wurden in der »Edelstein«-Reihe (Granat, Opal, Türkis) verbaut. Mitte der 80er Jahre folgte eine neue Baureihe mit → Direktantrieb und → Tangential-Tragarm. Ziphona konnte sich nach der Wiedervereinigung nicht am Markt behaupten.

ZUBEHÖR

Weiträumiges und kaum überschaubares Heer von Bauteilen und Helfern, die nicht unmittelbar zur Schallplattenwiedergabe benötigt werden. Im allgemeinen zählen zum Zubehör Artikel zur Schallplattenpflege, Archivierung, Justierung sowie Kabel, Zusatzgeräte (z.B. Kompander und Decoder). Irritierenderweise ordnet der Handel zum Zubehör ebenso → Pucks (nötig zur Single-Wiedergabe) und → Abtastsysteme.

ZWEI-PHASEN GENERATOR

Bei Synchronmotoren häufig angewandte Steuerung zur Verbesserung des → Gleichlaufs. Dabei wird durch einen integrierten Generator die Neutaktung der Frequenz des Speisestroms vorgenommen. Es gibt mehrere, qualitativ unterschiedliche Umsetzungen, wobei vorrangig Motorsteuerungen verwendet werden, die ihre Taktfrequenz aus einem hochfrequenten Quarz-Oszillator gewinnen.

ZYLINDER

→ Walze

LITERATUR

Allgemeine Literatur

Chappel, Steve und Reebee Garofalo – Wem gehört die Rockmusik? (BRD, 1980)
Graves, Barry/Siegfried Schmidt-Joss – Rock Lexikon (BRD, 1973 ff.)
Hirsch, Ferdinand – Wörterbuch der Musik (DDR, 1977)
Kneif, Tibor und B. Halbscheffel – Sachlexikon der Rockmusik (BRD, 1978/92)
Poschardt, Ulf – DJ Culture (BRD, 1997)
Wölfer, Jürgen – Lexikon des Jazz (BRD, 1993)

Schallplattenliteratur

Beinhauer, Wolfgang – Mercury Living Precence HiFi-Stereo (BRD, 1994)
Beinhauer, Wolfgang – RCA Victor's Red Seal: Living Stereo (BRD, 1992)
Brakemeier, Dietrich – Living Stereo (BRD, 1994)
Goldmann, Frank und Klaus Hiltscher – The Gimmix Book of Records (CH, 1981)
Gray, Michael – RCA Bible (USA, o.J.)
Haas, Walter und Ulrich Klever – Schallplattenbrevier (BRD, 1958)
Kennedy, Rick und Randy McNutt – Little Labels – Big Sound (USA, 1999)
Martland, Peter – EMI, The first 100 Years (UK, 1997)
Moon, Robert/Michael Gray – Full Frequency Stereophonic Sound (USA, o.J.)
Ochs, Michael – 1000 Record Covers (BRD, 1996)
Pollard, Anthony – Grammophone, The first 75 years (UK, 1997)
Record Collector – The Complete Introduction to Record Collecting (UK, 1995)
Sanjek, Russel & David – American Popular Music Business in the 20th Century (USA, 1991)
Valin, Jonathan – The RCA Bible (USA, 1994)
van Witteloostuyn, Jaco – The Classical Long Playing Record (NL, 1997)

Technik

Capel, Vivian – All-in-One Grammophone Book (UK, 1970)
Dickreiter, Michael – Handbuch der Studiotechnik (BRD, 6. Auflage 1997)
DIN-Taschenbuch Phonotechnik (BRD, 1991)
Elste, Martin – Kleines Tonträger Lexikon (BRD, 1989)
Feller, Karl-Heinz/Ludwig Warg – Elektroakustische Heimgeräte (DDR, 1979)
Finke, Karl-Heinz – Fono- und Tonbandgeräte (DDR, 1975 ff.)
Große, Günther – Von der Edisonwalze zur Stereoplatte (DDR, 1978)
Kleffe, Hans – Der gefangene Schall (DDR, 1983)
Krieg, Bernhard – Tonaufzeichnung (BRD, 1989)
Lässig, Uwe und Thomas Wauer – Ratgeber für HiFi-Freunde (DDR, 1988)
Sieber, Worm, Sutaner – Schallplattenfibel (DDR, 1958)
Steinke, Edmund und K.-P. Scholz – Ton und Bild (DDR, 1985)
Sutaner, Hans – Schallplatte und Tonband (DDR, 1954)
Autorenkollektiv – 100 Jahre Schallplatte – Von Hannover in die Welt (BRD, 1988)
Wass, Norbert (Hg.) – radio fernsehen elektronik (DDR, 1973 ff.)

Reihenliteratur
Album Cover Album (UK/CH 1980 ff.)
Bielefelder Katalog (BRD, 1955 ff.)
Goldmine Record Catalog, diverse Themen (USA, 1987 ff.)
Goldmine Price Guide, diverse Themen (USA, 1989 ff.)
Living Vinyl (BRD, 1995 ff.)
LP-Preiskatalog Rock & Pop (BRD, 1988 ff.)
Music Master – Labels List/Labels Catalogue (UK, 1980 ff.)
Record Collector – Rare Record Price Guide (UK, 1985 ff.)
Rees, Phil – Audiophile Record Collector's Handbook (UK, 1991 ff.)
Schwann Long Playing Record Catalog (USA, 1955 ff.)
Schwarze Seite (BRD, 1997 ff.)

Periodika
The Absolute Sound (USA, 1985-94)
AES Journal (USA, 1954-82)
Analog Aktuell (BRD, 1994 ff.)
Audio (BRD, 1980 ff.)
Audio Professional (BRD, 1990 ff.)
Funkschau (BRD, 191974 ff.)
Goldmine (USA, 1985 ff.)
hifi & Records (BRD, 1997 ff.)
HiFi Choise (UK, 1982 ff.)
HiFI Scene (CH, 1992 ff.)
HiFI Vision (BRD, 1985-96)
image hifi (BRD, 1995 ff.)
Oldie-Markt (BRD, 1982 ff.)
Phono Forum (BRD, 1970 ff.)
Radio Fernsehen Elektronik (DDR/BRD, 1960 ff.)
Radio Mentor (BRD, 1953 ff.)
Record Collector (UK, 1979 ff.)
Rock & Pop Sammlung (BRD, 1997/98)
stereoplay (BRD, 1975 ff.)
Stereo (BRD, 1978 ff.)

Schallplattenkataloge, Prospekte, Produktblätter und firmeninterne Unterlagen zahlreicher Hersteller.

DER AUTOR

Frank Wonneberg, ist Herausgeber der Schallplattenfachzeitschrift »Living Vinyl«. Darüber hinaus arbeitet er als freier Mitarbeiter für Zeitungen, Zeitschriften und Hörfunk (u.a. Trend, Unterhaltungskunst, neues leben, NMI, Der Verriss, Berliner Rundfunk, Radio Brandenburg, Radio Eins).
Als Grafikdesigner gestaltete er Plattencover u.a. für Lift sowie Hans-Eckardt Wenzel.

IMPRESSUM

Frank Wonneberg: Das Vinyl-Lexikon
Wahrheit und Legende der Schallplatte.
Fachbegriffe, Sammlerlatein und Praxistips.
ISBN 3-89602-226-1
Umschlagfoto: Joachim Donath.
Umschlaggestaltung: Frank Wonneberg

KATALOG

Wir senden Ihnen gern unseren kostenlosen Katalog.

Lexikon Imprint Verlag
Abt. Service
Kastanienallee 32
10435 Berlin.
Service-Telefon: 030 – 44 11 778.
Service-Fax: 030 – 44 11 783

INTERNET

www.schwarzkopf-schwarzkopf.de
www.lexxxikon.de

EMAIL

Autor: VINYL1948@aol.com
Verlag: info@schwarzkopf-schwarzkopf.de